本书为国家社科基金重点项目成果

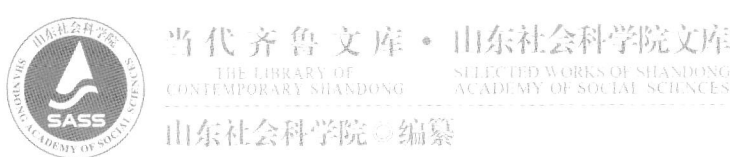

中国分省区历史人口考（上）

路遇 滕泽之 ◎ 著

中国社会科学出版社

图书在版编目(CIP)数据

中国分省区历史人口考：全2册 / 路遇，滕泽之著 . —北京：中国社会科学出版社，2016.12
ISBN 978-7-5161-8501-8

Ⅰ.①中⋯ Ⅱ.①路⋯②滕⋯ Ⅲ.①人口—历史—考证—中国 Ⅳ.①C924.2

中国版本图书馆 CIP 数据核字(2016)第 154291 号

出 版 人	赵剑英
责任编辑	冯春凤
责任校对	张爱华
责任印制	张雪娇

出　　版	中国社会科学出版社
社　　址	北京鼓楼西大街甲158号
邮　　编	100720
网　　址	http://www.csspw.cn
发 行 部	010-84083685
门 市 部	010-84029450
经　　销	新华书店及其他书店

印刷装订	环球东方（北京）印务有限公司
版　　次	2016年12月第1版
印　　次	2016年12月第1次印刷

开　　本	710×1000　1/16
印　　张	67.5
插　　页	2
字　　数	1080 千字
定　　价	276.00元（全2册）

凡购买中国社会科学出版社图书，如有质量问题请与本社营销中心联系调换
电话：010-84083683
版权所有　侵权必究

《山东社会科学院文库》
编委会

主　　任	唐洲雁　张述存
副 主 任	王希军　刘贤明　王兴国（常务）
	姚东方　王志东　袁红英
委　　员	（按姓氏笔画排序）
	王　波　王晓明　刘良海　孙聚友
	李广杰　李述森　李善峰　张卫国
	张　文　张凤莲　张清津　杨金卫
	侯小伏　郝立忠　涂可国　崔树义
	谢桂山
执行编辑	周德禄　吴　刚

《山东社会科学院文库》
出版说明

党的十八大以来，以习近平同志为核心的党中央，从推动科学民主依法决策、推进国家治理体系和治理能力现代化、增强国家软实力的战略高度，对中国智库发展进行顶层设计，为中国特色新型智库建设提供了重要指导和基本遵循。2014年11月，中办、国办印发《关于加强中国特色新型智库建设的意见》，标志着我国新型智库建设进入了加快发展的新阶段。2015年2月，在中共山东省委、山东省人民政府的正确领导和大力支持下，山东社会科学院认真学习借鉴中国社会科学院改革的经验，大胆探索实施"社会科学创新工程"，在科研体制机制、人事管理、科研经费管理等方面大胆改革创新，相继实施了一系列重大创新措施，为建设山东特色新型智库勇探新路，并取得了明显成效，成为全国社科院系统率先全面实施哲学社会科学创新工程的地方社科院。2016年5月，习近平总书记在哲学社会科学工作座谈会上发表重要讲话。讲话深刻阐明哲学社会科学的历史地位和时代价值，突出强调坚持马克思主义在我国哲学社会科学领域的指导地位，对加快构建中国特色哲学社会科学作出重大部署，是新形势下繁荣发展我国哲学社会科学事业的纲领性文献。山东社会科学院以深入学习贯彻习近平总书记在哲学社会科学工作座谈会上的重要讲话精神为契机，继续大力推进哲学社会科学创新工程，努力建设马克思主义研究宣传的"思想理论高地"，省委、省政府的重要"思想库"和"智囊团"，山东省哲学社会科学的高端学术殿堂，山东省情综合数据库和研究评价中心，服务经济文化强省建设的创新型团队，为繁荣发展哲学社会科学、建设山东特色新型智库，努力做出更大的贡献。

《山东社会科学院文库》（以下简称《文库》）是山东社会科学院"创

新工程"重大项目,是山东社会科学院着力打造的《当代齐鲁文库》的重要组成部分。该《文库》收录的是我院建院以来荣获山东省优秀社会科学成果一等奖及以上的科研成果。第二批出版的《文库》收录了丁少敏、王志东、卢新德、乔力、刘大可、曲永义、孙祚民、庄维民、许锦英、宋士昌、张卫国、李少群、张华、秦庆武、韩民青、程湘清、路遇等全国知名专家的研究专著18部,获奖文集1部。这些成果涉猎科学社会主义、文学、历史、哲学、经济学、人口学等领域,以马克思主义世界观、方法论为指导,深入研究哲学社会科学领域的基础理论问题,积极探索建设中国特色社会主义的重大理论和现实问题,为推动哲学社会科学繁荣发展发挥了重要作用。这些成果皆为作者经过长期的学术积累而打造的精品力作,充分体现了哲学社会科学研究的使命担当,展现了潜心治学、勇于创新的优良学风。这种使命担当、严谨的科研态度和科研作风值得我们认真学习和发扬,这是我院深入推进创新工程和新型智库建设的不竭动力。

实践没有止境,理论创新也没有止境。我们要突破前人,后人也必然会突破我们。《文库》收录的成果,也将因时代的变化、实践的发展、理论的创新,不断得到修正、丰富、完善,但它们对当时经济社会发展的推动作用,将同这些文字一起被人们铭记。《山东社会科学院文库》出版的原则是尊重原著的历史价值,内容不作大幅修订,因而,大家在《文库》中所看到的是那个时代专家们潜心探索研究的原汁原味的成果。

《山东社会科学院文库》是一个动态的开放的系统,在出版第一批、第二批的基础上,我们还会陆续推出第三批、第四批等后续成果……《文库》的出版在编委会的直接领导下进行,得到了作者及其亲属们的大力支持,也得到了院相关研究单位同志们的大力支持。同时,中国社会科学出版社的领导高度重视,给予大力支持帮助,尤其是责任编辑冯春凤主任为此付出了艰辛努力,在此一并表示最诚挚的谢意。

本书出版的组织、联络等事宜,由山东社会科学院科研组织处负责。因水平所限,出版工作难免会有不足乃至失误之处,恳请读者及有关专家学者批评指正。

《山东社会科学院文库》编委会
2016 年 11 月 16 日

目　录

前言 ………………………………………………………………（1）
序考　战国以前人口概述 ………………………………………（1）
　第一节　夏代以前 ……………………………………………（1）
　第二节　夏、商、西周 ………………………………………（3）
　　一　夏王朝时期 ……………………………………………（4）
　　二　商王朝时期 ……………………………………………（4）
　　三　西周王朝时期 …………………………………………（6）
　第三节　春秋时期 ……………………………………………（10）
第一考　战国中期 ………………………………………………（13）
　第一节　导语 …………………………………………………（13）
　第二节　战国中期分国人口考 ………………………………（14）
　第三节　北方各省区人口考 …………………………………（26）
　　一　河南省 …………………………………………………（26）
　　二　山东省 …………………………………………………（27）
　　三　河北省 …………………………………………………（27）
　　四　北京市 …………………………………………………（28）
　　五　天津市 …………………………………………………（28）
　　六　辽宁省 …………………………………………………（28）
　　七　吉林省 …………………………………………………（28）
　　八　黑龙江省 ………………………………………………（29）
　　九　内蒙古自治区 …………………………………………（29）
　　十　山西省 …………………………………………………（29）
　第四节　西部各省区人口考 …………………………………（30）

十一	陕西省	（30）
十二	甘肃省	（31）
十三	宁夏回族自治区	（31）
十四	青海省	（31）
十五	新疆维吾尔自治区	（32）
十六	西藏自治区	（32）
十七	四川省	（33）
十八	重庆市	（33）
十九	云南省	（33）
二十	贵州省	（34）

第五节 南方各省区人口考 （34）
二十一	湖北省	（34）
二十二	湖南省	（34）
二十三	广西壮族自治区	（35）
二十四	海南省	（35）
二十五	广东省	（35）
二十六	福建省	（35）
二十七	台湾省	（35）
二十八	江西省	（36）
二十九	浙江省	（36）
三十	安徽省	（36）
三十一	江苏省	（36）
三十二	上海市	（37）

第六节 后叙 （38）

第二考 西汉初期 （42）

第一节 导语 （42）

第二节 北方各省区人口考 （44）
一	河南省	（44）
二	山东省	（45）
三	河北省	（47）
四	北京市	（49）

五　天津市 …………………………………………（49）

　　六　辽宁省 …………………………………………（50）

　　七　吉林省 …………………………………………（50）

　　八　黑龙江省 ………………………………………（50）

　　九　内蒙古自治区 …………………………………（51）

　　十　山西省 …………………………………………（51）

第三节　西部各省区人口考 ……………………………（52）

　　十一　陕西省 ………………………………………（52）

　　十二　甘肃省 ………………………………………（54）

　　十三　宁夏回族自治区 ……………………………（54）

　　十四　青海省 ………………………………………（55）

　　十五　新疆维吾尔自治区 …………………………（55）

　　十六　西藏自治区 …………………………………（57）

　　十七　四川省 ………………………………………（57）

　　十八　重庆市 ………………………………………（58）

　　十九　云南省 ………………………………………（58）

　　二十　贵州省 ………………………………………（59）

第四节　南方各省区人口考 ……………………………（59）

　　二十一　湖北省 ……………………………………（59）

　　二十二　湖南省 ……………………………………（60）

　　二十三　广西壮族自治区 …………………………（60）

　　二十四　海南省 ……………………………………（60）

　　二十五　广东省 ……………………………………（60）

　　二十六　福建省 ……………………………………（62）

　　二十七　台湾省 ……………………………………（62）

　　二十八　江西省 ……………………………………（62）

　　二十九　浙江省 ……………………………………（62）

　　三十　安徽省 ………………………………………（62）

　　三十一　江苏省 ……………………………………（63）

　　三十二　上海市 ……………………………………（64）

第五节　后叙 ……………………………………………（65）

第三考　西汉末期 …… (68)

第一节　导语 …… (68)
第二节　北方各省区人口考 …… (71)
　　一　河南省 …… (72)
　　二　山东省 …… (74)
　　三　河北省 …… (76)
　　四　北京市 …… (79)
　　五　天津市 …… (80)
　　六　辽宁省 …… (80)
　　七　吉林省 …… (82)
　　八　黑龙江省 …… (83)
　　九　内蒙古自治区 …… (84)
　　十　山西省 …… (86)
第三节　西部各省区人口考 …… (87)
　　十一　陕西省 …… (87)
　　十二　甘肃省 …… (89)
　　十三　宁夏回族自治区 …… (90)
　　十四　青海省 …… (91)
　　十五　新疆维吾尔自治区 …… (92)
　　十六　西藏自治区 …… (92)
　　十七　四川省 …… (93)
　　十八　重庆市 …… (96)
　　十九　云南省 …… (97)
　　二十　贵州省 …… (99)
第四节　南方各省区人口考 …… (101)
　　二十一　湖北省 …… (101)
　　二十二　湖南省 …… (103)
　　二十三　广西壮族自治区 …… (107)
　　二十四　海南省 …… (110)
　　二十五　广东省 …… (110)
　　二十六　福建省 …… (112)

二十七　台湾省 …………………………………… (113)

　　二十八　江西省 …………………………………… (113)

　　二十九　浙江省 …………………………………… (114)

　　三十　安徽省 ……………………………………… (115)

　　三十一　江苏省 …………………………………… (116)

　　三十二　上海市 …………………………………… (118)

　第五节　后叙 ………………………………………… (118)

第四考　东汉中期 ……………………………………… (124)

　第一节　导语 ………………………………………… (124)

　第二节　北方各省区人口考 ………………………… (127)

　　一　河南省 ………………………………………… (127)

　　二　山东省 ………………………………………… (131)

　　三　河北省 ………………………………………… (135)

　　四　北京市 ………………………………………… (139)

　　五　天津市 ………………………………………… (140)

　　六　辽宁省 ………………………………………… (140)

　　七　吉林省 ………………………………………… (143)

　　八　黑龙江省 ……………………………………… (143)

　　九　内蒙古自治区 ………………………………… (143)

　　十　山西省 ………………………………………… (146)

　第三节　西部各省区人口考 ………………………… (149)

　　十一　陕西省 ……………………………………… (149)

　　十二　甘肃省 ……………………………………… (152)

　　十三　宁夏回族自治区 …………………………… (156)

　　十四　青海省 ……………………………………… (157)

　　十五　新疆维吾尔自治区 ………………………… (159)

　　十六　西藏自治区 ………………………………… (162)

　　十七　四川省 ……………………………………… (162)

　　十八　重庆市 ……………………………………… (166)

　　十九　云南省 ……………………………………… (168)

　　二十　贵州省 ……………………………………… (172)

第四节　南方各省区人口考 ………………………………… (174)
　　二十一　湖北省 ……………………………………… (174)
　　二十二　湖南省 ……………………………………… (176)
　　二十三　广西壮族自治区 …………………………… (178)
　　二十四　海南省 ……………………………………… (179)
　　二十五　广东省 ……………………………………… (179)
　　二十六　福建省 ……………………………………… (181)
　　二十七　台湾省 ……………………………………… (182)
　　二十八　江西省 ……………………………………… (183)
　　二十九　浙江省 ……………………………………… (184)
　　三十　　安徽省 ……………………………………… (186)
　　三十一　江苏省 ……………………………………… (189)
　　三十二　上海市 ……………………………………… (191)

第五节　后叙 ……………………………………………… (192)

第五考　西晋前期 …………………………………………… (198)

第一节　导语 ……………………………………………… (198)

第二节　北方各省区人口考 ……………………………… (201)
　　一　河南省 …………………………………………… (201)
　　二　山东省 …………………………………………… (205)
　　三　河北省 …………………………………………… (210)
　　四　北京市 …………………………………………… (213)
　　五　天津市 …………………………………………… (214)
　　六　辽宁省 …………………………………………… (215)
　　七　吉林省 …………………………………………… (216)
　　八　黑龙江省 ………………………………………… (216)
　　九　内蒙古自治区 …………………………………… (216)
　　十　山西省 …………………………………………… (217)

第三节　西部各省区人口考 ……………………………… (219)
　　十一　陕西省 ………………………………………… (219)
　　十二　甘肃省 ………………………………………… (222)
　　十三　宁夏回族自治区 ……………………………… (225)

十四 青海省	(226)
十五 新疆维吾尔自治区	(227)
十六 西藏自治区	(228)
十七 四川省	(228)
十八 重庆市	(231)
十九 云南省	(233)
二十 贵州省	(235)
第四节 南方各省区人口考	(236)
二十一 湖北省	(236)
二十二 湖南省	(238)
二十三 广西壮族自治区	(242)
二十四 海南省	(245)
二十五 广东省	(246)
二十六 福建省	(248)
二十七 台湾省	(248)
二十八 江西省	(248)
二十九 浙江省	(250)
三十 安徽省	(252)
三十一 江苏省	(255)
三十二 上海市	(257)
第五节 后叙	(258)
第六考 南北朝后期	(266)
第一节 导语	(266)
第二节 北方各省区人口考	(271)
一 河南省	(271)
二 山东省	(274)
三 河北省	(279)
四 北京市	(283)
五 天津市	(284)
六 辽宁省	(285)
七 吉林省	(286)

八　黑龙江省 …………………………………………………… (286)
　　九　内蒙古自治区 ………………………………………………… (286)
　　十　山西省 ………………………………………………………… (287)
　第三节　西部各省区人口考 …………………………………………… (290)
　　十一　陕西省 ……………………………………………………… (290)
　　十二　甘肃省 ……………………………………………………… (292)
　　十三　宁夏回族自治区 …………………………………………… (293)
　　十四　青海省 ……………………………………………………… (294)
　　十五　新疆维吾尔自治区 ………………………………………… (294)
　　十六　西藏自治区 ………………………………………………… (295)
　　十七　四川省 ……………………………………………………… (295)
　　十八　重庆市 ……………………………………………………… (298)
　　十九　云南省 ……………………………………………………… (299)
　　二十　贵州省 ……………………………………………………… (301)
　第四节　南方各省区人口考 …………………………………………… (302)
　　二十一　湖北省 …………………………………………………… (302)
　　二十二　湖南省 …………………………………………………… (306)
　　二十三　广西壮族自治区 ………………………………………… (309)
　　二十四　海南省 …………………………………………………… (311)
　　二十五　广东省 …………………………………………………… (312)
　　二十六　福建省 …………………………………………………… (315)
　　二十七　台湾省 …………………………………………………… (315)
　　二十八　江西省 …………………………………………………… (316)
　　二十九　浙江省 …………………………………………………… (317)
　　三十　安徽省 ……………………………………………………… (319)
　　三十一　江苏省 …………………………………………………… (322)
　第五节　后叙 …………………………………………………………… (327)

第七考　隋朝中期 …………………………………………………………… (330)
　第一节　导语 …………………………………………………………… (330)
　第二节　北方各省区人口考 …………………………………………… (331)
　　一　河南省 ………………………………………………………… (331)

二　山东省 …………………………………………… (334)

　　三　河北省 …………………………………………… (336)

　　四　北京市 …………………………………………… (339)

　　五　天津市 …………………………………………… (340)

　　六　辽宁省 …………………………………………… (341)

　　七　吉林省 …………………………………………… (342)

　　八　黑龙江省 ………………………………………… (343)

　　九　内蒙古自治区 …………………………………… (344)

　　十　山西省 …………………………………………… (347)

第三节　西部各省区人口考 ……………………………… (349)

　　十一　陕西省 ………………………………………… (349)

　　十二　甘肃省 ………………………………………… (350)

　　十三　宁夏回族自治区 ……………………………… (352)

　　十四　青海省 ………………………………………… (353)

　　十五　新疆维吾尔自治区 …………………………… (354)

　　十六　西藏自治区 …………………………………… (355)

　　十七　四川省 ………………………………………… (356)

　　十八　重庆市 ………………………………………… (360)

　　十九　云南省 ………………………………………… (361)

　　二十　贵州省 ………………………………………… (362)

第四节　南方各省区人口考 ……………………………… (362)

　　二十一　湖北省 ……………………………………… (362)

　　二十二　湖南省 ……………………………………… (365)

　　二十三　广西壮族自治区 …………………………… (367)

　　二十四　海南省 ……………………………………… (369)

　　二十五　广东省 ……………………………………… (370)

　　二十六　福建省 ……………………………………… (373)

　　二十七　台湾省 ……………………………………… (373)

　　二十八　江西省 ……………………………………… (374)

　　二十九　浙江省 ……………………………………… (375)

　　三十　安徽省 ………………………………………… (378)

三十一　江苏省 ·· (379)
　　　三十二　上海市 ·· (381)
　第五节　后叙 ··· (382)
第八考　唐朝初期 ·· (385)
　第一节　导语 ··· (385)
　第二节　北方各省区人口考 ·· (386)
　　　一　河南省 ·· (386)
　　　二　山东省 ·· (390)
　　　三　河北省 ·· (393)
　　　四　北京市 ·· (397)
　　　五　天津市 ·· (398)
　　　六　辽宁省 ·· (399)
　　　七　吉林省 ·· (401)
　　　八　黑龙江省 ·· (401)
　　　九　内蒙古自治区 ·· (402)
　　　十　山西省 ·· (404)
　第三节　西部各省区人口考 ·· (407)
　　　十一　陕西省 ·· (407)
　　　十二　甘肃省 ·· (410)
　　　十三　宁夏回族自治区 ·· (413)
　　　十四　青海省 ·· (414)
　　　十五　新疆维吾尔自治区 ·· (415)
　　　十六　西藏自治区 ·· (417)
　　　十七　四川省 ·· (417)
　　　十八　重庆市 ·· (422)
　　　十九　云南省 ·· (425)
　　　二十　贵州省 ·· (428)
　第四节　南方各省区人口考 ·· (431)
　　　二十一　湖北省 ·· (431)
　　　二十二　湖南省 ·· (433)
　　　二十三　广西壮族自治区 ·· (435)

二十四	海南省	(438)
二十五	广东省	(439)
二十六	福建省	(442)
二十七	台湾省	(444)
二十八	江西省	(445)
二十九	浙江省	(446)
三十	安徽省	(448)
三十一	江苏省	(450)
三十二	上海市	(452)

第五节 后叙 ……………………………………………………… (452)

第九考 唐朝中期 ……………………………………………… (455)

第一节 导语 ……………………………………………………… (455)

第二节 北方各省区人口考 ……………………………………… (458)

一	河南省	(458)
二	山东省	(462)
三	河北省	(464)
四	北京市	(468)
五	天津市	(469)
六	辽宁省	(470)
七	吉林省	(471)
八	黑龙江省	(471)
九	内蒙古自治区	(472)
十	山西省	(474)

第三节 西部各省区人口考 ……………………………………… (477)

十一	陕西省	(477)
十二	甘肃省	(480)
十三	宁夏回族自治区	(483)
十四	青海省	(484)
十五	新疆维吾尔自治区	(486)
十六	西藏自治区	(488)
十七	四川省	(490)

  十八 重庆市 ………………………………………………（497）

  十九 云南省 ………………………………………………（499）

  二十 贵州省 ………………………………………………（500）

 第四节 南方各省区人口考 …………………………………（501）

  二十一 湖北省 ……………………………………………（501）

  二十二 湖南省 ……………………………………………（503）

  二十三 广西壮族自治区 …………………………………（506）

  二十四 海南省 ……………………………………………（509）

  二十五 广东省 ……………………………………………（510）

  二十六 福建省 ……………………………………………（514）

  二十七 台湾省 ……………………………………………（516）

  二十八 江西省 ……………………………………………（517）

  二十九 浙江省 ……………………………………………（518）

  三十 安徽省 ………………………………………………（520）

  三十一 江苏省 ……………………………………………（523）

  三十二 上海市 ……………………………………………（524）

 第五节 后叙 …………………………………………………（526）

前　言

20世纪90年代初，国家计生委的负责同志向中央汇报工作时，中央主要领导同志曾不止一次地提出，为了解决好当前的人口现实问题，要重视研究历史人口。中央领导同志的远见卓识为我们指明了研究历史人口的方向。任何事物都有其继承性。新中国人口是历史中国人口的继续，新中国人口是由历史中国人口演变而来的。如果不能深入地了解中国历史人口发展的特点和规律，不了解现在的人口与历史人口的渊源关系，也就难以深刻认识和解决好现实的人口问题。新中国人口规模大、增长快、人口素质较低、人口城市化水平提高缓慢、异常的出生性别比等，在很大程度上与中国历史人口状况相联系。我们只有对中国人口的历史状况有一个深刻的认识，才能够正确认识中国人口的现状，从而为正确解决21世纪中国人口问题、实现中国人口的现代化提供历史借鉴和决策依据。

为了贯彻落实中央领导同志的重要指示，20世纪90年代我们承担了国家社会科学基金项目《中国历代人口发展研究》，其最终成果是由山东人民出版社出版的两卷本学术专著《中国人口通史》。这项成果运用历史唯物主义的观点和方法研究中国人口发展历史的全过程，重在考证人口数量，揭示历史人口发展规律，意在为解决中国人口现实问题提供借鉴，因而受到中央领导同志的重视。在全国社会科学规划工作会议上，中宣部刘云山部长对这项成果的价值作了三点肯定：一是"江总书记对《中国人口通史》项目非常关心，指示要加紧出版"；二是"《中国人口通史》对中国历代人口发展状况及其经验教训的深入研究，被作为国家制定人口和计划生育政策的重要依据"；三是"《中国人口通史》进一步推动了人口学学科的发展"。① 中央领导同志的肯定给予了我们很大鼓舞。

《中国人口通史》只写到新中国成立前夕，而新中国成立后的50年，人口发展历史纷纭复杂，亟待总结。在国家人口计生委的支持下，经国家社科规划领导小组批准，我们又组织全国相关专家承担了一项国家社科基金特别委托项目，其成果为中国人口出版社出版的两卷本专著《新中国人口五十年》。这项成果国家社科规划办以《成果要报》的形式上报中共中央和国务院领导同志参阅，同时，在学术界和社会上受到广泛关注。认为这项成果以马克思主义为指导思想，运用辩证唯物论和历史唯物论，全面地、客观地、历史地展现了新中国五十年人口发展的波澜壮阔的历程。既对五十年人口发展的辉煌成绩和历史经验予以充分肯定，又对五十年人口发展的失误和教训作出实事求是的历史分析，使之真正起到以史为鉴的作用，是一部重要的人口国情文献。

在《中国人口通史》问世之后，一些省区的有关领导同志以及学界的同仁，希望能有一部系统研究中国分省区历史人口的学术著作问世。我们认为这是一个很可理解的愿望，这同时也就提出了一个十分重要十分有价值的课题，当然这也是我们打算继续贯彻落实中央领导同志关于研究中国历史人口指示的重要内容。这是一项具有原创性、基础性、开拓性的研究。中国历史人口的研究，自20世纪80年代以来，有了长足的发展。其成绩主要是对全国性历代人口的宏观研究，而且这种研究又以全国历代人口数量的研究为重点，解决了许多历史人口研究中的难题，出版和发表了几部有重要价值的著作和一些论文。但是，对于全国分省、自治区、直辖市的历代人口研究，尚未有系统的专著问世。究其原因，一是学术界真正把人口史作为人口学的一个分支学科进行研究的历史还比较短；二是鉴于这是一项工作量相当繁重的研究，其难度太大，如无长期的人口史研究的积淀，就难以涉足其中。但是，随着对人口史研究的深入，在宏观研究全国历史人口的基础上，向分省区历史人

---

① 见刘云山部长在全国社会科学研究"十五"规划工作会议上的讲话，2001年4月8日。江泽民同志在一次中央常委会议上调阅此书，并指示中央常委每人一套。全国人大常委会把此书作为中国人口和计划生育立法的重要背景材料。国家人口计生委把此书考证的历史人口数据作为常用数据载入《人口与计划生育常用数据手册》。《求是》杂志、《光明日报》、《中国人口科学》等报刊发表书评，认为本书是中国人口研究的一部原创性著作。

口研究的深入，就成为一个必然的发展趋势。这一方面是为人口学学科建设打基础的迫切需要，因为人口学中的历史人口学学科尚在建设当中，如果只有全国性宏观人口的研究成果，而没有扎实的分省区的系统的微观研究成果，就会形成学科建设的空缺。因此，这项研究对历史人口学学科建设具有重要的补白价值。另一方面，随着我国现代化建设事业的深入发展，各省、自治区、直辖市都把人口发展摆在了与经济社会发展相等的突出位置，迫切需要可靠的本省市区的历史人口发展的真实情况，以作为制定经济社会发展规划和人口发展规划的决策依据。因此，这项研究又具有重要的广泛实际应用价值。鉴于这种情况，历史责任感驱使我们知难而进，在完成《中国人口通史》的基础上，又毅然选择了这项研究。国家社会科学规划办公室及时将此项研究立为国家哲学社会科学基金重点项目。

此项研究重点解决三个问题：一是考证全国现行区划的32个省、自治区、直辖市历史时期历代的人口数量，[①] 使每个省区的历史人口数量都能形成一个历史数据链。二是通过考证揭示全国各省、自治区、直辖市历史人口发展的普遍规律。在我国漫长的古代社会里，人口的发展是极不稳定的，出现过多次高峰与低谷，形成增长、下降、再增长、再下降、再增长的波浪起伏缓慢增长的态势。这个特点又在此项分省区研究中显现出来。三是通过考证，揭示32个省、自治区、直辖市历史人口发展的特异规律。各省、自治区、直辖市在各历史考段中，由于政治状况、社会条件、经济发展程度、人口发展的基础等等条件的差异，又会呈现出各自不同的发展特点。

关于考证的基础时段的划分，主要根据历史年代在人口发展中的重要程度，将全国各省区统一划分为18个时段考证，前面加一个序考。序考是对战国以前人口形势的考证。战国中期以前，由于年代久远，资料不足，不做分省区考证，只是综合概括地简要叙述这一漫长时代的人口发展状况，作为全书的开台锣鼓。其余18个考段一般每个朝代选择一个考证时点，选在其人口极盛之时，并非都与朝代政治上的鼎盛时期

---

① 现行32个政区是以2001年1月中国地图出版社出版的《新编实用中国地图册》标志的32个省、自治区、直辖市的疆界为准。香港和澳门由于面积太小，附于广东省。

相吻合,如西汉选在平帝元始二年,隋朝选在炀帝大业五年,元朝则选在其后期的至顺元年。也有些历时较长的朝代,如西汉、唐、北宋、明、清,均选两个考点,一般为初创时期和人口鼎盛时期。除序考不分省区外,其余18个考段,每一考段均分为导语、正考、后叙三个部分。导语主要阐述进入正考时段之前的人口发展形势,使之与正考相衔接,作为该考段的历史背景。正考是每个考段的核心部分,横向地对每个省、自治区、直辖市的考证时点作具体的人口数量的考证,也是每个考段最难以突破的部分。后叙是对正考时段以后的人口发展变化做必要的交代。所以这样设置,目的在于对每个时段的人口有一个比较完整的规律性的认识,而不是孤立地只看考点上的人口数量。新中国成立之后,由于国家有了专门统计机构,对各省区的人口历年都有准确的统计,特别是新中国成立后进行了五次全国人口普查,这在中国人口统计的历史上也是空前的,其人口数据质量之高在国际上也是公认的。因此,新中国成立后的人口数量无须考证,只在书后把全国五次人口普查分省区的人口数量作以备录。

  本书是以马克思主义的唯物史观为指导思想,以历史事实为依据,联系中国历史上当时当地的政治经济社会形势、自然地理条件、社会文化环境等,对全国各省、自治区、直辖市的历史人口进行全面综合考证。所谓综合考证就是根据每个考段的具体情况,综合运用多种历史学考证方法进行研究。首先对不同历史时期的行政区划,按现行的行政区划进行分割,确定各省区在历史时期所辖范围。再把不同历史时期遗留下来的人口统计数字测算分割到以历史区划为背景的现行行政区划框架之中。历史时期遗留下来的分地区的人口统计数字,主要是二级政区的,如两汉、西晋的郡、国,南北朝和隋朝的郡,唐、宋的府、州,金、元的路、府、州,明、清又为府、州等的人口统计数字。一般说这些人口数多不能准确反映当时人口的真实情况,甚至有很大的差异。这是因为中国历史上的人口统计制度影响因素十分复杂,并非是现代意义上的人口普查和人口登记制度。历史人口统计要受多种复杂因素的影响,如人口自然增长情况、经济发展、战争、灾荒、疫病等社会和自然条件的影响等等,致使历史人口统计都有不同程度的漏籍,甚至有半不入籍的状况。有些时期人口统计数字的含意亦需考证,如明朝人口统计数字，实际上只是一种赋税统计单位，这又必须从制度上理解其真实含意。所以，要弄清历史上各省区人口数字的真实情况，必须运用历史学的多种考证方法进行综合考证，对历史人口统计数字的复杂因素作出具体分析研究。毛泽东同志所讲的"将丰富的感觉材料加以去粗取精、去伪存真、由此及彼、由表及里地改造制作功夫，造成概念和理论的系统"这种方法，运用于历史人口分析研究尤为重要。这就是说，对历史人口统计的各种复杂因素要做具体分析，鉴别史籍保留下来的原始数据的真伪，考察其与经济社会的诸种联系，考察人口发展历史、现状和趋势，对比各种相关数据，考察历史上缺代人口情况，以及诸种因素对人口发展影响的强弱程度等等。只有在这种综合分析研究的基础上，才能估计出比较合于实际的历史时段的人口数字。

在考证中，少数民族人口问题是一个重要而复杂的问题。古代少数民族人口大都生活在民族部落组织内，多未编入各级官府的户籍，因而多不见于历代户口统计。这种情况只能通过各种人口活动史料的记载进行考证。少数民族对中原朝廷，既有依附的一面，又有反抗的一面，多反映在对朝廷官府反压迫反剥削的起义斗争中。历史记载这些活动的人口往往是几万人、几十万人甚至上百万人。依照这些资料推断其民族人口的情况，一般来说，不会有大的失误。在考证中，有的涉及今国境之外的地区，历史上有的少数民族跨居今国境两边，并时有变迁。对此，只能是站在维护国家统一、维护民族团结的立场上，尊重历史，实事求是地进行处理。

另外，对有些问题略作说明。书中古今地名的对照，古代地名按《中国历史地图集》，今地名按中国地图出版社2001年4月出版的《新编实用中国地图册》。古地名或在括号内注以今地名，或在正文中直接注出，在今地名之前冠以"今"字，凡多次出现又容易鉴别时则不注。本书涉及距离的里程计量，凡不加"公里"者皆为古代计程单位即"市里"。面积的计算均为平方公里。历史纪年以朝代纪年为主，括号中注以公元纪年。除注明者外，人口数单位均为"人"，户数单位均为"户"，人口密度单位均为"人/平方公里"。表中符号"—"表示没有该项数字。

《中国人口通史》与本书可称之为姊妹篇，前者是从宏观上研究全国历史人口,后者从微观上研究全国分省区历史人口。两书研究目的不同,各有所主。由于本书的研究是在《中国人口通史》的基础上进行的,本书的研究更深入更细化,因此两书凡有不一致的地方,以本书为准。

本书不足之处,请读者指正。

作者
2005 年 10 月

序考　战国以前人口概述

本书编撰的主旨是，按当代各省、自治区、直辖市（以下一般只称各省区）考证历代人口数量。由于在西汉元始二年（公元2年）以前历史上没有留下完整的分地区的人口统计记载，所以对战国中期和西汉初期，只能根据一些与人口有关的史料做些粗略的考证，而对于战国以前的人口情况，只能做一个简要的叙述。

第一节　夏代以前

夏代以前，属于原始社会时期，人口发展变化的具体情况无确切的史料可考。虽然皇甫谧《帝王世纪》[①]说："禹平水土，还为九州，民口千三百五十万三千九百二十三"[②]，从大约的时间概念来说，当是传说中的原始社会末期，大禹治水以后，即夏王朝建立的前夕。然而大禹治水尚属传说[③]，并无文献传于后世，那么这个人口数字如此具体，也就难以使人相信了。而且经过考证，在当时的政治、经济、文化条件下，既无由驾驭全局的国家政权机构去组织人口调查，也无因经济发展的需要在广大地区里调查人口，更不具备用具有记事功能的文字和数字去统计和计算人口的

[①] 皇甫谧——西晋人，其所著《帝王世纪》宋代以后失传。今人所见，多据《后汉书·郡国志》注文所引。

[②] 九百二十三——在古代放在一个大的数据后面，并不代表具体数字，是表示"多"或"余"的意思。如禹时民口，亦可写作"千三百五十五万三千多人"。

[③] 传说——有官方传说，有民间传说，在远古文字发展尚不具备记事功能时，有的大部落首领（如黄帝、舜、禹等）也设有史官，把很多大的历史事件用口头一代一代向下传说，所以很多传说并非无稽之谈。在西周以后，这些传说多被记入典籍。

数量。直至商代按考古发现的甲骨文或鼎文所记的数字，也只到万位。商代之末，文献记载也只70万。因此可以断定，这条人口统计数字，并不是实际的存在。正如《清文献通考》所说："古今户口之数，三代以前杳远莫考，《通典》载夏后、成康之盛曰，数仅①千三百余万，要以后儒以意揣之，未足深信。"当然我们也必须认识到，虽然在当时村落寥寥的情况下，不可能拥有那么多的人口，但从西周及春秋战国时一些史书据传说记载的夏禹治水的一些情况看，当时中原地区的人口，比之原始社会更早的时候，确实有了很大的增长，否则不可能在这一广大地区内，搞这样巨大规模的治水工程。按《国语·周语》的记载，周灵王二十二年（公元前550），太子晋为谏灵王壅塞谷洛二水时说：禹时治水，"高高下下，疏川寻滞，钟水丰物，封崇九山，决汨九川，陂鄣九泽，丰殖九薮，汨越九泉，宅居九隩，合通四海。"可见治水规模之大，地域之广。意思是说，禹时治水，用疏浚河道、决障导流的办法，排除积涝，河道畅通，使九州之内，河边阜地，皆可居住。从上面的引文可知，大禹治水的地区范围，包括整个黄河下游冲积平原地区。西凿龙门，辟伊阙，②东至于海，所以洪水平治之后，"芒芒禹迹，画为九州"，③为人口发展开辟了更广阔的生存空间。

为什么要组织大规模的治水活动？如果用简单的一句话来回答，那就是因为有水患。但事情并不是那么简单。当时整个黄河下游冲积平原，到处都有洪水泛滥，严重地影响了人民的正常生产活动。据传说，大规模治水起于大禹以前的虞舜时期。如果说此时的人口仍属极度稀少，那么大平原的四周，有很多高原丘陵，甚至大平原中间，也夹有部分山地丘陵，尽可以由人们选择居住，为什么要下那么大的力量去治理水患？从人口发展看，固然是人口发展到一定数量，生产力有了一定提高，人们已经不能满足于原有的居住地区，要求向更广阔的地区发展。北方地区的人口，原来多居住在西部黄土高原或靠近平原的边缘地带。但黄土高原虽然土质松软，适宜于用木器或石器的原始农业生产的发展，可是高原地区土地瘠

---

① 仅——在这里做"将近"或"庶几"使用。
② 《水经·伊水注》："昔大禹疏以通水，两山相对，望之若阙，伊水历其间北流，故谓之伊阙矣。"
③ 《左传》襄公四年。

薄，干旱缺雨，农业生产不能得到较高的发展。东部的冲积平原，不仅土地肥沃，而且气候条件也好，雨水比较匀调，在生产力不断提高的情况下，很多人便逐渐向大平原移徙。然而遇到的一个严重阻碍就是洪水经常泛滥，因而出现了治水问题。所以治水问题正反映了原始社会末期，黄河中下游地区的人口已经有了很大的增加，是人口的发展要求治理水患。在人口极度稀少，而生产力又很低下的情况下，既没有必要，也没这个能力去进行这样大规模的治水工程。也正因为水患得到了比较有效的治理，才使原来居住在高原地区的居民，大批"降丘宅土",[①] 选择条件较好的平原地区居住。这也为后来中国人口最稠密地区东移，创造了条件。

当然还必须说明的是，原始社会末期，人口虽然有了很大的增长，但与后世相比较，它仍然是极度稀少。这从传说或者从考古发现的夏王朝、殷王朝居民遗址稀稀落落这一点来分析，原始社会末期的人口仍然不是很多的。隋末战乱，人口耗损十之七八，至唐贞观十三年（639）统计的户籍人口，只有250万左右。而在二十年前的唐朝初年，只能有200万左右。但据历史记载的人口活动仍很活跃，因此估计在夏后氏之世，黄河中游地区难过百万。在今中国版图之内，数百万而已。只是我们必须认识到，它比原始社会早期的人口，确实有了很大的增长。

第二节　夏、商、西周

夏、商、西周三代，均属奴隶社会。从原始社会向奴隶制社会过渡，是人类的一大进步，这是社会生产力发展到一定高度的必然结果。夏王朝属奴隶社会的上升时期，商代属于成熟期，至西周则为其全盛时期。每一个时期的人口发展，都有不同的特点。总的特点是，虽然社会生产力在不断向前发展，向人类提供的生活资料也在不断增加，但由于奴隶制社会制度对人民压迫剥削的残酷性，制约了社会经济的发展，其人口也只能是极其缓慢的增长。经过1400多年的漫长岁月，到西周末年也只达到一千多万。

---

① 《商书·禹贡·兖州》。

一 夏王朝时期

夏王朝的建立，是在大禹治水之后，"禹合诸侯于塗山，执玉帛者万国"，[①] 在这个基础上建立了夏政权。这里说的万国，有些是由原来的部落组织发展起来的国家，也进入了奴隶社会，称为邦国；有些则仍是处在原始社会末期的部落组织。为了述说的方便，这里统称为诸侯国。夏王朝的所谓天下，大体只在今河南省北部，山西、河北两省的南邻，山东省西部及安徽省北部地区，统治中心在河南省登封一带。在其统治下的诸侯国，虽然接受夏室的节制，但它们又有极大的独立性，仍是一个割据的小政权，不是夏王朝的行政区。夏王朝的政区，只在王畿之内，即登封至禹县一带地区。所以即使其号令所及的地区，也只是一个松散的联盟体。除了战争征伐一些活动外，各诸侯国之间仍然极少交往。作为一个时代来说，社会生产力提高了，创造了更高于原始社会的物质财富，特别是农业生产有了较高的发展，一般人民的食品结构也发生了重大的变化，由原始社会的狩猎与采集野生食物为主，基本上变成了以农产品为主。据考古发现，这时对农田已有灌溉，有引水渠道，有水井，生产领域更开阔，并有了指导农业生产的历法。同时手工业生产也有一定的发展，陶器的多样性以及冶铜技术的进步，都标志着社会生产力在不断发展。没有人口的增长，也不会出现社会生产力的提高。至于说夏代末期能有多少人口，很难作出定量的分析，也无从估计，只能说高于原始社会末期。

二 商王朝时期

至商朝的建立，奴隶制的社会制度已经成熟，除了边缘地区外，在中原地区的各部落，基本上都已过渡到了奴隶制。商王朝对各诸侯国也有更大的控制力，不再是一个松散的联盟体。作为国家的权力机构，不断得到强化，设立了相应的行政机构，以管理各方面的政务，并建立起一套比较完备的刑法。在王畿以外的封国，都要接受商王的封号，并设立了侯、伯、子等不同等级的爵位。并经常出兵征伐那些叛逆的诸侯，以巩固商王室的统治。出兵最多时一次超过万人。并建立了相应的户口管理制度，甲

[①] 《左传》哀公七年。

骨文卜辞中的"登人"（登记人口）就反映了这个问题。这些都是在生产力得到更高发展的基础上实现的。农业生产提高到了一个新的水平，虽然史书无具体的记载，但很多占卜乞求农业丰收的甲骨文，如卜禾、卜雨、卜年等等，足以说明统治者对农业生产的重视，并有农官的设置。甲骨文中也有很多农业生产活动的记载，很多农作物品种也被记录下来了。商代酿酒业很发达，在地下考古中发现了大量种类繁多的酒器，就是一个很有力的证明。酿酒主要用粮食，虽然人民的生活是极其低下的，只是统治阶级"率肆于酒"，① 但它反映了商代农业生产比夏代有更高的发展。同时青铜冶炼技术在商代也有很大的提高，可以铸造或打制各种生活用具以至作战的武器，而且其他手工业门类都有发展。这些似乎都与人口无关，但实际上这些事业的发展都和人口息息相关。社会生产力的提高，必然反映在人口上，其人口比夏代会有更高的增长，这从商朝末年周武王灭商所用的兵力即可看得出来。

商朝末年，纣王暴虐，众叛亲离。此时居于岐山（今陕西岐山）的周国、并已受商封为西伯（西部诸侯或部落国的首领）的颐昌，势力增强，逐渐摆脱了商王朝的控制，借反对纣王暴虐的名义，扩大势力范围，灭掉了周围一些小国，占据渭河平原，并争取了很多原属商朝的诸侯国的支持，已是"三分天下有其二"。② 这时虽然西伯姬昌被拥立为文王，但对于众多诸侯国来说，它已是其中势力最大的一国，成为各国的领袖。至武王姬发时，开始发动对商的军事攻势。于武王十一年（约公元前1056）"率戎车三百乘，虎贲三千人，甲士四万五千人，以东伐纣"。③ 而纣王"亦发兵七十万人距武王"。④ 或以为武王兵力太少，双方力量悬殊，疑"七十万"为"十七万"之误。认为武王取胜是因为纣王暴虐，士众离信，战场倒戈，使周人很顺利地夺取了商人的政权。不过商兵的倒戈，只是武王取胜的条件之一。经过进一步考查分析，武王的兵力远不是只有48 000人，因为武王伐纣是一次联合军事行动，各诸侯国当然也要出兵，所以《史记·周本纪》又记载：武王十二年（约公元前1045），"诸侯兵

---

① 周康王时铜器《大盂鼎》铭文。
② 《论语·泰伯》。
③④《史记·周本纪》。

会者车四千乘，陈师牧野"（今河南省新乡至安阳）。如果每乘战车均按与周兵同样编制计算，每车平均士卒160人，诸侯兵合计则当有64万人。加武王的军队48 000人，总兵力为678 000人，与纣兵基本相当。如果兵车单独计算，其总兵力还要多，并不存在兵力悬殊的问题。尽管这些兵力的计算，不可能很准确，但原书所记纣王兵力"七十万"绝非误笔，纣王绝不可能只筹集17万兵去对付武王联军的六七十万人。而且对纣王来说也不是仓促应战，武王在几年以前就开始了对商的军事攻势，而纣王也应在几年以前就有所准备。就纣王所控制的地区来说，虽然三分天下已失其二，但人口最稠密的地区仍在商的控制之下，完全有可能组织起70万人的军队。至于这些军队不堪一击，战场倒戈，导致商朝灭亡，那是另外一回事。所以还是应当按照原书的记载去考查人口。

按照上述考查，双方军队合计1 378 000人，以平均4人出一兵计，商朝末年当有人口550多万。之所以按平均每4人出一兵计，这是从当时的具体情况考虑的。有些诸侯国已进入奴隶社会，农业生产比较发达，在以户为生产单位①的情况下，不可能把劳动力全部抽出来远出作战，或只能5人出一兵。而有些方国，即部落组织，仍处在原始社会末期，渔猎生产仍占很大的比重，农业生产并未占到主导地位，尚处在壮者皆兵的阶段。所以综合考虑，只能每4人出一兵。还必须说明的是，对于这550万人口的估计，只能是一个大约的数字。只要《史记》所记载的参战戎车数、兵卒数基本上是可信的，那么这个分析估计的人口数，也当不离大体。

至于这550万人口所涵盖的地区范围，当比商朝初期的统治地区大得多。从参加武王会盟的诸侯国所居住的地区来看，已涉及巴蜀、江汉地区，基本上包括了长江以北的整个黄河长江流域的中下游地区。如果以今中国版图来估计，全国人口当不少于700万。

三　西周王朝时期

奴隶社会在西周，已进入了它的全盛时期，不仅社会生产力有了进一

---

① 在奴隶制社会时期也实行井田制，实际就是以户为单位进行生产，只是随着社会形态的变化，各个历史时期井田制的性质有所不同。

步提高，农业生产有了较高的发展，社会财富的创造更高于商代。更重要的是在政治制度上有重大的变革，使西周时期的中国，基本上已形成以王权为中心的统一的国家。作为中央政权的朝廷，① 设置了比商代更健全的管理社会的各种职能机构，对地方的控制更严密。西周建立不久，就把姬姓王室的宗人和近亲功臣分封到各地，也就是征服各地，取代商政权以行使周王朝对各地的管辖。并且把全国划分为许多政区——国。② 国有君长，即分封到各地的宗人和近亲功臣。《左传》昭公二十八年记载："昔武王克商，光有天下，其兄弟之国者十有五人，姬姓之国者四十人。"《荀子》记载为周公制天下"立七十一国，姬姓独居五十三人焉"。这两条记载大体相同，兄弟之国也是姬姓，包括近亲之封国（如姜姓封于齐）大约七十余国。这是最初的封国，也是管辖地区较大的国，以弹压原为商朝臣民的反抗。以后还有续封，并对以前的很多旧国或部落，也封给不同等级的爵号，如公、侯、伯、子、男等，使为一国。这些封国都作为西周的地方政权而存在，都要遵守西周朝廷的典章制度。很多情况说明，西周时期的中国已经是一个统一的国家。由于国家的统一，更有利于社会经济的发展。西周文化，原来已有较高的发展，王室子弟及功臣分封到各地，不仅要带去一定数量的军队，还有其他各种人员，无疑要把西周先进的思想文化和生产经验带到各地，这对整个社会经济的发展起了很大的促进作用同，从而也促进了西周人口有较高的发展。

进入西周以后，由于文字的记事功能有了重大的发展，很多社会活动，包括各种生产活动在典籍上有了记载。特别是对人类生息繁衍最基本的生活资料来源的农业生产，也有了较多的记载。不仅农业生产工具有了发展，已有了金属制造的农具，耕作技术有了改进，深耕、熟耘、植株培土，而且还有积肥、造肥、清除虫害的记载。这说明已开始向精耕细作的方向发展，这无疑会提高农田的产量，使人民生活得到一定的改善，从而

---

① 朝廷——即奴隶社会和封建社会时期的中央政府。在古代文献中，都是把国家的最高政权机构记为朝廷。中央政府是近代的称谓，只要明了意思，没有必要把朝廷改为中央政府，而且意义也不完全相同。在分裂时期建立的许多割据国，也称朝廷，我们不可能把它们都改成中央政府，容易产生混乱。所以本书仍使用古代称谓。

② 国——当时的国与现代意义的国不同，它只是一种政区的称谓，其后逐步演变为现代意义的国。

促进人口的增长。同时我们更要看到奴隶社会的性质对人口的影响，由于人民受着极残酷的压迫剥削，生活虽会有所改善，但不会有大的改善，人口虽有较快的增长，但也只是对比商代而言。

　　至于西周时究竟能有多少人口，史无记载。在其初期，按上面考证商代末年人口约550万，这也是西周的人口基数。下面再按周初拥有军队的数量做进一步考查分析。周初军队编制为14个师，其中戍守镐京（西周都城，今陕西西安）的6个师、戍守成周（西周陪都，今河南洛阳东）的8个师。① 按《周礼》记载，每师2 500人，② 总计35 000人。然而这个数字尚不及武王伐纣时动用的兵力多，虎贲3 000人，甲士45 000人。估计周灭商之后，有很大一部分兵力分散到各诸侯国去了。这当是王畿内重新组建的常备兵力。再从另一条史料去看西周初期的军队数量。康王时《小盂鼎》铭文记载，一次伐鬼方（今陕、甘、宁三省区边缘地区），③"获馘四千八百零二，俘人万三千八十一"。这是一次规模较大而又极残酷的战争，仅割敌军左耳就4 800多，必然是一场殊死的大搏斗。敌军数量有多少不清楚，仅被杀被俘的合计就有17 880人。从以后太原戎（即鬼方）仍不断与西周为敌，并给西周造成重大的军事压力的情况分析，这仅是他们军队的一小部分。在这次大战以前，至少也得有3万人的军队，推其人口当在10万以上。而西周，必须以绝对优势的兵力，才能取得这场战争的胜利，因此西周军队少也得出动6万人，虽然它不可能把全部兵力拿出来对鬼方作战，其中当有很大一部分是抽调诸侯国的军队。但仍可以说明，把西周初期的兵力估计为35 000人，只能是一个偏低的估计，④ 因为它不可能不留下一定的戍守部队，也反映了至康王时的人口已

---

① 见《舀壶》、《禹鼎》、《窒尊》等铭文。
② 《周礼·夏官·司马》。
③ 鬼方——由于历史久远，后史所记多据传说，或谓在今之河套地区，或谓在南方的江汉地区，或谓在今贵州省境内，众说不一。按照这次战争情况分析，《竹书纪年》说当是，即在即汧陇之间，汧即汧水，发源于今陕西省陇县西北，六盘山（亦称陇山）南麓，这当是它的南部边缘，其中心地区当在甘肃庆阳地区（即后来的义渠）。当时的西周既不可能动用那样大的兵力远征到大沙漠的河套地区，也不可能到南方去作战。而且从文献记载的西周后期及更后期的春秋战国时期，来自北方的威胁基本上都是这一地区，没有向更远处作战的传说和记载。
④ 《竹书纪年》记载，夷王时（约公元前885～前878）"命虢公率六师伐太原之戎，至于俞泉，获马千匹"。此事在康王之后约170年，是另一次小规模的战争。

经有所增长。即按这个兵员数字推算，以平均每5口出一兵计，也得有人口175 000人。这部分兵员征集的区域，则是周王直接管辖的王畿之内。按照西周制度，当兵是一种义务，也是一种很荣耀的事，只有自由民才可以当兵，奴隶是没有资格当兵的。如果自由民的人口按考证大体占总人口的25%，推其总人口当为70万左右。

另外，按《周礼·地官》的记载，王畿郊内（都城百里为郊，这里应包括东都洛阳地区在内）设六乡，每乡12 500户，郊以外设六遂，每遂也是12 500户。六乡六遂总计15万户（郊内并非全是自由民，郊外则基本上全是奴隶），以平均每户5口计，当有人口75万。这个六乡六遂之说，不可能完全属实，但从分析的人口数与按军队数量推算的人口数大体相当，或当不是一种巧合。不过王畿千里，包括关中及洛阳地区，其间也插有一些小的封国，例如北虢、郑、彤、焦等，估计王畿的实际人口当在百万以上。这里再和鬼方的人口做一个比较。鬼方虽然也是人口比较多的地方，但远不能同千里王畿相比，鬼方人口10万以上，王畿人口至少十倍于鬼方，当在百万以上。这一地区的人口含量，对周天子统治的地区来说，大约只能五分居一。洛阳以东的广大平原地区，此时的人口已是比较稠密，再加周围其他广大地区，对西周初期长江以北的黄河长江流域中下游地区作550万估计，不会失之大略。至于《帝王世纪》所说西周之初人口13 704 923，是不足凭信的。

西周建立后，政权逐渐得到巩固，生产得到恢复发展，人口也得到增长。所以《帝王世纪》说："其后七十余年，天下无事，民弥以息"。这当是事实。因为当时的社会形势，在多种史书里都有记载，估计此时的人口已远远超过550万，那么至西周末年能有多少人口，这里还需要先从军队的编制来分析。至西周后期，由于人口的普遍增长，特别是东方各诸侯国的人口有较大的增长，为了弹压一些诸侯国逐渐产生的离心倾向，也为了防范边缘地区以外的部族的侵犯，周王室的军队也不断扩大，编制有所改变。最大的编制为军，共设六军，每军12 500人，[①] 六军为75 000人，仍以平均每5人出一兵计，当有人口375 000人。这是自由民的人口。再按自由民占总人口的25%推算，则王畿总人口为150万，比西周之初的

[①] 《周礼·夏官·司马》。

75万人增加了一倍。按对西周之初的人口分析，关中地区至洛阳地区，除王畿的土地外，还包括其间其他诸侯国的人口，共百万左右，增加一倍为200万左右。再按这一地区的人口只能占西周统治区总人口的五分之一计算，至西周末年当达到1 000万左右。从西周初期以来，计其人口年均增长率，大约在2‰多一点。这个人口数的分析，从以后的发展看，基本上反映了当时的人口规模。

西周后期，政治腐败，政权日益衰弱。由于对奴隶的残酷压迫剥削，阶级矛盾加剧，奴隶逃亡的现象不断发生，反抗斗争激烈，甚至自由民也起来反抗周王室的统治。周厉王时国人（自由民）暴动，把厉王赶出了京城，正反映了这种颓败的政治形势。其后虽有所谓"宣王中兴"，但形势并没有好转，至幽王时又发生了申侯（封地在今河南南阳）联合部分诸侯国及犬戎（关中以北地区的少数民族）进攻镐京，幽王被杀。平王继位后迁都雒邑（今河南洛阳），西周灭。

第三节 春秋时期

周平王东迁后，史称东周。后因孔子据鲁史作《春秋》[①] 一书，对东周时期记事较详，传于后世，人们又泛称东周时期为春秋时期，历时大约295年。春秋时期的形势特点是，周天子对诸侯的控制力日渐衰弱，大有众叛亲离之势。但周王作为天下共主的身份，仍有一定的号召力，没有敢于公然对王权提出挑战的，也没有想去灭掉周王室的，但是一些势力较强的大诸侯国，想凌驾于诸侯之上，代天子行使权力。因而便出现了大国争霸，"挟天子以令诸侯"的局面。这时周王室原来制定的一些规章制度，对各诸侯国基本上已失去了约束力。各国都想发展自己的势力，在国内进行必要的社会改革，逐步变奴隶制为封建制的生产关系，变力役地租为实物地租（井田制就是力役地租），变奴隶为农奴，使他们可以拿到稍多的剩余产品，以调动奴隶的生产积极性，发展经济，增加人口，以增强其与

---

① 《春秋》——孔子作《春秋》起始于鲁隐公元年，即周平王四十九年（公元前722），止于鲁哀公十四年，即周敬王三十九年（公元前481），共242年，人们便把这一时期称为春秋时期。由于《春秋》一书基本上反映了东周时期的社会形势，所以后来人们又把整个东周时期，泛称春秋时期。

各诸侯国的抗争与兼并的实力。因而这一时期战争连年，大国争霸并吞灭周边很多小国，小国也吞并比它更小的国。大部分诸侯国逐渐灭亡了，少数诸侯国逐渐发展壮大起来，它们之间的攻伐争战更激烈。春秋时期的形势极为复杂，战争给人民带来灾难，抑制了人口的增长。但战争也促进了社会的发展，推动了变革的进程。随着军事征伐的南征北战，各国使臣也穿梭于各地之间，文化思想交流、生产经验交流更广泛，社会生产力有进一步提高。特别是冶铁业的发展，铁制农具逐渐被广泛使用，使农业生产有更高的发展，在一定程度上又促进了人口的增长。

春秋时期能有多少人口，据《帝王世纪》的记载，东周庄王十三年（公元前684）"自世子公侯以下至于庶民，凡千一百八十四万七千人"。这是平王东迁以后86年的统计。这个数字是不是可靠呢？《帝王世纪》还记有另外两个人口数字，均被否定。但这个人口数，从多方面的情况考查认为，基本符合当时的实际情况。尽管当时调查统计的具体情况失于记载，但从西周末年以来的形势发展看，还是应当予以认可。即按《清文献通考》所说："古今户口之数，三代以前杳远莫考，《通典》载夏后、成康之盛曰，数仅千三百余万，要以后儒以意揣之，未足深信。"但也只说的三代以前，对庄王十三年的人口数并未予以否认。而且这个统计中还记有"除有土老疾，定受田者九百万四千人"。受田者是奴隶，也包括刚从奴隶转化过来的农奴，可占总人口的76%，也符合农业奴隶占总人口绝大多数的比例关系，这绝不是可以凭空捏造出来的。这个统计数字虽然不可能很准确，但就当时周王室的封域来说，也不会有大的出入，至多1 250万左右，比西周末年大约增加人口250万，年均增长率2.58‰，比西周期间的2‰左右略高一点。这也是进入春秋时期以后，由于社会变革的推动，各国之间的兼并战争，还没有达到激烈的程度，人民生活也当有所提高，使人口增长会略快于西周时期。东周庄王十三年以后，人口还会继续增长，按略低于前期的增长速度计算，至春秋末年可达2 150万以上。

春秋时期的特点，虽说是战争连年，但也不是在同一时间里到处都有战争。而且同后世相比，规模也比较小，每次战争持续的时间也不是太长，没有发生过像后世那种连续多年的全国规模的大战乱。这一时期由于战争会给人口造成很大的损失，所以可以有局部地区的人口急剧下降，但不会有几千里范围内的人口急剧下降，而且其他大部分地区的人口还会在继续增长。从总体来看，春秋时期的人口一直是比较稳定地增长。结合当时的这种形势按一定增长比例推算出来的人口，较实际人口不会失之过甚。

第一考　战国中期

公元前 340 年前后

第一节　导　语

　　秦代以前，历史上虽然没有留下分地区的人口统计记载，但在战国时期，特别是战国中期以后，却有大量战争期间带有数字的人口活动记载，而且涉及中原大部分省区。所以还是试图运用这些人口活动的史料，做一个粗略的分省区人口考证。哪怕是朦胧的，也有助于大体了解刚刚由奴隶社会过渡到封建社会时，各省区的人口情况。但由于这些人口活动数字多是跨省区的，而且主要是以战国时期的国为单位反映出来的，所以对各省区的人口考证，必须分两步走。第一步，首先对战国中期各国人口进行考证，得出一个基本符合历史事实的总体人口数据；第二步，按当代各省区所占各国的土地面积及其所处的地理自然条件，综合起来进行再考证。

　　对于一些边疆省区，当时与内地极少交往，人口情况茫然。但那些地区，不仅从考古中发现早在原始社会早期就有人居住，而且他们也会不断增殖发展。后世发现有些边缘省区的人口并不是特别稀少，那么那里较多的人口是从哪里来的呢？当然不是从天上掉下来的，也不是突然从什么地方搬迁过来的，主要还是由远古时期就生活在这里的人民（当然也可能在更远古的时候从别处迁来）逐渐繁衍起来的。虽然我们对要探求的时期的情况不了解，但可以运用人口发展规律，分析不同地区在不同的自然地理条件和社会条件下可能存在的人口增长情况，由后史资料考证出来的比较可靠的数据向前推算。用这种方法考证出来的人口数据，虽不可能很准确，但大体上还是可以反映这些地区当时的人口状况。

第二节　战国中期分国人口考

战国时期，由奴隶制向封建制的过渡已基本完成，各国的农业经济也基本上都采取了封建主义的经营方式，即地主占有大量土地，用缴纳实物地租的形式，租给农民耕种。这些自耕农，也是以地租的形式向官府缴纳赋税。奴隶基本上都得到了解放，生产积极性提高了。特别是铁制农具的广泛使用和牛耕的推广，农业生产也必然会有一个较高的发展，为人民提供了比奴隶社会时更多的食需，促进了人口的更快增长。然而在春秋后期，列国之间的战争兼并愈演愈烈。《帝王世纪》说："当春秋时，尚有千二百国，二百四十二年之中，杀君三十六，亡国五十二，诸侯奔走不得保社稷者不可胜数，至于战国，存者十余。"这种社会动乱的局面，虽然不是在同一时间发生在同一地点，但也很难使人口得到很快的增长。到春秋后期，人口增长便缓了下来，估计春秋末期的人口，大约只能达到2 150万。

进入战国以后，众多的诸侯国相继灭亡了，只剩下秦、齐、楚、燕、韩、赵、魏七个强国，称为战国七雄。还有几个无足轻重的小国。但七雄之间争战更激烈。他们都想对周天子取而代之，以结束长期分裂的局面，把天下统一到自己这方面来，因而战争连年，规模更大。这时由于各国占领地区广大，人口增多，出动兵力动辄十几万人、几十万人，对社会的破坏也更严重。虽然这时各国都相继进入了封建社会，社会生产力应当有较大的提高，但实际上由于战争连年，规模扩大，战争动用人力之多，消耗物力之大，超出了社会的承担能力，反而影响了生产的发展，致使它的人口增长速度更缓慢，至战国中期达到了它的顶峰，也只2 630万。其后的人口便处于下降的趋势，及至秦始皇统一六国时，只剩下大约2 000万，尚不及春秋末期人口多。

对战国中期人口，近代多有史家考证，或认为2 000余万，或认为2 500余万，或认为3 000万，但均未见细考。历史上最早见于皇甫谧《帝王世纪》一个粗略的考证："然考苏张之说，计秦及山东六国，戎卒尚存五百余万，推民口数尚当二千余万"。① 这里他提供了一个线索，我们也按照"苏张之说"，即战国中期说客苏秦、张仪游说各国所考各国兵力为主线，并结合其他有关人口的史料，进行综合考查。虽然对苏秦、张仪的游说活动，历史记载矛盾很多，但所考兵力的数量无太大的出入。这里不做详考，只以《战国策》的记载为基础进行考查分析，即是有些策文不是苏秦、张仪的原话，或有后人的模拟，但联系当时各国的形势，并参考《史记》苏秦、张仪传等其他史料考查，基本上符合当时的实际情况。关于考证的时间，大约以公元前340年前后（即周显王中后期）各国疆域为准。有些有参考价值，但离这个考点时间稍远的事件和地区，则做必要的说明，这也是为考点的考证结果服务的。下面做分国考证。

秦国。周慎靓王四年（公元前317）以前，主要占有关中地区，并含有今河南省西峡、卢氏、陕县以西部分地区。周慎靓王五年、秦惠文王更元九年（公元前316），秦并巴蜀（即巴国与蜀国），据有今四川盆地及其周围地区。周赧王元年、秦惠文王更元十一年（公元前314），秦攻义渠（今陕、甘、宁三省区边缘地区），得25城，虽然得两地时间稍后，但与其他国的疆界无涉，亦列入考证时间秦国领地内。

苏秦游说秦国，说秦国兵力奋击百万。张仪游说列国时，说秦虎贲之士百余万。后来范雎说秦昭襄王，亦说虎贲之士百余万，众说皆同。当然所谓百万是大约而言。《史记·白起传》记载，秦昭襄王四十七年、赵孝成王六年（公元前260），秦与赵国长平（今山西高平西北）之战，"秦虽破长平军，而秦卒死亡过半，国内空"。这次战役是秦、赵全力以赴的大决战，赵国投入兵力近50万，秦国投入的兵力少也有七八十万。但也不可能太多，否则这个"虎贲之士百余万"的军事大国就没有必要"发十五岁以上悉诣长平"。说明要对付这场恶战，也显得兵力不足。从"死

---

① "推民口数，尚当二千余万"。——原书记为"推民口数，尚当千余万"。经考查分析，实为"二千余万"之误，系在传抄中"千"字之前脱漏"二"字。《帝王世纪》经历代辗转传抄，多有错讹。杜佑著《通典》、马端临著《文献通考》均成书在后，对战国时人口无其他史料可据，于是未加分析，予以转述，以讹传讹。据《后汉书·郡国志》的作者说："皇甫谧校核精审"，对这样一个一般常识性的问题，他不可能认为平均每2人可出一兵，在总人口中半兵半民，而且也不符合他在其他地方所记载的户口数，平均每户都是四口半到五口以上的一般家庭人口结构情况，显然"推民口数，尚当千余万"，不是他的原意，故改之。

者过半"一语判断，秦兵死亡也在40万左右。然而秦仍可以继续以数十万兵远出作战，说明秦确有雄厚的人力基础。特别是30年后（公元前229），齐争楚之东地（淮北地区），楚求救于秦，秦发50万兵伐齐，使楚难得解。说明正是由于秦有很高的人口基础，几十年之后，军力便得到恢复。说明在长平大战之前，秦的正规军队少也有80万，按平均每户出一兵计，80万户，当有人口400万。

再从另一个方面考查秦国人口。在苏秦游说之前，秦国用卫鞅为相，实行变法，采取了一系列有利于人口增长的措施，人口得以迅速增长。并于秦孝公十二年（公元前350），并小县为大县，县均设令。据《汉书·百官表》记载："县令、长，皆秦官，万户以上为令。"这就是说，在并县以前，超过万户的县设县令，不足万户的县设县长。并县以后共41县，既都设令，说明每县人口都在万户以上，其中有些县会远远超过万户。都城咸阳（今陕西咸阳东），是西方一大都会，当有数万户。其总户数不能少于50万，推其人口当在250万左右。以上只是关中及其附近地区的人口。同时，秦又吞并了巴蜀和义渠，那里也有很多人口。巴蜀地区广大，物产丰富，特别是成都平原，盛产米粮，并为秦对外作战提供了大量后勤支援和一定的人力，说明那里已不是人口稀少。义渠是西方少数民族中的最强国，即古太原地。这里的人口也比较多，义渠能长期与秦抗衡，并数败秦军，正说明它有一定的人力基础。把上述情况和秦国的兵力结合起来分析，在苏秦、张仪游说各国的战国中期，秦国人口，包括巴蜀和义渠，不能少于400万。

齐国。据有今山东省域的绝大部分，其余还有鲁国数城之地和宋国占有的南部边缘地区的一部分。在北部跨有河北省一小部分，包括山东省西北部地区，人口都很稀少，基本上仍是荒无人烟的草场。

苏秦游说齐威王与山东[①]各国联合抗秦，说："齐地方二千里，带甲数十万，……临淄之中七万户，臣窃度之，下户三男子，三七二十一万，不待发于远县，而临淄之卒，固已二十一万矣。……临淄之途，车毂击，

---

① 山东——山，指肴山，在今河南西部灵宝市，山之北有函谷关，秦在山西，其余诸国在山东，所以称山东诸国，也称关东诸国。战国时亦称山东六国或关东六国。这里的山东与今山东省是两个不同的概念。

人肩摩，连袵成帷，举袂成幕。"① 苏秦这一席话，反映了齐国人口众多。但带甲数十万，不是定量数字，不能做推算人口的依据，我们可以结合其他史料进行考查分析。《战国策·赵策》记载田单与赵奢②的一次谈话，赵奢说，古代人口稀少，"城虽大，无过三百丈者，人虽众，无过三百家者，……今千丈之城，万家之邑相望也。"意思是说由于人口的增长，现在，万家的城邑（县）到处可见。这反映了赵国中心地区和齐国人口都比较多。齐有多少城邑，史无明确记载，而且由于列国争战，疆界屡有变化。《史记·滑稽列传》记载，齐威王（公元前356～前320）"朝诸县令长七十二人"。又《战国策·燕策》记载，周赧王三十一年、齐湣王十七年（公元前284），燕将乐毅伐齐，下70余城，仅存莒、即墨二城。就在乐毅伐齐的前一年，秦越过韩、魏攻齐，取9城，置9县（约聊城附近及其以南地区）。说明齐在战国中期至少有81城（按今山东省域，包括鲁国、宋国所占地区，共90余城）。至于每城有多少户，虽说万家之邑到处可见，但在齐国的县既有令、有长，说明并不全是万家。有些城会远远超过万家，临淄就有7万家。薛城（今滕县南）是孟尝君的采邑，③ 初受封时就有万家，其后增至数万家。东部的即墨（今平度东），也是一个人口较多的县邑。秦昭王二十八年（公元前279），田单守即墨，破燕军，于城内得壮士5 000人，城内当不少于5 000家。即墨所领乡村广大，东至海，齐威王曾以万家赏即墨大夫，说明即墨全境当有数万家。至于临淄，若按苏秦所说，可征发21万兵卒，则当有60多万人口，这在当时的条件下，不可能拥有这么多的城市人口，当含近郊县。从"不待发于远县"一语中，即可看出这个问题。但从总体看，齐国各县，包括所领之乡村，平均每城（县）不能少于万户。即按万户计，再以平均每户5口推算（临淄平均每户可出三丁，户均当有七八口，不能代表整个齐国），81城，81万户，当有人口405万。

楚国。据有南方广大地区，大体经大巴山至武陵山以东，由秦岭东段向东，经淅川、方城、太康、柘城、宿州、宿迁至连云港一线以南，东至

---

① 《战国策·齐策》。
② 田单与赵奢——田单，先为齐相，封安平君，后又入赵为相。赵奢，赵国将军，封马服君。
③ 采邑——诸侯国内卿大夫受封之地，取民租税，作为国君给他们的俸禄。

天目山、武夷山，南尽南海，均属楚地，其统治中心在江汉地区。

苏秦为联合抗秦说楚威王："楚地西有黔中、巫郡，东有夏州、海阳，南有洞庭、苍梧，北有汾陉之塞、郇阳，地方五千里，带甲百万。"① 在此之前，楚宣王问群臣，北方诸国为何畏楚？江乙回答说"王地方五千里，带甲百万"。② 其后秦国伐赵，围邯郸（今河北邯郸），赵使平原君赵胜求救于楚，毛遂自荐从往，亦说"楚地方五千里，持戟百万"。② 类似这种记载很多，都说的是楚兵百万。按 5 人出一兵计，当有人口 500 万。

为什么很多人都说秦兵百万，但在推算人口时却打了折扣，只按 80 万计，对楚国却没有打折扣？这是从地域、人口活动所反映的人口稠密情况和历次军事行动所动用的兵力情况等多种因素考查分析所确定的。楚国不仅地域辽阔，居战国之首，而且很多地方人口也很稠密。楚怀王三十年（公元前 299），齐争楚之东地 500 里，楚遣大司马昭常驻守东地，对齐国使臣说："我典主东地，且（将）与死生，悉五尺至六十，三十万弊甲钝兵，愿承下尘。"所谓"弊甲钝兵，愿承下尘"，是对使者的一种谦词，表示决心与齐国对抗到底。东地，即楚之淮河下游以北地区。"五尺至六十"，即身高 5 尺以上到 60 岁的壮年男子。丁壮 30 万，当有人口百万左右。又《国语·楚语》记载，春秋时楚灵王（公元前 540~前 529）欲筑城于陈（今河南淮阳）、蔡（河南上蔡）、③ 不羹（河南襄城东南），说："我不服诸侯而独事晋，何也，唯晋我远也，今吾成三国，赋皆千乘，亦当晋也，又加之以楚，诸侯其来乎"。这段话的意思是，楚灵王为了称霸中原，与晋抗衡，要在已被灭掉的陈、蔡、不羹三国故地筑大城，设陪都，扎根中原，使诸侯惧怕而朝楚。因为这一地区人口比较稠密，三城均可组织起战车千乘。春秋时期以车战为主，按《国语·楚语》注："礼，地方十里为成，出长毂一乘，马四区，牛二十头，步卒七十二人，甲士三

---

① 《战国策·楚策》。
② 《史记·平原君列传》。
③ 蔡国曾多次迁徙，先在今河南上蔡，次河南新蔡，后又徙至今安徽省凤台。楚灵王筑城是在三国灭亡之后的旧地。对蔡国原书没有具体说明筑城在何地。从地理上看，今之淮阳、上蔡、襄城，呈鼎足之势，而新蔡、凤台相距较远，在当时来说，军事上也不是十分有利的地方，故楚灵王筑城之地当在上蔡。

人，三国各千乘，其地三千成。"按此计算，三城各当出兵士75 000人，合计225 000人，推其人口可在百万以上。而且这里说的仅仅是原陈、蔡、不羹三国所辖地区，在这其间及以东还有胡、顿、厉、项、房、道、聃、江、息、弦、黄、蒋、蓼、颍、尾等很多小的诸侯国，都臣属于楚。说明楚占淮河上游以北地区，早在春秋后期，人口已很稠密，当有数百万人。虽然在战国中期，原不羹已属魏国，但至战国后期，又经200年左右，楚地人口会有更大的增长。另外，在江汉地区，曾是楚都郢城所在地，春秋时也散处着很多小的诸侯国，都反映了这一地区的人口也比较稠密。还有江南广大地区，虽然人口比较稀疏，但由于地面广大，总合起来也会有相当多的人口，所以在战国中期，同其他各国相比，楚人口500万是一个偏低的估计。

燕国。据今望都至沧州以北的河北省北部地区（包括京津地区），及辽东辽西地区。至于下面苏秦所说的某些地区，只是某一过程它的势力范围曾触及到的地区，并不是它的基本控制区。

苏秦说燕文侯："燕东有朝鲜、辽东，北有林胡、楼烦，西有云中、九原，南有呼沱、易水，地方二千里，带甲数十万，车七百乘，骑六千匹，粟支十年。"[①] 在这里苏秦说的不是确切的兵员数，不能据以推断人口数量。另据《战国策·燕策》记载，秦、赵长平之战，赵兵损失惨重，国力虚弱，燕企图趁机伐赵。于燕王喜四年（公元前251），遣栗腹持百金为赵孝成王祝寿，实际上是去探察国情。回报说："赵氏其壮者皆死长平，其孤未壮。"于是燕王使栗腹率40万攻鄗（今河北高邑东，原属中山国），使庆秦以20万攻代（今河北蔚县东北），总兵力60万。但燕国占地虽广，从它所处的地理自然条件分析，除今北京周围地区至保定周围地区人口比较稠密外，其他地区人口都比较稀少。同其他国比较，它不可能组织起60万军队外出作战。而且在苏秦游说燕王时，燕王亦说："寡人国小，西迫强秦，南近齐、赵，齐、赵强国也"。[②]说明燕国军力、人口远逊于齐、赵。从苏秦所说的带甲数十万分析，其军队只能有40万左右，推其人口当在200万。若按60万兵士推算，则当有人口300万。可是至西汉末年，在人口有了较大增长、且有比较准确的统计的情况下，在燕国

---

①②《战国策·燕策》。

所辖地区，也只280多万。所以战国时燕国的实际人口不会超过200万。

韩国。在七雄之中，国土最小，占据今河南省中部和山西省南部地区，黄河以南大体今渑池、卢氏以东，平顶山、新郑、原阳以西，黄河以北，大体沁阳至长子、沁县以西，洪洞、临汾至垣曲以东。而黄河以南又夹有残存的西周和东周。

苏秦游说韩宣惠王，说韩国"地方千里，带甲数十万"，① 其后张仪游说韩惠王，说：韩国"地方不满九百里，无二岁之所食，料大王之卒，悉之不过三十万，而厮徒负养在其中矣，为除守徼亭鄣塞，见卒不过二十万。"②韩襄王四年（公元前308），秦攻韩都宜阳（今河南宜阳西），东周君与其臣赵累议论韩国能否守住宜阳，东周君说："宜阳城方八里，材土十万，粟支数年，公仲之军二十万……秦必无功。"② 这里不管战况如何，韩为保卫都城，可聚军30万，说明韩国军队不止30万。不过韩国所占地方，虽有今属河南省郑州以西人口比较稠密的地区，但黄河以北则略见稀少。联系前后各种说法，其军队大约只能在30万左右，推其人口约150万。

赵国。主要在今河北省南部，张家口向南至完县、安国、南皮、吴桥、故城以西，大名、邯郸、武安至今山西省左权、榆社、祁县、石楼以北地区，及陕西省延安以北地区，北至长城。

苏秦从燕至赵，说惠文王："赵地方二千里，带甲数十万。"③ 没有说具体的军队数量。但《战国策》还有其他有关赵国兵力的记载，说周赧王五十三年、赵孝成王四年（公元前262），秦攻韩，韩献上党之地求和，上党太守冯亭不愿其地入秦，而献于赵。赵臣多惧秦而不敢受。赵王怒曰："夫用兵百万之众，攻战逾年历岁，未见一城也，今不用兵而得城十七，何故不为。"④ 又说在赵惠文王三十年（公元前269），赵王欲伐梁（即魏国），张相国进谏，说："今赵万乘之强国也……带甲百万，常抑强

---

①② 《战国策·韩策》。

② 《战国策·东周策》。

③ 《战国策·赵策》。

④ "今不用兵而得城十七"——《战国策·赵策》原记为"得城七十"，经考证应为得城十七之误。此据《史记·赵世家》改。

秦，四十余年而秦不能得所欲。"① 说明赵国兵力雄厚。再后，秦昭襄王四十七年、赵孝成王六年（公元前260），秦、赵在长平进行了一场决定存亡的大决战，赵败，士卒被杀45万人。② 有人曾说"赵氏其壮者皆死长平"，③ 其实这次受损虽特别惨重，但还不是赵的全部兵力。秦昭王四十九年（公元前258），秦王使范雎传命，要白起出兵灭赵。说："今赵猝死于长平者十七八"。④ 这个说法较近实际，意思是赵国遭到这次惨败之后，兵力虚弱，可趁机灭之。但实际上赵国仍有一定的兵力，虽十去七八，仍可拥有精兵十余万，可以打败燕国几十万军队的进攻。而且赵国北方境外，有强大的匈奴民族，不时侵犯边境，赵将李牧曾率边军十余万，大破匈奴兵。又有赵与燕、齐、韩、魏相邻，也必须有一定数量的军队戍边。韩兵30万，其中有10万人是戍边的。在秦、赵长平决战时，赵可能把更多的兵力集中于长平前线，但在这次大战之前的总兵力，当不少于70万。且赵国所占地区广大，尤其是东部今河北省南部地区，人口比较稠密，推其人口，在苏秦、张仪游说期间，包括其后灭中山得地，⑤ 不能少于350万人。

魏国。占地也很广大，包括今河南省安阳以南的太行山以东地区，沁阳、郑州、许昌、叶县以东，漯河、太康以北，睢县至濮阳以西，并含相邻的今山东省、河北省一角。山西省东南部的长治、晋城以东，及中部的黎城、武乡、介休、霍县、隰县，西南部的汾河平原，再西跨过黄河，还有陕西省洛水以东地区，地理位置极其复杂。

苏秦入魏，说惠文王联合抗秦："今窃闻大王之卒，武力二十余万，苍头二十万，奋击二十万，厮徒十万，车六百乘，骑五千匹。"⑥ 合计70余万。魏所占地区，人口比较稠密。其西部地区有以安邑（今山西夏县西北，魏先都此）为中心的汾河下游平原，土地肥沃，人口比较稠密。

---

① 《战国策·赵策》。
② 《史记·白起传》。
③ 《战国策·燕策》。
④ 《战国策·中山策》。
⑤ 中山国——为白狄鲜虞所建，据今河北省中部高邑、寿县、完县之间，公元前296年灭于赵，其人口无具体史料可考，故附于赵。
⑥ 《战国策·魏策》。

东部有以大梁（今河南开封，周显王八年、魏惠王九年，魏都由安邑迁来）为中心的千里沃野，苏秦形容这一地区为"庐田庑舍，曾无所刍牧牛马之地。人民之众，车马之多，日夜行不休已"。① 说的是这个千里平原，到处都是农田屋舍，连放牧牛马的荒地都没有。虽然从语言上看有所夸张，但反映了这一地区人口稠密的实际情况。当时魏国是七雄中的最强国，所占地区都不是人口稀少的地方，拥有70多万的兵力是完全可能的，推其人口350万，当基本符合当时的历史事实。

至于后来张仪为秦国连横②至魏，说："魏地方不过千里，卒不过三十万人"，③ 也是事实。此时约在魏襄王二年（公元前317），魏的国势已经衰落，西部地区大部分被秦国割取，连原来的都城安邑也被秦国占领，不得不缩居至东部大梁附近地区（此时的魏也被称为梁）。而东部黄河以北地区，也多被秦赵所瓜分。但经考查它的实际兵力仍当在四五十万。由于张仪之说是在魏国衰弱之后，所以推算人口，仍按其全盛时期的兵力约70万为准，人口约350万。在时间上与其他各国也是一致的。

以上七国合计，约有人口2 350万，但战国中期，除七雄之外，还有鲁、卫、中山、宋、越等国及东周王室的残余——东周与西周。④ 这些国也有相当数量的人口。中山国人口的具体情况无从详考，周赧王十九年（公元前296）已灭于赵，故附于赵。其余各国的情况大体是：

鲁国。位于今山东省泰山以南，于周赧王五十九年（公元前256）灭于楚。在春秋时期鲁是大国，其后国力衰弱，土地多被邻国侵夺，到战国中期只剩下大约6 500平方公里的一个小圈子，占有曲阜、费、武成、邹等几个城邑。都城曲阜是一个较大的都会，是东方的文化中心。此时鲁国虽已衰弱，曲阜的人口仍当高于一般城邑。且鲁国尚有一定的兵力。周显

---

① 《战国策·魏策》。

② 连横——南北为纵，东西为横，除秦国外，其余六国在崤山之东，分立于南北，故苏秦说服六国联合抗秦，被称为合从（纵）。秦国在山西，与六国成东西向，故张仪拉拢六国与秦修好，以破苏秦之合从，故称之为连横。

③ 《战国策·魏策》。

④ 东周与西周——这里说的东周和西周，是原来东周王室晚年因内部争夺权力分裂而形成（公元前367）。东周居巩城（今河南巩义），西周居河南（今河南洛阳），各有国君。原来的周天子寄居西周，连名义上天下共主的地位也不存在了。虽然史书仍使用东周王室的纪年，但实际上只剩下一个空名号。

王二十五年、鲁康公九年（公元前344），还与宋、卫等国率兵参加魏惠王主持的盟会。周赧王三十一年、鲁文公十二年（公元前284）参加瓜分宋地的战争，得徐州（今山东滕州南，即薛城）。说明其人口还不是太少，按其中期所剩四城邑，平均每城万户，也当有4万户，约20万人口。

宋国。位于今河南、山东、江苏、安徽四省的边缘地区，东西约250公里，跨有约20县之地，是一个农业发达、人口比较稠密的地区。于周赧王二十九年（公元前286）灭于齐。宋在进入战国后，虽然国力衰弱，但与鲁国不同，它仍有一支较强的军队，与周边各国相周旋。周赧王二十一年（公元前294），说客苏代（苏秦弟）欲挑拨齐国伐宋，以消耗齐国的实力，为下一步燕国伐齐做准备。对燕王说：宋为"五千乘之劲宋"，齐即取得胜利，也将兵弊而民力竭。这里说明了一个问题，宋国虽不及七雄之强，但也非鲁卫之弱。宋国统治地区约20城，在这个人口比较稠密的地区，平均每城不能少于万户，推其人口当在百万以上。

卫国。位于今河南省濮阳附近。卫原是春秋时的大国，至战国时已衰弱到无足轻重，但它的灭亡却最晚，大概秦始皇统一各国时把它忽略了，直至秦二世元年（公元前209）才灭亡。这也正是它已衰弱到无足轻重的缘故。在战国中期它的土地大约只剩下濮阳至蒲阪（今河南长垣）一块小地方。这里的人口比较稠密，它也有一支可以远出作战的军队。周显王十七年、卫成侯十年（公元前352）曾参加齐、宋联军攻魏于襄陵（今河南睢县），说明它有一定的人口基础，少也有10万左右。

越国。原在江浙地区与吴国互争雄长，周元王三年、越王勾践二十四年（公元前473）越灭吴之后，北上与齐、晋争霸，会盟于徐州（今山东滕州南），越为霸主。于周定王元年、越王勾践二十九年（公元前468）迁都琅邪（今山东胶南县西南），于是横行于江淮东部及山东省东南部地区。在战国中期，越国尚存，于周赧王九年、楚怀王二十三年（公元前306）灭于楚。不过越国灭亡的时间说法不一，一说灭于楚威王六年（公元前334），但经查考，楚威王六年确曾攻越，但也只是夺取了长江以北及浙西地区，使越退守江南，而并没有灭掉越国。因为就在这后一年（楚威王七年，公元前333），苏秦说楚威王："楚地西有黔中、巫郡，东有夏州、海阳"，而不提吴、会，吴（江苏苏州）和会稽（浙江绍兴）是当时江南东部的两大都会，都比海阳（今江苏泰州地区）的政治经济地位更重要。如果此时越已灭于楚，吴、会已为楚有，苏秦绝不会不提吴、会。而且既提到海阳，正说明此次楚攻越，只到长江以北地区。很明显越国灭亡的时间在苏秦游说楚威王之后。

　　越国所占地区，在早期的历史中没有得到重视，对其人口也更陌生，所以多述几笔。春秋时期冶铁业在南方得到推广，江浙地区的农业生产也得到了较高的发展，并促进了人口的增长，吴、越两国逐渐强盛。吴国和楚国连年战争，楚是大国，地广人众，周敬王十四年、吴王阖闾九年（公元前506），吴大举攻楚，直捣楚都郢城（今湖北江陵）。使楚国遭到了前所未有的惨败。尽管小国打败大国的史实很多，但在军行千里之外，主动发动进攻，而敌军又有强大防守力量的情况下，没有相应的人口做后盾，不能征集足够的兵员，是不可能取得这场胜利的。其后吴又北上中原伐齐、鲁并与晋争霸。周敬王三十八年、吴王夫差十四年（公元前482），夫差与晋定公会盟于黄池（今河南封丘西南），互争盟主。这时两家的军队，都在剑拔弩张，最终还是逼晋定公让了步。靠的是什么？军力。晋在春秋后期在诸国中实力最强，吴敢于与晋争霸，正反映了它有较多的人口做后盾。人口虽然不是战争的决定因素，但没有一定的人口基础，也难以取得大规模战争的胜利。其后吴被越国灭，越尽有吴越之地。越王勾践也北上与齐、晋争霸，并占有江苏省东部和山东省东南沿海地区。齐、晋都是拥有数百万人口的大国，能与这样的强国争霸，说明越国兼并吴国之后，人力资源更丰富，是当时的四强之一。所以墨子说齐、晋、楚、越各有人口数百万。当然越国的根基还在江南，以后虽然越国衰弱，江北地区尽失于齐、楚，并失去浙江（今富春江）上游以西地区，但人口稠密的江浙平原及其以南地区，仍在越国手中，所以推其人口仍当在百万以上。

　　西周与东周。夹在韩、魏之间的一小块地方，也是在苏秦、张仪所处时代以后灭亡的。西周住河南（今河南洛阳），据《史记·秦本纪》记载，周赧王五十九年、秦昭王五十一年（公元前256），秦灭西周，西周君"尽献其邑三十六城，户三万"。[①] 东周居巩城（今河南巩义西），灭

---

　　① 三万户——原书记为"三万口"，有误。这一地区人口稠密，如果是"口三万"，按平均每户5口计，只有6 000户，跟东周不会有那么大的差距，与吕不韦食邑10万户更不相称，且当时的户口统计多是计户不记口，故改。

于秦庄襄王元年（公元前249），属县七。洛阳附近地区，人口稠密，平均每县当在万户以上，与西周合计10万余户。就在东周灭亡的这一年，秦以吕不韦为相，封文信侯，"食河南洛阳十万户"，和上面估计的东西周户数相符，10万户，当有人口50万左右。

综合以上分析，秦400万、齐400万、楚500万、燕200万、韩150万、赵350万、魏350万、鲁20万、卫10万、宋100万、越100万、东西周50万，总计2 630万。这只是一个粗略的分析估计。

这里还要回答一个问题，由于当时没有具体的人口统计，只能通过一些与人口有关的史料进行考查分析，其中多属根据一些政客所列举的各国兵力推算的。尤其是苏秦、张仪一类说客，为了达到其游说目的，其说词或者虚虚实实，有所夸张，他们所说的兵力数字可以凭信吗？对这个问题必须进行科学的分析，当其对某一国游说时，可以夸大或缩小别国的实力，但对被游说国则不能有任何虚构。因为每一国都熟知自己的情况，说得脱离实际，就不能取得信任，就达不到游说的目的。其实就是对别国的情况，也不能随意虚构，因为各国都有间谍四处活动，调查各国的情况，说得脱离实际，同样不会取得信任。这些政客只能根据所掌握的实际情况，按照预定的目的，陈说利害关系，在这一点上是可以夸大其词的，但不能对基本国情夸张。所以考苏张之说以推断人口，虽不可能完全符合实际，但也不会有太大的出入。而且还根据其他别的史料进行综合考证。因此这个2 630万的考证结果，当基本符合当时的历史事实。

有了这样一个总体考证结果，下面再分别对各省市自治区人口，做粗略的考证分析，并按照地理特点，划分为北方地区、西部地区、南方地区三大部分，对以后各个时期，也都这样处理，至于各省区的排列次序，全国三十二个省市自治区各考都按同样顺序排列，从一排到三十二，分节题目插在其中。

由于这一时期人口资料特别贫乏，要真正弄清今各省区人口的实际情况是极其困难的。但既对战国时期人口有了一个粗略的考证结果，对中原各省区就可以按照跨据战国时各国土地的情况、城邑分布的情况，再做一个大概的考查分析。至于周边各省区，当时与中原地区交往很少，更无史料可循。但由于从战国中期，到有具体人口统计的西汉末年，时间还不算太久，只有三百数十年，可以根据考证的西汉人口，按照人口发展的一般规律，向前做概略的推算估计。之所以说是概略的，因为这些推算估计的人口数不可能恰如其分地反映各省区在当时人口的实际情况，不能作出肯定的结论。但对于探索中国古代人口的发展变化，或当有所助益。

第三节　北方各省区人口考

一　河南省

跨韩、魏、楚、秦等国，按照前面对各国人口的考证，韩国有人口150万，从其所占地区人口稠密的情况分析，大部分应在河南省境内，不能少于100万。

魏国人口350万，虽然它跨地很广，包括今山西省的河东地区，陕西省的黄河洛水之间，还有山西省的东南部地区，但它人口最稠密的地区在河南省境内。魏国后期国力衰弱，领土多被别国侵夺，所以张仪游说魏国，说魏惠王"地方不过千里，卒不过三十万人。"基本上只剩下按今地北至安阳、内黄，西有辉县、焦作、沁阳，再由新乡向南至许昌以东，南有叶城、郾城，东有睢县、兰考、浚县这样一片地区。从当时它与各国的战争活动看，其军队人数仍不能少于40多万，推其人口当在二百数十万以上，均在今河南省境内。

楚国，考证人口500万，跨有河南省伏牛山向东至漯河、太康、鹿邑以南，桐柏山、大别山以北地区。在前面分析楚国人口时说过，在春秋时的陈（今淮阳）、蔡（今上蔡）、不羹（今襄城）地区，即今许昌、襄城、郾城、西华一带地区，当有人口百万以上，加本省淮南地区、南阳地区，楚国在河南省境内的人口不能少于200万。

宋国，考证人口100万，按所跨地域和所属城邑分析，其在河南省内的人口不能少于30万。

卫国，人口10万，全在河南省内。

东西周，地处河南省腹心地区，人口50万。

秦国东部也有部分山区在河南省境内，按今县约陕县、灵宝、西峡、淅川、内乡等。这些地区人口较少，估计至多10万人。

综合以上分析，合计人口约六百数十万。

再用另一种方法考查，在战国中期，今河南省境内大约有155城

（县）。河南省人口也比较稠密，但不及山东省，而且有些城邑密集地连在一起。例如，在今临汝至汝阳附近地区，在方圆一百多公里的地面上，就拥挤着5个城邑，而且这里又不是人口稠密的地区；还有在西部山区的丹江、淅川交会处附近，也拥挤着4城。考查齐国人口时按平均每城万户计，河南省不可能有万户，按平均每城8 000户计，也是124万户。再按平均每户5口计，当有人口620万。两种考证分析大体差不多，这里按620万计。

二 山东省

主要为齐国领地，另外还有鲁国、宋国和魏国一部分。

齐国人口400万，虽包括河北省沧州以南地区，但那里是一片退滩碱地，尚未开发，只在靠近今山东边境有饶安（今河北盐山西南）一县之设。另外，山东省还包括在战国时属赵国的黄城（今冠县北），可与饶安相抵消。齐国的400万人口可全部计入山东省内。

鲁国，地处山东省腹心地区，人口20万。

宋国，考证人口100万，山东省跨有7城之地（约今定陶、曹县、单县、金乡一带地区），按平均每城万户计，山东省内当有人口35万。

魏国，有六县之地在山东省（约今菏泽、鄄城、东明地区），亦按平均每城万户计，当有人口30万。

综合以上，今山东省域约有人口485万。

三 河北省

主要属燕国和赵国领地，并含魏国一部分。

燕国，考证人口200万，跨沧州至定县以北的河北省北部和辽宁省大部分地区。从不同地域的地理自然条件分析，在河北省内，可考者28城，虽不能按平均每城万户计，推其人口也不能少于120万。

赵国，考证人口350万，也是大部分在河北省境内。定县以南地区（包括灭中山国得地）约42城，这也是一个人口稠密的地区。其时邯郸是赵国都城所在地，是北方一大都会，人口较多，这一地区平均每城不能少于万户，42万户，当有210万人口。

另外，在北部今张家口向南至紫荆关以西地区，也属赵国，这里人口比较稀疏，估计只能在 10 万左右。

魏国在河北省内有三城，约今肥乡、临漳、魏县地，估计人口 15 万。

综合以上，河北省在战国时约有人口 355 万。

四　北京市

当时称为蓟城，为燕国都城，也是北方一大都会，集聚人口会多些，但不能同中原城市相比，估计只能有人口 10 万左右。同西汉末年比较，整个今北京市所辖地区当有人口 25 万左右。

五　天津市

天津市所辖地区，在战国以前有很大一部分地区属于未退滩的渤海水面，即已退滩地面也是盐碱涝洼，只在北部地势较高的地方人口稍多些。有无终县（今蓟县），估计全市人口 5 万左右。

六　辽宁省

战国中期辽东辽西属燕国领地，《汉书·地理志》说："上谷至辽东，地广民稀。"似乎在战国期间不会有很多人口。其实居民的稠密与稀疏，是相对而言的。对比中原地区，这里确实是比较稀疏的，但就辽东、辽西自身而言，此时的人口已不是太稀少，且战国时会有不少中原难民进入。就整个辽宁省来说，估计不能少于 40 万。这从以后的人口发展中可以得到证实，这个估计不离大体。西汉末年有具体的人口统计，仅户籍人口就有 70 多万，实际人口估计约 80 万。战国中期至西汉末年，相距也只三百数十年，并不是长得不可捉摸。这个过程的人口增长速度也不会很快，年均增长率 2‰ 左右，也适合这些地区的人口增长规律，因为在当时的条件下它不可能有更高的增长，按 40 万人口估计当基本符合这一地区人口的实际情况。

七　吉林省

西汉末年，估计人口 35 万，也是在战国时期的人口基础上发展起来的。吉林省的主要居民是扶余民族，其次为肃慎人。这里距中原地区较远，气候更寒冷，生活条件更艰难，人口增长会更缓慢，所以估计战国中期这里的人口已不能少于 20 万。很多情况说明，这里的人口已不是极度稀少。据《后汉书》、《三国志》记载，这里的扶余国已有较高的文明和较高的生产力，并不是在东汉、三国期间突然发展起来的，而在春秋战国时期它的社会已经有较高发展，这也必然带来人口的增长。

八　黑龙江省

西汉末年，按这里少数民族人口的活动估计为 20 万人。在战国中期，按照这一地区的人口发展规律分析，不能少于 15 万人。这里的居民的主要成分为肃慎人，他们早在西周之初和春秋时期就与中原有联系，这就必然把中原地区的先进文化多少带回去一些，促进当地生产力的提高和生产的发展，当然也会促进人口的发展，后来逐渐成为一个强大的民族。但同中原地区相比，它的生产力仍然是极端落后的，人口增长也极度缓慢。松花江以北地区，虽然也有人居住，但由于天气寒冷，生存条件更艰难，人口也更少，估计全省也只能有人口 15 万左右。

九　内蒙古自治区

内蒙古自治区地域广大，各地的地理自然环境有很大的差异。今陕西、山西、河北省以北地区主要是匈奴民族生活的地区。大兴安岭地区、呼伦贝尔高原地区，主要是被称为东胡人的民族。塞外地区（即长城以北地区）在战国时期已有相当规模的匈奴人口。《史记·廉颇蔺相如列传》记载，就在战国中期，赵将李牧于代郡、雁门郡一带（今山西省北部地区）戍边备匈奴，曾破入侵匈奴 10 余万骑。其时秦、赵、燕都在北部边境筑城守备，秦始皇统一六国后曾以 30 万大军驻防北部边境，以防匈奴入侵。说明匈奴总兵力不能少于 20 万骑。他们的兵役制度是壮者皆兵，推其人口少也有六七十万。加上东北部地区的东胡等其他民族，以及散处南部边缘地区的华夏人，在今内蒙古自治区境内的人口当在百万以上。

十　山西省

主要为韩、赵、魏三国的领地。

在晋南中部为韩国领地，考查韩国人口 150 万，其在山西省境内的人口，按所占地区面积和人口稠密情况分析，不能少于 50 万。

赵国占有今隰县、孝义、左权以北地区，有人口350万，其中210万主要集中在今河北省南部地区，河北省北部张家口向南至紫荆关以西约10万口，另跨有内蒙古自治区和陕西省部分地区，属人口稀少的地方，共以10万口计之，余120万口属山西省。

魏国占有本省东南部的上党地区（今长治地区）和西南部的河东地区，中间隔着韩国领地，但在中间有介休、平遥可以东西相连。魏有人口350万，其中在河南省约220万，山东省约30万。在今陕西省黄河与洛水间十余城，这里人口略见稀少，以40万计。余60万口属山西省。

综合以上，赵120万，魏60万，韩50万，合计230万。

另外，山西省境内大约有62城，若按万户一城计，则可有人口310万，但考虑到北部地区人口比较稀少，不可能平均每城万户，所以仍按230万计。

第四节　西部各省区人口考

十一　陕西省

主要为秦国领地，次有魏、赵一部分。

秦国人口考证为400万，在今陕西省境内能有多少，很难作出准确的判断，估计不能少于200万，且基本上集中在关中地区。加魏国所占洛水以东地区，虽有12城之设，但这里人口略见稀少，无大的城邑，不能平均每城万户，但人口也不会太少。从周显王三十九年（公元前330）秦、魏雕阴（今鄜县北）大战，秦杀魏军8万这一点来看，双方对这一地区的争夺很激烈，说明这一地区的人口还不是太少，包括整个洛水以东地区，至少当有40万。赵国所占地区在延安至宜川以北，只有二城之设，这里也是人口稀少，虽占地较广，估计人口只能在10万左右。总计约250万。

另外，秦孝公十二年（公元前350）并小县为大县，每县都在万户以上，共41县，其中陕西境内关中地区约29县。秦采纳商鞅的建议，实行变法，其中有一条就是以优厚的免赋役待遇，招徕三晋①农民，使人口激

---

① 三晋——春秋时的晋国，被卿大夫韩、赵、魏三家瓜分，各自立国，被称为三晋，这些地区人口众多。

增，而且主要是集中在关中地区，使渭河平原人口相当稠密，因而关中各县的平均户数，要远远超过万户，除都城咸阳外，平均每县少也有12 000户，28县当有336 000户，而都城咸阳不能少于3万户，整个关中地区当有366 000户，183万口。陕西南部，即秦岭以南地区，秦也有3县之设：即南郑（今汉中）、旬阳（今郧阳）、商（今商南）。陕南地区虽然人口比较稀疏，但占地面积却大于关中地区，即亦按平均每县12 000户计，也得有人口18万，加魏、赵所占陕西东部和北部地区50万，还是250多万。

十二　甘肃省

东部地区属秦国领地，有12县之地，按秦制，每县均设令，则每县都在万户以上。上面考查陕西省人口，估计关中地区平均每县不能少于12 000户。陇西地区平均每县人口可能略少些，总平均也不能少于11 000户（其中有义渠县是在原来义渠国的基础上设置的，虽然后来其国衰弱，以至灭亡，人口有所离散，联系后史考查，仍当不少于2万户）。总计132 000多户，66万多人口。

西部今洮河以西地区，多为羌族等少数民族所居，人口具体情况不可考，联系后史考查，不能少于15万人。

甘肃人口当不少于81万。

十三　宁夏回族自治区

宁夏地区在周赧王四十四年（公元前271）秦灭义渠之前，这里有少数民族部落空同氏。秦长城以北（大体今固原以北）为匈奴人活动的地区。秦灭义渠之后，置北地郡（治义渠，今甘肃庆阳南），包括今自治区全境。其南部置有朝那、乌氏两县（均在今固原以南）。秦朝建立以后又在贺兰山河套地区置有富平县（今吴忠西），人口情况无从详考，但从置县情况看，人口不会太少。西汉末年有户籍人口11万，实际人口20万以上。估计战国中期不能少于10万人。

十四　青海省

青海湖以东主要为羌民生活的地区。青海省虽地面广大，但多属荒凉，其他地区虽也有人口活动，但人口特别稀少，情况不明。西汉末年，考查人口约 25 万，由于这里的人口增长极度缓慢，估计战国中期时即当不少于 20 万人。

十五　新疆维吾尔自治区

新疆地面广大，民族种类繁多。按考证西汉中期人口约 55 万，战国时人口情况无可考证，然而西汉人口也是从战国时期发展起来的，粗略估计不能少于 40 万口。在当时生产力水平低下、人民生活条件艰难、人口增长极度缓慢的情况下，必然有一个较高的人口基数，才能达到西汉时期的人口规模。

十六　西藏自治区

西藏地区历来被认为人口稀少，但地域辽阔，西汉末年估计人口 65 万左右，每平方公里只有 0.5 人。这里同其他边缘地区所处的情况有一个共同的特点，就是生存条件艰难，生产力水平低下，人口增长极度缓慢，因而在一定的时间内，越是增长缓慢，增长起点的人口基数越高。我们不能因为这些地区同内地的交通处于闭塞状态，没有人口活动或其他社会活动载于史册，就认为这里的人口也必定特别稀少，不值得提及，或弃而不提。这里的居民，虽处封闭状态，但它不可能完全是封闭的，总会有人进入或外出，只是出入较少，历史上没有文献记载而已。而且只要有出入，就必定要受外界的一定影响，加以自身的创造精神，社会生产力就会不断有所发展提高，人口也会缓慢地增长。在不少地区考古发现的远古陶器、细石器和较大的村落遗址，都说明早在史前远古时期这里的人口就不是那么特别稀少。考证唐代中期西藏人口 300 多万，这是有充分的历史资料作证的。把西汉时西藏人口估计为 65 万左右，正是根据这一地区人口增长缓慢的规律推算的。新疆维吾尔自治区西汉时人口 55 万，主要是根据张骞出使西域的考证。东汉估计为 70 万，主要是根据班超都护西域时的调查。在这 230 年左右的时间里，计算年均增长率 1.4‰ 左右。以后直至明代，新疆人口基本上停滞在六七十万至八九十万这个水平上，说明西藏人口也不可能有过快的增长。从西汉到唐代中期计算的增长速度 1.7‰ 左右，基本符合这一地区人口增长缓慢的规律，因此估计战国时期的西藏人口当有 30 万左右。没有这样一个较高的人口基数，不可能达到西汉末年约65万人口，也不可能达到唐代中期的300多万人口。不过它的增长并不全属自然增长，在这个过程里也有移民进入。正处在战国中期的秦献公时（公元前384～前362），原居今青海省河湟地区的一支羌民，怕秦国的攻伐，向南迁徙数千里，落居藏北地区，人口数量不详。这种迁徙以后会更多，特别是在两汉时期，羌族部落遭汉政权打击特别残酷，必会有更多的羌民向西藏移徙。外地移民的进入，与当地人民相融合，对促进西藏地区生产力的发展、促进其人口发展会起积极的作用。对战国时的西藏人口估计为30万，可能多些，也可能少些。每平方公里0.25人，当不会偏离实际太远。

十七　四川省

邛崃山以东属秦国领地。考证秦国总人口400万，估计在陕西境内200万，甘肃省境内66万，河南省10万，重庆市20万，余104万属四川省。这当是秦国的户籍人口。西汉末年统计四川仅户籍人口就有270多万，另外在邛崃山以西和以南不在户籍的少数民族人口约在百万以上，合计370多万，这是西汉时四川省的人口。战国时期邛崃山以西以南的人口，少也在60万以上。全省合计不能少于164万。

十八　重庆市

属秦国领地，秦并巴蜀前，属巴国领地，估计人口20万。这指的是秦国的户籍人口。西汉末年户籍人口49万，年均增长率2.4‰，不过经考查西汉末年的实际人口80多万。在战国中期重庆市的实际人口也不会只有20万。早在春秋时期，巴国就曾进入中土，参与各国的政治军事活动。楚庄敖元年（公元前676），巴人伐楚，大败楚师，[①] 及至战国，七雄称王，巴亦称王。很多历史事实说明，巴国虽为小国，其人口不能少于四五十万，其在今重庆市的人口当不少于30万。

十九　云南省

云南地区，居住着种类繁多的少数民族，经多方面考查分析，这一地

[①] 常璩《华阳国志》。

区早在原始社会末期已不是人口特别稀少，及至战国时期，当会有更高的增长。约在公元前279年（楚顷襄王二十年），楚派庄蹻攻取西南地区，至于滇池，当庄蹻回军时，秦已夺取了黔中地区（大约贵州省东部和湖南省北部），阻断了庄蹻的归路，于是重返云南，建立政权，并逐步统一了整个云南地区。这件事的本身就说明了云南已有相当数量的人口。考证西汉末年人口140万，估计战国中期不能少于80万，年均增长率1.6‰，当基本符合这个过程的人口增长情况。

二十 贵州省

属楚国领地，这里也是众多少数民族居住的地方，西汉末年，考证人口75万，按这一地区人口增长缓慢的规律推算，战国中期不能少于55万，年均增长率1.43‰。

第五节 南方各省区人口考

二十一 湖北省

属楚国领地，楚国人口500万，主要集中在淮河以北地区，但在今湖北省境内的人口也不是太少。这里在春秋时期是楚国的统治中心，从这里征兵征赋与各国争战。战国时可考20余城，虽不可能同中原地区和秦制每城万户相比，即使按每城6 000户计，20城，12万户，也得有人口60万以上。另外，还有很多地方，如西南部的清江流域，东南部的幕阜山以北地区，虽无城邑设置，但从后史考查，这些地区有很多少数民族居住。考证西汉末年人口176万，汉初为55万，估计战国时不能少于80万，计其年均增长率2‰以上。

二十二 湖南省

属楚国领地，但离楚国统治中心较远，城邑设置也较少，实际上这里的人口并不太少，多为山居少数民族。考证西汉末年人口146万，推西汉初期人口当在80万左右，年均增长率3.5‰。在此以前的人口增长当更缓慢，估计战国中期只能有人口70万左右，计其年均增长率大约在1.8‰左右，当基本适合当时的政治经济形势。

二十三　广西壮族自治区

这里的居民为族类繁多的少数民族，考证西汉末年人口约98万，按照这一地区人口增长的一般情况估计，西汉初年不能少于60万人，年均增长率2.38‰。战国中期约50万左右，计其年均增长速度1.36‰。

二十四　海南省

这是一个受大海包围的封闭地区，极少受外界影响，考证西汉末年人口约12万，西汉之初不能少于10万人。从后史考查分析，这里人口增长也是极度缓慢，估计战国中期不能少于9万人，每平方公里2.65人。

二十五　广东省

按考证西汉之初约有65万人。参看汉初人口考证可知，由于很大一部分属于北方南下的人口，所以虽然由于自然地理气候等条件的制约，人口增长极度缓慢，但估计战国中期也能有人口45万左右，每平方公里2.53人，和海南省的人口密度大体相当。尽管这些估计都是大概数，但联系后史考查，与实际人口并无太大的差异。

二十六　福建省

战国时期是越族生活的地区，无人口活动的记载。考证西汉末年约有人口40万，汉初人口35万。由于此时的人口仍处在增长极度缓慢的时期，估计战国中期也不能少于30万人。

二十七　台湾省

台湾是东海上的一大孤岛，在西汉以前的人口情况，没有任何史料可循，只能根据后史的记载向前推算估计。西汉末年估计为5万人，汉初估计为4万人。由于台湾与大陆基本上处在一种交往很少的隔绝状态，大陆的先进文化思想不易传入，生产力的发展极其缓慢，使它的人口也基本上长期处在停滞状态，估计战国时期的人口即当在4万左右。

二十八　江西省

属楚国领地，虽有数县之设，但不能据以推算人口，实际上大部分人口没有置于郡县管辖之下。考查西汉末年有人口 88 万，西汉之初约 50 万，战国中期则不能少于 40 万，计算这一过程的年均增长率约在 1.65‰。

二十九　浙江省

属越国领地，上面考证战国中期越国人口不能少于 100 万，主要集中在江浙平原地区，而浙江全省人口不能少于 50 万。秦统一六国后，这一地区也受秦的暴政蹂躏。其后爆发的反秦农民大起义，和以后的楚汉战争，战争连年，这里也受波及，人口即使没有大的减损，也不能增长。到西汉建立之初，大约只能有人口 60 万左右。至西汉末年，由于已有具体的人口统计记载可供考查研究，实际人口约在 96 万。计算至汉初，年均增长率约在 2.28‰。从战国中期的 50 万人，增加到汉初的 60 万人，年均增长率为 1.36‰。从这个增长形势看，也基本符合这一时期人口的发展情况。对战国中期人口作 50 万估计，跟实际人口当不离大体。

三十　安徽省

属楚国领地，北部有宋国的一部分。这一地区人口比较稠密，前面分析楚国人口时曾指出，楚之东地，即淮河下游以北地区，约有人口百万，其中在安徽省内不能少于 70 万。宋国人口 100 万，跨安徽省三城，在考查宋国人口时以每城万户计，约 15 万口。淮南地区也是人口较多的地方，虽然具体情况不清楚，但在春秋时期这里就有很多小国，经常与楚国争战，其后全部灭于楚，但这些小国的人口继续在这里生息繁衍，从他们多年的人口活动分析，安徽江淮间的人口不能少于 40 万。还有江南地区，从后史考查推断，不能少于 20 万人。总计安徽省在战国中期的人口约 145 万。

三十一　江苏省

江北地区主要属楚国领地，并有宋国领地的一小部分。长江以南属越国领地。按上面对安徽省人口的分析，楚之东地人口100万，江苏约有30万左右。另有宋国属地人口约20万。淮南地区人口不能很多，且江苏省当时和今地不能相比，从连云港至阜宁、盐城、海安、泰兴一线以东，当时全是没有退滩的黄海水面，即是退滩地，也多盐碱涝洼，所以估计人口至多20万。而江南地区则又是一种情形，经济比较发达，人口也比较多。吴国曾依靠这里的人力物力，与越国争雄，又曾一度灭亡楚国，其后又北上与各有人口数百万的齐国和晋国争霸中原。说明江苏江南地区的人力资源比较雄厚。吴王阖闾死，曾以10万军壮为其治冢。[①] 综合上述情况推断，江苏江南地区的人口不能少于50万。总计江苏全省人口120万。

三十二 上海市

所辖地区在当时多属未退滩的黄海水面。即是已退滩陆地，也多盐碱涝洼，人口极少，不做分析。

表1-1　　　　　　　　战国中期各省区人口汇总

公元前340年前后

省区	考证人口	省区	考证人口
河南	6 200 000	四川	1 640 000
山东	4 850 000	重庆	300 000
河北	3 550 000	云南	800 000
北京	250 000	贵州	550 000
天津	50 000	湖北	800 000
辽宁	400 000	湖南	700 000
吉林	200 000	广西	500 000
黑龙江	150 000	海南	90 000
内蒙古	1 000 000	广东	450 000
山西	2 300 000	福建	300 000
陕西	2 500 000	台湾	40 000
甘肃	810 000	江西	400 000
宁夏	100 000	浙江	500 000
青海	200 000	安徽	1 450 000
新疆	400 000	江苏	1 200 000
西藏	300 000	上海	—
		总计	32 980 000

---

① 《史记·吴太伯世家》集解引《越绝书》。

第六节 后　　叙

　　以上考证战国中期各省区人口总计 3 298 万口。当然这不是定论，由于年代久远，没有充分的史料做依据，这些数字的估计，很可能与实际人口有出入，甚至是很大的出入，所以只能说这是一个概略的估计。不过总比一揽子估计一笔全国总人口的数字更贴近实际些，但有些问题还需要做进一步说明。

　　一是上面对有些省区的人口，在考证分析时，做了增长速度的计算，主要是为了检验这些估计数字是否可以大体反映当时人口的实际情况。虽然这些增长速度的计算，不一定都那么恰切，或高一点，或低一点，都是可能的。有些计算偏高的省区的实际人口增长速度，可能更低于计算偏低的省区。因为这些估计推算的人口数字本身就不可能是很准确的，其中会有很多人口变动情况我们无法掌握。就所知道的部分情况来说，有些地区的人口增长，并不完全是自然增长，例如西藏人口的年均增长率 1.8‰，高于云南的 1.6‰，看似差不多，但实际上西藏的人口增长，不会高于云南，主要是在这个过程里，西藏地区有很多羌民进入，因而它的增长包括了一定的移民增长。秦厉公时（公元前 476～前 443）有羌人爰剑为秦拘执为奴隶，后逃归河湟地区，被族人推为首领。至秦献公时（公元前 384～前 362），因畏秦兵进击，其一部"南出赐支河曲数千里，与众羌绝远，不复交通。""自爰剑后，子孙分支百五十种，其九种在赐支河首以西。"前后说的大概是一回事。赐支河即黄河，河首即黄河源。他们从事游牧业，河源以西正是青藏高原海拔最高的地方，气候寒冷，在一年之中，无霜期很短，难供多人从事放牧活动，只能逐渐向唐古拉山以南移徙。这种移徙以后还继续发生。至爰剑曾孙忍时，种族已有很大的繁衍。"秦始皇时务并六国，以诸侯为是，兵不西行，故种人得以繁息。秦既兼天下，使蒙恬将兵略地，西逐诸戎，北却众狄，筑长城以界之，众羌不复南度。"[①] 这就是说，直至战国末期，因受诸戎的进逼，一直有羌民不断南徙。当然这个南徙，不惟青海南部及西藏地区，也包括四川西部地区。

---

① 《后汉书·西羌传》。

只是在秦统一后，筑长城以界之，堵住了北方匈奴人的南下，众羌也不复南徙。由于"种人得以繁息"，河湟地区羌族人口有很大增长，进入西汉后，不断向甘肃省境内移徙，并对内地骚扰，西汉政权也多次向河湟地区和甘肃西部地区的羌族部落发动大规模的进讨，使其迁徙无常。有些迁徙到河西走廊以至新疆地区，也会有人再向青藏高原南部移徙。所以从战国后期到两汉时期，西藏地区的人口增长，会包含着很大一部分移民增长。其他一些边疆省区，也会程度不同地存在这种情况，所以各地人口增长不一定都是自然增长。

二是内地和边疆少数民族地区，由于生存环境不同，表现为差异很大的增长速度。但从上面计算的各省区年均增长速度看，有些内地省区，并不比边疆省区快多少，甚至可能低于边疆省区。这是为什么？因为人口增长的快慢，并不完全决定于自然地理环境，还决定于政治、经济、战争等很多社会因素。由于对有些省区人口增长速度的计算，使用的是同一的跨年度时间，但在这个跨年度时间里，各省区的社会政治经济形势，会发生一些不同的变化，只是由于史料所限，不能作出具体的分阶段的人口增长计算，因此很可能掩盖了在一个长过程里阶段性的人口增长变化的实际情况。在这个过程里，长江黄河的中下游地区，曾经历了一系列的政治变故和一连串的激烈战争，人口耗损很大，中原各省都是在人口大幅度下降之后，重新启动了增长的态势。经考证，战国中期长江、黄河流域中下游地区约有人口 2 630 万，到西汉初年只剩下 1 300 多万，耗损一半以上。又经 200 年的发展，才增长到约 5 600 多万，总年均增长率 6‰左右。例如，河南省，所剩人口 140 多万，至西汉末年增长到 1 300 多万，年均增长率 7.94‰。虽然对汉初人口只是一个粗略的考证，但大体符合当时人口增长的实际情况。对周边省区按人口增长缓慢的规律推算的人口数，也当基本符合这些地区的实际情况。按上面考证的吉林、黑龙江、内蒙古、宁夏、青海、新疆、西藏、云南、贵州、广西、海南 11 省区，在战国中期共有人口 419 万，占总人口的 12.76%。至西汉末年虽然全国总人口有了大幅度的增长，而 11 省人口也增长为 730 多万，但占总人口的比例却降为 11%。至东汉时总人口上升到 7 254 万，而边疆 11 省区的人口占总人口的比例仍只有 11% 多点。这里面必须看到这样一个事实，黄河长江流域中下游地区的人口，并不是从战国中期以后持续不断的增长，而是中间经过了一百数十年的长期战乱，人口受到重大耗损之后，在新的较低的基数上重新增长起来的。东汉则是在西汉人口十去六七之后，又经过一百数十年的时间才恢复到7 299万。而边缘省区，除内蒙古自治区外，基本上是在中间没有遭到重大耗损的情况下，比较平稳地增长起来的。当然也不排除中间有些小的波折。如果在这些地区也遭到像中原地区那样重大的人口耗损，那它必定要经过更长的时间才能恢复过来。西藏人口经过唐代的大耗损之后，直至近代，再也没有恢复到其鼎盛时期的水平，这是极其明显的一例。新疆地区几千年来也一直是七八十万人口，直至清代才突破百万。所以从总体看，在古代对这些少数民族地区，按其缓慢增长的规律推算或估计人口数量，虽然是很粗略的，但从后来的发展情况看，大体符合当时的实际情况。

三是战国中期以前，那些少数民族人口居多的省区的人口情况怎么样呢？用一句笼统的话来说，也是从史前遥远的古代，在极度稀少又极度缓慢的情况下发展过来的，和中原地区夏、商、周三代及其以前的发展情况大体相似。进入阶级社会以后，在人口发展上，出现了普遍增长的大气候。当然这也是生产力发展水平决定的，如果没有比原始社会更高的生产力，也不可能进入阶级社会。只是在社会发展的进程中，由于种种原因，省区间生产力发展水平不尽相同，因而人口增长速度也不尽相同。这些少数民族地区，由于自然地理条件的限制，其生产力水平一般都落后于中原地区。然而由于受中原地区先进文化思想的影响，也促进了这些地区生产力的缓慢发展，促进了人口的缓慢增长。虽然对比中原地区来说增长是极其缓慢的，但受人口增长大气候的影响，在春秋战国时期，也都上了一个新的台阶，达到了战国中期这样的水平。

四是战国后期的人口形势。周赧王五十五年（公元前260），秦赵长平大战之后，赵国实力大衰，秦军虽然也死亡大半，但秦的国力很快得到恢复。其后各国虽然仍是攻战不已，但战争的主动权已操在秦国手中，更是四处攻伐。周赧王五十九年（公元前256），秦灭西周，西周君旋死，周赧王亦死，八百载的周王朝纪年绝。秦庄襄王元年（公元前249），秦再灭东周，连周王朝的残余也没有了。秦庄襄王三年（公元前247），庄襄王死，子嬴政立，次年为秦王政元年（公元前246），以后便是秦并六国的最后时期。秦王政十七年（公元前230），首先灭掉韩国，以后便以摧枯拉朽之势，扫荡各国。秦王政十九年（公元前228）灭赵国。秦王政二十二年（公元前225）灭魏国。秦王政二十四年（公元前223）灭楚国。秦王政二十五年（公元前222）灭燕国。秦王政二十六年（公元前221）最后灭齐。是年秦王政因天下统一，改称始皇帝，故史书亦称是年为秦始皇二十六年。

在这个过程中的战争，虽然也很残酷，但由于六国的锐气已基本耗尽，军不堪战，唯秦军剩勇尚存，战争进行得比较顺利。所以虽然七国之间争战了二百数十年，最后却在几年之内六国全被消灭。因而这个过程的人口耗损，不会比前一过程多。估计到秦并六国以后，在原秦及山东各国范围内，所剩人口当在2 000万左右，比考证战国中期各国人口2 630万也只减损了600多万。是不是这个减损被缩小了呢？实际上战国时期的战争过程很长。从我们考证的时间来说，前后也是百年左右，并不是在同一时间里到处都有战争，从总体来说，在这一时间或这一地区里，人口受到损失，又会得到另一时间或另一地区里人口增长的补偿。不是像在以后的封建社会时期中原地区那样，在一个不长的时间里，在几千里地区范围内差不多到处都有战争和饥荒。而在战国时期里多是国与国之间，在范围并不很大的地区内的战争，远不及反秦战争和楚汉战争地区范围之广。从总体上看不会出现整个中原地区人死大半的情况。战国末年人口估计为2 000万左右，不离大体。

第二考 西汉初期

高帝五年（公元前202）

第一节 导 语

战国时期，各国争战的结果，由秦国兼并了其他六国，建立起统一的封建专制主义的国家。比西周时的国家统一有了质的提高，真正形成了中央集权的封建专制主义的统一国家，并且在典章制度上做了很多重大改革，可以令行"天下"。西周以前由不同民族部落建立的众多小国，在春秋战国时期相继灭亡了。虽然它们的遗民还在继续生息繁衍，但由于战争在不断地打破这些小国的界限，把他们从封闭状态下拉了出来，互相交往多了，语言文化、风俗习惯互相渗透。特别是当秦灭六国之后，由于制度的统一，连语言文字都有统一的规定，民族间的隔阂逐渐消除，融合为一个具有统一文化、统一祖国观念、统一民族意识的华夏民族。西汉以后称汉族，形成了更统一的民族意识和更强大的民族凝聚力。至于秦统一六国的战争结束后，还能剩多少人口，历史上没有记载，从多种情况分析大约在2 000万左右。本来秦朝建立后曾作过全面的户口调查，《汉书·萧何传》记载，在反秦战争时，刘邦的军队进入秦都咸阳，萧何"独先入收秦丞相御史律令图书藏之。沛公（刘邦）具知天下阨塞，户口多少，……以何得秦图书也"。但后来这些户口资料全部散失。因此对秦朝也就无从做分省区人口的具体考证。

秦始皇对中国的统一作出了重大贡献，但他对人民的统治是残暴的。不仅刑罚酷滥，更重要的是无穷地劳役人民，搞了很多无益于人民的特大工程建设，修骊山墓、建阿房宫，动用民工70多万。还有为秦始皇巡行天下建行宫700多处以及修筑长城等等，总计动用民工数百万，差不多全部丁壮都被征发出来了。在遭到秦灭六国的战争浩劫、人口尚未得到恢复的情况下，又几乎把全部劳动力从农业上抽出来，长期劳役在外，这对农业生产是一个最严重的破坏。农田荒芜，发生严重饥荒，人多饿死。残酷的压迫剥削，使人民无以聊生，终于爆发了以陈胜、吴广为首的农民大起义，推翻了秦的残暴统治，使秦朝二世而亡，历时仅15年。至于秦朝末年还能剩多少人口，在这种天下大乱的情况下，更不可能留下人口统计数据。估计在秦的统治区内，大约一千六七百万。

秦朝灭亡后，并没有很快建立起新的统一政权，而是反秦武装集团各霸一方，形成了新的分裂割据局面。各集团之间为了争夺势力范围，又爆发了新的兼并战争。其中楚霸王项羽和汉王刘邦两个集团势力最强，在消灭了其他割据势力之后，形成了楚汉两方长达四年的残酷战争，使社会生产遭到更严重的破坏，饥荒更甚于秦朝统治时期。正如《汉书·食货志》所说："汉兴，接秦之敝，诸侯并起，民失作业，而大饥馑，凡米石五千，人相食，死者过半。"这次战争以汉王刘邦的胜利宣告结束，建立起中国历史上第一个盛大的封建王朝——汉朝，史称西汉。然而这时的社会经济已遭到全面大破坏，"天下既定，民亡盖藏，自天子不能具醇驷，而将相或乘牛车。"[①] 这就是说人民已穷困到了极点，什么可食的东西也没有了，牛马也差不多死光了，连皇帝乘坐的马车，都配不成四匹一色的马，而将相只能坐牛车。西汉政权就是在这种情况下开始稳定社会、组织恢复发展生产的。至于这时还能剩多少人口，也没有具体的统计，估计大约只能有1 300多万。这说的是西汉初建时其统治区的人口，至于具体分配到当代各个省区各有多少，更难从户口统计中找到答案。所幸司马迁作《史记》、班固作《汉书》保存了大量汉初诸侯国食封的户数。虽然这些侯国主要封在中原地区，所记封户数字又不可能很准确，但经过考证，还是可以用以做基数以推求中原各省区人口的大体情况。对中原以外各省区也有参考比较作用，它比笼统的一揽子估计会更分明些。

对侯国封户，《史记》《汉书》都有具体记载，大同小异，各有长短。这里以《汉书·高惠高后文功臣表》所载高祖所封137侯（原书合计为147侯）为基础展开考证。对今省区含有的侯国，按平均每侯国户数，以属县推算之。侯国相当于县，虽有个别万户以上的大侯，但它仍是县侯。

---

① 《汉书·食货志》。

因为虽然当时从总的情况看，经多年战乱，人口受到重大耗损，但确实还存在一些大县，因而也就把那些户口多的大县封给了功劳大的侯。《汉书·陈平传》记载，高祖刘邦征匈奴回来，路过曲逆（今河北完县东），"上其城，望室屋甚大，曰：'壮哉县，吾行天下，独见雒阳与是耳！'顾问御史：'曲逆户口几何？'对曰：'始秦时三万余户，间者兵数起，多亡匿，今见五千余户'，于是诏御史，更封平为曲逆侯，尽食之"。所以在做具体考证时，只对个别省区的县侯封户做必要的调整，一般均按原记载处理。同时，《汉书》有的侯国封户缺记，或记载有误，则参用《史记·高祖功臣侯者年表》的记载予以校正补充。对于有些侯国户口缺记而又无法补充的，则不用。关于各省区西汉的县数，由于年代久远，《汉书·地理志》所记载的各郡国属县，有的失考，所以均按后面第三考所考西汉后期各省区县数进行推算，因为我们所要知道的，也正是西汉末年的管辖地区在西汉初期的人口情况。至于中原地区以外各省区，无侯国封地，则按照人口发展的一般规律，联系前后史，酌情估计之。

考证汉初人口，还要联系战国中期以来的人口耗损情况，并要联系很多事例。前面在考证战国中期人口时，也曾列举过很多战国后期，以至春秋时期的情况，都是为了从前后事态的发展变化中，观察当时人口的实际情况。同时也要联系前后史做人口增长速度的比较，考证的数据基本符合实际情况。

第二节　北方各省区人口考

一　河南省

河南省，在西汉分属豫州刺史部、荆州刺史部、兖州刺史部和司隶部（相当于州刺史部，朝廷直属各郡），地处中原腹心地区，也是全国人口最稠密的地区之一，因而也是战国时期、秦后期的反秦战争和楚汉战争期间发生战争最多的地区。秦末农民大起义，虽爆发于安徽省北部，但起义军迅速扩大，分路向关中地区进军，大部分战争发生在河南省境内。秦朝灭亡后，紧接着发生的楚汉战争，河南省又是两军争夺的主要地区，因而受战争的破坏也特别严重，青壮年全被征发，农业生产荒废，饥荒连年，人多饿死，人口受到特别严重的耗损，所剩人口不及战国中期的四分之一。

西汉之初，河南省有侯国25个，总有封户48 550，平均每侯国1 942户。按《汉书·地理志》的记载，河南省有县182，每县按侯国平均户数计，当有353 444户。再按平均每户4口计，① 当有人口约1 413 776口，比之战国中期的620万，减损77.2%，是人口减损最多的省区。

表2-1　　　　　　　　　河南省汉初侯国封户

侯名及封主		在今何地	始封（公元）	户数	备　注
酂　侯	萧　何	永城西北	前201年	8 000	前163年国除时，户26 000
舞阳侯	樊　哙	舞阳西北	前201年	5 000	
颍阴侯	灌　婴	许昌	前201年	5 000	
故市侯	阎泽赤	荥阳东	前201年	1 000	
平皋侯	刘　它	温县东	前200年	580	
复阳侯	陈　胥	桐柏西北	前200年	1 000	
杜衍侯	王　翳	南阳西南	前200年	1700	前114年国除时，户3 400
朝阳侯	华　寄	新野西	前200年	1 000	
棘阳侯	杜得臣	南阳东南	前200年	2 000	
涅阳侯	吕　腾	邓县东北	前200年	1 500	
平　侯	沛　嘉	偃师西北	前201年	1 300	前145年国除时，户3 300
吴房侯	杨　武	遂平	前199年	700	
共　侯	旅罢师	卫辉	前199年	1 200	
中牟侯	单右车	中牟	前196年	2 200	
慎阳侯	乐　说	正阳	前196年	2 000	
开封侯	陶　舍	开封南	前196年	2 000	
宁陵侯	吕　臣	商丘南	前196年	1 000	
博阳侯	陈　鼻	商水东南	前196年	2 800	
棘丘侯	襄	永城西北	前201年	970	
衍　侯	翟　盱	郑州北	前196年	900	
期思侯	贲　赫	淮滨南	前196年	1 000	《史记》作2 000户
戴侯祕	彭　祖	民政东	前196年	1 100	《史记》作1 200户
汲　侯	公上不害	汲县西	前196年	1 300	《史记》作1 200户
成阳侯	奚　意	信阳北	前195年	600	
鄢陵侯	朱　濞	鄢陵北	前195年	2 700	《史记》作700户

合计：25侯国，48 550户。

二　山东省

山东省所辖地区，在西汉时属青州、兖州、徐州和冀州地面。山东人

---

① 西汉在社会比较安定的情况下，平均每户人口构成也较低。按《汉书·地理志》所载，西汉末年各郡国户口，经重新合计的户口数平均每户也只4.66口。在战争刚结束的西汉初期，由于战争饥荒而死亡，很多户人口残缺不全，所以只能按平均每户4口计。

口在秦朝统治时期，比之战国中期，没有很大的减损，它的减损主要在秦后期的战乱和楚汉战争时期。

山东省在战国中期以后战争也很多，但比之河南省要轻得多。河南省是各国争战的中心地区，山东省则处东部边缘地区，虽然在齐国西部，也与邻国经常发生战争，秦国甚至穿过韩魏领地来攻打齐国，夺取齐国城邑，但齐国也经常出境作战，夺取别国领土。青壮年多被征发，影响国内社会生产的发展。但在国内一直没有遭到大的破坏，只是周赧王三十一年（公元前284）燕国乐毅伐齐那场战争灾难，给山东地区造成了严重的破坏。其后齐国统治者也越来越腐朽，最后秦国大兵压境时，已完全失去了抵抗能力，战争进行得很顺利。秦王政二十六年（公元前221），齐王田建降，齐灭。估计此时齐国人口仍当不少于450万。山东人口的大耗损，除了在秦的暴政下，人民多被无穷的劳役折磨死，在严重的饥荒中饿死的外，主要是在楚汉战争时期，山东省地面遭破坏特别严重。霸王项羽的部队，军无纪律，在反秦战争中，到处烧杀抢掠。秦朝灭亡后，他依仗自己兵多势大，攫取了反秦联军的领导权，又裂土封王，自封西楚霸王，充当封建割据诸王的领袖。他占领黄淮东部及江淮、江浙地区，建都彭城（今江苏徐州）。反秦战争结束后，山东省地面又陷入了田齐后裔各派军阀的混乱中，后被田荣兼并。但田荣又反项羽，在项羽消灭田荣的战争中，对山东北部地区进行了一次极其残酷的杀掠破坏，人口大部死亡。及至西汉建立后，山东省还能剩多少人口，估计只能剩大约200多万。

山东省可考24侯国，共有户51 205，平均每侯国2 134户。西汉时全省有246县，按平均每侯国2 134户计，当有524 964户，以平均每户4口计，全省当有2 099 856口。比考证战国中期山东人口455万减损57%。

表2-2　　　　　　　　　　山东省汉初侯国封户

侯名及封主		在今何地	始封（公元）	户数	备　注
梁邹侯	武　虎	邹平北	前201年	2 800	
成　侯	董　渫	泰安南	前201年	2 800	前135年国除时，户5 600
阳都侯	丁　复	沂南南	前201年	2 800	前155年国除时，户17 000

续表

侯名及封主		在今何地	始封（公元）	户数	备注
阳信侯	吕青	无棣北	前201年	1 000	
东武侯	郭蒙	诸城	前201年	3 000	《史记》作2 000户，前151年国除时，户10 100
曲成侯	虫达	招远西	前201年	4 000	前162年国除时，户9 300
魏其侯	周止	临沂东南	前201年	1 000	前154年国除时，户3 000
鲁侯	奚涓	曲阜	前201年	4 800	
高宛侯	丙猜	邹平东北	前201年	1 605	前138年国除时，户3 200
安丘侯	张说	安丘南	前201年	2 000	
广侯	召欧	青州	前201年	2 200	
橐侯	陈错	鱼台北	前199年	600	
清侯	室中同	聊城西	前199年	1 000	
昌侯	旅卿	诸城北	前199年	1 000	旅卿，《史记》作虞卿
祝阿侯	高色	济南西	前199年	1 800	
须昌侯	赵衍	东平西	前196年	1 400	
傅阳侯	周聚	枣庄南	前195年	1 400	《汉书》户数缺记，此《史记》数
营陵侯	刘泽	安丘西北	前195年	11 000	《史记》作12 000户
戚侯	季必	微山	前195年	1 500	
高陵侯	王虞人	莒南	前195年	900	
宁侯	魏遬	济南	前199年	1 000	
煮枣侯	革朱	东明南	前195年	900	
纪信侯	陈仓	寿光南	前195年	700	

合计：24侯国；51 205户。

三　河北省

河北省在西汉时期分属冀州、幽州刺史部。在战国末期，河北省所辖地区战争仍很频繁。在石家庄以南地区，秦国与赵国发生多次大战。赵国被灭亡后，秦又北上灭燕。这一系列的战争，使河北人口在战国中期以后继续下降。秦灭六国之后，由于秦始皇的暴政，使残破的社会经济继续遭到更严重的破坏，人民生活急剧下降，导致发生更大规模的农民起义战争和紧接着发生的楚汉战争，使社会遭到更全面的大破坏。

楚汉战争以刘邦的胜利宣告结束，建立起汉政权。于汉初大封功臣，经考证河北省内23侯国，共有封户36 786，平均每侯国1 599户，全省197县，总计当有户315 003。按平均每户4口计，当有1 260 012口。比之战国中期355万人，减损64.5%以上。《汉书·陈平传》记载，汉高帝七年（公元前200），陈平从刘邦北击匈奴还，路过曲逆，高帝问曲逆有多少户口，回答说在秦时有2万余户。后经战乱，多死亡逃匿，现在还剩5 000余户，人口减损80%以上。曲逆在今完县东、保定市西南，历史上不见这里发生大战乱的记载。这说明受周边战争的影响，频繁地征兵征赋征人役，使人民无以为生，同样可以使人口遭到巨大耗损。实际上历史上凡因战乱而出现的人口严重减损，主要都不是直接死于刀枪之下，而是死于战争造成的饥荒之中。

表2-3　　　　　　　　河北省汉初侯国封户

侯名及封主		在今何地	始封（公元）	户数	备　注
清河侯	王　喜	清河	前201年	2200	
曲逆侯	陈　平	完县东	前201年	5 000	前130年国除时，户16 000
曲周侯	郦　商	曲周东北	前201年	4 800	前147年国除时，户18000
贳　侯	傅胡害	束鹿西南	前201年	600	
海阳侯	摇母余	滦县西	前201年	1 700	
肥如侯	蔡　寅	迁安东	前201年	1000	
柳丘侯	戎　赐	盐山东北	前201年	1 000	《汉书》记为8 000户，太多。从《史记》
乐成侯	丁　礼	献县东南	前201年	1 000	前114年国除时，户2400
任　侯	张　越	任县东	前201年	750	无封户记载，此为19年后国除时户
斥丘侯	唐　厉	魏县西	前201年	1 000	
安国侯	王　陵	安国东	前201年	5 000	
北平侯	张　苍	满城北	前201年	1 200	
安平侯	鄂　秋	深县北	前201年	2 000	
历　侯	程　黑	枣强东	前199年	1 000	《史记》为磨侯程黑
深泽侯	赵将夕	深泽	前199年	700	
桃　侯	刘　襄	衡水西北	前195年	1 000	
章　侯	毛释之	邢台东北	前195年	700	
景　侯	王　兢	沧州西	前195年	500	
宋子侯	许　瘛	赵县东北	前199年	536	
堂阳侯	孙　赤	新河北	前199年	800	

续表

侯名及封主		在今何地	始封（公元）	户数	备　注
广阿侯	任　敖	隆尧东	前199年	1 800	
中水侯	吕马童	献县西北	前200年	1 500	
平棘侯	林　挚	赵县南	前200年	1 000	

合计：23侯国；36 786户。

四　北京市

属幽州刺史部。战国时为燕国都城所在地，秦朝为广阳郡治，时称蓟城。另含有渔阳郡（治今密云西）、上谷郡（治今河北省怀来东南）部分地区。战国中期估计有人口15万左右。其后中原地区仍是战乱不息，对北京地区有直接影响。周赧王元年（公元前314），蓟城大乱，燕国统治阶层内部互相攻杀，死数万人。齐国乘乱伐燕，又给燕国造成了一定的人口损失，燕都蓟城受损最严重。其后在燕昭王治理的几十年里，燕的国力有所恢复。周赧王三十一年（公元前284），燕国要报齐伐燕之仇，命乐毅率兵代齐，破70余城。但最后燕国遭到惨败。秦昭王五十六年（公元前251），燕国乘赵国兵败长平的危难之机，起兵数十万伐赵，被赵国打败。赵国趁势进围燕都蓟城，燕人割地请和。这一系列的战争不仅对河北省北部，更对北京市所辖地区有直接的影响。其后燕国衰弱，秦王政二十一年（公元前226），秦伐燕，破蓟城，燕王带部分人逃往辽东，不久燕灭。其后的秦始皇暴政、反秦战争和楚汉战争，北京市所辖地区都受到了影响。从这个发展形势分析，北京市所辖地区的人口，比之战国中期，经过了多次事故的变化，到西汉初，至多还维持10万人。至西汉末增加为40万人，年均增长率5.9‰。从北京市所辖地区的地理自然环境分析，和中原省区比较，这个年均增长速度，也基本符合这一地区的实际情况。

五　天津市

天津市所辖地区，西汉时属幽州地面，总的社会形势与河北省大体差不多。由于天津市所辖地区当时地处偏僻，且有很大一片地区属未退滩的渤海水面，即使退滩地也多盐碱涝洼（大约今宝坻以南、天津市区至静海县以东）。汉初只有蓟县一县之设，也没有具体的人口活动记载。战国中期估计人口 5 万左右，其后随着形势的发展大多数地区的人口都大幅度下降了。天津市所辖地区，没有北京市当时作为幽州治地的那种优势，它离不开这个社会大环境，估计至多 3 万人左右。

六 辽宁省

战国中期尚属东胡人（乌桓、鲜卑人的前身）的活动地区，周赧王三十六年（公元前 279），燕国袭东胡，拓地至辽东，置辽西郡（治今义县西）、辽东郡（治今辽阳）。秦王政二十一年（公元前 226），秦攻燕，破蓟城（今北京），燕王率精兵数万人退避辽东。秦王政二十五年（公元前 222），秦兵攻辽东，掳燕王，燕灭。这里的其他人口活动情况不详，但上述事例亦可说明，辽宁省所辖地区的人口不会太少，前考战国中期约 40 万。其后虽有战事，但不会造成人口下降，而且也不见有大的社会动乱的记载。秦末战乱和楚汉战争期间，反而会有不少内地难民进入，不过由于这一地区的自然地理条件所限，人口也不会有大的增长，即使加上内地部分因避战乱而来的移民，在西汉初期，它的人口也只能在 50 多万。

七 吉林省

战国中期，对吉林省人口估计为 20 万人，这里的很多社会情况、人口情况历史上没有记载，只知道居住着东胡、高丽、扶余、肃慎、沃等民族。西汉时已建扶余国，开始进入奴隶社会，其他民族大概仍处在原始社会末期，过着极其低下的原始生活。春秋战国时期中原地区的社会大变动，对这里也会有所影响，促进了东北地区社会生产力的发展。他们也有一定的农业生产，特别是跨有吉林省大部的扶余国，其人口发展当比简单的人口再生产有所前进，但也不会有大的增长。联系前后史，对西汉之初，只能以 25 万估计之，到西汉末年增长为 35 万人，年均增长率 1.65‰。

八 黑龙江省

前考估计战国中期黑龙江省人口为 15 万人，主要民族为扶余人和肃慎人。这里的社会情况和人口情况，仍是比较朦胧的。除扶余人以外，其他民族还处在原始社会末期。由于黑龙江地区更寒冷，极少有农业生产，主要从事渔猎，人民生活极其艰苦，也没有完全脱离野蛮状态，人口增长极度缓慢，对西汉初期仍按15万人口估计之。

九　内蒙古自治区

北方塞外地区匈奴人，在战国中期已拥有人口约六七十万，包括自治区东北部地区的东胡人，估计全区人口约在100万以上。以后匈奴人继续活跃在北方塞外地区，此时他们已经进入了奴隶社会，一方面自身生产有所发展，同时又不断深入内地大肆劫掠，获得了比较丰厚的物质财富，人口不断增长。在大兴安岭地区和呼伦贝尔高原地区，仍然居住着很多东胡人，此时已被称为鲜卑人，在西辽河上游地区的东胡人被称为乌桓人。

在西汉之初，塞外匈奴人依靠其不断增加的实力，经常向塞内地区发动进攻，骚扰北部边境，以至占据西汉的大片领土，长期屯居塞内。据《汉书·匈奴传》记载，自战国以来，"中国罢于兵革，以故冒顿得自强，控弦之士三十余万"。冒顿是匈奴领袖。所谓控弦之士，指的是可以骑马射箭的丁壮，他们的习俗是男子壮者皆兵。又记载，汉高帝七年（公元前200），高帝以兵32万北逐匈奴，被冒顿以兵30万（《史记》记为40万）围于白登（今山西大同东北），都反映了它拥有很高的人口基础。实际上它拥有兵员要远远超过30万，推匈奴人口当在百万以上，加自治区东部的乌桓人和东北部的鲜卑人，此时全自治区的实际人口已不能少于130万。

十　山西省

山西省所辖地区，在西汉主要属司隶部和并州地面。考战国中期人口约230万。战国中期以后，仍是战乱不息。本来秦赵长平大战，赵国人口损失已经十分惨重，战国后期，秦赵仍是接连发生战争，特别是秦王嬴政登基后，又多次在河北省南部发生大战，死亡士卒又是几十万人，由于赵国跨有河北、山西两省之地，它的士卒有很大一部分是出自山西省。青壮年的大批死亡，严重地影响了人口增殖。秦并六国之时，进入秦朝统治时期，虽然大规模的战争暂时结束了，但由于秦始皇的残暴统治，无穷地劳役人民，使生产荒废，饥荒连年，人口在没有战争的情况下也在继续耗损着。秦朝后期的反秦农民大起义和紧接着发生的楚汉战争，使人口再受重大损失。

汉初封偿功臣,山西省侯国不多,地点明确的只有 11 侯国,总户 30 140,平均每侯国 2 740 户。由于山西省侯国少,且有 8 000 户、10 600 户两个大侯,所以平均每侯国户数较多,全省 89 县(山西省和山东省总面积大体差不多,但山东省 246 县),当有户 243 860,以平均每户 4 口计,当有 975 440 口,比战国中期减损 57.6%。

表 2-4　　　　　　　　　山西省汉初侯国封户

侯名及封主		在今何地	始封(公元)	户数	备 注
绛 侯	周 勃	曲沃东	前 201 年	8 100	
祁 侯	缯 贺	祁县	前 201 年	1 400	
汾阴侯	周 昌	河津南	前 201 年	2 800	
终陵侯	毋 害	绛县北	前 201 年	740	前 153 年国除时,户 1 500
阳阿侯	其 石	沁水东	前 200 年	500	
长修侯	杜 恬	新绛西北	前 196 年	1 900	
土军侯	宣 义	石楼	前 196 年	1 100	《史记》作 1 200 户
高梁侯	郦 疥	临汾东北	前 195 年	900	《汉书》户缺,据《史记》补
猗氏侯	陈 遬	运城西	前 199 年	1 100	
平阳侯	曹 参	临汾西	前 201 年	10 600	前 91 年国除时,23 000 户
汾阳侯	靳 疆	静乐	前 196 年	1 000	

合计:11 侯国;30 140 户。

第三节　西部各省区人口考

十一　陕西省

在西汉分属于司隶部、朔方刺史部和益州刺史部。战国时期则为秦国的根本之地。虽然中原地区战争连年,但陕西省内战事较少,原因是秦国依靠其较强的兵力,一直保持着打出去与列国争强,拒敌于国门之外的态势。其中只有周显王三十九年(公元前 330)秦魏在雕阴(今富县北)发生过一次大战,杀魏军 8 万余人,秦国也付出了一定的代价(其时雕阴及洛水以东属魏国领地)。其次,秦与北方的义渠国(主要在今甘肃省庆阳地区),常在陕甘边界地区发生战争。其他较大的战争,都是秦国出兵到几百里或几千里外去作战。虽然如此，陕西人口也受到严重的耗损。周赧王五十五年（公元前260），秦赵长平（今山西高平北）大战，虽然赵兵被杀45万人，但秦国士卒也死亡过半，国内空。秦国在灭亡六国的过程中，进行了多次大规模的战争，历史上记载的只是一些斩杀六国兵卒人数，实际上秦国也要付出相当大的代价，长平之战就是一例。这就决定了，虽然陕西境内战事较少，但人民负担太重，生活低下，大部分青壮年长期奔波于各地战场，且多枉死于各地战场上，严重影响了人口增殖，导致人口的下降。前面考查战国中期秦国人口400万，陕西省内也只250万。长平之战发生在中期以后，秦兵80万，死亡过半也是40多万。秦兵主要来源于陕西省，说明战国后期陕西人口也在不断下降。在秦并六国之后，虽然建立起统一的国家，但秦始皇的残暴统治，关中地区首当其冲，更会使陕西人口继续下降。不过在陕西省又发生了一种特别的人口现象，就是秦始皇给陕西人口来了几次大输血。六国灭亡不久，秦始皇怕六国贵族利用人民的故国观念组织反抗，因而徙六国富豪，包括六国贵族的远近宗室12万户于咸阳附近，其后又多次徙民于陕西省境内，共20多万户，约百万人口。还有调集民工70万修阿房宫，使陕西人口得到了一次暴发性的增长。但这些人口在秦始皇的暴政下，又大批大批地死亡下去，同时在反秦战争中又遭项羽军队的烧杀破坏。不过到秦朝灭亡时，还会剩下较多的人口，所以在楚汉战争中，刘邦损失的军队，能源源不断地从关中地区得到补充。然而由于应付战争，不仅大批青壮年死于战场，而且人民的赋税徭役也特别沉重，农业生产荒废，发生严重饥荒，使人口继续大幅度耗减下去，及至战争结束，所剩人口也就不会很多了。

西汉政权建立后，陕西省虽为帝都所在地，但所封侯国不多，只有阳陵侯傅宽封于今泾阳东南，2 600户；旬侯温疥封于今旬邑北，1 900户。封侯之少，一方面是由于在京畿封侯太多，会直接影响朝廷就近征调赋役，同时也说明，陕西省的户口确实不是很多，而且陕西设县也不多，用两侯国的平均户数，不足以推算全省人口。即使全省平均每县户口按山西省的2 740户计，陕西87县，也只能有238 380户，约953 520口，较战国中期的250万人口，减损62%，假如没有那几次移民补充，陕西省所剩人口会更少。按照这个推算人口作基数，到西汉平帝元始二年（公元2）增长到370万，年均增长率5.84‰，同陕西的地理自然条件和与邻省相比，这个汉初的人口数当不离大体。

再从以后的人口活动看，惠帝三年（公元前192）春，发长安600里内男女14.6万人到长安筑城。隔年再发600里内男女14.5万人到长安筑城。都是只劳作30天，为的是不误春耕生产。600里内，基本上是关中地区的劳动力全被征发，并且男劳力不足，女子也要服劳役。说明楚汉战争之后所剩人口之少。刘邦虽然靠关中人民的支持，赢得了战争的胜利，但关中地区的人口也受到了巨大的耗损。即使当时由于丁壮多死于战场，新一代尚未完全成长起来，按每4个人口出一个劳动力，关中地区也不过60万人。所以西汉之初，对陕西人口作95万多来估计，不会有大的出入。

十二　甘肃省

甘肃省所辖地区，在西汉属凉州刺史部。由于距中原地区较远，不论在战国时期、秦末战乱和楚汉战争时期，这里都没有大的战事，只是战国时秦和甘肃省东部的义渠国（主要今庆阳地区）时有战争，甚至义渠国数败秦兵，甘肃东部地区也时遭秦兵蹂躏。周赧王四十四年（公元前271），秦灭义渠，曾使甘肃东部地区的人口受到较大的损失，多流散于北部地区。其后在秦国的统治下，为了应付关东地区的战争，同样重赋重役于甘肃人民，影响人口的正常发展。

西汉时甘肃省98县，汉初封侯只有一侯国封于安定（今泾川），1 000户，即使把很多流散人口和少数民族人口估计在内，平均每县也不能超过1 500户，总计147 000户。再按平均每户5口计（这一地区离战乱中心较远，人口损失较轻，户均人口当高于东部地区），当有人口735 000，较战国中期的81万口，只减损10%左右，这个减幅之小，也符合其离战乱中心较远的实际情况，特别是河西走廊地区完全不受中原战乱的影响。至西汉末年增长为160万人，计其年均增长率3.67‰，同东部省区比较，也符合甘肃的实际情况。所以对甘肃省西汉初期的人口估计为70多万，当不会偏离大体。

十三　宁夏回族自治区

宁夏地区在西汉初期仍无具体的人口活动记载，还只能做粗略的估计，前面考证战国中期约有人口 10 万左右。战国中期以后，直至楚汉战争期间，中原地区战乱不息，但宁夏远离中原战场，不会受到影响。特别是贺兰山下的河套平原，自然地理条件较好，有利于人民的生息繁衍。除在南部山区，前已置乌氏、朝那两县（均在今固原南）外，秦朝又在河套平原南部置有富平县（治今吴忠西南），说明人口在不断增长。西汉初期，整个宁夏回族自治区的人口，当不少于 15 万左右。

十四　青海省

青海省所辖地区，虽然很早就有人口活动的记载，但作为可供分析人口数量的资料，仍十分贫乏。以后才逐渐有些资料可循。西汉末年考为 25 万人口，东汉后期 30 万左右，都有一定史料做依据。从中可以看出，人口增长是很缓慢的，西汉初期比之战国中期不会有大的增长，仍以 20 万估计之。

十五　新疆维吾尔自治区

新疆地区属西域都护府管辖，地处西北边陲，自然地理条件十分复杂，有一望无际的大沙漠，有广大的山地，也有平原和湿地。各地气温有很大差异，北疆比较寒冷，南疆温度较高。但影响农业生产最严重的是干旱缺雨，除西北部一些地区，因受大西洋湿润空气的影响，降雨稍多些外，大多数地区气候干燥，因而使农牧业生产都不能有较高的发展。所以全区平均起来看人口特别稀少，只有一些地理自然条件略好的地方，散居着仍处在原始社会末期或刚进入奴隶社会的不同民族的部落国。据《汉书·西域传》记载，天山以东和以南就有 41 国，并记有概略的户数、口数以及兵员数字，合计 39 440 户，312 053 口（详见表 2 - 5）。但这个户口数的记载是极不完整的，还有一些小国无户口记载。更有乌孙国是西域大国，户 12 万，口 63 万，跨今哈萨克国和新疆北部准格尔盆地以西的伊犁地区。这里的自然地理条件比较好些，乌孙与西汉朝廷的关系也比较密切，两次与西汉宗室联姻。说明其国在新疆境内的人口不会太少，估计不能少于 20 万。另外，在准格尔盆地以北地区还有匈奴人，人口情况不详。估计整个新疆境内的人口，在张骞出使西域时不能少于 55 万人。新疆面积约 166 万多平方公里，每平方公里只有 0.3 人。以上是属于西汉中期的情况，西汉初期也不会太少，估计约在 50 万左右。

表 2-5　　　　　　　　　西域各部落国户口调查

国名	户数	口数	兵员	约在今地
若羌	450	1 750	500	阿尔金山西端南
鄯善	1 750	14100	2 912	若羌附近
且末	230	1 610	320	且末附近
小宛	150	1 050	200	且末南
精绝	480	3 360	500	民丰北
戎卢	240	1 610	300	民丰南
于弥	3 340	20 040	3 540	于田附近
渠勒	310	2 170	300	于田南
于阗	3 300	19 300	2 400	和田附近
皮山	500	3 500	500	皮山附近
乌秅	490	2 733	740	塔什库尔干南
西夜	350	4 000	1 000	叶城南
蒲犁	650	5 000	2 000	叶城西
依耐	125	670	350	海散勒巴格西南
捐毒	308	1 100	500	乌恰西
沙车	2 339	16 373	3 049	沙车附近
疏勒	1 510	18 647	2 000	喀什附近
尉头	300	2 300	—	阿合奇西南
姑墨	3 500	24 500	4 500	阿克苏附近
温宿	2 200	8 400	1 500	乌什附近
龟兹	6 970	81 317	21 076	库车附近
乌垒	110	1 200	300	轮台东北
渠黎	130	1 480	150	库尔勒附近
尉犁	1 200	9 600	2 000	库尔勒东北
危须	700	4 900	2 000	焉耆东北
焉耆	4 000	32 100	6 000	焉耆附近
乌贪訾离	41	231	57	昌吉附近
卑陆	227	1 387	422	乌鲁木齐东北
卑陆后	462	1 137	350	乌鲁木齐东北
郁立师	190	1 445	331	吉木萨尔附近

续表

国名	户数	口数	兵员	约在今地
单桓	27	194	45	乌鲁木齐西北
蒲类	325	2 032	799	巴里坤湖东南
蒲类后	100	1 070	324	巴里坤湖西
西且弥	332	1 926	738	乌鲁木齐西北
东且弥	191	1 940	572	乌鲁木齐
劫国	99	500	115	乌鲁木齐北
狐胡	55	264	45	吐鲁番西北
山国	450	5 000	1 000	博斯腾湖东南
车师前	700	6 050	1 865	吐鲁番西
车师后	595	4 774	1 890	奇台西南
车师都尉	40	333	84	吐鲁番东南
车师后城长	154	960	260	奇台西北
合计	39 440	312 053		

说明：

这是《汉书·西域传》根据张骞出使西域的调查所做，并且得到了以后其他史料的证明。张骞出使于武帝建元二年（公元前139）；元朔三年（公元前126）归汉，其后置西域都护府。

十六　西藏自治区

前考战国中期西藏人口30万，是根据后几考的结果往前推算的，并做了充分的考证说明。时间处在战国中期和西汉末年之间的西汉初期人口，估计可在40万左右，不另做具体说明。

十七　四川省

四川省在西汉时属益州刺史部，没有初期的户口统计。四川也有三个侯国：雍齿封于汁方（今什邡），2 500户；宣虎封于乐山（今乐山），900户；强瞻封于繁（今彭县西北），1 500户。平均每侯国1 633户。经多方考证分析，四川省即在西汉之初，平均每县也要远远超过1 600户，不能用以推算全省人口。因为春秋战国以来，这里并未受到严重的战争蹂躏，社会经济还在不断发展。秦并巴蜀后，秦昭王五十六年（公元前

251），蜀郡太守李冰，曾征集民工在成都平原西北部的岷江劈山导流，修筑防洪灌溉工程（后称都江堰）。还兴建了其他水利工程，对农业生产的发展起了很大的促进作用，使成都平原变成了天府之国。说明四川地区的社会形势不同于中原地区。虽然在秦征服六国的过程中，人民的赋税徭役也很沉重，但社会比较安定。因而这里的人口只能增长，不会减少。前考估计战国中期约有人口164万，其中西部山区（主要今阿坝藏族羌族自治州和甘孜藏族自治州）约50万。至西汉初期估计全省人口不能少于180万，其中西部山区60万，户籍统计区120万。到西汉末，户籍统计区的人口增长到324万，年平均增长率4.55‰。从一个二百多年的长过程来说，这个增长率不算很低。所以从多方面的情况比较分析，对西汉初期四川人口作180万估计，近于实际。

十八 重庆市

重庆市所辖地区，在西汉属益州巴郡。在秦并巴蜀之前，属巴国领地。前考估计战国中期有人口约30万。在战国后期，虽然中原地区仍是战乱不息，秦并六国以后又对人民施行残暴的统治，其后又是连续八年的反秦战争和楚汉战争，人口继续下降，但在重庆市所辖地区，由于远离秦朝的统治中心，也远离战乱不息的中原战场，社会相对比较安定，但也不能不受影响。周赧王三十五年（公元前280），秦曾取道重庆地区攻楚，拔黔中郡（今湖北、湖南、贵州三省边区），人民仍要承受很重的赋役负担。周赧王三十七年（公元前278），秦兵大举攻楚，在湖南省西部展开大战。其后又在湖北省与重庆市边界地区发生大战，其军需物资必然大量取给予巴蜀地区，所以重庆市所辖地区的人口，虽会有所增长，但不会有大的增长，这里只以40万估计之。至西汉末年，按有比较可靠的资料考证分析，可增长到80多万，年均增长率3.3‰。这个增长速度也基本符合重庆市所处的地理自然和社会条件。对西汉初期作40万人口估计，当基本符合当时的实际情况。

十九 云南省

云南省所辖地区，在西汉属益州南部，居住着众多不同种落的民族。按考证西汉末年约有人口120万。此时已有较多的史料可供参考，仅户籍人口就有87万多。所以这个考证数字比较近于实际。按人口增长规律推断，在西汉之初，当有人口 100 万左右，比之战国中期的 80 万，增长 20 万，年均增长率 1.61‰，不再另做分析。

二十　贵州省

贵州省所辖地区，在西汉分属于益州和荆州，也是众多不同民族居住的地方。考证西汉末年人口 75 万，是根据比较可靠的资料考证所得，由此推算汉初人口不能少于 55 万，较战国中期的约 45 万人，增加 10 万，年均增长率 1.44‰，不另做分析。

第四节　南方各省区人口考

二十一　湖北省

湖北省所辖地区，在西汉时主要属荆州刺史部。前面考战国中期有人口 80 万。

战国中期以后，在湖北省境内仍有不少战事，其中较大的几次是，周赧王三十六年（公元前 279），白起攻楚之鄢城（今宜城），楚军力战，白起引汉江水灌城，军民死数万人。次年（公元前 278），秦白起攻楚都郢城（今荆州），西至夷陵（今宜昌），东至竟陵（今潜江西北），南至洞庭，均为秦国占领，置南郡。楚移都于陈（今河南淮阳）。其后在湖北省境内战事较少，但楚国仍在它所占领的湖北省东北部地区征兵征赋，参加中原地区的大战。经过战国后期的消耗，又经秦朝统治时期的暴政蹂躏，特别是连续八年的反秦战争和楚汉战争，虽然在湖北省境内不见有大的战事活动的记载，但也要受到严重的影响，社会经济得不到恢复，人口也不能增长。

汉初封侯，在湖北省境内只有一个侯国，邔侯（今宜城北），1 000 户，不能用以推算人口。湖北省在西汉有 45 县，经过多方面权衡比较，由于湖北省县数少，平均每县不能少于 2 500 户，人口也不能少于 45 万。只要看一看西汉末年的人口考证，就可以想到西汉初年，上面说的 45 万，只是对户籍统计区内人口的估计，实际上在户籍统计区以外，还有大量少数民族人口没有估计在内。湖北省汉初的实际人口当不少于 55 万，比之战国中期减损 31%。

二十二　湖南省

湖南省所辖地区，在西汉属荆州刺史部南部。考证战国中期湖南人口约70万，战国中期以后，这里仍无大的战事。但并不是说这个地区就那么平静，只是很多事变不见于记载。周赧王三十八年（公元前277），秦攻楚，夺取江南部分地区，置黔中郡，郡治就设在今常德市。湖南既为楚国领地，楚国频频出兵逐鹿中原，不可能不重赋予湖南人民。其后秦始皇的暴政，秦末农民起义战争和楚汉战争，都不可能不受影响。始皇二十八年（公元前219），秦始皇南巡欲至衡山，在洞庭湖遇大风而折回。始皇三十七年（公元前210），再度南巡至九疑山（今宁远、蓝山县境内），人民生活不可能不受干扰。次年，为进军岭南，征发大量民工，开凿湘水至漓江水道，被称为灵渠（在今广西兴安县境内），以通舟楫，便于军需运输。这些情况都说明湖南省的人口并不是太少。在这一历史过程里，它的人口虽不是下降的形势，但也难有大的增长。对西汉之初按80万人口估计之，到西汉末年增长至190万，年均增长率4‰以上。这个稍高的增长速度，是进入西汉后江南人口有较大增长的具体表现。湖南省，特别是西部山区，少数民族众多，生活条件较差，全省平均不可能有更高的增长。

二十三　广西壮族自治区

广西地区在西汉属交趾刺史部，无人口统计的记载，西汉末年已有部分人口统计资料，考全区人口约98万。估计西汉初期不能少于60万，年均增长2.38‰。

二十四　海南省

在西汉属交趾刺史部，西汉之初无具体的人口统计，也无人口活动的记载。按考证西汉元封时（公元前110～前105），约23 000余户，115 000口（详见第三考）。西汉之初不能少于10万人。

二十五　广东省

西汉时属交趾刺史部，居南岭以南地区。秦并六国以后，任命任嚣为南海尉，率50万男女经略岭南。其中不惟军队，更有大量所谓罪人及其家属，他们最初主要落脚在珠江三角洲地区，这对这个人口一向较少的地区，无疑是一次大输血。虽然由于水土不服，会有大批死亡，但绝大多数人还是生存下来了，因而成了任嚣和以后的赵佗能够立足岭南的基本力量。从以后任嚣劝赵佗在岭南立国时所说的"颇有中国人相辅"这句话，足可以证明这一点。秦二世时天下大乱，任嚣病重将死，委后事于龙川（今龙川）令赵佗，说且今中原大乱，"中国未知所安，番禺负山阻海，可以立国，故召公告之。"这句话也说明，经过任嚣十几年的经营，珠江三角洲地区，已经是物产丰富，有较多的人口，可以作为岭南的统治中心。秦灭后，赵佗并据南海、桂林、象郡三郡之地，约今广东、广西、海南全境和贵州省部分地区，建立南越国，称王。后经西汉朝廷正式册封为南越王，都城在番禺（今广州）。其后赵佗又自称皇帝，与汉朝分庭抗礼。后经陆贾劝说，去帝号，仍称王，臣属西汉朝廷。在其上书中说："老夫身定百邑之地，东西南北数千里，带甲百万有余，然北面臣事汉，何也，不敢背先人之故。"① 赵佗今河北省真定人，故有此语。意思是说，因为我是中国人，所以还是要统一于中原朝廷。说带甲百万，虽然是夸大其词，但也反映了这里已经不是人口特别稀少的地区。而在陆贾说赵佗时说："今王众不过数十万"。孝景帝三年（公元前154），吴王刘濞（封于江浙间）举兵作乱，向其他诸王发檄，也说："寡人素事南越三十余年，其王诸君皆不辞分其兵以随寡人，又可得三十余万"。② 虽然这个数十万兵卒是出自整个岭南地区，但它中心区域的人口密度，决不会少于其他地区。武帝时海南岛每平方公里3.5人，在西汉之初也当有这个人口规模。广东省面积178 000平方公里。以此推之，当有623 000口。另从兵员方面分析，赵佗有兵30万（当然它不可能是常备兵），当有20万出自广东省，按全部丁壮都要当兵，以3口出一兵计，也得有人口60多万。还可以从任嚣以50万男女定岭南来分析，因为汉初距秦定岭南，时间并不甚远，也只20年左右，如果还能有20多万人留在广东（包括他们的后裔），当地原有人口也不会少于45万。西汉初的广东人口不能少于65万。

---

① 《汉书·西南夷两越朝鲜传》。
② 《汉书·刘濞传》。

二十六 福建省

福建省在西汉时期属扬州刺史部会稽郡南部，只有一县之设，冶县（今福州），没有人口统计。在后面第三考联系后史做了具体的考证分析，估计西汉末年人口不能少于40万，而在西汉之初即当有35万人，计其年均增长率只有1‰左右。这类地区在当时的经济文化条件下，人口不会有较快的增长。

二十七 台湾省

对台湾省的人口，在汉代以前，无任何史料可供考证之参考，只能做一般的分析估计。西汉末年按5万人口估计，西汉之初则当不少于45 000人。

二十八 江西省

江西省所辖地区在西汉时属扬州豫章郡（治今南昌），对西汉初期，无人口统计资料。考证其末年人口约88万。按不同的社会形势和不同的地理自然环境下可能存在的人口增长速度估计，在西汉之初的人口当在50万左右，计其年均增长速度2.6‰。

二十九 浙江省

浙江省所辖地区，在西汉时属扬州会稽郡（治今江苏省苏州），本省只跨有太湖以南至福建以北的中部地区。前面考证越国在战国中期的人口当在百万左右，而浙江省不能少于50万。秦灭六国之后对人民实行残暴的统治，浙江省虽离秦朝统治中心较远，但也受影响，也被卷入了反秦战争之中。考查当时的社会形势，浙江人口虽不会造成大的损失，但也不可能有大的增长，估计在西汉之初仍当在50万左右。因为考证西汉末年人口眉目比较清晰，也只96万人，计其年均增长速度3.12‰，也符合这一地区的人口在当时还不可能有很快增长的社会形势。

三十 安徽省

安徽省管辖地区在西汉分别属于扬州和豫州刺史部，战国中期以来，安徽省的人口社会形势与相邻各省大体相同，仍是接连发生战争，人口持续下降。战国时期结束后，人民又备受秦始皇残暴统治的磨难，给人口造成了更大的耗损。秦末农民大起义爆发点的大泽乡，就在今安徽省宿县境内，人民群起而响应，起义队伍迅速发展至数十万人。正说明人民已困苦不堪，在无以聊生的情况下才起义造反。秦朝覆灭后的楚汉战争，最后一战也发生在安徽省东部淮河以北地区，楚王项羽的10万军队被汉军围歼于垓下（今灵璧东南）。这些大大小小的战争，不管发生在本省或本省相邻地区，对本省人民都是重大的蹂躏，都会给人口造成损失。

汉初封侯，本省境内很少，只有夏侯婴封于汝阴（今阜阳）6 900户，尹恢封于城父（今亳州东南）2 000户，陈署封于龙阳（今霍山东南）1 500户，共10 400户，平均每侯国3 467户。作为平均每县来说，太高。由于侯国占县的比例太小，没有代表性，不能用以推算全省人口，还得估计处理。安徽省的情况与江苏省和山东省无大差异，平均每县亦按2 352户计，全省72县，当有169 344户，按平均每户4口计，约677 376口，较战国中期人口145万，减损53%。至西汉末年增长至370万，年均增长率6.84‰，基本符合西汉建立后，社会长期安定、人口有较高增长的社会形势。

三十一　江苏省

江苏省所辖地区，在西汉分属于徐州和扬州刺史部。考证战国中期人口约120万左右，历经战国后期战乱、秦始皇的残暴统治、反秦战争和楚汉战争，人口遭到重大损失。汉高帝二年（公元前205），刘邦以56万军队伐项羽，在彭城（今徐州）展开大战，刘邦败，汉军死20余万人。历史上记载了很多士卒大批死亡的战例，这里不做详述。但凡发生战争，特别是大的战争，人民无不受到蹂躏，造成饥荒，使大批人口死于饥饿之中。不过淮河以南地区，战争略少些，但在秦始皇的暴政下，人民也难逃重赋重役的压榨剥削，所以才有江南人民随项羽起兵反秦。在这个过程里，人口下降是普遍的。

江苏省汉初所封侯国不多，只有七侯，共封22 900户，平均每侯国3 271户。由于其中有一个万户大侯，其他侯国户数也不太少，平均每侯国户数必然要高。作为县均户数，推算出来的全省人口数也必然要高。但权衡其他各省，它不能低于山东省的平均每县2 352户，这里按2 500户计。江苏可考58县，当有145 000户，按平均每户4口计，则有580 000口。比之战国中期的120万人，减损51.7%。考证西汉末年江苏人口294万，年均增长率6.64‰，也基本符合这里地理自然条件比较好的实际情况，所以对汉初人口按58万计。

表2-6　　　　　　　　江苏省汉初侯国封户

侯名及封主	今属何地	始封	户数	备注
留侯　张良	沛县东南	前201年	10 000	
堂邑侯　陈婴	六合西北	前201年	600	
武原侯　卫肢	邳县北	前119年	2 800	
阳羡侯　灵常	宜兴	前195年	2 000	
下相侯　冷耳	宿迁	前195年	2 000	
广平侯　薛欧	泗洪南	前201年	4 500	
彭侯　秦同	徐州	前199年	1 000	

合计：7侯，22 900户。

三十二　上海市

表2-7　　　　　　　　西汉初期各省区人口汇总

高祖五年（公元前202）

省区	本考人口	上考人口	省区	本考人口	上考人口
河南	1 413 776	6 200 000	四川	1 800 000	1 640 000
山东	2 099 856	4 550 000	重庆	400 000	300 000
河北	1 260 012	3 550 000	云南	1 000 000	800 000
北京	100 000	250 000	贵州	700 000	550 000
天津	30 000	50 000	湖北	550 000	800 000
辽宁	500 000	400 000	湖南	800 000	700 000
吉林	250 000	200 000	广西	600 000	500 000
黑龙江	150 000	150 000	海南	100 000	90 000
内蒙古	1 300 000	1 000 000	广东	650 000	450 000
山西	975 440	2 300 000	福建	350 000	300 000
陕西	950 000	2 500 000	台湾	45 000	40 000
甘肃	735 000	810 000	江西	500 000	400 000

续表

省区	本考人口	上考人口	省区	本考人口	上考人口
宁夏	150 000	100 000	浙江	500 000	500 000
青海	200 000	200000	安徽	677 376	1 450 000
新疆	500 000	400 000	江苏	580 000	1 200 000
西藏	400 000	300 000	上海	—	—
			总计	20 266 460	32 980 000

第五节 后 叙

上面考证西汉初期人口，按今版图全国总计，大约只有人口2 031万，比战国中期的3 298万减损38%。而在西汉户籍统计区内，只能有1 300多万，比战国中期的2 600多万减损50%左右。

西汉王朝，度过了初期的困难之后，由于采取了很多安定社会、促进生产发展的措施和积极的人口政策，使社会经济得到了较快的恢复。到文帝时便开始走上了繁荣，至文帝末年，据《汉书·食货志》说，已"民近战国"。说明人口已有很大的恢复。从这条记载中可以看出，这时已有全面的户口统计，否则就不能同战国人口做比较，只是统计数据没有留存下来。按前考，战国中期在西汉户籍统计区的人口约2 600多万，"民近战国"就是接近战国中期的水平，当在2 500万以上，从高帝五年（公元前202）起算，年均增长率14‰左右，即是从短期计算来说，这个增长速度也是比较高的。这个增长基本上属自然增长，因为考证汉初人口时，把流散人口已考虑在内。

景帝继位后，直至武帝前期，社会继续向好的方向发展。史书对这一过程有很多称道，把"文景之治"[①]视为理想的太平盛世，治理国家的典范，武帝继之。《史记·平准书》记载说："汉兴七十余年之间，国家无事，非遇水旱之灾，民则人给家足。都鄙廪庾皆满，而府库余货财。京师之钱累百巨万，贯朽不可校。太仓之粟，陈陈相因，充溢露积于外，至腐败不可食。众庶街巷有马，阡陌之间成群。"这段描述，是对"文景之

---

① 文景之治——文帝和景帝时对封建国家的治理。

治"的具体说明，一派太平盛世的景象。虽然在人剥削人的封建社会里不可能人人都得到幸福，但仍说明封建经济已达到了空前的繁荣，大多数人可以维持最低生活，因而也就会有利于人口的增长。《通典》说："至武帝元狩中，六十余年，人众大增"。[1] 这里计算到武帝开始对匈奴用兵的元光二年（公元前133），仍按14‰的增速计算，可再增人口1 000多万，达到3 500万。

由于经济的发展，人口的增加，有了雄厚的物力人力，汉武帝遂决定发动北逐匈奴的战争。匈奴民族，原居北方塞外，仍处在原始社会末期，或刚进入奴隶社会，早在战国时期就经常进入内地抢掠破坏，沿边各国都筑城防守。秦统一六国后，曾以30万兵守边备匈奴。秦末战乱及楚汉战争期间，匈奴乘机大肆入侵，并占领了河套以南广大地区，今甘肃、宁夏、陕西、山西等地区大受其害。西汉建立之初，由于国力虚弱，匈奴人更是步步紧逼。所以在国力增强之后，汉武帝遂决定发动北逐匈奴的战争，以消除这个来自北方的大患。元狩四年（公元前119）取得了决定性的胜利，匈奴单于庭[2]远遁大漠以北。[3] 但汉朝的国力消耗也很大。然而汉武帝却被胜利冲昏了头脑，又继续发动对外战争，南征南越（今两广地区）、西南夷（四川南部和云贵地区），东征辽东（其时为朝鲜民族占据），甚至西征大宛（新疆乌恰以西）1万多里，军费开支严重不足。加上武帝到处巡幸，游山玩水，大肆挥霍浪费，致使国库空虚，不断加重人民的赋税负担，造成人民生活严重贫困，抗灾力弱，破坏了生产的正常发展，发生严重饥荒，以至人相食。到处是饥饿的流民，很多地方发生小规模农民起义，人口下降，所以《汉书·昭帝纪》说："承孝武奢侈余敝，师旅之后，海内虚耗，户口减半"。

至于是不是真的户口减半，经过分析，主要不是人口死亡过半，而且由于沉重的赋役负担和饥饿所逼，大量户口逃离家乡，形成了很多流民群，以至举行武装起义，打乱了户口管理的正常秩序，使朝廷纳税服役的户口减少了一半，并不是实际人口减损一半。从总体情况来说，由于人民

---

[1] 六十余年——从高帝五年起算到元狩中，应为80余年，这里说的当是从文帝登基起算。

[2] 单于庭——即王庭或朝廷。匈奴人称其君长为单于。

[3] 大漠——亦称大幕或大碛，指内蒙古高原大沙漠，东西长约2 000多公里。大漠以北约今蒙古共和国和其他以北地区。

生活水平的严重下降，人口死亡率增高，增殖能力减弱，使人口长期处于停滞状态。武帝末年，仍当有人口3 500万以上。这从武帝后期的各种社会活动，特别是还在搞一些大规模的水利建设工程也可以得到证实。武帝末年，战争停息后，社会逐渐安定下来了，经济得到了恢复发展，使西汉又出现了一段经济繁荣的时期，人口又在慢慢地增长。

第三考　西汉末期

平帝元始二年（公元2）

第一节　导　　语

西汉人口发展，在经历了武帝发动对外战争的波折之后，到武帝晚年，匈奴人已经远去，社会逐渐安定下来，生产逐渐得到恢复发展，又出现了经济繁荣的时期。在昭帝时（公元前86～前74），已是"流民稍还，田野日辟，颇有蓄积"，①宣帝时（公元前73～前49）更是"用吏多选贤良，百姓安土，岁数丰穰，谷至石五钱"。②说明这时期的经济形势，大体上已恢复到战前的繁荣。这一时期的人口增长速度，虽不可能有前期那么高，也不能低于10‰。由武帝末年到宣帝末年（公元前87～前49）也要再增加人口1 500万，达到5 000万。虽然这个估计的数字不可能很准确，但从形势的发展看，也当大体如此。

元帝统治时期（公元前48～前33），社会形势又逐渐向坏的方面转化，奢侈之风已相当严重，封建统治阶级对人民的剥削日益残酷，人民生活急转直下。至成帝时（公元前32～前6），更是大兴土木，修陵墓，治宫馆，动用了大量民工，耗费了大量民财。大臣谷永说，其建筑规模之大，不亚于秦始皇的骊山工程。很多地方百姓弃业，生产荒废，到处都有饿死人的现象，流民遍天下，社会动乱加剧，农民起义的规模更甚于武帝后期。只是由于这时的人口基数较高，西汉统治地区幅员广大，受害最深的主要是黄河中下游地区及江淮、江汉地区，所以总人口尚未见减少。但从整个过程看，也不会有大的增长。虽然到平帝元始二年（公元2），按《汉书·地理志》的记载，人口达到5 959万，但按宣帝末年有人口5 000

---

①② 《汉书·食货志》。

万，计其年均增长率只有3.5‰。而且主要是元帝以前的一点增长，成帝以后基本上已陷入停滞状态。

平帝元始二年的户口数，是中国历史上遗留下来的第一个比较完整的户口统计，不仅有户口总数，而且有分郡国（二级政区）的户口统计，这将在下面按今省区做人口考证时做具体的分列。

按《汉书·地理志》的记载，西汉统治区编籍户数为12 233 062，编籍口数为59 594 978，但与考证后的各郡国户口合计数有很大的出入（考证数见附表3－26，具体说明见分省区人口考）。经重新合计的户数为12 476 470，比原书所载户数多243 408；重新合计的口数为57 571 103，比原书所载人口数少2 023 875。为什么会出现这种矛盾的现象？经分析认为，户数之差主要是原书合计上的失误，也有个别记载上的失误，因此应以重新合计数为准。而人口数也有合计不准或记载失误的成分，但必须如实承认，还有大量人口不在地方官府统计之内，而另有单独的统计，被列入总人口之中。主要有两种：一是军队，历朝都不在地方户口统计之中，即使我们今天的人口普查，在各省市自治区的人口统计中也不包括军队。至于西汉军队的数量，没有具体的史料可查，但从多方面分析，当在百万以上。从莽新时期镇压农民起义所动用的兵力也可以看出，仅昆阳一战就投入兵力40万，它还有很多军队在其他方面作战或戍守。王莽是以逼汉帝禅让的和平方法夺取政权的，军队也是由王莽政权全部接管。所以王莽政权使用的兵力，也反映了西汉军队数量之庞大。二是奴隶，尽管作为社会制度来说，奴隶已不存在，但在封建社会里，奴隶一直存在着。虽然西汉很多奴隶也被编入了奴隶主人的户籍，他们是合法存在的，没有徭役，但却要对奴隶主人加倍征收人头税。[①] 封建政权的人口管理，主要是为了征收赋税徭役，所以很多奴隶才被编入了户籍。但也有很多不在地方户籍的奴隶，其中最大的一项就是官奴婢。元帝时朝廷各官府奴婢十余万，[②] 很多贵族官僚也是奴婢千百成群，皇帝甚至

---

① 人头税——西汉赋税主要有两种，土地税和人口税。土地税汉初十五税一，景帝时改三十税一。人口税不论男女，从7岁起征收，7～14岁，每年20钱；15岁以上每年120钱。另有徭役，成年男子每年有一定时间到官府服劳役。

② 《汉书·禹贡传》。

一次以奴婢数百人、千余人赏赐族人及臣下。元帝王皇后群弟"后庭姬妾各数十人，僮奴以千万数"。① 这些奴婢基本上都是生产奴隶，为主人从事各种各样的生产活动。由于大量奴隶的存在，严重影响了封建国家的赋税收入，所以哀帝时丞相孔光等人奏请限制奴隶的拥有量："诸侯王奴婢二百人，列侯公主百人，关内侯、吏民三十人，年六十以上，十岁以下不在数中"，② 这些奴隶当然不在赋役户籍之中，否则就不需要限制了。这个限制的数额对贵族官僚已经够宽容的了，但仍然遭到了激烈的反对而不能实行，说明他们的奴隶拥有量，可能数倍于这个拟订的限额。还有很多非生产性的服务奴隶，主要是女奴，更是到处可见。所以不在户籍的奴隶总量，估计不能少于百万。按照上面的分析，在西汉户籍统计区，不在户籍的人口不能少于200万。他们或者有单独的统计而不见于记载。总之对元始二年5 959万人口的记载，必须予以认定。虽有矛盾，但可两存之。

西汉封建王朝，作为中国历史上一个时期的代表，它反映了当时中国人口发展的基本方面，但它的统治地区与今版图有很大的出入，有些地方虽属西汉朝廷管辖，但不在今版图之内。减去今版图外227 981户，1 201 758口（详见表3-1），才是今版图内西汉统治区的户籍人口。这样户总数12 248 489，口总数56 369 645，与考证各省区户籍人口总数比较，仅因四舍五入的原因，尾数微有出入。

同时，在今版图内还有些地区不属于西汉朝廷的管辖，或虽属西汉朝廷管辖，但无正式的户口统计。这些地区也居住着很多不同民族的人口，经粗略考查，大约750多万，在今版图内人口总计6 667万。

本考对各省区的地理自然条件稍做介绍，以观察人口发展和地理自然条件的关系。前两考由于没有可靠的资料可供分析研究，对人口的考证不仅是粗略的，而且多属分析估计，还看不出人口发展与地理自然条件的密切关系，其后在一般情况下也不再重复。

---

① 《汉书·外戚传》。
② 《汉书·哀帝纪》。

表 3-1　　　　　　　　西汉统治区在今境外户口数

郡名	今属	户数	口数	属县总数	属县境外	境外户口 户数	境外户口 口数
交趾	越南	92 440	446 237	10	10	92 440	446 237
九真	越南	35 743	166 013	7	7	35 743	166 013
日南	越南	15 460	69 485	5	5	15 460	69 485
益州	中越	81 946	580 463	24	1	3 414	24 186
乐浪	朝鲜	62 812	406 748	25	25	62 812	406 748
辽东	中朝	55 972	272 539	18	1	3 110	15 141
玄菟	中朝	45 006	221 845	3	1	15 002	73 948
合计						227 981	1 201 758

第二节　北方各省区人口考

由于西汉距今，年代比较久远，有个别县治失考，对跨省区郡国均按《中国历史地图集》有考县治进行分割。这样处理虽不尽合理，但舍此别无他途，而且实际上也不会失之太远，因为无考县极少，不会影响大局。对以后各个时期，凡遇这种情况，亦按此法处理，不另做说明。有些边远省区，如黑龙江、西藏、台湾等，当时尚未置于西汉朝廷的统治之下，完全没有户口统计。有些省区，如云南、贵州、四川、青海、新疆、内蒙古、河北、吉林、辽宁等，虽部分或全部已置于西汉政权的管辖之下，但也只大部分或部分地区有户口统计。除对有户口统计的部分地区，可按郡县分割外，其他地区则要据有关史料进行考证分析，酌情估计。同时，有些省区即使全部属于有户口统计的地区，统计也不是那么完整准确，也要根据有关史料做重新考证。当然经过考查，也有些郡国的户口统计略近实际，特别是中原地区。对有些省区综合的户籍人口予以认可，没有再做进一步考证。

一　河南省

分属于司隶、豫州、兖州和荆州刺史部，[①] 地处黄河冲积大平原的腹心地区，土地肥沃，气候宜人，是人类生息繁衍的好地方，因而在当时的人口数量冠于全国，人口密度仅次于山东省，每平方公里78人。但在远古时期，人口最稠密的地方并不在黄河冲积平原，而是在西部土质比较松软的黄土高原及其边缘地区，因为这些地方更适宜于使用石器或木器的原始农民从事农业生产。而黄河冲积平原则由于地势低洼，易受涝害，农业经济不宜发展，因而人口稀少。其后虽经治理，但由于冲积土黏性较大，易于板结，在远古生产力水平很低的情况下，仍是难以耕种，所以人口一直比较少。后来随着生产力的发展，特别是铁制农具的广泛使用，也逐渐变得易耕易种了。平原土地大量被开发，生产发展了，人口稠密地区也逐渐由黄土高原东移，使本省逐渐成了中国人口最稠密的地区之一。战国中期苏秦游说魏惠王联合抗秦时曾说，河南平原人口众多，到处都是庐田屋舍，连放牧牛马的地方也没有。虽然言词有所夸张，但也反映了这一时期的河南地区，已经开始进入人口稠密地区。经考证，战国中期已拥有人口620多万，每平方公里将近40人。进入西汉以后，在社会长期比较安定的情况下，生产力有了进一步发展，人口也有了更高的增长，至西汉末年户籍人口可达1 300多万，居全国首位。

表3-2　　　　　　　　　　河南省户籍人口表

西汉政区	人口	密度	郡国属县 总数	郡国属县 本省	本省人口	含今政区县市
河南郡	1 740 279	132.14	22	22	1 740 279	黄河以南，孟津汝阳以东至原阳、中牟、新郑之间皆属
河内郡	1 067 097	79.99	18	18	1 067 097	黄河以北，太行山以南，济源至林县、安阳、淇县之间皆属
弘农郡	475 954	11.91	11	9	389 417	跨陕西省，本省黄河以南，新安至淅川以西，灵宝、卢氏皆属
魏郡	909 655	67.84	18	5	252 682	跨河北省，本省含内黄、浚县、滑县

---

① 刺史部——为两汉一级政区，其下为郡国，县为三级政区。

续表

西汉政区	人口	密度	郡国属县 总数	郡国属县 本省	本省人口	含今政区县市
东郡	1 659 028	124.77	21	7	553 009	跨山东省，本省含南乐、清丰、濮阳、范县
山阳郡	801 288	88.38	18	1	44 516	跨山东省，本省民权
梁国	206 752①	40.00	8	5	129 220	跨安徽省，本省商丘、虞城
陈留郡	1 509 050	154.44	17	17	1 509 050	延津、开封、尉氏、通许、杞县、睢县、宁陵、兰考、长垣、封丘
沛郡	2 030 480	70.72	31	7	458 495	跨安徽省、江苏省、山东省，本省夏邑、永城
淮阳国	981 423②	122.45	9	9	981 423	扶沟、淮阳、太康、柘城、鹿邑
颖川郡	2 210 973	198.79	20	20	2 210 973	宝丰、舞阳、漯河、郾城、登封、禹城、长葛、鄢陵、临颍、许昌、襄城、郏县、平顶山
汝南郡	2 596 148	75.57	36	28	2 019 226	跨安徽省，本省西平遂平、上蔡、确山、汝南平舆、新蔡、正阳、商水、周口、项城、沈丘、郸城
南阳郡	1 942 051	40.30	35	26	1 442 666	跨湖北省，本省伏牛山以南，鲁山、南召、方城至泌阳、桐柏以西皆属
江夏部	219 218	3.54	13	4	67 452	跨湖北省，本省信阳、罗山、光山
庐江郡	457 333	12.34	13	1	35 179	跨湖北省、安徽省，本省商城
六安国	178 616	13.85	5	2	71 446	跨安徽省，本省固始
京兆郡	682 468	92.08	12	1	56 872	跨陕西省，本省无今县治，汉有湖县，在今灵宝西北
合计③				182	13 029 002	

注：

①梁国，属豫州刺史部，原书记载"户三万八千七百九，口十万六千七百五十二"。平均每户2.76口，不仅平均每户人口太少，不符合一般家庭人口结构的实际情

况，与西汉各郡国平均4.6口也不相符。经考证分析，实际上是原书口数记载有误，把前面的"二十万"误书为"十万"。改正后平均每户5.34口。

②淮阳国，属兖州刺史部，原书记载"户十三万五千五百四十四，口九十八万一千四百二十三"。平均每户7.24口，偏高。经考证，实际上是户数记载有误，把"二十三万"，误书为"十三万"，应为235 544户。改正后平均每户4.16口，基本符合西汉总的户均人口形势。

③表中计算的各郡国人口密度，是就郡国面积平均计算的，有的郡国跨地较广，郡国内不同地区的地理自然环境也不相同，因而人口密度也有很大差异。其他省区也有这种情况，不再做具体说明。另外，还要说明的是，表中计算的人口密度，是按户籍人口计算的，有些郡国并不代表实际人口密度，它只是用来比较和鉴别各郡国原统计是否切合实际。把按户籍人口计算的人口密度，去除户籍人口，大体上就是这个郡国的面积，再用这个面积去除考证人口数，才是这个郡国比较接近实际的人口密度。

二　山东省

山东省所辖地区，分属于青州、徐州、兖州、冀州刺史部。地处黄河下游地区，有广阔的冲积平原，土地肥沃，东部突出于黄渤两海之间，受海洋气候影响，空气比较湿润，农作物生长季节雨量比较充沛，适宜于人类劳动生息。但由于远古时期，平原地区常有水患，又多盐碱涝洼，只在地势较高的地方才有人类居住。西周之初，大封宗室功臣，太公吕望封于营丘（今临淄）时，还是"地潟卤，人民寡"，到处是漫无边际的草荒滩，不能以农业立国。在黄河下游济南以北，几乎还是无人区，半岛地区的人口也很稀少。其后随着生产力的发展，中国人口稠密地区从西北黄土高原东移后，山东人口也逐渐增加。至春秋时期，由于冶铁业的较快发展，更推动了土地开发、生产发展和人口的增加。估计至春秋中期可达300万以上，至战国中期可达455万以上。虽然春秋战国时期，战争连年，制约了人口的发展，但这仅仅是短时间的，是次要的一方面。生产力的不断发展则是社会的主流，为适当时机的人口大发展积累了条件。进入西汉以后，由于社会长期比较安定，生产力得到了更高的发展。特别是黄河水患的治理，使下游地区免除了较大的水患，土地大量被开发，不仅营丘附近变成了人口最稠密的地区，昔日没有人烟的鲁北荒原，也变得人烟稠密。到西汉末，全省仅户籍人口就达到1 224万，实际人口可能更高一点，但也不会有大的出入。

表 3 – 3　　　　　　　　　　　山东省户籍人口表

西汉政区	人口	密度	郡国属县总数	郡国属县本省	本省人口	含今政区县市
济南郡	642 884	93.17	14	14	642 884	济南、历城、济阳、章丘、邹平
千乘郡	490 720	117.85	15	15	490 720	利津、滨州、高青、博兴
勃海郡	905 119	55.61	26	4	139 249	跨河北省，本省宁津、庆云、乐陵、无棣
平原郡	664 543	71.22	19	18	629 567	跨河北省，本省阳信、惠民、商河、临邑、陵县、平原、禹城、齐河
山阳郡	801 288	88.38	18	17	756 772	跨河南省，本省巨野、嘉祥、金乡、成武、曹县、单县、鱼台、邹城、兖州、鄄城
济阴郡	1 386 279①	291.24	9	9	1 386 279	定陶、菏泽、东明
梁国	206 752	40.00	8	1	25 844	跨河南省、安徽省，本省境内无今县治，汉治己氏，在曹县东南
齐郡	554 444	135.83	12	12	554 444	广饶、桓台、淄博、青州、临朐
成阳国	205 784	101.52	4	4	205 784	沂南、莒县
鲁国	607 381	169.23	6	6	607 381	曲阜、泗水、滕州
东郡	1 659 028	124.77	21	14	1 106 019	跨河南省，本省茌平、东阿、聊城、阳谷、莘县、郓城、梁山
清河郡	875 422	132.10	14	7	437 711	跨河北省，本省临清、武城、夏津、高唐
东平国	607 976	167.53	7	7	607 976	济宁、汶上、东平
泰山郡	726 604	44.29	24	24	726 604	泰安、莱芜、新泰、平邑、蒙阴、沂源、肥城、长清、平阴、宁阳
楚国	497 804	75.70	7	1	71 115	跨江苏省，本省无今县治，汉县为傅阳，在枣庄东南
东海郡	1 559 357	72.91	31	18	905 433	跨江苏省，本省枣庄、费县、临沂、苍山、郯城、临沭、微山
沛郡	2 030 480	70.72	31	1	65 499	跨江苏省、河南省、安徽省，本省无今县治，汉县公丘，在滕州西

续表

西汉政区	人口	密度	郡国属县 总数	郡国属县 本省	本省人口	含今政区县市
琅邪郡	1 079 100	51.36	31	30	1 044 290	跨江苏省，本省沂水、五莲、诸城、胶县、胶南、即墨、青岛、海阳、日照、莒南
北海国	593 159	122.53	26	26	593 159	寿光、昌乐、潍坊、昌邑、安丘
甾川国	227 031	219.99	3	3	227 031	国内无今县治，主要为今青州、寿光属地
东莱郡	502 693	31.58	17	17	502 693	掖县、招远、龙口、蓬莱、栖霞至乳山以东各县市皆属
胶东国	323 331	44.06	8	8	323 331	平度、莱西、莱阳
高密国	192 536	179.77	5	5	192 536	高密
合计				246	12 242 321	

注：

① 济阴郡，原书记载户290 025，口1 386 278，计算的人口密度，每平方公里291人，太高，和相邻地区比较，明显地不切实际。但计算其户均人口，平均每户4.78口，符合西汉户均人口的一般情况，也找不到其他资料证明其失误在什么地方，只能存疑。

说明：

① 沾化、垦利两县，西汉时为尚未退滩的渤海水面，故今县栏内缺。同时无棣、利津、寿光、昌邑也有很大一片土地尚未退滩，山东北部沿渤海湾约6 400平方公里的地面尚在水下。

② 按《中国历史地图集》的标绘，今之德州属信都国领地，冠县属魏郡领地，东明县很大一部分土地属陈留郡领地，微山县南端属楚国领地，均无县治之设。这些县的大部分土地属河北省、河南省、江苏省，人口未做分割。表中分割山东省域人口，可能稍微低于山东省的实际人口。

三 河北省

河北省所辖地区，分属冀州、幽州刺史部，南部为黄河下游冲积平原，自然地理条件比较好，属海洋性气候。北部为山区，气温稍低。河北省人口主要集中在南部平原地区，但在远古时这里的人口也很少，平原地区尚未得到开发，东部沿海地区，直至春秋时期，差不多还是无人的荒草区，只在西部沿太行山麓才有较多的人口。考查战国人口，今河北省域，大约只有300多万。进入西汉以后，由于社会长期比较安定，生产力有较高的发展，平原地区得到更好的开发，人口大幅度上升，到西汉末年，按《汉书·地理志》所载郡国户口分割，户籍人口可达658万人。

西汉统计的户口隐漏较少，但不能没有，特别是北部地区，大体沿张家口长城向东，至燕山以北地区，有很多乌桓人游牧在这里，人口数量不详，联系后史考查，不能少于10万人。总计西汉时期河北省人口，不能少于670万人。

表3-4　　　　　　　　　河北省户籍人口表

西汉政区	人口	密度	郡国属县总数	郡国属县本省	本省人口	含今政区县市
真定国	178 616	191.03	4	4	178 616	石家庄、正定、获鹿
常山郡	677 956	44.88	18	18	677 956	阜平、曲阳、平山、行唐、灵寿、井陉、栾城、赵县、元氏、高邑、赞皇、临城、内丘
巨鹿郡	827 177	143.57	20	20	827 177	晋县、束鹿、宁晋、柏乡、隆尧、新河、巨鹿、平乡、广宗
中山国	668 080	91.42	14	14	668 080	满城、保安、完县、唐县、望都、定县、新乐、无极、安国、蠡县、深泽
河间国	187 662	92.86	4	4	187 662	献县、交河
信都国	304 384	52.94	17	17	304 384	深泽、武强、武邑、冀县、衡水、枣强、南宫、景县
清河郡	875 422	132.10	14	7	437 711	跨山东省，本省故城、威县、清河、临西
广平国	198 558	69.14	16	16	198 558	任县、南和、曲周、丘县
赵国	349 952	90.61	4	4	349 952	邢台、沙河、永年、邯郸
魏郡	909 655	67.84	18	13	656 973	跨河南省，本省涉县、武安、磁县、临漳、成安、肥乡、广平、魏县、馆陶、大名、丘县[①]
勃海郡	905 119	55.61	26	22	765 870	跨山东省，本省安次、文安、大城、青县、沧州、阜城、黄骅、海兴、南皮、孟村、盐山

续表

西汉政区	人口	密度	郡国属县总数	郡国属县本省	本省人口	含今政区县市
平原郡	664 543	71.22	19	1	34 976	跨山东省，本省吴桥
涿郡	782 764	55.56	26	24	722 551	跨北京市，本省易县、涞水、涿县、高碑店、永清、定兴、徐水、容城、霸州、安新、雄县、清苑、高阳、任丘、博野、肃宁、河间、安平、饶阳
上谷郡	117 762	5.35	15	11	86 359	跨北京市，本省张北、万全、张家口、崇礼、赤城、宣化、涿鹿、怀来
代郡	278 754	11.24	18	7	108 404	跨山西省及内蒙古自治区，本省怀安、阳原、蔚县、涞源
广阳国	70 658	19.74	4	1	17 664	跨北京市，本省固安
渔阳郡	264 116	8.97	12	4	88 039	跨北京市，本省滦平、丰宁、香河、大厂
右北平郡	320 780	5.57	11	5	145 809	跨辽宁省、天津市，本省围场、平泉、青龙、宽城、兴隆、隆化、承德、遵化、玉田、丰润、丰南、唐山
辽西郡	352 325	7.62	14	5	125 830	跨辽宁省，本省迁安、迁西、卢龙、滦县、乐亭、昌黎、抚宁、秦皇岛
合计				197	6 582 572	

说明：

①在魏郡栏内丘县重出，原因是其治地跨两郡国边界。以下凡重出县均属这种情况。

②西北部今康保、沽源两县，为乌桓人居住地区，故未列入今县。

③今乐亭、滦南、丰南等县南部，黄骅、海兴东部，其时为渤海未退滩水面，大约5 000多平方公里。

四 北京市

北京市所辖地区，属幽州刺史部。西部、北部为山区，南部为华北平原的北部边缘，地理自然条件不及南部平原地区，但也无大的差异，只是当时生产力水平低，从农业生产来说，还没有得到更广泛地开发，人口也不很多。按西汉政区分割仅27万多人口。今北京市区，时为广阳国的治所（称蓟县），共辖四县，只有7万多人口，若按属县平均，每县还不足18 000口。即使这7万多人口半属蓟县，也不符合当时的实际情况。《汉书·地理志》记载："蓟，南通齐赵，勃碣间一都会也。"既为都会，成为一方的政治经济中心，当然会拥有更多的人口。按后面考证，东汉时蓟县人口14万，粗略估计西汉末年不能少于10万人。因为这个都会的形成，已有千年的历史，中间虽时有战乱，使它的人口不可能稳定的发展，但战争都是短时的，战乱过后，损失的人口，又会恢复发展起来。所以作为一方都会的地位一直不衰。西汉时这里虽地近边境，受匈奴入侵的威胁，但并无大的影响。相邻的涿郡，按西汉的29县平均，每县还有27 000口。渔阳郡更近边境，平均每县也有22 000口。再同另一些都会人口与所在郡平均每县人口比较看，按《汉书·地理志》记载，洛阳县（今河南洛阳东北）的人口，为所在河南尹平均每县人口的4.2倍；宛县（今河南南阳）人口为南阳郡平均每县人口的4.76倍；成都县（今四川成都）人口为蜀郡平均每县人口的4.26倍；都在4倍以上。这种情况说明，作为一方都会的人口，都比附近地区平均每县人口要高出很多倍。假如蓟县在涿郡，按4.2倍计算则为113 366口。如果是在渔阳郡，也有92 440口。从自然地理条件来说，广阳国更优于附近其他郡，它的实际人口要更高于统计人口。所以要做这样烦琐的考证，目的在于从多方面说明，作为今北京市区的西汉蓟县，并不像《汉书·地理志》所记载的人口那么少，整个北京市所辖地区的人口，至少要在40万左右（东汉户籍人口不及西汉高，河北省的户籍人口也没有西汉高，但北京市的户籍人口却达到611 910口）。

表 3-5　　　　　　　　　北京市户籍人口表

西汉政区	人口	密度	郡国属县 总数	郡国属县 本省	本省人口	含今政区县市
广阳国	70 658	19.74	4	3	52 994	北京市区
涿　郡	782 764	55.56	26	2	60 213	房山
上谷郡	117 762	5.35	15	4	31 403	延庆、昌平
渔阳郡	264 116	8.97	12	6	132 058	跨河北省、天津市，本市密云、顺义、平谷、通州、怀柔
合计				15	276 668	

五　天津市

天津市所辖地区，属幽州刺史部。虽然在今天看来地理自然条件也比较好，属华北平原北部的一部分，但在西汉时有很大一片地区仍为未退滩之水面，包括市区、静海、宁河县所辖地区，基本上都在水下，大约4 000多平方公里，占今天津市所辖地区的36%以上。即已退滩之地面也多盐碱涝洼，多被荒置着，所以一直人口较少，只有北部山地和西部地势较高的地方人口稍多，但由汉郡分割的人口，也只7万多。

表 3-6　　　　　　　　　天津市户籍人口表

西汉政区	人口	密度	郡国属县 总数	郡国属县 本省	本省人口	含今政区县市
渔阳郡	264 116	8.97	12	2	44 019	跨河北省、北京市，本市宝坻、武清
右北平郡	320 780	5.57	11	1	29 162	跨河北省，本市蓟县
合计				3	73 181	

六　辽宁省

辽宁省所辖地区，在西汉属幽州刺史部，地处北温带，雨量比较充沛，但气候稍冷，无霜期也稍短。虽有土地肥沃的辽河平原，但在当时的生产力条件下开发不足，因而较之中原地区，人口相对稀少，但也不是太少。这里在战国时属燕国领地，估计其人口也可在数十万。在秦始皇暴政时期，特别是在楚汉战争时期，很多人避难辽东。至西汉时，由于社会安定、生产力发展，人口有较快增长，至其末期，仅户籍人口就可达到70万以上。

另外，在今省域内，还有些没有编入户籍的少数民族人口。其中有朝鲜族，虽然他们也有很大一部分已经编入了户籍，但并没有完全编入户籍。据《后汉书·东夷列传》记载："濊，北与高句丽、沃沮，南与辰韩接，东穷大海，西至乐浪，……汉初大乱，燕、齐、赵人往避地者数万口。而燕人卫满击破准（朝鲜王）而自王朝鲜，传至孙右渠。元朔元年（公元前128），濊君南闾畔右渠，率二十八万口诣辽东内属。武帝以其地为苍海郡，数年乃罢。"其时苍海郡大体在鸭绿江与辽阳之间。其后于元封三年（公元前108），朝鲜人杀右渠降汉，汉置乐浪、临屯、玄菟、真番四郡。其后临屯、真番废，只存乐浪、玄菟二郡。但上面所说的28万口，基本上已全部进入鸭绿江以北，落居于辽东、玄菟二郡。但玄菟郡按《汉书·地理志》的记载只有221 845口。辽东郡地理自然条件比较优越，和地处山区的玄菟郡面积大体差不多，包括辽阳以西的肥沃平原，也只272 539口。他们基本上是中原移民的后裔，说明还有相当一部分朝鲜民族的人口没有纳入统计。

在北部今法库、开原以北，为扶余民族所居，曾筑王城于今昌图县境内，说明这里的人口也比较多。由于扶余人居地很广，北至黑龙江，数十万平方公里，但在本省的面积也只一万数千平方公里。《三国志·魏书·扶余传》记载有8万户，推其人口40万左右。由于这些少数民族人口增长极其缓慢，因而即在250多年以前的西汉末年，估计也当有30多万。而在今辽宁省境内，少也有数万口。粗略估计，西汉末年辽宁省的实际人口不能少于80万。

表3-7　　　　　　　　　辽宁省户籍人口表

西汉政区	人口	密度	郡国属县 总数	郡国属县 本省	本省人口	含今政区县市
辽西郡	352 325	7.62	14	9	226 495	跨河北省，本省绥中、兴城、锦西、锦州、义县、阜新、北票、朝阳
辽东郡	272 539	3.93	18	17	257 398	跨朝鲜国，医巫闾山以东，彰武法库铁岭以南，抚顺、本溪、凤城、丹东以西的本省大部分地区

续表

西汉政区	人口	密度	郡国属县总数	郡国属县本省	本省人口	含今政区县市
右北平郡	320 780	5.57	11	5	145 809	跨河北省，本省建平、凌源、喀左、建昌
玄菟郡	221 845	3.40	3	1	73 948	跨吉林省与朝鲜国，本省清源、新宾、桓仁、宽甸
合计				32	703 650	

七 吉林省

吉林省所辖地区地处东北地区中部，虽然也属温带地区，但由于纬度渐高，气温较辽宁省又见寒冷。虽有松辽平原肥沃的土地，但在当时的生产力条件下，农业生产很难得到大的发展，比之辽宁省，人口也渐稀少。西汉政区只有玄菟郡一角在本省内，为上殷台县（今通化市），分割人口仅73 948口，其中多为朝鲜人。但吉林省地面广大，还居住着很多其他民族。主要有扶余人、肃慎人和沃沮人，没有具体的人口记载。据《三国志·魏书·扶余传》记载："扶余在长城之北，① 去玄菟千里，南与高句丽、东与挹娄、西与鲜卑接。北有弱水（今称黑龙江），方可二千里，户八万。其民土著，有宫室、仓库、牢狱。"又《后汉书·东夷传》记载：其俗"杀人殉葬，多者以百数"。这些记载虽很简略，但足以说明扶余是一个拥有众多人口的民族。户8万虽是一个大约的数字，但从其有宫室、仓库、牢狱、杀人殉葬来看，它已经进入了奴隶社会，生产比较发达。综合多种情况看，它必有较多的人口。他们所生活的地区，主要是以今长春为中心的本省中部的平原丘陵区。因为这里"土宜五谷"。从"其民土著"来分析，他们在遥远的古代就在这里生息繁衍，至汉代其经济已有较高的发展。有户8万并不夸张，推其人口不能少于40万。由于人口增长的极度缓慢，在西汉末年即当具有这个人口规模，除去在今辽宁省和黑龙江省的部分外，在本省境内不能少于25万人。

---

① 扶余在长城之北——这里说的燕长城，即秦长城的东段，在辽宁省境内，指阜新至铁岭段。

扶余之东为肃慎民族，即后来的挹娄人（以后又称女真人），估计其人口不能少于20万，但主要居住在黑龙江省境内，本省不能很多。

肃慎之南有沃沮人，居本省延边地区及朝鲜半岛东北部。这个时候也有不少汉人散居在本省西南部与辽宁省相邻的地区，但都没有具体的人口记载。

粗略估计，包括部分户籍人口，西汉末年本省人口当有35万。

八　黑龙江省

黑龙江省地处东北地区的东北部，大部分地区冬季气候严寒，夏季短促，在当时的生产力条件下，不宜于农业生产的发展，人口较少。居民主要有扶余、肃慎等民族。扶余族居地很广，其北部在大小兴安岭之间，南至松嫩平原。在本省的人口主要是从事狩猎活动。扶余族的人口绝大部分在吉林省内，按其总人口40万估计，本省境内只能有10万左右。

扶余之东为肃慎民族，主要居住在大松花江以南牡丹江流域、长白山地区和三江平原地区，并据有今黑龙江、乌苏里江以东今属俄罗斯的广大地区。肃慎氏是一个古老的民族，在远古时期就在这里繁衍生息，其人口没有具体记载。扶余人40万，估计肃慎人不能少于20万。由于江外俄罗斯所辖地区，更不利于人类的生息，所以它的主要活动地区在今黑龙江省境内，这从后史中亦可得到验证。在唐代武周圣历元年（698），肃慎氏的后裔靺鞨粟末部，曾在这里建立起一个强大的渤海国，跨吉林、黑龙江两省，总人口约五六十万。在人口增长极度缓慢的情况下，这绝不是短期内可以增长起来的，虽然渤海国的民族成分比较复杂，但主要是肃慎氏的后裔，后来被称为渤海人，不能少于30万。肃慎氏后裔的另一支——黑水靺鞨，主要居住在三江平原及江外地区，由于自然地理条件等原因，他们的人口增长更缓慢。由此估计，即在西汉末年，肃慎人当在20万左右，其中在本省境内不能少于15万人。

在黑龙江省境内此时还散居着一些其他民族，如鲜卑、契丹、室韦等东胡人。虽然在西汉时与内地不通，也无记载，但从后史记载可知，他们在两汉时，甚至更早就已经生活在黑龙江省北部和内蒙古自治区东北部地区，以后逐渐向南发展，只是人口的具体情况不可考。

今黑龙江省境内的人口不能少于25万人。

九　内蒙古自治区

内蒙古自治区，地处我国北部，地域辽阔，东西长约 2 600 多公里，气候条件比较复杂，大部分地区冬季气候寒冷，夏短冬长，且多砾石沙漠和荒凉的草原。只在河套地区和靠近内地的地方，农业生产有一定的发展，人口也比较多些，但总的形势是人口比较稀少。靠近内地的中部地区，西汉有郡县设置，经分割综合，大约有 114 万人（见表 3-8）。这是西汉末年的情况。其余地区多为游牧民族所居，主要有匈奴、鲜卑、乌桓、室韦等，具体人口没有记载。

自治区西部地区仍有很多匈奴人。汉初骑兵 30 多万人，经常到内地劫掠破坏。元光二年（公元前 133），汉武帝发动北逐匈奴的战争，从元朔五年（公元前 124）到元狩四年（公元前 119），匈奴军队先后被斩杀和降服的就有 225 000 人，又有降民六七万人。在大战之前，推其人口当在百万以上。虽然在元狩四年经卫青、霍去病率军穿越大沙漠出击，匈奴王庭远遁，但仍有很多匈奴人留居漠南，即今内蒙古自治区中部地区。其中有些已经降附，有些则仍在边境骚扰。其后又经多次打击，特别是宣帝本始三年（公元前 71），经与乌孙、乌桓、丁零等民族的联合会剿，匈奴势衰，与汉议和，边境渐趋安定，直至西汉末年再未发生大的边境战争。但宣帝神爵二年（公元前 60），匈奴人仍以 10 万骑沿边界地区狩猎，说明这时匈奴人口虽大部耗损，但总人口（包括大漠以北）仍不能少于四五十万。从史书记载的降附数字和安顿地点分析，至西汉末年，在今内蒙古自治区境内，仍不能少于 20 万人。再从《后汉书·南匈奴传》的记载看，和帝永元二年（公元 90），南单于庭领户 34 000，口 237 300。正说明在西汉末年，它仍具有相当的人口规模。实际上在西汉时归附的匈奴人，有很多已经在今内蒙古中部地区与汉民杂处，不在南单于庭统辖之内。

鲜卑族，原为东胡人的一部分，主要居住在内蒙古东北部地区。他们是在这一地区发展起来的，至东汉和帝永元年间（公元 89~104）在东汉政权的打击下，北匈奴单于逃走，鲜卑人徙居北匈奴故地（今蒙古国），其时经百余年的发展，匈奴遗种尚有十余万落，皆自号鲜卑，到内地降附。十余万落当有 50 万口。说明鲜卑人在没有徙居匈奴故地以前的西汉末年，他们的人口也不能少于30万，否则他们不可能经百年之后发展起一支足可以制服并融合十余万落匈奴人口。这个30万人口在西汉末年主要居住在内蒙古自治区东部的大兴安岭地区和呼伦贝尔高原区，以后逐渐发展南徙，直至长城内外。

乌桓之先，也是东胡人的一支。很早就活动在自治区东南部的沙拉木伦河流域，常受制于匈奴人，并与匈奴经常发生战争，"及武帝遣骠骑将军霍去病击破匈奴左地，因徙乌桓于上谷、渔阳、右北平、辽西、辽东五郡塞外，为汉侦察匈奴动静"。① 匈奴远遁后，乌桓也经常入塞侵扰。昭帝元凤三年（公元前78），汉兵杀其三王及6 000余人，说明乌桓人口已不是太少，但没有具体的人口记载。其后于宣帝本始三年（公元前71）曾与乌孙、丁零联兵，东西夹击匈奴，也说明它有一定的人力基础。东汉顺帝时估计有二三十万口，西汉末年即当有20万众。其中部分在河北省和辽宁省境内，估计在内蒙古自治区境内不能少于10万人。

其余还有些较小的民族部落，人口情况不详，但也不会很多。

从西汉属郡分割114万，匈奴人20万，鲜卑人30万，乌桓人10万，合计174万，加上一些较小的民族如丁零等，全区实际人口估计不能少于180万。

表3-8　　　　　　　　　内蒙古自治区人口表

西汉政区	人口	密度	郡国属县 总数	郡国属县 本省	本省人口	含今政区县市
云中郡	173 270	20.86	11	11	173 270	呼和浩特、托克托、土默特左右旗、武川
五原郡	231 328	20.98	16	16	231 328	包头、固阳、达拉特旗
朔方郡	136 628	1.81	10	10	136 628	五原、乌拉特前旗、杭锦后旗、临河、磴口
张掖郡	88 731	1.69	10	1	8 873	跨甘肃省，本区额济纳旗
定襄郡	163 144	18.09	12	12	163 144	卓资、和林格尔、清水河

---

① 《后汉书·乌桓鲜卑列传》。

续表

西汉政区	人口	密度	郡国属县 总数	郡国属县 本省	本省人口	含今政区县市
雁门郡	293 454	12.12	14	2	41 922	跨山西省，本区凉城、丰镇、察哈尔右前旗
代郡	278 754	11.25	18	1	15 486	跨山西省、河北省，本区兴和
西河郡	698 836	13.16	19	7	257 466	跨陕西省、山西省，本区伊金霍洛旗、东胜、准格尔旗
上郡	606 658	8.68	16	3	113 748	跨陕西省，本区乌审旗
合计				63	1 141 865	

说明：

右北平郡在本区有今赤峰市、喀喇沁旗、宁城县，辽西郡在本区有敖汉旗，西汉均未设县，户口未做分割，故两郡均未入表。实际上这些地区在西汉时已经有很多乌桓人进入。

十　山西省

山西省所辖地区，在西汉分属于司隶部和并州刺史部，位于太行山以西地区，属黄土高原东部，山地丘陵居多，只有汾河下游平原地区土地比较肥沃。本省虽属温带气候，但与华北平原同纬度相比，气温偏低，尤其是北部地区又见寒冷，雨量偏少，对农作物生长有一定影响，因而山西省的人口，自南向北渐见稀少。战国时约有人口 200 万左右，历经多年战乱，到西汉之初剩下不足百万。西汉建立后，虽然总的形势是社会安定时间较长，封建经济有较高的发展，但山西省的人口并没有很大的增长。到西汉末期，按比较准确的户口统计，也只 268 万。

表 3-9　　　　　　　　　　山西省户籍人口表

西汉政区	人口	密度	郡国属县 总数	郡国属县 本省	本省人口	含今政区县市
太原郡	680 488	15.68	21	21	680 488	北有代县、繁峙，南有汾阳、介休、灵石、太谷、昔阳，西至吕梁山，东至省界，其间县市皆属

续表

西汉政区	人口	密度	郡国属县 总数	郡国属县 本省	本省人口	含今政区县市
河东郡	962 912	27.19	24	24	962 912	北有永和、隰县、汾西、霍县，东有浮山、沁水、阳城，西南界黄河
上党郡	337 766	12.45	14	14	337 766	北有和顺、榆社，南有晋城，西有沁县、沁源、安泽，东至太行山
西河郡①	698 836	13.16	19	8	294 247	跨陕西省及内蒙古自治区，本省西界黄河，北有河曲，南有石楼、孝义、交口，东至吕梁山
代郡	278 754	11.25	18	10	154 863	跨河北省、内蒙古自治区，本省阳高、天镇、广灵、灵丘及大同县
雁门郡	293 454	12.12	14	12	251 532	跨内蒙古自治区，本省长城以南右玉、左云、大同市、怀仁、应县、山阴、平鲁、偏关、朔州、神池、宁武、浑源
合计				89	2 681 808	

注：

① 西河郡，原书记载36县，治地多失考，今按可考19县分割人口。按今县治原西河郡境内共23县，其中山西省12县，分割人口无大出入。

第三节 西部各省区人口考

十一 陕西省

陕西省在西汉分属于司隶、朔方和益州刺史部，自然地理条件比较复杂，北部地区处在黄土高原的中心地带，南部据有秦岭以南的汉江上游地区。南北方有明显的气候差异，秦岭以南属亚热带气候，但到处是崇山峻岭，平原极少。陕北地区土地瘠薄，又干旱缺雨，所以南北两方人口都不多。只有中部的渭河平原，自然条件比较好，农业生产也比较发达，自远古以来就是西北地区人口最稠密的地方。陕西人口战国时期230万，大部分在渭河平原，西汉之初人口下降到约95万，至西汉末，户籍人口再上升到340多万。但关中地区为西汉的都城所在地，不仅有大量卫戍部队，更有大量官私奴婢，前面导语中分析的奴隶人口，大部分集中在关中地区，均不见于户口统计。陕西省的实际人口不能少于370万。

表 3-10　　　　　　　　　陕西省户籍人口表

西汉政区	人口	密度	郡国属县 总数	郡国属县 本省	本省人口	含今政区县市
京兆尹	682 468[①]	92.08	12	11	625 596	跨河南省，本省西安、长安、咸阳、临潼、渭南、华县、华阴、潼关、蓝田
左冯翊	917 822	39.17	24	24	917 822	西有淳化、北有宜君、黄陵、洛川，南有泾阳、高陵、大荔，东至黄河，其间县市皆属
右扶风	836 070	35.50	21	21	836 070	跨甘肃省，本省西界陇山，有陇县、宝鸡，南界秦岭，有太白、户县，东界咸阳，有礼泉、永寿，北有旬邑、彬县，其间县市皆属
弘农郡	475 954	11.91	11	2	86 537	跨河南省，本省洛南、商县、山阳、丹凤、商南
汉中郡	400 614[②]	5.76	12	7	233 692	跨湖北省，本省西有留坝、勉县，南界米仓山、大巴山，东至湖北省界，北界秦岭
武都郡	235 560	9.02	9	3	78 520	跨甘肃省，本省略阳、凤县
北地郡	210 688	3.81	16	2	26 336	跨甘肃省、宁夏回族自治区，本省吴旗、定边
上郡	606 658	8.68	16	13	492 910	跨内蒙古自治区，本省靖边、横山、榆林、米脂、子洲、延长、子长、安塞、志丹、延安、甘泉、富县
西河郡	698 836	13.16	19	4	147 123	跨山西省、内蒙古自治区，本省府谷、神木、佳县、吴堡、绥德、清间、延川、宜川
合计				87	3 444 606	

注：

①京兆尹，所辖12县中，《汉书·地理志》对长安县有单独的户口记载：户80 800，口246 200。在分割人口时，先从总数中减去长安县的人口，按11县分割，再加上长安县，为京兆尹在本省人口。

②汉中郡，原书记载，户101 570，口300 614，平均每户2.94口，有误。口数当为400 614，这样平均每户也只3.94口，略近实际。故改。

十二 甘肃省

甘肃省主要属凉州刺史部，地处青藏高原、内蒙古高原和黄土高原之间。境内多为高原山地丘陵，盆地平原极少。气候条件也很复杂，河西走廊地区干旱少雨，又多风沙。东部地区雨量稍多些，但从总体上看，远不及东部大平原的地理自然条件好。虽然自远古就有农业生产，却不能有更高的发展。因而就决定了它的人口也不能有更高的发展。战国时估计甘肃人口约81万，其后并无大的增长。至西汉末，按西汉政区户籍人口分割，仅得129万。另外，有小部分地区不在西汉郡县之内，如今之夏河、碌曲、玛曲、迭部等县所辖地区，均未置郡县。虽然这些地方人口较少，但也会有几万人。南部有阴平县（今文县），属益州广汉郡，但是广汉郡的人口，主要集中在靠近成都平原的地区。及至与甘肃省相邻的北部山区则人口稀少。虽然按广汉郡总人口平均每县5万口，但在平原地区每县人口要远远超过这个平均数，而北部山区县则远远不能达到这个平均数。相邻的武都郡，平均每县才26 000人。所以设在本省的阴平县必不能有5万多人口，但多缺相济，对在籍总人口大体上仍可按129万计。

在甘肃省境内，还有大量羌民与汉民杂处，虽然他们的大部分也被编入了户籍，但由于汉官对他们的压迫剥削很残酷，时服时叛，迁徙不定，不可能全部编入户籍。汉景帝时（公元前156～前141），居住在湟水流域（青海省海东地区）的研种羌豪留何，要求入守陇西塞（西汉时多利用羌兵守护边塞），于是徙其部民分居陇西郡各地。宣帝神爵二年（公元前60），汉将赵充国破河湟叛羌之后，又招徕先令、煎巩等种落羌民降汉。徙之破羌（今青海省乐都东）、允（qian 铅）街（今甘肃永登南）等地，并置金城属国（相当于郡，羁縻少数民族的政区），以安置之。① 元帝永光二年（公元前42），陇西羌反，七月遣右将军冯奉世等率兵6万进讨，八月再遣太常任千秋率5校尉兵并进。② 说明这一地区的羌民数量庞大，少也在10万以上，否则就用不着动用这样大的兵力去镇压。后来他们多逃出塞外。很多史料记载，西汉后期在今甘肃省境内到处散居着不同

---

① 马长寿：《氐与羌》，上海人民出版社1984年版。
② 《汉书·冯奉世传》。

种落的羌民，他们不可能全部编入户籍。虽然人口的具体情况不可考，甘肃省域的实际人口，少也在150万以上。

表3-11　　　　　　　　　　甘肃省户籍人口表

西汉政区	人口	密度	郡国属县总数	郡国属县本省	本省人口	含今政区县市
金城郡	149 648	4.22	13	9	103 602	跨青海省，本省永登、兰州、永靖、东乡、和政
陇西郡	236 824	9.33	11	11	236 824	天水市、礼县、宿昌、舟曲、岷县、卓尼、武山、漳县、陇西、渭源、临洮、康乐、广河
天水郡	261 348	9.87	16	16	261 348	榆中、定西、静宁、庄浪、张家川、清水、秦安、甘谷、通渭、天水县
武都郡	235 560	9.02	9	6	157 040	跨陕西省，本省武都、康县、西和、两当、徽县、成县
广汉郡	662 249	12.95	13	1	50 942	跨四川省，本省文县
安定郡	143 294	2.58	18	12	95 529	跨宁夏回族自治区，本省平凉、镇原、灵台、泾川、崇信、会宁、靖远、景泰
北地郡[①]	210 688	3.81	16	9	118 512	跨宁夏回族自治区、陕西省，本省环县、华池、庆阳、合水、正宁、宁县
武威郡	76 419	1.57	10	10	76 419	民勤、武威、古浪、天祝、皋兰
张掖郡	88 731	1.69	10	9	79 858	跨内蒙古自治区，本省高台、肃南、临泽、山丹、张掖、民乐、永昌、金昌
酒泉郡	76 726	1.94	9	9	76 726	玉门、嘉峪关、酒泉、金塔
敦煌郡	38 335	0.97	6	6	38 335	敦煌、肃北、安西、阿克塞
合计				98	1 295 135	

注：

①北地郡，跨地较大，南北狭长，两端人口密度较高，中间部分人口稀少，北端为宁夏河套平原，每平方公里6人，南端为本省环县以南的马莲河流域，每平方公里可达13人。表中计算的每平方公里3.8人，是按户籍人口就整个北地郡平均计算的。

十三　宁夏回族自治区

宁夏回族自治区分属于凉州和朔方刺史部，北有贺兰山以东的河套平原，南有六盘山地区。本区属大陆性气候，干旱缺雨，又多风沙，农业生产不易发展，靠游牧业养活不了很多人，所以一向人口稀少。只有贺兰山下的河套平原，靠引水灌溉，才有较好的农业生产。宁夏地区在战国中期以后属秦国领地。秦国人口400万，多集于陕西关中地区，次在四川，宁夏地区估计只能在10万左右。至西汉末年，虽然从总的形势看社会经济有较高发展，人口有较大增长，但分割户籍人口也只11万多。经过分析，很多少数民族人口并没有完全编入户籍，有羌民也有匈奴人。估计西汉末年宁夏回族自治区的实际人口不能少于15万人。

表3-12　　　　　　　宁夏回族自治区户籍人口表

西汉政区	人口	密度	郡国属县总数	郡国属县本省	本省人口	含今政区县市
北地郡	210 688	3.81	16	5	65 840	跨陕西省、甘肃省，本区有贺兰山河套平原各县市及东部盐池县
安定郡	143 294	2.58	18	6	47 765	跨甘肃省，本区泾源、隆德、固原、西吉、海原、同心、中卫、中宁
合计				11	113 605	

十四　青海省

青海省地处青藏高原东北部地区，绝大部分地区为高原山地。虽然纬度和华北平原相同，但因海拔高，一般在2 500～4 500米，最低的河谷地区，也在1 600米以上，因而气候干燥寒冷，无霜期短，大部分地区不足30天。高原西南部海拔最高，几乎没有无霜期。全省大部分地区不宜农业生产的发展，很多地方甚至连牧业生产也不能发展，因而不利于人类的生息繁衍，很多地方至今还是无人区。只有靠近青海湖的日月山以东地区，无霜期可达90天，农业生产有一定发展，人口也稍多些。西汉时属凉州金城郡，按属县分割，只有户籍人口46 045。

当然它的实际人口要比这个分割数高得多，主要是大量羌族及其他民族的人口没有编入户籍。西汉建立后这里的羌族部落便不断向陇西地区迁徙，有些逐步被编入户籍。但汉朝官府对他们的压迫剥削很残酷，经常引起反抗，以至发展成大规模的军事行动。当然也就脱离了户籍。宣帝神爵二年，赵充国将兵6万进击河湟地区羌兵，战事结束后上疏说："羌兵本可五万人军，凡斩首七千六百级，降者三万一千二百人，溺河湟饥饿死者五六千人，定计遗脱与煎巩、黄羝俱亡者不过四千人。"[①] 从这段记载中可以看出，在西汉中期，青海湖以东的羌民就当有数十万人。虽遭这次沉重打击，但他们的人口继续发展，继续向东部地区移徙扩散。到东汉之初，陇山以西地区几乎成了羌民的天下。东汉时连年与羌部发生战争。说明在西汉末年青海湖以东地区的羌族人口不能少于25万人。另外在青海湖以南以西的广大地区，也散居着很多游牧人，估计全省人口不能少于30万。

十五　新疆维吾尔自治区

上面第二考，根据张骞出使西域所搜集的情况，考证西汉中期新疆人口约55万。这里不另做其他分析，粗略估计西汉末年人口为60万。从西汉初期的50万，增长到60万，计算年均增长率，大约0.9‰。

从春秋战国时期到西汉末年这一历史时期，是中国社会大变动的时期，它虽然造成了千千万万人口的死亡，但更有其积极的社会成果。由于生产关系的革命，促进了社会生产力的更高发展，在中原地区出现了人口增长的大气候，而这种大气候也会或多或少吹到边疆地区。虽然由于种种原因，有些边疆地区的人口增长还是极度缓慢，但已突破了长期停滞的状态，出现了增长的势头。人口的增长，反过来又促进了社会经济的更高发展。张骞的出使西域，正是适应了这种发展形势，人口增长极度缓慢的状态，在慢慢地被解冻。不过这个解冻也有反复，也是波浪起伏的，有些周边少数民族地区的人口，在很长的历史时期里，增长仍然比较缓慢。西藏地区的反复性就很大，新疆地区的人口，长期不能突破百万，直到近代，又一次社会革命的发生，才有了新的突破。

十六　西藏自治区

西藏地区，位于我国西南边陲、青藏高原的西南部，地理自然条件复

---

① 《汉书·赵充国传》。

杂，境内海拔高。占高原大部分的藏北地区，平均海拔 4 500 米以上，空气稀薄，气候酷寒，无霜期极短，甚至有些地方根本没有无霜期，连杂草也不能生长，至今还是无人区。只有雅鲁藏布江河谷地区，地理自然条件较好，无霜期稍长些，可达四个多月，可以发展农业生产，但海拔一般也在 3 000~4 000 米，同内地相比，仍是空气稀薄，对人类的生息繁衍仍有一定影响。所以从总的情况来说，西藏虽然地区广大，但生存空间狭小，不能容纳更多人口的生息繁衍。这就是它历史以来人口一直稀少的根本原因。

至于西汉末年西藏能有多少人口，史无记载。通往西藏地区，到处是崇山峻岭或荒无人烟的高原，交通闭塞。西汉以前不见与内地交往的记载，因而也就无从了解它的人口情况。但又不能留下这个空白，因为这里自远古以来就有人类居住，我们既要全面研究今各省区的人口历史情况，对西藏人口就不能留下空白，至少要有一个合乎逻辑的估计。在唐代这里曾建立起一个强大的吐蕃国，经考证约有人口 400 多万。其中在今西藏地区 300 多万，估计在西汉末年它当有 70 万左右的人口规模，没有相应的人口基数就不可能达到唐代的人口规模。这一地区的人口增长是极其缓慢的，要达到 300 万的人口规模，必须经历一个很长的历史过程。计算到吐蕃鼎盛时的唐代天宝年间，年均增长率 1.67‰，按照 750 年的历史长过程来说，这个增长速度并不是很低，因为其中也包括一定的移民增长，特别是两汉时期。新疆地区，从西汉到明朝，它的人口一直徘徊在五六十万或七八十万，而不能达到百万。

十七 四川省

四川省在西汉属益州刺史部北部地区，据有四川盆地和邛崃山以西至金沙江的广大地区。四川省地域广大，地理气候条件复杂。邛崃山以西为高原山地，属青藏高原东部边缘。高原气温较低，一般无霜期不足 90 天，其北部仅 30 天左右，不宜农业。在古代主要是游牧业，人口稀少。高原南部的凉山地区，属亚热带气候，虽然气候条件较好，雨量比较充沛，从气候条件看宜于农业生产的发展，但谷深岭陡，可耕地较少，人口也不多。邛崃山以东为一大盆地，可耕地较多，也属亚热带气候，雨量充沛，是四川省的主要农业区，人口稠密。成都平原有很好的灌溉条件，物产丰富，被称为天府之国。战国中期这里为秦所并，估计人口百万左右。其后，人们继续加强对盆地的开发，也带动了周围地区的经济发展。进入西汉以后，由于社会安定时间长，生产力有较高的发展，人口也有了较大的增长，按汉郡统计的户口分割综合，约 2 740 565 口。但这只是见于户籍统计的人口，另外还有很多户籍以外的人口，主要是少数民族人口不见于统计。

蜀郡，西汉统计人口为 1 245 929，至东汉时，又在今名山、宝兴以南析置蜀郡属国（相当于郡）。属国居民主要是少数民族，郡及属国合计人口 1 826 105，较西汉时增加 580 176 口。这个增长幅度是比较大的，约 46.56%。东汉蜀郡人口主要集中在成都平原及其附近地区。西汉蜀郡其置 15 县，其中成都县有单独的户口统计记载，76 256 户，约 35 万口，其余 14 县平均每县 63 995 口，东汉蜀郡属国在西汉时有 5 县，可有人口 319 975 口。可是实际上成都平原各县人口，都会远远超过平均数，东汉蜀郡属国在西汉时的户籍人口至多 20 万左右。这就是说东汉之蜀郡管辖地区有人口 1 350 476，那么这一地区在西汉时也当在百万以上。东汉蜀郡属国人口 475 629，在这一地区较西汉可增加 15 万人，主要是少数民族人口被编入了户籍，而实际上这些增加的人口，在西汉时已经存在，而不是西汉原统计人口的增殖。因为在当时的社会条件下，不可能有这样高的增殖能力。按上述情况分析估计，西汉蜀郡人口当在一百数十万。

关于巴郡人口，原记载 708 148，下面在对重庆市人口考证时认为，元始二年的实际人口约当 110 万，按属县分割，重庆 70 万，四川 40 万，比按原统计分割多 192 492 口。

越嶲郡，原记载 408 405 口，至东汉时增长为 623 418 口。犍为郡的人口不仅没有增加，反而略有减少。减少固然不合理，但越嶲郡增长 20 万也不切实际，估计在西汉时越嶲郡的人口就当在 60 万以上，只是很多人口在当时没有被编入户籍。

在四川西部，大体邛崃山、大小相岭以西地区，约今阿坝藏族羌族自治州和甘孜藏族自治州，也是众多少数民族居住的地方，没有人口统计的记载。但从《后汉书·南蛮西南夷列传》记载的情况分析，这一地区的人口约 50 万左右。这从以后对唐代四川人口的考证中也可以得到验证。这些地区的人口，由于自然的、社会的种种原因，人口增长极其缓慢。唐时这一地区的人口约在六七十万，西汉时不会太少。

此外，长江以南的山区，北部米仓山丛林深处，还会有一些我们现在还不能了解、也无从估计的人口不在户籍统计之中。因而上面的考查分析，只是一个大概的情况。综合上述，包括在籍和不在籍的人口，至少当在393万以上。

表 3-13　　　　　　　　　　　　四川省户籍人口表

西汉政区	人口	密度	郡国属县总数	郡国属县本省	本省人口	含今政区县市
蜀郡	1 245 929	22.72	15	15	1 245 929	松潘、茂县、理县、汉川、都江堰、彭州、郫县、温江、成都、双流、崇州、大邑、邛崃、宝兴、天全、芦山、名山、雅安、荥经、泸定、汉源、石棉、九龙
广汉郡	662 249	12.95	13	12	611 307	跨甘肃省，本省平武、青川、广元、剑阁、梓潼、三台、盐亭、射洪、蓬溪、遂宁、潼南、江油、绵阳、绵竹、什邡、德阳、广汉、新都、金堂、中堂、中江。另有陕西省宁强县，无西汉县治，户口不割
犍为郡	489 486	3.98	12	8	326 324	跨云南省、贵州省，本省北有新津、简阳、乐至，西有蒲江、洪雅、峨眉，南有乐山、犍为、休川、屏山、宜宾、筠连、兴文、叙永、古蔺，东有安岳、隆昌、泸州、合江，其间县市皆属

续表

西汉政区	人口	密度	郡国属县 总数	郡国属县 本省	本省人口	含今政区县市
巴郡①	708 148	5.67	11	4	257 508	跨重庆市，本省北至米仓山，西有旺苍、阆中、西充、南充，南有武胜、华蓥、邻水，东有大竹、开江、宣汉、万源，其间县市皆属
越嶲郡	408 405	4.63	15	11	299 497	跨云南省，本省南有盐源、攀枝花、会理、会东，东界金沙江，北有马边、峨边、金口、甘洛，西有越西、冕宁至木里，其间县市皆属
合计				50	2 740 565	

注：

①巴郡，北部边缘与陕西省有所参差，但出入不大，西汉又无县治之设，故户口未做分割。

十八　重庆市

重庆市所辖地区属益州刺史部巴郡，位于四川盆地东部边缘地区。战国中期这里的巴国为秦所并，成为秦国的一部分。从整个战国的人口形势分析，估计今之重庆地区人口当在20万以上。重庆地区虽然气候条件比较好，属亚热带，适宜各种植物的生长，但境内多山，耕地较少，在当时的生产力条件下，农业生产不能有大的发展，人口增长也比较缓慢。但至西汉末，按属县分割的户籍人口也达到了490 559口。当然它的实际人口还会更多些。

关于巴郡人口，《汉书·地理志》记为708 148口，至东汉中期的永和五年（140），按《后汉书·郡国志》的记载，达到1 086 049口，增长53%，年均增长率3‰左右。但据常璩《华阳国志》的记载，永兴二年

（154）为 1 875 535 口，比《后汉书·郡国志》所记永和五年人口增加 70 多万，这就不是 14 年的自然增长所能达到的，但经考证常璩这条数据又基本上是可信的。如果计算增长速度，从西汉元始二年到东汉永兴二年，年均增长率为 6‰ 左右，似乎不算太高，但对于这一地区来说，由当时的生产力水平和社会文化条件所决定，它不可能有这样高的自然增长，实际上主要还是入籍增长。所以经过考查分析，巴郡人口在东汉永和五年就应达到 169 万左右（详见第四考重庆人口考）。由于至永兴二年只有 14 年，所以元始二年至永和五年，计其年均增长率，还在 6‰ 左右，仍不是它的自然增长所能达到的。即按两汉在籍人口的增长速度 3‰ 推算，元始二年时巴郡的实际人口也当在 110 万。这样再按属县分割，重庆当有人口 70 万。加荆州所属南郡一县，合计 739 919 口。另外，重庆市山区很多，特别是一些边缘地区，还会有很多人口没有编入户籍，它在西汉末年的实际人口不能少于 80 万。

表 3-14　　　　　　　　重庆市欲发割综合表

西汉政区	人口	密度	郡国属县 总数	郡国属县 本省	本省人口	含今政区县市
巴郡	708 148	5.67	11	7	450 640	跨四川省，本市北至大巴山，西有城口、开县、梁平、垫江、长寿、合川、潼南、铜梁、大足、荣昌、永川，东有奉节、巫溪，南至市界（另有今秀山县，属荆州武陵郡，西汉无县治，人口未做分割）
南郡	718 540	11.54	18	1	39 919	跨湖北省，本省今县巫山
合计				8	490 559	

十九　云南省

属益州刺史部南部，地处我国西南边陲，与越南、缅甸、老挝为邻，跨有益州、越嶲、犍为、牂柯四郡以及哀牢山以南地区。云南省气候条件较好，属热带亚热带地区，适宜于植物生长。但这里是青藏高原向南延伸的地方，由于江河水流的切割，到处是深沟峡谷或崇山峻岭，山地高原占了全省面积的93%，只有很少的山间零星盆地，可耕地少，农业生产不发达，因而人口较少。按汉郡分割，仅得户籍人口877 769。另外，按《史记·西南夷列传》记载，武帝时曾讽喻滇王入朝，"滇王者，其众数万人，其旁东北有劳浸、麻莫，皆同姓相扶，未肯听"。说的是虽然滇王以后也接受了王印，但还有很多部落不听节制。当然随着西汉统治力量的加强和对不服节制的部落的打击，哀牢山以北地区逐渐被平定，多因其部落置县，把人口也逐渐编入了户籍。但这些分散的少数民族部落不可能全部编入户籍，甚至有些地方几百里无一县治之设，正说明了这个问题。滇王所占地区既为小邑，尚且有数万口。这里以平均每个部落3万口计，滇王所在的益州郡共23县，算作23个部落，仅益州郡的人口也当有69万，比《汉书·地理志》所记高出13万口。

犍为郡和越巂郡，人口无大差异，两郡在本省总共才七县，分割人口共23万多。实际人口可能多些，但也不会太多。关于牂牁郡，共17县，在本省域内10县。但实际上牂牁郡所辖地区绝大部分属贵州省，它的人口记载，远不是这一地区的实际人口。这将在贵州省人口考证时做具体的分析。其在云南省内的人口，估计不能少于30万人。王莽时挑动西南少数民族造反，杀了句町王。句町国（今广南）联合附近部落反抗王莽的残暴统治，王莽又以20万兵伐句町。主要在牂牁郡南部的云南省境内，说明把牂牁郡在云南省境内的人口估计为30万，并不是过高，否则王莽不会动用那么大的兵力。

哀牢山以南广大地区，未置郡县，《后汉书·南蛮西南夷列传》记载，永平十二年（公元69），哀牢王遣其子率种人553 711口内属。说明哀牢山以南地区的人口已不是太少。当时哀牢人占地很广，虽然还包括今缅甸一部分，但从他们到汉朝要求内属来分析，上述人口基本上是在云南省境内，少也有40万人。

另外，省境西北部的今中甸、德钦、贡山等县，不在郡辖区之内。云南省的实际人口当不少于165万。

表 3-15　　　　　　　　　　　云南省户籍人口表

西汉政区	人口	密度	郡国属县 总数	郡国属县 本省	本省人口	含今政区县市
益州郡	580 463	3.27	24	23	556 277	以洱海为中心的西部地区，有维西、福贡、碧江、当坪、剑川、鹤庆、云龙、洱源、永平、保山、漾溪、大理、下关、宾川、祥云、巍山、弥度、南涧。以滇池为中心的东部地区，北有元谋、禄劝、寻甸、马龙，东有沾益、曲靖、陆良、宜良、澄江、华宁，西有姚安、牟定、南华、楚雄、双柏、新平、元江，南有绿春、元阳、个旧、蒙自、开远，其间县市皆属。另跨越南国一县
犍为郡	489 486	3.98	12	3	122 372	跨四川省、贵州省，本省绥江、永善、盐津、威信、镇雄、大关、彝良、昭通、鲁甸、巧家、会泽、东川、宣威
越嶲郡	408 405	4.63	15	4	108 908	跨四川省，本省丽江、宁蒗、永胜、华坪、大姚、永仁
牂柯郡	153 360	0.80	17	10	90 212	跨贵州省，本省富源、罗平、师宗、路南、泸西、弥勒、丘北、广南、富宁、西畴、砚山、文山、马关、麻栗坡、屏边、金平
合计				43	877 769	

二十　贵州省

贵州省属益州刺史部南部和荆州刺史部西南一角，跨牂柯、犍为、武陵三郡。但武陵郡在本省部分地区无县的设置，其他两郡分割人口也只 103 938 口。

贵州省地处云贵高原东邻，境内多高山峡谷，其西南部属熔岩裸露地带，可耕地较少。但气候条件较好，夏无酷暑，冬无严寒，宜于农作物的生长。所以它的人口决不会少到只有十几万人。贵州中部有夜郎国，《史记·西南夷列传》记载：武帝建元六年（公元前135），议征南越（今两广地区），唐蒙通过蜀地商人了解到夜郎国人口众多，因上书说："窃闻夜郎所有精兵，可得十余万，浮船牂牁江，出其不意，此制越一奇也。"此计得到了汉武帝的同意，命唐蒙出使夜郎，说其归汉，同意出兵。另《汉书·西南夷列传》记载：元鼎五年（公元前112），此时已取得对匈奴用兵的基本胜利，于是命伏波将军路博德率大军征南越。南越各王闻汉大发兵，皆降，"夜郎兵未下，南越已平"。说明征夜郎兵伐南越确是事实。夜郎国据有半个贵州省，精兵10万，推其人口50万以上，而且牂牁郡所辖地区还有其他部落国，并跨有云南省和广西壮族自治区很大一片地区。联系后史考查，夜郎国所占地方也是贵州省人口密度最高的地区。所以《汉书·地理志》所记牂牁郡的人口数，远不是这里的实际人口，它很可能是居住在这些地方的汉民，而且不包括在估计的夜郎人口之内。对于属县，基本上都是按少数民族部落而设置的，对这里面的居民并不像内地那样按人口征收赋税，因而虽置县，但并没有要求他们向朝廷申报户籍，他们仍然是各自为政，所以一县也是一国。王莽发重兵征伐句甸国就是一例。句甸国在云南省，为今广南县。牂牁郡在贵州省内除夜郎外，还有镡、封、鳖、且兰、毋敛、谈指、谈稿等小国，按上面考证云南人口，以每县3万口计，还当有人口20多万。牂牁郡在本省内的实际人口，不能少于70万。

在本省北部，还有属于犍为郡约今八县之地，按属县分割只有4万多人口。实际上同其他地区比较，至少也得有10万人口。

在贵州省东部地区，还有20县之地属于荆州刺史部武陵郡，西汉时无一县之设。这里也是少数民族居住的地方，对他们只是一种羁縻关系，没有户口统计。从后史考查，这里的人口也不是很少。据《后汉书·南蛮西南夷列传》记载分析，东汉时今湖南省湘西地区和相邻的贵州省东部地区，有不在籍的少数民族人口20多万，大部分在今贵州省境内，估计即在西汉末年也当在15万以上。

贵州省的实际人口，当不少于95万。

表 3-16　　　　　　　　　　贵州省人口分割综合表

西汉政区	人口	密度	郡国属县 总数	郡国属县 本省	本省人口	含今政区县市
牂柯郡	153 360	0.80	17	7	63 148	跨云南省、广西壮族自治区，本省北有湄潭、绥阳、遵义、仁怀、金沙、毕节，东有凤冈、余庆、黄平、凯里、雷山、丹寨、三都，西有大方、纳雍、六枝、晴隆、普安、盘县，南有兴义、安龙、册亨、望谟、罗甸、平塘、独山、荔波，其间县市皆属
犍为郡	489 486	3.98	12	1	40 790	跨四川省、云南省，本省今县有威宁、赫章、水城，为汉阳都尉辖地。其北部有赤水、习水、桐梓、正安、道真。无西汉县治
武陵郡	185 758	1.24	13	0		跨湖南省，西有务川至施秉、榕江以东地区
合计				8	103 938	

第四节　南方各省区人口考

二十一　湖北省

湖北省所辖地区，主要属荆州刺史部北部地区，跨南阳、江夏、汉中、南郡和武陵郡各一部分。本省东、北、西三面环山，中部为江汉平原，气候条件比较好，但山区可耕地较少，平原又多涝洼，在当时来说农业生产并不怎么发达，人口也不甚多。按西汉政区分割，只有人口约 150 多万。当然它的实际人口还会更多些，有很多少数民族人口没有编入户籍。按《后汉书·南蛮西南夷列传》记载："至建武二十三年，南郡潳山蛮雷迁等始反叛，寇掠百姓，遣武威将军刘尚将万余人讨破之，徙其种人七千余口置江夏界中，今沔中蛮是也。……灵帝光和三年（180），江夏蛮复反，与庐江贼黄穰相联结，十余万人，攻没四县，寇患累年。"这说的是经过两汉之交大战乱之后的情况，10 余万人四处寇掠，说明他们的人口基数很大。这些少数民族,如果没有活动,一般不见于记载,因此在西汉末年也会有很多少数民族人口没有编入户籍,就江夏郡来说也当有数万口。另有西南部的恩施地区,是少数民族聚居的地区,按下面考证湖南省人口时对武陵郡的考查,清江、忠建河以南少也有四五万口。河以北属南郡,但无一县之设,通过后史考查,也不能少于五六万口。但这些仅仅是按见于记载的情况所做的分析。考查后史可知,还有很多民族活动,前史并不见于记载,却反映在后史中。湖北省地近中原腹心地区,华夏文化对这里影响较早,这里的绝大部分人口,早已是由多民族融合而成的汉民族。在国家政权巩固的情况下,绝大部分人口都会编入户籍,所以对湖北省实际人口的估计,只在户籍人口的基础上,再增加15万口,为1 763 771口。

表 3-17　　　　　　　　　　湖北省户籍人口

西汉政区	人口	密度	郡国属县总数	郡国属县本省	本省人口	含今政区县市
南阳郡	1 942 051	40.30	35	9	499 385	跨河南省,本省丹江口、老河口、谷城、枣阳、随州、广水
汉中郡	400 614	5.76	12	5	166 922	跨陕西省,本省竹溪、竹山、房县、保康、神农、郧西、郧县、十堰
南郡	718 540	11.54	18	17	678 621	跨重庆市,本省襄樊、襄阳、宜城、荆门、远安、当阳、枝江、荆州、宜都、松兹、江陵、公安、石首、监利、洪湖、宜昌、秭归、巴东、建始、恩施、利川、宣恩、咸丰
江夏郡	219 218	3.54	13	9	151 766	跨河南省,本省北有京山、安陆、大悟、红安,东有麻城、新洲、浠水、蕲春,南有阳新、通山、崇阳、赤壁、嘉鱼,西有仙桃、潜江、钟祥,其间县市皆属
长沙国	235 825	2.70	13	1	18 140	跨湖南省,本省通城

续表

西汉政区	人口	密度	郡国属县 总数	郡国属县 本省	本省人口	含今政区县市
武陵郡	185 758	1.24	13	2	28 578	跨湖南省，本省长阳、五峰、鹤峰、来凤
庐江郡	457 333	12.34	13①	2	70 359	跨安徽省，本省罗田、英山、黄梅、武穴
合计				45	1 613 771	

注：

①原书庐江郡12县，但《中国历史地图集》考为13县，增加金兰县，故本表按13县分割。

二十二　湖南省

湖南省所辖地区属荆州刺史部南部，以及交趾荆史部南岭以北部分地区。省境东、南、西三面为山区丘陵，中部地势低缓，北部为以洞庭湖为中心的平原，与江汉平原相接，地多涝洼。虽自然条件较好，但和中原省区比较，人口并不很多，由户籍人口分割，仅约56万多。当然它的实际人口不会如此之少，考之后史可知，有大量少数民族人口没有编入户籍，也会有西汉后期不断进入的流民，没做编籍统计。

长沙国，西汉元始二年人口235 825，至东汉永和五年统计，猛增至1 059 372口，增加了823 527口，为元始二年人口的4.5倍。零陵郡元始二年人口139 378，至东汉永和五年猛增至1 001 578口，为元始人口的7.2倍。其他各郡人口都有大幅度增长。这些特高的增长，在当时的社会生产条件下，从增殖来说是绝不可能的。虽然两汉之交的战乱期间，会有些难民避乱江南，但数量不会有如此之多。湖南省虽然气候条件比较好，适宜于各种植物的生长，但除了湘江中下游及洞庭湖周围平原丘陵居多，其他地区则山地居多，且农业生产比之中原地区，仍然是比较落后的，"火耕而水耨"。特别是春夏之交，阴雨连绵，空气潮湿，疫病流行，人口增殖缓慢，北方移民很难在短期适应而生存下来。正如《史记·货殖列传》所说："江南卑湿，丈夫早夭。"没有条件出现这种人口大幅度增长的局面。实际上在整个江南地区都是这种情况，而且从以后两晋南北朝时期的移民形势中，也可以看出这个问题。虽然由于北方战乱频繁，在几百年里人口不断南徙，但江南人口却一直不见大的增长。而在两汉期间的生产条件、医药卫生条件，不会比两晋南北朝时更好些，不可能有超过原有居民多少倍的移民在南方生存下来。那么这么多人口究竟是怎样增长起来的？下面稍做具体分析。

长沙国的自然地理条件，虽好于其他郡，但它的人口自然增长率不会超过6‰。西汉元始二年的人口235 925，即使按6‰的年均增长率计算，到东汉永和五年，也只能再增加人口314 000口，达到55万，还有51万的增加人口则属于非自然增长。考虑到长沙国的具体情况，地近中原，又处南北交通要道，两汉交替的战乱期间流入的人口会更多些，即按半属流民入籍计算，其余则属少数民族的入籍。长沙国中间地区，虽多平原丘陵，但周围是山区，或数百里无一县治，仍有大量少数民族人口在西汉时没有被编入户籍。由此大略估计，西汉末年长沙国的实际人口，至少也在50万以上。

武陵郡，地处湘西山区，是少数民族聚居的地方，西汉末年统计人口185 758。《后汉书·郡国志》记永和五年250 913口，年均增长率2‰多一点，似乎也符合这些山居民族增殖缓慢的一般情况。但实际两汉统计的人口都只是这一地区人口的一小部分。《后汉书·南蛮西南夷列传》记载："顺帝永和元年，武陵太守上书，以蛮夷率服，可比汉人，增其租赋。"意思是要改变原来只由少数民族部落贡献方物的旧制，也要同汉人一样编入户籍，按人口征收赋税。但尚书令虞诩反对这样做，说由于他们叛服无常，只能采取"羁縻而绥抚之"的政策，"附则受而不逆，叛则弃而不追"。意思是在条件还不成熟的时候，不要硬性去那么做。但顺帝贪图增加赋税，还是准了武陵太守的奏请，把他们编入了户籍。但次年就因为对他们加重赋税而引起反抗，攻打地方官府。2万人围充城（今桑植），8 000人寇夷道（今湖北宜都）。对他们的户口管理当然也就自消自灭了。永和五年的户口统计，当然不可能包括他们在内。上面说的28 000人，只在今湘西地区北部和相邻的湖北省部分地区，都是能够组织起来外出作战的丁壮，而且又不可能把全部丁壮都拿出来外出作战。就这个28 000

人来说，他们的人口最少也有20万（其中约5万在湖北省）。还有贵州省东部广大地区（约今20县之地），也有很多少数民族人口不在户籍之中，往少里说也在12万以上。这件事发生在《后汉书·郡国志》所载永和五年户口统计之前，那就是说武陵郡永和五年的实际人口，至少要在50万以上。所见户口统计的人口主要是汉民，这个过程的人口不会有大的变化。由此可以推知，武陵郡在西汉末年的人口决不会只有18万多，它的实际人口也不能少于50万。去掉在湖北省的约5万、贵州省的12万，而在湖南省境内少也有33万人。

零陵郡，元始二年统计在籍人口139 378，至东汉永和五年猛增至1 001 578口，增加人口862 200，增长618‰。从上面分析武陵郡人口中，已经说明了其中的问题，就是大量少数民族人口在西汉时尚未编入户籍，而在东汉时由于采取了相应的政策措施，加强招怀安抚，而多被编入了户籍，出现了统计上的高增长。这些地区的人口增长都很缓慢，即按5‰的较高增速计算，也只能增加15万人左右。如果再把移民也算15万，其余562 200口，显然属于本来就早已生活在这里的少数民族人口被编入了户籍。这就是说，西汉末年零陵郡的实际人口，往少里说也在70万以上。

桂阳郡，元始二年人口156 488，东汉501 403，增加人口344 915，增长220‰，也是两倍以上。这里属于通往岭南的交通要道，估计汉民居多，没有入籍的少数民族人口可能略少些，由于距中原地区较远，移民进入也不会太多，在增加的人口中，除去按5‰计算的增殖人口约12万以后，还余224 915口，按三分之一属于移民增加，少数民族入籍可在15万左右。西汉末年的实际人口应当在30万以上。

对上述四郡国的人口估计，是从多种情况考查分析的结果，虽然它不可能很准确地反映当时人口的实际情况，但总比原统计更接近实际些。决不能把《后汉书·郡国志》记载的人口数看成是进入东汉以后由增殖增长起来的，因而对南方的经济发展作出过高的估计。实际上南方人口的增长仍然是缓慢的，因为在两汉期间人口增长的大气候中，也就是社会生产力的发展跃上一个新的台阶时，所带来的人口增长，在其后便由于多种原因长期处于停滞状态。两汉以前不见人口统计，东汉以后，历经两晋、南北朝、隋、唐，这几个地区的人口统计，都没有超过东汉的水平，直至宋代才为之一变。这里制一张表，对上述四郡人口，从西汉至宋朝，把见于统计的人口全部开列出来（各朝政区不同，均按西汉政区分割综合），可以更清楚地看出，在长达1 100多年里人口发展变化的大体形势。

表3-18　　　　　　西汉江南四郡国以后各朝代人口数

朝代	公元纪年	长沙国	武陵郡	零陵郡	桂阳郡
西汉	公元前206~24年	235 825	185 758	139 378	156 488
东汉	25~220年	1 059 372	250 913	1 001 578	446 975
西晋	265~316年	441 228	112 364	220 129	107 107
南朝宋	420~479年	429 578	37 555	88 005	98 520
隋	581~618年	105 774	131 184	53 949	165 736
唐	618~907年	343 664	223 604	253 372	491 792
宋	960~1127年	3 112 130	927 688	886 174	906 170

这种现象在江南各地大体相同。如果说是由于战乱频繁造成的，可是在北方地区，一场大的战乱过后，只要社会基本安定，生产就会得到迅速的恢复发展，人口也会很快就增长起来。但在南方却没有出现过这种情况，虽然也有增长，但增长缓慢。有些地方甚至几百年没有大的战乱，如武陵郡、零陵郡，还有南方其他一些地区，但它们的人口却一直增长不起来。这就不能不在考查社会原因的同时，也要考查自然方面的因素。南方的社会生产力虽然也在不断提高，生产不断向前发展，但速度缓慢，直到隋朝，《隋书·地理志》还说："江南之俗，火耕水耨，食鱼与稻，以渔猎为业。"这个说法虽然不能代表整个江南地区，特别是长江下游以南地区，但也说明江南很多地方的生产发展仍然是比较落后的，生活资料的产出，不能满足人口增长的需要。加之疫病多，人无长寿，种种原因促成，江南人口不可能有大的增长。

湖南省考证人口，长沙国423 000，武陵郡330 000，零陵郡490 000，桂阳郡164 000，另有苍梧郡60 000，合计1 467 000口。

表 3-19　　　　　　　　　　湖南省户籍人口表

西汉政区	人口	密度	郡国属县 总数	郡国属县 本省	本省人口	含今政区县市
长沙国	235 825	2.70	13	11	199 544	跨湖北省、江西省，本省北有华容、南县、岳阳、临湘，东界江西省，南有炎陵、茶陵、仁安、攸县、衡东、衡山、衡阳市，双峰、邵东、邵阳市，西有新化、桃江、溢阳、沅江，其间县市皆属
武陵郡	185 758	1.24	13	11	157 180	跨贵州省、湖北省，本省北有花垣、保靖、永顺、龙山、桑植、澧县、津市、安乡，东有汉寿、桃源、沅陵、溆浦、洪江、绥宁，南有通道，西至省界，其间县市皆属
零陵郡	139 378	2.80	10	7	97 565	跨广西壮族自治区，本省祁东、邵阳县、衡阳县、洞口、武冈、城步、新宁、东安、祁阳、零陵、双牌、宁远、道县
桂阳郡	156 488	3.00	11	6	85 357	跨广东省，本省耒阳、永兴、资兴、桂东、汝城、郴州、宜章、桂阳、常宁、新田、嘉禾、蓝山、临城
苍梧郡	146 160	2.68	10	2	29 232	跨广西壮族自治区，本省江华、江永
合计				41	568 878	

二十三　广西壮族自治区

广西地区属交趾刺史部西部，并跨有益州刺史部牂柯郡一部分，但无户口统计。

广西壮族自治区地处亚热带和热带，无霜期多在 10 个月以上，降水量也比较充沛。但全区山地丘陵居多，可占总面积的 85%，西部又多熔岩裸露地带，可耕地较少。在当时的生产力条件下，农业生产不发达，人口较少。按汉郡统计的人口分割，本区只得 220 416 口。但实际人口要比这个分割数高得多。《汉书·西南夷两越朝鲜传》曾记载，武帝元鼎五年（公元前 112）发兵数十万征南越（南越包括整个岭南地区）。南越也曾有兵数十万人，由此说明两广地区的人口并不很少。这里可以和海南省作一个比较，其地理自然条件比之广西并没有很大的差异，武帝元封元年（公元前 110），约 115 000 人，每平方公里 3.4 人。以此推算，广西至少当有人口 80 万。当然还不能这样简单地认定下来。超前一步看，东汉郁林郡无户口记载，按《后汉书·郡国志》记载的其他郡分割，仅得人口 56 万多。而郁林郡所地区占了广西的大部分，相邻的苍梧郡，地理自然条件也只稍好一点，东汉时统计人口 466 975，面积约 54 000 平方公里，郁林郡管辖地区大，约 125 000 平方公里，虽不能按一倍人口增加，往少里说也得有 65 万人。考查后史可知，郁林郡所属的左右江地区，柳江、黔江地区，都是本区人口比较稠密的地区（参看东汉广西人口考）。东汉灵帝建宁三年（170），"郁林太守谷永以恩信招降乌浒人十余万内属，皆受冠带，开置七县"。[①] 横县东有乌浒山，他们主要活动在横县周围地区。虽不全在郁林郡境内，但既为郁林太守所招抚，说明他们绝大部分生活在郁林郡境内。因此对郁林全郡人口作 65 万估计，只能是偏低的估计。由此说明，即在西汉时也不能少于 50 万人，计其年均增长率 2‰左右，在当时的生产生活条件下，不可能有更高的增长。

再看合浦郡，按本区所辖一县分割，只得人口 19 745。合浦郡跨有雷州半岛和广东省开平以西部分地区，其在本区的面积约 36 000 平方公里，含今 11 县市，只有不足 2 万人口，也不切实际，即按每平方公里 2 人计，在本区也得有 72 000 口。

苍梧郡，元始二年人口 146 160，至东汉永和五年统计增至 466 975 口，增加 320 815 口。虽然没有零陵郡增幅那么大，也增长两倍多，对这个少数民族地区来说，也是不可能的，这里不会有很多移民进入，主要是少数民族的入籍增长。对增加的人口，即按半属自然增长计，西汉末年也当有人口 40 多万。按全郡 10 县，本区 6 县，当分割人口 180 000。

---

① 《后汉书·南蛮西南夷列传》。

广西壮族自治区还跨有益州刺史部牂柯郡一部分，大体在今南丹至田林以西地区，保德至那坡间，约今九县之地，西汉无县治。这里人口比较稀少，但也得有几万人。

现在综合一下，广西人口的大体情况是：郁林郡50万，合浦郡72 000口，牂柯郡以2万计，苍梧郡180 000口，零陵郡详见湖南省人口考，全郡10县，本区3县，分割人口21万，总计982 000口。

表3-20　　　　　　　广西壮族自治区户籍人口表

西汉政区	人口	密度	郡国属县 总数	郡国属县 本省	本省人口	含今政区县市
郁林郡	71 162	0.57	12	12	71 162	北有河池、环江、融水、三江、东兰、凤山，西有凌云、百色、田阳、天等、大新、龙州，南有凭祥、宁明、上思、邕宁，东有贵县、桂平、象州、鹿寨、融安，其间县市皆属
零陵郡	139 378	2.80	10	3	41 813	跨湖南省，本区资源、全州、灌阳、兴安、灵川、桂林、阳朔
苍梧郡	146160	2.68	10	6	87 696	跨湖南省、广东省，本区钟山、贺县、富川、恭城、平乐、荔浦、金秀、平南、藤县、岑溪、苍梧、昭平、蒙山
合浦郡	78 980	1.20	4	1	19 745	跨广东省，本区容县、北流、玉林、博白、横县、灵山、浦北、合浦、北海、钦州、防城、东兴
牂柯郡	153 360[①]	0.80	17	0	0	跨贵州省，本区天峨、南丹、乐业、田林、隆林、西林、那坡、靖西、德保
合计				32	220 416	

注：

①牂柯郡在本区部分，西汉末置县，估计人口见正文。

二十四　海南省

海南省所辖地区属交趾刺史部，为一地处大陆以南的海岛，属热带气候，面积约 34 000 平方公里。北部为台地平原，南部多山。秦时期已对岭南地区进行了开发，秦亡后赵佗占据岭南，称南越王。汉朝建立后与汉朝廷分庭抗礼，并越过南岭骚扰边境。元鼎五年（公元前112）平南越，"遂以其地为儋耳、珠崖、南海、苍梧、郁林、合浦、交趾、九真、日南九郡"，[①] 其中儋耳、珠崖两郡就设在今海南省，儋耳郡治儋耳县（今儋州西北），珠崖郡治潭都县（今海口南）。并另设苟中（今澄迈东北）、紫贝（今文昌）、临振（今三亚）、九龙（今东方南）、至来（今东方北）等共十六县。从这个郡县的设置情况看，海南人口并不很少，其后由于当地少数民族头人对郡县制的反抗，西汉政权又鞭长莫及，分别于昭帝始元五年（公元前82）和元帝初元三年（公元前46）撤销二郡，其有关行政事务并入合浦郡。其人口情况无明确记载。《汉书·贾捐之传》记载："元封元年（公元前110）立儋耳、珠崖郡，皆在南方海中洲居，广袤可千里，合十六县，户二万三千余。"按照平均每户5口计，当有 115 000 人，每平方公里3.4人，这个户口数，不可能统计很全面，且由于人口增长缓慢，它的实际人口虽可能更多些，但估计即在西汉末年，也只能在12万左右。

二十五　广东省

广东省所辖地区，主要属交趾刺史部，并含有荆州刺史部一小部分。跨有南海郡、合浦郡、苍梧郡、桂阳郡，地处我国南部沿海，属亚热带和热带气候，高温多雨为主要气候特点。绝大部分地区冬季不见霜雪，有利于作物生长，但见于统计的人口并不多。按属县分割，只有人口253 851。两广地区虽有司马迁《史记》中所说的"江南卑湿，丈夫早夭"，疫病流行等不利于人口生息繁衍的自然因素，但它的实际人口也要比见于统计的人口高得多。下面逐郡进行分析。

南海郡，按原统计94 253口，大约10万平方公里，每平方公里不足1

[①] 《汉书·西南夷两越朝鲜传》。

人。从多方面分析，南海郡的人口密度应当更高于海南地区。海南地区在元封元年（公元前110）初设郡时曾作过调查统计，户23 000余，约115 000口，每平方公里3.4人。南海郡即按这个人口密度计算，也当有34万口。实际人口当会更多些。珠江三角洲地区，曾是南越国的都城所在地，依靠这里人力物力的支撑，得以立国近百年之久。南越国时曾有兵卒数十万，也当多出自这一地区。粗略估计，南海郡的实际人口不能少于40万。

合浦郡，海南地区的儋耳、珠崖两郡撤销后并入合浦郡。可是元始二年统计合浦郡只有户15 398，口78 980，还不及原来海南两郡的人口多。很明显，不仅原来海南两郡人口没有统计在内，即使原合浦郡的人口也有很多没有编入户籍。合浦郡的面积，大约有36 000平方公里，从后史考查，这一地区在广东省内，并不是人口稀少的地方，它的人口密度应高于海南省，即按每平方公里5人计，也当有人口18万。

苍梧郡，大部分在广西壮族自治区，本省有二县，按元始二年的统计分割，仅得29 232口。前面对广西人口考证时，估计全郡实际人口不能少于30万，本省少也在10万以上。

桂阳郡，在考证湖南人口时估计，全郡人口30万，共11县，本省5县，当有人口136 364。

另有豫章郡，主要在江西省，在本省部分西汉无县治，有今南雄始兴二县，粗略估计不能少于1万口。

综合以上分析，西汉末年广东省人口746 364，不及广西壮族自治区人口多，但广东面积小于广西，计算人口密度每平方公里4.2人，高于广西的3.7人。

表3-21　　　　　　　　广东省户籍人口表

西汉政区	人口	密度	郡国属县 总数	郡国属县 本省	本省人口	含今政区县市
南海郡	94 253	0.95	6	6	94 253	西有怀集、广宁、四会、佛山、高明、江门、台山，东有大埔、饶平，北有清远、佛冈、新丰、连平、和平、平远、蕉岭，南至海，其间县市皆属

续表

西汉政区	人口	密度	郡国属县总数	本省	本省人口	含今政区县市
合浦郡	78 980	1.20	4	3	59 235	跨广西壮族自治区，本省新兴、开平、恩平、阳江、阳春、高州、茂名、电白、吴川、廉江、遂溪、湛江、雷州、徐闻
苍梧郡	146 160	2.68	10	2	29 232	跨广西壮族自治区，本省封开、德庆、郁南、高要、肇庆、云浮、罗定、信宜
桂阳郡	156 488	3.00	11	5	71 131	跨湖南省，本省乐昌、仁化、韶关、西江、翁源、英德、阳山、连州、连南、连山
豫章郡	351 965	2.14	18	0		跨江西省，本省南雄、始兴
合计				16	253 851	

二十六 福建省

福建省所辖地区属扬州刺史部会稽郡南部，地处东南沿海。本省气候条件虽好，但到处是崇山峻岭，可耕地少，又加西部受武夷山脉的阻挡，影响与内地的交通，在古代形成了一个交通闭塞的地区。文化落后，经济不发达，人口较少，所以西汉时只有一县之设，即东冶县（今福州市）。按县平均人口从会稽郡分割，仅得4万人，显然不能用这种办法求得福建人口。

早在春秋战国时期，这里就是越族人民居住的地方，战国后期越国败灭于楚，勾践后裔无诸，于闽中立国，称闽越王。秦并六国后，废闽越国，置闽中郡。秦灭后，无诸曾率兵出闽，帮助刘邦灭项羽，西汉复立无诸为闽越王。后传至汉武帝时，因反叛被平。对闽地越人的情况，虽说法不同，但都反映了这一地区的人口并不是太少，按下面对东汉时福建人口的考查分析，仅今南平以北的西北部地区，就有62 000多户，约31万多人。这一地区的面积不及福建面积的四分之一，还有更广大的地区不见人口活动的记载。不过西北部地区是福建省古代人口最稠密的地区，其他地区，特别是南部地区人口稀少。但包括闽江下游地区，今福建全省人口不能少于 40 万人。

二十七　台湾省

台湾省四面环海，为中国第一大岛，与福建省隔海相望，在南海与东海之间。这里的居民都是古代从大陆漂流过去的，但由于海上交通困难，与大陆交流很少。虽有民间商贸往来，但没有纳入地方官府的管辖，因而也没有史书的具体记载。

台湾岛在西汉时称夷州，意思是少数民族居住的地方，人口情况不详。但从三国时期的吴国曾派船队入岛掳数千人而还的记载来分析，这些被掳人口只能是岛上人口的极少数。因岛域面积很大，吴国军队不可能涉足太远。估计全岛人口至少也有五六万。由于生产生活条件低下，人口增长极度缓慢，西汉时也不能少于 5 万口。

二十八　江西省

江西省所辖地区属扬州刺史部，本省全在豫章郡境内。东、南、西三面环山，中部多丘陵，北部为平原，属亚热带气候，自然地理条件比较好。但同南方其他地区同样的原因，在当时的生产力条件下，农业生产并没有得到较高的发展，制约了人口的增长，见于统计的户籍人口只有约 35 万多。但经考查分析，它的实际人口也不会少到只有这么多，主要是大量居处山区的人口没有编入户籍。这不仅在典籍中有零星记载，而且从两汉人口的比较中也可以看出这个问题。豫章郡西汉末年统计人口 351 965，至东汉永和五年猛增至 1 668 906 口，增加 1 316 941 口，增长 3.74 倍。虽然年均增长率 9.44‰，对中原地区来说也不算怎么特别高，但对于当时的江南地区就不同，由于前面已经讲过的原因，它不可能有这样高的增殖能力。那么猛增这么多人口是从哪里来的？主要有三个方面：一是少数民族人口被编入户籍；二是有一定的增殖；三是在莽新后期和东汉初期的战乱期间北方难民的南徙。但经分析，后两项都不会很多。对西汉原统计人口，即按 6‰的较高增长速度计算，到东汉永和五年时，也只能再增加人口 50 万，估计因战乱逃徙江南的人口不能超过 30 万，还余 50 多万则只能是少数民族的入籍增长。虽然具体数字不能拘泥，但情势所在，舍此没有他源。这就是说这些入籍人口，在西汉末年就已经生活在这一地区，只是没有编入户籍。因此按照上面的估计计算，豫章郡元始二年的实际人口不能少于86万。另外，又含有荆州刺史部长沙国一县，分割人口18 140。北部有今婺源县，时属丹阳郡，西汉无县治，户口未做具体分割。考虑到这些数字都不是那么很准确，不做具体综合。西汉末年的江西人口不能少于88万。

表3-22　　　　　　　　江西省户籍人口表

西汉政区	人口	密度	郡国属县总数	郡国属县本省	本省人口	含今政区县市
豫章郡	351 965	2.14	18	18	351 965	与今省域大致相同，只在西南一角含有今南雄、始兴二县，属广东省，西汉无县治，户口不分割
长沙国	235 825	2.70	13	1	18 140	跨湖南省，本省莲花县
丹阳郡	405 171	7.84	17	0	0	跨安徽省，本省婺源县，无西汉县治，户口不做具体分割
合计				19	370 105	

二十九　浙江省

浙江省所辖地区，属扬州刺史部，主要在会稽郡北部。境内有山区、丘陵和平原，自然地理条件比较好，特别是北部平原地区，农业经济比较发达，是江南开发较早的地区。它的人口基本上做到了全部编入户籍，按郡县分割人口762 547，主要集中在杭嘉湖平原和绍宁平原地区。但西部和南部山区，仍有很多越人没有融合于华夏民族之中，也不见有人口统计。从东汉浙江人口分析中可知，仅西北部与安徽省相邻的边界地区，就有十几万人没有编入户籍。三国时的吴国在这里设新都郡，置六县，其中两县在本省，其在本省的人口少也有4万多。同时在东南部地区，吴增设临海郡，比东汉时又增四县。在西南部山区，桐庐至嵊州以南又增置九县。这说明什么呢？说明由于对少数民族的强化管理，其人口逐渐被编入郡县户籍。至于具体人口多少没有记载。即按三国时的新都郡平均每县约2万人口计，也当有入籍人口30多万。考虑到受西汉以后人口增长大气候的影响，东汉时的人口会继续有所增长，在西汉末年也不能少于20万。由于这些居处深山的民族，人口增长比较缓慢，不可能有更高的增长。与郡县分割人口合计，西汉末年全省人口至少也有 96 万。

还有一个情况需要说明的是，洞庭、鄱阳两湖流域地区，东汉人口比之西汉末年，都是大幅度增长。从这些地区的自然社会条件来说，它不可能有那样高的自然增长，因而不得不从那些不寻常的增长中，探求其增长的真实原因，以考查西汉末年的实际人口。但江浙地区的情况不同，一方面，这一地区开发早，和中原地区已无大的差异，因而绝大部分人口都编入了赋役户籍；另一方面，这里在莽新时期受残害同样很严重，在以后的农民大起义中，也有反抗与镇压的残酷斗争，使人口受到重大损失，江浙地区的人口则是在遭到严重损失之后，又逐渐增长起来的，基本上属于自然增长。西汉末年浙江省统计的人口，除山区少数民族外，与实际人口不会有大的出入。

表 3-23　　　　　　　　　浙江省户籍人口表

西汉政区	人口	密度	郡国属县 总数	郡国属县 本省	本省人口	含今政区县市
会稽郡	1 032 604	4.65	26	18	714 880	跨江苏省、福建省，除西部少数县属丹阳郡，其余县市均在其中
丹阳郡	405 171	7.84	17	2	47 667	跨江苏省、安徽省，本省吉安、淳安
合计				20	762 547	

三十　安徽省

安徽省所辖地区，属豫州刺史部和扬州刺史部，跨汝南、沛、九江、庐江、丹阳等郡国，据有淮河南北和长江以南部分地区，属温带和亚热带气候。战国时为楚国领地，估计人口约 120 万。汉初 67 万多。西汉建立后由于社会长期安定，生产恢复发展，人口也得到较高的增长，按元始二年的统计分割，约 365 万口。但安徽的实际人口还要更高些，除统计遗漏外，在考查东汉本省人口时曾指出，江南东南部和浙江省西北部山区，有很多山越人没有编入户籍，西汉时更当如此。三国时吴国曾强逼这里的山越人的丁壮当兵，得数万人，最少也当出自十几万人口中。并设新都郡，置六县，进行管辖，其中四县在本省，以平均每县 2 万口计，也得有 8 万口。考虑到进入东汉以后的人口增长，西汉末年少也有 5 万口。在大别山地区也有一些被称为江夏蛮的民族，从后史考查，少也有几万人，这里按3万人口估计之。加户籍人口，安徽省在西汉末年的实际人口不能少于376万。

表 3-24　　　　　　　　　安徽省户籍人口表

西汉政区	人口	密度	郡国属县总数	郡国属县本省	本省人口	含今政区县市
汝南郡	2 596 148	75.57	36	8	576 922	跨河南省，本省界首、临泉、太和、阜阳、阜南、颍上
沛郡	2 030 480	70.72	31	20	1 309 987	跨山东省、江苏省、河南省，本省亳州、涡阳、利辛、蒙城、凤台、怀远、五河、泗县、灵璧、固镇、宿州、濉溪、淮北、萧县
梁国	206 752	40.00	8	2	51 688	跨河南省、山东省，本省砀山
楚国	497 804	75.70	7	2	142 230	跨江苏省，本省无今县治，西汉置两县，在濉溪东
临淮郡	1 237 764	44.29	20	2	123 776	跨江苏省，本省明光、天长
六安国	178 616	13.85	5	3	107 170	跨河南省，本省霍丘、六安
九江郡	780 525	31.74	15	15	780 525	跨江苏省，本省北至淮河，南至丰乐河、巢湖，西有寿县至六安，东至省界
庐江郡	457 333	12.34	13	10	351 795	跨河南省、湖北省，本省霍山、舒城、庐江、无为、桐城、枞阳、安庆、潜山、太湖、怀宁、望江
丹阳郡	405 171	7.84	17	10	238 336	跨江苏省、浙江省，本省整个江南地区
合计				72	3 682 429	

三十一　江苏省

本省所辖地区属徐州刺史部和扬州刺史部，跨有徐州、临淮、东海、广陵、丹阳、会稽等郡国，其时东部沿海有很大一片地区为尚未退滩的黄海水面，约今十余县之地，24 000平方公里。以淮河为界，北部属暖温带，南部属亚热带。春秋战国时期农业生产就比较发达，特别是长江下游地区人口比较稠密。战国中期全省人口约120万。其后历经战乱，人口受到很大的损失，楚汉战争刚结束的西汉初期，所剩人口不足60万。其后由于社会长期比较安定，生产恢复发展，人口也有了较快的增长。至西汉末年，按郡国属县分割，户籍人口达到2 940 692口。经进一步考查分析认为，漏籍人口虽不会没有，但这个统计数字不离大体。

表 3-25　　　　　　　　　江苏省户籍人口表

西汉政区	人口	密度	郡国属县 总数	郡国属县 本省	本省人口	含今政区县市
丹阳郡	405 171	7.84	17	5	119 168	跨安徽省、浙江省，本省南京、句容、溧水、高淳、溧阳、江宁
会稽郡	1 032 604	4.65	26	7	278 009	跨浙江省，本省镇江、丹阳、金坛、宜兴、吴江、昆山、太仓、常熟、苏州、无锡、江阴、张家港
临淮郡	1 237 764	44.29	20	18	1 113 988	跨安徽省，本省睢宁、宿迁、泗洪、盱眙、六合、洪泽、淮安、涟水、阜宁、建湖、兴化、盐城、东台、泰州、姜堰、海安
广陵国	140 722	22.66	4	4	140 722	扬州、江都、仪征、高邮、金湖、宝应
泗水国	119 114	41.65	3	3	119 114	泗阳
楚国	497 804	75.70	7	4	284 459	跨安徽省、山东省，本省徐州
东海郡	1 559 357	72.91	31	13	653 924	跨山东省，本省邳县、新沂、沭阳、东海、灌云、灌南、连云港
沛郡	2 030 480	70.72	31	3	196 498	跨山东省、安徽省，本省丰县、沛县
琅邪郡	1 079 100	51.36	31	1	34 810	跨山东省，本省赣榆县
合计				58	2 940 692	

说明：

①西汉时东部沿海地区有很大一片地区为未退滩之黄海水面，今之响水、滨海、射阳、大丰、如皋、如东、南通、启东、海门等县市，全在水下，故表中今县市缺。连云港、阜宁、盐城、东台等县市，也有部分为未退滩地。这种情况一直到隋唐时期无大的改变。

② 本省跨九江郡东南一角，今有江浦县，西汉无县治，故人口未做分割。

三十二　上海市

上海市所辖地区居扬州会稽郡。在西汉以前绝大部分为未退滩之水面，不仅崇明、宝山、川沙、南汇、奉贤等县区都在水下，连市区也未退滩。虽然今之嘉定、青浦、松江、金山等区已经露滩，但多为涝洼盐碱池，不宜种植，居人极少，西汉时尚无一县之设。故对其人口不做分析。

表3-26　　　　　　　西汉末年各省区人口汇总

平帝元始二年（公元2年）

省区	考证人口	户籍人口	省区	考证人口	户籍人口
河南	13 029 002	13 029 002	四川	3 930 000	2 740 565
山东	12 242 321	12 242 321	重庆	800 000	490 559
河北	6 700 000	6 582 572	云南	1 650 000	877 769
北京	400 000	276 668	贵州	950 000	103 938
天津	73 181	73 181	湖北	1 763 771	1 613 771
辽宁	800 000	703 650	湖南	1 467 000	568 878
吉林	350 000	73 948	广西	980 000	220 416
黑龙江	250 000	—	海南	120 000	—
内蒙古	1 800 000	1 141 865	广东	746 364	253 851
山西	2 681 808	2 681 808	福建	400 000	39 716
陕西	3 700 000	3 444 606	台湾	50 000	—
甘肃	1 500 000	1 295 135	江西	880 000	370 105
宁夏	150 000	113 605	浙江	960 000	762 547
青海	300 000	46 045	安徽	3 760 000	3 682 429
新疆	600 000	—	江苏	2 940 701	2 940 701
西藏	700 000	—	上海	—	—
			合计	66 674 148	56 369 650

第五节　后叙

西汉至平帝元始二年以后，社会形势急剧恶化，由于西汉后期封建统治阶级对人民的残酷压迫剥削，社会生产萎缩，饥荒更加严重，加以疫病的流行，人口大批死亡，小规模的农民起义已是多处发生。六年以后（公元8），掌握朝政大权的大司马大将军王莽，把当时严峻的社会形势归咎于西汉的制度不好，他也说西汉政权对人民的剥削太残酷（他自己就是实际的掌权者），需要进行改革，就是要革除那些不利于维护封建统治的各种制度。于是便打着"改制"的旗号，篡夺了西汉政权，建立起由他做皇帝的"新朝"，在他统治的十五年里，史称"莽新"时期。

王莽做皇帝以后，确实进行了多项改革。其中直接涉及人口问题的，一是把土地收归国有，实行封建主义的土地国有制，按人口进行分配，如果真能实行，对缓和当时严峻的社会形势会起一定的作用。但他属下的大小官僚，都是拥有大量土地的大地主，他们不肯积极去贯彻实行。王莽既是地主阶级的总代表，他就不可能从根本上违背地主阶级的利益。而且他的根本目的是为了自己当皇帝，看到行不通，又怕地主阶级内部的人起来造他的反，就赶忙宣布取消这项改制。这就必然引起人民的更加不满，把他看成是言而无信的大骗子。对个别已经实行了的地方，实际上是由官府向农民出租土地，各级官吏取代了旧地主的地位，而农民受压迫受剥削的地位却丝毫没有改变，剥削量也丝毫没有减轻。改制取消后上下左右都对他不满。二是对社会上存在的大量奴隶，他不是采取解放奴隶的办法，而是把奴隶变成奴隶主的家庭成员，给个表面上平等的待遇，实际上受压迫受剥削的地位丝毫没有改变。就是这种名义上的家庭成员，奴隶主也不肯接受，只是加深了矛盾。还有涉及税收、货币等很多方面的改革，都彻底失败了。同时他也学秦始皇，搞了很多无益于人民的工程建设，把府库的钱财用光了，连大小官吏的俸禄都发不出来。于是他竟决定让各级官吏自己取俸于民。这实际上是让各级官吏对人民肆意敲诈勒索。他还干了很多奇巧的害民坏事，几年的时间里便把社会形势搞得更加混乱，社会生产遭到严重的破坏，饥荒更加严重，到处都是饥饿的流民，到处都有饿死人的现象，以推翻王莽政权为目的的农民大起义到处发生。为了转移人民的斗争视线，他又无端挑起对外战争，搞四面出击，对周边少数民族发动进攻。但战争都以失败而告终，一次外出作战，往往死人数十万。不过王莽的目的也不是为了取得战争的胜利，而是为了消耗人口，特别是消耗青壮年人口。在他看来，能够参加起义造反的人，主要是青壮年，青壮年人口少了，也就减少了对他造反的力量。所以当他挑起了对匈奴的战争以后，招募囚徒及丁男30万人送到北方边界地区，但却不供给必要的兵器和生活食需。目的是让他们或者被入侵的匈奴人杀死，或者是冻死饿死都可以。但事态的发展，不是以王莽的意志为转移，人民被折腾得走投无路，终于爆发了全国规模的农民大起义。王莽政权被推翻，但人口在镇压与反抗的残酷斗争中也遭到了重大的耗损，所以《汉书·食货志》说："及莽未诛，而天下户口减半矣。"

附录： 西汉郡国户口统计

平帝元始二年（公元2）

在各省区户籍人口分割表中，为节省篇幅，只将口数入表，未列户数，但户数与口数又是密切相关的，除在考证中对个别郡国做分析时列出户数外，一般未列，在这里一并列出附后，供做进一步分析研究参考。

表3-27

州	郡国	户数	口数	郡国治地（今地）
司隶部	京兆尹	195 702	682 468	京辅都尉—潼关
	左冯翊	235 101	917 822	左辅都尉—高陵
	右扶风	216 377	836 070	右辅都尉—扶风
	弘农郡	118 091	475 954	河南灵宝北
	河东郡	236 896	962 912	山西夏县西北
	河内郡	241 246	1 067 097	河南武陟西南
	河南郡	276 444	1 740 279	河南洛阳东北
冀州刺史部	魏郡	212 849	909 655	河北磁县南
	钜鹿郡	155 951	827 177	河北平乡西南
	常山郡	141 741	677 956	河北元氏西北
	清河郡	201 774	875 422	河北清河东南
	赵国	84 202	349 952	河北邯郸
	广平国	27 984	198 558	河北曲周北
	真定国	37 126	178 616	河北石家庄东北
	中山国	160 873	668 080	河北定州
	信都国	65 556	304 384	河北冀州
	河间国	45 043	187 662	河北献县东南

续表

州	郡国	户数	口数	郡国治地（今地）
幽州刺史部	涿郡	195 607	782 764	河北涿州
	渤海郡	256 377	905 119	河北苍州东南
	上谷郡	36 008	117 762	河北怀来东南
	渔阳郡	68 802	264 116	北京市密云西南
	广阳国	20 740	70 658	北京市
	右北平郡	66 689	320 780	辽宁凌源
	辽西郡	72 654	352 325	辽宁义县西
	辽东郡	55 972	272 539	辽宁辽阳
	玄菟郡	45 006	221 845	辽宁新宾西
	乐浪郡	62 812	406 748	朝鲜国平壤
并州刺史部	云中郡	38 303	173 270	内蒙古呼和浩特西南
	定襄郡	38 559	163 144	内蒙古和林格尔北
	雁门郡	73 138	293 454	山西右玉南
	代郡	56 771	278 754	河北蔚县东北
	太原郡	169 863	680 488	山西太原南
	上党郡	73 798	337 766	山西长子
朔方刺史部	北地郡	64 461	210 688	甘肃庆阳西北
	上郡	103 683	606 658	陕西榆林南
	西河郡	136 390	698 836	陕西府谷西北
	朔方郡	34 338	136 628	内蒙古乌拉特前旗东南
	五原郡	39 322	231 328	内蒙古包头西北
凉州刺史部	陇西郡	53 964	236 824	甘肃临洮
	金城郡	38 470	149 648	甘肃永靖西北
	天水郡	60 370	261 348	甘肃通渭西北
	安定郡	42 725	143 294	宁夏固原
	武威郡	17 581	76 419	甘肃民勤东北
	张掖郡	24 352	88 731	甘肃张掖西北
	酒泉郡	18 137	76 726	甘肃酒泉
	敦煌郡	11 200	38 335	甘肃敦煌西

续表

州	郡国	户数	口数	郡国治地（今地）
益州刺史部	汉中郡	101 570	300 614	陕西安康
	广汉郡	167 499	662 249	四川金堂
	蜀　郡	268 279	1 245 929	四川成都
	犍为郡	109 419	489 486	四川宜宾
	越嶲郡	61 208	408 405	四川西昌
	巴　郡	158 643	708 148	重庆市
	武都郡	51 376	235 560	甘肃西和南
	牂牁郡	24 219	153 360	贵州黄平西南
	益州郡	81 946	580 463	云南澄江西
交趾刺史部	南海郡	19 613	94 253	广东广州
	郁林郡	12 415	71 162	广西桂产
	苍梧郡	24 379	146 160	广西梧州
	交趾郡	92 440	746 237	越南国河内
	合浦郡	15 398	78 980	广西合浦东北
	九真郡	35 743	166 013	越南国清化西北
	日南郡	15 460	69 485	越南国广治北
荆州刺史部	南阳郡	359 316	1 942 051	河南南阳
	南　郡	125 579	718 540	湖北荆州
	江夏郡	56 844	219 218	湖北新洲
	长沙国	43 470	235 825	湖南长沙
	桂阳郡	28 119	156 488	湖南郴州
	武陵郡	34 177	185 758	湖南溆浦
	零陵郡	21 092	139 378	湖南双牌北
扬州刺史部	庐江郡	124 383	457 333	安徽庐江南
	九江郡	150 052	780 525	安徽寿县
	六安国	38 345	178 616	安徽六安
	丹阳郡	107 541	405 171	安徽宣城
	会稽郡	233 038	1 032 604	江苏苏州
	豫章郡	67 462	351 965	江西南昌

续表

州	郡国	户数	口数	郡国治地（今地）
豫州刺史部	颖川郡	432 491	2 210 973	河南禹州
	汝南郡	461 587	2 596 148	河南上蔡
	沛　郡	409 079	2 030 480	安徽淮北西
	梁　国	38 709	106 752	河南商丘南
兖州刺史部	东　郡	401 297	1 659 028	河南濮阳南
	陈留郡	296 284	1 509 050	河南开封东南
	山阳郡	172 847	801 288	山东金乡西北
	济阴郡	290 025	1 386 279	山东定陶
	泰山郡	172 086	726 604	山东泰安东
	城阳国	56 642	205 784	山东莒县
	淮阳国	135 544	981 423	河南淮阳
	东平国	131 753	607 976	山东东平
	鲁　国	118 045	607 381	山东曲阜
青州刺史部	平原郡	154 387	664 543	山东平原南
	千乘郡	116 727	490 720	山东高青东北
	济南郡	140 761	642 884	山东济南
	齐　郡	154 826	554 444	山东淄博东
	北海郡	127 000	593 159	山东潍坊南
	甾川国	50 289	227 031	山东寿光南
	高密国	40 531	192 536	山东高密
	胶东国	72 002	323 331	山东平度东
	东莱郡	103 292	502 693	山东莱州
徐州刺史部	琅邪郡	228 960	1 079 100	山东诸城
	东海郡	358 414	1 559 357	山东郯城
	临淮郡	268 283	1 237 764	江苏泗洪南
	泗水国	25 025	119 114	江苏泗阳西北
	楚　国	114 738	497 804	江苏徐州
	广陵国	36 773	140 722	江苏扬州
总计	103	12 366 471	57 671 403	

第四考 东汉中期

顺帝永和五年（140）

第一节 导 语

　　东汉初建时，正是全国各地反对王莽政权的农民大起义风起云涌的时候。以西汉皇族后裔南阳大地主刘秀为代表的地主武装集团，也投入了这场反莽战争，并宣布建立政权，恢复西汉王朝的统治。他们利用了人民的反莽情绪，发展自己的势力，很快形成了强大的武装力量。但他们又反过头来去镇压农民起义军并消灭了其他地主武装集团，把分崩离析的中原大地又重新统一了起来，建都洛阳，史称东汉。刘秀的东汉政权，是在镇压农民起义的血泊中建立起来的。他们在统一战争中到处进行血腥的大屠杀，在莽新政权末年已经是"天下户口减半"的情况下，人口继续大幅度下降，及至战争基本全面结束的光武建武六年（公元30），在原西汉户籍统计区内，所剩人口大约只有2 250万。大部分人口耗损于这场战乱饥荒之中。其后由于社会安定，生产逐渐得到恢复发展，也促进了人口的较快增长。到和帝元兴元年（105），按《后汉书·郡国志》的记载，户籍人口已达到5 325万。[①] 经考查这个人口数基本符合当时的历史事实。上面说的东汉初期所剩人口2 250万，就是以这个数据为基点、按照这个过程可能存在的人口增长速度（包括自然增长和流民、私附户的入籍增长）向后推算出来的。

　　在安帝统治时期（107～125），虽然在其前期曾发生了一些比较严重的自然灾害，个别地方出现饥荒，甚至有食人现象，小规模农民起义也有

[①] 5 325万——在东汉的户口统计中，也包括不在今中国版图内数郡人口，约百万以上。但东汉的户口统计又会有大量遗漏，主要是私附和奴隶。还有军队人口，也不包括在这个统计之内，具体数量均不可考，但大体上可以互相抵消。还有其他年度的统计，大体也是如此，以下不另做说明。

发生，又有周边地区少数民族的叛乱，对人口发展会有一定的影响，但都是局部的短时的，不至于造成总人口的下降。然而《后汉书·郡国志》的记载，延光四年（125）的人口只有 4 869 万①（东汉各朝总户口统计见表 4-1），比之元兴元年下降了 450 多万。实际上这一过程的总人口不仅没有下降，反而应当是继续有所增长。因为安帝统治时期，虽然前期永初年间有较严重的灾害，但在其后期的十几年里，连续出现了几个丰收年。民间的嫁娶送终等礼仪，也出现了奢靡现象。元初五年（118）的一份诏书②说得非常清楚："遭永初之际，人离荒厄，朝廷妄自菲薄，去绝奢饰，食不兼味，衣无二彩。比年虽获丰穰，尚乏储积，而小民无虑，不图久长，嫁娶送终，纷华靡丽。"③ 说明在永初年间（107～113），虽灾害严重，但人民也不是普遍贫乏到了无法生存的地步，所以才能一遇丰年便立即出现了奢靡现象。人口增长速度虽不可能有元兴元年以前那么高，但也不是下降的局面，它仍当保持缓慢上升的形势。以后顺帝永和五年、建康元年、冲帝永嘉元年、质帝本初元年的人口统计数字，都不过 5 000 万，实际上都是统计中的问题，而不是实际人口只有那么多。分析一下这一过程的社会经济形势，从元兴元年以后，直至桓帝永寿年间（155～157），应当一直保持上升的局面。据《晋书·地理志》的记载，桓帝永寿三年有户 10 677 960，口 56 486 856，是史籍记载的东汉最高人口记录。

那么东汉的峰值人口是不是只有 5 648 万，当然不是。经考证其最盛时的人口，即在其户口统计区内，也在 6 500 万以上，更高于西汉的 6 000 万。基本原因是东汉生产力发展水平更高于西汉，而且有较长的社会安定时期。这不仅表现在生产工具的改进、生产技术的提高和畜力更广泛的使用上（西汉前期耕田主要用马，后期才在黄河流域推广牛耕，东汉用牛耕更普遍，养牛费用低，但耕田效力却不次于用马）。而且在西汉经济发展的基础上，很多原来人口比较少的地区得到了开发，这特别表现在江南地区，人口增长幅度普遍高于北方地区。那么为什么见于统计的人口反不及西汉时期？一个最主要的原因是豪强势力的膨胀，使大量民户迫于官府

---

① 凡引《后汉书·郡国志》的户口数，均指《后汉书·郡国志·注》所引伏无忌《伏侯注》所记载的每代帝王最后一年的户口数。
② 诏书——皇帝颁发布告命令的文书。
③ 《后汉书·孝顺帝纪》。

沉重的赋税徭役的压力，脱离朝廷编户，投入豪强地主的庄园（虽受更重的租税剥削，但可以不服沉重的徭役），因而不见于地方官府的户口统计。同时又有大量少数民族与汉民杂处，也没有把他们编入户籍。所以东汉晚期人仲长统指出：东汉户口统计不实，"遗漏既多，又蛮夷戎狄居汉地者尚不在焉。""豪人之室，连栋数百，膏田满野，奴婢千群，徒附万计。"① 地主庄园遍及各地，大量收纳私附人户，数量是相当庞大的。桓帝时大将军梁冀，"多拓林苑，禁同王家，西至弘农，东界荥阳，南及鲁阳，北达河、淇，包含山薮，远带丘荒，周旋封域，殆将千里。"其间大量民户变成了他的私附。又"起别第于城西，以纳奸亡。或取良人，悉为奴婢，至数千人。"② 很多地方官僚，就是一户豪强地主，都占有大量土地民户。奴婢徒附总量之大可想而知，从多方面分析可占总人口的10%以上。桓帝时人崔寔作《政论》说，青、徐、兖、冀四州，人稠地狭，耕地不足。西汉时四州人口共 2 100 万，没有出现耕地不足的矛盾。东汉这一地区按《后汉书·郡国志》的记载，只有人口 1 600 多万，少于西汉约 500 万，却感到耕地不敷使用，说明四州的实际人口要远远高于西汉时期。仅仅把这 500 多万加到桓帝永寿三年的统计上，就已经超过西汉平帝元始二年的 5 959 万，达到 6 100 多万。从很多有记载的具体情况考证分析，东汉的峰值人口少也有 6 500 万。这还只是说的东汉户籍统计区内的情况。按今版图全国人口总量约在 7 300 多万。

在上面的总体说明中已经指出，东汉社会经济比西汉有更高的发展，在封建经济的条件下，经济的发展，一般来说必然带动人口有更高的增长，而人口的增长反过来又会促进经济的发展。当然由于中国幅员广大，各地情况不尽相同，对各省区都要做具体的考证分析。在考证中使用《后汉书·郡国志》所记载的各郡国户口数作基数，对各省区进行分割综合，同时还要联系与人口有关的其他各种史料做进一步考证分析。因为有些郡国的户籍人口统计与实际人口严重不符。虽然东汉少数民族的入籍比例比西汉高，这特别反映在南方地区，但仍有大量少数民族只是羁縻管理。还有些地区，当时与内地交往较少，也没有进入东汉的行政管辖，这

---

① 《后汉书·仲长统传》。
② 《后汉书·梁统传》。

些都将在分省区人口考中做具体的考证分析。

表 4-1   东汉历朝户口统计

东汉纪年	公元纪年	户数	口数	资料来源
光武帝中元二年	57	4 279 634	21 007 820	《后汉书·郡国志》
明帝永平十八年	75	5 860 573	34 125 021	《后汉书·郡国志》
章帝章和二年	88	7 456 784	43 356 367	《后汉书·郡国志》
和帝元兴元年	105	9 237 112	53 256 229	《后汉书·郡国志》
安帝延光四年	125	9 647 838	48 690 789	《后汉书·郡国志》
顺帝永和中	139	10 780 000	53 869 588	《后汉书·郡国志》
顺帝永和五年	140	9 698 630	49 150 220	《后汉书·郡国志》
顺帝建康元年	144	9 946 919	49 730 550	《后汉书·郡国志》
冲帝永嘉元年	145	9 937 680	49 524 183	《后汉书·郡国志》
质帝本初元年	146	9 348 227	47 566 772	《后汉书·郡国志》
桓帝永寿三年	157	10 677 960	56 486 856	《晋书·地理志》

第二节　北方各省区人口考

一　河南省

分属于司隶校尉部和豫州、兖州、荆州刺史部。按《后汉书·郡国志》记载的各郡国户口分割，共有人口 9 211 346（见表 4-2），比西汉户籍人口减少了 385 万多。可是经过考查分析，它的实际人口并不少于西汉时期。主要是大量户口被豪强占为私附，不上地方官府的户口统计。首先看河南尹（西汉为河南郡）的人口，原记载为 1 010 827。可是据《后汉书·董卓传》的记载：献帝初平元年（190），董卓挟献帝迁都长安，"尽徙洛阳人数百万口于长安，……二百里内无复孑遗。"这里说的洛阳，正指的是帝都所在的河南尹。数百万口不是具体数字，但既称为数百万口，少也有 200 万人。且既是 200 里内，其东部只能到成皋（今荥阳西北），即氾水以西地区。氾水以东，以今郑州为中心的河南省东部地区，离都城稍远，人口也会略少些，但也不能少于 30 万人。这就是说河南尹的实际人口不能少于 230 万。这是就东汉晚期的情况说的。桓帝延熹年间（158～166）灾情特别严重，延熹九年（166）的一份诏书说："司隶、豫州，饥死者十四五，至有灭户者。"河南尹也在其中。这次大灾后近30年的初平元年，洛阳周围地区既有人口数百万，说明即对永和年间的人口作230万估计也不为过。

　　河南尹是帝都所在地，官僚豪强荫占私附特别多，这在东汉初期就已严重地存在着。光武帝建武十五年（公元39），因垦田顷亩及户口多不实，严重影响朝廷的赋税收入，因而下诏检核，但郡县官不敢得罪豪强，却苛刻小民。陈郡对检查的情况，遣吏向朝廷呈送奏牍，光武帝看到奏牍内另夹有书文，上写："颍川、弘农可问，河南、南阳不可问。"光武帝问郡吏是什么意思，郡吏不敢直说，伪称在长寿街上捡到的，光武帝发怒。其时四子刘庄（即后来的明帝）在幕后，说："河南帝城，多近臣，南阳帝乡，多近亲，田宅逾制，不可为准。"再问吏，确是此意。这段故事说明了什么呢？说明它带有普遍的意义。即在东汉之初，那些有权有势的豪强地主，包括帝都帝乡以外，已经占有大量土地和私附民户。其后虽经明帝时的吏治整顿，其弊有所收敛，但始终没有根除。东汉中期以后，又逐渐膨胀起来，以致"膏田满野，奴婢千群，徒附万计。"作为帝都所在的河南尹，荫占土地户口之多可想而知。而且各地都有这种情况，或轻或重。

　　再看南阳郡，虽然按《郡国志》记载的人口数2 439 618，比西汉时的南阳郡还增加了约50万口，但仍不是它的实际人口。上面所说的"南阳帝乡多近亲"，正反映了这里豪强地主多，荫占田地户口也多。连皇帝刘秀本人，原在家乡南阳的大量土地资产，也要派专人去为他经营管理，也要有很多农民为其耕种，这部分农民当然也是私附。所以南阳郡不入户籍的人口，虽不可能有京城地区那么多，但少也有十几万人。虽然南阳郡的管辖地区东汉时有所扩大，但扩大的地区都是人口特别稀少的地区，不会影响其人口的总体情况。

　　弘农郡，西汉时人口47 594，东汉降为只有199 113口。虽然东汉时对弘农郡的管辖地区有所调整，按今河南、陕西省界以西的今洛南、商县、山阳、丹凤、商南等县，即今属陕西省的部分地区划入了京兆尹，但两汉在这一地区却只有二县之设，即上洛、商县。南部的析县（今西峡）、丹水（今淅川西）划入了南阳郡。划出的这些地区，都是贫瘠的山区，直至近代，人口也不多。这就是说管辖地区的调整，不是人口减少的主要原因。弘农郡的人口主要集中在北部的黄河沿岸地区，地理自然条件比较好，又是东西两都城的交通要道，这从县的设置上就能看出。东汉弘农郡共置九县，其中六县在黄河沿岸，另有两县在尹水、洛水的中下游地区。淆山以南的熊耳山深山区，只有一县之设（卢氏，即今卢氏），可占弘农郡面积的一半左右。其县治，北距郡治（今灵宝北）约70公里，南距郡界也是约70公里，东距宜阳约100公里，可见人口之稀少。划入京兆尹和南阳郡的部分地区，大体也是如此。弘农郡人口减少的原因，与河南尹的情况是相同的，主要是大量民户被豪强地主蔽占。估计它的实际人口不能少于40万人。

河内郡的人口比西汉也减少了26万多，西汉1 067 097，东汉801 558，两汉辖区完全相同。河内郡是关东最富庶的三河（河南、河内、河东）地区之一，济源以东为沁水下游一片冲积平原，土地肥沃，一向人口稠密。虽然与帝都所在的河南尹隔着一条黄河，南北交通受到一定影响，朝廷近臣到这里来经营的会少些，但一般豪强地主也不会放弃这片沃野。对比河南尹，这里的人口也应当是增长的形势，虽然不能作出确切的估计，但至少也要在一百数十万。

再看东郡，西汉人口1 659 028，东汉为603 393，减少100多万。虽然东汉对政区有所调整，调出6县，由21县减为15县，但它的人口也不应有如此大的下降。如果按调出县的平均人口加回到西汉东郡范围，也只102万，仍相差63万，减少38.39%。陈留郡，由西汉的1 509 050口，降为869 433口，减少64万，减幅42.39%。济阳郡由1 386 279口，降为657 554口，减少62万，减幅更高达52.57%。这几个郡都属于崔寔所说的人稠地狭的兖州地区。而梁国在济阴、陈留之南，地域相连，它的人口却由西汉的206 752口，增长为431 283口，增幅108.59%，一倍还多。尽管政区有所调整，东汉比西汉也只增加了一县。而且经过考查分析这个户口数字本身也没有什么问题，平均每户5.18口，西汉户均5.34口（西汉原统计户38 709，口106 752，若按这个口数计算，则增加幅度更高达304%，经考证实为206 752之误）。为什么这一地区的人口在很多郡国人口下降的情况下，会增加一倍多？分析其原因，这里没有任何特殊的优越条件可以使梁国人口大幅度增长，只能是这里豪强势力较弱，封国的官员控制较严，蔽占户口较少，而统计更近实际些。

汝南郡是一个大郡，西汉户籍人口259万，东汉降为210万，也是被豪强地主蔽占的结果。东汉末年，大封建军阀袁绍是汝阳（今商水西南）人，黄巾起义被镇压后，他占据冀州，但在他的家乡仍拥有很多田庄和私家的城壁，由他的门生宾客组织私兵守护，后被曹操派兵攻破，共二十余壁，得户2万，推其人口当有10万左右。汝南郡平均每县户籍人口75 000多，袁家的私附远远超过户籍人口。而豪强地主占有私附的数量不等，却差不多县县皆有。这就是东汉户籍人口严重脱离实际的根本原因。虽然上面分析的主要是东汉末年的情况，但实际上在其中期已经是一个普遍的现象。所以从总体上看，这些地区的实际人口，都不会少于西汉时期，而且有的郡国会远远超过西汉时期，河南尹就是一个最典型的例子，它的实际人口比西汉户籍人口可高出100多万。至于今河南全省人口究竟能有多少，虽无法作出具体的估计，但从上述分析中可以看出，它将远远超过西汉末期，不能少于1400万。

表4-2　　　　　　　　　　河南省户籍人口表

汉政区	人口	密度	郡国属县 总数	郡国属县 本省	本省人口	含今政区县市
河南尹	1 010 827	76.75	21	21	1 010 827	西有孟津、洛阳、伊川、汝阳、汝州，东有原阳、中牟、新郑、新密，嵩山以北，黄河以南，其间县市皆属
河内郡	801 558	60.08	18	18	801 558	西有济源，东有安阳、汤阴、淇县，新乡以西，黄河以北，太行山以南，其间县市皆属
弘农郡	199 113	9.12	9	8	176 989	跨陕西省，本省东有新安、宜阳嵩县，西至陕西省界，伏牛山以北，黄河以南皆属
魏郡	695 606	52.13	15	4	185 495	跨河北省，本省内黄、浚县、滑县
东郡	603 393	50.45	15	5	201 131	跨山东省，本省南乐、清丰、濮阳，其南在滑县、延津间，无今县治，东汉有白马、燕县
济阴郡	657 554	73.23	11	1	59 778	跨山东省，本省无今县治，东汉有离狐，在濮阳东南

续表

汉政区	人口	密度	郡国属县 总数	郡国属县 本省	本省人口	含今政区县市
梁国	431 283	62.40	9	7	335 442	跨安徽、山东省，本省宁陵、虞城、商丘、夏邑
陈留郡	869 433	72.12	17	17	869 433	延津、封丘、长垣、开封、兰考、尉氏、通许、扶沟、杞县、睢县、民权
沛国	1 251 393[①]	49.37	21	4	238 361	跨安徽省、山东省、江苏省，本省永城
陈国	547 572[②]	76.87	9	9	547 572	太康、西华、商水、周口、淮阳、柘城、鹿邑
颖川郡	1 436 513	126.82	17	17	1 436 513	宝丰、舞阳、漯河、郾城、登封、禹州、长葛、鄢陵、临颍、许昌、襄城、叶县、平顶山、郏县
汝南郡	2 100 788	48.77	36	26	1 761 946	跨安徽省，本省西平遂平、上蔡、确山、汝南、平舆、新蔡、正阳、息县、潢川、淮滨、郸城、沈丘、项城
南阳郡	2 439 618	44.47	37	25	1 419 451	跨湖北省，本省鲁山、南召、方城、社旗、南阳、唐河、泌阳、桐柏、新野、镇平、邓州、内乡、淅川、西峡
江夏郡	265 464	3.88	14	4	75 847	跨湖北省，本省信阳、罗山、光山
庐江郡	424 683	8.68	14	3	91 003	跨湖北省、安徽省，本省固始、商城
合计				169	9 211 346	

注：

①沛国，原书记载户"二十万四百九十五，口二十五万一千三百九十三。"平均每户 1.25 口，太少。经考，在口数的前面原应有一个"百"字，在抄写中被脱漏，而误加在陈国口数的前面。实为 1 251 393 口之误，改正后两条数据都符合实际情况。

②陈国，原书记载"户十一万二千六百五十三，口五十四万七千五百七十二。"平均每户 13.74 口，太多，不符合一般家庭人口构成的实际情况，按原记载人口计算的人口密度，也高达 220 人，与邻郡国比较，也不符合当时的实际情况。经考，实际上跟沛国的情况正相左。这两条数据在《后汉书·郡国志》里是紧相排列的，在沛国口数前面抄漏的"百"字，却加到了陈国口数的前面，造成两数皆错。

二　山东省

分隶于青州、徐州、兖州刺史部，按《后汉书·郡国志》记载，永和五年（140）郡国户口分割，有户籍人口9 037 765口，但山东省的实际人口要比这个人口数高得多。上面已经说明，东汉中期以后，由于豪强势力的发展，大量人口不入编户，而变成了豪强地主的私附。这种情况在山东省也特别严重，在社会比较安定的情况下，人口活动量小，没有这方面的具体记载，因而使后世看不清当时人口的实际情况。一当发生社会动乱，人口流动量大，又有一定历史记载，就可以通过这些人口活动的数量，去研究人口的总体情况。东汉末期的黄巾大起义，山东地区特别活跃，人口受损也特别严重。第一次起义失败后，封建统治者对已贫困至极的农民，毫无救济安置措施，而是继续对人民残酷地搜刮剥削，把人民推向死亡边沿，因而于中平五年（188），青、徐、兖、冀四州黄巾再起。初平元年（190），有大批青州、徐州难民流徙幽州，仅见于记载的，即达百余万口，全在今山东省境内。徐州虽跨有今江苏省北部地区，但今江苏徐州以南地区，距幽州路远，且南方战事较少，因而他们流徙的方向是江淮之间。初平二年（191），青州黄巾30万，进入渤海郡，为公孙瓒所破。次年（192），进军兖州，在济北（今长清南）为曹操所破，"受降卒三十万，男女百余万口。"① 从这里可以看出，所谓农民起义，最初多是全家相从，实际是饥饿的流民四处觅食，攻掠郡县、富豪，也是为了夺粮自赈。上面所说的两个数字，基本上是出自青州，即达二百数十万。而实际上这些流徙或起义的人口，只能是社会总人口的一部分。因为由于种种原因，使很多人不能参加起义，也不能流徙远方。而且东汉封建统治者既能组织起强大的武装，把农民起义镇压下去，不仅要强逼大量丁壮当兵，而且还要控制一定数量的地区和人口，为其提供赋役。所以参加起义和流徙的人口，至多占总人口的一半。加上中平元年第一次起义被镇压而死亡的大量人口，大起义前的青州人口，不会少于500万。而《后汉书·郡国志》所记载的青州人口仅370万。西汉青州人口也只419万。

徐州和兖州，东汉末年的农民大起义和紧接着的军阀大混战，只见有战争屠杀的事例记载，带有数量的人口活动记载较少，不能用以推断人口的总体情况。但按崔寔《政论》所说的青、徐、兖、冀四州人稠地狭，耕地不足来分析，西汉四州人口共2 100万，没有人稠地狭的感觉。而东

---

① 《三国志·魏书·武帝纪》。

汉四州仅1 600万，反而感到人稠地狭，正说明东汉时上述四州的实际人口要比西汉高得多，青州人口至少要高出西汉80万左右，约19%。从全省来说，虽不一定尽如青州，即按15%计算，东汉山东人口也要达到1 400万以上，不能少于河南省，否则就不会出现人口稠密到产生耕地不足的感觉。

出现这种人口增长的局面，除了前面所说的东汉生产水平比西汉有更高发展这个普遍原因以外，对山东省来说主要是黄河下游水患在明帝时得到了治理。西汉时黄河水道自今濮阳以下，流经冠县、馆陶间，高唐、茌平间北上，经平原、德州、吴桥、仓州，向东偏北入海。但西汉后期黄河、汴河、沛河（今黄河以南的小青河）河道，经常互相侵夺，泛滥成灾。明帝永平十二年（公元67年），进行了大规模的治理，使河道分流，从荥阳至千乘，疏浚河道，筑堤千里。经过治理的河道，由濮阳向东，穿过今范县、鄄城间，阳谷、莘县间，东阿、聊城间，在茌平东南折转北上，经禹城、平原间，临邑、商河间向东至利津入海。由于河道畅通，减少了水患，使黄河下游的农业生产，获得了发展的较好条件，因而也必然带动人口的增长。虽然东汉史书有很多水涝灾害的记载，但并没有新河道下游地区重大水灾的记载。说明此次对黄河的治理，对促进山东人口的发展起了重大的作用。平原郡地处黄河下游两侧，河水流经本郡数百公里。西汉人口66万，东汉增至100多万，两汉所辖地区完全相同，而东汉人口却出现了那样的高增长，无疑是得益于黄河水患的治理。再看相邻的勃海郡，地处此次治理以前的黄河旧道下游，也是经常泛滥成灾，西汉人口905 119，东汉时在很多郡国的人口少于西汉的情况下，勃海郡人口增为1 106 500，也是得益于黄河水道的治理。平原郡人口既能有较大的增长，其他郡国人口必不会少于西汉时期。这就是所以认定东汉人口高于西汉的又一重要原因。

表4-3　　　　　　　　　山东省户籍人口表

东汉政区	人口	密度	郡国属县 总数	郡国属县 本省	本省人口	含今政区县市
济南国	453 308	76.75	10	10	453 308	济南、济阳、章丘、邹平
乐安陵	424 075	71.13	9	9	424 075	利津、滨州、高青、博兴、桓台、广饶、寿光

续表

东汉政区	人口	密度	郡国属县 总数	郡国属县 本省	本省人口	含今政区县市
勃海郡	1 106 500	86.89	8	2	276 625	跨河北省，本省宁津、乐陵、庆云、无棣
平原郡	1 002 658	104.66	9	9	1 002 658	阳信、惠民、商河、临邑、陵县、平原、禹城、齐河
山阳郡	606 091	115.18	10	10	606 091	巨野、嘉祥、金乡、鱼台、兖州、邹城
济阴郡	657 554	73.23	11	10	597 776	跨河南省，本省东明、鄄城、郓城、菏泽、定陶、成武、单县
梁国	431 283	62.40	9	1	47 920	跨河南省、安徽省，本省曹县
任城国	194 156	131.36	3	3	194 156	济宁
济北国	235 897	66.24	5	5	235 897	长清、茌平、肥城、平阴
清河国	760 418	102.87	7	5	543 156	跨河北省，本省临清、武城、夏津、高唐、德州
东平国	448 270	108.54	7	7	448 270	东平、梁山、汶上、宁阳
东郡	603 393	50.45	15	10	402 262	跨河南省，本省聊城、东阿、莘县、阳谷
彭城国	493 027	71.21	8	1	61 628	跨江苏省，本省无今县治，东汉县治傅阳，在台儿庄西
沛国	1 251 393	49.37	21	1	59 590	跨江苏省、安徽省，本省无今县治，东汉县治公丘，在滕州西
鲁国	411 590	93.04	6	6	411 590	曲阜、滕州、泗水
泰山郡	437 317[①]	31.06	12	12	437 317	泰安、莱芜、沂源、新泰、蒙阴、平邑、费县
东海郡	706 416	54.70	13	8	434 718	跨江苏省，本省郯城、枣庄
琅邪郡	570 967[②]	30.89	13	13	570 967	诸城、胶南、五莲、日照、沂水、沂南、莒县、莒南、临沂、临沭、苍山
齐国	491 765	151.87	6	6	491 765	淄博、青州、临朐
北海国	853 604	64.19	18	18	853 604	昌乐、潍坊、昌邑、安丘、平度、高密、莱阳、莱西

续表

东汉政区	人口	密度	郡国属县总数	郡国属县本省	本省人口	含今政区县市
东莱郡	484 393	23.88	13	13	484 393	莱州、招远、龙口、栖霞、胶州、青岛、即墨、海阳及以东县市皆属
合计				159	9 037 766	

注：

①泰山郡，原书记载："户八千九百二十九，口四十三万七千三百一十七。"平均每户48口，太多，不符合一般家庭人口构成的实际情况。经研究分析，实为书写时误将户数前面的"八万"写成"八千"。改正平均每户5.4口，其他郡国都是5口左右，故改。

②琅邪郡，原书记载："户二万八百四，口五十七万九百六十七。"平均每户27口，也不符合户均人口的正常情况，当为户数前面脱一"十"字，改正后为"十二万八百四"，平均每户4.73口，与相邻郡国比较亦相称。

说明：

①沾化、垦利两县，东汉时仍为未退滩的渤海水面，故今县栏内缺。无棣、利津、寿光、昌邑，未退滩水面与西汉无大差异。

②微山县管辖地区，属多郡国边缘，故今县栏内缺。

三 河北省

分属于冀州刺史部和幽州刺史部，按《后汉书·郡国志》记载的户籍人口分割为5 733 482口，比西汉少85万口。然而全面考查，河北省域的人口，不仅没有减少，反而有很大的增加，主要反映在以下几个方面。

豪强地主大量蔽占户口为私附，是东汉中期以后的普遍现象，因而使户口统计不全。这在河北省所辖地区也同样存在着。同时，贪官污吏肆意压榨剥削人民，也造成人民穷困，户口流散，脱籍者多。桓帝永兴元年(153)，32个郡国发生蝗灾，又河水泛滥，发生严重饥荒，百姓逃荒者数十万户。冀州特别严重。但贪官污吏并不采取积极的救灾措施，而是继续刻薄人民。有一个正直的朝官叫朱穆，被派到冀州当刺史，有些县令长听说朱穆已过黄河，吓得解印逃跑者40多人（冀州总计才87县），甚至有的畏罪自杀，可见他们是作恶多端，害怕新来的上司严厉惩罚，否则何用逃跑自杀。在这些贪官污吏的治理下，豪强地主与官吏勾结，户口统计岂能得实。当然各地情况不尽相同，有的漏籍多些，有的漏籍少些。勃海郡、河间郡（西汉信都国、河间国，共有人口492 046，至东汉合并为河间郡，有人口634 421）的人口都高于西汉。在当时到处都有豪强地主势力，到处都有户口被蔽占的形势下，其他郡国的实际人口也不能少于西汉时期。河北省在冀州的人口，东汉时期为4 878 090，西汉为5 287 915，这就是说，东汉时河北省南部属冀州地区的人口，按高于西汉估计，至少也得有550万。

河北省北部地区属于幽州刺史部，从户籍人口总的情况看，比西汉减幅更大，西汉时为1 300 886口，东汉降为855 391口，经考查也不是实际人口的下降。而且有的郡户籍人口还有很大的增加。涿郡西汉有人口782 764，按《中国历史地图集》所考17县（原书记载29县，其余无考），至东汉，在原涿郡南部划出7县属中山国、河间国与安平国，按平均每县人口46 045计，西汉涿郡北部，相当于东汉的涿郡，有人口460 449，东汉时则增长为633 754，超出西汉17万多。渔阳郡西汉人口264 116，东汉增为435 740。广阳郡（西汉为广阳国）的人口则有更大的增长，由西汉时的70 658口，增长为280 600口，增加近三倍。除管辖区有所扩大，把今安次以南至大清河以北一狭长地带划归广阳郡，使人口随之有所增加，除了有部分增殖外，豪强势力的薄弱，人口多被编入户籍也是原因之一。最主要的是乌桓人进入塞内，把边郡部分人口挤压到了这几个郡，使豪强势力得不到大的发展。因为富贵人家更是他们劫掠的对象，因而使一般富豪人家不敢在这一地区建立田庄。

北部边郡人口，从统计看确有很大下降，和塞内各郡人口的大幅度增长，形成了鲜明的对照。代郡、上谷、右北平和辽西郡，西汉户籍人口共有1 069 621，东汉只有312 581。下降的原因，主要是塞外乌桓人经常进入塞内（长城以南），骚扰劫掠，使人民不能安居，很多人被迫南迁。西汉时"武帝遣骠骑将军霍去病击破匈奴左地，因徙乌桓于上谷、渔阳、右北平、辽西、辽东五郡塞外，为汉侦察匈奴动静。"[①] 以后势力逐渐强盛，"光武初乌桓与匈奴连兵为寇，代郡以东尤被其害，居止近塞，朝发穹庐，暮至城郭，五郡民庶，家受其辜。至于郡县损坏，百姓流亡。"[②] 其后很多乌桓人逐渐进入塞内居住，分布于缘边诸郡，对东汉朝廷时服时叛，对北部边郡人民危害越来越大。这是边郡人口减少的基本原因。

同时乌桓人的入居和骚扰，也打乱了东汉在这一地区的统治秩序，

[①][②]《后汉书·乌桓鲜卑列传》。

"郡县破坏",对户口也不能做有效的管理统计,不过这些地区的实际人口,加乌桓人,还不至于像《后汉书·郡国志》记载的那么少。建安十二年(207),曹操征乌桓于柳城(今辽宁省朝阳南),胡汉降者20余万口(辽西郡统计人口81 714),虽然这是后话,但仍然反映了这里的人口,即使在67年以前的永和五年,也不会太少,因为一个地区的人口规模不是短期内可以形成的。进入东汉以后,虽有乌桓人的骚扰破坏,但并不是剧烈的社会变动,而且乌桓人入塞后并没有大批驱赶汉人,甚至还占有这里的汉民为其赋役。而"百姓流亡"主要是有些人为躲避其骚扰向南流徙到离边界较远的地方。柳城在今辽宁省朝阳南,两汉时属辽西郡,跨河北、辽宁两省,长城以南,今唐山以东属河北省(具体跨地情况见表4-4、表4-7)。曹操征乌桓的降附者,只是柳城附近的人口,西汉辽西郡人口352 325,包括乌桓人在内,东汉时则不能少于45万人。在今河北省管辖地区的辽西郡西部地区,当不少于25万。

渔阳郡北部地区,也有乌桓人对塞内的骚扰,但户籍人口却比西汉有很大的增加。西汉264 116口,东汉435 740口,主要是这里靠近幽州刺史部统治中心,控制较严,受乌桓骚扰较轻,社会相对比较安定些,因而有不少近边地区的人口被乌桓挤压过来。其余右北平、上谷、代郡的人口,粗略估计不能少于60万人。

另外,北部张家口地区长城向东至燕山山脉以北的塞外地区,东汉末置郡县,约45 000平方公里,主要是乌桓人居住的地方。至东汉时由于人口繁衍,已有很大一部分人进入塞内,已经估计在边郡人口内,但塞外地区仍当不少于10万人。

综上,冀州地区550万,涿郡、广阳、渔阳合计1 350 094,减去属北京、天津两市的人口,还余634 385口属于河北省,再加辽西郡25万,代郡、上谷,右北平60万,塞外10万,全省总计7 084 385口。

表4-4　　　　　　　　　河北省户籍人口表

东汉政区	人口	密度	郡国属县 总数	郡国属县 本省	本省人口	含今政区县市
常山国	631 184	37.70	13	12	582 631	跨山西省,本省阜平、行唐、正定、石家庄、栾城、赵县、高邑以西至山西省界,其间县市皆属

续表

东汉政区	人口	密度	郡国属县 总数	郡国属县 本省	本省人口	含今政区县市
中山国	658 195	59.51	13	13	658 195	涞源、满城、完县、唐县、望都、曲阳、定县、新乐、无极、深泽、安国、博野、蠡县
巨鹿郡	602 096	59.66	15	15	602 096	藁城、晋州、束鹿、宁晋、柏乡、隆尧、巨鹿、平乡、任县、南和、鸡泽、曲周、成安、威县、丘县
安平国	655 118	86.62	13	13	655 118	安平、饶阳、深州、武强、武邑、衡水、冀州、新河、枣强、南宫、广宗
河间国	634 421	56.51	11	11	634 421	安新、雄县、文安、大城、高阳、任丘、肃宁、河间、献县、交河、阜城
清河国	760 418	102.87	7	2	217 262	跨山东省，本省故城、清河、临西
赵国	188 381	39.05	5	5	188 381	内丘、邢台、沙河、永年、邯郸
魏郡	695 606	52.13	15	11	510 111	跨河南省，本省涉县、武安、磁县、临漳、肥乡、广平、魏县、馆陶、大名。另有山东省冠县，无东汉县治，户口未分割
勃海郡①	1 106 500	86.89	8	6	829 875	跨山东省、天津市，本省青县、沧州、黄骅、海兴、盐山、孟村、南皮、泊头、东光、景县、吴桥
涿郡	633 754	70.68	7	6	543 218	跨北京市，本省涿州、固安、涞水、定兴、霸县、徐水、保定
广阳郡	280 600	48.89	5	1	56 120	跨北京市，本省安次
上谷郡	51 204	3.04	8	7	44 803	跨北京市，本省张家口、万全、宣化、涿鹿、怀来
代郡	126 188	7.11	11	5	57 358	跨山西省，本省怀安、阳原、蔚县
渔阳郡	435 740	27.41	9	1	48 415	跨北京市、天津市，本省三河、大厂、香河
左北平郡	53 475	6.04	4	3	40 106	跨天津市，本省兴隆、遵化、丰润、丰南、唐山、玉田

续表

东汉政区	人口	密度	郡国属县 总数	本省	本省人口	含今政区县市
辽西郡	81 714	2.66	5	4	65 371	跨辽宁省，本省宽城、青龙、迁西、迁安、滦县、滦南、卢龙、抚宁、乐亭、昌黎、秦皇岛
合计					115	5 733 482

注：

① 本省东部沿海地区，有幅宽平均约20公里左右的土地，面积约5 000平方公里，东汉时仍未退出水面，故唐海县表中缺。

四　北京市

属幽州刺史部，跨广阳、涿、上谷、渔阳四郡。按《后汉书·郡国志》记载，各郡人口分割为611 910口，比西汉时增长一倍多。经过考查分析，这个人口数虽不可能很准确，但也不会有很大的出入。对于总的人口形势，可参看河北省人口考。

下面分析一下北京市区当时人口的具体情况。从北京市区所在的广阳郡人口布局分析，其时的蓟县（即今北京市区）已具有相当的人口规模。西汉时估计不少于15万人。至于东汉，把原属于东汉上谷郡的军都、昌平两县（都在今昌平南）和原属于东汉勃海郡的安次县（今廊坊）划归广阳郡。这样广阳郡还是五县，平均每县56 120口。如果军都、昌平两县仍在上谷郡，按上谷郡人口平均，往多里估计，每县只能有1万多人口。从勃海郡划入的安次县，放到勃海郡去平均，约129 944口，实际上安次县的人口不能有如此之多。因为勃海郡人口稠密地区在沧州以南，原勃海郡西北部有六县划入河间国，但河间国平均每县57 674口，相邻的涿郡（在安次县西）所处地理自然条件与广阳郡基本相同，平均每县也只90 536口，所以安次县的人口绝不会超过9万人。广阳县（今房山东）的人口比北部军都、昌平二县会多些，按3万口计。这样在广阳郡的人口中，去掉军都、昌平、广阳、安次四县的人口，还余14万，属蓟县，而不是按广阳郡五县平均的56 000多人。这样估计计算的人口，不可能是很准确的，但蓟县既为北方一都会，其人口绝不会太少，蓟县已拥有较多的城市人口是不能被忽视的。整个北京市所辖地区的人口，大体当如表中分割的那样，611 910 口。

表 4-5　　　　　　　　　　北京市户籍人口表

东汉政区	人口	密度	郡国属县 总数	郡国属县 本省	本省人口	含今政区县市
广阳郡	280 600	48.89	5	4	224 480	跨河北省，本市昌平、北京城区
涿郡	633 754	70.68	7	1	90 536	跨河北省，本市房山
卜谷郡	51 204	3.04	8	1	6 401	跨河北省，本市延庆
渔阳郡	435 740	27.41	9	6	290 493	跨河北省、天津市，本市密云、怀柔、顺义、平谷、通州
合计				12	611 910	

五　天津市

属幽州刺史部，跨渔阳、右北平和勃海郡。勃海郡虽包括今之静海县，但无东汉县治，而且包括今之市区、静海、宁河县的大部分地区，仍属未退滩之渤海水面。即已退滩之地，也多盐碱涝洼，所以按当时的属县分割人口，只有 11 万多。虽然实际人口可能稍多些，但不会有大的出入。这里只按 12 万人口估计之。

表 4-6　　　　　　　　　　天津市户籍人口表

东汉政区	人口	密度	郡国属县 总数	郡国属县 本省	本省人口	含今政区县市
渔阳郡	435 740	27.41	9	2	96 831	跨北京市、河北省，本市宝坻、武清及市区
右北平郡	53 475	6.04	4	1	13 369	跨河北省，本市蓟县
勃海郡	1 106 500	86.89	8	0		跨河北省，本市无东汉县治，户口未分割
合计				3	110 200	

六　辽宁省

属幽州刺史部，有辽西、辽东、玄菟三郡及辽东属国。按《后汉书·郡国志》记载的人口分割，仅为 351 133 口，比西汉减少了一半，但它的实际人口要比见于统计的人口高得多。因为这一时期，有更多的少数民族进入辽宁地区，即使汉民减少了一些，总人口也不会减少。除原有的高丽人、扶余人外，主要是乌桓人和鲜卑人。早在西汉武帝时，乌桓人就已徙居辽西、辽东塞外地区。东汉光武帝时更准其入居塞内，包括辽西、辽东地区。灵帝初，"……辽西有丘力居者，众五千余落，皆自称王。又辽东苏僕延，众千余落。"① 仅按这条记载，在今辽宁省境内就有6 000余落，② 约3万多人口。不过这仅仅是见于记载的几例。光武帝后期曾"封其渠帅为侯王、君长者八十一人，皆居塞内。"③ 所谓"渠帅"，也称"大人"，即诸部落的首领。如上述丘力居、苏僕延者。可见其入塞人口之多。《后汉书·南匈奴列传》说：汉安二年（143），乌桓与匈奴同为乱，侵扰汉地，受汉兵打击后，匈奴远遁，乌桓降者70余万口。诸多情况说明，至东汉中期，乌桓已有庞大的人口，居住在北方塞内塞外地区。其后于建安十二年（207）曹操征乌桓蹋顿于柳城（今朝阳南），乌桓人以数万骑迎战，说明辽西地区已有众多的乌桓人。这次战争的结局是蹋顿被杀，胡汉降者20余万。同时辽东乌桓也带兵到辽西参战。上述情况说明，在今辽宁省境内，早已居住着大量的乌桓人，也正说明这个人口规模不是在短期内可以形成的。因此估计，即在永和期间，辽宁省内的乌桓人也不能少于20万。

东汉在辽宁省的管辖地区比西汉有很大收缩。玄菟郡在西汉时期跨有今辽宁、吉林及朝鲜北部一部分，东汉时另设郡于今沈阳、抚顺、铁岭三市管辖地区。但人口不会有太大的变化，这里仍然居住着大量高句丽人。虽然《三国志·魏书·高句丽传》记载："高句丽在辽东之东千里，南与朝鲜、涉貊，东与沃沮，北与扶余接，都于丸都④之下，方可三千里，户三万。"按照这条记载，其地大体相当于西汉的玄菟郡，主要居民为高句丽人。西汉武帝元朔元年（公元前128），涉君南闾率28万口到辽东要求内属，被安置在这一地区。其后并无大的变化，且有后史可鉴。高句丽、朝鲜、涉貊本系同族不同姓的种落，在辽东的涉貊人和高句丽人已经混为一体。东汉中期在今辽宁省境内的高句丽人不能少于20万。光武帝建武

---

① ③ 《后汉书·乌桓鲜卑列传》。

② 落——即户，少数民族称部落或户落。

④ 丸都——今吉林省集安市。

二十五年（公元49），辽东高句丽人进入山海关，到处骚扰破坏，右北平、渔阳、上谷，直至太原等郡，东西数千里，大受其害。然而横行数千里，绝不是少数丁壮敢于从事的军事活动。经过百余年的生息繁衍，说明东汉中期他们的人口，或当更高于20万。

在今义县、锦州、锦西、盘山、大洼等县，东汉置辽东属国，主要居民为塞外进入的鲜卑人，置六县，但无户口记载。这也是一个地理条件比较好的地方，按辽东郡平均每县人口推算，不能少于10万口。另外，在朝阳、阜新至铁岭的长城以北地区，也有很多南下的鲜卑人及少量的扶余人。顺帝永建二年（127），鲜卑人攻辽东、玄菟，被乌桓校尉耿晔发缘边诸郡兵及乌桓骑兵出塞击破，鲜卑降者3万余人。这个3万多人，不是一般人口，而是四处劫掠的丁壮，说明东汉郡县管辖区以外的辽宁省北部地区，也有很多少数民族人口。

辽宁省在东汉中期，不能少于90万人。

表4-7　　　　　　　　　　辽宁省户籍人口表

东汉政区	人口	密度	郡国属县 总数	郡国属县 本省	本省人口	含今政区县市
辽西郡	81 714	2.66	5	1	16 343	跨河北省，本省阜新、北票、朝阳、兴城、绥中
辽东郡	320 790①	5.85	11	10	291 627	本省新民、黑山、北镇、台安、辽中、辽阳、本溪、凤城、丹东，以南以西均至海，其间县市皆属。另跨有朝鲜国一部分，东汉置县一
辽东属国	原书缺					义县、锦州、锦西、盘山、大洼
玄菟郡	43 163②	4.58	6	6	43 163	铁岭、沈阳、抚顺
合计				17	351 133	

注：

①辽东郡，原书记载"户六万四千一百五十八，口八万一千七百一十四。"平均每户1.27口。但原书上面的辽西郡，"户八万四千一百五十，"口数也是"八万一千七百一十四"，平均每户5.77口。很明显是抄写时误把辽西郡的人口数抄在辽东郡的人口数项内，却把辽东郡的人口数脱掉，按平均每户5口补，则为320 790。

②玄菟郡，原书记载"户一千五百九十四，口四万三千一百六十三。"平均每户27口，太高。分析户数有误，或为"一万五百九十四"，这样平均每户4.07口。

七　吉林省

东汉时期无郡县设置。西汉时以通化为中心的省境西南部地区属玄菟郡，东汉时移郡于辽宁省北部今沈阳、铁岭、抚顺周围地区。玄菟旧境的主要居民仍为高句丽人。东汉时本省居民主要是扶余民族，次为高句丽、沃沮，他们的人口情况在第三考中已经做了说明。扶余王与东汉朝廷交往较多，并受羁縻于玄菟郡。安帝延光元年（121），高句丽（都今集安）、马韩（今朝鲜国西南部）、濊貊（今朝鲜东），联兵围玄菟，扶余王出兵2万人与州郡兵合力击破之。东汉末年太守公孙度曾嫁女于扶余王通婚。这些都说明扶余国仍然是一个人口较多、比较繁盛的民族。估计其人口虽可能有所增加，但就吉林全省来说，不会有很大的变化，仍以40万估计之。

八　黑龙江省

无具体人口活动的记载，大体在嫩江以东、松花江以北地区，仍主要居住着扶余民族。松花江以南主要是肃慎氏的后裔，后被称为挹娄。这一地区虽然由于与内地交往较少，居民的具体情况不清楚，但松花江以北广大地区，不会单有一个扶余民族，历史的记载多模棱不清，对黑龙江省人口仍以20万估计之。

九　内蒙古自治区

中部属并州刺史部，西部属凉州刺史部。其余广大地区为匈奴、鲜卑、乌桓、扶余等民族居住的地方。按郡县分割人口只有97 735口，不足西汉户籍人口的十分之一。是不是东汉时期这里的实际人口会有这么大的下降呢？让我们做一个具体的分析。

在西汉武帝时曾向河套地区大规模移民，约数十万口，对河套地区的开发起了很重要的作用。平帝元始二年（公元2），统计人口70多万，其人口密度和富庶的江浙地区差不多。可是到东汉永和五年（140）统计，户籍人口大量减少的原因主要有两个方面，一是北方的匈奴人，在西汉武帝时，虽经严厉打击，大部分远遁大漠以北，但仍有一部分留在漠南。自宣帝时（公元前71）与匈奴议和后，基本上再没有对汉地骚扰破坏，边境地区的生产得到发展，人民安业。但自王莽篡乱以后，主动挑起与匈奴的战争，边境地区又不断有战事发生。东汉政权建立后，经过多次打击，匈奴人大肆入侵的势头被遏止了，重新恢复了郡县官署，并协调与匈奴的关系。光武帝建武二十四年（公元48），匈奴呼韩邪单于（国王）子孙为争夺继承权而发生分裂，一部分徙往漠南，求汉政权保护，另立单于庭，自此有南北王庭之分。光武二十六年（公元50），北匈奴来攻南匈奴，东汉朝廷派军队保护，并让其继续南徙。北地、朔方、五原、云中、定襄、雁门、代郡，都有南单于庭的部众，与汉民杂处，学习农业生产。这时他们臣服汉朝廷，并经常跟入侵的北匈奴作战。河套地区实际上变成了匈奴人的游牧场所，很少再有汉民进入，因而见于统计的户籍人口极少。同时又因为西汉时的大量移民，对土地过量开发，破坏了植被，造成很多土地沙化，无法继续开展大规模的农业生产，这是人口减少的又一重要原因。直至近代以前，河套地区一直处于半荒漠状态，再也没有恢复到西汉时期的繁荣。

当然就整个自治区来说，它的人口也不会少到只有几万人，见于统计的，实际上只不过是一部分有户籍的汉民，在河套地区更住有大量匈奴人。章帝章和二年（公元87），居住在大兴安岭地区的鲜卑人，从大漠以北的东部进击北匈奴，"北庭大乱，屈兰、储卑、胡都须等五十八部，口二十万，胜兵八千人，诣云中、五原、朔方、北地降。"[①]永元二年（公元90），南匈奴王庭，再向东汉朝廷请命进击北匈奴。"是时南部连刻获纳降，党众最盛，领户三万四千，口二十三万七千三百，胜兵五万一百七十。"[②]这部分人口主要居住在今河北省西北部塞外，内蒙古中部河套东部以东广大地区。仅以上两起数字合计就是43万多。虽然其后于永元六年（公元94）南匈奴内乱，"于是新降胡遂相惊动，十五部二十余万人皆反叛"[③]，进入汉地破坏。这里所说的是十五部，而不是上面所说的五十八部，也不是上面所说的"领户三万四千，口二十三万七千三百。"因为在新降口20万的那次战役，它就出骑兵3万人。这里所说的正是那次战役新降于南单于庭的北匈奴人。他们反叛后又在北部边境骚扰破坏，被击败于大城堡（今杭锦旗南）、满夷谷（今固阳南）等地，除死亡离散外，大

———

①②③《后汉书·南匈奴传》。

部分降附后仍留居漠南地区。上面这些记载虽不是那么很明确，结合前后史分析，东汉中期在自治区的匈奴人不能少于 50 万人。这也是在十六国期间匈奴人大乱中原的人口基础。

在西起河套，东至辽河上游，长城内外，还散居着大量乌桓人。汉安二年（143），乌桓受匈奴大人吾斯拉拢，攻掠汉地，被汉将马寔击败，吾斯被杀，"乌桓七十余万口皆诣寔降，"① 虽然这个数字不一定那么很准确，但从其以后的活动情况估计除幽州地区外，在自治区境内不能少于 30 万人。

在呼伦贝尔高原、大兴安岭地区以南至西辽河上游地区，有很多鲜卑人和扶余人，在这一地区扶余人可能已为数不多，鲜卑人口却有了很大的发展，从他们有能力从东部进入大漠以北，击败匈奴人，并占据漠北匈奴故地，甚至使"匈奴余种留者尚有十余万落，皆自号鲜卑"② 来分析，东汉中期鲜卑已是北方的强大民族，其在自治区境内（主要是东部地区）的人口也不能少于 20 万人。

内蒙古自治区的人口比之西汉后期确有很大的下降，综合起来看，有户籍的汉人 91 735 口，匈奴人 50 万，乌桓、鲜卑人 50 万，加少量扶余人，总计 110 多万人。

表 4-8　　　　　　　　　　内蒙古自治区户籍人口表

东汉政区	人口	密度	郡国属县 总数	郡国属县 本省	本省人口	含今政区县市
朔方郡	7 843	0.10	6	6	7 843	鄂托克旗以北，杭锦旗、杭锦后旗、乌海、磴口、临河、乌拉特前中后旗、五原
五原郡	22 957	2.08	10	10	22 957	固阳、包头、达拉特旗
云中郡	26 430	2.40	11	11	26 430	武州、土默特左、右旗、呼和浩特、和林格尔、托克托
定襄郡	13 571	2.19	5	3	8 143	跨山西省，本区清水河

① 《后汉书·南匈奴传》。
② 《后汉书·乌桓鲜卑列传》。

续表

东汉政区	人口	密度	郡国属县 总数	郡国属县 本省	本省人口	含今政区县市
雁门郡	149 000	9.75	14	1	10 643	跨山西省，本区凉城
西河郡	20 838	0.47	9	2	4 631	跨山西省，本区伊金霍洛旗、东胜、准格尔旗
上郡	28 599	0.40	9	2	6 355	跨陕西省，本区鄂托克旗以南、乌审旗
张掖居延属国	4 733	0.43	1	1	4 733	额济纳旗属国
合计				36	91 735	

十　山西省

属并州刺史部和司隶校尉部。按郡县户口分割，约 1 263 932 口，比西汉的户籍人口减少了140多万，不及西汉人口的一半。大幅度减少的原因，主要有以下三个方面：

一是西汉时期以来，西部地区羌族人口增殖很快，不断向东移徙，而东汉封建统治者对他们的压迫剥削又很残酷，因而反抗斗争接连不断，而且形成了一些规模较大的战争，对西部地区造成了很严重的破坏，以至有些地方生产荒废，人口离散。至安帝元初五年（118），"自羌叛十余年间，兵连师老，不暂宁息，军旅之费，转运委输，用二百四十余亿，府库空竭。延及内郡，边民死者不可胜数，并、凉二州遂至虚耗。"① 今山西省域正属并州，全省被扰。永初五年（111），爆发于陕西地区的羌民起义，进兵关中之后，又东渡黄河，攻河东郡（治今夏县北）、上党郡（治今长子），以及其他很多地方，并南出太行山，攻河内郡（治今河南省武陟西南），直接威胁隔河的都城洛阳。山西省受害特别严重，人口大量流散。虽然战乱平息之后，一些外流人口还会回到自己的家乡，但也有一定的损失，却给匈奴人的大量进入腾出了生存空间。

二是北部塞外匈奴人大量进入，占据了汉民的部分生存领地，但他们不入地方户籍，因而不见于郡县的户口统计。早在西汉时期北方匈奴人就

---

① 《后汉书·西羌传》。

经常深入塞内骚扰破坏，其后有些人也逐渐定居下来学习农业，与汉民杂处。整个山西省境内到处都有，仍保持他们原有的部落组织。在南部主要是由刘姓所统的部落（他们本是匈奴呼韩邪单于的后裔，因先世与西汉皇室刘氏通婚，故改从刘姓）总属于南单于庭。东汉末建安二十一年（216），曹操晋封魏王，南匈奴单于来朝贺，曹操遂分其部落五部使居今山西南部。左部万余落居兹氏（今汾阳），右部 6 000 落居祁县（即今县），南部 3 000 余落居蒲子（今隰县），北部 4 000 余落居新兴（今忻州），中部 6 000 余落居大陵（今文水），使右贤王去卑居平阳（今临汾）统领五部。仅刘姓五部即 3 万余落。这还仅仅是匈奴人的一部分。这里虽然说的是东汉晚期的情况，实际上他们早已生活在山西省境内。在东汉初期匈奴人已开始大量进入山西省，长城内外，处处皆有，其后又逐步向南迁徙。到西晋末年，匈奴刘氏拥有军队十余万，于离石建汉国，后迁平阳，并灭亡西晋。这前后还与其他民族连年争战。因此没有相当的人口基础，形不成这样强大的武装力量。此时匈奴刘氏所属人口，至少要在 50 万以上。但这个庞大的人口，不是在短期内可以形成的，同时还有刘姓以外其他种落的匈奴人。估计三国之末，西晋之初，整个山西省域的匈奴人即当在 30 万以上，而在东汉中期不能少于 20 万。另外，省境东南部地区，还有大量羯人，也是匈奴人的一种。在十六国初期已发展到数十万口，并建立后赵国，能与匈奴人抗衡，并最终消灭了匈奴人的政权，统一中国北方。至于在东汉中期能有多少人口，很难作出准确的判断，粗略估计，不能少于 10 万左右，没有这样一个人口基数，不可能增长到十六国初期的数十万口。

三是大量户口被豪强地主蔽占为私附而不入地方官府的户籍。这个问题既是一个普遍现象，山西地区自不能例外，特别是富庶的河东地区，西汉时有人口 962 912，东汉则降为 570 803 口。但经过东汉末年那场大战乱的耗损，在总人口十去七八的情况下，在三国曹魏统治时期又没有得到大的恢复，而在西晋统计的户籍人口，仍有约 84 500 户，约 55 万口（西晋对汉之河东郡析为平阳、河东两郡，这是两郡户数的合计数，原统计郡国无口数，这是按全国总户口平均每户 6.57 口推算的），只比东汉略有减少。这就不符合东汉末年人口大耗损的实际情况，说明永和时的实际人口当在百万以上，否则，经过东汉末年那场人口浩劫之后，在社会一直不太安定的情况下，到西晋时不可能恢复到50多万人。对比河东地区，西汉太原郡的人口68万多，东汉只有20万。虽然东汉对太原郡的管辖地区有所调整，管辖地区略小于西汉，但调出地区，都是人口稀少的地区，对人口总量并无大的影响，不当有如此大的差异。不过这里受匈奴人屡屡入侵的影响较大，可能使汉民流散较多。但北部的雁门郡，西汉户籍人口293 454，这里受匈奴的骚扰破坏更严重，进入的匈奴人口也较多，但东汉统计仍有249 000口。东汉虽从太原郡划入原平（今原平）、广武（今代县）、葰人（今繁峙）三县地，但这里人口也比较少，对两郡总人口都不会有大的影响，说明太原郡的人口的大幅度减少，主要还是大量隐漏所致。所以往最低里估计，它不能少于40万。还有上党郡，西汉有人口337 766，东汉降为127 403口。如果说是由于安帝时羌人的骚扰，人口流散较大，但在以后的几十年里还会得到一定的恢复。往最低里估计也不能少于20万人。

对其他郡的情况不再做具体分析，但山西的户籍人口较西汉末年降低一大半，不管从哪一个角度看，都是说不通的。虽然由于情况复杂，很难对各郡人口作出恰当的分析，即使由于羌人的骚扰，匈奴人的破坏，人口会受到一定损失，但又有很多匈奴人来补充。从总体估计，汉民的实际人口，即使保持西汉户籍人口的三分之二，也得有180万人，再加匈奴人20万，羯人10万，合计有210万。

表4-9　　　　　　　　　　山西省户籍人口表

东汉政区	人口	密度	郡国属县 总数	郡国属县 本省	本省人口	含今政区县市
太原郡	200 124	5.79	16	16	200 124	五台、定襄、忻州、静乐、岚县、娄烦、古交、孟县、阳曲、太原、晋中、寿县、清徐、交城、文水、汾阳、介林、平遥、祁县、太谷
上党郡	127 403	4.70	13	13	127 403	和顺、榆社、武乡、沁县、沁源、安泽、晋城、高平，东至省界，其间县市皆属
河东郡	570 803	16.12	20	20	570 803	永和、隰县、汾西、霍州、洪洞、沁水、阳城，以西以南至黄河，其间县市皆属

续表

东汉政区	人口	密度	郡国属县总数	郡国属县本省	本省人口	含今政区县市
代郡	126 188	7.11	11	6	68 830	跨河北省，本省阳高、天镇、灵丘、广灵
雁门郡	249 000	9.57	14	13	231 214	跨内蒙古自治区，本省大同、浑源、应县、左云、偏关、平鲁、朔州、神池、宁武、原平、代县、繁峙
定襄郡	13 571	2.19	5	2	5 428	跨内蒙古自治区，本省右玉
常山国	631 184	37.70	13	1	48 553	跨河北省，本省阳泉、平定、昔阳
西河郡	20 838[①]	0.47	9	5	11 577	跨内蒙古自治区、陕西省，本省五寨、岢岚、兴县、临县、方山、离石、柳林、中阳、石楼、交口、孝义、河曲、保德
合计				76	1 263 932	

注：

① 西河郡，原书记载13县，4县失考，表中按可考9县分析。另外，按所跨今县分割，得户口数大体相当。

第三节 西部各省区人口考

十一 陕西省

分属于司隶校尉部、并州刺史部和益州刺史部。按《后汉书·郡国志》记载的户口分割，仅得774 478口，较之西汉减少了268万口，仅为西汉的22.37%，比山西省下降的幅度还要大。不过这仅仅是按见于记载的户籍人口所做的比较。为什么下降幅度这样大，实际人口究竟能有多少，下面稍做分析。

一是都城东迁，对旧都所在地疏于治理。历史上的封建统治者，只要把都城建在一个地方，都要对这一地区加以治理。西汉定都长安后，不仅曾向关中地区迁徙大量人口，而且对社会经济的发展也特别重视，搞了很多水利建设工程，农业生产得到了比较高的发展，使关中地区的户籍人口达到了240万。进入东汉时期，因为都城已东迁，因而对关中地区既没有加以治理，甚至一些水利设施还不断遭到破坏。西部羌民的骚扰，使社会安定的情况远不及西汉。这都影响到了社会经济的恢复发展。虽然从东汉建立到永和五年已历时一百多年，但却只有50万的户籍人口。

二是东汉建立后同西部羌民的战争接连不断，因而使两汉交替时期的人口大耗损，一直没有得到有利恢复发展的比较安定的社会环境。在西汉时羌民已大量进入陇西凉州地区，他们的人口却得到了较快的增长。对于这些羌民，东汉封建统治者只想利用他们的丁壮去同其他民族部落作战或守护边塞，甚至利用这一羌民部落去攻击另一羌民部落，并对他们进行残酷的压迫剥削，而极少采取安置措施。因而不断引起羌民反抗，甚至发展成大规模的起义战争。当然由于他们文化比较落后，生产不发达，生活资料缺乏，所以当其军队进入汉地后，给养来源只能是抢掠，这会给汉民的生产生活造成很大的破坏。东汉时期与羌部的战争更加频繁而激烈。特别是安帝以后，陇西诸羌大起义，先是攻掠关中地区，其后又对安定、上郡、北地等郡（今陕西北部及甘肃、宁夏六盘山以东地区）进行全面攻掠，并东渡黄河骚扰整个并州。又越过太行山，攻掠冀州南部地区。在这种情况下，生产不可能正常进行，也必然使人民生活贫困。本来陕西关中以北地区的汉民已大批流散，但东汉朝廷怕这些地区的贫困汉民参与羌民的起义斗争，竟下令军队强徙于他们能够控制的地区。羌民的起义活动，虽然对汉民的生产生活造成了一定的影响，但起义的矛头并不是对准一般汉民，因而汉民生活虽然艰苦，但并不愿离开自己的家乡。于是官兵"遂乃刈其禾稼，发彻室屋，夷营壁，破积聚。时连旱蝗饥荒，而驱蹙劫略，流离分散，随道死亡，或弃捐老弱，或为人仆妾，丧其大半。"① 给人口造成了更大的损失，一些地方的汉人几被徙空。然而事与愿违，汉族人民也不能忍受封建官府这种残暴的驱略，很多地方的汉民与羌民联合起义。就是这样频繁的反抗与镇压的残酷斗争，造成了人口的不断耗损。这种情况一直贯穿于东汉的始终。以后的情况且不说，到永和五年，上郡西汉人口606 658，东汉只有28 599口，西河郡西汉人口698 836，东汉只有20 838口。

当然，陕西省所辖地区的实际人口，包括少数民族人口，要比《后

---

① 《后汉书·西羌传》。

汉书·郡国志》记载的人口数高得多。北部长城内外，早已有很多匈奴人进住，与汉民杂处。关中渭河平原以外，有很多羌民进住，对他们都没有户口统计。只有岭南汉中地区统计人口略见增长。西汉 233 692 口，东汉 267 402 口。虽然这一地区也有同羌民的战事，但战事略少些，因而没有给人口造成很大的减损。至于陕西全省的实际人口究竟能有多少，无从详考。从以后的发展看，经过东汉末年大战乱的巨大耗损，虽经曹魏时期的有限恢复，但在西晋之初的太康三年（282），统计关中地区竟有人口 60 多万，高于东汉永和时期。《晋书·江统传》记载江统作《徙戎论》说，晋初关中的实际人口百余万，其中少数民族可居半数。由此再回头分析东汉永和年间的人口，这时虽然由于与羌部的战争，影响了人口的发展，但尚未经过东汉末年那种剧烈的人口大耗损，关中地区即使汉民，也不当少到只有像《后汉书·郡国志》记载的那样只有 50 多万的户籍人口。这一地区同样有大量不上户籍的私附人口，而且此时已经有很多羌民及部分氐民散居在渭河平原以外的山地丘陵间，也当有数十万口。此时关中地区的实际人口即当在百万以上。陕北地区西汉户籍人口 62 万多，永和五年统计为 26 875 口，只及西汉的二十三分之一，不应少到这种程度。两汉之交的战乱饥荒，全国人口耗损 60% 以上，对陕北地区的人口即按只有西汉时的一半估计，也得有 30 多万。因为这里还有部分羌民和匈奴人。秦岭以南地区为东汉的汉中郡，按《后汉书·郡国志》的记载，这是陕西省唯一一个人口较西汉没有减少的地区，户籍人口也只有 178 268 口。不过这一地区也有户口隐漏，也有少数民族杂居，粗略估计，包括弘农郡、武都郡，它的实际人口不能少于 30 万人。陕西全省人口大约 160 万，仍不及西汉人口的一半。

表 4-10　　　　　　　　陕西省户籍人口表

东汉政区	人口	密度	郡国属县 总数	郡国属县 本省	本省人口	含今政区县市
京兆尹	285 574	18.04	10	10	285 574	咸阳、西安、长安、临潼、渭南、华县、蓝田、商州、洛南、丹凤、商南

续表

东汉政区	人口	密度	郡国属县 总数	郡国属县 本省	本省人口	含今政区县市
左冯翊	145 195	6.45	13	13	145 195	洛川、黄陵、宜君、铜川、淳化、耀县、三原、泾阳、高陵、富平，东至黄河，南至渭水，其间县市皆属
右扶风	93 091	4.08	15	15	93 091	旬邑、彬县、麟游、永寿、乾县、礼泉、兴平、户县、武功、周至、扶风、眉县、太白、岐山、宝鸡、千阳、凤翔、陇县。另有甘肃省华亭，无东汉县，户口不分割
西河郡	20 838	0.47	9	2	4 631	跨内蒙古自治区、山西省，本省府谷、神木、佳县、绥德、吴堡、清涧
上郡	28 599	0.40	9	7	72 244	跨内蒙古自治区，本省榆林、横山、靖边、米脂、子洲、子长、安塞、延川、延长、宜川、志丹、延安、甘泉、富县
弘农郡	199 113	9.12	9	1	22 124	跨河南省，本省潼关华阴
汉中郡	267 402	3.84	9	6	178 268	跨湖北省，本省勉县、南郑以东，秦岭以南，大巴山以北，东至省界，其间县市皆属
武都郡	81 728	2.78	7	2	23 351	跨甘肃省，本省凤县、略阳
合计				56	774 478	

说明：

本省还跨北地郡部分地区，今县有定边、吴旗，东汉无县治。还跨有南阳郡部分地区，有今山阳县以东地区，东汉亦无县治。户口均不做分割。这两个地区人口都很稀少，对本省人口分析无大影响。

十二　甘肃省

属凉州刺史部，户籍人口 478 332，较西汉时的 1 295 135 减少了 63%。减少的原因，主要是自东汉政权建立后，连年与日益发展的羌族部落作战，不仅直接消耗人口，也破坏了社会生产的正常发展，饥荒不断，人民不能安于正常的生活，户口多有流散。在战争中不仅羌民大量被屠杀，官兵死亡同样很惨重。甚至东汉封建统治者，怕贫苦的汉民与羌民联合起义斗争，还强逼大量汉民迁入东部地区。甘肃地区在两汉之交的大战乱期间，人口损失并不严重，但进入东汉以后却不断下降。当然就甘肃全省的实际人口来说，要比《后汉书·郡国志》记载的人口数多得多。虽然东汉政权在很多地方，把少数民族人口也编入了户籍，但在这一地区，从大量少数民族的人口活动中可以看出，不仅由于羌民反抗激烈，无法进行管理，而且他们很多部落流动性很大，不可能进行正常的户籍管理。所以见于统计的基本上都是汉民人口。而羌民人口，从多种情况分析，到东汉中期已不少于汉民，到东汉末年可能会超过汉民，这从历次羌民起义的规模，竟可纵横数千里，把东汉政权拖得筋疲力尽，甚至有被灭掉的危险，足可看出羌民数量的庞大。

建平三年（公元77），原居大小榆谷（今青海省尖扎、贵德一带），以迷吾为首领的烧当部落，联合东部诸羌大起义，聚众5万人，攻打陇西郡（治今临洮）和汉阳郡（西汉为天水郡，治今甘谷），后议和罢兵。汉护羌校尉傅育违约，于章和元年（公元87）发各郡兵击迷吾，傅育兵败被杀。又以金城太守（治今青海民和东）张纡代校尉。张纡为了给傅育报仇，设计请迷吾等800多豪酋赴宴再议和，却致毒酒中，趁诸豪昏醉，起伏兵，全部被屠杀，又杀余众数千人，引起了更大的仇恨。本来诸羌部之间也有矛盾，这次事件使他们化解了矛盾，共同对付东汉政权。在一两年之间，仅在河湟及以北地区，再集兵众4万多人，和汉军进行斗争。以上反映的主要是今兰州附近及其以西以北地区（即河西走廊东部地区）所能征集兵力的情况。800余酋豪，即以平均每豪所统300人计，也是24万多人。从他们可出兵5万人来看，按一户一兵，也是25万人。而且这只是这一地区羌民的一部分。这一地区羌民的实际人口，不能少于40万，即按半属青海省、兰州附近及河西地区的羌民也当在20多万。

永初元年（107），再次爆发了以先令羌部落为主的羌民各部联合大起义，战争遍及凉州各郡。永初二年先于冀县（今甘谷），杀官军千余人，又与官军数万人战于平襄（今通渭西），杀官军8 000多人。可见参加起义的人数量之多，军力之大。并于北地郡之丁溪城（今宁夏回族自治区灵武南）建立政权，其首领滇零称天子。其后起义军便向关中和其他地区发动进攻，东渡黄河攻河东、上党、河内诸郡，直逼东都雒阳。并向太行山以东诸郡发动进攻。东汉朝廷大为震恐，调集各方兵力进行镇压。这次羌民大起义虽然也失败了，但其力量之大，所反映的人口之多，可想而知。此时凉州已是处处皆羌。其陇西郡临洮谷（今岷县境内）的种羌部落有9 000余户，推其人口四五万人。这仅是羌民的一小部分。因为自西汉以来，已不断有其他部落的羌民进入陇西郡。而《后汉书·郡国志》记载陇西郡只有26 943口。元初二年（115），新任武都太守虞诩赴任，至陈仓县（今陕西宝鸡东），便遇到数千羌兵的阻击，到郡后又被1万多羌兵围于赤亭（今礼县东南）。而武都郡更多的则是氐民。这些情况都说明羌族人口数量之庞大。在镇压羌民起义的过程中，东汉政权不管是人力还是物力，都遭到巨大的损失。羌族起义军的力量，足以摧毁东汉封建政权，只是由于指挥不统一，各部之间缺乏协调一致，形不成训练有素的作战部队，因而终不能成大事。其后又有多次较大规模的起义活动，都以失败而告终。然而东汉朝也不能制服他们。其人口在历次起义中，虽不断遭到损失，但总的来说还是不断增长，及至东汉中期以后，羌民已成了凉州地区，也是今甘肃省的主要居民。

　　从以上的人口活动中虽可以看出羌族人口数量之庞大，但对于甘肃省境内，羌民人口究竟能有多少，很难作出准确的判断。羌族起源很早，远古时期就在河湟地区发展。在战国初秦历共公时就形成了以爱剑为首领的庞大氏族集团，随着人口的滋息繁衍，不断向东部地区移徙。据《后汉书·西羌传》记载："自爱剑后，子孙支分凡百五十种，其九种在赐支河首以西，及在蜀、汉徼北，前史不载口数，唯参狼在武都，胜兵数千人。其五十二种衰少，不能自立，分散为附落，或绝灭无后，或引而远去。其八十九种，唯钟最强，胜兵十余万，其余大者万余人，小者数千人，更相抄盗，盛衰无常，无虑顺帝时胜兵合可二十万人。"

　　对于这些可据以推算出人口数的胜兵数，地区范围说的不明确，钟羌部落至东汉中期也逐渐衰落，看不出可拥兵10万的活动情况，但从上面说的或在赐支河首以西，或在蜀、汉徼北及参狼在武都，以及下文对蜀郡、广汉郡徼外人口活动的情况作出的具体记载可知，这个胜兵20万，实际上就是指的东汉凉州、三辅等地区羌族（即西羌）各部落所能容有的作战人员的总量。羌民虽时有迁徙，但不是单一的游牧经济，有一定规模的农业生产，即使迁徙到一个新的地方，也还是要从事一定的农业生产。按照5人出一作战人员估计，可有人口百万左右。虽然西汉以后有西羌东羌之分，但实际上只是就他们居住地区的地理位置说的。把安定、北地、上郡、西河郡的羌部称为东羌；陇西、汉阳（西汉为天水）至金城塞外称为西羌。其实《后汉书·西羌传》记述的是整个西部地区羌族人民的活动史实。因而我们分析的也是这一广大地区的羌民总量可在百万左右。从上面所分析的各地羌民人口活动看，甘肃省境内可占大部分，一些大的起义或反抗东汉统治的军事活动，多在今甘肃省境内。再稍具体一点说，不能少于60%，即60万。另外，武都郡（西汉属益州刺史部）不在其内。这里的参狼部属南羌，是广汉徼外白马羌的一支。同时武都郡还有大量氐民。联系后史考查，在东汉中期氐羌合计不能少于25万人（东汉末年曹操曾从武都徙出氐民6万多户，还有一少部分被刘备徙走）。另外，本省甘南高原之玛曲、碌曲、迭部、合作、夏河诸县，东汉未置郡县，也是羌民居住的地方。这个地方虽然地势高寒，人口稀少，也当有几万人。甘肃省羌氐人口合计不能少于85万。与《后汉书·郡国志》记载的户籍人口合计，人口总量不能少于133万，和西汉的150万比较，仅略有下降。

表4-11　　　　　　　　　　甘肃省户籍人口表

东汉政区	人口	密度	郡国属县总数	本省	本省人口	含今政区县市
金城郡	18 947	0.70	10	7	13 263	跨青海省，本省永登、兰州、永靖、榆中
陇西郡	29 637	1.20	11	10	26 943	跨青海省，本省临夏、积石、政和、广和、康乐、临洮、临潭、卓尼、岷县、渭源、陇西、漳县
汉阳郡	130 138	4.86	13	13	130 138	定西、通渭、静宁、庄浪、张家川、武山、甘谷、清水、天水、礼县
武都郡	81 728	2.77	7	5	58 377	跨陕西省，本省两当、徽县、成县、康县、武都、西和、宕昌、舟曲

续表

东汉政区	人口	密度	郡国属县 总数	郡国属县 本省	本省人口	含今政区县市
安定郡	29 060	0.72	8	4	14 530	跨宁夏回族自治区，本省镇原、泾川、灵台、崇信、平凉
北地郡	18 637	0.34	6	3	9 318	跨宁夏回族自治区，本省环县、庆阳、西峰、华池、合水、宁县、正宁
武威郡	34 226	0.42	14	14	34 226	靖远、白银、皋兰、景泰、天祝、古浪、武威、民勤
张掖郡	26 040	0.76	8	8	26 040	金昌、永昌、民乐、山丹、张掖、临泽、高台
酒泉郡①	50 824	1.28	9	9	50 824	金塔、酒泉、嘉峪关、玉门、肃南
敦煌郡②	29 170	0.74	6	6	29 170	安西、敦煌、肃北、阿克塞
张掖属国	16 952	0.43	1	1	16 952	在高台以北之天仓一带地区，今已沙化
广汉属国	205 652	18.80	3	1	68 551	跨四川省，本省文县
合计				81	478 332	

注：

① 酒泉郡，原书记载"户二千七百六"，无口数，表中口数 50 824，是按河西走廊地区平均每户 4 口左右补入的。

② 敦煌郡，原书记载"户七百四十八，口二万九千一百七十。"平均每户 39 口，太高。经考查分析，户数前位数的"七百"，实为"七千"之误，改正后，按 7 048 户计，平均每户 4.14 口，与凉州刺史部其他郡的户均人口比较，亦相称。

十三 宁夏回族自治区

属凉州刺史部，按郡县分割人口只有 23 849 口，比西汉的户籍人口 113 605 口减少了 79%，但经考查，这一地区的实际人口并不少于西汉时期。主要是羌民和匈奴人的进入，对他们没有户口管理统计。永初元年（107），在凉州爆发的大规模羌民起义，其首领滇零率领部众由陇西迁到北地郡（治富平，今青铜峡市南），建立政权，以丁溪城（今灵武）为都城，控制着整个潼关以西及河东地区的羌民部落，坚持斗争十年之久。说明宁夏河套地区有较多的人口做基础，否则他们不会到这一地区来建立政权。滇零政权建立后，曾积极组织垦荒活动，发展农业生产。元初三年（116），东汉政权集中兵力围攻滇零政权，并调借南匈奴兵参战，攻灵州（今永宁）。同时对分散于凉州及并州各地的羌民起义军展开全面攻击，被各个击破。但小规模的斗争仍然接连不断。永和六年（141），起义军再攻安定、北地郡，并与来自金城郡（治甘肃兰州西）、陇西郡（治甘肃临洮）的起义军在北地郡会师，然后分路出击。其中北路为罕羌，再攻北地郡城富平，逼使东汉朝廷把郡治移至冯翊郡境内，这些都反映了起义军的强盛。但由于东汉统治集团兵力集中，并经分化瓦解，这些起义还是失败了。北地郡罕羌5 000余落降，他们主要活动在宁夏河套地区。安定郡烧何羌3 000余落继续坚持斗争，他们主要活动在今同心以南的固原地区。这些所谓的起义军，往往是整个部落的活动，在哪里失败，也就落居在那里。虽然这些羌民的起义活动，往往流动性很大，而且所反映的仅仅是这一地区人口的一部分。东汉中期，整个宁夏回族自治区的人口，当更高于西汉时期，至少要20万以上，只是民族成分经常发生变化。

表4-12　　　　　　　　宁夏回族自治区人口表

东汉政区	人口	密度	郡国属县 总数	郡国属县 本省	本省人口	含今政区县市
北地郡	18 637	0.34	6	3	9 319	跨甘肃省，在本区有河套地区及东部的盐池。另外，河套北部有内蒙古自治区的乌海市，东部有陕西省的定边、吴旗，均无东汉县治，故户口不做分割
安定郡	29 060	0.72	8	4	14 530	跨甘肃省，本区中卫、中宁、同心、海原、西吉、固原、隆德、泾原
合计				7	23 849	

十四　青海省

本省在东汉时期，绝大部分地区由于地处荒漠，没有置于郡县的管辖之下，只有青海湖以东的湟中地区（约今大通、互助、湟中、湟源、西宁、乐都、平安、民和、化隆等县）及河曲地区（约今贵南、贵德、尖扎、循化等县）总称河湟地区，属凉州刺史部金城郡和陇西郡。尽管这一地区是青海省地理自然条件最好，可容纳人口较多的地方，但分割户口仅 8 378 人，仅及西汉时分割户口 46 045 人的 18%。当然这远远不是它的实际人口，在考查甘肃省人口时曾说过，两汉时期羌民不断由西部向东部流徙，河湟地区是主要的发源地，多次发生的羌民起义，河湟地区也是主要的首发地点，说明这一地区人口众多，且增殖能力较强，不断移徙出去的人口，腾出的生存空间，又很快被新增殖的人口填满，因而总是不断地从这一地区向东部移徙人口，及至东汉中期竟可使自潼关以西地区的羌族人口达到 100 多万。而河湟地区的羌民，仍然是部落林立，人口不见减少。东汉中期以后继续不断向东部移徙。

明帝永平元年（公元 58），汉将窦固、马武等率兵击烧当羌滇吾部于西邯（今化隆西南），滇吾引部分部众远去，"余悉散降，徙七千口置三辅"，[①] 这反映的仅仅是河湟地区一小块地方的人口。章帝建初二年（公元 77），又爆发了以湟中烧当羌为主的各羌部落，包括月氏族部落在内的联合大起义，集兵 5 万多人，攻打陇西、汉阳郡，这 5 万作战人员，大部分出自湟中。这次起义失败后，羌豪迷唐等在湟中及甘肃河西地区，又集兵 4 万多人与汉军作战。经过几次胜负起落，迷唐部众削弱，剩下不满千人远徙赐友河首（即黄河源），依发羌部落而居。这又说明在黄河源地区（约今果洛藏族自治州）也生活着很多羌民。

永和五年，金城郡（跨青海、甘肃两省）且冻、傅难部落羌民起义，攻打金城郡治允吾（青海民和东甘肃界内）。不久又和陇西、湟中羌胡联合进兵三辅，东汉朝廷派将军马贤领兵 10 万阻击，但并不能阻挡起义军的活动。他们兵分两路，一路沿洮河向东南，攻打武都郡，一路沿渭河向东，攻打陇关（甘肃清水东北）。次年一月，又攻北地郡，汉军与且冻羌战于射姑山（甘肃庆阳北），汉军主将马贤及其二子皆战死。后来战争的规模不断扩大，不再详述。这些情况都说明羌民起义军力量之强大，10 万官兵且被打败，而且这支庞大起义军的源头还是在河湟地区。这些都说明了什么呢？说明青海省海东地区的人口，并不像《后汉书·郡国志》所记载的那么少，只有几千人，而是几十万人。

上面对甘肃省人口考证时指出，西羌人口百万，甘肃省约 60 万，而

---

① 《后汉书·西羌传》。又"三辅"即关中地区。

青海省海东地区，从其历次参加起义的兵员数量分析，不能少于25万。另外，青海湖以北、以西和以南长江、黄河上游的广大地区，还有一些过着游牧生活的羌民和其他民族的人。这些地方地理自然条件比较恶劣，人口稀少，但也会有几万人口。全省实际人口总计，当在30万以上。

表4-13　　　　　　　　　青海省户籍人口表

东汉政区	人口	密度	郡国属县总数	郡国属县本省	本省人口	含今政区县市
陇西郡	29 637	1.20	11	1	2 694	跨甘肃省，本省循化
金城郡	18 947	0.70	10	3	5 684	跨甘肃省，本省湟源、湟中、西宁、乐都、互助、平安、化隆、民和
合计				4	8 378	

十五　新疆维吾尔自治区

属西域都护府管辖，无完整的户口统计。《后汉书·西域传》是据班勇担任西域长史期间搜集的情况而写成，但也只记载了部分部落国的户口情况，且又指出："班固记诸国风土人俗，皆已详备前书（即《汉书》），今撰建武以后其事异于先者，以为《西域传》。皆安帝末班勇所记云。"这里先把《后汉书·西域传》部分其事异于前书的部分部落国的户口情况表列如下（见表4-14），再做具体的考查分析。

在这张表中，较《汉书·西域传》有的国名重出，但所记户口数发生了很大的变化，这也是《后汉书·西域传》所说的异于前书之处。如疏勒国，西汉户1 510，东汉户21 000；于寘国，西汉户3 300，东汉户32 000；焉耆国，西汉户4 000，东汉户15 000；西夜国，西汉户350，东汉户25 000，等等。当然在这200多年的历史长过程里，情况会有很大的变化。有的被兼并而消失了，有的国会通过侵夺兼并别国而扩大自己的土地户口，但很多国是经过自身的发展而增加了户口。如疏勒国和于寘国，不仅其地理位置没有发生变化，周边其他小国也依然存在着。虽然这些部落国之间，也互相侵夺争战，但户口还是有所增加。不过从总的形势来说，受地理自然环境的制约，人口增长极度缓慢，且由于情况复杂，历史记载又很简陋，很难作出具体的考证。由这张表中所记部分国的户口数，减去西汉时统计的户口数，大体增户91 269，增口153 607。再与《汉书·西域传》统计的户口数相加，总计户130 709，口465 660。这个户口统计数，可以说很不准确，其中矛盾很多，也无从详考。但它仍有重要的参考作用，可以通过它做进一步的考证分析。

两汉《西域传》所记载的新疆地区人口都很不完整。莎车国（今莎车附近）本是一个较大的国，曾征服过葱岭以西诸国，并和于寘国多次发生战争，势均力敌，出兵数量相当。《后汉书·西域传》记于寘户32 000、口83 000，莎车也当有这个人口规模。明帝永平三年（公元60），莎车王贤发动附近诸国，出兵2万攻于寘，于寘大人休莫迎战，莎车败走，被杀万余人，不久又发诸国兵数万人击于寘，又败，被斩杀过半，但休莫亦战死，其子广德被立为于寘王。次年（公元61）也将附近诸国兵3万人攻莎车，杀莎车王贤。① 这些情况都说明莎车的人口不少于于寘国的人口。但《汉书·西域传》只记莎车户2339，口16 373，而《后汉书·西域传》对它的发展情况没有另做记载。龟兹（今库车附近）也是西域大国，章帝章和二年（公元88），西域都护班超发于寘等国兵25 000人击莎车，龟兹王则发温宿（今乌什附近）、姑墨（今温宿附近）、尉头（今阿合奇西）兵5万人救莎车。② 这些部落国都是壮者皆兵，5万人不是他们丁壮的全部，少也可胜兵6万人。按照上表平均每2.76人出一兵计，四国人口至少要有165 000人，其中龟兹是大国。联系前史《汉书·西域传》的记载，温宿、姑墨、尉头三国人口合计35 200人，此后有所增长，至东汉时当有5万人。龟兹人口当为115 000人，比西汉的81 317口，增加41%。又和帝永元六年（公元94），班超发龟兹、鄯善等八国兵，合7万多人，讨伐焉耆（今焉耆）、尉犁（今库尔勒东北），斩首5 000余级，俘15 000人。仅被俘斩即2万多人。尉犁是小国，人口不会很多，按2万人口估计之。这次战后，焉耆仍是西域大国，说明它的实际兵力不止《后汉书·西域传》所记载的2万人，至少也有35 000人，按3人出一兵计，也当有人口10万以上。另外，鄯善，《后汉书·西域传》对其人口也未另做记载。上面说的八国兵7万人，其中西四国即：龟兹、温宿、姑墨、尉头曾出兵5万人救莎车，这里仍按5万人计，还余

---

① 《后汉书·西域传》。
② 《后汉书·班超传》。

2万兵为东四国,即鄯善、骧泥、且末、小宛,它们的实际兵员也当不止2万人,以25 000人计,四国人口约75 000口,基本符合这一地区人口较少的实际情况,但比西汉时也有很大的增长。

综合以上,在《汉书·西域传》所记各国人口总和约312 053口的基础上,增加《后汉书·西域传》所载异于《汉书·西域传》各国的258 371口,合计570 424口。但《后汉书·西域传》所载异于《汉书·西域传》的各国的人口数,还要再减去其在《汉书·西域传》记载的人口109 553,余为460 871口。以上只是就两汉书的记载所做的比较。还要再加上重考部分国增加的人口245 650(重考各国实有人口437 000,再减去重考各国《汉书·西域传》所载人口191 350,实增人口245 650口),总计706 521口。

另外,还有乌孙国,仍跨有新疆西北部和今哈萨克国。《汉书·西域传》记载,有户12万,口63万。虽由于和匈奴连年战争,国力大衰,但仍为西域大国,其人口虽会有所减损,也有部分向西移徙,但估计当有10万众居今版图之内。在今北部的阿尔泰安地区还居住着部分匈奴人和鲜卑人,还有些小国的人口无从估计。此外,即使所考人口,也不可能是那么准确。大体来说,在东汉中期的新疆人口,至少应在80万以上。

表4-14　　　　　　　西域部分部落国的户口调查

国名	户数	口数	兵员	约在今何地
拘弥	2 173	7 251	760	于田
于寘	32 000	83 000	30 000	和田
西夜	2500	10 000	3 000	叶城以南
子合	350	4 000	1 000	叶城以南
德若	100	670	350	叶城与塔什库尔干之间
疏勒①	21 000	73 500	30 000	喀什
焉耆	15 000	52 000	20 000	焉耆
蒲类	800	2 000	700	巴里坤
移支	1 000	3 000	1 000	巴里坤西北
东且弥	3 000	5 000	2 000	乌鲁木齐
车师前王	1 500	4 000	2 000	吐鲁番
车师后王	4 000	15 000	3 000	奇台西南
合计	83 423	259 421	93 810	

注:

① 疏勒国,原书人口数缺记,表中系按平均每户3.5口补入。

十六　西藏自治区

考查西汉时期西藏人口可在 70 万左右，这是根据考定的唐代中期西藏地区人口可达 300 万以上推算出来的。由于这一地区的自然地理环境所决定，人口增长极其缓慢，它不可能像中原地区那样，由于生产力水平较高，一旦有了一个比较安定的社会形势，人口就会以较高的速度增长。而在这个自然地理条件相对比较恶劣的地区，它必然是经过漫长的历史岁月，逐渐积累上升到了 300 多万的高度。只是由于唐代以前与内地极少交往，对其社会形势在不同时期的发展变化无从了解。但从社会发展的一般规律分析，在唐代以前虽然各部落之间也会有战争，但不会有像中原地区那种遍及全藏的大战乱，因而它的人口也不会像中原地区那样大起大落。这既决定于它的地理自然环境，也决定于它生产力的发展水平，在中原地区也只开始进入封建社会以后才出现地域广泛的大规模战乱。而在西藏正是到了唐代它的生产力发展到了较高的水平，才出现了松赞干布通过战争统一了全藏，并把社会推向了一个新的高度。同时与中原地区也发生了比较频繁的联系，使我们可以更多地了解西藏的社会情况，并探索其人口发展的历史规律。其中很重要的一条就是受社会生产力发展水平和自然环境的制约，人口增长极度缓慢，所以虽然估计西汉时这里的人口已可在 70 万左右，但是经过 140 年后的东汉中期，也只能达到 90 万左右。

十七　四川省

盆地及其周围地区属益州刺史部，西部高原山区为众多少数民族所居，他们对东汉政权虽多有臣属关系，但并未置郡县管辖。按《后汉书·郡国志》所记载的户口分割，得人口 3 717 196，比西汉户籍人口 2 740 565，增加了 976 631 口。但这还不是四川省的实际人口。盆地以西，即邛崃山大雪山以西地区，散居着很多少数民族。据《后汉书·南蛮西南夷列传》记载：明帝时，益州刺史朱辅，在镇三十年，"宣示汉德，威怀远夷，自汶山以西，前世所不至，正朔所未加，白狼、槃木、唐菆等百余国，户百三十余万，口六百万以上，举种奉贡。"汶山即岷山，向南延伸为邛崃山、大雪山。大山以西，前代与内地不通，朱辅在任期间，与西部各民族交往较多，宣示汉文化，吸引了很多西部地区民族要求内附，经过反复考查，这个百余国，600余万口，不可能都在今四川西部。从"威怀远夷"一语断定，它是包括青藏高原以西更远地方的民族，而且也不可能都来要求内附，不过是由于生产力的发展，物资交流的必要，相互之间的交往增多了。但邛崃山、大雪山以西地区有很多少数民族确是事实。这在《后汉书·南蛮西南夷列传》中，也有很多具体的记载。和帝永元六年（公元94），蜀郡徼外大牂夷种羌豪造头①等率种人50余万口内属。这里说的是邛崃山以西今阿坝藏族羌族自治州所辖地区。和帝永元十二年（公元100），旄牛徼外白狼、楼薄蛮夷王唐缯等率种人17万口内属。两汉都有旄牛县，即今汉源，《华阳国志·蜀志》说："旄，地也，在邛崃山表。"表即山外，或大山以西。又《水经注·若水篇》记载说："若水出蜀郡旄牛徼外"，若水今称雅砻江。这里说的地区当在今甘孜藏族自治州。安帝永初二年（108），青衣道夷邑长令田与徼外三种夷共31万口。这说的大约在今丹巴、康定一带及以西地区的情况，也在今甘孜藏族自治州境内。安帝元初三年（116），越嶲徼外夷大羊等八种，户31 000，口167 620内属。这一地区大约在今川滇边界稻城与中甸周围地区。按《华阳国志》的记载，西汉武帝时"天汉四年（公元前97）罢沈黎（故治今汉源东北），置两部都尉，一治旄牛，主外羌；一治青衣，主汉民。"旄牛即今汉源，青衣在今名山北。所谓外羌，即徼外之羌。这就是说在西汉时期，邛崃山以西地区，已经有大量羌民的存在，并不断增殖发展，所以进入东汉以后，这一地区的羌民人口更多。以上只是几个人口数量较多的内属举例。所谓内属，就是愿意接受中原朝廷的节制，并不一定把人口全部迁入汉地。在一般情况下，他们仍居原地，即所谓"举土奉贡"。仅上述几例就有98万口，总计一百数十万口。虽然这些数字不一定都是那么可靠，至永和时，可能有一些已进入徼内，例如蜀郡属国的户籍人口，有很大一部分就是迁入的少数民族编入了户籍，但更大量的仍在徼外，这在后史中也可以得到反映。另外，在西北徼外约今若尔盖、红原地区，也有很多少数民族，种落复杂，难以分辨，只能说"其山有六夷、七羌、九氐，各有部落"，② 其人口情况也不见于记载。综合以上分

---

① 造头是人名，徼外指边界以外。
② 《后汉书·南蛮西南夷列传》。

析，西部山区的少数民族人口，即使上面举例的人口不那么确切，与其他记载或有重复，也有些会逐渐进入徼内，但粗略估计经常生活在西部地区的人口，少也在70万以上，这在后史中也可以得到证实。

还有一种情况就是大量的户口隐漏问题，既有豪强地主挟藏私附，也有贫苦农民的脱籍流亡，还有很多杂处汉地的少数民族人口不入户籍。正应了仲长统的那句话："遗漏既多，又蛮夷戎狄居汉地者尚不在焉。"据《华阳国志》记载的桓帝时巴郡人口分析（详见下文重庆市人口考），永和时的实际人口少也有169万，按属县分割，本省也当有60万。由巴郡想到其他郡。在东汉豪强地主蔽占户口为私附，既是一种普遍现象，那么在四川盆地这片地理自然条件都很优越、特别是被称为天府之国的成都平原，自然不能例外。其漏籍户口不会少于中原地区。

蜀郡，原统计人口1 350 476，即按一般情况的最低估计，按10%左右计（东汉都城所在地的河南尹，挟藏私附人口超过户籍人口。河南全省平均30%，山东省35%，河北省14%），也是十几万口。另外，蜀郡自都江堰以北便是高原山区，虽然设置了几个县，也不可能把这一带居处深山的羌民全部收入户籍，所以蜀郡的人口不能少于150万。

犍为郡，原书记载人口411 378，面积大约76 400平方公里，每平方公里5.38人，也不符合这一地区的实际情况。它的北部属四川盆地的底部，已近成都平原的灌溉区。它的南部为低山丘陵，间有小块平原，其地理自然条件的优越，高于除成都平原以外的本省其他地区。对比地处西南山区的越巂郡，虽然从总体上看也属亚热带气候，适宜于各种作物的生长，但由于山高谷深，谷壁陡峭，又岭谷相间，紧相排列，可耕地较少，从发展农业生产来说，远不如犍为郡，但统计人口623 418，每平方公里7.1人，反高于犍为郡。再同蜀郡属国比较，属国辖区虽然北部属盆地边缘，但也只有今芦山、天全、雅安、名山等数县之地，泸定至石棉以西，便属高原地区，高山终年积雪，无一县之设。当然不设县不等于没有居人，只是人口特别稀少。但整个蜀郡属国见于统计的人口为475 629，每平方公里14人，更高于犍为郡。而对于地理自然条件更优越的犍为郡，即使它的人口密度也按14人计算，也当有人口115万。按照人口分布的自然选择规律，人们总是要选择居住在那些自然地理环境比较好的地方。可以容纳人口比较多的地方，人口密度就高些，可以容纳人口比较少的地方，人口密度就低些。即使古代人，或生产力比较落后的少数民族也不会对那些地理自然较好的地方弃置不用，而却拥挤到那些地理自然条件相对来说不怎么好的地方。至于犍为郡见于统计的人口为什么那样少，无非是两个方面的原因：一是为豪强地主所蔽占，但对这一地区来说是次要的；二主要是大量少数民族人口没有进入郡县管理，没有编入户籍。从查阅后史可知，长江两岸广大地区，到处都是少数民族的部落组织，人口也很密集。说到这里又会产生一个问题，为什么像越嶲郡、蜀郡属国这些地区的少数民族可以大部分被编入户籍，而在犍为郡则不能这么做？这又决定两个方面的因素：一是各级封建政权的统治能力能不能通过政治的、经济的和文化的措施，把他们置于地方官府的直接管辖之下；二是决定少数民族部落组织在政治、经济、文化上的自治能力。也就是说在统一的封建政权统治下，能不能保持良好的羁縻关系。

再看广汉郡，原记载人口509 438，每平方公里不足13人。但由西汉时的广汉郡析置的广汉属国，虽偏处西北山区，原书记载人口205 652，辖区虽略小，也有1万多平方公里，每平方公里高达18.8人。而广汉郡广元以南也属盆地，其南端部分地区并入成都平原灌溉区，地理自然条件要比广汉属国优越得多，而人口密度却远不及广汉属国的密度高。至于造成这种现象的原因，也如对犍为郡的分析。它的实际人口即每平方公里只按18人计算，也要在70万以上。

蜀郡按150万计，西部山区以70万计，巴郡按60万计，广汉郡按70万计，犍为郡按115万计，其余均按表中分割人口计，总计约570万。

表 4－16　　　　　　　　四川省户籍人口表

东汉政区	人口	密度	郡国属县 总数	郡国属县 本省	本省人口	含今政区县市
蜀郡	1 350 476	41.66	11	11	1 350 476	松潘、黑水、茂县、理县、汶川、都江堰、彭州、郫县、温江、崇州、大邑、邛崃、蒲江、双流、成都
蜀郡属国	475 629	14.05	4	4	475 629	宝兴、天全、芦山、名山、雅安、荥经、泸定、汉原、石棉、九龙

续表

东汉政区	人口	密度	郡国属县 总数	郡国属县 本省	本省人口	含今政区县市
广汉郡	509 438	12.96	11	11	509 438	新都、金堂、广汉、什邡、德阳、绵竹、绵阳、中江、三台、射洪、遂宁、蓬溪、潼南、安县、北川、江油、梓潼、剑阁、广元、青川
广汉属国	205 652	18.80	3	2	137 101	跨甘肃省，本省平武、南平
巴郡	1 086 049	8.91	14	5	387 875	跨重庆市，本省西有苍溪、旺苍、阆中、南部、南充，南有武胜、华蓥、邻水，东有大竹、开江、万源，北至米仓山，其间县市皆属
犍为郡[①]	411 378	5.38	9	9	411 378	北有新津、简阳、乐至，东有安岳、内江、隆昌、合江，南有叙永、古蔺、筠连、屏山，西有彭山、丹棱、洪雅、峨眉、乐山、犍为，其间县市皆属
越嶲郡	623 418	7.10	14	10	445 299	跨云南省，本省峨边、马边向南，金沙江以西、以北，会理、攀枝花、盐边、盐源、木里至泸沽湖，至冕宁、越西、甘洛、金口，其间县市皆属
合计				52	3 717 196	

注：

① 犍为郡，另跨有云南、贵州两省各一小部分，无东汉县治，所含人口数量极少，故未做分割。

十八　重庆市

属益州刺史部，按《后汉书·郡国志》记载的户口分割，约有742 151口。似乎不算太少，但它的实际人口要比这高得多，既有豪强地主蔽占户口，更有很多少数民族人口没有编入户籍。重庆市基本上全在巴郡境内，这里具体分析一下巴郡的人口情况。按《后汉书·郡国志》的记载，有户310 691，口1 086 049。但据东晋人常璩《华阳国志》的记载，桓帝永兴二年（154），巴郡户464 780，口1 875 535，比之《后汉书·郡国志》的记载，户多154 089，口多789 486。《华阳国志》这条户口数据是巴郡太守但望觉得巴郡所辖地域太大，上疏朝廷请求析郡而提出来的，这当是他上疏前重新调查统计的户口数。经过考查分析，应当基本属实。不过从永和五年到永兴二年只有14年的时间，从增殖来说，它不可能达到38%的增长。所以它基本上只能是入籍增长。一方面是隐漏人口的入籍，这个数量不会很多；另一方面更多的是少数民族的人口被编入了户籍。前面在分析西汉湖南人口时曾指出，东汉顺帝时武陵太守曾以"蛮夷率服，可比汉人，增其租赋"，而将湘西约20万少数民族人口编入了户籍。至于在这一地区引起反抗则是另一回事。说明东汉是在不断地把一些接受郡县管理的少数民族人口编入了户籍。因而它的总户口统计也是随着时间的推移不断增长变化。永和五年的户口数，只是到此年的截止数，而且是极不完整的统计。在巴郡沿江地区，特别是江南地区，有大量少数民族人口不在郡县户籍之中。虽然在两汉史书中均不见具体的记载，但在后史中却得到了充分的反映。他们的存在不是后世突然增长起来的，而是很早就祖居这些地方的人口，逐渐生息繁衍起来的，只是不见于记载。东汉灭亡后的三国鼎立期间，蜀汉就把巴郡一分为四：巴郡、巴西、巴东和涪陵。基本上是按东汉桓帝时太守但望的设想去做的，并增设了部分新县。这说明了什么问题呢？这些地区早已存在大量少数民族，在东汉前期基本上是按羁縻形式管理的。但随着人口的增加，郡县地域过大，管理很不方便。所以桓帝时太守但望才上奏章析郡，并对欲设置新郡县地区的户口，做到了重新调查统计，同时又把大量无籍人口编入了户籍。虽然东汉末年的战乱，这里的人口也受到了很大的损失，那是后事，可以不去理论它。只把蜀汉新置郡县当作桓帝永兴二年时已经存在，加东汉原有县，共20县，按《华阳国志》所载1 875 535口平均，每县93 777口，新设六县当有562 660口。再从《华阳国志》人口数中减除之，还余1 312 875口，比永和五年记载的巴郡人口数，还多226 826口。这样从永和五年计算到永兴二年的年均增长率13.5‰左右，仍是一个很高的增长率，按当时的政治经济形势来分析，只能在7‰左右。这就是说，还会有一些我们估计不到的其他入籍增长，已无从详究，但足以说明《华阳国志》记载的那条户口数据是可信的。从1 875 535口中，减除按年均增长率7‰计算的增长人口183 802，还余1 691 733，大体应当是永和五年巴郡的实际人口数。所谓大体，是说它仍然还会有一些不在户籍的人口没有估计在内。例如，今重庆市区以南，还有今数县之地东汉无一县之设。北部米仓山、大巴山数百公里的深山老林区，也无县治之设。尽管这些地区可能人口很少，但总会有一定数量的人口存在，而就已设的县治来说，相距很远，也无法控制这里人口的实际情况。

永和五年，巴郡人口按1 691 733计，再按14县对四川、重庆分割，重庆9县，应有1 087 543口，加南郡一县，约43 977口，全市总计1 131 520口。

表4-17　　　　　　　　重庆市户籍人口表

东汉政区	人口	密度	郡国属县 总数	郡国属县 本省	本省人口	含今政区县市
巴郡	1 086 049	8.91	14	9	698 174	跨四川省，北至大巴山，西界四川省，东有奉节、巫溪，南部多数地段至贵州省界，东南界湖南省。有秀山县属武陵郡，时无县治，故户口未做分割
南郡	747 604	10.93	17	1	43 977	跨湖北省，本省今县巫山
合计				10	742 151	

十九　云南省

属益州刺史部。按《后汉书·郡国志》记载郡国户口分割，约为1 155 188口。但《郡国志》所记各郡国户口，多与实际人口有很大出入，下面稍做具体的考查分析。

益州郡，原书记载户29 036，口110 802，显然不符合实际。西汉元始二年的统计，户81 946，口580 463。虽然东汉时曾划出西部六县属永昌郡，但也不应少到只有11万口。这一地区的地理自然条件比较好，在社会无大动乱的情况下，它的人口只应有所增长，而不应下降。永平十二年（公元69），哀牢王柳貌遣子率种人内属，"显宗以其地置哀牢、博南二县，割益州西部都尉所领六县，合为永昌郡。"益州西汉置24县，王莽篡汉后的战乱，对这里虽有一定的影响，曾发兵征句町，但影响并不很大。即使人口有减少，经过一百多年的时间，至少还当恢复到元始二年的水平。按平均每县24 186口计，去西部6县共145 116口，益州郡还当有435 347口。从进入东汉以后相邻的越嶲、牂牁两郡人口都有较大增长来看，益州郡的人口，至少也不应低于西汉末年。虽然安帝时（107～125）这里曾发生过一次战乱，给人口造成了一定的损失，但不会有大的损失，不会影响上面对益州郡人口的分析。元初五年（118），越嶲郡少数民族因赋敛太重，"卷夷大牛种封离等反叛，杀遂久令。明年，永昌、益州及蜀郡夷皆叛应之，众遂十余万，破坏二十余县，杀长吏，燔烧邑郭，剽掠百姓，骸骨委积，千里无人。"[1] 看来事态确实很严重。然而细考起来，死了很多人当是事实，"千里无人"则实属夸大其词。这次夷民起事，首发于越嶲郡，遂久县在今丽江北，向北蔓延至蜀郡，向南蔓延至益州郡和永昌郡。封离窜至洱海地区，东汉朝廷派兵镇压，战争的中心地区在楪榆（今大理北），斩首3万级，封离乞降，其余部落皆降。但并不见益州郡有大的战事的记载。且22年后的顺帝永和五年户口统计，卷入这场战乱的越嶲、蜀郡人口，都比西汉有很大的增长。永昌是新置郡，竟也有超历史的人口。为什么益州人口反有如此大的下降？经过分析，主要是这次叛乱，益州郡的政权机构受打击严重，很多少数民族人口脱离了官府户籍，见于统计的只是部分汉民，并不是实际人口有很大的减损。而且在以后各朝代，对整个西南地区的少数民族，基本上都恢复了羁縻管理的形式，这就是很好的说明。所以必须如实承认，益州郡的实际人口，即使按越嶲郡的每平方公里7人计，仍当不少于52万人。

关于永昌郡的人口，《后汉书·郡国志》记载有误，这里首先把数据考证清楚，然后再做具体的研究分析。按原书记载"户二十三万一千八百九十七，口百八十九万七千三百四十四。"户均8.18口，不仅这个户均人口太高，而且主要考虑到在当时的情况下它不可能拥有这么多人口。经过反复研究，实际上是原书抄写时在口数前面误加了一个"百"字，去掉"百"字之后，则为897 344口，平均每户为3.9口，与相邻其他郡比较也是相当的。越嶲郡4.8口，益州郡3.8口，犍为郡不足3口。其在缅甸境内的人口以20万计，还余697 344口，每平方公里4.13口，也符合

---

[1] 《后汉书·南蛮西南夷列传》。

云南西部地区的实际情况。说明对原统计人口有误的分析判断是正确的。永昌郡的主要居民为哀牢人，他们世居哀牢山地区，拥有较多的人口，并继续向北部地区发展。光武帝建武二十七年（公元51），曾有哀牢人贤栗部进入北部边塞地区骚扰，被击败后率其部落2 770户、17 659口至越巂郡太守（治今四川西昌）处求内属。说明他们的人口早已开始向北移徙，贤栗部居住的地方，已是哀牢山以北地区。明帝永平十二年（公元69），"哀牢王柳貌遣子率种人内属，其称邑王者七十七人，户五万一千八百九十，口五十五万三千七百一十一。西南去洛阳七千里，显宗以其地置哀牢、博南二县，割益州郡西部都尉所领六县，合为永昌郡。"① 这条记载，既说明上面考证永昌郡人口实为897 344，符合当时的实际情况，是在70多年之后由55万发展到89万，并包括了后划入的原益州西部六县人口，又说明了哀牢人早已越过哀牢山向北发展。哀牢县在今盈江东北，博南县在今保山东北，已近洱海地区。从上面所说的贤栗部至越巂郡太守处请降，可知在洱海地区早已有哀牢人的部落在居住。至于说为什么哀牢王55万人内属只置二县，并不说明他们的人口没有那么多，实际上他们举族内属，只是从总体上接受汉朝廷的宗主地位，其称夷王者77人的部落组织依然存在。设县只是便于对他们进行羁縻管理。置永昌郡后以原益州郡西部都尉郑纯为太守，"纯与哀牢夷人约，邑豪岁输布贯头衣二领，盐一斛，以为常赋。"由于赋税很轻，"夷俗安之。"② 由此也说明，在这一地区设置郡县，主要是为了便于羁縻管理，不是为了推行内地的赋役户籍制度。因而怀疑哀牢人的数量没有那么多也是不妥当的。由于种种原因，这里的人口增长也是极其缓慢的，但在两汉期间人口普遍增长的大气候下，即在社会生产力发展到了一个新的阶段的推动下，使这里的人口也出现了一个较高的增长形势。所以对永昌郡考定的897 344口，与实际人口不会有大的出入。但永昌郡管辖地区广大，还包括今缅甸国很大一片地区。虽然那里的居民除哀牢人外，还有其他种落的人口，有越人如濮部、闽部等，但估计哀牢人当不少于20万左右。在今云南省境内人口当在70万左右。

再看犍为属国的人口。这里是由蜀入滇的交通要道，地理自然条件比

---

①② 《后汉书·南蛮西南夷列传》。

较好。置两县，共 37 187 口，太少。还不及从总体上看地理自然条件并不比这里更优越的越嶲郡平均每县人口 44 530 多。如果按人口密度比较，则更可看出其间的问题，越嶲郡每平方公里 7 人多，而犍为属国尚不足 1 人。即按与越嶲郡相同的人口密度计算，犍为属国的人口也当有 26 万多。虽然人口密度的大小是多种因素决定的，但在一般情况下，条件大体相同的地区，不会有很大的差异。实际上见于统计的基本上都是汉民，这里的少数民族，不仅仍采取羁縻管理，而且连户口也没有报告。所以犍为属国在本省的人口，往最低里估计也得有 20 万。

另有省境西北部的今德钦、中甸二县，不在东汉郡县内，这里人口较少，数万人而已。

益州郡以 52 万计，永昌郡以 70 万计，犍为属国以 20 万计，德钦、中甸以 2 万计，越嶲、牂柯两郡仍按属县分割计，全省 1 768 451 口。

表 4-18　　　　　　　　　　云南省户籍人口表

东汉政区	人口	密度	郡国属县总数	郡国属县本省	本省人口	含今政区县市
益州郡	110 802	1.48	17	17	110 802	西有姚安、南华至哀牢山以东，北有元谋、禄劝、寻甸、沾溢，东有曲靖、陆良、宜良、澄江、华宁，南有开远、蒙自、个旧、石屏、元江，其间县市皆属
越嶲郡	623 418	7.10	14	4	178 119	跨四川省，本省丽江、宁蒗、永胜、华坪、大姚、永仁
犍为属国	37 187	0.99	2	1	18 593	跨贵州省，本省绥江、盐津、永善、大关、昭通、鲁甸、巧家、会泽、东川、宣威
牂柯郡	267 253	1.28	16	9	150 330	跨贵州省、广西壮族自治区，本省北有富源、西有师宗、泸西、绿春、金平、屏边，东至省界，西南部元江以南，李仙江以东，南至国界，东至广西省界

续表

东汉政区	人口	密度	郡国属县总数	郡国属县本省	本省人口	含今政区县市
永昌郡[①]	697 344	5.32	8	8	697 344[②]	由德钦向南至剑川、鹤庆,至洱海、祥云、弥度、南涧,顺哀牢山南下至墨江、江城,以南以西均至国界,其间县市皆属
合计				39	1 155 188	

注:

① 永昌郡还跨有缅甸国很大一片地区,无属县的具体记载,但这里还有很多其他民族的人口,不能按属县对人口做具体的分割,粗略估计哀牢人不能少于20万左右。

② 北部的德钦、中甸二县,不在郡国治内,表中不列,估计人口2万左右。

二十 贵州省

属益州刺史部并有荆州刺史部西南一角。按《后汉书·郡国志》记载的各郡国户口分割,仅得135 517口。这一地区的人口多属少数民族的部落组织。东汉政权对他们羁縻而已,并未做编户管理,因而也没有户口统计。这种现象长期存在着,明代以前所见统计的人口,基本上都是汉民。全省人口大约在百万以上。

牂柯郡,跨有云南省和广西壮族自治区,主要管辖地区在本省,占了本省面积的大部分,为古夜郎的统治地区。西汉时估计夜郎人口约50万。王莽篡乱,这里也受波及,王莽曾以重兵征句町,但都以失败而告终,并未造成大的影响。人口即使略有减少,东汉建立后一百多年,也当有所恢复。尽管这些地区在历史上人口增长很缓慢,但也还是有增长的,至少当再上升到50万。牂柯郡在本省境内还有分割的户籍人口116 923口,而且这一地区还有除夜郎以外的其他少数民族,当然人口不会很多,也无从详究。下面再用另一种方法考查一下牂柯郡在本省的人口。牂柯郡在本省内大约104 500平方公里,自然地理条件比较好,特别是以贵阳为中心的中部地区,从后史考查可知,一直是人口比较稠密的地方。这里只同越巂郡比较,越巂郡虽然也是以少数民族为主要居民,但基本上都编入了户籍,而它的地理自然条件并不比贵州中部更好些,甚至有很大一部分地区为云南省人口稀少的西北部山区，但按户籍人口平均起来每平方公里也在7.1人。牂牁郡所属今贵州中部地区，它的人口密度不会比越嶲郡再低些，邻近的犍为属国和益州郡，按户籍人口计算的人口密度都不及越嶲郡高，原因是这两郡大量少数民族人口没有进入编户统计，这从后史中也可以看得很清楚。所以对牂牁郡在本省地区即按每平方公里7.5人计，也当有人口78万多。

犍为属国，其人口已如对云南省的人口分析。凡属国，都是为管理少数民族人口所置，但管理方法也各不相同，有的是少数民族人口基本上都编入了户籍，有的则属更松散的羁縻形式。从犍为属国户籍人口数量特别少来看，很显然少数民族人口没有编入户籍。犍为属国东汉时只置两县，统计人口总共才37 000多人，主要是汉民。按今政区共14县市，大部分在云南，贵州只有三县市，按上面考证属国人口约26万，贵州省当有56 000人。

犍为郡，包括本省北部今赤水、习水、桐梓、正安、道真等县，东汉在这一地区无县治之设，这片地区大约有2万平方公里，人口比较稀少，但即按每平方公里3人计，也得有6万口。

武陵郡，虽辖有本省东部今20县之地，但东汉亦无县治之设。这里也居住着大量少数民族，也是用"羁縻而绥抚之"的办法进行管理。顺帝时，武陵太守曾把与之相邻的今湖南省西北部地区的少数民族强行编入户籍，结果因嫌税重而引起反抗，2万人困充城（今湖南桑植），8 000人寇夷道（今湖北宜都），是以说明这里起而造反的少数民族虽多，但却不是来自贵州省东部地区，因为从贵州东部地区到充城，路程既远，中间又有武陵大山阻挡，行军很不方便，不可能去参与那里攻打官府的活动。从这次出动的丁壮数量看，也不可能是湘西北地区少数民族丁壮全部都去参加战斗，而且这一地区也有一些汉民，所以估计湘西北和相邻的湖北省西南山区，当有人口20万以上。按重新考证武陵郡在湖南省境内的人口数计算的人口密度，每平方公里4.4人。贵州东部的地理自然条件和湖南省西北部地区不相上下，本省东部属荆州刺史部的地区，约39 000平方公里，即按每平方公里3人计，也当有人口12万以上。

还有地跨广西壮族自治区的郁林郡，有本省榕江、从江两县之地，这里人口不多，估计只能万人左右。

牂牁郡 784 000，犍为郡 6 万，犍为属国 56 000，武陵郡 12 万，郁林郡 10 000 人，全省 103 万口。

表 4-19　　　　　　　　　贵州省户籍人口表

东汉政区	人口	密度	郡国属县总数	本省	本省人口	含今政区县市
牂牁郡	267 253	1.28	16	7	116 923	跨云南省和广西壮族自治区，本省北有凤冈、遵义、仁怀、毕节，西有纳雍、普安、盘县、兴义，南有安龙、册亨、望谟、罗甸，东有独山、三水、凯里、黄平、余庆，其间贵阳等县市皆属
犍为郡	411 378	5.38	9	0	0	赤水、习水、桐梓、正安、道真
犍为属国	37 187	0.99	2	1	18 594	跨云南省，本省威宁、赫章、水城
武陵郡	250 913	1.89	12	0	0	跨湖南省，本省西有务川、德江、思南、石阡、施秉、台江至榕江（不含），以东至省界，共 20 余县市
郁林郡	—	—	11	0	0	跨广西壮族自治区，本省榕江、从江
合计				8	135 517	

第四节　南方各省区人口考

二十一　湖北省

主要属荆州刺史部，西北一隅属益州刺史部。《按后汉书·郡国志》记载的郡国户口分割，约有 1 792 784 口，比西汉时的户籍人口增加约 18 万，不过它的实际人口还要更多些，主要是一些少数民族聚居的地方，户口多没有编入户籍，因而不见于统计。

在西南山区清江两岸，分属于南郡和武陵郡，约今恩施地区，并包括巴东以南至五峰县，大约 25 000 平方公里，无一县之设。但从历史上记载的很多少数民族人口活动看，这一地区也有很多人口。光武建武二十三年（公元 47），南郡潳山蛮反；和帝永元十三年（101），南郡巫蛮反；

顺帝永和二年（137），武陵蛮8 000人攻夷道；桓帝延熹四年（161），武陵蛮攻江陵。都指的是来自这一地区的少数民族。所谓武陵蛮，指的是来自武陵郡所辖地区或来自武陵山区的少数民族。但他们不可能是来自虽属武陵郡的沅江上游地区，远征长江两岸。说明湘江西北和相邻本省恩施地区，有大量少数民族人口，经常出没于湖北省西部沿江地区。同时清江上游深山之中，也有的部落祖居这里，与外地极少交往，官府也极少有人进入，因而这里的人口情况外界无从确知。即从所见一些人口活动粗略估计，整个这一地区不能少于10万人。

东部的大别地区，也有很多少数民族，由于居住在江夏郡境内，故被称做江夏蛮，"光和三年（180）江夏蛮反，与庐江贼黄穰相联结，十余万人，攻没四县，寇患累年。"这里的少数民族有很多是东汉早年从本省西部地区迁徙来的，和帝永元十四年（102），就曾迁巫山附近的少数民族于大别山地区。参加这次起义造反的可能多为汉人，即以2万人出自少数民族，它所涵盖的人口也当有七八万人。另外，在南郡西部山区和属于汉中郡的西北部山区，从后史反映的情况看，也会有一些不在编户的少数民族部落，汉江中游有所谓沔水蛮，人口数量不详，少也有几万口。

省境北部属南阳郡，襄阳附近豪强势力也比较强，他们荫占私附的具体情况不能详知，但在东汉既是一个普遍的问题，这里又是"帝乡"所在，为数也不会太少，但也不想做过高的估计，同其他郡国比较，在湖北省内少不了5万人。

除户籍人口1 792 784，另加少数民族人口20多万，私附人口5万，全省总计205万。

表4-20　　　　　　　　　　湖北省户籍人口表

东汉政区	人口	密度	郡国属县		本省人口	含今政区县市
			总数	本省		
江夏郡	265 464	3.88	14	10	189 617	跨河南省，本省东有红安、新洲、浠水、蕲春，南有阳新、通山、崇阳、赤壁、嘉鱼、仙桃，西有潜江、钟祥，北有京山、安陆、大悟，其间武汉等县市皆属
庐江郡	424 683	8.68	14	1	30 335	跨安徽省，本省麻城、罗田、英山、黄梅、武穴

续表

东汉政区	人口	密度	郡国属县 总数	郡国属县 本省	本省人口	含今政区县市
长沙郡	1 059 372	14.15	13	1	81 490	跨湖南省，本省通城
南郡	747 604	10.93	17	16	703 627	跨四川省，本省由大神农架向东，至南漳、襄阳，向南有宜城、荆门、荆州、洪湖、监利、石首、公安，向西有松滋、五峰、宣恩、咸丰，西界四川省，其间宜昌等县市皆属
武陵郡	250 913	1.89	12	1	20 909	跨湖南省，本省来凤、鹤峰，东汉有县治屠陵，在公安西
南阳郡	2 439 618	44.47	36	10	677 672	跨河南省，本省广水、随州、枣阳、襄樊、谷城、老河口、丹江口，另有陕西山阳，但东汉无县治，故户口不分割
汉中郡	267 402	3 84	9	3	89 134	跨陕西省，本省保康、神农架、房县、竹山、竹溪、郧西、郧县、十堰
合计				42	1 792 784	

二十二　湖南省

属荆州刺史部，并含交州刺史部北缘部分地区，按东汉政区户籍人口分割，得 2 300 821 口，比西汉户籍人口 568 878 增加了 1 731 943 口，增长三倍多。这个大增长的原因，在考证西汉湖南人口、同东汉做比较时，已做了说明。主要是三个方面的原因：一是有一定的自然增长，在两汉之交的战乱期间，本省受影响较小，因而在西汉原有的基础上，保持了增长的连续性；二是两汉之交的战乱期间，中原地区有部分难民逃徙南方，虽然数量不会很大，也是南方人口大增长的重要原因之一。三是东汉政权加强了对少数民族人口的管理，把很多部落组织纳入郡县，人口基本上都编入了户籍。（即后世的改土归流，只是很多地方改流成积没有得到巩固，东汉以后又有反复，直到明代才又开始启动大规模的改土归流）几种原因使统计人口大幅度增长。但东汉时湖南省的实际人口还会更高些，因为仍有很多少数民族人口没有编入户籍。主要还是西部山区。

武陵郡,《后汉书·郡国志》记载为 250 913 口,但经考查,实际人口要在 50 万以上,这在考查西汉湖南人口时,已有具体的分析说明。减去贵州东部地区约 12 万口,再减去属于今湖北省恩施地区南部约 5 万口,武陵郡东汉时在本省的实际人口约 33 万以上。

对其他郡国的人口情况,在考证西汉湖南人口时,都是两代联系,做了具体说明。虽然东汉湖南人口统计比西汉有很高的增长,但也不可能全部人口都进入统计,某些地区也会有豪强私附的存在,但不会很多,所以对其他各郡人口,不再做分析,均按《后汉书·郡国志》原统计计算,总计 240 多万口。

表 4-21　　　　　　　　　　湖南省户籍人口表

东汉政区	人口	密度	郡国属县总数	郡国属县本省	本省人口	含今政区县市
长沙郡	1 059 372	14.15	13	11	896 392	跨湖北省、江西省,本省北有临湘、岳阳、华容、南县、沅江、益阳、桃江,西有安化、新化、邵阳、新邵、冷水江、涟源、娄底,南有湘潭、衡山、衡阳、攸县、茶陵、贵陵,东至湖北江西省界,其间长沙等县市皆属
桂阳郡	501 403	9.67	11	7	319 075	跨广东省,本省耒阳、常宁、永兴、桂东、汝城、资兴、郴州、桂阳、新田、宜章、嘉禾、蓝山、临武
零陵郡	1 001 578	15.12	13	10	770 445	跨广西壮族自治区,本省湘乡、双峰、衡阳、祁东、祁阳、零陵、双牌、宁远、道县、邵阳、隆回、洞口、武冈、城步、新宁、东安
武陵郡	250 913	1.89	12	11	230 004	跨湖北省、贵州省,本省澧县、津市、临澧、常德、桃源、沅陵、溆浦、黔阳、洪江、绥宁、通道,北界湖北省,西界四川省、贵州省
苍梧郡	466 975	8.56	11	2	84 905	跨广西壮族自治区和广东省,本省江永、江华
合计				41	2 300 821	

二十三 广西壮族自治区

主要属交州刺史部，按《后汉书·郡国志》所载各郡户口分割，约564 946口，比西汉户籍人口22万多，增加了一倍半还多。但占自治区面积大部分的郁林郡户口缺记，其他郡的人口也不可能全部进入统计，所以广西地区的实际人口要比见于统计的人口高得多。

郁林郡，在考证西汉人口时，曾联系后史考查，估计东汉时约在65万以上。这个估计基本近于实际，不再另做考查分析。

合浦郡，按原统计只有86 617人，共五县，其中两县在本区，分割人口34 647口。然而按前面考查所说，郁林太守谷永招降乌浒人十余万口内属，其中有很大一部分就散居在今横县及其周围的合浦郡境内，不能少于四五万口。这样合浦郡在本自治区境内的人口不能少于8万人，计算其人口密度，每平方公里才2.6人，所以这也只是最低的估计。不过历史地考查，合浦郡在广西部分的人口密度远低于在广东的部分，这也是当时的实际情况。

广西壮族自治区还跨有牂牁郡的一部分，约今九县之地，3万多平方公里，东汉时这一地区的人口仍然比较稀少，即以每平方公里2人计（牂牁郡贵州省境内部分，人口比较稠密，每平方公里约7人），也得有人口6万多。

零陵、苍梧两郡，经考查分析，原书记载人口与实际人口没有太大的出入，故按分割人口计。

广西壮族自治区人口，郁林郡65万，合浦郡8万，零陵郡231 133，苍梧郡297 166，牂牁郡6万，合计1 318 299口。

表4－22　　　　　　　广西壮族自治区户籍人口表

东汉政区	人口	密度	郡国属县 总数	郡国属县 本省	本省人口	含今政区县市
郁林郡	0	0	11	11	0	跨贵州省，本区西有环江、河池、巴马、凤山、凌云、百色、田阳、田东、天等，北有三江、融安、融水、罗城、柳城，东有鹿寨、象州、武宣、桂平、贵县直至邕宁，南有龙州、凭祥、宁明、崇左、上思、扶绥、南宁，其间县市皆属

续表

东汉政区	人口	密度	郡国属县 总数	郡国属县 本省	本省人口	含今政区县市
苍梧郡	466 975	8.56	11	7	297 166	跨湖南省、广东省，本区富川、钟山、贺州、梧州、藤县、岑溪、平南、金秀、昭平、蒙山、荔浦、恭城、平乐
零陵郡	1 001 578	15.12	13	3	231 133	跨湖南省，本区全州、资源、兴安、灌阳、桂林、临桂、阳朔、永福
合浦郡	86 617	1.31	5	2	34 647	跨广东省，本区陆川、容县、北流、玉林、博白、浦北、横县、灵山、东兴、防城、钦州、北海、合浦
牂柯郡	267 253	1.28	16	0	0	跨贵州省，本区天峨、南丹、乐业、田林、隆林、西林、那坡、靖西、德保
合计				23	564 946	

二十四 海南省

属交州刺史部，西汉时据《汉书·贾捐之传》记载，其人口约115 000人。西汉时这里曾有二郡数县之设，由于这里少数民族对西汉统治的不断反抗，郡县均逐渐撤销，东汉亦未复置，对其人口情况无史料可供考证。根据这里的生活条件、风俗习惯，并联系后史考查，这一期间的人口，不会有大的增长。这里按13万估计之。

二十五 广东省

属交州刺史部，并含有荆州刺史部南端一部分，分割人口569 485口，比西汉户籍人口增加一倍多。虽然这也反映了人口增长，但经分析其中很大一部分是入籍增长。所以在这个增长部分里，有很大一部分已经包括在考证分析的西汉广东人口中。岭南两广地区离中原路途遥远，中原地区的大战乱，不易蔓延过来，即使难民也很少流徙到岭南。因而中原地区的先进科学文化知识，也不容易传到这里，使这里比较落后的生产方式，特别是那种"丈夫早夭"，疫病多发的局面，很难在短时期内得到改变，因而直接影响到人口的发展。当然不是不增长，而是增长过于缓慢，所以岭南地区长期处于人口稀少的形势。

南海郡，户籍人口 250 282 口，共置七县，平均每县 35 755 口，从今之新丰至海丰画一条线，东部地区二县，71 509 口，每平方公里不足 1.5 人，而以珠江三角洲为中心的西部五县，当有人口 178 772，每平方公里也只 3.5 口。在地区之间比较，明显偏低于实际。上面考证合浦郡在广西的部分，每平方公里 2.4 人，但这里的自然地理条件，并不比南海郡东部地区好，说明南海郡东部地区的人口密度决不会只有 1.5 人。广西壮族自治区除郁林郡外，按分割所得户籍人口平均，每平方公里也在 5.2 人。以珠江三角洲为中心的南海郡西部地区，历来都是岭南地区的政治中心，到东汉以后每平方公里仍只有 3.5 人，也不符合当时的实际情况。究其原因，主要是岭南地区的居民，多属不同种落的少数民族，即珠江三角洲地区也是如此。正如陆贾说赵佗："今王众不过数十万，皆蛮夷，崎岖山海间"，[1] 是说赵佗的军队主要是征自少数民族的部落兵。有些部落能被编入户籍，有些部落则没有编入户籍，甚至连他们的人口数量也不知道。也正如顺帝时尚书令虞诩所说，对这些少数民族是"羁縻而绥抚之，附则受而不逆，叛则弃而不追"。[2] 岭南地区的少数民族基本上是处在这种部落自治的状态。所以对南海郡，即使每平方公里按 5 人计，约 99 000 平方公里，也当有人口 495 000，只稍多于面积只占它一半多一点的苍梧郡，甚至不及面积不足南海郡一半的桂阳郡，但又没有史料做依据做更高的估计，姑且如此。

合浦郡，跨广西壮族自治区，其在本省部分大约 36 000 平方公里，这一地区在古代就是一个人口比较稠密的地区，它的人口密度，至少不低于南海郡，亦按每平方公里 5 人计，也当有人口 18 万以上。

苍梧郡，若按属县分割，仅得 84 905 口。如按面积分割，全郡 53 400 平方公里，每平方公里 8.56 人，在广东省约 2 万平方公里，当有 17 万人口。且南部的云雾山地区，也有不入编户的少数民族部落组织，从多种情况分析，不能少于 17 万人口。

---

[1]《汉书·陆贾传》。
[2]《后汉书·南蛮西南夷列传》。

南海郡495 000，合浦郡18万口，苍梧郡17万口，桂阳郡182 328口，全省1 027 328口。

表4-23　　　　　　　　　广东省户籍人口表

东汉政区	人口	密度	郡国属县总数	郡国属县本省	本省人口	含今政区县市
南海郡①	250 282	2.53	7	7	250 282	西有怀集、广宁、四会、三水、佛山、高明、鹤山、新会、台山，北有清远、佛冈、新丰、连平、和平、平远，东有蕉岭、大埔、饶平，南至海，其间广州等县市皆属
苍　梧	466 975	8.56	11	2	84 905	跨广西壮族自治区、湖南省，本省封开、郁南、德庆、肇庆、云浮、罗定、信宜
桂阳郡	501 403	9.67	11	4	182 328	跨湖南省，本省连州、连南、连山、阳山、英德、翁源，北至省界，其间韶关等县市皆属
合浦郡	86 617	1.31	5	3	51 970	跨广西壮族自治区，本省新兴、开平、阳春、阳江、高州、茂名、电白、化州、吴川、廉江、遂溪、湛江、雷州、徐闻
合计				16	569 485	

注：

①扬州豫章郡有本省始兴县、南雄市；本省南海郡有今福建省诏安、东山、云霄县，面积都很小，均无东汉县治，户口不做分割。

二十六　福建省

属扬州刺史部会稽郡南部（东汉割郡北部地区，约今富春江、杭州湾以北，析置吴郡），仍只有一县之设。若按郡属县平均人口，只得37 371口，显然不切实际。福建省虽地处偏僻，境内多山，耕地较少，但气候条件较好，在这块12万多平方公里的土地上，也不会只有几万人口。献帝建安八年（203），占据江南东部地区的吴王孙权，派贺齐率军镇压闽地起义的越人，"侯官既平，而建安、汉兴、南平复乱，齐进兵建安，立都尉府，是岁八年也。郡发属县五千兵，各使本县长将之，皆受齐节度。贼洪明、洪进、苑御、吴免、华当等五人，率各万户，连屯汉兴。吴五六千户别屯大潭，邹临六千户别屯盖竹。"① 此段引文，首先说的是平定侯官（今福州）越人的叛乱，具体户数没有说。从上面说的5个部落各有万户来推断，侯官附近及其以北地区，不能少于2万户。接着说进兵以建安（今建瓯）为中心的本省西北部地区，这里的越人，按上述记载共62 000户，按平均每户5口计，当有人口31万多。这是古代福建省人口最稠密的地区。南部地区不见有人口活动的记载，但并不是没有人口。不过从后史看人口一直比北部地区少，从今建宁往东至福清画一条线，占本省面积一半的南部地区，少也有2万户，10万人口。福建全省人口在顺帝永和时，估计也不能少于45万人。

表4-24　　　　　　　　　福建省户籍人口表

东汉政区	人口	密度	郡国属县总数	郡国属县本省	本省人口	含今政区县市
会稽郡	481 196	2.63	14	1	34 371	跨浙江省，本省除南端三县外，其余县市皆属
南海郡	250 282	2.53	7	0	0	跨广东省，本省诏安、东山、云霄
合计				1	34 371	

说明：

本省虽跨有南海郡约今三县之地，但东汉无县治，且地区较小，仅数千平方公里，故户口未做分割。

二十七　台湾省

对台湾地区的人口情况，由于当时海上交通不便，因而与大陆联系很少，虽然岛民也到大陆从事商贸活动，但史书失于具体记载。隋大业四年（608）派船舰入台湾，岛民以为商旅，说明商贸往来早已存在。《三国志·吴书·吴主传》记载，吴黄龙二年（230），吴主孙权"遣将军卫温，诸葛直将甲士万人，浮海求夷洲及亶洲、亶洲在海中。……所在绝远，卒不得至，但得夷洲数千人还。"亶洲为今何地不能确知，或指日本，夷洲为今台湾。卫温等求亶洲的目的未达到，只在夷洲掳得数千人。这段记载

---

① 《三国志·吴书·贺齐传》。

很简略，但由此推测，台湾岛面积很大，虽有甲士万人，也不可能涉足更远的地方，而且岛民看到吴兵捉人，岂能束手待擒而不逃跑。所以这个数千人，只能是岛上居民的极少一部分，估计全岛居民，至少也有六七万人。东汉中期，即按6万人估计，每平方公里也只1.53人。

二十八　江西省

属扬州刺史部，基本上全在豫章郡境内，另含荆州刺史部长沙郡一县。按《后汉书·郡国志》记载的人口，全省共1 750 396口，其中豫章郡1 668 906口，比西汉元始二年人口增长3.74倍。尽管这也证明了南方经济在东汉时期得到了较高的发展，因而促进了人口的增长。但实际上主要不是进入东汉后的自然增长，这在分析西汉江西人口时已经说过，其中的大部分是入籍增长。有两汉交替期间大战乱中的难民流入，更多的是在西汉期间还没有编入户籍的少数民族人口。进入东汉后，由于强化管理，大多数被编入了户籍。这种做法直至东汉末年以至三国时期，仍然在继续进行。割据江南东部的孙吴政权，就是在到处镇压起义的越人，到处把他们收入户籍。吴黄龙三年（231），赣江上游地区，少数民族起义被平后，由峡江至广昌以南，析置庐陵郡，东汉时6县，吴增置为19县。虽然县数的增设，不一定和人口同比例增长，但从孙权所说的"又得恶民以供赋役"来看，很明显是把大量少数民族人口编入了郡县赋役户籍。什么是恶民？这里所指的是原来处于部落组织而未归顺的少数民族。由此也说明，在东汉前期及西汉时期，大量少数民族人口没有编入户籍，因而也不见于统计记载。进入东汉以后，由于逐渐强化对少数民族地区的治理，才逐渐出现了更多的户籍人口。下面在考查分析安徽省人口时，将做更具体的说明。所以东汉永和时江西省的实际人口，当有180万。

表4-25　　　　　　　　江西省户籍人口表

东汉政区	人口	密度	郡国属县 总数	郡国属县 本省	本省人口	含今政区县市
豫章郡[①]	1 668 906	10.13	21	21	1 668 906	除婺源县属丹阳郡，莲花县属长沙郡，其余县市均属豫章郡。其他与邻省小有参差，不做户口分割

续表

东汉政区	人口	密度	郡国属县 总数	郡国属县 本省	本省人口	含今政区县市
长沙郡	1 059 372	14.15	13	1	81 490	跨湖南省，本省莲花县
丹阳郡	630 545	12.21	16	0	0	跨安徽省，本省婺源县
合计				22	1 750 396	

注：

① 豫章郡东北部有婺源县属安徽省，西南部又含有广东省的始兴、南雄二县市，实际上这些地方多为没有编入户籍的少数民族，人口不会很多，故不做估计分割。

二十九　浙江省

属扬州刺史部，跨会稽郡和吴郡，户籍人口 849 081 口，比西汉增加 86 534 口，增长 11.3%。为什么同处江南地区，在江西、湖南两省人口数倍增长的情况下，而浙江人口仅保持稍高于西汉元始二年的水平？其中原因之一是，这里开发较早，特别是北部平原地区，早在春秋战国时期，社会经济就比较发达，因而也推动了政治上同中原地区的联系。这里先后出现的吴王夫差和越王勾践，都曾以江浙地区的经济实力和人力资源为基础，北上与拥有数百万人口的中原大国齐、晋争霸，在秦朝末年的农民大起义中，项羽就是在江浙地区组织义兵北上，投入到反秦战争。两汉之交的大战乱，这里也受严重波及，人口受到了很大的损失。所以浙江省人口是在已经降低了的基础上，又逐渐恢复增长起来的，而不是像江西省、湖南省那样，在两汉之交的战乱期间，人口不但没有受到损失，反而得到了中原难民流入的补充，因此保持了增长的连续性。当然就浙江全省来说，它的实际人口也不会只有 80 多万。

浙江省是古越人的故乡，由于北部地区的自然地理条件好，又地近中原，开发较早，在思想文化上早已和汉民融合，对其人口也按编户管理，因而没有大量少数民族的入籍增长。但在南部山区和西部山区，仍有很多越人处在部落自治状态，还没有最后完成和汉民的融合，他们被称为山越，即所谓"山越恃阻，不宾历世。"东汉末建安十三年（208），割据江南东部的孙权，命将贺齐讨伐丹阳郡黟、歙山越："时武强、叶乡、东阳、丰浦四乡先降，齐表言以叶乡为始新县（今浙江淳安西北），而歙贼帅金奇万户屯安勒山，毛甘万户屯乌聊山、黟帅陈仆、祖山等二万户屯林历山。……（齐）大破仆等，其余皆降。凡斩首七千。齐复表分歙为新定（淳安西南）、黎阳、休阳、并黟、歙（以上四县均在安徽省境内，与浙江省相邻接）凡六县。权遂割为新都郡，齐为太守，立府于始新。"[1]从这段引文可知，仅大体来说就有 4 万多户。前面说的四乡，也不少于 2 万户，共 6 万户，推其人口 30 万。其中两县在本省，人口不能少于 10 万。另外，在北部的天目山地区，也有很多越人，其在本省少也有 5 万人（参看安徽省人口考对丹阳郡的人口分析）。

再看浙南地区，吴在浙江东南部地区析置临海郡，东汉永和时只置章安（今临海东）、永宁（今温州）两县。孙吴时增为 6 县。西南山区属新置的会稽郡。在今诸暨、嵊县以南，原只有乌伤（今义乌）、大末（今衢县东）两县，吴增设了 9 县，共增设了 11 县。为什么增设了这么多县？正如上面所引《贺齐传》所记载的浙江、安徽边界地区那样，主要是通过征服，强行把少数民族的部落组织解散，改为郡县，编入户籍，"以供赋役"。这有点像后世明清时期的"改土归流"。至于这些新增县人口的具体情况，没有记载，估计不可能都有万户，以平均每县 5 000 户计，也当有人口 275 000 人。加西部山区约 10 万口，天目山地区 5 万口，合计 425 000 口。但上面说的是东汉末年至三国初年的情况。从有关记载看，在东汉期间，这些山越人的生活条件，仍是贫穷落后的，因此决定了它们的人口增长仍然是很缓慢的，所以即使在永和期间，这些地区没有户籍的山越人，就当有 35 万多人。与户籍人口合计，浙江省的实际人口当在 120 万以上。

表 4-26　　　　　　　　　　浙江省户籍人口表

东汉政区	人口	密度	郡国属县 总数	郡国属县 本省	本省人口	含今政区县市
吴　郡	700 782	18.69	13	6	323 438	跨江苏省，本省南有建德、桐庐、富阳、临安、杭州、长兴，北界江苏省、上海市，东至海，其间县市皆属

---

[1] 《三国志·吴书·贺齐传》。

续表

东汉政区	人口	密度	郡国属县 总数	郡国属县 本省	本省人口	含今政区县市
丹阳郡	630 545	12.21	16	2	78 818	跨江苏省、安徽省，本省北有安吉，南有淳安、南北一带形近边地区
会稽郡	481 196	2.63	14	13	446 825	本省西有萧山、诸暨、浦江、兰溪、衢州、开化、常山、江山，以东、以北均至海，南至省界，其间县市皆属
合计				21	849 081	

三十 安徽省

属豫州刺史部、扬州刺史部和徐州刺史部。按《后汉书·郡国志》记载各郡国户口分割，得2 948 487口，比西汉的户籍人口3 682 429减少了73万多。可是经过考查，它的实际人口不仅不会减少，反而有所增加。首先看它的户口隐漏。豪强地主蔽占民户为私附，在东汉既是普遍的现象，在中原地区尤其严重。前面已在总体上做了分析，从多方面的情况证实，东汉人口高于西汉。对安徽省这个地处中原中心地带的地区来说，更会存在大量私附和隐漏。这里可以从几个郡的情况来分析。先看庐江郡（西汉有六安国，东汉并入庐江郡）和九江郡，它们地处江淮之间，西汉共有户籍人口1 416 474，东汉降为857 109，减少了39%。在东汉末年的战乱中，这里的人口受损也非常严重，特别是在封建军阀袁术的蹂躏下，人口遭到了更残酷的损失。《后汉书·袁术传》记载，献帝建安二年（197），袁术于寿春（今寿县）称皇帝，"淫侈滋甚，媵御数百，无不兼罗纨，厌粱肉，自下饥困，莫之简卹。于是资室空尽，不能自立。""加以天旱岁荒，士民冻馁，江淮间（人）相食殆尽"。由于袁术的残酷压榨剥削，人无聊生，在饥荒中出现了严重的食人现象。《三国志·魏书·袁术传》也有类似的记载。都说的是及至建安四年（199），袁术败亡时，江淮地区的人口基本上死亡略尽。但实际上经过这次大浩劫之后，这一地区仍有很多人口。在这一期间曹操与孙权争夺江淮地区，战争还在连续不断地进行。建安十八年（213），曹操伐孙权，攻濡须（今无为南），"曹公恐江滨郡县为孙权所略，征令内移，民转相惊，自庐江、九江、蕲春、广陵，户十余万，皆东渡江，江西遂虚，合肥以南，唯有皖城"。① 这里说的是曹操攻淮南，怕沿江各县人民为孙权所用，下令向淮北迁徙，但人民听说曹操曾肆意屠杀人民，吓得沿江十余万户，全部逃徙过江。合肥以南，唯有已被曹操占据的皖城（今潜山）有人。从上面的记述中可知，东汉末年的江淮地区，在人口已遭重大耗损的情况下，仍有十余万户，少也有人口 60 万左右。这里说的沿江地区，具体说主要指合肥以南，大约只占江淮地区的一半，那么整个江淮地区将有人口 120 万左右。这和江淮三郡（庐江、九江、广陵）永和时的人口 1 267 299 大体相当。这就是说历史的记载有矛盾，对袁术的破坏有所夸张。经过袁术大破坏之后，还有这么多人口，说明在大破坏之前，少也有人口 200 万以上。虽然从永和以来又经过了半个多世纪的发展变化，但至少可以说，永和五年安徽省在江淮之间的人口，不能少于西汉时的 136 万。

对淮河以北地区的户籍人口，西汉为 208 万多，东汉降为 187 万多，减幅为 9.76%。实际上人口隐漏比例要比这高得多。这在前面考查河南人口时，对跨安徽省的汝南郡，已经做了具体的分析，其他郡也大体如此，不另做具体分析。即按一般情况估计，至少不低于西汉时期，当在 210 万以上。

再看江南地区的丹阳郡，大部分在安徽省，并跨浙江省和江苏省一小部分。永和五年户籍人口 630 545，本省分割约 334 977 口。且不说有户籍统计的地方会有很多遗漏，而且在南部山区也有很多被称为山越的民族没有被编入户籍。这在考证浙江人口时对部分地区的情况已做了分析，仅在今徽州地区就有约 20 万口。实际上在丹阳郡的无籍越人还要多。《三国志·吴书·诸葛恪传》记载：吴嘉禾三年（234），诸葛恪为丹阳太守，"恪以丹阳山险，民多果劲，虽前发兵，徒得外县平民而已，其余深远，莫能尽禽，屡自求乞，为官出之（官府允许他们出山），三年可得甲士四万。"这些山越人，"时观间隙，出为寇盗，每致兵征伐，寻其窟藏。其

---

① 《三国志·吴书·吴主传》。另在《魏书》中也有相同的记载。又，引文中说的"皆东渡江，江西遂空。"指的是长江从鄱阳湖口至南京段，呈西南、东北走向，故历史上又称为江东江西。

战则蜂至，败则鸟窜，自前世以来不能羁也。"后经诸葛恪反复征剿，逐渐出山归降。这个时候离贺齐讨伐黝、歙山越，已相去31年。贺齐所置的新都郡，在黄山主峰以南，诸葛恪出任太守的丹阳郡，只在黄山主峰以北地区。北部山越人平息之后，又在今宣城以南增设原乡、安吉（上两县在今浙江省天目山地区）、广德、宁国、宣城、安吴、临城七县。经权衡比较，按平均每县5 000户计，共35 000户。其中本省五县25 000户，约125 000口。这些考证人口数比我们要考证的永和五年人口，又过了70多年。但这些山居民族的人口增长是极其缓慢的，即在永和时也不能少于10万口，加户籍人口，丹阳郡在安徽省境内的人口约635 000人。

淮北地区208万，江淮地区136万，江南地区635 000人，全省总计4 075 000人。

表4-27　　　　　　　　安徽省户籍人口表

东汉政区	人口	密度	郡国属县总数	郡国属县本省	本省人口	含今政区县市
九江郡	432 426	17.08	14	14	432 426	蚌埠、怀远、凤阳、凤台、淮南、寿县、长丰、定远、滁州、来安、全椒、合肥、肥西、巢湖、含山、和县
庐江郡	424 683	8.68	14	10	303 345	跨湖北省、河南省，本省霍邱、六安、金寨、霍山、舒城、庐江、无为、桐城、枞阳、安庆、岳西、潜山、怀宁、望江、太湖、宿松
下邳国	611 083	30.87	16	5	190 963	跨江苏省，本省明光、泗县
彭城国	493 027	71.21	8	2	123 257	跨江苏省，本省无今县治，属淮北市和濉溪县领地
沛　国	1 251 393	49.37	21	14	834 262	跨河南省、江苏省，本省萧县、淮北、濉溪、亳州、宿州、灵璧、固镇、五河
梁　国	431 283	62.40	9	1	47 920	跨河南省、山东省，本省砀山
汝南郡	2 100 788	48.77	37	12	681 337	跨河南省，本省界首、太和、临泉、阜南、涡阳、蒙城、利辛、阜阳、颍上

续表

东汉政区	人口	密度	郡国属县 总数	郡国属县 本省	本省人口	含今政区县市
丹阳郡	630 545	12.21	16	8.5	334 977	跨江苏省、浙江省，本省北有马鞍山、郎溪、广德，南有东至、祁门、黄山，西至长江，东至省界
合计				66	2 948 487	

三十一　江苏省

属徐州刺史部和扬州刺史部。据《后汉书·郡国志》所记载的永和户口，按属县分割，有户籍人口 2 123 424，比西汉的 2 940 692 口减少了 80 多万。然而经过考查分析，它的实际人口要比见于统计的人口高得多。

江苏省江北地区全属徐州各郡国。在东汉末年，徐州牧陶谦死后，陈登劝刘备自领徐州时说过，徐州户口百万。这时的徐州地区，已是饥荒连年，多有人饿死。几次黄巾起义，均遭残酷镇压，人口已经遭到了重大损失。献帝初平四年（193），曹操攻陶谦，于彭城（今徐州）附近坑杀男女数十万口。又攻取虑（今睢宁西）、睢陵（今盱眙北）、夏丘（今江苏省泗阳），纵兵屠杀，鸡犬不留，死十余万人，其他地区也都遭到不同程度的损失。在这种情况下，还能有百万人口（袁术残破淮南是在上述战乱饥荒之后，且主要在安徽省境内），说明在大战乱之前的东汉永和时，徐州人口至少也当保持西汉时的水平。

再从桓帝时人崔寔作《政论》所说的青、徐、兖、冀四州，人稠地狭，耕地不足来分析，两汉时期这些地区的地理自然环境，没有明显的变化，而东汉的生产力却比西汉有所提高。然而西汉徐州人口 463 万，没有人稠地狭之感，而东汉按统计人口只有 279 万（西汉徐州政区有所调整，东汉略大于西汉，反而人口更少了）却感到人口多到耕地不足使用。这又说明了什么呢？正说明东汉永和时的实际人口，虽不能说比西汉有很大的增长，但至少可以说，不少于西汉元始二年的人口。究其原因，正如《后汉书·仲长统传》所说的，朝廷编户"遗漏既多，又蛮夷戎狄居汉地者尚不在焉。"在徐州地区少数民族已极少见，但户口隐漏却是大量的，"豪人之室，连栋数百，膏田满野，奴婢千群，徒附万计。"这句话并不是夸张之词。东海郡朐县（连云港西南）人麋竺，累世经商"僮客万人，赀产钜亿。"① 一个有财势的大商人，竟可拥有奴婢万人，其他遍于郡县的大小豪强地主，又可想而知。西汉并没有这种严重的情况，所以据多种情况分析，东汉徐州的实际人口，至低不少于西汉时期。东汉徐州人口2 791 687，按郡县分割，江苏省境内1 410 150口（其他州在本省者不在内），占全州人口的50.51%。西汉徐州人口4 633 861，也按这个比例提取，就是说东汉徐州在江苏省境内的人口也不能少于2 340 563口。再加沛国在江苏省内的人口119 180，江苏省长江以北地区的实际人口当在246万以上。

江南地区属扬州刺史部，分割人口574 389，这同样是一个远远低于实际的人口数。不仅也存在着大量隐漏，即按漏籍户口稍低于江北地区来估计，也得有人口70万。而且在西南部的茅山地区也有一定数量的山越人，这里不做具体分析。按考查安徽省人口时对丹阳郡人口的分析，少也有几万人。江南地区的实际人口当在70万以上。江苏全省的实际人口，不能少于316万。

表4-28　　　　　　　　江苏省户籍人口表

东汉政区	人口	密度	郡国属县 总数	郡国属县 本省	本省人口	含今政区县市
丹阳郡	630 545	12.21	66	5.5	216 750	跨安徽省、浙江省，本省南京、江宁、句容、溧水、高淳、溧阳
吴郡	700 782	18.69	13	7	377 344	跨浙江省，本省镇江、丹阳、金坛、宜兴，以东及上海市辖区
广陵郡	410 190	15.59	11	11	410 190	泗阳、洪泽、宝应、灌南、建湖、盐城、金湖、高邮、六和、仪征、扬州、江都、泰州、姜堰、兴化、东台、海安
下邳国	611 083	30.87	16	11	420 120	跨安徽省，本省邳县、睢宁、宿迁、沭阳、淮安、泗洪、盱眙
东海郡①	706 416	54.70	13	5	271 698	跨山东省，本省新沂、东海、赣榆、连云港、灌云

---

① 《三国志·蜀书·麋竺传》。

续表

东汉政区	人口	密度	郡国属县总数	郡国属县本省	本省人口	含今政区县市
彭城国	493 027	71.21	8	5	308 142	跨山东省、安徽省，本省徐州
沛国	1 251 393	49.37	21	2	119 180	跨山东省、安徽省、河南省，本省沛县、丰县
合计				47	2 123 424	

注：

① 本省东部沿海地区，仍有大片土地当时尚未退滩，同西汉时大体差不多。

三十二 上海市

属扬州刺史部吴郡。大部分地区仍为未退滩水面，与西汉大体相同，即在退滩的地面上，东汉时也无县治之设。辖区西部虽有少量人口，但难以作出估计，仍附于江苏省，不另做具体分析。

表 4-29   东汉中期各省区人口汇总

顺帝永和五年（140）

省区	考证人口	户籍人口	省区	考证人口	户籍人口
河南	14 000 000	9 211 346	贵州	1 030 000	135 517
山东	14 000 000	9 037 766	湖北	2 050 000	1 792 784
河北	7 084 385	5 733 482	湖南	2 400 817	2 300 821
北京	611 910	611 910	广西	1 318 299	564 946
天津	120 000	110 200	海南	130 000	—
辽宁	900 000	351 133	广东	1 027 328	569 485
吉林	400 000	—	福建	450 000	34 371
黑龙江	250 000	—	台湾	60 000	
内蒙古	1 100 000	91 735	江西	1 800 000	1 750 396
山西	2 100 000	1 263 932	浙江	1 200 000	849 081
陕西	1 600 000	774 478	青海	300 000	8 378
甘肃	1 330 000	478 332	新疆	800 000	
宁夏	200 000	23 489	西藏	900 000	
四川	5 700 000	3 717 196	安徽	4 075 000	2 948 487
重庆	1 131 520	742 151	江苏	3 160000	2 123 424
云南	1 768 451	1 155 188	上海	—	
			总计	72 997 710	46 380 028

第五节 后　　叙

东汉人口至桓帝永寿三年（157），从所见记载的人口数字看，达到了它的顶峰。按《晋书·地理志》的记载为 56 486 856。但经考证，虽然它的实际人口要比这个统计数字高得多，但在时间上至多推迟到五年后的延熹八年（165）。因为在这个过程里一直是灾荒不断，"比岁不登，民多饥穷，又有水旱。疾疫之困，盗贼征发，南州尤甚。"[①] 延熹九年（166），在各处继续有灾的情况下，司隶、豫州特别严重，"饥死者什四五，至有灭户者。"[②] 按照《后汉书·郡国志》的记载，司、豫两州的总人口 928 万多，十去四五，就是 400 多万，虽然实际上死人不一定有这么多，就是死人百万，在当时的情况下，想在短时期内得到恢复也是十分困难的。到灵帝时，虽然灾害略少些，但封建统治阶级对人民的剥削却更残酷，人民生活更贫困，人口增殖能力严重下降，小规模农民起义到处发生，想恢复到桓帝永寿三年的人口水平，绝无可能。且在不久后的中平元年（184）便爆发了全国规模的黄巾农民大起义，起义被镇压后，接着便是军阀割据，几十年的大战乱，社会经济遭到全面大破坏，不仅人口再没有恢复的机会，而且一直在不断地下降着。

关于东汉人口峰值时间，按上面的分省区考证，在今版图内全国总人口可达 7 299 万，虽然考证使用的基础数据是《后汉书·郡国志》记载的永和五年（140）各郡国户口数，但至桓帝永寿三年（157）只有 17 年，在这个过程里的人口基本上处于停滞状态，而且记载也很混乱。《后汉书·郡国志》记载永和五年的户口总数，户 9 698 630，口 49 150 220，但下面的注文引应劭《汉官仪》的记载，永和中有户 1 078 万，人口已经达到 53 869 588。接着又说，按《帝王世纪》的记载，永嘉元年（145）的户口，比之上面所记永和五年户口，户多 978 771，口多 7 216 636。这就是说，按《帝主世纪》的记载，在永寿三年，12 年以前的永嘉元年，已经可有户 10 677 401，口 56 366 856，与《晋书·地理志》记载的桓帝永

[①②]　《后汉书·桓帝纪》。

寿三年的人口，相差只有12万。虽然这两个人口数字的前两位数和后四位数完全相同，或其间有误，但也说明，永和年间的人口和永寿三年的人口并无大的差异，东汉人口峰值时间就在其间。使用永和五年的人口统计做底数进行考证分析，并不影响对峰值时间的认定。

东汉人口在峰值过后不久便开始下降，不仅各种自然灾害接连发生，而且人祸更甚于天灾。本来社会经济已经在萎缩，但封建统治者的穷奢极欲，却达到了无以复加的程度，对人民的剥削更残酷。灵帝统治时期，从皇帝到大小朝官，竞相大兴土木，建筑豪华的宅第和游乐场所，造成国库空虚，除加征赋税外，并实行公开的卖官。买官的人现钱不足，还可以赊欠，待上任后加倍还款。这就是说买到官之后，可以尽情地对人民搜刮勒索。由于买官的人太多，无处安排，便缩短任期，一县之令，一年数任。这些买官的人上任之后的第一件大事便是对人民疯狂的搜刮，唯恐解任时捞不回本钱。人民受害之深可想而知，以致穷困到无以聊生的地步，终于在灵帝中平元年（184）爆发了全国规模的农民大起义，在镇压与反抗的残酷斗争中，人口开始急剧下降。

这次农民大起义虽然失败了，但东汉政权也名存实亡。在镇压农民起义的过程中，各地豪强地主和州郡官，纷纷组织武装。起义被镇压后，这些封建军阀便拥兵割据，各霸一方，各自为政，朝廷完全失去了对全国的控制。为了争夺势力范围，各派军阀之间，互相攻杀，形成了空前的军阀大混战，甚至对无辜平民进行血腥的大屠杀。对社会生产造成了全面的大破坏，灾荒连年，疫病流行，人口大批死亡。《通典》说："兴平建安之际，海内荒残，人户所存十无一二。"这个估计虽不确切，但说明了问题的严重性。东汉末年的人口大耗损和西汉末年的情况有所不同。西汉人口达到高峰后不久，封建政权便灭亡，其人口大耗损是在王莽篡汉后的莽新政权时期和东汉建立的过程中。东汉人口虽然达到了比西汉更高的水平，但它却是经过了数十年天下大乱之后才灭亡的，它的人口在其灭亡前夕，已经耗损殆尽，人口损失的程度更甚于西汉末年，具体能剩多少人口，没有这方面的统计，大约只剩一千数百万，又降到了比战国中期还要低的水平。

附录：   东汉郡国户口统计

表 4-30   顺帝永和五年（140）

州	郡国	户数	口数	郡国治地（今地）
司隶校尉部	河南尹	208 486	1 010 827	河南洛阳东北
	河内郡	159 770	801 558	河南武陟西南
	河东郡	93 543	570 803	山西夏县西北
	弘农郡	46 815	199 113	河南灵宝北
	京兆尹	53 299	285 574	陕西长安
	左冯翊	37 090	145 195	陕西高陵
	右扶风	17 352	93 091	陕西兴平南
冀州刺史部	魏郡	129 310	695 606	河北磁县南
	钜鹿郡	109 517	602 096	河北宁晋南
	常山国	97 500	631 184	河北元氏西北
	中山国	97 412	658 195	河北定州
	安平国	91 440	655 118	河北冀州
	河间国	93 754	634 421	河北献县东南
	清河国	123 964	760 418	山东临清东
	赵国	32 719	188 381	河北邯郸
	勃海郡	132 389	1 106 500	河北南皮北
幽州刺史部	涿郡	102 218	633 754	河北涿州
	广阳郡	44 550	280 600	北京市城区
	代郡	20 123	126 188	山西阳高
	上谷郡	10 352	51 204	河北怀来东南
	渔阳郡	68 546	435 740	北京密云东南
	右北平郡	9 170	53 475	河北丰润东
	辽西郡	14 150	81 714	辽宁朝阳东
	辽东郡	64 158	320 790	辽宁辽阳
	玄菟郡	10 594	43 163	辽宁沈阳东
	乐浪郡	61 492	257 050	朝鲜国平壤
	辽东属国	—	—	辽宁义县
并州刺史部	上党郡	26 222	127 403	山西长子
	太原郡	30 902	200 124	山西太原南
	上郡	5 169	28 599	陕西榆林南

续表

州	郡国	户数	口数	郡国治地（今地）
并州刺史部	西河郡	5 698	20 838	山西离石
	五原郡	4 667	22 957	内蒙古包头西
	云中郡	5 351	26 430	内蒙古托克托北
	定襄郡	3 153	13 571	山西右玉南
	雁门郡	31 862	24 900	山西代县西北
	朔方郡	1 987	7 843	内蒙古磴口北
凉州刺史部	陇西部	5 628	29 637	甘肃临洮
	汉阳郡	27 423	130 138	甘肃甘谷东
	武都郡	20 102	81 728	甘肃徽县西
	金城郡	3 858	18 947	甘肃兰州西
	安定郡	6 094	29 060	甘肃镇原东南
	北地郡	3 122	18 637	宁夏青铜峡南
	武威郡	10 042	34 226	甘肃武威
	张掖郡	6 552	26 040	甘肃张掖西北
	酒泉郡	12 706	50 824	甘肃酒泉
	敦煌郡	7 048	29 170	甘肃敦煌
	张掖属国	4 656	16 952	甘肃高台北
	张掖居延属国	1 560	4 733	内蒙额济纳
益州刺史部	汉中郡	57 344	267 402	陕西汉中
	巴郡	310 691	1 086 049	重庆市城区
	广汉郡	139 865	509 438	四川广汉
	蜀郡	300 452	1 350 476	四川成都
	犍为郡	137 713	411 378	四川彭山
	牂牁郡	31 523	267 253	贵州黄平西南
	越嶲郡	130 120	623 418	四川西昌
	益州郡	29 036	110 802	云南澄江西
	永昌郡	231 897	897 344	云南保山东北
	广汉属国	37 110	205 652	甘肃文县
	蜀郡属国	111 568	475 629	四川名山北
	犍为属国	7 938	37 187	云南昭通
交州刺史部	南海郡	71 477	250 282	广东广州
	苍梧郡	111 395	466 975	广西梧州

续表

州	郡国	户数	口数	郡国治地（今地）
交州刺史部	郁林郡	——	——	广西桂平
	合浦郡	23 122	86 617	广西合浦东北
	交趾郡	——	——	越南国河内东北
	九真郡	46 513	209 894	越南国清化西北
	日南郡	18 263	100 676	越南国广治西北
荆州刺史部	南阳郡	528 551	2 439 618	河南南阳
	南郡	162 570	747 604	湖北荆州
	江夏郡	58 434	265 464	湖北新洲
	零陵郡	212 284	1 001 578	湖南双牌北
	桂阳郡	135 029	501 403	湖南郴州
	武陵郡	46 672	250 913	湖南桃源
	长沙郡	255 854	1 059 372	湖南长沙
扬州刺史部	九江郡	89 436	432 426	安徽凤阳西南
	庐江郡	10 139	424 683	安徽庐江西南
	丹阳郡	136 518	630 545	安徽宣城
	吴郡	164 164	700 782	江苏苏州
	会稽郡	123 090	481 196	浙江绍兴
	豫章郡	406 496	1 668 906	江西南昌
豫州刺史部	颖川郡	263 440	1 436 513	河南禹州
	梁国	83 300	431 283	河南商丘南
	沛国	200 495	1 251 393	安徽濉溪西北
	陈国	112 653	547 572	河南淮阳
	鲁国	78 447	411 590	山东曲阜
徐州刺史部	东海郡	148 784	706 416	山东郯城
	琅邪郡	120 804	570 967	山东临沂北
	彭城国	86 170	493 027	江苏徐州
	下邳国	136 389	611 083	江苏邳州南
	广陵郡	83 907	410 190	江苏扬州
兖州刺史部	陈留郡	177 529	869 433	河南开封南
	东郡	136 088	603 393	河南濮阳南
	东平国	79 012	448 273	山东东平东
	任城国	36 442	194 156	山东济宁

续表

州	郡国	户数	口数	郡国治地（今地）
兖州刺史部	泰山郡	80 929	437 317	山东泰安东
	济北国	45 689	235 897	山东长清南
	山阳郡	109 898	606 091	山东金乡西北
	济阴郡	133 715	657 554	山东定陶
青州刺史部	济南国	78 544	453 308	山东章丘西北
	平原郡	155 588	1 002 658	山东平原南
	乐安郡	74 400	424 075	山东博兴东北
	北海国	158 641	853 604	山东昌乐
	齐国	64 415	491 765	山东淄博东
	东莱国	104 297	484 393	山东蓬莱南
总计	104	9 523 966	47 182 312	

说明：

表中陈国、沛国、泰山郡、琅邪郡、永昌郡、敦煌郡、酒泉郡、辽东郡、玄菟郡，原书记载有误，表中数字均做了重新考证。另外，有些郡平均每户人口偏高，如雁门郡，平均每户7.81口，高得不算太突出。勃海郡，平均每户8.36口，但冀州其他郡国平均每户都在六七口。所以均未做改动。

第五考 西晋前期

武帝太康三年（282）

第一节 导 语

东汉末年的战乱，不仅给人口造成了巨大的损失，比之东汉的峰值人口，十损七八，经过考证，在原东汉统治区内，所剩人口大约只有一千二三百万。同时也导致了国家的分裂。各派军阀势力争战的结果，形成了三股较大的势力。曹操占据中原，刘备偏处西南的巴蜀地区，孙权则据东南方长江下游以南地区，形成了鼎足之势。于公元220年，曹操（已死）子曹丕篡汉，国号魏，史称曹魏，定都洛阳。公元221年，刘备据四川称帝，国号汉，史称蜀汉，定都成都。公元222年，孙权据武昌称吴王，公元229年称皇帝，国号吴，定都建业（今江苏南京）。从此正式形成三分天下。

进入三国时期以后，虽然军阀混战的那种局面结束了，但由于鼎立三方都想通过武力把中国统一到自己这方面来，由原来的军阀混战，各霸一方，变成了三方对峙，兼并战争继续在进行。只是战争的前线地区，由到处是战场，变成了主要在三国对峙的边界地区，使大部分地区，社会比较安定了一些。同时，为了战胜对方，各国都讲求富国强兵，以增强兼并的实力，因而也采取了一些恢复发展生产的措施。但由于兼并战争继续在进行，军费开支太大，加以封建统治阶级穷奢极欲的腐朽生活，人民的赋役负担仍很沉重，生活没有得到多大的改善，因而人口也没有得到多大的恢复增长。由于历史上没有留下三国时期完整的人口统计，更没有分地区的人口统计，因此也就无法按当代省区做具体的人口考证。经过粗略的考证分析，直到三国末期，即曹魏灭亡的魏咸熙二年（265），在原东汉统治区内的人口，也只达到2 279万。其中曹魏1 329万，蜀汉400万，吴国

550万。由于距下面要考证的以西晋太康三年为时点的各省区人口，在时间上仅仅过了17年（距吴灭更只有三年），中间又无大的战乱饥荒，人口不会有太大的变化，所以对三国时期不做分省区人口考。

公元265年，司马炎篡魏，建立晋朝，仍定都洛阳，史称西晋。此时蜀汉已灭（263），而吴国又继续存在了15年，于晋太康元年（280）灭于晋，结束了长达60年的分裂局面。此年包括灭吴新得户口，西晋统治区共2 459 840户，16 163 863口。但这个户口数并不准确，尚不及考证的三国末期相同地区的2 279万多，因此只能以下面分省区考证为准。至太康三年（282），西晋政权对各郡国做了一次全面的户口调查统计，但《晋书·地理志》只有户数的记载，不见分郡国人口数的记载。且《晋书·地理志》记户也很粗略，多是按四舍五入处理，只有百位、千位以至万位数的记载，这就难免与实际统计有出入。同时从各州对属下各郡国的合计数字看，也多有不相符。例如，司州统郡12，原书合计户492 400，经重新合计为486 100。梁州统郡8，原合计户76 300，经重新合计为80 800，等等。按原书所载各州户数总计为2 480 805，经重新合计为2 513 365，而且还脱了一个北海国不包括在内。说明对各郡国户数的记载还会有很多错误，这将在分省区考证中予以纠正。另外，南朝宋人裴松之在为《三国志》作注中说："案晋太康三年地记，晋户有三百七十七万。"① 经考证，虽然距太康元年又过了两年，在社会比较安定的情况下，人口会有所增长，但不会有如此高的增长，实际是"二百七十七万"之误。而且经过后面的分省区考证，也证明太康三年的户数，大体上就是277万户。原书记载各郡国的户数，虽有很多错误，但从总体来说，基本上符合当时的实际情况，所以本书将以此为基础，对各省区在西晋太康时的人口展开考证。

还有几个问题需要说明：一是还有很多宗室子弟封王和功臣的受封邑户，不在《地理志》记载各都郡国户数之内。而且这些封户都是实实在在的民户，由封主们直接征收赋税，作为他们的贡养之地，而不是虚爵空名。《晋书》卷五十九《八王传序论》有这样一段话说得非常清楚："魏武忘经国之宏规，行忌刻之小数，功臣无立锥之地，子弟君不使之人，徒

---

① 《三国志·魏书·陈羣传·注》。

分茅社，实传虚爵，本根无所庇荫，遂乃三叶而亡。""有晋思改覆车，復隆盘石。"① 这就是西晋要分封实土的原因。实际上曹魏的灭亡，并不是因为封王不封实土。而且在两汉时人们便认识到分封实土是导致国家分裂的重要原因之一。所以《序论》在抨击曹魏不封实土"三叶而亡"之后，调过头来又说了西晋分封实土的弊端，导致"八王之乱"，使西晋也只三世而亡。《序论》是矛盾的，但这个评论足以证明，西晋的分封确为带有民户的实土。《晋书·地理志》有些郡国记户特别少。如谯国、东平国、下邳国、沛国等，原因就在于王侯封户不在其中，但在每一个王国里又不都是封户，诸王封户多的，又往往跨有几个郡国，这些都将在分省区考证中，做具体的分析说明。至于王侯封户的具体数量，《晋书》记载很不完整，且时有改封变动，没有统一的统计数字，粗略综合，有20多万户，与《晋书·地理志》综合数相加，共270多万户。

二是《晋书·地理志》对各郡国只有户数的记载，没有人口数的记载，而本书要考证的主要是人口数，这样只能用户数折算人口数。按《地理志》所记太康元年户口数，户2 459 840，口16 163 863，平均每户6.57口。由于各地情况不尽相同，用一个统一的户均人口去折算，难免与实际人口有出入，但也不会有大的出入。户均人口的多少，一般来说是由赋税制度决定的。魏、晋都没有人口税，也不以每户人口多少征调赋税，而户税的多少与每户人口多少又无直接关系。户里的劳动力多，反而对发展生产有利，所以形成了较高的户均人口。而且由于全国赋税制度统一，各地户均人口也不会有大的差异。至于有些地区按统计户数折算的人口计算的人口密度，明显不符合实际，则按地理自然条件与相邻地区比较，估计一个比较切合实际的人口密度，再按郡国面积推算郡国人口。

对于一些少数民族地区，主要根据人口活动估计人口数，或联系前后史做必要的推算。用这些方法所得到的人口数据，都不可能是十分准确的，但经反复考证分析，也不会有很大的出入。

关于各郡国的名称，有的郡也有诸王封户，但《地理志》仍记为郡，

---

① 君不使之人——虽被封为一国之君，但不授实土，国中人民不受其役使。行忌刻之小数——说的是曹操不从经国的宏观去看问题，猜忌多而刻薄，对子弟诸王不封实土。徒分茅社——只封给空的王位名号。

有的虽记为"国",却不见有诸王封户的记载。《晋书·地理志》不仅记户粗略,记事也很粗略,受封时间不齐,更无国除时间。所以本书也只能使用原书记载的名称,不另做说明,因为它基本上不影响对人口的考证。

还要说明的一个问题是,由于《晋书·地理志》原记载各郡国户口,有很大一部分不准确,所以对各省区人口表,原设计有考证人口表和户籍人口表两种,分别记述各郡国原统计户口数和经过考证的户口数。但又觉这样太烦琐,因而两表归一,把基本内容都统一到考证人口表中。户籍人口表中原使用的《地理志》户数,作为附录附于本考之后,以供参考。但个别省区由于原郡国户口统计与实际人口无大的出入,所以仍保留户籍人口表,不设考证人口表,请注意表题。关于各郡国户口考证的具体情况,正文中均有说明。

对西晋时期的人口考证非常复杂,除了《晋书·地理志》记载的各郡国户数外,还有很多王侯封户不在其中,还有大量豪强地主的私附民户以及各种漏籍户,没有明确的记载。在很多地方还有大量与汉民杂处的少数民族人口也没有统计记载。这些都需要经过分别考证之后,才能综合出一个统一的考证结果。其难度之大,可想而知。然而又不能绕过它们,只能多费些笔墨,从错综复杂的情况中考证出一个能基本反映当时人口情况的数据。

第二节 北方各省区人口考

一 河南省

河南省地处中原腹心地区,是历次全国大战乱的主要战场,受害都特别严重。东汉末年的战乱,全国人口十去七八,而河南省的损失尤其惨重。只是由于这里是统治中心,战争结束后,封建统治者又从很多地方向这里移民,其后六十余年,社会又比较安定,生产有了一定的恢复发展,人口也有所恢复发展。到西晋太康三年(282),按《晋书·地理志》记载的户数分割,已达到467 470户,约3 071 273口,成为全国人口最稠密的省区。不过它的实际人口还要更高些,不仅诸王侯的封户不在郡国统计之内,更有贵族官僚合法与不合法地占有大量民户为私附不在统计之中。

鉴于官僚豪强占有私附的猥滥，严重影响了封建国家的赋税收入，太康元年平吴后曾进行赋役改革，并对占有私附的数量，按官阶做了限制规定。这个规定即使不可能得到严格的遵守，按各级官僚数量总数，按规定的级别占有总量，再加上几倍，也不能超过总户数的10%。这就是说也不能把私附的数量估计得过高。下面对河南省各郡国人口稍做具体分析。

河南郡，是曹魏和西晋两代郡城所在地。按《晋书·地理志》（以下凡讲西晋人口时，一般只简称《地理志》）记载，户114 400，折算人口75万多。但这里是贵族官僚最集中的地方，他们在洛阳附近占有大量土地，收纳大量私附民户为其经营。而各王侯除在封国内有封户以供其征收赋税外，仍在都城附近广置产业。大概由于太多太滥，朝廷想有所限制，所以《晋书·食货志》有这样一条记载："及平吴之后，有司又奏：诏书'王公以国为家，京城不宜复有田宅。'今未暇作诸国邸，[①] 当使城中有往来处，近郊有刍藁之田，今可限之。国王公侯，京城得有一宅之处。近郊田，大国十五顷，次国十顷，小国七顷。城内无宅城外有宅者皆听留之。"这里说的意思是，受封的国王公侯，已经在其封国之内有封给的民户，供其役调，不应再在京城附近占有大量田产和私附民户。但他们赖着不肯交出，朝廷无可奈何，只是想限制一下。对诸王来说，大多数是在西晋建立的次年（266）受封，至平吴时已14年，何以十几年尚未建邸？事实上他们一直霸占着在京城已有的田产，且其数量远远超过规定的数额。还有众多的官僚贵族，都在京城附近占有大量民户为私附，经营着他们的土地庄园。还有皇室及职官贵族的服役人员，数量也很庞大。前面考查东汉河南尹人口时，实际人口要超过户籍人口一倍以上，西晋的河南郡，作为帝都所在地，已经经营了六十多年（包括曹魏时期），又出现了相当于东汉时期的繁荣。其人口也当有更高积聚繁衍，估计它的实际人口，要在200万以上。

顿丘郡（含今内黄、南乐、清丰、濮阳、范县），面积2 967平方公里。原书记载6 300户，折算人口41 391，每平方公里约14人。没有比较也就难以确认这个户口数是否切合实际，可是与相邻郡国一比较便发现，与实际情况相差太悬殊。在其西北相邻的是魏郡（跨河南、河北两

[①] 诸国邸——诸王的官府，即王宫或王府。

省，在河南有安阳、汤阴、鹤壁、浚县、滑县，河北有临漳、魏县、大名），面积 6 615 平方公里，户 40 700，折口 267 399，每平方公里 40 人。两郡的地理自然条件没有很大的差异，其人口密度决不会有如此大的差别，实为 16 300 户之误，按这个户数折算的人口计算，每平方公里为 36 人。还同相近的其他郡做了比较，这个人口密度大体差不多。

陈留国，《地理志》原记户 30 000。曹魏灭后，最后一个皇帝曹奂被降封为陈留王，食邑万户。合计 40 000 户，折 262 800 口，每平方公里 22 人。

梁国，原书记载 13 000 户，折口 85 410，每平方公里 6 人。即使加上梁王司马肜的封户 5 358，每平方公里也才 8.59 口，与相邻郡国比较，显然偏低。其北邻陈留郡与梁国的自然地理条件并无太大的差异，每平方公里 22 人。东汉梁国每平方公里 62 人，陈留郡 72 人。在西晋虽然总人口没有恢复到东汉时的水平，但在人口布局上不会有太大的差异。对西晋的梁国，即按每平方公里 15 人估计，也得有 32 068 户，约 210 690 口。

南阳国，《晋书·地理志》记为 24 400 户，每平方公里才 8 人。和相邻郡国比较，很明显偏低于实际太远。先看相邻郡国的情况。南乡郡，跨湖北省，治湖北省丹江口东南，在南阳国之西，属南阳盆地边缘，地多山区，历来人口比较少，《地理志》记户 20 100，每平方公里 10.61 人。又义阳国，治新野，在南阳盆地南部边缘，跨湖北省，《地理志》记户 19 000，义阳王司马望封户 10 000 不在其中。另有新野王司马歆，在太康初受封为新野县公时邑户 800，其后进封新野郡王，邑户 20 000。此时虽在"八王之乱"期间，离太康三年稍远，但从这一地区的自然地理条件分析，他所受封的地区即在太康三年也少不了 20 000 户。作为义阳国，合计不能少于 49 000 户，约 321 930 口，每平方公里 13.4 人。下面再看南阳国，《晋书·秦王柬传》记载，司马柬泰始六年封汝南王，咸宁初徙封南阳王，太康十年又徙封于秦（秦州，治今甘肃天水西北），邑 8 万户，"于时诸王封中土者，皆五万户，以柬与太子同产，故特加之。"他虽徙封于秦，曾为镇西将军，但他的封户仍在南阳，因为整个秦州也只 32 000 户，特别是"诸王受封中土者"一语，足可以证明，他的封户主要在中土南阳，秦州 30 000 户是后加的，在南阳少也有 50 000 户，与《地理志》记载的编户相加，共 74 400 户，488 808 口，每平方公里也只

24 人（东汉时就西晋南阳国所辖地区可在百人左右），同这里优越的自然地理条件比较，就当时来说，也是偏低的估计。

安丰郡，跨安徽省，包括本省今固始、商城，安徽省霍丘、金寨。《地理志》记户 1 200，每平方公里仅 0.7 人。其西部相邻的弋阳郡，跨湖北省，有本省今潢川、光山、新县，湖北省红安、新洲以东的大别山以南地区，16 700 户，每平方公里 5 人。两郡，自然地理条件无大的差异，都含有大别山部分地区，山前山后均无县治之设。安丰郡 11 250 平方公里，置 5 县，而弋阳郡 21 945 平方公里，只置 7 县，相比之下安丰郡更觉空旷。经分析安丰郡的户数实为 12 000 之误，纠正后，每平方公里也只 7 人。

其他郡国不再做具体的考查分析，有些跨省郡国在本省未考者，另见别省。综合上述，河南省在西晋时的人口，至少当有 507 万，而不是按《地理志》原记载户数分割的 307 万。

表 5-1　　　　　　　　河南省考证人口表

西晋政区	人口	密度	郡国属县 总数	郡国属县 本省	本省人口	含今政区县市
河南郡	2 000 000	154.74	12	12	2 000 000	洛阳、偃师、巩义、登封、禹州、汝州、汝阳、嵩县、伊川、宜阳、新安、义马、孟津
荥阳郡	223 380	32.31	8	8	223 380	郑州、荥阳、新密、新郑、中牟、原阳
河内郡	341 640	59.92	9	9	341 640	济源、沁阳、孟州、温县、博爱、焦作、武陟、修武
弘农郡	91 980	9.40	6	5	76 650	跨陕西省，本省灵宝、三门峡、陕县、渑池、洛宁
上洛郡	111 690	5.15	3	1	37 230	跨陕西省，本省卢氏、栾川
魏郡	267 399	40.42	8	5	167 124	跨河北省，本省安阳、汤阴、浚县、滑县、鹤壁
汲郡	243 090	42.54	6	6	243 090	林州、淇县、卫辉、辉县、新乡、获嘉
顿丘郡	107 091	36.09	4	4	107 091	南乐、清丰、内黄、濮阳、范县

续表

西晋政区	人口	密度	郡国属县 总数	郡国属县 本省	本省人口	含今政区县市
濮阳国	137 970	28.38	5	3	82 782	跨山东省，本省无今县治，处濮阳、滑县、卫辉、延津、长垣等县的边缘地区
陈留国	262 800	21.87	10	10	262 800	延津、封丘、长垣、开封、兰考、民权、睢县、杞县、通许、尉氏、扶沟
梁国	210 690	15.00	12	11	193 133	跨安徽省，本省宁陵、商丘、虞城、夏邑、柘城、鹿邑、太康、淮阳、郸城、沈丘
谯郡	72 001	5.00	7	1	10 286	跨安徽省，本省永城
汝阴郡	121 545	8.80	8	2	30 386	跨安徽省，本省新蔡、淮滨
安丰郡	78 840	7.10	5	3	47 304	跨安徽省，本省固始、商城
弋阳郡	109 719	5.00	7	4	62 697	跨湖北省，本省潢川、光山新县
汝南郡	141 255	10.33	15	15	141 255	西平、上蔡、项城、遂平、舞钢、汝南、平舆、确山、正阳、息县
义阳郡	321 930	13.40	14	8	183 960	跨湖北省，本省罗山、信阳、桐柏、唐河、新野、邓州
颍川郡	185 931	27.14	9	9	185 931	长葛、许昌、鄢陵、临颍、郾城、漯河、西华、商水
襄城郡	118 260	23.56	7	7	118 260	郏县、宝丰、襄城、舞阳、叶县、平顶山
南阳国	488 808	24.31	14	14	488 808	鲁山、方城、南召、内乡、镇平、社旗、泌阳
南乡郡	132 057	10.61	8	4	66 029	跨湖北省，本省西峡、淅州
济阴郡	76 593	10.00	9	1	8 510	跨山东省，本省无今县治，晋有离狐县，在今东明北
合计				143	5 078 346	

二　山东省

山东省是东汉末年战乱饥荒期间，人口受损失最严重的地区之一。虽经三国、西晋前期的恢复，但仍远不及东汉最盛时的人口。按《晋书·地理志》的记载，只有约 168 万口。虽然原书对各郡国户数的记载，有很多错漏失误的地方，但对人口总量来说，那不是根本的问题。主要是三国、西晋的统治者对人民的剥削太残酷，人民生活低下，人口得不到恢复。经重新审查修正，综合各郡国人口，也只 244 万，不及东汉最盛时的百分之二十。下面对一些郡国稍做具体考查分析。

济南郡，《晋书·地理志》记户 5 000，每平方公里 5 人多一点。与相邻郡国比较，明显地不切实际。东部相邻的齐国，每平方公里 39 人。东北部相邻的乐安国，地近黄河入海处，多盐碱涝洼，即按《地理志》记载的 11 000 户平均，每平方公里也是 10 人多。但在乐安国内又有高苑县济川侯"地方六十里"，封户 1 400。还有司马鉴在西晋建立时受封乐安王，元康七年（297）死，封户不详。从以后曾以济阴郡 11 210 户封其后，可知做乐安王时，也不能少于万户，合计 22 400 户，约 147 168 口，每平方公里可在 20.07 人。而济南郡的地理自然条件，次于齐郡，优于乐安国，相比之下，其人口密度不能少于 25 人，当有人口 158 525 人，至于济南郡原记载户口为什么那么少，原因不清，当是官僚豪强私附户太多，或有其他封户失于记载。

北海国，《晋书·地理志》漏记，但经多方面考查，西晋时确有北海国，辖平寿、都昌、下密、胶东、即墨五县，《中国历史地图集》标记的非常清楚。至于它的户数，按原书记青州 37 县平均，每县 1 432 户补，可有 7 160 户。然而这仍不是他的实际户数。司马蕤初封长乐亭侯（长乐，今河南安阳东），后改封北海王，时间不详。永宁初（301）为平东将军，增邑满 2 万户，虽时间在后，但这些人口也不是一下子可以增长起来的，即在太康三年也不能少于 2 万户，每平方公里 34 人，符合这一地区一向人口比较稠密的实际情况。

东莱国，地处半岛东北部地区，《地理志》记户只有 6 500，每平方公里只有 2.6 人。太康初（280），司马蕤徙封东莱王，永宁元年（301）增邑满 20 000 户，此时距太康初已 20 年，人口会有所增长。但即在太康之初，东莱人口也不能少于 20 000 户，人口约在 131 400 口，每平方公里 8.12 人。

长广郡，地处胶莱河以东半岛南部地区。《地理志》记户 4 500，每平方公里3.6人。历史地看，这一地区的人口虽略稀少，但也不当如此之少，虽无具体史料可考，但粗略估计，每平方公里也得在5人以上，约41 000口。

城阳郡，地处沭河以东的东南山区，东北部也有部分平原丘陵，面积约16 700平方公里。《地理志》记户12 000，每平方公里4.72人。另据《晋书·宗宣传》记载，泰始初（265），司马泰受封陇西王，邑3 200户，元康年间改封高密王（城阳郡内，治今高密西），邑万户。此事虽在太康之后，说明城阳郡即在太康年间，最少也有22 000户，计其人口密度，每平方公里也只8.65人。

东莞郡，地处沂蒙山区，北部有少量平原。《地理志》记户10 000。另有司马伷在晋初受封东莞郡王，邑10 600户，合计20 600户，每平方公里约14.85人。

东海郡，跨山东、江苏两省，郡治在山东郯城。《地理志》记户11 100。司马越曾受封为东海王，死后要还葬东海，说明它这里有大量封户。永平元年（291），曾因诛杨骏有功，封5 000户侯，后又进封东海王，并组织起一支3万多人的强大军队，参与八王之乱。说明东海郡不能少于3万户，但每平方公里也只15人。

鲁郡，在东海郡西北，《地理志》记户3 500，每平方公里5人，晋初贾充受封鲁国公，平吴后增邑至8 000户。另有《晋书·宗室传》对彭城王司马权有这样一段记载：司马权死后，其孙司马释封为康王，拜平南将军，分鲁国蕃、薛二县以益其国，凡23 000户，实际是增封了15 000户，减去15 000户之后，两县当为8 000户，加贾充的封户8 000，鲁郡至少当有16 000户。增封时间虽在太康年间以后，即在太康时也不能少于14 000户，折口91 980，每平方公里20人。

泰山郡，《地理志》记户9 300。另外，这里还有羊祜受封钜平公3 000户，合计12 300户，每平方公里8.8人。

济北国，《地理志》记户3 500，每平方公里只有5.7人。北部相邻的平原国，即按《地理志》的记户31 000计，每平方公里也在15人，加封户11 300，每平方公里可达21人。济北虽为国，但不见封户的记载，即按7 000户估计补入，也只10 500户，68 985口，每平方公里才17人。对这一地区来说，只能是偏低的估计。

东平国，《地理志》记户6 400，加东平王司马懋的封户3 097，合计9 497户，每平方公里不足11人，实际人口可能会略高些。

高平国（即两汉之山阳郡），《地理志》记户3 800，也无高平王封户的记载。按5 000户补入，合计8 800户，折57 816口，每平方公里11.42人。

夹在高平国中间的任城国，《地理志》记户1700，每平方公里可达8人。另据《晋书·宗室传》记载，任城王司马陵"泰始元年，封北海王，邑4 700户。三年，转任城王之国"。具体封户没有说，如果说封北海国的4 700户又转封到任城国，与1 700户合计，就是6 400户，每平方公里可达30人，虽然这个人口密度的计算似乎偏高，但任城国面积较小，只有1 378平方公里，或有可能，不另做修改。因为两汉时期这一地区的人口密度都很高，任城国131，山阳国115，都高于相邻其他郡国。

阳平郡，原书记为51 000户，但经考查，同相邻其他郡国比较，无论从它的地区面积或自然地理条件，它都不可能拥有这么多户口，当为原书记载失误。实际上它只能在21 000户左右，约137 970口，每平方公里33人。

济阴郡，《地理志》记户7 600，另有乐安王司马鉴，元康七年死，又以济阴郡11 210户封其后。说明即在太康三年济阴郡也不能少于18 000户，每平方公里17人。

平原国，《地理志》记户31 000，另有平原王司马榦受封11 300户，合计42 300户，每平方公里21人。

由于《晋书·地理志》所记户口混乱，多所错淆，诸王封户的记载也很不完整，因此不可能作出很准确的考证分析。然而比原书的记载，还是会更接近实际些。

表5-2　　　　　　　　山东省考证人口表

西晋政区	人口	密度	郡国属县总数	郡国属县本省	本省人口	含今政区县市
济南郡	158 525	25.00	5	5	158 525	济南、长清、章丘、邹平、济阳
齐国	91 980	39.36	5	5	91 980	广饶，其余属桓台、淄博、青州边缘地区，无县治

续表

西晋政区	人口	密度	郡国属县 总数	郡国属县 本省	本省人口	含今政区县市
乐安国	147 168	20.07	8	8	147 168	滨州、高青、博兴、桓台、淄博、寿光
北海国	131 400	33.84	5	5	131 400	潍坊、昌邑、平度
东莱国	131 400	8.12	6	6	131 400	莱州、招远、龙口、蓬莱、栖霞、乳山及以东县市皆属
长广郡	41 000	5.01	3	3	41 000	莱阳、莱西、海阳、即墨、青岛
城阳郡	144 540	8.65	10	10	144 540	高密、胶州、诸城、胶南、五莲、莒县、莒南、日照
东莞郡	135 342	14.85	8	8	135 340	青州、昌乐、临朐、安丘、沂源、沂水
琅邪郡	193 815	22.93	9	9	193 815	蒙阴、沂南、费县、临沂、临沭、苍山
东海郡	197 100	15.49	12	7	114 975	跨江苏省，本省微山、枣庄、郯城
鲁郡	91 980	20.18	7	7	91 980	泗水、曲阜、滕州
泰山郡	80 811	8.78	11	11	80 811	泰安、莱芜、新泰、平邑
济北郡	68 985	17.23	5	5	68 985	阳谷、东阿、平阴、肥城
东平国	62 395	10.58	7	7	62 395	梁山、东平、汶上、宁阳
高平国	57 816	11.42	7	7	57 816	巨野、嘉祥、金乡、鱼台、兖州、邹城
任城国	42 048	30.51	3	3	42 048	济宁
济阴郡	118 260	15.44	9	8	105 120	跨河南省，本省东明、菏泽、定陶、成武、单县
濮阳国	137 970	28.38	5	2	55 188	跨河南省，本省鄄城、郓城
阳平郡	137 970	33.11	7	4	78 840	跨河北省，本省冠县、莘县
平原国	277 911	20.93	9	9	277 911	陵县、商河、临邑、平原、禹城、齐河、茌平、聊城
清河国	144 540	23.19	7	5	103 243	跨河北省，本省武城、夏津、临清、高唐
勃海郡	262 800	32.91	10	1	26 280	跨河北省，本省庆云、乐陵、宁津

续表

西晋政区	人口	密度	郡国属县 总数	郡国属县 本省	本省人口	含今政区县市
乐陵国	216 810	42.45	5	4	137 448	跨河北省，本省无棣、阳信、惠民、利津
彭城国	131 400	19.40	7	1	18 771	跨江苏省、安徽省，本省无今县治，晋有傅阳县，在今台儿庄西
合计				140	2 496 979	

说明：

①西晋在山东省域的政区，大部分为诸王封国，说明当时山东省的经济发展比较好，能够满足封建统治集团的腐朽生活，因而也必然有较多的人口。由于很多王侯的封户不见于记载，上面的考证也只是一个大体的情况，山东省的实际人口可能更高于上面的考证数。

②梁国跨有本省曹县，但无晋县治，故户口未做分割。

③沾化、垦利两县，西晋时仍为未退滩的渤海水面。

三　河北省

河北省也是东汉末年战乱的重灾区，人口损失惨重。其后在封建统治阶级的残酷压迫剥削下，又得不到很快的恢复。按《晋书·地理志》记载的户口分割，仅得220多万。但因有些郡国的户口记载与实际情况严重不符，特别是大量王侯封户不在统计之中，也不见有明确的记载，下面另做考证分析。

常山郡，大部分为人口稀少的太行山区，《地理志》记户24 000。但这里还有常山王司马衡的封户3 790，合计27 790户，折口182 580，每平方公里15人。如果就今石家庄周围百里地区来说，每平方公里可在五六十人。

高阳国，《地理志》记户7 000。西晋建立之初，司马睦受封中山王，邑5 200户，后因私募民户，国除，封户还归编户。其后虽又封为高阳王，但封户不详，估计仍当有5 200户，与《地理志》记户相加，合计12 200户，折80 154口，每平方公里20人。高阳国北部地多涝洼，周围郡国人口密度虽略高些，但就自然地理条件比较，也基本相称。

赵国，《地理志》记户42 000，约有人口275 940，每平方公里69人，同邻郡国比较，显得高得不切实际。因为在当时的条件下，没有任何原因使它集聚那么多的人口，当为 22 000 户之误。这样仍有人口 144 540 口，每平方公里 36 人。相比之下，仍不是偏低的估计。

巨鹿国，《地理志》记户 10 040，另有裴秀受封巨鹿郡公，邑 3 000 户，合计 13 040 户，85 673 口，每平方公里 16 人。同周边郡国比较，人口密度都比它高得多。在两汉期间，这一地区的人口并不比周边地区少。实际上也是原书记载有误，如果地方官府的赋役户按 20040 计，加裴秀的封户，合计 23 040 户，折算人口 151 373，每平方公里 27.5 人，与邻郡国比较，基本相称。

范阳国（两汉涿郡北部地区），《地理志》记户 11 000，人口约 72 270，每平方公里 7.29 人。这里在两汉期间是人口比较稠密的地方，西晋时人口虽少，但不当如此之少。在它东北部的燕国，半属长城内外的燕山山地，人口稀少，只其南部为平原地区，但仅《地理志》记户就为 29 000，又有燕王司马机的封户 6 663，合计户 35 663，约 234 306 口，每平方公里 9.64 人。如果就其南部地区（含今北京市南部及天津市部分地区），每平方公里可在十几人。可知《地理志》所记范阳国户口有误，虽然具体情况不清楚，估计至少当有 25 000 户，约 164 250 口，每平方公里 16.57 口，不能低于燕国南部地区。燕国主要在北京市所辖地区，另见北京市人口考。

其他郡国不再另做具体分析。

在河北省北部长城内外，还有很多少数民族人口没有统计在内，主要是鲜卑人和乌桓人，其后他们曾出兵中原，参与"八王之乱"。其人口发展很快，在数量上已经超过了汉民。在十六国初，后赵石勒曾徙广宁、上谷乌桓人 3 万户于襄国，按照其活动情况，东部鲜卑人更多于乌桓人。前面考证东汉人口时曾说过，这一地区早已有大量鲜卑、乌桓人。估计在西晋时河北省北部边境地区不能少于 40 万人，河北全省的实际人口不能少于 271 万人。

表 5-3　　　　　　　　　　河北省考证人口表

西晋政区	人口	密度	郡国属县 总数	郡国属县 本省	本省人口	含今政区县市
常山郡	182 580	15.29	8	8	182 580	阜平、曲阳、行唐、灵寿、正定、栾城、鹿泉、井陉、平山、石家庄

续表

西晋政区	人口	密度	郡国属县 总数	郡国属县 本省	本省人口	含今政区县市
中山国	210 240	34.88	8	8	210 240	满城、唐县、顺平、望都、定州、安国、深泽、无极、新乐
赵国	144 540	36.01	9	9	144 540	元氏、赵县、高邑、赞皇、临城、内丘
广平郡	231 264	19.92	15	15	231 264	任县、邢台、南和、鸡泽、沙河、永年、涉县、武安、磁县、邯郸、曲周、丘县、肥乡、成安、广平
魏郡	267 339	40.42	8	3	100 278	跨河南省，本省临漳、魏县、大名
巨鹿国	151 373	27.54	2	2	151 373	藁城、晋州、束鹿、宁晋、柏乡、隆尧、巨鹿、平乡
阳平郡	137 970	35.39	7	3	59 130	跨山东省，本省馆陶
安平国	137 970	24.37	8	8	137 970	武强、武邑、衡水、枣强、新河、南宫、广宗、冀州、威县
清河国	144 540	23.10	7	2	41 299	跨山东省，本省清河、临西
勃海郡	262 800	32.91	10	9	236 520	跨山东省，本省故城、景县、吴桥、阜城、东光、南皮、沧州、孟村、盐山、海兴
博陵国	77 526	42.41	4	4	77 526	安平、深州、饶阳
高阳国	80 154	20.30	4	4	80 154	徐水、保定、清苑、安新、高阳、肃宁、蠡县、博野
河间国	177 390	33.54	6	6	177 390	雄县、任丘、河间、献县、泊头
章武国	85 410	9.82	4	4	85 410	跨天津市，本省文安、晋县、大城、青县、黄骅
乐陵国	216 810	42.45	5	1	43 362	跨山东省，本省无今县治，晋治新乐在南皮东南
代郡	22 338	1.71	4	3	16 754	跨山西省，本省怀安、阳原、蔚县、涞源
广宁郡	25 951	3.09	3	3	25 951	万全、张家口、宣化、涿鹿
上谷郡	26 740	3.58	2	1	13 370	跨北京市，本省赤城、怀来
范阳国	164 250	16.57	8	7	143 719	跨北京市，本省易县、涞水、定兴、容城、固安、永清

续表

西晋政区	人口	密度	郡国属县 总数	郡国属县 本省	本省人口	含今政区县市
燕国	234 306	9.64	10	2	46 861	跨北京市、天津市，本省三河、大厂、香河、安次
北平郡	32 850	2.10	4	3	24 638	跨天津市，本省青龙、宽城、兴隆、遵化、玉田、唐山、丰南
辽西郡	18 396	1.60	3	3	18 396	迁西、迁安、卢龙、抚宁、滦县、滦南、乐亭、昌乐、秦皇岛
少数民族	400 000				400 000	
合计					2 714 425	

说明：

①本省域也是一个封国林立的地区。古代皇族受封多在经济比较发达的地区，以使他们能够剥削到更多的东西，得到更高的享受。太康三年以前，仅见于记载的受封邑户就有3万多。同时今河北省北部地区，大体自张北、丰宁、滦平、宽城以北，迁西以东，除汉民外，还有大量鲜卑人，主要是宇文部和段部。在广宁、上谷及燕国北部，还有很多乌桓人，西晋末年曾参与"八王之乱"。十六国初，后赵石勒曾徙广宁、上谷乌桓人3万余户于襄国（邢台）附近地区。从十六国初期各少数民族人口活动中可以看出，本省域少数民族人口少也有40万。还有很多豪强地主占有的私附户和其他漏籍户口。估计河北省全境的实际人口当在272万以上。

②滦南、乐亭、黄骅、海兴等县，仍有很大一片地区，西晋时为渤海未退滩水面。

四 北京市

北京市所辖地区，在东汉末年受战乱破坏也很严重，虽经三国期间的恢复，直至西晋太康三年，按户籍人口分割，也只有2万多户，不足20万人口。当然它的实际人口还会多些，主要有乌桓、鲜卑人杂处于边境地区。

燕国，《地理志》记户29 000，加燕王司马机的封户6 663，合计35 663户。燕国10县，本市6县，分割21 398户，约14万多人口，但实际上今北京城区（时为蓟县）附近的人口还会更多些。

范阳国，《地理志》记载为11 000户，经考查，实际上少也有25 000户。共8县，有1县在北京市，分割3 125户，约20 531口。

上谷郡，4 070户，共2县，有1县在本市，约2 035户，13 370口。以上合计174 000口。

北京市所辖地区的实际人口,要比按郡国属县平均分割的人口更多些。蓟县一直是北方一大都会,它的实际人口少也有四五万口。另外,在北部边境地区,还有少数民族人口杂处,整个北京市所辖地区的人口当在22万以上。

表5-4　　　　　　　　　北京市考证人口表

西晋政区	人口	密度	郡国属县总数	郡国属县本省	本省人口	含今政区县市
燕国	234 306	9.64	10	6	140 584	跨河北省、天津市,本市昌平、怀柔、密云、顺义、平谷、市区、通州、大兴
上谷郡	26 740	3.58	2	1	13 370	跨河北省,本市延庆
范阳国	164 250	16.57	8	1	20 531	跨河北省,本市房山
少数民族	50000				50 000	
合计				8	224 585	

五　天津市

天津市所辖地区,东部沿海仍有约1 200平方公里的地方为未退滩的渤海水面,已露滩的地方多属章武国,今治有静海县,但无西晋县治。主要还是地势低洼,或退滩不久,土地碱性太大,不宜农业生产,人口极少,不做分析估计。西北部地区属燕国,按《地理志》的记载29 000户,10县。天津辖区有2县,分割2 800户,38 106口。经考证实际当有35 663户,约234 306口,本市可分割46 861口。其北部地区属北平郡,5 000户,共4县,天津1县,分割人口约8 218。全市人口总计55 000多。

表5-5　　　　　　　　　天津市考证人口表

西晋政区	人口	密度	郡国属县总数	郡国属县本省	本省人口	含今政区县市
燕国	234 306	9.64	10	2	46 861	跨河北省、北京市,本市武清、宝坻、宁河、市区
北平郡	32 850	2.10	4	1	8 218	跨河北省,本市蓟县
合计				3	55 079	

六 辽宁省

东汉末年的战乱，这一地区受影响较小，但也不是一个十分安静的地方，时有战争发生。按《晋书·地理志》记载的户口分割，只得 62 415 口，完全不符合辽宁省人口的实际情况。司马蕤原受封辽东王，受封户数不详，太康初徙封东莱王，后增邑满 2 万户，说明在辽东时受封不能少于 1 万户。不过即使万户，也不过六七万人口，合分割人口也只十几万人，仍不是辽宁省的实际人口。曹魏景初二年（238），司马懿征辽东割据者公孙渊（治今辽阳），查其户籍 30 余万口，此时距西晋建立只 28 年。其后辽东地区社会一直比较安定，人口不会减少。所以《晋书·地理志》所记户数与实际相距甚远，且在设置郡国以外的地区，也有很多人口，有大量少数民族的人口已进入辽宁省所辖地区，主要是鲜卑人。据《三国志·魏书·鲜卑传》记载，东汉后期已有鲜卑 20 余邑，约 20 万口，主要散处在辽宁省西部地区，人口不断增长。鲜卑慕容部因助司马懿征辽东有功，被允许在棘城（义县西）建国，其后受晋命统治鲜卑各部。"八王之乱"时，失去了朝廷的驾驭，他们便四处攻掠，招降纳叛，占据了整个辽宁省所辖地区，并重视农业生产的发展，人口不断增加。其中"八王之乱"期间曾吸收了大量北上避乱的中原人口，至十六国初期可达 20 多万户，一百数十万人口。尽管慕容部人口激增是在"八王之乱"以后，但从多种情况分析，即在太康年间，辽宁省全境的实际人口，已不能少于 70 万人。

西晋在今辽宁省境内共置三个郡国，均不跨省，无须分割。而且由于所记户数，仅仅是官府所能控制的少量汉民人口，不能做人口密度的测算，故不做表列。只将其大体情况用文字表述如下：

玄菟郡，户 3 200，置 3 县。约今铁岭、沈阳、抚顺。

辽东国，户 5 400，置 8 县。含今辽阳、本溪、鞍山、海城、营口、凤城，以南至海，其间县市皆属。主要为今灯塔市以南的辽河以东地区。

昌黎郡，户 900，置 2 县。含今北票、阜新至新民、辽中，以南至海，其间县市皆属，主要为今辽河以西地区。

除上列地区外，其余十余县之地不在郡国之内。

七 吉林省

本省东汉时期估计人口约 40 万左右，经过三国时期进入西晋，虽然时间过了 140 多年，但估计这里的情况不会有大的变化。《晋书·扶余传》还是记扶余人口为 8 万户，考其居住地区，主要在本省。其东部又有高句丽人，《三国志·魏书·高句丽传》记户 3 万，但其中很大一部分在今朝鲜国境内。再东北有部分挹娄人（即古肃慎人），东部有沃沮人，西部有鲜卑人，数量都不会很多。由于总的形势没有很大变化的记载，按照其人口增长极度缓慢的特点，估计吉林人口总量也不会有大的变化，仍按 40 万估计之。

八 黑龙江省

东汉时估计本省人口约 20 万，主要居民为挹娄人（即古肃慎氏民族）。《晋书》虽有《肃慎氏传》，但纪事简单，也无人口活动的记载。挹娄人主要居住在松花江中下游以南地区。松花江以北，虽不见人口活动的记载，其实自古就有人类居住。不仅有扶余人，还有一些我们现在说不清的民族，只是由于和内地交往较少，没有记载。虽然随着时间的推移，和内地交往的增多，见于记载的民族活动也不断增加，但在西晋时期仍然不可能有很多的人口。所以对整个黑龙江省，仍按 20 万人估计之。

九 内蒙古自治区

西晋时，除在今内蒙古西部嘎顺湖、苏古湖地区设西海郡，属凉州，也只辖居延一县，《晋书·地理志》记户 2 500。其余地区基本上全在匈奴、鲜卑、乌桓等少数民族控制之下，没有中原朝廷的郡县设置，也无明确的人口记载，只能根据一些零星史料，做粗略的分析估计，以求其大体的人口情况。

《魏书·纪第一》说，西晋元康五年（295），鲜卑拓跋部的代国，已占有乌梁素海以东，包括河北省北部塞外及内蒙古中部地区，"控弦之士四十万"。永嘉六年（312）向晋并州刺史刘琨求句注陉以北地区（今山西内长城以北地区），刘琨徙汉民于陉南，鲜卑徙 10 万家以充其地。10 万家只是鲜卑拓跋人的一部分。乌梁素海以西及黄河以南鄂尔多斯高原地区，主要为匈奴人所居。东晋兴宁三年（365），这里的匈奴人举兵反前秦符坚，符坚率军镇压，左贤王曹毂降，徙其酋豪6 000户于长安。酋豪只是匈奴人中的少数，说明曹毂所部有更多的人口。不久曹毂死，符坚分其部落。贰城（大约今陕西洛川以东）以西2万户，封其长子尔为洛川侯；贰城以东2万户，封其小子寅为力川侯。右贤王卫辰被俘于木根山（今宁夏回族自治区盐池、银川之间），亦降，如果卫辰部亦有户4万，加曹毂部8万户当有人口40万左右。这虽是70年以后的事情，但他们的人口不是短时期内可以发展起来的。他们早在东汉末年及三国时期，已经活动于鄂尔多斯高原地区。估计西晋太康时不能少于20万人。今化德至二连以东，为不同种落的鲜卑人，有宇文部、段部和慕容部等，还有乌桓人及新兴起的契丹人（他们主要驻西拉木伦河地区）。对这几个民族部落，具体人口数量不详。从十六国初期的人口活动看，也当有数十万。东汉时考证内蒙古地区人口约110万。虽然在东汉期间，由于西部地区同羌部及匈奴人的战事较多，内蒙古河套地区大量汉民内徙，但又有大量从大漠以北南下的少数民族来补充。所以从多种情况分析，整个内蒙古自治区的人口，在太康年间，不能少于120万人。

十　山西省

山西省在经历了东汉末年的战乱之后，出现了一个较长的社会比较安定的时期，经三国曹魏及西晋前期的恢复，到太康时已经接近东汉时的人口水平，实际人口可达170多万。

太原国，《地理志》记载为14 000户，这里又有司马瑰的封户5 496。其后封主多次变更，封户不详，这里仍按5 496户计，合计19 496户，约有128 089口，每平方公里6.2人。但晋太原郡所辖地区面积很大，西北部为贫瘠的吕梁山地区，这个人口密度的计算只是一个平均数，今太原以南的汾河河谷地区，每平方公里可达20人左右。

雁门郡，跨内长城南北两侧，《地理志》记户12 700。另有张华因平吴有功，进封广武县侯，邑万户，并封其一子为亭侯，邑1 500户。广武县在今代县西南，如果这些封户都在雁门郡，则合计有户24 200，人口158 994，每平方公里13.5人，同其他郡国比较似乎偏高。但实际上此时在山西中南部地区，按原记户口计算的人口密度也不高。因为有大量匈奴人和羯人与汉民杂处，不上地方官府户籍，实际人口密度都要超过雁门郡。

对其他郡国不再做进一步分析，其户籍人口当大体近于实际，只是杂处的少数民族人口不在统计之中。

在今省境西北部、吕梁山北段以西，为匈奴及羌人占有，他们属于陕北羌胡的一部分，估计人口5万左右。外长城以南，今平鲁、应县以北的大同地区，为鲜卑拓跋部占有。其时人口情况不详，从以后的人口活动情况看，至少要在20万以上。在其后的永嘉六年（312），鲜卑代王猗卢曾向晋求雁门以北地区，移民10万户进入。这个事件虽然发生在太康年间以后20多年，但实际上这里早在三国时期已有大量鲜卑拓跋人的存在，而且人口越聚越多，把匈奴人挤到了山西中部及以南地区。

山西中部地区早已有大量匈奴人的存在，这在上考已经说过。《晋书·刘元海载记》记载，居住在山西的匈奴人，欲灭西晋夺取天下，其首领刘元海说："今见众十余万，皆一当晋十，鼓行而摧乱晋，犹拉枯耳。"说明他们较强的兵力，必有较多的人口基础，兵众十余万，其人口当有四五十万，估计在太康年间已不能少于30万人。这些在以后的事变中都得到了证实。

东南部的上党地区，又有很多羯人（匈奴别种），人口数量不详，从其后在十六国初期的活动情况看，他们既能建立起一个强大的政权，且能灭亡匈奴人的政权，并经过征战，统一了中国北方，形成了与南方东晋政权对峙的局面，说明他们有相当的人口基础。由于羯族统治者对人民统治的残暴，当其政权灭亡后，北方大乱，并出现了一个到处逮杀羯人的局面，几天之间被杀20多万人。从以后拥护羯人政权和反对羯人政权的混战中所表现出来的人口活动看，羯族还当有人口20多万。说明即在此前的太康年间，上党地区的羯族已不能少于15万口。

包括各郡国户籍人口，在太康三年山西全省人口大约可在176万多。

表5-6　　　　　　　　山西省考证人口表

西晋政区	人口	密度	郡国属县 总数	郡国属县 本省	本省人口	含今政区县市
太原国	128 089	6.20	13	13	128 089	太原、阳曲、静乐、岚县、娄烦、文水、交城、清徐、平遥、祁县、太谷、晋中

续表

西晋政区	人口	密度	郡国属县 总数	郡国属县 本省	本省人口	含今政区县市
西河国	41 391	2.86	4	4	41 391	离石、中阳、柳林、石楼、交口、汾阳、孝义、介休、灵石、沁源、安泽、古县
平阳郡	275 940	12.34	12	12	275 940	永和、隰县、大宁、蒲县、汾西、霍县、洪洞、临汾、浮山、沁水、阳城、翼城、襄汾、曲沃、侯马、新绛、稷山、河津、吉县、乡宁
河东郡	279 225	21.41	9	9	279 225	万荣、闻喜、绛县、垣曲，以南至黄河，其间县市皆属
上党郡	85 410	4.03	10	10	85 410	榆社、武乡、沁县，以南至太行山，其间晋城等县市皆属
乐平郡	28 251	2.74	5	5	28 251	寿阳、阳泉、平定、昔阳、和顺、左权
新兴郡	59 130	6.73	5	5	59 130	忻州、定襄、五台、孟县
雁门郡	158 994	13.50	8	8	158 994	朔州、神池、宁武、原平、代县、繁峙、应县、浑源
代郡	22 338	1.71	4	1	5 585	跨河北省，本省天镇、广灵、灵丘
匈奴族	300 000				300 000	主要山西省中南部地区，与汉民杂处
羌胡	50 000				50 000	山西省西北部吕梁山以西地区
羯族	150 000				150 000	主要在山西东南部地区与汉民杂处
鲜卑族	200 000				200 000	主要在山西省北部桑乾河以北地区
合计				67	1 762 015	

第三节 西部各省区人口考

十一 陕西省

陕西省的人口，主要集中在关中地区。而关中地区在东汉末年的战乱中，由于军阀的破坏，到处进行血腥的大屠杀，人口受到特别严重的损失。一部分人逃离家乡，避难远方，仅去往荆州的就有10万家。一个曾经是经济发达、人口众多的天府之国，一度出现到处不见人烟的荒凉景象。其后在曹魏的统治下，虽然做了一些恢复发展的工作，召集流民回乡，或从其他地区往这里大量移民，但直到太康年间，经过60多年，户籍人口也只有60万。

由于东汉末年的战乱，造成了严重的人口空虚，不仅统治者不分民族，大量从多方面往关中迁徙人口，其中曾于武都郡移氐民5万余落、约20多万人口于关中地区及相邻的甘肃省东部地区。而且其他地区的少数民族也乘虚而入，自发地往这里移徙。原来生活在青海省东部、甘肃省河东地区的羌民，大量迁入关中地区。《晋书·宣五王传》记载，咸宁初年（275）司马骏镇关中"安定北地、金城诸胡吉轲罗、侯金多及北虏热同等二十万口又来降。"可见各地少数民族进入关中地区人口之多，所以《晋书·江统传》说："关中之人百余万口，戎狄居半。"下面对几个地区稍做具体分析。

关中地区在两汉期间为京兆、冯翊、扶风三郡，西晋析为六郡，增始平、新平、北地（汉之北地郡已沦为羌胡占有，又移治于富平之北，仅有二县之地）。按《地理志》的记载，共94 000户。又《晋书·汝南王传》记载："咸宁初，以扶风池阳四千一百户为太妃伏氏汤沐邑。"相加之后也只98 100户，约64万口。当然关中地区的实际人口要比这高得多，不管是从《江统传》所说的戎狄居半来看，或是从元康六年（296）氐帅齐万年的反晋大起义来看，都反映了关中地区少数民族人口众多。《晋书·孟观传》记载说："氐帅齐万年反于关中，众数十万"。综合上述情况，关中地区的少数民族人口不能少于65万，总计不能少于130万。

陕北地区此时已为羌民和匈奴人占据，他们错落而居，总称羌胡（匈奴人也称胡人），其人口情况不详。虽然在东汉时期，这一地区的户籍人口也很少，不过3万人，但实际上这里早已有很多少数民族进入，与汉民杂处。主要是东汉时期和羌部连年战争，东汉朝廷怕汉族贫民与羌民联合作战，反对东汉政权的统治，因而把大量汉民徙出陕北地区，但却招来更多的少数民族，填补这个亏空。具体数量不详，从以后这些民族的活动情况分析，不能少于20万人。

武都郡，东汉末年连续从这里徙出6万户，历经三国时期和西晋前期约六十余年，除原剩余人口的增殖外，更有大量氐民回迁，也有很多羌民进入，人口不断增殖。其后建立起一个以氐人为主的仇池国，从十六国初他们参与各民族的争战情况分析，在西晋太康时，仍不能少于4万户，约25万口。武都郡跨有陕、甘两省，其人口主要在甘肃省，估计在陕西省境内不能少于8万口。

汉中、上庸、魏兴三郡，即秦岭以南地区，也称汉中地区，在东汉末年的战乱中受影响较小，人口损失也较少。但由于中原人口空虚，建安二十年（215），曹操于汉中地区，徙出十余万口，以充实邺城及洛阳地区，造成这一地区的人口突然大幅度下降。其后经过六十余年的恢复，又有很多移民进入，到太康时从统计看基本上恢复到了东汉时户籍人口的水平。东汉178 268口，西晋约176 483口。和关中地区不同的是，这里少数民族人口较少，但也会有几万口，主要是南郑以西，有不少羌民。估计汉中郡的实际人口，不能少于13万人。

上洛、弘农两郡均跨河南省，按属县分割约89 790口，实际人口当在10万以上。

总计陕西省人口，大约可在189万。

表5-7　　　　　　　　　陕西省考证人口表

西晋政区	人口	密度	郡国属县总数	郡国属县本省	本省人口	含今政区县市
京兆郡	530 071	89.48	9	9	530 071	高陵、渭南、华县、临潼、西安、长安、蓝田
冯翊郡	102 038	6.56	8	8	102 038	洛川、黄陵、宜君、白水、蒲城、大荔、澄城、合阳、韩城、黄龙
北地郡	33 852	10.31	2	2	33 852	铜川、耀县、富平
新平郡	35 780	16.36	2	2	35 780	长武、彬县、旬邑
始平郡	238 532	25.80	5	5	238 532	太白、眉县、周至、武功、兴平、咸阳、户县
扶风国	359 124	22.60	6	6	359 124	陇县、千阳、宝鸡、凤翔、岐山、麟游、淳化、三原、永寿、泾阳、礼泉、乾县

续表

西晋政区	人口	密度	郡国属县 总数	郡国属县 本省	本省人口	含今政区县市
武都郡	250 000	8.42	6	2	83 000	跨甘肃省，本省凤县、略阳
汉中郡	130 000	6.20	8	8	130 000	留坝、勉县、汉中、南郑、城固、洋县、佛坪、西乡、镇巴
魏兴郡	78 840	2.78	4	3	59 130	跨湖北省，本省宁陕、石泉、柞水、镇安、安康、汉阴、紫阳、岚皋、旬阳、白河
上庸郡	75 213	4.74	4	1	18 803	跨湖北省，本省平利、镇平
上洛郡	111 690	5.15	3	2	74 460	跨河南省，本省洛南、商县、山阳、丹凤、商南
弘农郡	91 980	9.40	6	1	15 330	跨河南省，本省华阴、潼关
陕北地区	200 000				200 000	宜君、洛川、宜川以北地区，此时为羌胡民族控制
岭南东部	10 000				10 000	上洛、上庸郡境内无籍人口估计数
合计				49	1 890 120	

十二 甘肃省

甘肃省按《晋书·地理志》记载的户口分割，只有 54 963 户，约 36 万多人口。但更有大量没有户籍的少数民族人口不在其中。它的实际人口要远远超过这个按户籍人口分割的户口数。

先看秦州，主要在甘肃省东部地区。《晋书·秦王柬传》记载：司马柬于"太康十年徙封于秦，邑八万户。于时诸王封中土者皆五万户，以柬与太子同产，故特加之。"秦即秦州。至于这个封户是否实际存在，前面已经说过，西晋诸王侯封户都不是"徒分茅社，实传虚爵"。但是按《地理志》所记太康三年户数，秦州只有 31 120 户，[①] 如果再加 8 万封户，那就是 111 120 户。按平均每户 6.57 口计，当有人口 73 万多。从当时的情况分析，显然不是这一地区所能拥有的户籍人口。经过进一步考查分析，既《地理志》所记在前，受封在后，其间会有一定的变化，就不应

---

① 这是重新合计数，原书记为 32 100 户。

当简单地把两者相加。然而经考查这里的实际人口却也不能少于两者相加的总和。以武都郡为例，虽所记在籍户只有3 000，但前面在考证陕西人口时曾指出，十六国初期，曾在这里建立过一个以氐人为主的仇池国（略小于西晋的武都郡），前赵刘曜为统一关中陇右地区，曾亲征仇池，说明仇池国有一定的实力。前面分析陕西人口时曾估计，即在太康三年也不能少于4万户。其后的前秦（为氐族所建），为了把族人派往中原各地以加强其对人民的统治，曾说："凡我族类，支胤弥繁，今欲分三原，九嵕、武都、汧、雍十五万户于诸方要镇。"武都郡一直是氐民比较集中的地方，虽然这个事件发生在百年之后，但在当时时有战乱的情况下，人口不是在短时期内可以增长起来的。且在东汉末年武都郡就曾有五六万户被强徙于关中、陇西地区，但并没有完全徙空，且又有不少回迁，以后又经六七十年的恢复发展，从以后的人口活动看，即在太康时也不能少于4万户。对整个秦州来说，包括少数民族人口不能少于12万户。秦州跨陕西、四川、青海省各一小部分，按甘肃省所占秦州面积从《地理志》原统计在籍户比例看，甘肃省大约占90%，其在甘肃境内的人口当有70万左右。

再看安定郡，在六盘山以东，不属秦州，原记载5 500户，也不是这里的实际人口。这一地区自远古以来就不是人口稀少的地方，西汉时约有人口14万多，东汉时有大量少数民族进入，汉民多被挤出，西晋这里人口会有进一步增长。上面说的司马骏镇关中，关中以北地区有20万口来降，也反映了这个问题。经过考查，在六盘山以东和宁夏固原地区的人口，不能少于40万（详见宁夏回族自治区人口考）。而在甘肃省辖区内，包括今平凉、崇信、泾川、灵台、宁县、镇原、西峰等县市，以及安定郡以北为羌胡占据的环县、华池、庆阳、合水、正宁等县的人口，合计不能少于25万。

河西走廊地区，在西晋为凉州，《地理志》记户30 700，约201 699口。但它的实际人口也不会只有20多万。因为在这个时期里，已经有大量羌民和鲜卑人进入这一地区。永宁初（301），以张轨为护羌校尉、凉州刺史，"于时鲜卑反叛，寇盗从横，轨到官即讨破之，斩首万余级，遂威著西州，化行河右。"① 永兴元年（304），鲜卑若罗拔能皆为寇，轨遣

---

① 《晋书·张轨传》。

司马宋配击之，斩拔能，俘十余万口，威名大震。① 这说明，在西晋后期，河西地区已经有大量鲜卑人。西晋灭亡后，张轨仍忠于晋朝。张轨死后，其孙张重华建凉国（史称前凉），前夕，遣使通东晋，说要以步骑7万出陇上，听命朝廷调遣，进兵中原。说明他的总兵力要在10万以上，推其人口当在50万以上。由此推知，在西晋太康年间，河西走廊地区的实际人口不能少于40万人。

另在大夏河以南今夏河、合作、碌曲、玛曲地区，也有羌民部落，这一地区历来人口较少，以3万人估计之。

秦州70万，安定郡25万，凉州40万，夏河以南3万，全省总计138万人口。

表 5-8　　　　　　　　　甘肃省户籍人口表

西晋政区	人口	密度	郡国属县总数	本省	本省人口	含今政区县市
金城郡	13 140	0.89	5	4	10 512	跨青海省，本省永登、永靖、兰州
武威郡	38 763	0.62	7	7	3 8763	会宁、靖远、白银、兰、景泰、天祝、古浪、武威、民勤、永昌、金昌
西郡	12 483	1.46	5	5	12 483	山丹
张掖郡	24 309	1.53	3	3	24 309	高台、临泽、张掖、民乐
酒泉郡	28 908	0.82	9	9	28 908	酒泉、金塔、肃南、玉门、嘉峪关
敦煌郡	41 391	0.77	12	12	41 391	敦煌、安西、肃北
陇西郡	19 710	0.94	5	4	15 768	跨青海省，本省陇西、漳县、渭源、岷县、卓尼、临潭、临洮、康乐、广河、东乡、政和、临夏
南安郡	28 251	3.06	3	3	28 251	榆中、定西、武山
武都郡	19 710	0.66	6	4	13 140	跨陕西省，本省两当、徽县、成县、康县、西河、宕昌、舟曲、武都
天水郡	55 845	5.58	6	6	55 845	甘谷、秦安、天水、礼县
阴平郡	19 710	0.83	2	1	9 855	跨四川省，本省迭部、文县

---

① 《晋书·张轨传》。

续表

西晋政区	人口	密度	郡国属县		本省人口	含今政区县市
			总数	本省		
安定郡	36 135	1.47	7	4	20 649	跨宁夏回族自治区，本省镇原、西峰、平凉、崇信、泾川、灵台、宁县
略阳郡	61 232	6.28	4	4	61 232	通渭、静宁、庄浪、清水、张家川
合计				66	361 106	

说明：

这张表里的人口数，都不是经过考证的数字，而是原书记载的户数按平均每户6.57口折算的人口数。由于甘肃省在当时多是不同种落的少数民族，活动没有规律，史料也不足，所以没有做分郡的具体考证。但即使按原统计列出，仍有一定的参考作用。一方面可以说明每一个郡在今天所在地区的大体情况；另一方面从按原统计计算的人口密度也可以看出，原统计远离实际，它所统计的户口数，基本上都是汉民，由此也说明做重新考证的必要性。对重新考证的数据，虽仍不可能十分准确，但大体可以反映当时人口的实际情况。

十三　宁夏回族自治区

宁夏回族自治区海原至固原间以北地区，西晋无郡县设置，固原以南属雍州安定郡，《晋书·地理志》记户5 500，约36 134口。郡跨甘肃省，共七县，本区三县（今县有西吉、固原、隆德、泾原），分割人口只有15 486口，它的实际人口要比这高得多。

东汉中期以后，由于西部地区同羌部战争连年，汉民大量内迁，而有更多的羌民和匈奴人进入，统称为羌胡，北部地区就一直在羌胡控制之下。在三国时期，又有大量鲜卑人进入。晋初泰始年间（265—274），有鲜卑祐邻部率5 000余落迁徙到六盘山地区，部众不断发展，其时又有鲜卑鹿结部7万余落，屯于高平川（今清水河流域地区），与祐邻部互相攻击。其后鹿结败，弃其部众，南奔略阳（今甘肃天水县），祐邻尽并其众。祐邻部原有多少户落不详，即按其不断发展增至1万落，合计8万落。这就是说在西晋前期，宁夏回族自治区南部和甘肃陇东地区，当有鲜卑人和部分羌民40万以上。其中宁夏回族自治区境内不能少于15万人。另外也有很多鲜卑人，散处甘肃河西地区和内蒙古阿拉善草原地区。不过这些民族，并不是长期生活在固定的地区。过一段时间，多少年以后，又会向别处迁徙。上面所说的主要是西晋前期。祐邻部为了扩充地盘，东征西讨，部众也有很大的迁徙，逐渐向南扩展，并在十六国后期在苑川（今甘肃兰州）为中心的地区建立秦国，史称后秦。虽然这是后话，但借以说明，他们早在西晋前期，确有较多的人口。

在北部贺兰山脚下的河套平原，一直在羌部和匈奴人的控制之下，由于西晋政权对这一地区失去控制，没有具体的人口活动记载，但从它的地理条件历史地分析，其人口不能少于南部地区，全自治区总计不能少于30万人。

十四 青海省

青海省的人口，大部分集中在海东地区。民族成分不断发生变化。两汉时期以前，主要是羌民族生息繁衍的地方，其后逐渐有鲜卑、氐等其他民族进入。西晋前期虽《晋书·地理志》记有海东地区的户籍人口约5 000户，32 850口，但这并不是这里的实际人口。虽再无其他具体人口情况的记载，但从不久后的十六国前期这里发生的一系列事变，足可以看出西晋前期青海人口的大体情况。

《晋书·石季龙载记》记载，晋永和三年（347）后赵石虎遣将麻秋攻前凉袍罕（今甘肃临夏），凉将张璩与之力战，"河湟间氐、羌十余万落与张璩相首尾，麻秋惮之，不进。"说的是这一地区的氐、羌人民，在前凉政权的统一指挥下，共同抵御羯赵政权的侵犯。十余万落，当有五六十万人口。再看以后的发展，十六国后期，鲜卑秃发乌孤在海东地区和甘肃武威及兰州附近地区建南凉国，都西平（今西宁），后徙乐都（今乐都），"岭南羌胡数万落，皆附之"。[①] 这个岭南指的是祁连山东部冷龙岭以南，即海东北部地区。其后要移都武威，又徙河湟诸羌3万余户于武兴、番禾、武威、昌松四郡（都在今甘肃武威周围地区）。[②] 上述情况都反映了在西晋时期这里已经集聚了大量不同种落的少数民族。虽然随着不同时期社会形势的发展变化，人口数量也会有变化，但联系两汉时期这里的人口活动情况看，上述记载基本上是属实的。前面说的河湟间十余万落，

————————
①② 《晋书·秃发乌孤载记》。

虽不是一个具体的数字，但推其人口不能少于50万，其中有一部分居住在甘肃省境内，估计在青海省境内不能少于30万人。除了遇有特大的灾害或政治事变，其人口变化是很缓慢的，所以在西晋前期，海东地区的人口，也不少于30万人。

同时，在青海湖以西以南地区，也有很多不同民族的人口。魏晋期间，以吐谷浑为首的辽东慕容鲜卑一部西迁，辗转来到青海，进入海西、海南地区，并以吐谷浑为名建国。他们迁徙过来的人口并不多，主要是以其强悍的军力，征服了白兰羌等当地人民。《晋书·吐谷浑传》说，他们控弦之士2万。再从以后隋炀帝大业五年击败吐谷浑、降者十余万口可知，在这个人口增长极度缓慢的地区，即在西晋时，在这一广大地区的人口也少不了10万人。

青海省在西晋太康时的实际人口，不能少于40万人。

表5-9　　　　　　　　　青海省户籍人口表

西晋政区	人口	密度	郡国属县总数	本省	本省人口	含今政区县市
西平郡	26 280	1.95	4	4	26 280	海晏、湟源、西宁、湟中、互助、平安、乐都
陇西郡	19 710	0.94	5	1	3 942	跨甘肃省，本省贵德、尖扎
金城郡	13 140	0.89	5	1	2 628	跨甘肃省，本省民和
合计				6	32 850	

说明：

这张表里的人口数，只是少数户籍人口，人口密度也是根据户籍人口所做，与实际人口相距遥远，把它们用表列出来，只是为了和考证人口对照比较。

十五　新疆维吾尔自治区

对新疆地区，三国时的曹魏和西晋，均设置西域长史府，治海头（罗布泊西，即古楼兰，后吞食于沙漠），前面考查西汉时约有人口60万，东汉约80万。西晋时无人口活动的记载，但十六国南北朝期间，一直都有对西域的管辖。前凉灭亡后，西域一时失去控制，前秦苻坚"既平山东，士马强盛，遂有图西域之志，乃授（吕）光……总兵七万，铁骑五千，以讨西域。"① 焉耆等国降后，继续西进。龟兹王帛纯拒吕光，吕光进讨。"帛纯乃倾国财宝请救狯胡，狯胡弟呐龙、侯将馗率骑二十余万，并引温宿、尉头等国王，合七十余万以救之。"② 狯胡居于何方不清楚，这些出兵数字也不可靠，但也反映了这些地区确有较多的人口。由于没有其他资料可考，仍以80万人口估计之。

十六　西藏自治区

西藏地区在这一过程里仍与内地处于隔绝状态，无史料可考，所以仍按从唐代有具体史料可考的人口数，按人口发展的一般规律进行推算。估计在西晋太康时，大体当有人口130万左右。不过据某些不确切的史料记载，已知在拉萨周围及以东地区，有发羌、娘波、工域、波窝等一些部落组织没有人口情况的记载，做130万估计，也只是大体情况。

十七　四川省

四川省按《晋书·地理志》的记载，只分割203 750户，约1 338 637口，只及东汉人口的30%。东汉末年的战乱，四川省也受严重波及，人口受到严重的损失。经过三国时蜀汉和西晋前期的恢复，虽不一定达到东汉时的水平，但也不会相差这么多。分析一下各郡的人口情况，就会发现，主要是有些郡大量人口没有编入户籍。

蜀郡，东汉时每平方公里42人，西晋46人，似乎西晋人口已超过东汉，但实际两代政区有很大的不同，东汉蜀郡包括西晋汶山郡的全部，共有户300 452，口1 350 476。而汶山郡却是一个人口稀少的山区。对东汉蜀郡人口，即按属县平均，在西晋蜀郡范围内，每平方公里也是104人。如果按西晋两郡人口之和，蜀郡占75.76%抽取，东汉蜀郡在西晋蜀郡范围内当有人口1 023 721，每平方公里可达144人。从这个人口密度相差悬殊的情况中，可以明显地看出，《晋书·地理志》户口统计严重不实。据常璩《华阳国志·蜀志》记载，成都县晋户有37 000，其后又查出隐漏18 000户，合计55 000户，仅成都一县的人口就超过《晋书·地理志》所记整个蜀郡的50 000户。西汉蜀郡15县，包括晋之汶山郡在内，

---

①② 《晋书·吕光载记》。

共 268 279 户，减去单独记载的成都县 76 256 户，还余 192 023 户，由其他 14 县平均，每县还有 13 716 户。而且有些山区县户口较少，成都附近各县，平均每县不能少于 2 万户。在西晋，蜀郡共置 6 县，除《华阳国志》所说的成都县外，其余各县即都按万户计，整个蜀郡也要有 105 000 户，约 689 850 口。

广汉郡，《地理志》记户 5 100，每平方公里 3.08 人。而地处北部山区的汶山郡，不仅在当时，就是在近代也是人口比较稀少的地区，但每平方公里却在 4 人左右。西部相邻的新都郡，每平方公里 30.32 人，虽然这里地理条件较好，也处在成都平原的灌溉区。但广汉郡也不是条件很差的地区，即使人口密度小些，也不应相差近十倍。按《华阳国志》的记载，西晋时广汉郡有户 4 万，这当指的是太康六年新都与广汉两郡合并之后的户数。但按《地理志》所记，两郡合计也只 29 600 户，仍有 10 400 户之差。经过分析，当属于广汉郡，加《地理志》原统计 5 100 户，合计 15 500 户，约 101 835 口，每平方公里 11.56 人。与地区间不同情况比较，也基本相称。《华阳国志》的记载基本符合当时的实际情况。

犍为郡，《地理志》记户 10 000，折算人口 67 500，每平方公里 2 人多一点。这些千户万户的整数记载，本身就说明数据不可能准确。犍为郡的北边为成都平原的一部分，其他地区也都处在盆地之中，是人类生存发展比较好的地方。《华阳国志》把蜀郡、广汉（当包括新都郡）、犍为三郡，称为"三蜀"，说这里"土地沃美，人士俊乂，一州称望"，而且还有介绍属县优越自然条件的记载。但按原统计计算的人口密度，既不及地处北部山区的汶山郡高（每平方公里 3.99 人），也不及西南部山区越巂郡的人口密度高（5.81 人）。它的实际人口究竟能有多少，无法作出准确的估计。据《华阳国志》记载："至晋，属县五，户二万。"也不符合这里的实际情况。历史的经验证明，凡生存条件比较优越的地方，只要没有其他严重社会原因的干扰，在社会比较安定的情况下，它所集聚的人口，必然要高于那些自然条件比较差的地方。越巂郡每平方公里 6 人，犍为郡即按每平方公里 8 人计，也只有 39 000 多户，约 256 000 多人口，在西晋的社会形势下，与其他郡国比较，也基本近于实际。

江阳郡，在今内江，大足以南，经泸州、合江至叙永、古蔺间，也是一片比较好的地方。但《地理志》只记户 3 100，每平方公里才 0.8 人，尚不及地处西部山区、在东汉为蜀郡属国的汉嘉郡每平方公里2.53人的人口密度高，即按每平方公里3人计，也当有15 394户，101 140口。

对其他郡的人口，由于没有具体的史料做依据，比较起来看也没有太大的出入，不做进一步的考查分析，仍按原统计进行综合。四川全省户口统计区的人口，大约在2 006 867口。另外，从多种情况分析，西晋时，邛崃山大雪山以西地区的少数民族人口，比东汉时的70万有所增加，并有很多僚民走出深山，进入盆地，以至扩散到更远的地方。十六国东汉时已有十余万落，由此说明，在西晋太康时，当在70万以上。全省总计2 706 867口。

表 5-10　　　　　　　　　四川省考证人口表

西晋政区	人口	密度	郡国属县总数	郡国属县本省	本省人口	含今政区县市
蜀郡	689 850	97.41	6	6	689 850	彭州、郫县、温江、成都、双流、崇州、大邑、邛崃、蒲江
新都郡	160 965	30.32	4	4	160 965	绵竹、什邡、德阳、广汉、新都、金堂
汶山郡	105 120	3.99	8	8	105 120	松潘、黑水、茂县、北川、汶川、理县、都江堰
梓潼郡	67 014	2.97	8	8	67 014	青川、广元、剑阁、江油、梓潼、绵阳、安县
广汉郡	101 835	11.56	3	3	101 835	盐亭、三台、中江、射洪、蓬溪、遂宁、潼南
巴西郡	78 840	1.50	9	9	78 840	跨重庆市，本省旺苍、苍溪、阆中、南部、西充、南充、武胜、岳池、广安、大竹、开江，以北至米仓山，其间县市皆属
犍为郡	256 000	8.00	5	5	256 000	简阳、乐至、安岳、资阳、资中、新津、彭山、眉山、仁寿、洪雅、夹江、峨眉山、乐山、青神、井研、荣县、威远、犍为、休川、宜宾、南溪、峨边
江阳郡	101 140	3.00	3	3	101 140	跨重庆市、贵州省，本省内江、自贡、富顺、泸江、合江、江安、长宁、兴文、叙永、古蔺。另辖贵州省水、赤水，重庆市大足，均无西晋县治

续表

西晋政区	人口	密度	郡国属县 总数	郡国属县 本省	本省人口	含今政区县市
汉嘉郡	85 410	2.53	4	4	85 410	宜兴、天全、芦山、名山、雅安、泸定、荥经、汉源、金口河、九龙
越嶲郡	350 838	5.81	5	5	350 838	石棉、甘洛、马边、冕宁、木里、西昌、盐源、盐边、会里、会东，以东至金沙江，其间县市皆属
阳平郡	19 710	0.83	2	1	9 855	跨甘肃省，本省南坪、平武
西部地区	700 000				700 000	若尔盖、马尔康、小金、康定、九龙以西
合计					2 706 867	

说明：

有些跨省郡，如攀枝花市属云南郡，高县、琪县属朱提郡。这些地区占地面积不大，且无西晋县治，故户口未做分割。

十八 重庆市

重庆市所辖地区，按《晋书·地理志》记载各郡户数分割，只有18 110户，折算人口118 982，只及考证东汉重庆人口113万的十分之一。即按《华阳国志》的记载，巴郡为2万户，加其他郡，合计也只3 481户，折算人口22万多，也还是远离实际。

巴郡管辖地区是重庆市的中心地区，地处四川盆地的东部边缘，地理自然条件在重庆市来说是最好的，但《地理志》记户只有3 300，每平方公里才0.45人，而地处深山峡谷的涪陵郡，面积不及巴郡的一半，却有4 200户，每平方公里1.3人。巴东郡，地处长江三峡两岸山区，对人口的生存条件自然不会很好，但《地理志》记户最多，6 500户，每平方公里2.3人，比巴郡高出四倍多。这些情况都说明，依靠《晋书·地理志》的户口记载去考证分析重庆人口是得不到实际人口数据的。

至于为什么见于统计的人口这样少？除了豪强地主荫占私附外，对这一地区来说，主要还是大量少数民族的户籍统计很不稳定，往往是随着封建政权对他们驾驭能力的强弱和他们的叛服而消长。西晋朝廷是一个比较软弱的政权，因此就它整个统治地区来说，户口统计都很混乱，少数民族更大量没有编入户籍，在其后的南北朝时期，考查刘宋人口，在长江三峡两岸、荆州沿江地区，少数民族人口 50 万左右，重庆万州以下（即晋之巴东郡）也不会太少。"州郡力弱则起为盗贼，种类稍多，户口不可知也，所在多深险……时巴东、建平、宜都、天门四郡蛮，为寇诸郡，人户流散，百不存一。"① 东汉以后由于强化管理编入户籍较多，及至西晋以后，又是大量叛离官府，所以所见户口统计，基本上是汉民和少量服属官役的少数民族。这种现象，不唯巴东、建平，也不唯巴蜀地区，而在南方是一种普遍性的问题，只是有些地方情况更严重些，有些地方稍轻一些。

至于西晋太康时，今重庆市所辖地区能有多少人口，由于再无其他具体史料可供考证分析，按历代考证结果，重庆市人口大体可按占四川人口的 20% 来推断，重庆市人口不能少于 54 万。

表 5-11　　　　　　　　　重庆市户籍人口表

西晋政区	人口	密度	郡国属县 总数	郡国属县 本省	本省人口	含今政区县市
巴郡	21 681	0.45	4	4	21 681	跨贵州省数县之地，但无西晋县治，户口不分割，本市今治邻水、垫江、梁平、忠县、丰都、涪陵、长寿、江北、重庆、合川、铜梁、壁山、永川、江津、巴县、綦江、南川
涪陵郡	27 594	1.32	5	4	22 075	跨贵州省，本市石柱、武隆、彭水、黔江、酉阳
巴东郡	42 705	2.32	3	3	42 705	万州、开县、云阳、奉节、巫溪
建平郡	86 724	3.10	8	3	32 521	跨湖北省，本市巫山
合计					118 982	

说明：

这也是一个未加考证的户籍人口表，由于《晋书·地理志》记载的户数很不准确，当然按平均每户 6.57 口折算的人口数也是很不准确，仅供分析研究参考。全市实际人口按 54 万计。

---

① 《南史·荆、雍蛮传》。

十九 云南省

云南省的户籍人口，比之东汉时有很大的下降，实际上并不是真的人口下降，而是大量少数民族人口没有编入户籍。永昌郡东汉时有户籍人口89万多，大部分是哀牢等少数民族，其后多次作乱，虽被平息，但户口管理不复存在。在三国时期，云南地区的少数民族也经常骚扰蜀汉地区。诸葛亮在平定叛乱时，采取攻心为上的策略，当他们降服之后，在行政管理上主要采取羁縻政策，即委派当地少数民族头人，管理少数民族地区的事务，类如地方自治的方法。少数民族的户口也不再编入由朝廷直接控制的地方赋役户籍。西晋继承了这一政策，所以所见编户民，基本上都是汉民。

永昌郡，按《后汉书·郡国志》的记载，约有 231 897 户，897 344 口。而西晋时据《晋书·地理志》的记载，只有 380 00 户。《华阳国志》记载较多，也只 6 万户。按照《晋书·地理志》所记太康元年总户口平均较高的户均人口 6.57 口计算，也只 394 200 口。不过《晋书·地理志》和《华阳国志》所记户数有很大的不同，除永昌郡外，建宁郡《地理志》记为 29 000 户，《华阳国志》记为 10 000 户，少于《地理志》所记。朱提郡《地理志》记为 2 600 户，《华阳国志》记为 8 000 户。兴古郡《地理志》记为 6 200 户，《华阳国志》记为 40 000 户。这两郡《华阳国志》所记都多于《地理志》记户，两者有很大的差异。就以上各郡，《华阳国志》综合为 118 000 户，《地理志》综合为 81 910 户。至于为什么有这样大的差异，原因不清楚，但总的来说，跟实际人口都有很大的差距。下面按《晋书·地理志》所载各郡综合，共 85 000 户，按平均每户 6.57 口计，为 558 450 口。如按平均每户 5 口计，则为 425 000 口，都不能说明云南人口的实际情况。下面表列出来，一是供进一步分析研究参考；二是为了说明历史上的各郡在当代的地理位置。

云南地区虽然在东汉中期以后曾发生过一些战乱，人口会受到一定损失，东汉末年的战乱，这里也会受到一定影响。特别是东汉政权名存实亡之后，对地方失去控制，有些部落到内地骚扰，少数民族之间也有争斗。最大的一次战事就是诸葛亮平定南中，战争比较激烈，人口受到一定损失，但由于诸葛亮采取的是攻心为上的策略，不滥杀，不破坏，不会造成很多人口死亡。且诸葛亮平定南中以后，由于政策措施得当，直到西晋期间，这里的社会一直比较安定,生产有一定的恢复发展。所以云南地区的人口,即使没有大的增长,也当保持东汉时期的水平,不能少于 177 万人。

表 5-12　　　　　　　　　云南省户籍人口表

西晋政区	人口	密度	郡国属县总数	郡国属县本省	本省人口	含今政区县市
建宁郡	190 530	2.72	19	17	170 472	跨贵州省,本省武定、绿劝、寻甸、马龙、沾益、曲靖、宣威、富源、禄丰、富民、安宁、澄江、晋宁、嵩明、昆明、呈贡、宜良、路南、陆良、师宗、泸西、弥勒、双柏、易门、普宁、新平、元江
云南郡	60 444	0.82	9	9	60 444	宁蒗、丽江、永胜、华坪、剑川、维西、当坪、鹤庆、洱源、漾鼻、大理、宾川、永仁、大姚、姚安、元谋、牟定、南华、楚雄、下关、祥云、弥度、巍山、南涧
永昌郡	249 660	1.84	8	8	249 660	北有贡山、福贡、碧江、泸水、云龙,南有永平、昌宁、凤庆、云县、景东、镇沅、墨口、江城,西至边境,其间县市皆属
兴古郡	40 734	0.45	12	11	37 339	跨贵州省,本省玉溪、峨山、石屏、红河、绿春以东,江川、华宁、开远、丘北、广南、富宁,以南至边境,其间县市皆属
朱提郡	17 082	0.38	5	4	13 666	跨贵州省,本省绥江、永善、盐津、威信、镇雄、大关、彝良、照通、鲁甸、巧家、会泽、东川
合计					531 581	

说明:

① 西北部云南郡以北有今中甸、德钦两县之地,不在西晋管辖区内。

② 永昌郡跨有国外缅甸及老挝部分地区,兴古郡跨越南部分地区,西晋均无县治,故户口不做分割,测算面积及人口密度,也不包括境外地区在内。

③ 表中人口数均系按《晋书·地理志》所记户数,按平均每户 6.57 口推算出来

的,《华阳国志》记户只在正文中列出分析,表中不列。

二十 贵州省

贵州也是一个民族成分复杂的省份,西汉时的夜郎国,以后逐渐衰亡,部落离散,与其他民族部落,互不统属,各自为政。虽然西晋也有郡县设置,但有户籍的仅仅是少数汉人,郡县对部落民族只起羁縻作用,不做行政管理。所以所见《晋书·地理志》的户口统计,不能反映贵州人口的实际情况。各种史书又缺少人口活动的记载。只是《晋书·武帝纪》太康四年(283)记载:"牂牁獠二千余落内属",也不能说明整个贵州少数民族的人口情况,但却提供了一个信息:獠民①在西晋之初已从四川西部山区向内地迁徙,先是进入盆地,其后迅速向江南其他地区扩散。这个2 000余落,当有人口1万多。但他们迁到新地,必然要遇到原有居民的抵制,以至发生争斗。从以后的记载可知,这时他们进入贵州的人口,也不会只有2 000余落。

贵州地区,东汉末年以来,并无重大社会动乱的记载。按照这里人口增长缓慢的特点,人口不会有大的增长,包括移民人口在内,只能略高于东汉时期,估计在西晋太康时不能少于110万。

表5-13　　　　　　　　贵州省户籍人口表

西晋政区	人口	密度	郡国属县 总数	郡国属县 本省	本省人口	含今政区县市
牂牁郡	7 884	0.08	8	8	7 884	西有毕节、纳雍、六枝、晴隆、兴仁,北有仁怀、遵义、湄潭、凤冈,东有余庆、黄平、凯里、雷山、三都、荔波,南有安龙、册亨、望谟、罗甸、平塘、独山,其间贵阳等县市皆属
武陵郡	91 980	0.90	10	0	—	今务川至施秉、台江以东地区,含今20县,西晋无县治之设
朱提郡	17 082	0.38	5	1	3 416	跨云南省,本省威宁、赫章、水城、六盘水

---

① 獠民——举火夜猎为獠,故称那些以猎为生的民族为獠民。

续表

西晋政区	人口	密度	郡国属县 总数	郡国属县 本省	本省人口	含今政区县市
涪陵郡	27 594	1.32	5	1	5 519	跨四川省，本省无今县治，晋治汉复，在道真东
建宁郡	190 530	2.72	19	2	20 058	跨云南省，本省盘县、普安
兴古郡	40 734	1.84	12	1	3 394	跨云南省，本省兴义
合计					40 271	

说明：

本省除表中荆州武陵郡含本省今20县之地，另有桐梓、正安、道真属巴郡，榕江从江属郁林郡，均无西晋县治，户籍人口不做分割。但那些地区都有一定数量的人口，全包括在总人口的估计之中。

第四节　南方各省区人口考

二十一　湖北省

湖北省人口按《晋书·地理志》记载各郡国户口分割为127万多人。但实际上不仅还有很多少数民族人口没有编入户籍，而且很多郡国记户不全，还有些王侯封户不在其中。

义阳郡，跨河南省，所辖地区，西部处在南阳盆地的南部，在当时是湖北省地理自然条件最好的地方之一，半平原丘陵半山地，《地理志》记户19 000，按照这个数字计算，每平方公里为5.2人，与相同地区比较，明显偏低于实际。前面在考证河南省人口时曾指出，郡内另有义阳王司马望封户1万，新野郡王司马歆封户2万，与赋役户合计为49 000户，约321 930口，计算人口密度，每平方公里13.4人，低于平原丘陵居多的襄阳郡，略高于基本上全属山地的新城郡，基本近于实际。

襄阳郡，地处江汉平原北部，也是地理自然条件最好的地区之一，《地理志》记户22 700。另有大将军王濬平吴后受封襄阳县侯，邑户1万，又封其子彝为扬乡亭侯，邑1 500户。合计34 200户，约有人口224 694，每平方公里33人。

上庸郡，跨陕西省部分地区，大部分在本省，《地理志》记户11 448。

另外还有上庸县侯唐彬封户6 000，合计17 448，折口114 633，每平方公里7.22人。

很多郡的记户一般都偏低于实际，而南郡记户55 000，每平方公里23人，相比之下，却显得偏高于实际。南郡地处江汉平原南部，和两汉时的南郡有很大的不同。两汉南郡包括北部襄阳附近的平原丘陵区和当阳以西的整个西部地区。而西晋的南郡被析得很小，只剩下今荆门、当阳、枝江向东南至洪湖的一片低洼沼泽地带，人口不会很多，当是记载上的失误。南郡也有部分王侯封户，杜预因评吴有功，进封当阳县侯，邑9 600户，其子为亭侯，邑千户。即使包括在内，也不会超过35 000户，约229 950口，每平方公里仍在15人。

对其他各郡人口，表面看起来似乎没有太大的出入，但在整个湖北省，还散居着很多少数民族，他们的人口没有编入户籍，《晋书》虽无具体的记载，但在两汉时期都有这方面的记载。而在稍后的南北朝时期，则有更详细的记载，整个荆州地区（今河南省南阳地区、湖北全省、湖南省大部及贵州省一部分）少数民族人口约在一百数十万（参看南朝宋时湖北人口考）。虽然记事时间距西晋太康时已相去一百数十年，但这些少数民族人口也不是在短期内可以发展起来的。东汉末年和三国时期由于频繁的战乱，汉民族的人口大量耗损，至西晋时还没有得到很大的恢复，又发生"八王之乱"，荆州地区又出现严重的饥荒疫病，汉民族的人口再受重大损失，因此也给少数民族腾出了更多的发展空间。及至南北朝时期，湖北省全境到处都有少数民族与汉民杂处。由于封建统治阶级对少数民族的压迫剥削很残酷，经常引起他们的反抗。就在这些镇压与反抗的斗争中，反映出很多少数民族的人口活动，看出了其人口数量的梗概。就今湖北省来说，不能少于五六十万。这些少数民族的人口增长，既要有一个过程，而且其增长速度又不可能很快，因此估计西晋时少也有30万，太康时湖北省全境人口当在160万以上。

表 5-14　　　　　　　　　湖北省考证人口表

西晋政区	人口	密度	郡国属县 总数	郡国属县 本省	本省人口	含今政区县市
江夏郡	157 680	5.79	7	7	157 680	钟祥、潜江、仙桃、京山、天门、应城、大悟、安陆、云梦、孝感、汉川、汉阳、黄陂、武汉

续表

西晋政区	人口	密度	郡国属县 总数	郡国属县 本省	本省人口	含今政区县市
弋阳郡	109 719	5.00	7	3	47 022	跨河南省，本省红安、麻城、新洲、罗田、黄冈、浠水、蕲春、广济
庐江郡	158 994	5.13	10	1	15 899	跨安徽省，本省黄梅
义阳郡	321 930	13.40	14	6	137 970	跨河南省，本省枣阳、随县、应山
南乡郡	132 057	10.61	8	4	66 028	跨河南省，本省丹江口、老河口、谷城
魏兴郡	78 840	2.78	4	1	19 710	跨陕西省，本省郧西、郧县
上庸郡	114 633	7.22	4	3	85 975	跨陕西省，本省竹山、竹溪、十堰
新城郡	99 864	9.18	4	4	99 864	房山、神农架、保康、南漳
襄阳郡	224 694	33.23	8	8	224 694	襄樊、襄阳、宜城、远安
宜都郡	57 159	5.70	3	3	57 159	宜昌、长阳、宜都、五峰
南郡	229 950	15.10	11	11	229 950	荆门、当阳、枝江、江陵、荆州、石首、监利、洪湖
武昌郡	97 236	5.57	6	5	81 028	跨江西省，本省武昌、嘉鱼、咸宁、通山、阳新、大冶、黄石、鄂城
长沙郡	216 810	7.17	10	2	43 362	跨湖南省，本省赤壁、通城、崇阳
南平郡	45 990	6.29	4	2	22 995	跨湖南省，本省松滋、公安
建平郡	86 724	3.10	8	5	54 203	跨四川省，本省兴山、秭归、巴东、建始、恩施、利川、咸丰
少数民族	300 000				300 000	
合计				65	1 643 539	

二十二　湖南省

湖南省的人口，从《晋书·地理志》记载各郡国户口分割数字看，只及东汉时人口的三分之一多一点。这说明，经东汉末年的战乱所造成的人口大耗损，仍未得到恢复。这次大战乱波及面很广，江南地区也不例外。不过对人口的耗损主要是战乱引起的饥荒和瘟疫流行造成的。孙权立足江南不久，骆统上疏，在陈述东汉末年战乱造成了人口巨大耗损之后说："夫治疾及其未笃，除患贵其未深，愿殿下少以万机余间，留神思省，补复荒虚，深图远计，育残余之民，阜人财之用。"[①] 这个"育残余之民"，足以说明江南人口损失同样很惨重。然而由于统治阶级对人民的压迫剥削非常残酷，因而虽在三国时期社会无大动乱，但江南地区的人口仍未得到明显的恢复，尤其在西晋建立后，没有很快灭掉吴国，致使江南地区在吴国的残暴统治下长达59年。吴国后期，贺邵给皇帝孙皓的上书，对吴国暴政做了深刻的揭露："以民为草芥"，"法禁转苛，赋调益繁"，"横兴事役，竞造奸利"，"老幼饥寒，家户菜色"，"人力不堪，家户离散"，人民"家无经月之畜，而后宫之中坐食者万有余人"，致使"士民饥于糟糠"，等等，[②] 在这种社会形势下的人口，不仅不能增长，甚至可能萎缩。这就是整个江南地区人口不能增长的根本原因。

吴国对少数民族的压迫剥削也特别残酷，这也是江南人口不能恢复的又一重要原因。在吴国的统治下，少数民族的起义频繁发生，这在史书中有很多记载，即在离吴国统治中心较远的湖南省也是如此。张承"出为长沙西部都尉，讨平山寇，得精兵万五千人。"[③] 他们每镇压一次少数民族起义，都要强逼大批丁壮当兵，而在作战中又大批死亡，兵员不足，再去抓人补充，在吴国统治时期，累计抓兵不下10万人。严重破坏了这些少数民族地区的生产和人口的增殖繁衍。

至于今湖南省内各郡的实际人口情况和不在户籍的少数民族能有多少，没有具体的史料记载，考查前后史，湖南省西部沅江流域的武陵山地区，仍为少数民族聚居的地区。东汉时按史料分析，包括贵州省东部地区和湖北省清江以南地区，约有人口40万，其中在本省不能少于33万人。东晋时武陵郡辖区划小，在东北部与湖北省交界的地区，又析出一个天门郡，但合并起来看，比东汉时的武陵郡也只略有减小。这个过程的人口，联系后史看，从当时的形势分析，不会有大的变化，虽然《地理志》记载武陵、天门两郡只有17 000户，约12万多人口，但经考证分析，实际上就在本省内也不能少于25万人。

零陵郡，东汉户籍人口1 001 578口，西晋时析置为零陵、邵陵两郡，

[①] 《三国志·吴书·骆统传》。

[②] 《三国志·吴书·贺邵传》。

[③] 《三国志·吴书·张昭传》。

辖区与东汉时略有出入，但大体上不影响对人口的考查分析。西晋两郡合计也只37 100户，约24万多人口，仅及东汉时的四分之一。这同东汉比西汉的猛增，形成了鲜明的对照。东汉比西汉的猛增，是大量少数民族人口入籍形成的，而西晋比东汉的大幅度下降，一个重要的原因是"州郡力弱"，缺乏对少数民族的驾驭能力，对大量少数民族人口不能收入户籍。但大量户籍人口的减少又是和东汉末年的战乱直接相关的。其后历朝对两汉零陵郡，以至其他郡的户口统计，都远不及东汉时期多，说明人口增长的艰难。在古代的历史条件下，这些少数民族地区的人口，一旦跌落下去，很难在短时期内恢复起来。不过也不会像《晋书·地理志》记载的那么少，经历史的考查比较，西晋零陵郡的实际人口仍当不少于30万。由零陵郡析置的邵陵郡，也不能少于20万人。

桂阳郡，东汉户135 029，口501 403，在西晋又析出湘东郡。虽东汉之桂阳郡还包括设在今广东省北部的始兴郡，三郡合计面积约73 000平方公里，大于桂阳、湘东两郡之合的52 000平方公里，但三郡合计也只35 800户，235 000口，按口数不及东汉桂阳郡人口的一半，可是桂阳、湘东两郡的户数却占了三郡户数的86%，说明两郡人口减损略少些，粗略估计，按统计人口低于实际人口一半计，桂阳郡原统计11 300户，增加一倍为22 600户，约148 482口，湘东郡，原统计19 500户，按低于实际一半计，也当有39 000户，约256 230口。

长沙郡，东汉为长沙国，人口1 059 372。西晋析为长沙、衡阳两郡及湘东郡一部分，按《晋书·地理志》的统计，只有人口44万多，比东汉减少60%。但长沙郡的实际人口，要比《地理志》的记载高得多。长沙郡所辖地区，虽多属平原丘陵，除了户口隐漏外，仍有很多没有编入户籍的少数民族。上面曾引《三国志·吴书·张昭传》的记载，张昭子张承，出任长沙西部都尉，征伐山区少数民族，得精兵15 000人。出这么多精兵，至少也要有15 000户。长沙郡原为吴置，晋因之，所辖地区相同。虽然这个事件在吴国前期，但经考查，西晋时大量少数民族不入户籍的形势，更甚于吴国统治时期。按西晋统计长沙郡33 000户，仅加这15 000户，就是48 000户。实际上还会有私附等其他漏籍户，估计西晋时长沙郡的实际人口不能少于5万户，约328 500口，每平方公里也只10.86人。

衡阳郡，在湘江之西，按所处地理自然环境比较，与长沙郡的人口密度不会有大的差异，按每平方公里 8 人计，全郡当有 36 000 户，折算 236 520 口。

天门郡，原记户 3 100，每平方公里不足 1 人，完全不符合这一地区的实际情况。天门郡含有整个澧水流域，东部为平原丘陵，自然地理条件比较好，同其他郡比较，包括少数民族在内，少也当有 10 万人，每平方公里也只 4.85 人。

上述情况说明，大量少数民族不入户籍，是一个长期的历史问题，所以直到北宋时期，按有比较可靠的资料考查，除云南省外，整个江南地区的少数民族人口，达 500 万左右。少数民族人口也在不断增长，虽其增长是极其缓慢的，但西晋时在今湖南省没有户籍的少数民族人口，其总数不能少于 50 万。整个湖南省的人口当在 172 万以上。

表 5-15　　　　　　　　　　湖南省考证人口表

西晋政区	人口	密度	郡国属县 总数	郡国属县 本省	本省人口	含今政区县市
长沙郡	328 500	10.86	10	8	262 800	跨湖北省，本省临湘、岳阳、汨罗、平江、湘阴、望城、长沙、浏阳、株洲、醴陵
衡阳郡	236 520	8.00	9	9	236 520	沅江、益阳、桃江、安化、宁乡、涟源、娄底、韶山、湘潭、湘乡、双峰、衡山、衡阳县
桂阳郡	148 482	7.07	6	6	148 482	耒阳、永兴、资兴、桂东、汝城、郴州、桂阳、新田、嘉禾、蓝山、临武、宜章
湘东郡	256 230	16.04	7	7	256 230	衡阳市、衡东、攸县、茶陵、炎陵、安仁、常宁
零陵郡	300 000	12.98	10	7	210 000	跨广西壮族自治区，本省祁东、祁阳、东安、零陵、双牌、道县、宁远
邵陵郡	200 000	9.06	7	7	200 000	新化、冷水江、新邵、邵阳、邵东、隆回、洞口、武冈、城步、新宁

续表

西晋政区	人口	密度	郡国属县 总数	郡国属县 本省	本省人口	含今政区县市
天门郡	100 000	4.85	5	5	100 000	桑植、张家界、慈利、临澧、澧县、津市、石门。另跨有湖北省五峰县，无西晋县治
武陵郡	250 000	4.14	10	10	250 000	龙山、永顺、古丈、常德、汉寿、桃源、沅陵、溆浦、黔阳、绥宁、通道。以西至贵州省界，其间县市皆属。另有广西龙胜及贵州东部二十余县，无西晋县治，户口不分割
南平郡	45 990	6.29	4	2	22 995	跨湖北省，本省安乡、华容、南县
临贺郡	121 646	7	6	2	40 548	跨广西壮族自治区，本省江永、江华
合计				55	1 727 576	

二十三　广西壮族自治区

广西壮族自治区在历史上也是一个多民族的地区，且民族成分复杂，部落之间不相统属。由于缺乏史料，人口情况很难作出具体的考证分析。东汉缺面积最大的郁林郡户籍人口，约有56万多。西晋时按《地理志》的记载，全区总计还不足20万口。东汉末年的战乱，对湖南省有很大的影响，但对广西来说，即使吴国的残暴统治，由于鞭长莫及，也无重大影响。因而从人口发展的一般规律分析，对比东汉时期，它的人口不会有大的变化。

郁林郡，按《地理志》的记载，只有6 000户，折39 420口，每平方公里0.4人，西晋之郁林郡与东汉郁林郡的管辖地区有很大的不同，在今融安、宜山、柳州、来宾一带地区。另析桂林郡，2 000户，约13 140口，每平方公里0.5人，都不符合当时的历史事实。据《晋书·陶璜传》记载，原吴交州刺史陶璜，平吴后仍任西晋交州刺史。[①] 由于西晋朝廷提

---

① 交州刺史——岭南地区，主要今两广地区，西汉为交趾刺史部，东汉为交州刺史部，三国吴为交州，西晋析为交、广两州，交州包括今越南北部、广西壮族自治区南部及雷州半岛和海南岛地区。

出裁减地方军队，他上书提出，由于岭南地区情况特殊，不宜裁减："臣所统之卒，本七千余人，南土温湿，多有气毒，加累年征讨，死亡减耗，其见在者，二千四百二十人。今四海混同，无思不服，当卷甲消刃，礼乐是务。而此州之人，识义者寡，厌其安乐，好为祸乱。又广州南岸，周旋六千余里，不宾属者乃五万余户。及桂林不羁之辈，复当万户。至于服从官役，才五千余家。二州唇齿，唯兵是镇。"这一大段引文。说明了多重意思，一是岭南地区人口长期处于停滞状态的原因。"南土温湿，多有气毒"。虽然这不是他上书的主旨，他所说的只是军队士卒大批死亡的原因之一，但实际上也是当地人口长期处于停滞少进的基本原因。正如司马迁在《史记》中所说的，"南方湿热，丈夫早夭。"当社会长期安定，这里的人口，也会极其缓慢地增长。可是一当遇到战乱或大的疫病的冲击，遭到重大耗损的人口，又会长期得不到恢复。二是说岭南地区少数民族众多，且多不服从官役，又"好为祸乱"，因而必须采取残酷的镇压政策，"唯兵是镇"。这就是说有众多少数民族极少编入户籍。至于两广地区究竟有多少人口，他没有说，但也给我们提供了一点分析研究的线索。广州南岸5万余户，指的是今广东省沿海地区，将在广东省人口考中做具体的分析。而"桂林不羁之辈，复当万户，至于服从官役才五千余家。"当指桂林郡（治今柳州，吴时已从郁林郡析出）的少数民族。因为就整个岭南地区来说，服从官役者绝不会只有5 000余家。桂林郡《地理志》记户2 000家，当为汉户，合计17 000户，约111 690口，每平方公里也只4.4人多一点。

郁林郡在横县以西的邕江流域左右江地区，地理自然条件也比较好，虽然它的西北部为岩熔地带，人口密度会低些，但总平均不能低于桂林郡。因为它还包括东部的今桂平、桂县、象州、武宣等地理条件更好的地区，经权衡比较，每平方公里当在5人左右，约474 325口。

始安郡，在今桂林附近至荔浦间，虽按《地理志》记载的户口平均，每平方公里2.63人，但其北部相邻的零陵郡，即按《地理志》原记户口计算，每平方公里即达7人。而经考证后每平方公里可达13人。比较起来，始安郡的人口密度显然低得不切实际，因为这一地区的地理自然条件，比零陵郡并无大的差异。所以始安郡的实际人口密度，不能少于12人，全郡当有180 108口。

临贺郡，与零陵郡相邻，虽然这里山地较多，按《地理志》户口平均每平方公里不足1人，也不是这一地区的实际情况。同零陵郡比较，至低不能少于7人，约121 646口。

苍梧郡，也是一个自然地理条件较好的地方，东汉按户籍人口计算每平方公里8.56人，西晋按户籍人口计算每平方公里才1.2人。明显地不符合实际。吴赤乌十一年（248），以陆胤为交州刺史，在平定交州少数民族叛乱之后，"复讨苍梧建陵贼，破之，前后出兵八千余人，以充军用。"建陵县在苍梧郡北，今蒙山北，仅此一地的少数民族就可抽出8 000丁壮，而8 000丁壮不能少于8 000户。在苍梧郡来说，这里不是人口最稠密的地方，一县尚可有8 000余户，苍梧郡共辖9县，即按平均每县8 000户计，也是72 000户，约47万多人口。

合浦郡，按陶璜所说在当时从事农业的人口较少，"百姓唯以采珠为业"。但每平方公里也不会少到只有一人，而且实际上，从事采珠业的主要是沿海地区。而在它的北部还包括很适合农业生产的今容县和玉林市，还包括雷州半岛地区。每平方公里即以3人计，也当有人口116 985口。

宁浦郡，面积很小，只在今横县周围地区，曾为合浦属国，说明这里是少数民族很集中的地方，《地理志》记户只有1 220。同周边地区比较，它的实际人口每平方公里不能少于5人，全郡当有18 405口。

另外，西部地区还有今田林、西林、靖西、那坡几县，属宁州兴古郡，跨云南省。天峨县属益州牂牁郡，跨贵州省。都属于岩熔裸露地带，农耕困难，人口较少，共按3万人估计之。

综合以上考证，总计大约132万多人口。

表5-16　　　　　　　广西壮族自治区考证人口表

东汉政区	人口	密度	郡国属县 总数	郡国属县 本省	本省人口	含今政区县市
郁林郡	474 325	5.00	9	9	474 325	跨贵州省，本区环江、河池、凤山、巴马、凌云、百色、田阳、田东、平果、隆安、天等、大新、龙州、凭祥、宁明、崇左、扶绥、上思、南宁、邕宁、都安、马山、忻城、上林、宾阳、武鸣、贵港、桂平、武宣、象州、兴业

续表

东汉政区	人口	密度	郡国属县总数	郡国属县本省	本省人口	含今政区县市
桂林郡	111 690	4.41	8	8	111 690	三江、融安、融水、罗城、宜山、柳城、柳江、柳州、合山、来宾
始安郡	180 108	12.00	7	7	180 108	桂林、永福、阳朔、平乐、荔浦、恭城、灵川
临贺郡	121 646	7.00	6	4	81 097	跨湖南省，本区富川、钟山、贺州
零陵郡	300 000	13.00	10	3	90 000	跨湖南省，本区资源、全州、兴安、灌阳
宁浦郡	18 405	5.00	5	5	18 405	横县
合浦郡	116 985	3.00	3	2	77 990	跨广东省，本区容县、玉林、北流、博白、浦北、灵山、钦州、防城、合浦、北海
苍梧郡	473 040	11.44	9	5	262 800	跨广东省，本区昭平、蒙山、金秀、平南、藤县、岑溪、苍梧、梧州
牂牁郡					5 000	跨贵州省
兴古郡					25 000	跨云南省
合计				43	1 326 415	

说明：

① 隆林、乐业、西林、东兰、那坡、靖西、德保等县，时属兴古郡，跨云南省，在本区无西晋县治，人口酌情估计为25 000人。

② 天峨、南丹县属益州牂牁郡，无西晋县治，人口酌情估计为5 000人。

二十四　海南省

在西晋属交州，无户口记载，东汉时估计约有人口13万。这里的人口虽然增长缓慢，但还当有所增长。三国时，吴赤乌五年（242）陆凯以兵3万讨珠崖、儋耳，不能取胜。① 吴赤乌九年（246），孙权再发大兵攻珠崖，攻战经年不能克，大败而回，士卒死亡十之八九，② 虽然其中多有疾疫而死者，但也说明海南地区有相当多的人力，足以击败吴大兵的进

---

① 《三国志·吴书·吴主传》。
② 《三国志·吴书·全琮传》。

剩。至于在西晋时海南省究竟能有多少人口，没有史料做依据，只能做一般的估计。在其后的南朝刘宋时期，据《隋书·谯国夫人传》记载，谯国夫人经略岭南，海南地区归附者千余洞分析，其人口当在16万以上，由此估计西晋时不能少于14万人。

二十五　广东省

广东省所辖地区，按《晋书·地理志》记载的户口分割，只有21 788户，约143 152口，只及东汉户籍人口的三分之一，更是远离实际。究其原因，主要是这里的居民，绝大多数是少数民族。他们不入地方户籍，在东汉时虽有很多已编入了户籍，但由于封建官府对他们压迫剥削很残酷，引起反抗，以至发生叛乱，又脱离了户籍。下面稍做具体分析。

南海郡，占了广东省面积的大部分，《地理志》记户只有9 500，折算人口6万多，只及东汉户籍人口的25%。是不是实际人口有很大的下降呢？当然不是。前面引交州刺史陶璜的上书说："广州南岸，周旋六千余里，不宾属者乃五万余户。"这个广州南岸，指的是今广东省吴川以东的沿海地区，其时吴之广州，即岭南地区，已析为交、广两州。今海南岛、雷州半岛以西沿海地区及今越南北部为交州，其余属广州，包括今广东全省。这个广州沿岸5万余户，当全在广东省。至于广东省是不是只有5万余家，当然不是。因为陶璜说得很清楚，"广州南岸"，指的是近海地区。整个广东省，当更多于5万余户。这里再看另一条史料，《隋书·谯国夫人传》记载，高凉冼氏，世为南越首领，"跨越山洞，部落十余万家。"从跨越山洞一语推断，这当指的是以今阳江（南北朝时为高凉郡治）为中心的广东省西部地区，时间虽在西晋太康年间以后250多年，但在古代人口增长极其缓慢的情况下，十余万家的人口规模，不是短期内可以形成的，不仅要有一个增长过程，也要有一个较高的增长基础。所以经过研究分析，在西晋太康年间，就当有七八万户。那么和陶璜所说的5万户又是什么关系呢？说不清楚，5万余户包含不了广东西部跨越山洞的七八万户，而这个七八万户也不能包括整个广州的沿海地区。但可以说，南海郡不会只有5万户。从人口密度上比较，包括人口比较稠密的珠江三角洲地区，平均起来，每平方公里不能少于4人。99 000多平方公里，当有人口40万。由于很多情况不明，只能做偏低的估计。

高凉郡（治今阳江），从后史看，这一地区不是人口稀少的地方。不过上面所说的高凉冼氏统领的少数民族十余万落，而在太康时也当有七八万家，从跨越山洞一语推断，是散处在比高凉郡更广阔的地区，主要是本省西江以南地区。就高凉郡本身来说，它的人口密度也当高于苍梧郡的11人，因为这里的地理条件好于苍梧郡，这从后史的人口发展中也可以得到证明。按每平方公里14人计，当有人口195 832口。

始兴郡（治今韶关），按《地理志》的记载只有5 000户，严重不切实际。它的北部邻接今属湖南省的桂阳郡，每平方公里7人多。始兴郡地处南岭南坡，有盆地丘陵，每平方公里也不能少于7人，当有人口25万多。

苍梧郡、合浦郡，见广西人口考，广东全省人口总计当在百万以上。

表5-17　　　　　　　　广东省考证人口表

东汉政区	人口	密度	郡国属县 总数	郡国属县 本省	本省人口	含今政区县市
南海郡	400 000	4.07	6	6	400 000	怀集、广宁、四会、三水、佛山、高鹤、新会、台山以东、花县新丰、从化、连平，东北接江西省、福建省界，南至海，其间广州等县市皆属
始兴郡	250 000	6.90	7	7	250 000	南有连山、阳山、清远、佛冈、翁源，以北至江西省、湖南省界，其间县市皆属
苍梧郡	473 040	11.44	9	4	210 246	跨广西壮族自治区，本省封开、郁南、德庆、高要、肇庆、云浮、新兴、罗定、信宜
高凉郡	200 000	14.30	8	8	200 000	高州、化州、茂名、吴川、电白、阳春、阳江、恩平
合浦郡	116 985	3.00	3	1	38 995	跨广西壮族自治区，本省廉江以南雷州半岛地区
合计				26	1 099 241	

说明：

①高凉郡，《晋书·地理志》原记载有高凉郡，吴置，统县3，户2 000；高兴郡，吴置，统县5，户1 200。以后又记载，武帝时省高兴郡，所以本表只列高凉郡。

②南海郡东端，含有今福建省三县：东山、诏安、云霄。这一时期这里人口极少，也无西晋县治，故户口未做分割。

二十六 福建省

福建省按《晋书·地理志》的记载，只设两郡，均为吴置，建安郡和晋安郡。两郡记户都是4 300，可见记户之粗略。共8 600户，折算人口也只56 000多。可是实际上绝大部分人口都没有编入户籍。西晋时福建人口的实际情况虽不见具体记载，也没有史料可供考证分析，但联系前后史可看出，它仍不能少于东汉末年的51万人。东汉福建人口是据《三国志》记载吴国镇压这里少数民族起义活动所反映出来的人口情况进行考证分析的，当有人口50万。同时又指出，在此以前的永和五年，不能少于45万。东汉末年战乱，虽不见对这里有重大影响的记载，但三国时在吴国的残暴统治下，重赋重役，绝不能漏掉这一地区，人口不会再有增长。至西晋初，吴国刚灭，所以估计西晋太康人口，至多保持51万人。

二十七 台湾省

在西晋时对台湾人口仍无从考查分析，东汉时估计为6万人。虽然三国时期吴国曾两次进入台湾，但都没有收集到岛内的社会和人口情况，第一次是黄龙三年（230），卫温等率船队入台，仅俘数千人而还。第二次是赤乌九年（246）出重兵攻夷州（即台湾），军行经岁不能克，却造成大批士卒死亡。说明台湾岛内有较多的人口，能够抵御吴国的入侵。估计西晋时台湾人口，不能少于8万人。

二十八 江西省

江西省与湖南省，同属三国时期吴国的统治区，人口形势基本相同。江西人口在东汉末年的战乱饥荒期间，也受重大损失。东汉灭亡后，在吴国的残暴统治下，人口难以得到恢复增长（参看湖南省人口考），这从吴国几个不同时期的户口统计数字便可看出。吴建国后18年的赤乌三年（240）有个户口统计，户52万，口230万，到吴国灭亡的天纪四年（280），即西晋太康元年，又过了40年，户523 000，口还是230万。尽管这两个统计数字很粗略，而且它的实际人口也会更多些，但由此仍可以看出，吴国统治区的人口，基本上是处在停滞状态。

至于江西省的实际人口，《晋书·地理志》记载的户口数，与实际人口没有太大的出入。虽然江西地区少数民族较多，但这里离吴国统治中心较近，经反复征剿，基本上都收入了户籍。建安十八年（213）征豫章郡东部的少数民族，"拣其精健为兵，次为县户"。① 黄龙四年（232）征伐庐陵等地少数民族，孙权说，既平了叛乱，"又得恶民以供赋役。"② 都说明了这个问题。《晋书·地理志》所记户数，从总体上看，与吴国原统计数没有很大的变化，只有个别郡出入较大。

鄱阳郡，在今鄱阳湖（西晋时尚未形成，只是一片洼地）以东，武夷山以北地区，《地理志》记户6 100，折口14万多，每平方公里只有1.24人，与湖西的豫章郡（两汉时的豫章郡，基本上涵盖江西全省，吴时已有析置，西晋析为六郡，这里说的是析置后的豫章郡）比较，自然地理条件并无大的差异（元代湖东地区是全省人口密度最高的地区），但豫章郡按《地理志》记户，每平方公里5.79人，鄱阳郡的记户显然不切实际。东汉末建安二十一年（216），鄱阳地区农民起义，经吴军残酷镇压，杀数千人，又强把起义丁壮8 000人编入他的军队。又有镇压上饶少数民族起义的记载。很多情况说明，鄱阳郡的人口并不是很少，只是虽经吴军残酷镇压，仍未把他们全部收入户籍，即按每平方公里4.5人估计，也得有人口145 742口，只及豫章郡的63%。

安成郡，原统计只有3 000户，按这个户数计算的人口密度，每平方公里只有1人多一点。可是这一地区，从新余到萍乡，是一条宽阔的低山区和山间谷地，通往荆州南部（今湖南省）的交通要道，地理条件比较好，历史以来就不是人口稀少的地区。这一地区即使按每平方公里4人的最低估计，也有67 628口。

南康郡，按《地理志》记户平均，每平方公里0.22人。南康郡虽地处南部山区，但它的人口也不应如此之少。在当时也是少数民族众多，反抗活动频繁，更多的人口没有编入户籍。隋朝南康郡和西晋南康郡，管辖地区基本相同，但统计的户数为1 186，是西晋时的七倍多。虽然跨越时间300多年，但在当时生产力水平十分落后的情况下，也不可能由增殖增长七倍多。说明即在西晋，这里的人口也不会太少，往最低里估计，每平

---

① 《三国志·吴书·贺齐传》。
② 《三国志·吴书·吕岱传》。

方公里不能少于1人，全郡面积42 000平方公里，也当有42 000人。

西晋太康年间，江西人口大约可在637 527口。

表5-18　　　　　　　　　江西省考证人口表

东汉政区	人口	密度	郡国属县总数	本省	本省人口	含今政区县市
豫章郡	229 950	5.79	16	16	229 950	彭泽、湖口、九江、星子、德安、武宁、修水、永修、南昌、进贤、丰城、樟树、新干、上高、万载，西至省界，其间县市皆属
安成郡	67 628	4.00	7	7	67 628	新余、分宜、宜春、萍乡、莲花、永新、井冈山、安福
鄱阳郡	145 742	4.50	8	8	145 742	波阳、景德镇、余干、乐平、德兴、余江、鹰潭、贵溪、弋阳、横峰、铅山、上饶、玉山
临川郡	55 845	2.84	10	10	55 845	东乡、抚州、临川、崇仁、乐安、宜黄、南城、资溪、黎川、南丰、广昌
庐陵郡	80 154	5.77	10	10	80 154	峡江、永丰、吉水、吉安、泰和、万安、遂川
武昌郡	97 236	5.57	6	1	16 208	跨湖北省，本省瑞昌、九江
南康郡	42 000	1.00	5	5	42 000	崇义、上犹、赣州、兴国、宁都、石城，东至福建省界，南至广东省界，其间县市皆属
合计				57	637 527	

说明：

本省婺源县属新安郡，无西晋县治，故户口未做分割。

二十九　浙江省

东汉末年的战乱，浙江省人口受损也很严重，虽不至像中原地区那样十去七八，也是耗损大半。三国时期在吴国的统治下，虽然没有再发生大的社会动乱，但对人民压迫剥削过于残酷，使人口没有得到恢复。主要是赋税徭役过于沉重，使人民穷困得无以聊生，出现严重的杀婴现象。这些严重的社会问题，在《三国志》里有很多记载。江南很多地区都有这种现象，而受害最深的是江南东部地区。在这种社会形势下，很难使人口得到恢复增长。在考查东汉人口时，考查出浙江省不在户籍的少数民族人口35万多。其后除部分与汉民融合，经东汉末年的战乱饥荒，实际人口也大量减少，吴国统治集团大量从少数民族地区抓兵，搜刮财物，不仅破坏了他们的生产发展，也直接破坏了他们人口增殖的物质生活条件。所以原来考查东汉时一些少数民族较多的地方，西晋时所做的户口统计都很少。

新安郡，为三国初吴国所置，跨浙江、安徽两省。郡治在今浙江淳安西北。《晋书·地理志》记为 5 000 户，严重不切实际，主要是一些居于深山的少数民族，在吴国后期又脱离了户籍。南北朝时，《宋书·州郡志》记新安郡为 12 058 户，正说明了这个问题。而且《宋书·州郡志》的户口统计也是极不完整，所以估计西晋太康时新安郡的实际人口，不能少于 2 万户，这里按平均每户 5 口计，也当有 10 万人。新安郡六县，其中二县在本省，约 33 000 人。

东阳郡，地处本省中部金衢盆地，虽除杭嘉湖平原和绍宁平原以外，是地理条件最好的地方，但《地理志》记户只有 12 000，约 78 840 口，每平方公里 3.5 人，仅比南部山区临海郡的 3.06 人多一点，显然不切实际。从比较中看，每平方公里不能少于 7 人，约 157 619 口。

关于吴郡，按《地理志》记户平均，每平方公里 8 人多一点，就这一地区的条件与邻郡相比，似乎太少，实际上在其东部沿海有大片早年海水东撤后遗留下来的盐碱地，当时仍多被荒置着，但也被划入吴郡的管辖范围，所以平均起来就显得人口密度偏低。其他如临海、会稽、吴兴等郡的人口情况，经考查《地理志》所记，与实际人口不会有太大的出入。虽然以后南朝刘宋时统计会稽、吴兴、吴郡的人口都是三四十万，但那是在一种特殊情况下由移民快速形成的。在西晋末年"八王之乱"期间，北方地区已有大量难民逃徙江南，西晋灭亡后的十六国大乱期间，更有大批流民南下，多集于江南东部地区。所以不能相比较。在西晋时虽有私附、隐漏，但不会太多。因为吴国新灭，在西晋统治集团卵翼下的豪强集团尚未形成。其他各郡不再另做分析。浙江全省人口大约可在 779 291 口。

表 5-19　　　　　　　　浙江省考证人口表

东汉政区	人口	密度	郡国属县 总数	郡国属县 本省	本省人口	含今政区县市
吴郡	164 250	8.27	10	8	131 400	跨江苏省，本省嘉善、嘉兴、平湖、海盐、桐乡、海宁、余杭、杭州、富阳、桐庐、建德
吴兴郡	157 680	13.02	10	9	141 912	跨江苏省，本省长兴、湖州、安吉、德清、临安
新安郡	100 000	6.06	6	2	33 000	跨安徽省，本省淳安
东阳郡	157 619	7.00	9	9	157 619	开化、常山、衢州、江山、遂昌、永康、武义、兰溪、金华、浦江、义乌、东阳
会稽郡	197 100	13.63	10	10	197 100	西有萧山、诸暨，南有嵊州、奉化，北至海，其间县市皆属
临海郡	118 260	3.06	8	8	118 260	象山、宁海、天台、仙居、缙云、丽水、云和、龙泉、庆元，以东至海，其间县市皆属
合计				46	779 291	

三十　安徽省

安徽省淮河以北地区是东汉末年战乱的主要战场之一，人口损失特别严重。而在三国时期，在曹魏统治下和西晋前期，虽然有所恢复，但恢复不大。特别是江淮地区，在三国时期是曹魏和吴国争战的前线地区，人口更难得到恢复。江南地区，虽然在东汉末年的战乱中，受损较轻，但在吴国的残暴统治下，人口也难得到恢复。不过从总体上看，也不是像《晋书·地理志》所记载的那样，全省只有62万多人口，下面对部分郡国的人口情况稍做具体分析。

汝阴郡，面积约13 809平方公里，《地理志》记户只有8 500，折口55 845，每平方公里4人，对这一地区来说是少得不切实际。汝阴郡和汝南郡，在东汉时同属于汝南郡，每平方公里49人。西晋时析为二郡，西部为汝南郡，《地理志》记户21 500，每平方公里10.33人，比东部的汝阴郡高出6人。经考查实际上是汝阴王司马骏受封的1万户没有统计在内。而且受封时间在泰始二年（266），距太康三年（282）已16年，人口还当有所增长，即按上面两数相加的18 500户计，折算人口121 545，每平方公里在8.8人，稍低于西部的汝南郡，这也符合这一地区历史上人口分布的实际情况。由此进一步证明，整个西晋时期，所有的王侯封户，都不在《晋书·地理志》所记载的户数之内。

谯郡，《地理志》记户1 000，折算人口6 570，每平方公里才0.46人。虽有谯王司马逊（泰始二年死，子随嗣立）的封户4 400，合计起来也只5 400户，28 908口，每平方公里仍只有2人，对这一地区来说，仍不是全郡的实际人口。这就是说还有大量人口不见于统计。它的北邻梁国，经考证每平方公里15人左右，西邻汝阴郡每平方公里8.8人。很明显，谯郡的人口记载，偏低于实际，至于什么原因，虽不得详知，但也无非是私附隐漏太多，或仍有不见于记载的封户。按《晋书·食货志》的记载，曹魏正始年间，邓艾于淮河南北兴修水利，实行屯田，"北临淮水，自钟离而南，横石以西，淮南淮北，皆相连接，自寿春到京师，农官兵田，鸡犬之声，阡陌相属。"说明昔日因战乱而荒凉的沿淮地区，不管是军屯或是民屯都有了很大的发展。又曹魏甘露二年（257），扬州镇将（治寿春，今安徽寿县）诸葛诞反，"敛淮南北郡县屯田口十余万官兵，扬州新附胜兵者四五万人，聚谷足一年食，闭城自守。"[①]这些记载所反映出来的淮南淮北人口，当有数十万。所以对谯郡的实际人口，即按一般估计，每平方公里也不能少于7人，至少当有100 842口。

庐江郡，《地理志》记户4 200，每平方公里0.89人。庐江、淮南两郡，长期处在魏吴的争夺地带，一些大的战争也发生在这一地区，严重影响人口的恢复发展。但淮南郡北部沿淮地区，有魏军的重兵镇守，屯田组织又比较发达，人口较多，这在上面已有分析，所以《地理志》记户33 400，折口20多万，全郡平均每平方公里8.39人，基本符合实际。而庐江郡《地理志》的记载要比实际人口少得多。《三国志》有多处记载，自蕲春向东，直至广陵，整个沿江地区，人口都很稀少。庐江郡江岸线长，人口会更少，但就全郡来说，也不当每平方公里不足1人，在它北部离淮河较近的地区人口会更多些。全郡平均每平方公里当不能少于3人，

[①] 《三国志·魏书·诸葛诞传》。

约 93 027 口，比东部的广陵郡，稍低些，这当基本符合当时的历史事实。

对于其他郡，有些经考证原书记户与实际人口无大出入，有些跨省郡国，可参看别省的考证。综合以上，安徽全省人口约 972 811 口。

表 5－20　　　　　　　　　安徽省考证人口表

东汉政区	人口	密度	郡国属县总数	郡国属县本省	本省人口	含今政区县市
淮南郡	219 438	8.39	16	16	219 438	凤台、怀远、蚌埠、淮南、寿县、长丰、定远、合肥、肥东、肥西、巢湖、含山、和县、全椒、滁州、来安
庐江郡	93 027	3.00	10	9	83 724	跨湖北省，本省六安、霍山、舒城、庐江、无为、桐城、枞阳、安庆、岳西、潜山、怀宁、太湖、望江、宿松
丹阳郡	338 355	37.08	11	3	92 279	跨江苏省，本省马鞍山、当涂、芜湖、郎溪
宣城郡	154 395	6.86	11	11	154 395	繁昌、南陵、宣城、广德、宁国、旌德、太平、石台、东、西至长江，其间县市皆属
新安郡	100 000	6.06	6	4	67 000	跨浙江省，本省祁门、黟县、休宁、歙县、黄山、绩溪
汝阴郡	121 545	8.80	8	6	91 159	跨河南省，本省临泉、界首、太和、阜阳、利辛、颍上、阜南
安丰郡	74 840	7.01	5	2	29 936	跨河南省，本省霍丘、金寨
谯郡	100 842	7.00	7	6	86 436	跨河南省，本省亳州、涡阳、蒙城
梁国	210 690	15.00	12	1	17 558	跨河南省，本省砀山
沛国	74 683	7.00	9	7	58 086	跨江苏省，本省萧县、淮北、濉溪、宿州、灵璧、固镇、五河
彭城国	131 400	19.40	7	1	18 771	跨江苏省、山东省，本省无今县治，晋有梧县，在今萧县南
下邳国	93 688	12.44	7	3	40 152	跨江苏省，本省泗县
临淮郡	124 896	8.17	9	1	13 877	跨江苏省，本省明光、天长
合计				70	972 811	

三十一　江苏省

江苏省跨长江南北，江南属扬州，江北属徐州。东汉末年的战乱期间，江南地区受影响较小，但也是人口耗损大半。而且以后在吴国的残暴统治下，又难以得到恢复。按《晋书·地理志》的记载，至吴国灭亡后第三年的统计，江苏江南地区的人口也只东汉永和时的63%。江北地区，特别是以徐州为中心的北部地区，由于战争频繁，饥荒严重，从三国鼎立到西晋太康之初，虽经六十余年社会比较安定的时间，但人口不见大的增长，按《地理志》的记载，更少到仅及东汉人口的13%。不过《地理志》记户很不完整，有些户口并没有包括在内。下面对部分与实际人口有较大出入的郡国稍做具体考察分析。

广陵郡，面积约23 644平方公里，《地理志》记户8 800，折算人口57 810，每平方公里2.45人；临淮郡面积15 279平方公里，原记户10 000，折口65 700，每平方公里4.3人；下邳国面积7 533平方公里，原记户7 500，折口49 275，每平方公里6.54人，同其他郡国相比，这三郡的人口密度都偏低。按《晋书·愍怀太子传》记载：愍怀太子司马遹于太康三年封广陵王，邑5万户。但广陵郡不可能有这么多户数，原书也没有说明是否封户都在广陵郡。《晋书》对封户的记载多比较笼统，只是在其他地方说过："一郡户数不足，由傍郡增益。"例如，成都王司马颖的封户，原书也只记载："太康末受封，邑十万户。"但常璩《华阳国志》却有较具体的记载："太康八年，武帝子成都王颖受封，以蜀郡、广汉、犍为、汶山十万户为王国。"由此说明，广陵王的封户也不是全在广陵，按照地理情况，只能在广陵、临淮、下邳三郡国。从这一地区的地理自然条件分析，除原记户籍人口与5万封户之外，不可能再多。对这5万封户按《地理志》原记户比例分配，广陵郡占33.46%，为16 730户，加原记户，为25 530户，折算人口167 732，每平方公里7.09人；临淮郡占38.02%，为19 010户，加原记户为29 010户，折口190 596，每平方公里12.49人；下邳国占28.52%，为14 260户，加原记户21 760户，折口142 933，每平方公里18.98人。按相近地区的自然地理条件比较，人口密度基本相称。广陵郡虽然面积大，但沿海多为退滩碱地，人口稀少，所以人口密度也最低。

彭城国，《地理志》记户4 121，折口27 075，每平方公里4人。实际上这里还有彭城王司马权的封户，晋初为2 900。司马权死于咸宁元年（275），子元王植嗣立。"八王之乱"初，曾起兵助淮南王司马允攻赵王司马伦，不久病死，赠车骑将军，增封至15 000户，虽然时间在太康后，但这么多人口不是在短时期内可以增殖起来的。说明这些户口早已存在，只是没有资料证明为什么没有收入郡县编户，在很多情况下，并不是每一个王子的封地都是封户，封户以外则是郡县的赋役户口。另外还有兰陵郡公卫瑾的封户3 000，粗略合计22 121户，考虑到时间上的差异，即在太康初也不能少于20 000户，折口131 400，每平方公里19.4人。

其他郡国可能还会有没有收入户籍的人口，由于缺乏可靠的史料，无从详考。而且经过分析有也不会太多。例如，丹阳郡，是三国时吴国的都城所在地，其时会有大量私附的存在。但《晋书·地理志》记载的户数，是吴国刚刚灭亡时所做的统计，原来的官僚豪强虽然还会保留一部分，但大部分随着政权的灭亡而破产。这个户口应是在西晋统治下重新做的统计，所以与实际户口不会有太大的出入。

还有一些跨省郡国的户口统计与实际不符。可参看安徽、河南、山东的人口考证。经重新考证全省人口大约在984 942口。

表5-21　　　　　　　　　江苏省考证人口表

东汉政区	人口	密度	郡国属县总数	本省	本省人口	含今政区县市
丹阳郡	338 355	37.08	11	8	246 079	跨安徽省，本省南京、江宁、句容、溧水、溧阳、高淳
毗陵郡	78 840	8.91	7	7	78 840	镇江、丹阳、金坛、常州、江阴、无锡、张家港
吴兴郡	157 680	13.02	10	1	15 768	跨浙江省，本省宜兴
吴郡	164 250	8.27	10	2	32 850	跨浙江省，本省苏州、昆山、吴江、常熟、太仓
广陵郡	167 732	7.09	8	8	167 732	灌南、涟水、淮安、宝应、金湖、高邮、仪征以东，长江以北，县市皆属
临淮郡	190 596	12.47	9	8	169 419	跨安徽省，本省宿迁、宿豫、泗洪、盱眙、六合

续表

东汉政区	人口	密度	郡国属县 总数	郡国属县 本省	本省人口	含今政区县市
下邳国	142 933	18.08	7	4	81 676	跨安徽省，本省邳州、新沂、睢宁、泗县
彭城国	131 400	19.40	7	5	93 857	跨山东省、安徽省，本省徐州
沛国	74 683	7.00	9	2	16 596	跨安徽省，本省丰县、沛县
东海郡	197 100	15.49	12	5	82 125	跨山东省，本省赣榆、东海、沭阳、灌云、连云港
合计				50	984 942	

说明：

东部沿海地区仍有很大一片地方时为未退滩的东海水面，约今十余县之地，与两汉时无大差异，故"含今政区县市"栏内缺。

三十二　上海市

上海市所辖地区，当时的地表形态和两汉以前并无大的变化，西晋时亦无县治之设，故其人口仍附于江苏省。

表5-22　　　　西晋前期各省区人口汇总
武帝太康三年（282）

省区	考证人口	户籍人口	省区	考证人口	户籍人口
河南	5 078 346	3 071 273	重庆	540 000	118 982
山东	2 496 979	1 684 394	云南	1 770 000	531 581
河北	2 713 425	2 219 058	贵州	1 100 000	40 271
北京	224 485	136 722	湖北	1 643 539	1 272 208
天津	55 079	46 318	湖南	1 727 526	862 004
辽宁	700 000	62 415	广西	1 326 415	197 284
吉林	400 000		海南	140 000	—
黑龙江	200 000		广东	1 099 241	143 152
内蒙古	1 200 000	16 425	福建	510 000	56 502
山西	1 762 015	950 351	台湾	80 000	—
陕西	1 890 120	890 423	江西	637 527	451 142
甘肃	1 380 000	361 106	浙江	779 291	678 462

续表

省区	考证人口	户籍人口	省区	考证人口	户籍人口
宁夏	300 000	15 486	安徽	972 811	628 953
青海	400 000	32 850	江苏	984 942	575 075
新疆	800 000	—	上海	—	—
西藏	1 300 000	—	总计	36 918 608	16 348 553
四川	2 706 867	1 306 116			

第五节 后 叙

通过上面的考证，在西晋太康初期，全国总人口大约可在3 690多万。太康三年以后，直至元康元年（300）"八王之乱"前夕，社会一直是比较安定的，人口还会继续有所增长。《晋书·食货志》说："是时天下无事，赋税平均，人咸安其业而乐其事。"虽然这个说法有点言过其实，实际上封建统治阶级对人民的剥削是残酷的，人民生活并没有得到多大的改善，这在《晋书》里也有记载。但在这个过程里确实没有发生大的社会动乱，说明大多数人仍可安于家乡，维持着最低生活，人口也就会有所增长。而且从诸王受封户数不断增加这一点看，也说明了这个问题。《晋书·武十三王传》记载，秦献王司马柬，"太康十年徙封于秦，邑八万户，于时诸王封中土者皆五万户，以柬与太子同产，故特加之。"可是查一下西晋前期诸王受封，都只几千户，极少有万户的。虽然受封户数的增加，并不完全说明人口的增长，它还有其他政治上的原因，但没有人口增长这个基础，也不可能使封户普遍大幅度提高。至于人口增长了多少，没有这方面的记载。按考证太康三年人口3 690万为基础，按2‰~3‰的年平均增长速度计算（有些边缘省区人口增长极度缓慢），到永宁元年（301）至少可达到3 850万。而且随着社会的安定，其中会有一定数量的入籍增长，特别是平吴以后的江南地区，会有更多的流民回乡和私附户的归入户籍，并不都是自然增长。

永宁元年，社会形势骤然紧张，赵王司马伦杀专权的贾皇后（惠帝司马衷妻），并废惠帝，自己做皇帝。其他诸王不服，于是各率千军万马杀向都城洛阳，争夺朝廷的控制权，展开了一场大规模的战争。初战60

日，死近10万人。战乱遍及整个北方地区，持续十几年。战争破坏了社会生产的发展，各种灾荒相继发生。宗室诸王各派，为了战胜对方，都勾结少数民族武装助战，使周边各少数民族乘机进入中原，也卷入了这场大战乱。匈奴族的刘渊，于惠帝永安元年（304）在今山西离石建汉国，并于永嘉二年（308）称皇帝，迁都平阳（今山西临汾西）。其后便大规模进兵中原。不仅参与晋宗室各派的斗争，而且也和进入中原的其他少数民族角逐。终于在愍帝建兴四年（316）灭掉了西晋，代之而出现的便是匈奴、鲜卑、羯、氐、羌等少数民族的统治者，争夺中原地区的控制权，即所谓"五胡乱华"，或称十六国大乱，使中国北方出现了一百多年的社会大动乱时期。

"八王之乱"导致了西晋政权的灭亡，这是西晋统治集团政治腐败，咎由自取，但却使北方人民又陷入了战争的灾难。战争破坏了生产的发展，带来了严重的饥荒瘟疫，到处一片荒凉，黄河中下游地区又是人口死亡大半，"流尸满河，白骨蔽野"。在"八王之乱"前夕，北方地区人口可达1 800多万，至西晋灭亡时，大约只剩八九百万。

前面制作的各省区考证人口表，虽列有各郡国由户数折算的人口数，但很大一部分不是按原统计的户数折算的人口数，而是考证人口数，为了便于读者了解原统计的面貌，现将《晋书·地理志》原记载户数及部分考证户数附录于下。

附录： 西晋郡国户口统计
太康三年（282）

表5-23　　《晋书·地理志》记载西晋郡国户数和考证户数

西晋政区	属县	原统计户数	考证户数	政区治所
司州	100	475 700		洛阳，今河南洛阳东北
河南郡	12	114 400	304 414	洛阳，今河南洛阳东北
荥阳郡	8	34 000		荥阳，今河南荥阳东北
弘农郡	6	14 000		弘农，今河南灵宝北
上洛郡	3	17 000		上洛，今陕西商县
平阳郡	12	42 000		平阳，今山西临汾西
河东郡	9	42 500		安邑，今山西夏县西北

续表

西晋政区	属县	原统计户数	考证户数	政区治所
汲郡	6	37 000		汲县，今河南卫辉西
河内郡	9	52 000		野王，今河南沁阳
广平郡	15	35 200		广平，今河北曲周北
魏郡	8	40 700		邺县，今河北磁县南
阳平郡	7	51 000	21 000	元城，今河北大名东
顿丘郡	4	6 300	16 300	顿丘，今河南清丰西
兖州	56	83 300		廪丘，今山东郓城西北
陈留国	10	30 000	40 000	小黄，今河南开封东
濮阳国	4	21 000		濮阳，今河南濮阳南
济阴郡	9	7 600	11 658	定陶，今山东定陶
高平国	7	3 800	8 800	昌邑，今山东金乡西北
任城国	3	1 700	6 400	任城，今山东济宁东南
东平国	7	6 400	9 497	须昌，今山东东平西
济北国	5	3 500	10 500	临邑，今山东东阿
泰安郡	11	9 300	12 300	奉高，今山东泰安东
豫州	85	116 796		陈县，今河南淮阳
颍川郡	9	28 300		许昌，今河南许昌东
汝南郡	15	21 500		新息，今河南息县
襄城郡	7	18 000		襄城，今河南襄城
汝阴郡	8	8 500	18 500	汝阴，今安徽阜阳
梁国	12	13 000	32 068	睢阳，今河南商丘
沛国	9	5 096	11 367	相县，安徽濉溪西北
谯郡	7	1 000	15 349	谯县，今安徽亳县
鲁郡	7	3 500	14 000	鲁县，今山东曲阜
弋阳郡	7	16 700		弋阳，今河南潢川西
安丰郡	5	1 200	11 391	安风，今安徽霍丘南
冀州	83	326 000		信都，今河北冀州
赵国	9	42 000	22 000	房子，今河北高邑西
钜鹿国	2	10 040	23 040	廮陶，今河北宁晋南
安平国	8	21 000		信都，今河北冀州
平原国	9	31 000	43 200	平原，今山东平原南

续表

西晋政区	属县	原统计户数	考证户数	政区治所
乐陵国	5	33 000		厌次，今山东阳信南
勃海郡	10	40 000		南皮，今河北南皮北
章武国	4	13 000		东平舒，今河北大城
河间国	6	27 000		乐城，今河北献县东南
高阳国	4	7 000	12 200	博陆，今河北蠡县南
博陵郡	4	10 000	11 800	安平，今河北安平
清河国	6	22 000		清河，今山东临清
中山国	8	32 000		卢奴，今河北定州
常山郡	8	24 000	27 790	真定，今河北石家庄北
幽州	34	59 020		涿县，今河北涿州
范阳国	8	11 000	25 000	涿县，今河北涿州
燕国	10	29 000	35 663	蓟县，今北京市区
北平郡	4	5 000		徐无，今河北遵化东
上谷郡	2	4070		沮阳，今河北怀来东南
广宁郡	3	3 950		下洛，今河北涿鹿
代郡	4	3 400		代县，今河北蔚县东北
辽西郡	3	2 800		阳乐，今河北卢龙东
平州	26	18 100		襄平，今辽宁辽阳
昌黎郡	2	900		昌黎，今辽宁义县
辽东国	8	5 400		襄平，今辽宁辽阳
玄菟郡	3	3 200		高句丽，今辽宁沈阳东
乐浪郡	6	3 700		朝鲜，今朝鲜国平壤
带方郡	7	4 900		带方，今朝鲜国沙里院
并州	45	59 300		晋阳，今山西太原南
太原国	13	14 000	19 496	晋阳，今山西太原南
上党郡	10	13 000		潞县，今山西黎城南
西河国	4	6 300		离石，今山西离石
乐平郡	5	4 300		沾县，今山西昔阳西南
雁门郡	8	12 700	24 200	广武，今山西代县
新兴郡	5	9 000		九原，今山西忻州
雍州	39	99 500		长安，今陕西西安西北

续表

西晋政区	属县	原统计户数	考证户数	政区治所
京兆郡	9	40 000	80 681	长安,今陕西西安西北
冯翊郡	8	7 700	15 531	临晋,今陕西大荔
扶风郡	6	23 000	54 661	郿县,今陕西眉县东
安定郡	7	5 500		临泾,今甘肃镇原东南
北地郡	2	2 600	5 153	北地,今陕西耀县
始平郡	5	18 000	36 306	槐里,今陕西兴平
新平郡	2	2700	5 446	漆县,今陕西彬县
凉州	46	30 700		姑臧,今甘肃武威
金城郡	5	2 000		榆中,今甘肃兰州东
西平郡	4	4 000		西都,今青海西宁
武威郡	7	5 900		姑臧,今甘肃武威
张掖郡	3	3 700		永平,今甘肃张掖西北
西郡	5	1 900		日勒,今甘肃山丹东南
酒泉郡	9	4 400		福禄,今甘肃酒泉
敦煌郡	12	6 300		敦煌,今甘肃敦煌
西海郡	1	2 500		居延,今内蒙古额济纳旗东南
秦州	24	32 100		冀县,今甘肃甘谷东
陇西郡	4	3 000		襄武,今甘肃陇西
南安郡	3	4 300		豲原道,今甘肃陇西东南
天水郡	6	8 500		冀县,今甘肃甘谷东
略阳郡	4	9 320		临渭,今甘肃清水西南
武都郡	5	3 000	38 052	下辩,今甘肃成县西北
阴平郡	2	3 000		阴平,今甘肃文县
梁州	44	76 300		南郑,今陕西汉中
汉中郡	8	15 000	19 787	南郑,今陕西汉中
梓潼郡	8	10 200		梓潼,今四川梓潼
广汉郡	3	5 100	15 500	广汉,今四川射洪南
新都郡	4	24 500		雒县,今四川广汉北
涪陵郡	5	4 200		汉复,今重庆彭水南
巴郡	4	3 300		江州,今重庆市区
巴西郡	9	12 000		阆中,今四川阆中

续表

西晋政区	属县	原统计户数	考证户数	政区治所
巴东郡	3	6 500		鱼复，今重庆奉节东
益州	44	149 300		成都，今四川成都
蜀郡	6	50 000	105 000	成都，今四川成都
犍为郡	5	10 000	39 000	武阳，今四川彭山
汶山郡	8	16 000		汶山，今四川茂县
汉嘉郡	4	13 000		汉嘉，今四川雅安北
江阳郡	3	3 100	15 394	江阳，今四川泸州
朱提郡	5	2 600		朱提，今云南昭通
越嶲郡	5	53 400		邛都，今四川西昌
牂柯郡	8	1 200		万寿，今贵州瓮安
宁州	45	83 000		滇池，今云南澄江西
云南郡	9	9 200		云南，今云南祥云东南
兴古郡	11	6 200		律高，今云南开远北
建宁郡	17	29 000		味县，今云南曲靖
永昌郡	8	38 000		不韦，今云南保山东北
青州	37	53 000		临淄，今山东临淄
齐国	5	14 000		临淄，今山东临淄
济南郡	5	5 000	22 400	东平陵，今山东章丘西
乐安国	8	11 000	22 400	高苑，今山东邹平东北
城阳郡	10	12 000	22 000	莒县，今山东莒县
东莱国	6	6 500	20 000	莱州，今山东莱州
北海国	5	—	20 000	平寿，今山东潍坊西南
长广郡	3	4 500	6 240	不其，今山东即墨西南
徐州	61	81 021		彭城，今江苏徐州
彭城国	7	4 121	20 000	彭城，今江苏徐州
下邳国	7	7 500	14 260	下邳，今江苏邳县南
东海郡	12	11 100	30 000	郯城，今山东郯城
琅邪国	9	29 500		开阳，今山东临沂北
东莞郡	8	10 000	20 600	东莞县北，今山东沂水北
广陵郡	8	8 800	26 530	淮阳，今江苏淮安
临淮郡	10	10 000	19 010	盱眙，今江苏盱眙东北

续表

西晋政区	属县	原统计户数	考证户数	政区治所
荆州	169	357 548		江陵，今湖北荆州
江夏郡	7	24 000		安陆，今湖北云梦
南郡	11	55 000	35 000	江陵，今湖北荆州
襄阳郡	8	22 700	32 420	襄阳，今湖北襄樊
南阳郡	14	24 400	74400	宛县，今河南南阳
顺阳郡	8	20 100		酂县，今湖北丹江口东
义阳郡	12	19 000	49 000	新野，今河南新野
新城郡	4	15 200		房陵，今湖北房县
魏兴郡	6	12 000		兴晋，今陕西白河北
上庸郡	6	11448		上庸，今湖北竹山西
建平郡	8	13 200		巫县，今重庆巫山
宜都郡	3	8 700		夷陵，今湖北宜昌
南平郡	4	7 000		江安，今湖北公安西北
武陵郡	10	14 000	38 052	临沅，今湖南常德
天门郡	5	3 100	15 221	零阳，今湖南慈利
长沙郡	10	33 000	50 000	临湘，今湖南长沙
衡阳郡	9	23 000	36 000	湘南，今湖南湘潭西南
湘东郡	7	19 500	39 000	酃县，今湖南衡阳
零陵郡	11	25 100	45 662	泉陵，今湖南零陵
邵陵郡	6	11 300	30 441	邵陵，今湖南邵阳
桂阳郡	6	11 300	22 600	郴县，今湖南郴州
武昌郡	7	14 800		武昌，今湖北鄂州
安城郡	7	3 000	10 293	平都，今江西安福
扬州	173	311 400		建业，今江苏南京
丹阳郡	11	51 500		建业，今江苏南京
宣城郡	11	23 500		宛陵，今安徽宣城
淮南郡	16	33 400		寿春，今安徽寿县
庐江郡	10	4 200	14 159	舒县，今安徽舒城
毗陵郡	7	12 000		丹徒，今江苏镇江东
吴郡	11	25 000		吴县，今江苏苏州
吴兴郡	10	24 000		乌程，今浙江吴兴南
会稽郡	10	30 000		山阴，今浙江绍兴
东阳郡	9	12 000	23 991	长山，今浙江金华

续表

西晋政区	属县	原统计户数	考证户数	政区治所
新安郡	6	5 000	15 221	始新，今浙江淳安西北
临海郡	8	18 000		章安，浙江黄岩东北
建安郡	7	4 300	38 813	建安，福建建瓯
晋安郡	8	4 300	38 813	侯官，今福建福州
豫章郡	16	35 000		南昌，今江西南昌
临川郡	10	8 500	22 183	临汝，今江西抚州
鄱阳郡	8	6 100	12 200	广晋，今江西彭泽东南
庐陵郡	10	12 200	6 393	石阳，今江西吉水北
南康郡	5	1 400		雩都，今江西于都
交 州	53	25 600		龙编，今越南国河内东北
合浦郡	6	2 000	17 806	合浦，今广西合浦东北
交趾郡	14	12 000		龙编，今越南国河内东北
新昌郡	6	3 000		龙编，今越南河内西北
武平郡	7	5 000		武定，今越南国河内西北
九真郡	7	3 000		胥甫，今越南国清化
九德郡	8	—		九德，今越南国荣市
日南郡	5	600		卢容，今越南国顺化
广 州	68	43 120		番禺，今广东广州
南海郡	6	9 500	60 883	番禺，今广东广州
临贺郡	6	2 500	18 515	临贺，今广西贺县东南
始安郡	7	6 000	27 414	始安，今广西桂林
始兴郡	7	5 000	38 052	曲江，今广东韶关
苍梧郡	12	7 700	72 000	广信，今广西梧州
郁林郡	9	6 000	72 196	布山，今广西桂平西
桂林郡	8	2 000	17 000	潭中，今广西柳州
高凉郡	3	2 000	30 441	安宁，今广东阳江
高兴郡	5	1 200		广化，今广东阳江西
宁浦郡	5	1 220	2 801	宁浦，今广西横县南

说明：

①表中第三栏户数，均为原书记载的户数，其中各州合计数多有错误。由于原统计本身就有很多错误，所以本表未做重新合计。

②对今属境外地区的郡国，对研究境内人口有一定参考作用，且有的跨越今国境两边，故仍按原记载附录。

③在今广东省之高凉郡与高兴郡。原为吴置本来两郡辖区错落，同治于今之阳江，入晋后省高兴郡，考证户数为两郡合并后所辖地区的户数。

第六考　南北朝后期

北魏孝明帝正光元年（520）

第一节　导　　语

西晋末年的"八王之乱"，导致了西晋的灭亡，其残余势力则逃亡南方，拥立司马睿做皇帝，在江南地区，又建立起一个偏安的小朝廷，都建康（今江苏南京），维持着南方半壁江山的统治。同时"八王之乱"也招致了周边少数民族竞相进入中原，使北方地区陷入了匈奴、鲜卑、羯、氐、羌等民族之间的混战，争夺对中原地区的统治权。先后建立过十六个割据的小国，史称十六国时期（实际上不止十六国，有些小国如西燕、冉魏，由于立国时间短，没有计入在内。代国由于偏处塞外，也没有计入，却把在巴蜀地区建立的成汉国列入了十六国之中。本书在做人口数量分析时，没有把它列入北方地区），历时一百多年。

西晋末年的战乱，已经使北方的经济遭到全面大破坏，人口大幅度下降。进入十六国时期以后，仍是战争连年。这些少数民族建立的政权，历时都比较短，又被另一个民族推翻，建立起另一个小国。它们对人民的统治，多比较残暴，使人民得不到休养生息的机会。人口虽时有增长，但增而复降，一直处在一千数百万的低水平上。至于人口数量的具体情况，史籍没有记载，只能根据一些人口活动的史料，进行粗略的考查分析。按《中国人口通史》考证，十六国人口情况大体见表6-1。

和十六国同时的东晋，也不见有人口统计的记载，经粗略考察，在孝武帝太元初年（376）约有人口1 240万。这时已近十六国后期，南北合计2 800多万。这是原西晋统治区的人口数，比西晋永宁元年（301）"八王之乱"爆发前减少300多万。这主要是北方地区的人口减损，南方人口则基本处于停滞状态。不过实际人口耗损可能更大于这个估计数字，因为十六国大战时期的人口减损，有很大一部分被不断进入中原的少数民族人口所抵补。在北方人口不断遭到损失的情况下，少数民族人口不断增加。到十六国后期则可占北方人口的大多数。当然由于汉文化的重大影响，最后也都融合为汉民族。

十六国末期，鲜卑拓跋氏的魏国（原代国）兴起，他们长期经营河套地区，人口得到较快的增长。其中主要是大漠以北地区的民族接连不断地大量进入，融合于鲜卑拓跋氏，使魏国实力增强，逐渐消灭了十六国后期一些割据国，统一了北方，建立起一个半封建半奴隶制的强国。大体上据有淮河以北地区，史称北魏。公元398年，定都平城（今山西大同），后迁洛阳，历时136年。其后由于统治者内部矛盾加剧，鲜卑化的汉人高欢，夺取了朝政大权，逼孝武帝逃往西安，依附汉化的鲜卑镇将宇文泰，在关中地区建立西魏政权。高欢又立孝静帝，怕西魏来攻，逼孝静帝迁都邺城（今河北省磁县南），北魏正式分裂为东西两个政权，即东魏和西魏。不久又分别为北齐和北周所取代，统称为北朝。包括北魏，总历时196年。

南方的东晋，于公元420年被刘裕篡夺，建立宋朝，为区别于五代十国后的赵宋王朝和赵宋后期的南宋，故史称刘宋，也称南朝宋。其后为齐、梁、陈三朝递相篡夺，统称南朝，至隋灭陈，共历时170年，形成了南北两朝长期对峙的局面。不仅南北之间互有吞并之势，经常发生战争，南北两方各自境内，也经常发生战争。战争不仅破坏了生产的发展，影响人口的发展，也破坏了文物典籍的收藏与积累。虽然当社会安定时，也做了一些户口调查，可是一场战争的来临，户口统计资料又会毁于战火，所以没有留下完整的统计资料。正如《魏书·地形志》所说："永安末年，胡贼入洛，官司文薄，散弃者多，往时编户，全无追访。"对北魏户口只说："正光以前，时唯全盛，户口之数，比夫晋之太康，倍而已矣。"晋太康元年（280），按《晋书·地理志》的记载，户2 459 840，口16 163 863。按倍计算，大约492万户，3 233万口（经考，包括周边地区及僧尼人口，在北魏境内约3 420万以上），但没有分州郡的户口统计。所以对北魏时期没有任何依据可以做分省区人口考证。虽然《魏书·地形志》还记有东魏武定二年（544）各州郡户口数，但十分残缺不全，大约只有129万户，760万口，经考查仅及实际人口的三分之一左右。而南方地区的情况，也并不好些，只有《宋书·州郡志》留下了大明八年（644）分州郡户口统计，也是残缺不全，合计有户 916 480，口 5 268 465。但毕竟这两个时点的户口统计还是统计到了大部分州郡，因而可以通过这些残缺不全的分地区的户口统计数字，结合其他相关史料，对今省区在当时的人口情况做一个粗略的考证分析。

还需要说明的是，在东晋十六国南北朝时期，北方地区战乱频繁，为了躲避战争的蹂躏，不断有很多人口流徙南方。而南朝政权，则多因其原籍侨置郡县予以安置，所以州郡名称前面凡冠以"南"字的，或南方地区州郡名称与北方相重复的，均属侨置。淮北地区后来为北魏占领，对南朝侨置州郡名称也因袭不改。同时州郡辖区甚小，甚至一郡不足百户，一县只有几十户。且州郡名称频繁更改，县的具体地址已多失考，致使很多郡的管辖疆界，难以作出准确的判断，致使宋、魏政区所含今县市，也难明确其归属，这就使原书记载的某些州郡户口数，究竟出自多大的地区范围，难以作出十分准确的判断。正如《宋书·州郡志》序文所说："自夷狄乱华，司、冀、雍、凉、青、并、豫、幽、平诸州，一时沦没，遗民南渡，并侨置牧司，非旧土也。""且地理参差，其详难举，实由名号骤易，境土屡分，或一郡一县，割成四五，四五之中，亟有离合，千回百改，巧历不算，寻校推求，未易精悉。"同时州郡的废立时间，《州郡志》所载也非全是大明八年以前，也有少数为以后置立。刘宋所辖淮河以北地区，宋末至齐、梁、陈，逐渐落入北魏、东魏之手，很多州郡仍然沿用南朝原有侨置郡县名称，所以《魏书·地形志》所记载的各地区名称，同样极其混乱，户口之数，均只大概而已。而那些离南北朝对峙前线较远的地区，户口隐漏则特别严重，有的地区包括私附、逃匿，可在三分之二以上，这将在分省区考证中做具体的说明。关于考点时间，虽确定在北魏末期及与之相应的南朝梁大通年间（527—529），但也兼述其他时间的人口情况。同时各省区考证正文的后面都附有原书户口统计，以供参考，有刘宋大明八年的，有东魏武定二年的，这在表中都有说明。

表 6-1　　　　　　　　　　十六国人口表

人口以万为单位

时期	国名	创建民族	立国时间	人口	主要占领地区
前期	汉	匈奴	304—318	300	山西省离石以南、汾河流域中游以下，河南省西北部边缘地区

续表

时期	国名	创建民族	立国时间	人口	主要占领地区
前期	前赵	匈奴	318—329	280	陕西省渭河流域，甘肃省兰州以东，河南省洛宁以西
	后赵	羯	319—351	720	主要北方东部地区，淮河以北，雁门至燕山以南，陕西省富县、宜川，山西省河津、曲沃、垣曲，至河南省义马、鲁山、确山以东地区。并含河套后套以南、宁夏回族自治区及陕西省北部地区
	代	鲜卑	312—376	100	山西省雁门长城以北整个黄河前套地区及河北省西北一部分
	燕	鲜卑	337—348	130	主要河北省遵化、唐山以东至辽河平原
	前凉	汉	317—376	100	甘肃兰州以西河湟地区、河西走廊及内蒙古自治区额济纳旗地区
	总计			1 330	北方地区
中期	前燕	鲜卑	349—370	998	山西省河曲、离石、孝义、古县，至河南义马、邓州以东，淮河以北，雁门至燕山以南，并有辽东辽西地区
	前秦	氐	350—394	390	陕西关中地区，甘肃舟曲向北至榆中，黄河以东，宁夏回族自治区，内蒙古自治区后套平原、鄂尔多斯高原及山西介休以南的汾河平原
	前凉	汉	317—376	170	甘肃兰州以西河湟地区，河西走廊，新疆天山以南地区
	代	鲜卑	312—376	100	同于前期
	总计			1 588	北方地区
后期	后秦	羌	384—417	290	陕西关中地区及其以北地区，甘肃省甘谷以东，宁夏回族自治区全部，内蒙古后套平原以南直至陕西省北部，山西省介休以南的汾河平原

续表

时期	国名	创建民族	立国时间	人口	主要占领地区
后期	后燕	鲜卑	384—407	900	山西省河曲至石楼，至介休、古县，至河南省义马以东，至宜阳、太康、商丘，江苏省沛县、赣榆以北的北方东部地区。并辖有辽东、辽西地区
	西秦	鲜卑	385—431	70	甘肃省景泰、永靖、临潭、迭部以东，舟曲以北，宕昌、甘谷、通渭向北至宁夏回族自治区西部边界以西
	后凉	氐	386—403	[170]	所占地区略同于前凉后期
	南凉	鲜卑	397—414	40	甘肃景泰至永靖以西，永昌以东，青海省海东地区
	南燕	鲜卑	398—410	[110]	山东省黄河以南，平阴至泰安、莱芜、临沂以东
	西凉	汉	400—421	20	甘肃省河西走廊高台以西，新疆维吾尔自治区天山以南地区，共有人口90万，其中甘肃省境内大约只有20万左右
	夏	匈奴	407—431	50	宁夏回族自治区全部，甘肃庆阳，陕西延安以北，黄河以西，鄂尔多斯高原及后套平原
	北燕	汉	407—436	[40]	天津市宁河至河北省兴隆、承德以东，至辽宁省阜新、新立屯以南之辽西地区
	北凉	匈奴	397—439	20	甘肃省张掖附近地区，约今临泽、民乐、山丹、青海省祁连、内蒙古自治区阿拉善左旗等数县之地
	代	鲜卑	384—386	150	代地同于前期，晋太元元年（376）曾为苻坚灭，太元九年（384）复国，太元十一年（386）改国号为魏，后来由魏国统一了北方
	总计			1540	北方地区

说明：

① 十六国期间北方各国，按前、中、后期分别列出，属于南方巴蜀地区的成汉国不在其中。表中各时期人口，因时间上地域上有重叠，不能简单地合计。表中各时期综合人口数，均排除了重叠和不属于北方地区的新疆、四川人口。凡重叠数均用［］括起来，新疆人口按70万计。十六国前期匈奴汉国人口包括在后赵国里。

② 十六国后期，氐人的后凉与十六国中期汉人的前凉，所辖地区基本相同，人口也没有大的变化。公元403年为后秦灭，在这一地区分别建立起西凉、北凉、南凉三个小国。氐人后凉国的人口计入十六国后期。另有南燕和北燕，是在灭亡后的后燕统治区建立的，其人口包括在后燕，不计入十六国后期。

第二节　北方各省区人口考

一　河南省

河南省所辖地区在南朝和北朝统治的一百多年里，由于战争接连不断，人口不能增长，有的地方或有所下降。而且南北两朝的统治地区又经常发生变化，边界屡有变更，更谈不上有准确的人口统计。虽然河南省大部分地区，即自西向东，经南召、平顶山、扶沟、睢县、民权及于山东省界以南的刘宋统治区，在大明八年（464）有一个户口统计，但由于战争频繁，统计混乱，极不完整。所以就当时的形势来说，很难考证出全省具体有多少人口。本来在全国来说，河南省是人口最稠密的地区之一，但由于战争期间的大量耗损，却变得人口非常稀少，在南北朝分界线以南的户籍人口大约只有27万多。当然它的实际人口要比这个统计数字高得多。不仅有大量隐漏人口，由于频繁的战争，地方官府设置不全，又不能对户口实行有效的管理。同时还有很多少数民族人口没有编入户籍，特别是伏牛山以南地区，按《魏书·蛮传》的记载，这里有大阳蛮8万户，长期居住并活动在南阳和襄樊地区（参看湖北省人口考），估计其人口不能少于40万。在隋朝统计伏牛山以南地区人口的爆炸性增长，其户籍人口由大明八年的89 598口，增长为大业九年的891 166口，几乎增长10倍，正是原来大量没有入籍的少数民族人口和隐漏无籍人口编入户籍形成的。所以估计即在河南省内刘宋统治区的实际人口也不能少于50万。

河南省北部地区，在南北朝时期为北魏统治区，但北魏无分州郡的户口统计，无从考察其人口的具体情况。虽然《魏书·地形志》记载正光年间（520—524）在北魏统治区大约有户籍人口3 233万，但具体到各个省区有多少，则无从查考。北魏末年政权分裂。据记载，在分裂之初，权臣高欢先赶走了孝武帝，到关中地区建立政权，史称西魏。其后又挟再立的孝静帝到东部地区建立政权，都邺城（今河北省磁县南），史称东魏。据记载，在分裂之初，高欢为了充实新建都城的人口，驱洛阳40万户于邺城，因怕西魏政权的攻击，下令三日即行。于是200万人狼狈上路，使洛阳在一夜之间变成了一座空城，且不说人民在这种迁徙的情况下所受的苦难，其后洛阳又变成了东西魏争夺的主要战场，人口继续遭到损失。但这件事也说明，在刘宋大明八年时，洛阳仍是一个人口比较稠密的地区，这40万户虽然不少是北魏太和七年魏都迁洛时，从山西省大同地区（即当时的魏都平城）迁徙来的，但原属河南地区的人口，仍当不少于30万户，约150万人。这里说的是以洛阳为中心的黄河以南地区的人口。

本省黄河以北地区，也有相当数量的人口。联系90年以后隋朝大业九年（609）的户口统计，这里有河内、汲郡、魏郡，共有人口154万。进入隋朝以后，人口增长较快，包括大量入籍增长，大约可在12.5‰，隋初当有人口95万。在这以前的人口，基本上处于停滞状态，由此估计在刘宋大明八年之时，北魏在这一地区的人口，最少也得有95万。综合河南全省人口大约295万。

以上是河南省在刘宋时期的人口。刘宋以后河南省绝大部分地区在北魏统治之下，但不久北魏分裂为东西两个政权。在这一时期，两魏不仅争战多年，互有吞并之志，而且与南方的梁朝，也不时发生战争，使河南省成为三方争夺的地带。西部渑池、洛宁以西和伏牛山以南的南阳地区为西魏占领。泌阳至正阳、新蔡以南（大体今信阳地区）属梁朝，余60%的地区为东魏统治区。

东魏在河南省的州郡设置，比刘宋时更芜杂，简直是多如牛毛，就在这60%的地区里共置14州，67郡，但统计的户口只有460 771户，1 757 492口，不过也比刘宋时期高得多，这不仅由于刘宋时所占河南省的面积只有55%左右，更重要的是这55%的土地，原来全部处在北魏的军事威胁之下，人民多逃徙淮南。这些地方本来是中原人口最稠密的地区，后来被北魏占领，对峙前线南移，至东魏武定时，已有七八十年的时间，无大的战事。由于北朝长期在军事上占优势，南方政权没有大的军事作为，因而使这一地区的社会形势相对比较安定，人口得到一定的恢复，即使流域人口也相对稳定。这就是东魏武定时这一地区的人口比刘宋时期有所增加的基本原因。

不过武定时期的实际人口仍当远远高于见于统计的户籍人口。前面引《隋书·食货志》记载："阳翟一郡，户至数万，籍多无妻。"可是按《魏书·地形志》的记载，武定二年阳翟郡 14 802 户，63 870 口。这个数万户，若以 4 万户计，正是十漏六七。籍多无妻，说的是由于法禁不严，而又赋税沉重。可是按规定男丁凡没有结婚建立家室的，只纳一半的赋税。所以青壮年男女多姘居，致使户口统计中，出现大量无妻户。因而也必然是大量女性及幼小人口没有户籍。其实这种现象，并非阳翟一郡，既是国家的规定，贫苦农民在重赋的压力下，必然要钻这个法律的空子。这种逃税方法，各地贫民都会效行，因而才会使整个东魏地区的户口统计，达到十漏六七的严重程度。当然各地情况不会完全相同，有的地方多些，有的地方少些，十漏六七是就总体说的。这就是说见于统计的总人口，大约只占实际人口的三分之一左右，按照这个比例计算，东魏所占河南省地区，大约只有人口 496 万。

这里再对全省人口做进一步分析，联系隋朝在东魏统治区以外地区的人口，伏牛山以南（原属西魏，主要今南阳地区）隋有人口 80 万。渑池、洛宁、栾川以西，原属西魏，隋有人口 20 万。泌阳、正阳、新蔡以南（主要今信阳地区）属梁朝，隋有人口 40 万。合计 140 万，但这个人口数是武定二年以后 60 多年的统计。在这个过程的前期，由于各方处在对峙交战的状态，社会形势很不稳定，人口不能增长。它的增长只能在周武帝建德六年（577）灭北齐，北方统一之后，至大业五年（609）的 32 年里，社会安定，特别是隋前期实行轻徭薄赋与民休息的政策，人口才会有较快增长。包括入籍人口，大约可在 12.5‰ 左右。所以估计武定二年这几个地区的人口只能有 90 万左右，河南全省可达 586 万。没有这样一个基础就不可能达到隋大业时的 965 万。

关于户籍人口，下面只将刘宋大明八年的统计列出以供参考。对东魏武定二年，原书所做户口统计多不切实际，且州郡设置，分割零散，甚至有很多"双头郡"就是一地两个郡名，如"新蔡、陈留二郡""汝阴、弋阳二郡"，等等。这种郡，管辖地区极小，多属侨置，每郡人口多者几千人少者几百人，州郡之间又地理参差，混乱不清，故不录，只做粗略考证，将其户口总数，记入正文之中。

表6-2　　　　　　　　　　河南省户籍人口表

南朝宋政区		户数	口数	含今政区县市
州	郡			
南豫州	弋阳郡	3 275	24 262	潢川、光山、新县、商城
	边城左郡	313	1 859①	跨安徽省，本省固始
豫州	汝南郡	11 291	89 349	上蔡、西平、遂平、确山、正阳、息县、平舆
	新蔡郡	1 387	9 940②	跨安徽省，本省新蔡、淮滨
	谯郡	712	3 702③	跨安徽省，本省宁陵、商丘
	陈郡	693	4 113	西华、周口、项城、扶沟、淮阳、太康
	南顿郡	526	2 365	项城
	颍川郡	649	2 579	临颍、郾城、漯河、许昌、鄢陵、长葛
	汝阳郡	941	4 595	商水
司州	义阳郡	8 031	41 597	信阳、罗山、桐柏
雍州	南阳郡	4 727	38 132	南阳、镇平、社旗、方城、内乡
	新野郡	4 235	14 793	新野、邓州、唐河
	顺阳郡	4 163	23 163	淅川、西峡
	河南郡	3 451	13 470	侨治南阳、唐河间，属侨郡
合计		44 394	273 819	

注：

①边城左郡，全郡户417，口2 479，4县，本省3县，表中户口为按属县分割数。

②新蔡郡，全郡户2 774，口19 880，4县，本省2县，表中户口为按属县分割数。

③谯郡，全郡户1 424，口7 404，6县，本省3县，表中户口数为按属县分割数。

二　山东省

在南朝刘宋统治下的山东省域，在十六国末期，为南燕所占据，大体只在黄河以南，今定陶、郓城、东阿、禹城、临邑、惠民、利津一线以东，至半岛地区。当时黄河水道经阳谷转向东北，穿过茌平，与长清、高唐和禹城之间，在临邑北折转向东，由利津入海。黄河以北为北魏统治区。在北魏南侵期间，河北地区战乱频繁，大量今河北省及部分山西省流民避难黄河下游以南地区，并临时定居下来。刘宋政权占有山东地区后，则按其原籍，在其临时居住地区侨置郡县进行管理，杂处于原有郡县之间。所以《宋书·州郡志》记载的郡县，多非故地，其名称又多与河北地区相重复，且疆界不清。表中所列宋郡所含今县市，多只能是示意，不能完全准确。同时由于户口大量脱漏，表中所列各郡人口合计数 657 873 口，也只是见于统计的部分户籍人口，远不是这里的实际人口。

在刘宋时山东省域的实际人口，由于资料所限，也难作出准确的判断。后燕灭亡后，其残部由慕容德率 4 万余户进入黄河以东地区，建立起一个小的后燕政权，史称南燕（即后来的刘宋统治区）。南燕初建时，人口的大体情况是："青齐沃壤……户余十万。""德进据琅邪，徐兖之士附者十余万。"[①] 不久又进行了一次极严厉的户口清查，得 58 000 户。加其他隐漏，总和当有 22 万户，以平均每户 5 口计，当有人口 110 万。南燕统治区只及全省面积的 60%，以此推之，山东人口在当时只能有 154 万。东晋末年刘裕率军灭南燕，南燕统治区并入东晋。不久刘裕篡晋建立宋朝，原南燕占领的山东地区又成了刘宋朝的统治区。自南燕灭（410）至刘宋元嘉二十七年（450）南朝与北朝发生大规模战争以前，边境无大的战事，社会比较安定，人口也当有所增长。虽然元嘉二十七年那场南北大战，魏军败退时对西部地区有严重的蹂躏，人口受到一定损失，但并无重大损失。大明八年的人口仍当高于南燕统治时期。超前一步看，80 年以后的东魏，山东人口估计有五百数十万。在北魏的残暴统治下，人口不会有很大的增长，刘宋大明时山东全省的实际人口，估计不能少于 300 万，在刘宋统治的黄河以东地区则当在 200 万左右。反过来说，在北魏末年及东魏统治时期，社会很不安定，统治阶级对人民的压迫剥削又极残酷的情况下，没有这样一个较高的人口基数，东魏武定时的山东人口，不可能达到 500 多万。即如此，在这样一个较长的过程里，计算其年均增长率也在 6‰左右。其后在北齐的统治下，社会形势更坏，人口不可能再有增长。然而在隋朝统治的二十几年里，山东人口增长到 720 多万，说明东魏武定时必有 500 多万这样一个较高的人口基数，因此对南朝刘宋控制下的山东

---

① 《晋书·慕容德载记》。

地区人口做200万估计，当基本符合当时的历史事实。

至刘宋末年，山东省所辖地区全部落入北魏的统治之下，北魏分裂后，又成为东魏的管辖地区。据《魏书·地形志》的记载，武定二年（544）统计，户579 227，口1 766 017。若按十漏六七估计，即按户籍人口只有实际人口的三分之一计算，也当有人口530万左右。武定八年（550），东魏便被北齐所取代，但统治集团并没有改变，只是高欢死后，他的儿子高洋把东魏的傀儡皇帝推下了宝座，自己做了皇帝，改国号为齐，史称北齐。对人民的压迫剥削越来越残酷，人民的反抗斗争也不断加剧，社会形势愈益动荡，统治集团内部也矛盾加深，众叛亲离，到北齐承光元年（577）被北周灭亡。在这种社会形势下的人口，不可能再有增长。北周静帝大定元年（581），隋又灭北周，统一北方。其后才出现了一段社会安定的时期，生产得到了较快的恢复发展，人口也有较快增长，至大业五年（609），山东省域的人口已可达到约720多万人。如果武定二年的530万人口，处于停滞状态，作为隋初人口基数，年均增长率可以达到10.86‰，大体符合隋朝前期总人口的增长情况。由此也说明东魏武定二年的山东人口按530万计，基本符合当时的历史事实。《隋书·食货志》所说的东魏户口十漏六七，确有其事实根据。虽然这个增长速度的计算稍低于隋前期总人口12.45‰的增长速度，更低于隋文帝统治时期15‰左右的增长速度，但从总体来说出入并不太大。对武定二年山东人口530万，当予以认定。

再从另一个方面看山东人口，北魏宣武帝景明三年（502），济阴王元诞出任齐州刺史，在州贪暴，肆意欺压良善，以至夺民人之妻以配其奴隶，大为民患，有一个和尚为元诞采药归来，元诞问他在外面都听到什么消息，和尚说："没有听到别的消息，唯闻王贪，愿王早代。"就是希望有一个不贪的刺史早一点来取代他。元诞辩解说："齐州七万户，吾至来，一家未得三十钱，何得言贪。"[①] 这里不说人民受压迫剥削之残酷，只就人口来说，从户数看与武定二年统计的齐州户77 391无大出入，他这里是就大约而说的。在元诞的残暴统治下，户口不可能做到完整的统计。就在此后不久的明帝孝昌二年（526），在北方爆发了一场大规模的农民起义，在起义军里面有很大一部分北方边镇的鲜卑流民，他们仍保持

---

① 《魏书·景穆十二王列传·元诞传》。

其原始的野蛮状态，在打击北魏统治者的同时，也给黄河南北的人民造成了很大的灾难。北魏统治者在镇压农民起义时，也肆意滥杀破坏。这次战乱给北方社会，特别是山东、河北两省的社会生产造成了严重的破坏，人口受到了很大的损失，也加剧了统治阶级内部的矛盾，不久北魏分裂。就在分裂的当年，即东魏孝静帝天平元年（534），高欢欲整兵伐西魏，在孝静帝答高欢书中说："今天下户口减半，未易穷兵极武"，虽然不是实际人口减半，但仍说明当时人口确实遭到了重大的损失。然而在社会生产和人口没有得到恢复的情况下，于武定二年（544）进行的户口统计，齐州尚有77 000多户，正说明这次农民大起义之前的齐州户口会远远高于武定二年，就山东全省来说，少也有700万。

又，北魏太和七年（483），冀州闹饥荒，朝廷诏令赈济，上报所活751 700口。这仅仅是在死亡线上活过来的人口，而不是冀州的全部人口。这次受灾时间较长，灾情较重，即使按难以自存的人口占80%，全州人口也要在94万（武定二年统计为466 601口，按十漏六七估计，实际人口或当在140万）。冀州跨河北、山东两省，面积约21 842平方公里，半在山东，每平方公里43人，冀州的地理自然条件并不比齐州好，齐州每平方公里的人口不会少于冀州，齐州面积约14 200平方公里，至少当有人口61万。且北魏太和八年至十年（484—486），孝文帝进行了一系列的社会改革，对安定社会，发展生产，起了很重要的作用，从太和十年到孝昌二年（526）农民大起义之前的40年里，是北魏人口增长较快的时期，即按9‰的年均增长速度，从61万起算，也要达到90万，每平方公里63人。山东省像齐州这种人口比较稠密的地区，约占全省面积的一半以上，这一半地区的人口当有482万，其余一半地区每平方公里按30人计，当有人口229万，合计人口711万，和上面分析的700多万，大体差不多。

表6-3　　　　　　　　　　山东省户籍人口表

北朝东魏政区		户数	口数	含今政区县市
州	郡			
齐州	济南郡	20 017	68 820	济南、齐河、章丘、济阳、禹城、临邑
	东魏郡	19 130	73 570	济阳、邹平、章丘间

续表

北朝东魏政区 州	郡	户数	口数	含今政区县市
齐州	东平原郡	13 929	40 403	济阳、邹平、高青、桓台间
齐州	东清河郡	6 810	22 574	淄博南
齐州	广川郡	3 945	13 472	邹平、桓台、淄博间
齐州	太原郡	13 560	50 823	泰山以北，济南、长清间
济州	济北郡	9 467	29 399	东阿、平阴、长清、肥城间
济州	平原郡	22 250	59 437	聊城、茌平间
济州	东平郡	4 448	12 552①	跨河南省，本省阳谷、莘县
济州	南清河郡	10 135	13 985	高唐
济州	东济北郡	2 464	6 678	平阴、肥城间
兖州	泰山郡	26 800	91 873	泰安、莱芜、新泰
兖州	鲁郡	15 160	47 329	曲阜、邹城、泗水、兖州
兖州	高平郡	11 124	25 896	鱼台、金乡、微山
兖州	任城郡	8 050	21 789	济宁、巨野
兖州	东平郡	20 752	61 810	东平、梁山、宁阳
兖州	东阳平郡	6 146	18 094	汶上、宁阳
青州	齐郡	30 848	82 100	广饶、临淄、青州、临朐
青州	北海郡	17 587	46 549	昌乐、潍坊
青州	乐安郡	5 916	13 239	千乘、广饶、寿光
青州	勃海郡	5 279	13 705	高青东
青州	高阳郡	6 322	17 667	桓台东
青州	河间郡	5 830	14 818	寿光东
青州	乐陵郡	7 971	18 515	桓台东北
光州	东莱郡	19 195	62 044	莱州、招远
光州	长广郡	15 833	51 567	平度、莱西、莱阳、海阳、即墨、青岛
光州	东牟郡	10 748	47 338	龙口至栖霞、乳山一线以东
胶州	东武郡	8 617	18 757	诸城、胶南
胶州	高密郡	7 505	16 153	高密、胶州
胶州	平昌郡	10 440	25 472	安丘
司州	阳平郡	29 653	101 297②	跨河北省，本省冠县、莘县
司州	清河郡	13 017	61 835③	跨河北省，本省武城、临清
司州	濮阳郡	18 664	55 512	鄄城、郓城

续表

北朝东魏政区		户数	口数	含今政区县市
州	郡			
冀州	安德郡	22 216	68 396	德州、陵县、平原
沧州	乐陵郡	24 998	85 284	乐陵、惠民、无棣、阳信、滨州
	安德郡	19 925	68 137	宁津、商河、惠民
南青州	东安郡	4 640	16 551	蒙阴、沂源、沂水、沂南
	东莞郡	9 620	26 506	莒县、五莲、日照
	义塘郡	764	2 265	莒南
北徐州	东泰山郡	5 007	16 381	平邑、新泰、费县
	琅邪郡	9 774	23 744	费县、苍山、临沂
东徐州	郯郡	1 219	3 308	郯城
徐州	彭城郡	1 056	3 973④	跨江苏省，本省滕州南
	蕃郡	4 392	18 842	滕州
	兰陵郡	7 424	15 776	枣庄南
	北济阴郡	5 697	14 659⑤	跨江苏省，本省单县、成武
西兖州	沛郡	5 047	13 543⑥	跨河南省，本省曹县
	济阴郡	29 836	83 580	定陶、菏泽、东明
合计		579 227	1 766 017	

注：

①东平郡，跨河北省，全郡户8 896，口25 103，县2，本省1，表中户口为按属县分割数。

②阳平郡，跨河北省，全郡户47 444，口162 075，县8，本省5，表中户口为按属县分割数。

③清河郡，跨河北省，全郡户26 033，口123 670，县4，本省2，表中户口为按属县分割数。

④彭城郡，跨江苏省，全郡户6 339，口23 841，县6，本省1，表中户口为按属县分割数。

⑤北济阴郡，跨江苏省，全郡户8 546，口21 988，县3，本省2，表中户口为按属县分割数。

⑥沛郡，跨河南省，全郡户7 571，口20 314，县3，本省2，表中户口为按属县分割数。

三 河北省

在南北朝时期，河北省一直处在南北对峙前线的后方。在北魏前期，虽然黄河下游以东的山东省地面为南朝刘宋所占领，但战事较少。南北对峙的前线地区主要在河南省南部及湖北省北部地区，整个河北省地区，没有直接受到战争的蹂躏。但由于北魏末年的那场战乱，洛阳被焚，户口档案资料全部散失，使人们对北魏的户口情况一直谜不可解。当然对河北省的人口情况也就无从知晓，只是东魏武定二年才有一个极不完整的户口统计记载。经分割综合，河北省户 715 890，口 3 044 616。但这并不是河北人口的实际情况，因为当时户口隐漏特别严重，若按前面说的十漏六七计算，河北省的实际人口当有 870 万左右。会不会达到这样高的人口数，还要做具体的考证分析。

首先必须说明，北魏统一北方后，除明帝孝昌二年（526）那次遍及河北地区的战乱外，再没有发生大的战乱。在鲜卑拓跋氏半奴隶制的残暴统治下，人民虽受很重的压迫剥削，但对比十六国时期那种战乱不息的年代，社会基本上还算比较安定，人民生活虽然非常低下，但还可以维持最低生活，使人口也能维持一种缓慢的增长。其间虽时有小规模农民起义发生，但还没有酿成大祸。正在这个时候孝文帝实行变法，也就是改革。特别是实行均田制，使一般农民有田可耕。又对鲜卑官员实行班禄制，不允许他们自己"取俸"于民。规定的赋税徭役也不算太重。其根本目的虽然是为了拯救危机四伏的鲜卑拓跋氏政权、防止农民大起义的发生，但在客观上也有利于人民，使社会在即将发生大动乱的情况下稳定了下来，生产得以较快的恢复发展，人口也出现了一段较高增长时期。这在黄河以北各省区的情况基本是相同的。明帝正光元年（520），经考证北魏的户籍人口可达 3 232 万。主要是通过变法，自太和九年（485）实行均田制以后增长起来的。从十六国末年北魏统一北方时的 1 540 万起算，年均增长率可达 6.28‰。孝文帝死后，变法逐渐受到破坏，正光以后社会形势逐渐恶化，并发生了遍及整个北方的大战乱，导致北魏的分裂灭亡。

下面再具体分析河北省人口。太和七年（483），冀州、定州闹饥荒，朝廷诏令赈济，"六月，定州上言，为粥给饥人，所活九十四万七千余口"，九月，"冀州上言，为粥给饥民，所活七十五万一千七百余口"。[①] 这说的是在死亡线上活过来的人口，不是两州的全部人口。这次灾情严重，持续时间较长，主要是连续不断的水灾造成的，受灾人口冀州按 80% 计，也有 94 万口。冀州跨山东省，这在前面考查山东人口时已有分析，每平方公里 43 人。定州半属

---

① 《魏书·高祖纪第七上》。

山区，受灾人口至多占7%，全州人口至少也有135万，面积约26 633平方公里，每平方公里51人。定州虽然在东部平原，历来人口稠密，但它的西部地区则属人口较少的山区，分析其山区平原各占的比例，基本上可以代表河北全省，把北部山区气候比较寒冷的情况考虑进去，平均起来每平方公里不能少于32人，全省人口当有608万。这里指的是孝文帝变法以前的情况。变法以后，由于人民分得土地，赋税徭役也比较轻，人民生活改善，必然要出现一段人口较高增长时期。隋朝至大业五年（609）的平均增长率为12.45‰。对北魏这段时间，即按年平均9‰计算，到其全盛时期的正光元年（520）还有31年的时间，也要再增人口200万，达到808万。

再从另一个事例看河北省人口。太和十一年（487），孝文帝准备南伐，诏令冀、定、瀛、相、济五州发卒20万。① 延兴三年（473）曾定制："南讨以十丁取一充行"。② 北魏以15~60岁为丁，五州当有男丁200万人。按男丁占总人口的33%推算（男丁占总人口的比例，后面对清朝人口考证时，定为31%，因为清朝是以16~60岁为丁），当有人口606万，五州中的冀州，跨山东省，相州跨河南、山东两省，济州全属山东。按武定二年，原统计五州人口合计为3 357 536，山东、河南两省797 391口，占23.75%，本省2 560 145口，占76.25%。按照这个比例，在606万人口中，河北省当有4 620 750口。这几个地区人口稠密，可占河北全省人口的绝大部分（在同样地区范围的人口，西汉占全省的79%，东汉74%），这里取其中间数，按76%计，全省人口也要在600万左右。此时距正光元年，还有33年。时间、形势和人口基数都差不多。由此看来到北魏正光年间，也当达到808万。

表6-4　　　　　　　　　河北省户籍人口表

北朝东魏政区		户数	口数	含今政区县市
州	郡			
司州	魏郡	103 749	370 636①	跨河南省，本省磁县、魏县、大名、武安、肥乡、广平、成安、临漳、永年
	阳平郡	17 792	60 778②	跨山东省，本省馆陶、临西
	广平郡	23 750	103 403	丘县、曲周、鸡泽、邯郸、沙河
	广宗郡	13 262	55 897	威县、广宗
	北广平郡	16 691	91 148	南和、任县、邢台
	清河郡	13 017	61 835③	跨山东省，本省清河

①②《北史·魏本纪第三》。

续表

北朝东魏政区		户数	口数	含今政区县市
州	郡			
定州	中山郡	52 592	255 241	定州、无极、安国、曲阳
	常山郡	56 890	248 622	石家庄、井陉、平山、灵寿、正定、新乐、行唐、阜平
	巨鹿郡	27 172	130 239	晋州、藁城、束鹿、深县
	博陵郡	27 812	135 070	饶阳、安平、深泽、安国
	北平郡	13 034	65 102	完县、唐县、望都
冀州	长乐郡	35 683	143 145	冀州、新河、南宫、枣强、故城、衡水
	勃海郡	37 972	140 482	南皮、东光、吴桥、景县
	武邑郡	29 775	144 579	武强、阜城、武邑
南营州	昌黎郡	509	2 658	（州治保定北，徐水之西，为辽西进入内地之流民置）
	辽东郡	565	2 634	
	建德郡	178	814	
	营丘郡	512	2 727	
	乐浪郡	49	203	
瀛州	高阳郡	30 586	140 107	保定、清苑、满城、徐水、博野、蠡吾、高阳、容城、雄县
	章武郡	38 754	162 870	大城、文安、霸州
	河间郡	35 809	148 565	河间、肃宁、献县、任县、交河
殷州	赵郡	31 899	148 314	赵县、元氏、赞皇、高邑、临城、柏乡、宁晋、栾城
	巨鹿郡	13 997	58 549	此又一巨鹿郡，治宁晋，其领地杂于赵郡、南赵郡之间
	南赵郡	32 046	150 113	隆尧、巨鹿、平乡、广宗、内丘
沧州	浮阳郡	26 880	98 458	沧州、孟村、盐山、海兴、黄骅、青县
幽州	燕郡	1 150	4 512[④]	跨北京市，本省安次
	范阳郡	26 848	88 707	涿州、固安、永清、新城、定兴、涞水、易县
	渔阳郡	3 492	14 835[⑤]	跨天津市、北京市，本省大厂、三河、香河、遵化、玉田、丰润、唐山、丰南

续表

北朝东魏政区		户数	口数	含今政区县市
州	郡			
安州	广阳郡	2 008	8 919	隆化、滦平、承德、平泉、宽城
东燕州	平昌郡	450	1 713	地在阳原东
恒州	北灵丘郡			蔚县以东
平州	辽西郡	537	1 905	青龙、迁西、迁安、抚宁、秦皇岛、昌黎、乐亭、栾南
	北平郡	430	1 836	卢龙、栾县、迁安
合计		715 890	3 044 616	

注：

①魏郡，跨河南省，全郡户122 613，口438 024。县13，本省2，表中人口为按属县分割数。

②阳平郡，跨山东省，全郡户47 444，口438 024。县8，本省3，表中户口为按属县分割数。

③清河郡，跨山东省，全郡户26 033，口123 670。县4，本省2，表中户口为按属县分割数。

④燕郡，跨北京市，全郡户5 748，口22 559。县5，本省1，表中户口为按属县分割数。

⑤渔阳郡，跨北京、天津市，全郡户6 984，口29 670。县6，本省3，表中户口为按属县分割数。

另外，长城以北地区无州县户口统计，那里比较荒漠，当时仍是人口稀少，并包括在考证的全省800万人口中，不另做具体考证分析。

四 北京市

北京市所辖地区，按《魏书·地形志》所记载的东魏武定二年户口，只有约4万多人口，显然不符合历史事实。北京市属幽州，此时幽州地面，特别是北京市所辖地区的居民，基本上是不同种落的少数民族，有鲜卑人、乌桓人、丁零人，还有库莫奚人等。十六国前期羯族的后赵灭亡后，原居辽东辽西的慕容鲜卑部，乘机进入中原，并带进了数以百万计的各族人口，建立统治北方东部地区的前燕政权。先都蓟城，即今北京市，后迁都邺城（在今磁县南）。前燕灭亡不久，又有后燕继起，直至北魏统一北方前，北京市及河北省北部地区，一直在慕容鲜卑人的控制下。其后虽然慕容氏的政权灭亡了，但他们的人口继续在这些地区生息繁衍。蓟城一直是北方重镇，人口不会很少。其后北魏延和元年（432）攻北燕（由汉人冯跋所建，都龙城，今辽宁朝阳），曾发密云丁零1万多人从征。说明仅密云一地的丁零人就有数万口。克龙城前后又从辽西地区徙各族数万家于获蓟城附近地区。再往后，北齐天宝六年（555）曾发180万人于幽州之北筑长城。时北京为幽州治地，而北魏之幽州所辖地区，也仅只今北京市周围地区。上述情况都说明了蓟城地位的重要。所以从比较中粗略统计，今北京市所辖地区的人口，至少不能低于50万人。

表 6 - 5　　　　　　　　　北京市户籍人口表

北朝东魏政区		户数	口数	含今政区县市
州	郡			
幽州	渔阳郡	1 164	4 945①	跨河北省、天津市，本市怀柔、顺义、通县
	燕郡	4 598	18 047②	跨河北省，本市房山、大兴、昌平、市区
安州	密云郡	2 231	9 011	密云、平谷
	安乐郡	1 166	5 219	地方在今密云水库东
东燕州	上谷郡	942	3 093	延庆
	偏城郡	374	1 513	昌平西
合计		10 475	41 824	

注：

① 渔阳郡，全郡户6 984，口29 670，县6，本市3，表中户口为按属县分割数。

② 燕郡，全郡户5 748，口22 559，县5，本市4，表中户口为按属县分割数。

五　天津市

天津市所辖地区，自东汉以来，海水继续东撤，陆地面积有所扩大，但退滩地碱性浓重，仍然不宜农作物生长，只是北部山区人口稍多。按《魏书·地形志》的记载，户籍人口尚不足1万人。西汉户籍人口73 181，东汉110 200。对东魏时的实际人口无从详考，参照河北省人口，粗略估计，不能少于10万人。

表 6 - 6　　　　　　　　　天津市户籍人口表

北朝东魏政区		户数	口数	含今政区县市
州	郡			
幽州	渔阳郡	2 328	9 890①	跨北京市、河北省，本市蓟县、武清、宁河、宝坻

続表

北朝东魏政区		户数	口数	含今政区县市
州	郡			
瀛州	章武郡	—	—②	市区、静海
合计		2 328	9 890	

注：

①渔阳郡，全郡户6 984，口29 670，县6，本市2，表中户口为按属县分割数。

②章武郡，全郡户38 754，口162 870，县5，其辖区主要在河北省，在本市虽有今市区及静海县，但无东魏县治，且地多涝洼，不宜耕种，故户口未做分割。

六　辽宁省

本省绝大部分地区不在北朝管辖之内，魏之管辖地区大体只在今北镇以西，北票至建平以南。东魏置营州（治今朝阳），所记人口才几千人。辽东地区为高句丽民族所占据。辽河以西今凌海以北的北宁、阜新、彰武一带地区，居住着由东胡人发展起来的契丹民族。对其人口不做具体分析，估计在5万人以上。

魏所置营州，在历史上其人口曾一度十分繁庶。十六国前期，在这一带地区曾建立起一个以鲜卑慕容氏为主体的燕国，都和龙，即今朝阳。通过收纳内地流民及东征西讨俘掠其他民族人口，曾膨胀到一百数十万人。虽然十六国中期羯族石赵政权灭亡后，绝大部分人口由慕容氏驱往中原北方地区建立前燕政权，但留下来的人口也不会太少。并又迁入大量契丹人。慕容氏的前燕为北魏灭亡后，余部退守和龙，即龙城。后又为高丽人高云取代，史称北燕。高云死，汉人冯跋自立为燕王。这些频繁的政权更替既说明了各族统治者的权势之争，也说明这里却有不少人口，可以构成一定势力，值得来争。所以北魏多次来攻和龙不能克，冯跋立国二十九年才灭。说明它能与强大的北魏抗争多年，必有一定的人口基础。虽然和龙附近地区的人口，有很大一部分被北魏徙往内地，但上述辽西地区在东魏时，仍当有人口20万以上。其中契丹人就当在10万以上。历来人口稠密的辽东地区，进入北朝时期人口情况不详。按后面考证隋朝人口，包括各民族人口，不能少于70万人。东魏至隋朝，相距不远，这个过程也没有大的社会变动，其人口也不会有大的变化，仍按这个人口数估计之。凌海以北的阜新、章武地区，这时人口较少，但也要在 5 万以上。全省合计当不少于 95 万人。

七　吉林省

在南北朝时期，吉林省所辖地区的主要居民是勿吉人，即原肃慎人，后来改称靺鞨人，还有很多高句丽人。虽然北魏盛时，勿吉常有贡使往来，《魏书》并粗略记有其生活习俗，但人口的具体情况不详。考查西晋人口时，曾估计吉林人口为 40 万左右，由于这一时期这一地区的人口增长仍是极度缓慢，联系前后史考查，仍按 40 万估计之。

八　黑龙江省

这时黑龙江省所辖地区的主要居民也是勿吉人，即以后女真人的前身，多在松花江以南地区。松花江以北有豆莫娄人，即北扶余之后。《魏书·豆莫娄传》记载，这里"地宜五谷""有宫室仓库"。说明松花江北沿岸地区，已有相当规模的农业生产，其人口也当有所增长，只是极度缓慢。其北有室韦人，主要活动在小兴安岭地区，与北魏及后来的东魏都有贡使往来，反映了这些地区确有一定数量的人口，但也没有人口的具体记载。考察西晋人口时估计为 20 万人，这里只以 25 万人估计之。

九　内蒙古自治区

在南北朝时期，内蒙古自治区的居民，主要有鲜卑人、匈奴人、契丹人等多个民族，仅有活动记载的就不下十余种，也有很多杂处其间的汉人。西晋时考证全区人口大约 120 万。进入南北朝时期，从当时的形势分析，全区人口当继续有所增长。

在自治区东北部，即呼伦贝尔高原和大兴安岭北部地区，主要居民为不同种落的室韦民族。这一地区气候寒冷，很少农业生产，人多以渔猎为业，人口不会很多，联系多种情况分析，还只能在 10 万人左右。

大兴安岭南部，主要是契丹人，其次有库莫奚及地豆于人。契丹人主要居辽河上游，今称西拉木伦河流域地区。地豆于居契丹之北，《魏书·契丹传》记载："太和三年（479），高句丽窃与蠕蠕谋，欲取地豆于以分之。契丹惧其侵轶，其莫弗贺勿于率其部落车三千乘，众万余口，驱徙杂畜，求入内附，止于白狼水东。"白狼水即今辽西大凌河。这只是由西拉木伦河上游西北部地区迁来的一支，实际上它有更多的人口。其后北齐天保四年（553），齐文宣帝高洋伐契丹于辽西地区，"虏获十余万口"，"又大破契丹别部"。[①] 这些记载说明，其时契丹已有众多的人口，在北魏末年已不能少于50万人，其在本自治区内也当在30万以上。

库莫奚人居契丹之西，主要活动在今河北省北部的承德地区，只有极少部分在内蒙古自治区，人口不计。

自治区中部约今锡林郭勒盟和兴安盟西部地区（今乌兰浩特市与霍林郭勒市地区），即大兴安岭南端西南部地区，有地豆于国。太和十六年（492）曾多次入塞骚扰，被北魏驱走。从这一地区的形势分析，其人口不会太多，只能以10万人估计之。

在河套地区，包括乌兰察布盟、巴彦淖尔盟及伊克昭盟。这一广大地区是内蒙古自治区人口最多的地区，在南北朝时期主要是以鲜卑拓跋氏为主的不同种落的鲜卑人，在考证西晋人口时，曾估计在河套地区（不包括鄂尔多斯高原）人口约50万。其后北魏政权不断掳掠招徕漠北人口，使河套地区人口不断增加，也不断被北魏政权征发出去作战。到北魏后期，由于人民受压迫剥削很残酷，人民生活贫困，小规模农民起义不断发生。孝昌元年（525），有沃野镇（乌梁素海以西的后套平原）鲜卑流民20余万进入太行山以东的河北地区寻食。这些流民多属丁壮，他们打砸官府受到镇压，因而爆发了大规模的农民起义。北魏在北部边境地区设镇，相当于州的政区级别，多置于今自治区境内。沃野镇地理自然条件较好，流民且有20万之多，推其人口当在50万以上。整个河套地区不能少于80万人。

至于西部的阿拉善高原地区，全属砾石沙漠地带，人口极少，仍以5万人口估计之。

全自治区人口，大约可在135万以上。

十　山西省

在十六国南北朝时期，山西省所辖地区长期处在各方争夺的中心地带，先有十六国之争，其后又是东西魏相争，只是在北魏政权比较巩固的时期，

[①]《北齐书·文宣帝纪》。

人口才会有所增长，但没有人口统计的记载，也极少有人口活动的记载。西晋末年，在十六国大乱之初，据《北史》《魏书》记载，西晋并州刺史刘琨，应拓跋氏代国的请求，割内长城以北的大同地区于代国，汉民南迁，代国徙10万家充之。10万家当有人口50万，主要散居在平城（即今大同，以后被北魏定为都城）地区。从以后的形势发展看，由于北魏不断向这里俘掠迁徙人口，使山西省北部地区的人口不断增加，最高时可达百万左右，以致出现人满为患。北魏后期迁都洛阳，这是其重要原因之一。

长城以南地区，由于十六国大乱期间，山西省战乱较多，人口比之西晋时期，只能有所下降，不能增长。北魏统一北方后，虽然对人民的压迫剥削残酷，人民生活水平不会有大的提高。但在长达一百多年社会无大动乱的情况下，人口还当有所增长。在镇压以葛荣为首的农民大起义时，虽然破坏比较严重，但主要在太行山以东的河北地区。至东魏武定年间有一个不完整的统计，虽然事在北魏灭亡以后，但经考察分析，也能说明一些问题，大约有户213 668，口915 040。按照《隋书·食货志》对东魏户口十漏六七的估计，实际当有人口277万。再从下面一个事例来分析，《周书·敬珍传》记载，北魏分裂后，东西魏相攻。西魏李弼军至河东，有当地豪族敬珍等，"率猗氏、南解、北解、安邑、温泉、虞乡等六县户十余万归附。"十余万户当有人口50多万。这一地区在隋朝大体相当于河东郡（在今为运城地区），隋有人口约811 465口，占山西全省人口4 414 140口的18.38%。按照这个比例推算，北魏末年，山西人口当有272万，比前面考证西晋山西人口176万，增长54.54%，计算其年均增长率4.29‰，符合这一时期山西省的社会形势，即虽有小的战事，但无大的社会动乱，人口当有所增长的实际情况。所以对北魏末年的山西人口作272万估计之。至于北魏分裂后，东西魏连年争战，山西省地处两魏的边境地区，战争比较激烈，人口会受到一定损失，那是以后的事情。

表6-7　　　　　　　　　　山西省户籍人口表

北朝东魏政区		户数	口数	含今政区县市
州	郡			
并州	太原郡	45 006	207 578	太原、寿阳、晋中、清徐、古交、文水、交城、祁县、平遥、太谷、介休、孝义、汾阳

续表

北朝东魏政区 州	北朝东魏政区 郡	户数	口数	含今政区县市
并州	上党郡	25 937	104 475	潞城、屯留、长子、长治、壶关、平顺、黎城
并州	乡郡	16 210	55 961	武乡、榆社、左权、沁县
并州	乐平郡	18 267	68 159	昔阳、和顺、阳泉、平定
并州	襄垣郡	7 513	36 567	襄垣
肆州	永安郡	22 748	104 185	定襄、忻州、阳曲、五台
肆州	秀容郡	11 506	47 024	原平、宁武、静乐
肆州	雁门郡	6 328	30 434	代县、繁峙
晋州	平阳郡	15 734	58 571	临汾、洪洞、霍山、襄汾、沁源
晋州	北绛郡	1 740	6 292	绛县
晋州	永安郡	2 932	10 540	霍州、灵石
晋州	北五城郡	212	864	
晋州	定阳郡	498	1 941	
晋州	敷城郡	90	359	
晋州	河西郡	256	1 144	
晋州	五城郡	411	1 618	
晋州	西河郡	1 761	4 997	汾阳
晋州	冀氏郡	1 302	5 316	冀城
晋州	南绛郡	836	2 991	绛县
晋州	义宁郡	2 478	8 466	沁源
建州	长平郡	5 412	22 778	高平
建州	高都郡	6 499	27 635	晋城
建州	安平郡	5 658	19 557	沁水东北
建州	泰宁郡	1 335	5 330	沁水
汾州	西河郡	5 388	25 388	汾阳、孝义、介休、灵石
汾州	吐京郡	384	1 513	石楼
汾州	五城郡	257	1 101	蒲县西南
汾州	定阳郡	797	3 280	古县
东雍州	邵郡	52	158	垣曲东南
东雍州	高凉郡	4 445	21 853	稷山
东雍州	正平郡	1 744	8 389	闻喜、曲沃

续表

北朝东魏政区		户数	口数	含今政区县市
州	郡			
南汾州	北吐京郡	88	351	
	西五城郡	247	1 118	
	南吐京郡	32	73	
	西定阳郡	42	140	
	定阳郡	54	190	吉县
	北乡郡	209	759	临猗
	五城郡	214	884	吉县东北
	中阳郡	468	1 637	乡宁
	龙门郡	578	2 496	河津
		215 668	892 112	

说明：

这是东魏武定二年（544）的统计，虽然距北魏灭亡已十几年，但从当时的形势分析，人口或会有所减少，但不会有大的变化。不过户口统计是混乱的残缺不全的，正如《隋书·食货志》所说的，东魏时"户口租调，十亡六七"，山西省自不能例外，所以上面所做的户口统计，也只反映实际人口的十之三四。

第三节　西部各省区人口考

十一　陕西省

在南北朝时期，陕西省秦岭以北地区，十六国大乱时，先后为前赵、前秦、后秦等国占据，北魏统一北方后则成为北魏的统治区。秦岭以南先后为成汉、前秦、东晋所统治，但都没有户口统计的记载。在十六国及北魏初期，由于各国争夺人口，逼使人民迁徙无常，很难考证出某一地区在某一时期比较稳定的人口数量。到北魏统一北方时，虽然其间曾有很多事变发生，人口也不断在战乱中消耗，各方又不断从境外俘掠人口作补充，但人口总量却没有大的变化。估计整个北方地区仍只有四五百万，陕西人口自然不会很多。

这里且看以后北周的户口统计。按《通典》记载，北周大象中

(580)有人口900多万,[①] 经考证它的户籍人口也要在 1 250 万以上。北周统治地区包括今陕西全省、甘肃、宁夏、四川、重庆、湖北省一部分,以及山西省河东地区,河南省南阳地区及云贵地区。但云南、贵州及四川西部无户口统计。在隋朝共有户籍人口 12 873 354,其中陕西省占28.67%,按这个比例从 1 250 万人口中推出,则为 3 583 750。只略少于隋朝统计的人口数。一般会认为,隋朝人口增长较高,在北周时能有这样多的人口吗?经过考察分析,陕西省自北魏以后,直至分裂后的西魏与北周,约196 年的历史长过程,社会比较安定,人口必当有所增长。北魏分裂后,东西魏相争,战事虽很激烈而连年不断,但战场基本上不在陕西省内,因而破坏较轻。虽然人民的赋税负担是沉重的,也会影响人口增长,但终不及战争地区破坏之严重。因而使十六国时耗损了的人口,得到了一个较长时间的休养生息机会。而且陕西关中地区是帝都所在地,经济当更发达,也会积聚较多的人口。从历史上的一些记载比较看,隋朝人口确有较高的增长,但主要不是隋朝建立后二十几年的增殖所能达到的,主要是严厉的户口管理把很多原来没有户籍的人口收入了户籍。不过历史上对人口的记载都不是那么很准确,大概而已,所以对北朝后期陕西人口,只按358 万估计之。

表 6-8 陕西省户籍人口表

北朝东魏政区		户数	口数	含今政区县市
州	郡			
梁州	汉中郡	1 786	10 334	汉中、城固、南郑、勉县、西乡、洋县
	魏兴郡			安康、白河、旬阳、岚皋、镇平、镇安、柞水
	新兴郡			跨湖北省,本省平利
	安康郡			治石泉、汉阳之间
雍州	南上洛郡	144	477	白河(侨置)
秦州	武都郡	1 274	6 140	
	略阳郡	1 359	5 657	
	安国郡	1 505	2 044	

---

① 杜佑《通典》原记载:"大象中有户三百五十九万,口九百万九千六百四。"平均每户2.5 口。经考证,户数记载有误,当为"一百五十九万",这样平均每户5.67 口。

续表

北朝东魏政区 州	郡	户数	口数	含今政区县市
秦州	西京兆郡	693	4 552	
	南太原郡	233	1 156	
	南安郡	620	3 089	
	冯翊郡	1 490	6 854	
	陇西郡	1 561	7 530	
	始平郡	859	5 441	
	金城郡	375	1 000	
	安定郡	640	2518	
	天水郡	893	5 228	
	西扶风郡	144		
	北扶风郡			
合计		13 576	62 020	

说明：

①这是《宋书·州郡志》所载刘宋大明八年（464）的户口数，表中所反映的仅仅是南朝刘宋所管辖的秦岭以南地区，且统计残缺不全，只及实际人口大约25万左右的24.8%，只供参考。

②新兴郡跨湖北省竹溪县，但本郡及魏兴、安康二郡户口均缺记。

③武都以下14郡均为侨置，郡守多寄治州城汉中，人口居住的具体地区不详。同时郡的名称与其他州所属又多重复，如京兆、冯翊、始平、扶风等郡在雍州（河南省南阳地区和湖北省襄阳地区）均有重复设置。这种情况遍及整个秦岭以南和江淮地区。说明十六国战争期间，北方人口大量流徙南方。一方人到了一个新地聚居，官府则按照他们的原籍侨置郡县。

十二 甘肃省

甘肃省所辖地区，自然地理条件并不是很好，气候干燥，雨水很少，农业经济不发达，历来人口比较稀少。但这一地区却处在通往西域的通商要道，交通比较方便，所以这里的人口又不是过度稀少。特别是中原地区一有战乱，人们多向西部地区逃难，且多落脚于甘肃省。东晋末年的"八王之乱"和紧接着发生的十六国大乱期间也是如此。其实这一地区也不太平，只是由于古代信息不灵，人们并不知道这里不断变化的实际情况，往往是盲目逃徙，给人口造成了更大的灾难。

在十六国时期，由于周边各少数民族竞相进入中原，都想在中原地区争夺一片落脚地盘，并建立政权，以保护他们的既得利益。在甘肃省境内先后建有前凉（汉族）、前赵（匈奴）、仇池（氐族）、前秦（氐族）、后秦（羌族）、西秦（鲜卑）、后凉（氐族）、南凉（鲜卑）、西凉（汉族）、北凉（匈奴）等国。他们建国的时间或长或短，所跨地区或大或小，或全部在甘肃省境内，或只跨甘肃部分地区。经综合考证，其在甘肃省境内的人口约在200万以上。

在甘肃省境内，虽然战争连续不断，但考察其人口一直不见减少，究其原因，主要有两个方面：一是"八王之乱"及十六国大乱期间，中原地区一直有很多人口逃难西部地区；二是周边少数民族人口，也不断进入陕、甘地区，补充这里不断耗损的人口。这种事例在史书中有大量记载。

北魏统一北方后，虽然同样给了甘肃省以休养生息的机会，但它的人口比十六国大乱时期并没有增长。主要原因是十六国期间的人口集聚，除东部地区难民进入外，又有很多少数民族进入，可是一当社会安定下了以后，这两个条件都不存在了，仅靠增殖，它的人口就不可能有大的增长，基本上呈现出一种停滞状态。十六国期间估计人口200万左右，直至隋朝大业五年比较准确的统计，仍只有191万。说明即在北魏末期，大体上也只能是这样一个人口数。这里按200万估计之。

十三 宁夏回族自治区

宁夏回族自治区在十六国时期，先后属前赵、后赵、前秦、后秦和夏国。其后为鲜卑拓跋氏的北魏统一，出现了一个长期社会比较安定的局面，人口当有所增长，并有很多外籍人口的移入。例如，北魏曾将漠北归附的柔然部落万余户和敕勒部落数万人安置于高平镇（治今固原）和薄野骨镇（治今灵武），还有其他迁徙的记载。北魏时这里设边镇管辖，多为鲜卑、羌、胡等少数民族，人口具体情况不详。西晋时考宁夏人口30万左右，至隋朝统计户籍人口121 546。在隋朝虽说人口管理很严厉，但那只是对中原地区和汉民居住地区，实际上仍有很多少数民族人口没有编入户籍。所以经考察它的实际人口仍当在30万以上。进入北魏统治时期，直至隋朝，这一地区的社会一直比较安定，在人口增长极度缓慢的情况下，估计北魏后期还当在 30 万以上。

十四 青海省

在南北朝开始的十六国初期，青海省海东地区为汉人所建前凉国的统治地区。至十六国后期有鲜卑秃发氏在海东地区和与之相邻的今甘肃省永昌、武威、永登地区建南凉国，考其人口约 40 万。按地区范围、地理情况和当时的政治形势分析，其在本省海东地区的人口约占一半左右，不能少于 20 万人。其后被北魏统一，北魏分裂后又成为西魏和北周的统治地区。在整个这一时期，青海湖以西和以南地区，仍为吐谷浑所占有，估计人口十余万（参看隋朝人口考证）。在本省东南部地区与四川相邻接，有众多不同种落的羌民，其中包括大量党项羌人，他们的人口增殖繁衍较快，不断向北部陕甘地区移徙。从这个过程社会比较稳定来分析，就全省总的情况来说，人口虽会有所增长，但不会有大的增长。至隋朝，考证全省人口 50 万左右，估计北魏末期已不能少于 45 万人。

十五 新疆维吾尔自治区

新疆地区在北魏之前，大部分地区先后属于汉人张寔建立的前凉国，氐人符洪建立的前秦国，氐人吕光建立的后凉国，汉人李暠建立的西凉国。其后则部分属西魏和北周。在这个时期里，新疆地区仍散居着很多不同民族的部落小国，有些两汉时期的小国仍然存在着。《北史·西域传》记载，北魏统一北方后，先后有龟兹、疏勒、乌孙、悦般、渴般陀、鄯善、焉耆、车师等国遣使来贡，这些都是西域古国。其后续有来者，共约十六国。但人口情况无从详考，只有一例反映了一点人口情况。太武帝太平真君九年（448），焉耆国剽劫中国使，北魏发兵 5 000 骑攻焉耆于员渠（今焉耆县），焉耆以兵四五万人出城守险拒战。焉耆败，其王投龟兹。北魏又攻龟兹，龟兹以兵 30 000 拒战，亦败。龟兹是西域大国，以兵 30 000 出战，或为以兵 3 000 之误。据《旧唐书·西域传》记载，贞观二十年（546），唐"发铁勒十三部兵十余万骑以伐龟兹。龟兹王有众五万，逆战王师。"在整个这一历史时期，从总体情况来说，人口没有大的变化。即在北魏时，焉耆、龟兹至少当各有人口 15 万到 20 万人。南北朝北魏末期，新疆地区人口，大体当在 85 万以上。

十六　西藏自治区

西藏自治区，虽然它的社会也在不断向前发展，但它的发展情况境外人无从知晓，但必须承认它的发展。社会发展都是渐进的，对西藏来说，没有以前的发展，就不会在唐代初期突然出现一个强大的吐蕃国。在南北朝时期，西藏仍是一个交通信息闭塞的地区，人口的具体情况仍很渺茫。但据唐代前期对西藏有比较准确的考证数据分析，按人口增长规律推算，在南北朝时期，大体当有人口 200 万左右。有了这样一个基础，所以在两百多年以后才能增长到唐天宝时的 300 多万。

十七　四川省

按《宋书·州郡志》的记载，本省户籍人口有 30 多万。前面考察西晋太康时四川省户籍人口大约 130 万，而考其实际人口 270 多万。虽然在这个过程里这一地区的社会形势，除成汉统治的前 30 年社会比较安定，据记载人口有所增长，以后曾多次出现动乱，但也没有太大的动乱。人口也有外徙，但不会太多。其所以户籍人口如此之少，主要是管理问题，这从下面表中所记的那些乱纷纷的州郡设置，便可看出其间的问题。例如，宋熙郡，虽有 5 县之设，但实际上只在今旺苍附近地区，有户 1 385、口 3 128 的记载。而巴渠郡，虽只有 7 县之设，但辖区包括今达州、宣汉、万源、开江、大竹、渠县等很大一片地区，记户却只有 500，口 2 183，平均每县才 300 人，而且这些县同旺苍比较，都不是人口特别稀少的地方。再看成都平原西部的晋原郡。所辖地区包括今之崇州、大邑、邛崃、荥经、汉源等九县市，地处四川盆地西部边缘，历来是人口比较多的地方。但按记载也只有 1 272 户，4 960 口。还有犍为郡，辖有今资阳、资中至南溪、宜宾、犍为、乐山等很大一片地区，按记载只有 1 390 户，4 057 口，完全不符合这些地区的实际情况。经粗略考察分析，四川省的实际人口当许多倍于《宋书·州郡志》的记载。

刘宋元嘉九年（432），因反抗刘宋政权的残酷剥削，五城（今中江）农民赵广等拥道士程道养诈称晋宗室司马飞龙为蜀王，聚众起义，众十余万，围攻成都。这些参加起义的人，都是能作战的丁壮，而且多为本省北部地区的农民。丁壮十余万，可代表十余万户，约五六十万人口。而且不可能所有丁壮都参加这次起义活动。由此说明，即在成都以北地区的人口，包括杂处的少数民族，少也有六七十万人。而成都平原及其以南、以东广大地区的人口，当更多于北部地区，约当百万左右。

西晋末年以来，本省少数民族人口增长较快。西晋太安二年（303），关中流人李特，在巴蜀地区建立成（汉）国，历时44年。至其末期国乱，长期居住在西部山区的獠民，大批走出山谷，进入盆地，与汉民杂处，包括早期的零星进入，约十余万落。过了180年以后的梁朝，据记载已达20万户，且居处深山的生獠尚不在内。说明即在刘宋时，獠民人口总数也不能少于七八十万。此外，在四川盆地以外的广大山区，还散居着巴、氐、羌、蛮、夷等多种其他民族。特别是西部山区，虽然由于獠民的大量移出山外，从后史考查，又当有羌民数十万口。进入盆地的獠民，逐渐与汉民族融合。虽然在这里发生的几次战乱期间，有不少蜀人东流，西晋末年曾有数万家流徙荆湘，但从总的形势看，汉民人口仍不能少于獠民。否则，百万獠民与汉民相处两百多年，汉民只有几十万人，那就不是獠民融合于汉民之中，而是汉民融入獠民之中。之所以见于统计的汉民户籍人口那样少，正如上面所说的，主要是时局动荡，户口管理不严，形成各种隐漏，这种不在户籍的人口多于在籍人口的现象，在中国历史上曾多次出现。东魏时就曾十居六七。总之，包括各种人口在内，刘宋大明纪年以后至北魏晚期，四川全省的实际人口不能少于250万。

表6－9　　　　　　　　　　四川省户籍人口表

南朝宋政区		户数	口数	含今政区县市
州	郡			
益州	蜀郡	11 902	60 876	成都、郫县、简阳
	广汉郡	4 586	27 149	广汉、什邡、新都、中江、德阳、金堂
	巴西郡	4 954	33 346	绵阳、安县、江由、北川
	梓潼郡	3 034	21 976	梓潼、剑阁，与巴西郡同治绵阳
	遂宁郡	3 320	16 600	蓬溪、遂宁、射洪
梁州	晋寿郡			在剑阁东北
	华阳郡	2 561	15 494	在梓潼东，寄治汉中
	新巴郡	393	2 749	在青川南
	北巴西郡			阆中、苍溪、仪陇、南部、西充、南充、武胜、巴中、平昌、南江、通江

续表

南朝宋政区 州	南朝宋政区 郡	户数	口数	含今政区县市
梁州	北阴平郡	506	2 124	剑阁西北，含平武，寄治汉中
梁州	南阴平郡	407	[2 035]	剑阁西北，为阴平流寓人口置
梁州	巴渠郡	500	2 183[①]	达州、宣汉、万源、白沙、开江、大竹
梁州	怀安郡	407	2 366	民居地不详，寄治汉中
梁州	宋熙郡	1 385	3 128	旺苍
梁州	白水郡	105	[3 025]	广元西北
梁州	南宕渠郡			南充、蓬安、营山、渠县、岳池、广安
梁州	怀汉郡	419	[2 095]	因獠民内属置，居地不详
益州	江阳郡	1 525	8 027	彭山
益州	怀宁郡	1 315	5 950	地址不详，寄治成都
益州	宁蜀郡	1 643	[8 215]	双流、新津
益州	越巂郡	1 349	[6 745]	雅砻江以东，石棉，峨边以南
益州	汶山郡	1 107	6 105	都江堰
益州	南阴平郡	1 240	7 597	德阳以北，此又一南阴平
益州	犍为郡	1 390	4 057	资阳、资中、威远、犍为、南溪、宜宾、长宁、乐山、沐川
益州	始康郡	1 063	4 226	地址不详，寄治成都
益州	晋熙郡	785	3 925	绵竹
益州	晋原郡	1 272	4 960	崇州、大邑、名山、邛崃、天全、雅安、荥经、泸定、汉源
益州	宋宁郡	1 036	8 342	具体地址不详，寄治成都
益州	安固郡	1 120	6 557	为凉州流寓人置，居地不详
益州	南汉中郡	1 084	5 246	为汉中流寓人置，居地不详
益州	北阴平郡	1 053	6 764	此又一北阴平，前属梁州，此属益州，剑阁西北
益州	武都郡	982	4 401	为流寓人置，剑阁南
益州	新城郡	753	5 971	中江、三台
益州	南新巴郡	1 070	2 683	剑阁南
益州	南晋寿郡	1 057	1 943	旺苍、剑阁、苍溪之间
益州	宋兴郡	496	1 943	具体地址不详，寄治成都

续表

南朝宋政区		户数	口数	含今政区县市
州	郡			
益州	天水郡	461	[2 305]	在省境北部,具体地址不详
	东江阳郡	142	740	泸州、纳溪、江安、兴文、叙永、古蔺、合江、隆昌、内江、自贡、富顺
	沈黎郡	65	[325]	汉源以北至名山、宝兴
宁州	南广郡②	220	[1 110]	跨云南省,本省马边、雷波、屏山、高县、筠连、珙县
合计		57 207	303 273	

注:

①巴渠郡,宋置7县,具体地址不能全悉,虽所含今县市中有城口,属重庆市,但全部总户数才500,口数缺记,故户口未做分割。

②南广郡,跨云南省,户440,口数缺记,宋置4县,除延津在本省,其余无考。从地理情况分析,其人口本省不会太少,故按各半分割。

说明:

原书有的郡口数缺记,[ ] 的人口数为按平均每户5口补入。

十八 重庆市

重庆市按《宋书·州郡志》记载的户口分割,只有7万多人口,与实际人口相距太远。在东汉末年战乱造成的人口大耗损尚未得到恢复的情况下,考察西晋时人口也有54万左右。其后在巴蜀地区,虽然也发生过一些动乱,但并没有出现东汉末年那种大战乱,且主要发生在成都平原地区,重庆市所辖地区,并未受到很大的影响。统计人口之少,主要是"州郡力弱",户口管理混乱,大多数人口没有编入户籍,因而也就不可能有反映实际人口的统计。这从原统计各郡人口比较中,就可以看出这个问题。地处长江三峡沿岸的巴东郡不管是古代或是近代,都不是人口稠密的地方,但是按《州郡志》的记载,却有人口45 237,占重庆市统计人口的绝大部分。而以今重庆市区为中心的巴郡,地理自然条件比巴东郡好得多,地区面积也倍于巴东,但统计人口才13 183。这些记载显然都不符合实际,即使巴东郡也不会只有4万多人口。对重庆市的人口,历史地考察分析,西晋以后虽然南北方都有战乱发生,这是制约人口发展的主要社会问题，但在重庆地区却没有大的战事活动的记载。东晋义熙元年（405），谯纵割据巴蜀，曾屯兵白帝（今奉节）。义熙九年（413），东晋攻谯纵，也取道白帝，但都没有在重庆地区发生大战而形成战乱。情况不同的是，东部沿江地区，少数民族人口有很大的发展。说他们"屯居三峡，断遏水路"（参看湖北省人口考）。重庆市的人口，虽不能作出具体的考证，但联系前后史比较，估计不少于54万人。

表 6-10　　　　　　　　　　重庆省户籍人口表

北朝东魏政区		户数	口数	含今政区县市
州	郡			
益州	巴郡	3 734	13 183	重庆、江津、涪陵、江北、长寿、丰都、忠县、梁平、垫江、璧山、永川、南川、綦江、石柱、武隆、彭水、黔江
	南宕渠郡	504	3 127	此又一南宕渠郡，在潼南、合川、铜梁附近地区
荆州	巴东郡	13 795	45 237	奉节、开县、云阳、万州
	建平郡	570	8 920①	跨湖北省，本市巫溪、巫山
合计		18 603	70 476②	

注：

①建平郡，全郡户1 329，口20 814，7县，本市3县，表中户口为按属县分割数。

②这个表中的户口数只供参考，因为它并不反映当时地人口的实际情况。东江阳郡，宋置2县，却含今十余县市之地。其中有荣昌、大足在本市，由于在这一广大地区里，编户统计才142，口740，故户口未做分割。另有南宕渠郡（见上表），其中有武胜县属四川省。达县至万源一带置巴渠郡，其中有城口属本市，由于人口都太少，故互不做分割。

十九　云南省

按《宋书·州郡志》的记载，本省只有在籍户6 412，没有口数的记载，按平均每户5口计，只折合约3万多人口。西晋已经是统计不全，尚且8万多户，约50多万人口。经过分析，西晋统计之人口，基本上都是汉民，而刘宋统计人口如此之少，却每个郡都有人口统计。其统计对象究竟是什么？现在已无法弄清，只得撇开这些数据不用，另做考证分析。前面考证西晋云南人口约177万，绝不会经过180年之后，突然下降到几乎完全消失，而又过了两百多年至于唐代，又突然冒出了几百万人口。人口发展也有其自身的规律，云南等省所在的大西南地区，有其同中原地区不同的社会情况，也有其不同的自然地理环境。虽然这里的气候条件好，有利于作物的生长，但到处是高山峡谷，盆地平原极少，限制了农业生产的发展，也限制了地区之间的人际交往，对比中原地区来说，基本上是处在封闭状态。进而也就影响了其社会的发展，长期停留在由原始社会末期向奴隶制社会过渡的状态，落后于中原地区的先进文化，生产力水平低，使人民的生活也基本上维持在长期没有多大变化的低水平上。这就决定了它人口的发展，也必然是极其缓慢的。《南齐书·州郡志》虽有郡县的记载，但无户口的记载，对包括今云南、贵州地区的宁州，有一段评语，也能说明一些问题："宁州，镇建宁郡，本益州南中，诸葛亮所谓不毛之地也。道远土瘠，蛮夷众多，齐民甚少。"在这种地区，不可能出现像中原地区那种大规模长期的战乱，而一当战乱结束，社会安定，人口又会迅速增长起来。因而也决定了这里的人口发展，不可能出现像中原地区那种大起大落的现象。自西晋以后，这里并没有发生过大的社会动乱，或造成人口大减损的其他社会原因，不过是没有进行全面统计而已。估计至南北朝后期，不能少于200万，计其年均增长率还不及1‰。符合这一地区人口增长非常缓慢的实际情况。

表 6-11　　　　　　　　云南省户籍人口表

南朝宋政区		户数	口数	含今政区县市
州	郡			
宁州	晋宁郡	637		昆明、晋宁、安宁、易门、双柏、禄丰、富民、澄江、峨山、玉溪、华宁、通海、元江、新平、江川
	建宁郡	2 168[①]		跨贵州省，本省宣威、曲靖、马龙、沾益、富源、寻甸、宜良、弥勒、泸西、师宗、陆良、罗平
	朱提郡	808[②]		跨贵州省，本省昭通、大关、彝良、镇雄、威信、鲁甸、巧家、会泽、东川
	南广郡	220		跨四川省，本省盐津、绥江
	建都郡	107		禄劝、武定

续表

南朝宋政区		户数	口数	含今政区县市
州	郡			
宁州	西河阳郡	369		云龙、洱源、剑川、当坪、维西、德钦
	东河阳郡	152		下关、大理、鹤庆、丽江
	云南郡	381		永胜、华坪、宁蒗、宾川、祥云、弥度、巍山、南涧
	兴宁郡	753		姚安、大姚、永仁、元谋、南华、牟定、楚雄
	兴古郡	386		砚山、文山、马关、麻栗坡、西畴、广南、富宁、丘北、罗平
	梁水郡	431		开远、建水、石屏、绿春、元阳、个旧、蒙自、金平、屏边
合计		6 412	32 060	

注：

①建宁郡，全郡户2 562，无口数，县13，本省11，表中户数为按属县分割数。

②朱提郡，全郡户1 010，无口数，县5，本省4，表中户数为按属县分割数。

说明：

①哀牢山以西有永昌郡，《宋书·州郡志》不载，整个这一广大地区，也无其他郡县户口的记载。历史地考查，这里的实际人口不能少于四五十万。

②宁州各郡，都只有户数的记载，没有口数的记载，表中人口合计数是按平均每户5口计算的。

二十　贵州省

贵州省除《宋书·州郡志》那个十分残缺不全的统计，合计只有3 099户，15 000多人口，再不见其他人口史料或人口活动的记载，说明这一地区在这个过程里，没有大的社会变动。贵州省在地理自然环境、民风民俗、生产生活条件，有同云南省相似的情况，考证西晋人口时，估计贵州人口约110万。由于这个过程没有可供考证的资料可依，还只能按其一般的发展规律，并与后史相联系酌情估计。从后史的发展看，这里的人口一直在缓慢地增长，至南北朝后期当不少于120万。

表 6-12　　　　　　　　贵州省户籍人口表

南朝宋政区		户数	口数	含今政区县市
州	郡			
郢州	武陵郡	—	—①	跨湖南省，本省西有务川、德江、思南、石阡、施秉、台江，以南至榕江，东至省界，其间县市皆属，共20县市
宁州	牂柯郡	1 970	—	息烽、贵阳、清镇、开阳、瓮安、余庆、黄平、凯里、雷山、丹寨、三都、独山、荔波、都匀、平塘、惠水
	平蛮郡	245	—	毕节、纳雍、织金、大方、黔西、金沙、仁怀、遵义、绥阳、湄潭、凤冈
	夜郎郡	288	—	关岭、安顺、平坝、普定、兴仁、兴义、贞丰、安龙、册亨、望谟、罗甸、长顺、紫云、镇宁、六枝
	建宁郡	394	②	跨云南省，本省盘县、普安、晴隆
	朱提郡	202	③	跨云南省，本省威宁、赫章、水城、六盘水
合计		3 099	15 495	

注：
① 武陵郡，跨湖南省，在本省无刘宋县治之设，也无户口的记载。
② 建宁郡，全郡户 2 562，县 13，本省 2，表中户数为按属县分割数。
③ 朱提郡，全郡户 1 010，县 5，本省 4，表中户数为按属县分割数。

说明：
① 北部地区跨重庆市之巴郡，宋无县治之设，户口不做分割。
② 各郡户口合计，其口数是按平均每户 5 口计算的，各郡的户数都是远离实际的，即使汉民也不会只有这么多，其人口情况要看正文的考证说明。

第四节　南方各省区人口考

二十一　湖北省

湖北省所辖地区，按《宋书·州郡志》记载的各郡户口，合计 100 006 户，428 686 口。但这远不是湖北省的实际人口，不仅因为"州郡力弱"对本籍人口难以做到全面控制，而且更有大量北方地区的难民不断进入，很多新的郡县设置都是为北方流民所侨置，郡县名称也多与北方相重复。有的侨居年久则因其居地厘定实土，成为正式的郡县。大多数一直没有明确的政区疆界。有些流民则不断流徙转移，更增加了控制的难度。同时由于原书记载的郡县治地，方位名称已多失考，所以下面表中所列各郡含今县市也不可能很准确。或者由于归属不明没有列入。所以原书记载的户口数，只能作为进一步考证分析的参考。

江汉地区北部，自十六国东晋时期以来，一直是南北对峙的前线地区，屡为战场。北方少数民族政权，也经常到这一地区掠夺人口，破坏了生产的发展，很多汉人无可奈何再向南迁徙，造成这一地区的人口严重下降。然而这却给了少数民族一个发展的机会，当某一过程战局相对稳定，社会形势稍得安定，他们便大量涌入。"分建种落，布在诸郡县"，① 特别是东晋后期至刘宋时期，发展更为迅速。所以《宋书·州郡志》记载的40多万人口，基本上都是汉民。而且即使汉民也比这个统计数字高得多。不仅各种隐漏人口很多，在江汉平原南部及其他离前线较远的地方，仍有豪强挟藏民户为私附，"流民多庇大姓以为客"，"或十家五落，各自星处"。无从做户口调查统计。往最低里估计，汉民人口也要在50万以上。

那些迅速发展起来的少数民族人口，基本上全都没有编入户籍，甚至其间夹有很多不上户籍的汉民。"蛮民顺附者一户输谷数斛，其余无杂调。而宋民（即汉民）赋役严苦，贫者不复堪命，多逃入蛮。蛮无徭役，强者又不供官税，结党连群，动有数百千人。州郡力弱，则起为盗贼，种类稍多，户口不可知也。"② 虽然他们的人口情况不能确知，但从官府对少数民族的镇压活动中，也可以看出个大概来。元嘉十七年（440），汉水流域少数民族，反抗官府的压迫剥削，多处聚众造反。"沈庆之专军进讨，大破缘沔（汉水）诸蛮，擒生口七千人。进征湖阳，又获万余口。……时蛮寇大甚，水路梗碍，……庆之掩讨，大破之，降者二万口。……平定诸山，获七万余口。郧山蛮最强盛，……庆之剪定之，擒三万余口，……顷之南新郡蛮帅田彦生率部曲十封六千余人反叛，"庆之引

---

①② 《宋书·夷蛮传》。

大军破诸山，"斩首三千级，虏生蛮二万八千余口，降蛮二万五千口。"①这段引文所说的地区，都在今湖北省境内，仅被俘或降服有数字记载的即近20万人。而被俘或降服的都指的是参加作战的丁壮，其所包含的人口，不能少于80万。没有降服或没有反叛的又不知有多少。东部地区的西阳郡（治今黄冈南）有所谓五水蛮（西归水、赤亭水、巴水、希水、蕲水），所在并深岨，种落炽盛，历世为盗贼。北接淮、汝，南极江、汉，地方数千里。这说的是以大别山地区为其主要生存地带的东部少数民族。他们是西汉时从西部地区迁徙过来的，增殖扩散，活动地区相当广泛。曾起兵攻打郢州（今武汉）等郡县，说明其人口数量很大。粗略估计在湖北省东部地区不能少于10万人。

又《北史·蛮传》记载，北魏延兴中（471—475），"大阳蛮首桓延拥沔水以北，漴叶以南，八万余落，遣使内属。"② 在《宋书·沈庆之传》中也有讨大阳蛮的记载，8万余落，当有40余万口，其在本省域内少也有10万口。《北史·蛮传》又记载，在长江三峡地区，也有大量少数民族。"冉氏、向氏、田氏者，陬落尤盛，余则大者万家，小者千户，更相崇树，僭称王侯，屯居三峡，断遏水路。"从"余则大者万家，小者千户"一语可知，冉氏、向氏、田氏当各有数万家，总户数当在10万以上，人口可在50万以上。当然他们不是全驻在沿江两岸，而是泛指整个这一地区。也不是全在本省西部地区，重庆市东部山区也不会太少。西南部清江流域的五陵山区，也当有二三十万。

综合上述分析，湖北省西晋前期有人口160多万。其后虽经西晋末年的战乱，人口受损很严重，在十六国东晋时期，这里又是南北对峙的前线地区，并时有战争发生，人口不会增长。但从上面分析的情况看，仍当不少于180万。这从南北朝结束以后隋朝所做的户口统计，湖北省的编户人口猛增至270万，就是很好的说明。正是由于国家统一，强化了管理，基本上把已汉化了的少数民族全部编入了户籍，显现出了人口的实际情况。刘宋大明之后的北魏末期，按180万估计之。

---

① 《宋书·沈庆之传》。
② 遣使内属——指的是向北魏内属。

表 6-13　　　　　　　　　　　湖北省户籍人口表

南朝宋政区 州	南朝宋政区 郡	户数	口数	含今政区县市
郢州	江夏郡	5 072	23 810	武汉、嘉鱼、赤壁、黄坡
郢州	竟陵郡	8 591	44 375	钟祥、京山、天门、潜江、仙桃
郢州	武昌郡	2 546	11 411	鄂州、黄石、大冶、阳新
郢州	西阳郡	2 983	16 120	黄冈、浠水、新洲、红安、麻城、罗田、英山、蕲春、广济、黄梅
郢州	巴陵郡	3 890	18 987[①]	跨湖南省，本省通城、监利、崇阳、洪湖
荆州	武宁郡	958	4 914	治荆门至宜城间
荆州	永宁郡	1 157	4 274	治荆门西北
荆州	建平郡	759	11 894[②]	跨重庆市，本省巴东、秭归、兴山
荆州	南河东郡	2 423	10 487	治松兹
荆州	新兴郡	2 301	9 584	治江陵东
荆州	南义阳郡	1 607	9 741	随县以北，桐柏山以西
荆州	汶阳郡	958	4 914	远安
荆州	宜都郡	6 843	34 220	宜都、长阳、宜昌
荆州	南平郡	6 196	22 525[③]	跨湖南省，本省公安、石首
荆州	南郡	14 544	75 087	江陵、荆州、当阳、枝江
司州	安陆郡	6 043	25 084	安陆、云梦、应城、孝感
司州	随阳郡	4 600	—	随县、应山、大悟
江州	南新蔡郡	1 730	8 848	广济
雍州	襄阳郡	4 024	16 496	襄阳、襄樊、南漳、宜城
雍州	京兆郡	2 307	9 223	治襄阳西
雍州	始平郡	2 797	5 512	治郧县、丹江口之间
雍州	扶风郡	2 157	7 290	治谷城、老河口之间
雍州	广平郡	2 627	6 293	治老河口、丹江口之间
雍州	义成郡	1 521	5 101	丹江口
雍州	冯翊郡	2 078	5 321	治钟祥北
雍州	南天水郡	687	3 122	治宜城北
雍州	建昌郡	732	4 264	寄治襄阳
雍州	华山郡	1 399	5 342	治宜城西

续表

南朝宋政区		户数	口数	含今政区县市
州	郡			
梁州	新兴郡	—	—	跨陕西省，本省竹溪
	新城郡	1 668	7 594	房县、保康、神农架
	上庸郡	4 554	20 653	竹山
	北上洛郡	254	—	治郧县西
合计		100 006	428 686	

注：

①巴陵郡，跨湖南省，全郡户5 187，口25 316，县4，本省3，表中户口为按属县分割数。

②建平郡，跨重庆市，全郡户1 329，口20 814，县7，本省4，表中户口为按属县分割数。

③南平郡，跨湖南省，全郡户12 392，口45 049，县4，本省2，表中户口为按属县分割数。

二十二　湖南省

湖南省在十六国南北朝时期，离南北对峙的前线较远，北方流民进入较少，因而没有侨置郡县，郡县辖区范围也不紊乱。但它的户口统计同样不能反映人口的实际情况。综合各郡统计也只25万多人口。但也必须承认，东晋时湖南人口比之西晋时，已经有很大的下降。太康时湖南人口约150万，西晋末年为镇压以杜弢为首的农民大起义，在湖南和江西两省，进行了长达5年的战争。对社会生产的发展和人口，都造成了很大的损失。永嘉五年（311），巴蜀流民数万家，避乱荆湘地区，因为受当地豪强地主的欺凌，起而反抗，荆州刺史王澄竟袭杀流民8 000人于江中。湘州刺史荀眺甚至要尽杀流民，被流民发觉，于是被迫起义。先陷长沙，又南下陷零陵、桂阳、邵陵等郡，占据湖南大部分地区，并杀死荀眺。起义规模之大，说明也有当地贫苦农民参加。封建统治者十分惶恐，派重兵镇压，造成地方残破，人口受损严重。进入东晋以后只是社会初安，封建统治者对人民的剥削仍极残酷，使遭受破坏的社会经济，难以得到迅速的恢复，人民生活长期处在贫困饥饿之中。所以东晋末隆安三年（399），在长江下游以南地区又爆发了以孙恩为首的农民大起义。起义失败后，余部由卢循率领浮海入广州（今广东省广州），重整军马。义熙六年（410），又分路北上，东路经江西，西路经湖南，大批贫苦农民投入起义军。及至抵达东晋都城建康（今江苏南京），又是十余万众。从这些事变中可以想到当时的社会形势。在镇压与反抗的斗争中，江南人口再受很大损失。虽然以后再没有发生大的战乱，元嘉二十七年（450）那场刘宋与北魏的大决战，湖南省虽离前线较远，但也受影响。为了支援战争，人民赋役沉重，社会生产的发展和人民的生活都受很大影响，人口难以恢复。但大明八年（464）统计人口只有25万多，也不切合实际。见于统计的人口太少，有其普遍的原因，主要是统计不实，大量人口没有编入户籍。零陵、桂阳、湘东、营阳、邵陵等郡，平均每户都在10口以上，其中零陵郡平均每户17口，不符合一般家庭人口构成的实际情况。但这些郡又都集中在本省南部地区，这就应当考虑它的特殊原因，而不全是记载上的失误。但原书又没有说明具体情况，估计可能属于"百室合户，千丁共籍"的那种情况，一些豪强大户会有几十几百口。很多贫户为躲避沉重的赋役，投到大户求荫庇，多半是由家族内的很多小户并入大户，由大户做户主，登记入籍。他们虽然也受大户很重的剥削，但徭役会少些。不过这些豪强大户，也不可能如实向官府申报户口。这种情况也正说明官府的腐败。收受大户的贿赂，不对户口做如实的统计，这种情况各地都有。湖南省的实际人口当然也会远远超过见于统计的人口，在这种情况下我们也只能做必要的分析估计。

西晋时期湖南省的户籍人口约86万多，经考证实际人口170多万。至刘宋大明时，虽历经战乱，人口损失很大，但也不会只剩下25万多人口。这一地区的情况，不能同中原地区相比较，其社会地理条件，不可能使人口耗损大半。主要是匿报户口或流亡他乡，使编户大量减少，这种情况直到梁朝也没有改变。即在皇帝的诏书里也说："每布宽恤之恩，而编户未滋，迁徙尚有，轻去本乡。"[1] 大同年间（535—545），张缵为湘州刺史（辖区只在本省沅江以东及两广北部边缘地区），"在政四年，流人自归，户口增十余万"。[2] 流人虽多，但同总人口相比仍是少数。十余万口，少也有11万，按占总人口的五分之一计，也当有55万口，而在湖南省境内不能少

---

[1] 《梁书·武帝纪》。

[2] 《南史·张弘策传》。

于50万。不过这还只是说的户口统计区的情况。这在刘宋末年当更严重，不然见于统计的人口何以只有25万多。即按《宋书·州郡志》所记载的户籍人口只占实际人口的一半左右，其实际人口也在55万左右。

在湖南省境内还有大量不入编户的少数民族人口。《宋书·夷蛮传》记载："大明中桂阳蛮反，杀荔令晏珍之。"这种攻城造反的记载还有。他们可以攻打县城，杀死县令，绝不是几十人或几百人之所为。湖南东南部多为山区，历来都有很多不宾服的少数民族。刘宋时少也有五六万人。省境西部全属山区，统称湘西山区，居住着更多的少数民族。地处武陵山地区的武陵郡，包括洞庭湖以西的整个沅江流域，其面积（不包括贵州省东部20县）约占本省的四分之一，但统计人口只有37 000多，考证东汉人口时，仅武陵郡北部地区，就有不在户籍的少数民族人口10万以上。《宋书·夷蛮传》记载："居武陵者有雄溪、樠溪、辰溪、西溪、舞溪，谓之五溪蛮……所居深山重岨。"武陵山系在本省辖区内，纵横六七百里，到处都有少数民族居住。东汉武陵郡仅户籍人口就有25万多，其中有很大一部分，也是被编入户籍的少数民族。经考证武陵郡的实际人口50多万，其中在本省内就有30多万。其后中原地区屡经战乱，政权多次更替，对少数民族的管理能力逐渐衰弱，原来编入户籍的少数民族，又复为部落。由于山区交通不便，受中原战乱影响较小，所以直到南北朝时期，他们的人口也不会有大的变化，基本上只能保持简单的人口再生产。粗略估计，在刘宋大明时期武陵郡在本省的实际人口，仍当在30多万。

综合上述，在刘宋大明以后的北魏末期（南朝萧梁大通年间），湖南省的实际人口，当在90万以上。

表6-14　　　　　　　　　湖南省户籍人口表

南朝宋政区		户数	口数	含今政区县市
州	郡			
郢州	巴陵郡	1 297	6 329①	跨湖北省，本省岳阳、临湘
	武陵郡	5 090	37 555	本郡跨地极广，其东北部有汉寿、常德，再由龙山至永顺、沅陵、溆浦、黔阳、洪江、绥宁、城步连一条线，西出省界，其间县市皆属。同时含有贵州省20县之地及重庆市。广西壮族自治区部分地区，宋均无县治之设，故户口不做分割

续表

南朝宋政区		户数	口数	含今政区县市
州	郡			
荆州	南平郡	6 196	22 525[②]	跨湖北省，本省华容、南县、安乡
	天门郡	3 195	—	澧县、临澧、石门、慈利、津市、桑植、张家界
湘州	长沙郡	5 684	46 213	长沙、湘阴、汨罗、浏阳、平江、醴陵、株洲
	衡阳郡	5 746	28 991	衡山、湘乡、双峰、益阳、桃江、沅江、安化、宁乡、韶山、湘潭、衡阳
	桂阳郡	2 219	22 192	郴州、耒阳、永兴、资兴、桂东、汝城、宜章、临武、蓝山、嘉禾、新田、桂阳
	零陵郡	2 187	37 045[③]	跨广西壮族自治区，本省祁阳、零陵、永州、祁东、双牌
	湘东郡	1 396	17 450	衡阳县、常宁、衡东、攸县、茶陵、安仁、炎陵
	营阳郡	1 608	20 927	道县、宁远
	邵陵郡	1 916	25 565	新化、冷水江、新邵、邵东、邵阳、隆回、洞口、武冈、新宁
	临贺郡	826	7 019[④]	跨广西壮族自治区，本省江永、江华
合计		37 360	259 594	

注：

① 巴陵郡，跨湖北省，全郡户5 187，口25 316，县4，本省1，表中户口为按属县分割数。

② 南平郡，跨湖北省，全郡户12 392，口45 049，县4，本省2，表中户口为按属县分割数。

③ 零陵郡，跨广西壮族自治区，全郡户3 828，口64 828，县7，本省4，表中户口为按属县分割数。

④ 临贺郡，跨广西壮族自治区，全郡户3 715，口31 587，县9，本省2，表中户口为按属县分割数。

二十三　广西壮族自治区

广西地区少数民族众多，编户民极少，只有10万多户籍人口，比之西晋时的户籍人口197 284，还减少了9万多口。是不是这一地区的实际人口下降了？不是，户籍人口的增减，对这种地区来说，并不表明实际人口的升降，一般是由官府的管理方法和政令的张弛所决定的。特别是自西晋后期以来，中原和江南地区，长期社会不安定，政权屡有更迭，各地官府也失去了对少数民族的驾驭能力，使一些本来已编入户籍的少数民族人口又脱离了户籍。《南齐书·州郡志》说："广州，镇南海（今广州市），滨际海隅，……虽民户不多，而俚獠猥杂，皆楼居山险，不肯宾服。"这里说的广州，实际上是泛指整个岭南两广地区。所谓民户，指的是汉民。《宋书·夷蛮传》也说，"广州诸山并俚獠，种类繁炽，前后屡为侵暴，历世患苦之"。从很多记载中可以清楚地看出，岭南地区虽然编户民很少，但实际人口并不很少，众多不同种落的少数民族人口均不上户籍，在这种情况下，即使汉民，也不会全部编入户籍。这就是为什么见于统计的人口，也比前代减少。更有很多獠民，从西晋末年开始，就远自四川地区逐渐向这里迁徙，从"诸山并俚獠"一语可知，此时獠民的数量已是相当庞大。至于广西的具体人口有多少，无从详考，但联系前后史看，考察西晋广西人口90万左右，140年以后的隋大业五年（609），在仍有大量少数民族没有编入户籍的情况下，就有编户民95万多，说明实际人口要在一百五六十万，相当于北魏末期南朝萧梁时的广西人口，即当不少于140万。

表6-15　　　　　　　　广西壮族自治区户籍人口表

南朝宋政区		户数	口数	含今政区县市
州	郡			
广州	晋兴郡	—	—	治南宁，大约凌云、巴马、武鸣，以南的左右江地区
	宁浦郡	—	—	横县
	桂林郡	558	2 205	柳州、柳江、象州、武宣、金秀、马山、都安、忻城、柳城、鹿寨、宜山、河池、环江、罗城
	郁林郡	1 121	5 727	桂平、贵县、宾阳、上林、合川
	永平郡	1 609	17 202	藤县、岑溪、平南
	苍梧郡	5 994	10 685[①]	跨广东省，本省梧州、苍梧、蒙山、昭平

续表

南朝宋政区		户数	口数	含今政区县市
州	郡			
湘州	零陵郡	1 641	27 783[②]	跨湖南省，本省资源、全州、灌阳
	临贺郡	2 477	21 058[③]	跨湖南省、广东省，本省富川、钟山、贺县
	始建郡	3 830	22 490	桂林、灵川、兴安、恭城、平乐、阳朔、荔浦、永福
越州	合浦郡	938	—	北海、合浦、博白、容县、北流、玉林、浦北、灵山。同时其间还参差设有南流、安昌、临漳、龙苏、百梁等几个郡，均无户口记载。另本郡又含有雷州半岛和海南岛，这将在广东省和海南省另做说明
	宋寿郡	—	—	钦州、防城
宁州	西平郡	176	—	西林、隆林、田林、那坡、靖西、德保、乐业、凤山、东兰
合计		18 344	107 150[④]	

注：

① 苍梧郡，跨广东省，全郡户 6 593，口 11 753，县 11，本区 10，表中户口为按属县分割数。

② 零陵郡，跨湖南省，全郡户 3 828，口 64 828，县 7，本区 3，表中户口是按属县分割数。

③ 临贺郡，跨湖南省，全郡户 3 715，口 31 587，县 9，本区 6，表中户口为按属县分割数。

④ 这个户口统计很不准确，户均人口或者高得太突出或者低得不切实际。由于总户口本身就离实际人口太远，经反复研究无从修正，所以只按原记载入表，供参考。

二十四 海南省

海南省的人口情况仍不见于记载，前面考证西晋时人口，估计约 14 万人。按照这一地区人口增长缓慢的规律，此时不会有大的变化。梁朝少数民族领袖谯国夫人经理岭南，"海南、儋耳归附者千余洞"（事在梁大同年间）。洞即村寨。经考察大陆少数民族的情况，一般平均每洞都在三四十户，多者五六十户。这里按平均每洞30户估计，"千余洞"，按1 100洞计，当有33 000余户，再以平均每户5口计，则为165 000人。海南省是一个有34 000多平方公里的大岛，岛的南部又到处是崇山峻岭，部落洞寨之间，不可能全相统属，因而也不可能全部归附，所以它的实际人口当更高于上面的分析。海南省在南朝萧梁时期的人口不能少于167 000人。

二十五 广东省

本省人口形势和人口构成情况，和广西壮族自治区大致相同，除珠江三角洲地区以外，也到处都是不同种落的少数民族。东汉时有户籍人口56万多，其中已包含了很多少数民族，经考证其实际人口要在百万以上，其后由于中原地区屡经战乱，并越来越严重地波及岭南地区。朝廷及地方官府多腐败无能，而对少数民族的压迫剥削却很残酷，不断引起反抗。本来已编入户籍的人口又大量脱离户籍，所以西晋时虽经考证有人口百万以上，但有户籍的人口只有14万多，且基本上都是汉民，而且汉民人口也没有全部编入户籍，及至进入东晋南北朝时期，这种情况基本没有改变。虽然从多种情况分析，这个过程的人口应当有所增长，但见于统计的户籍人口仍然很少。刘宋大明八年的统计比西晋稍多，也只23万多。说明仍是绝大部分人口不在户籍之中。

前面在考证西晋人口时曾说过，东晋末年元兴三年（404），以卢循为首的起义军，从江浙地区败退，经海路南下进入广州，占领首府番禺（今广州市），朝廷不能治，只好委任卢循为广州刺史，以求苟安。卢循则借番禺为基地，积极筹集力量，准备北上继续反抗东晋朝廷。经营六年之久，于义熙六年（410）麾师北上，及至长江，拥众十余万，说明他们在广州出发前已能有众数万人，并不全是在北上路上收编的。在广州的几年里，军需物资，主要是靠珠江三角洲地区供应，说明这里经济比较发达，有相当的人口基础。卢循北伐失败后，不久刘裕篡权灭东晋，建立宋朝（即刘宋朝），其后广东地区再没有发生大的战乱，人口当有所增长。按《宋书·州郡志》的记载，户籍人口总共也只23万多。但它的实际人口，包括少数民族人口及各种漏籍人口，要比见于统计的人口高得多。

刘宋时期郡的政区已划小，南海郡基本上只包括三角洲平原区（具体辖区见表6-16），统计人口只有49 157，也不切合实际。作为岭南地区政治中心的番禺县，也不会只有这么多的人口。岭南地区直至唐代，人口增长都是缓慢的。唐之广州，虽大于刘宋的南海郡，包括从化以北，龙门以西，英德以南，怀集以东的部分山区，在同是有大量隐漏的情况下，统计的在籍户尚有42 235，推其人口20多万。但实际上也是半不入籍，其实际人口当有40多万。所以即在刘宋时期、珠江三角洲地区的人口，也不能少于30万。

再看西南部地区，从今恩平以西，德庆、云浮以南，包括雷州半岛地区。按《宋书·州郡志》的记载，总共才有5万人口，可是据《隋书·谯国夫人传》记载，以今阳江为中心的西部地区，在宋、齐以后的梁朝，有洗夫人所属部落十余万家，当有50多万人口。洗夫人为梁朝后期高凉太守（治今阳江）冯宝之妻，曾亲自率兵讨伐那些对中原朝廷不肯宾服的民族部落。冯宝死后，她助陈统一岭南，为南朝的梁、陈和统一后的隋朝，在稳定两广局势中起了重要作用，威镇岭南，其他少数民族部落组织均听其调遣。洗夫人的时代正值本考的考点时间，经考查分析，广东省西南部地区的人口不能少于35万。

北部山区的人口，也不是像记载的那么少，在西部有跨广西壮族自治区的临贺郡，户籍人口31 587，《宋书·夷蛮传》记载：大明中"临贺蛮反，杀开建令邢伯儿"。蛮人造反，可以攻打县城，杀死县令，绝不是几十人几百人的行为，说明实际人口要远远超过户籍人口，而且这些造反的人，基本不是户籍人口。比照西南部地区的情况，自封开、清远、佛冈、新丰以北这一广大地区，户籍人口8万多，实际人口不能少于20万。

龙门、惠阳以东地区，历来人口较少，虽然户籍人口不多，但联系后史考察，它的实际人口也不会少于10万人。

广东全省人口，不能少于95万。

表6-16　　　　　　　　广东省户籍人口表

北朝东魏政区		户数	口数	含今政区县市
州	郡			
广州	南海郡	8 574	49 157	广州、佛山、顺德、增城、龙门、河源、从化、肇庆、三水、东莞、博罗、龙川、新丰、连平、和平
	东莞郡	1 332	15 696	惠州、惠东、惠阳、深圳、香港、海丰、汕尾、陆丰、陆川、兴宁、紫金

续表

北朝东魏政区 州	北朝东魏政区 郡	户数	口数	含今政区县市
广州	义安郡	895	4 418[①]	跨福建省，本省潮安、潮阳、汕头、惠来、普宁、揭阳、揭西、五华、丰顺、平远、梅州、蕉岭、大埔、饶平、南澳
湘州	广兴郡	11 756	76 328	韶关、曲江、始兴、仁化、乐昌、连州、连南、阳山、乳源、英德、清远、佛冈、翁源
	临贺郡	413	3 510[②]	跨广西壮族自治区，本省无今县治，宋县开建，在怀集西南
广州	苍梧郡	145	1 068[③]	跨广西壮族自治区，本省封开
	新会郡	1 739	10 509	江门、新会、鹤山、珠海、澳门、中山、斗门、开平、台山
	新宁郡	2 653	10 514	新兴、阳春
	晋康郡	4 547	17 710	郁南、德庆、云浮
	高凉郡	1 429	8 123	阳江、恩平、茂名、电白、化州、高州
	宋康郡	1 513	9 131	与高凉郡同治，今治有阳西、阳东
	宋熙郡	2 084	6 450	治肇庆东南
	海昌郡	1 724	4 074	信宜
	绥建郡	3 764	14 491	广宁、怀集、连山
交州	合浦郡[④]			跨广西壮族自治区，本省廉江以南，雷州半岛全属
合计		42 568	231 179	

注：

①义安郡，跨福建省，全郡户1 119，口5 522，县5，本省4，表中户口为按属县分割数。

②临贺郡，跨湖南省和广西壮族自治区，全郡户3 715，口31 587，县9，本省1，表中户口为按属县分割数。

③苍梧郡，跨广西壮族自治区，全郡户6 593，口11 753，县11，本省1，表中户口为按属县分割数。

④合浦郡，跨广西壮族自治区，全郡户938，口数缺，所含地区广大，户口太少，不做分割，全入广西。

说明：

有的今县归属不明，没有入表，即使已经入表的也难免有错误。

二十六　福建省

按《宋书·州郡志》的记载，本省只有户籍人口 38 634。福建省地处山区，西部又有武夷山阻绝与内地的交通，所以这里的社会生活，基本上处在一种闭塞的状态。中原地区的历次战乱，对这里也基本没有影响，因而人口活动也很少见于史籍，所以对其人口情况也难作出准确的判断估计。在考证东汉人口时，按东汉末年孙权派兵镇压这里越族人民起义反映出来的人口情况估计，永和五年（140）全省人口当有 45 万左右，至其末年也只能达到 50 万左右。其后再不见人口活动的记载，无从做进一步的考证分析。根据南方地区人口增长缓慢的特点，估计它基本上只能维持简单的人口再生产，前面估计西晋时约 50 万左右，至南朝萧梁中期虽会有一点增长，也只能在 55 万左右。

表 6-17　　　　　　　　　　福建省户籍人口表

南朝宋政区		户数	口数	含今政区县市
州	郡			
江州	建安郡	3 042	17 686	寿宁、周宁、建瓯、南平、沙县、尤溪、大田、三明、明溪一线向西至江西省界，向北至浙江省界，其间县市皆属
	晋安郡	2 843	19 838	宁化、清流、永安、德化、闽清、古田、屏南、福安、福鼎一线向东至海，向南至漳浦，并接广东省界，其间县市皆属
广州	义安郡	224	1 104①	跨广东省，本省诏安、东山、云霄
合计		6 109	38 634	

注：

①义安郡，跨广东省潮汕地区，全郡户 1 119，口 5 522，县 5，本省 3，表中户口为按属县分割数。

二十七　台湾省

前面考证西晋太康人口时，估计台湾人口约 8 万人，其后当继续增长。《北史》也有《流求传》，与隋书所记大致相同，亦无人口的具体记载。但实际上其人口当继续增长，估计至北魏末期可增至 12 万人，计其年均增长率也只 1.58‰。

二十八　江西省

本省户籍人口 338 713，比西晋时减少了 11 万多。西晋末年发生的镇压以杜弢为首的农民起义，在江西省北部地区也发生了大规模战争。这场战争首先爆发于湖南省，曾攻陷长沙，占领湘东大部分地区。在西晋的重兵围剿下，曾一度请降，但不被统治者所容，又愤而再起，转战于江西。他们深得人民的拥护，贫苦农民纷纷投入这场起义活动，但也遭到了更残酷的镇压。战争主要发生在鄱阳湖以西地区，对社会经济造成了巨大的破坏，人口受到了巨大的损失。"江州萧条，白骨涂地，豫章一郡，十残其八"。① 西晋灭亡，东晋继立后，江南地区的社会一直不是很安定，多次发生战乱，虽然主要战场不在江西，但也受其影响。在社会经济得不到很好恢复的情况下，封建统治阶级对人民的剥削却不减其残酷，使人口一直得不到恢复。太元初年（376），桓伊出任江州刺史，"以边境无虞，宜以宽恤为务，乃上疏，以江州虚耗，加连岁不登，今余户五万六千，宜并合小县。"② 这就是说此时距镇压杜弢起义已 60 余年，人口仍未得到恢复。

东晋灭亡后，在刘宋统治的前期，社会比较安定，生产发展，人口有一点恢复，但元嘉二十七年（450）那场南北大战，虽然战场在长江以北，对江南无直接影响，但因战争重赋重役于民，再次造成人民生活的贫困。孝武帝孝建元年（454），发生了荆湘刺史刘义宣传檄州郡举兵反孝武帝。大明三年（459），又有竟陵王刘延举兵反孝武帝。一连串的事变，虽然江西省境内再没有成为大战场，但社会一直不是很安定，《宋书·州郡志》所记载的户口数，就是在这种情况下调查统计的。此后不久（466），又有江州刺史刘子勋反于寻阳（今江西九江），他所调集的人力物力，主要来自江西省，③并得到其他各州郡的响应，各方面投入的兵力数十万。正说明这次战乱的前夜，即大明八年（464），刘宋政权已经是危机四伏，社会很不安定，人民生活更加贫困。所以户口统计的下降，完

---

① 《晋书·王鉴传》。
②③ 《晋书·桓宣传》。

全符合当时的形势。不过这个户口统计，仍不包括很多私附等漏籍户口，特别是东部、南部、西部的广大山区，仍有很多少数民族人口没有编入户籍，江西全省人口不能少于50万。

表 6-18　　　　　　　　江西省户籍人口表

南朝宋政区		户数	口数	含今政区县市
州	郡			
江州	豫章郡	16 139	122 573	南昌、永修、德安、武宁、修水、铜鼓、万载、宜丰、上高、樟树、丰城、高安、奉新、靖安、安义、新建、进贤
	鄱阳郡	3 242	19 050	波阳、余干、景德镇、乐平、德兴、玉山、上饶、广丰、铅山、横峰、弋阳、贵溪、鹰潭、都昌
	寻阳郡	2 720	16 008	彭泽、湖口、九江、星子、瑞昌
	临川郡	8 983	64 805	抚州、临川、东乡、余江、金溪、资溪、黎川、南丰、广昌、崇仁、乐安、南城、宜黄
	庐陵郡	4 455	31 271	永丰、新干、峡江、吉水、吉安、泰和、万安、遂川
	安成郡	6 116	50 323	安福、新余、分宜、宜春、萍乡、莲花、永新、井冈山
	南康郡	4 493	34 684	赣州、上犹、崇义、大余、兴国、宁都、石城、瑞金、于都、会昌、安远、寻乌、南康、信丰、龙南、定南、全南
合计		46 148	338 713	

二十九　浙江省

浙江省属刘宋之扬州，是江南人口最稠密的地区。西晋末年北方地区陷入"八王之乱"，紧接着便是各民族混战的十六国时期，战乱不息，人民大受蹂躏，人口大量逃亡南方。本省也有很多北方流民进入，年久多编入户籍。按《宋书·州郡志》的记载，仅户籍人口就有116万多，比西晋太康时增加了40万。虽然这仅是户籍人口的增加，但也反映了经济开发有了很大的发展，它能够容纳这么多人口。但在浙江省没有侨置郡县，一是说明在原有郡县内对北方移民可以得到安置；二是说明流民之进入不像沿长江两岸那么多。但可以肯定，如果没有北方移民的进入，仅凭自然增长，在当时的生产力条件下，不可能增长到这么多人口。因为在这个过程里，浙江省的社会，并不是一直都很安定，使人民可以在比较安定的社会环境里生息繁衍。在东晋时发生的几次战乱，对浙江省都有影响。安帝隆安二年（398），桓玄叛乱，严重地干扰了江南地区社会生产的发展，至元兴元年（402）江浙地区发生大饥荒，会稽尤甚。"时会稽饥荒、玄令赈贷。百姓散在江湖采梠，内史王愉悉召之还。请米，米既不多，吏不时给，顿仆道路，死者十八九焉。"[①] 贫困饥饿的生活，引起了对统治阶级的反抗斗争，农民起义不断发生，而又遭残酷镇压，人口大量耗减。进入刘宋统治时期，包括东晋后几年，只有30多年社会比较安定的时间，生产有所发展，人口也有所恢复增长。但元嘉二十七年（450）那场南北大战，又加剧了人民的贫困。到大明八年的统计，虽然户籍人口增加了40万，其中除少量增殖外，有很大一部分是北方不断进入的流民。

　　同时还要看到，大明八年统计的户籍人口虽然比西晋有较大的增加，但实际上还有大量隐漏户口不在其中，官僚豪强蔽占民户为私附的数量非常庞大，有些地方竟可占总人口的三分之一左右。在刘宋灭亡之后不久的南朝齐，曾任山阴县（今绍兴）令，后任吏部尚书的顾宪之，在给齐武帝的上书中说："山阴一县，课户二万"。[②] 那么山阴县共有多少户，《宋书·顾宪之传》记载说："山阴民户三万，海内巨邑"。从刘宋以后的多种记载，都是3万户。虽然各地情况不同，私附隐漏不可能都居三分之一，但总量很大是无可置疑的。《宋书·孔季恭传》记载：会稽太守孔灵符，"家本丰，产业甚广，又于永兴立墅，周回三十三里，水陆地面二百六十五顷，含带二山，又有果园九处"。从"产业甚广"可知，"永兴立墅"仅是他产业的一部分。他占领这么多地面，当然不是他自己去劳作，而是要靠蔽占大量私附民户为其经营管理。而当时的大小朝官及地方官吏，都数量不等地占有私附。另外在一般民户中，为躲避沉重的赋役负担而藏丁匿口，也是一种普遍的现象。特别是西部和南部山区，仍有很多少

---

① 《晋书·桓玄传》。
② 《南齐书·顾宪之传》。

数民族人口没有编入户籍,这里不做具体分析,粗略估计也在10万以上。这从见于统计的临海、永嘉、新安人口之少,便可以看得出来。

浙江省的实际人口不能少于150万。

表 6-19　　　　　　　　　浙江省户籍人口表

南朝宋政区		户数	口数	含今政区县市
州	郡			
	会稽郡	52 228	348 014	绍兴、萧山、上虞、余姚、慈溪、宁波、镇海、奉化、嵊州、新昌、诸暨及舟山群岛
	吴郡①	37 866	318 609	跨江苏省,本省嘉兴、嘉善、平湖、海盐、海宁、桐乡、余杭、杭州、富阳、桐庐、建德
	吴兴郡	49 609	316 173	长兴、湖州、安吉、德清、临安
	东阳郡	16 022	107 965	兰溪、金华、武义、永康、衢州、江山、常山、开化、遂昌、义乌、浦江、东阳
	临海郡	3 961	24 226	临海、天台、宁海、三门、象山、仙居、黄岩、温岭、玉环
	永嘉郡	6 250	36 680	温州、乐清、永嘉、瑞安、平阳、苍南、泰顺、文城、庆元、龙泉、云和、丽水、缙云、青田
	新安郡②	4 823	14 660	跨安徽省,本省淳安
合计		170 759	1 166 327	

注:

①吴郡,跨江苏省,全郡户 50 488,口 424 812,县 12,本省 9,表中户口按属县分割数。

②新安郡,跨安徽省,全郡户 12 058,口 36 651,县 5,本省 2,表中户口为按属县分割数。

三十　安徽省

自西晋"八王之乱"以后,在十六国东晋期间,本省江北地区,特别是淮北地区,屡为战场,是南北争夺最激烈的地区。其后淮北地区曾几度沦为北方民族的控制之下,因而人民为逃避战争的蹂躏和一些少数民族政权的残暴统治,大量向南逃徙,致使淮北地区人口特别稀少。东晋末年刘裕北伐,虽然恢复了淮北大部分地区,其后基本上处在刘宋的控制下。但淮北地区也一直是南北对峙的前线,不时发生战争,不能改变人口稀少的局面。不过全省人口总量也不会像《宋书·州郡志》记载的那样只有32万多,分析其原因主要有两个方面。

一是江北地区,有很多没有实土,即没有实际管辖范围的侨置郡县,人口流动性很大,对人口不可能做到准确的统计。整个江北地区不足25万人,比西晋江北户籍人口36万减少了10万多。西晋的户口统计,已经是严重不实,经考证其实际人口也有696 422。至于刘宋江北地区的实际人口无从详考,但只要看一看一些极不合理的人口分布,也可以看出其间的问题。地近南北对峙前线的南梁郡,只据有今寿县、凤台、长丰、定远、淮南五县市所辖地区,有人口42754。而距前线较远的晋熙郡,据枞阳、安庆以西的沿江地区,北靠大别山,约8县之地,其面积要比南梁郡大得多。虽然地理条件可能略次于南梁郡,但也不当只有7 479口人,显然远离实际。粗略估计安徽省江北地区不能少于35万人。但也不会太多,因为江北地区,特别是淮北地区,经常发生战争,一直处在南北对峙的前线。一般贫苦农民,无可奈何,冒着风险守着自己的家园。而那些有钱有势的豪强地主,不会在这样的地区广置产业,建设他们的乐园。他们在十六国大乱时,就已经带着自己的财产以至部曲逃到了江南。户口隐漏主要是那些贫苦农民,为了躲避战争的蹂躏和官府沉重的赋税徭役而藏匿丁口。从人口密度看,江北地区按35万人口计,每平方公里3.36人,只比西汉时每平方公里33.1人的十分之一多一点。可见战争对经济发展的破坏和对人口抑制的残酷。

二是江南地区有大量的私附和隐漏。江南的淮南(治今当涂)、宣城(治今宣城)、新安(治今歙县东南)三郡,都是实土郡,这里受南北战争影响较小,只是由于战争加重了人民的负担,造成人民贫困,影响人口的增长,但也不会出现比西晋人口有很大减少的那种局面。按《宋书·州郡志》的记载,三郡合计也只95 822口,每平方公里2.7人,也明显地远离实际。经考证,西晋时本省江南人口296 674,每平方公里约8.4人。本来在十六国东晋和南北朝时期,即使原有人口不增长,也有大量流民南渡长江,江南人口只能多于西晋时期,而不能少于西晋时期。为什么要在江南地区设置淮南郡(本为侨置,后厘定为实土郡)?正是因为有两淮地区大量流民过江侨居而设置的。在考察浙江人口时曾指出，很多地方的私附等漏户人口可居三分之一左右，而安徽江南地区当更甚于这个比例，淮南郡辖有铜陵、繁昌、芜湖以东地区，地近宋都建康（今江苏南京）；宣城郡辖有石台、旌德以北，铜陵以南沿江地区。因为有长江为天然防线，被认为是比较安全的地区，所以北方豪强地主南下，多落居于这两郡地区。而南部山区的新安郡，仍有很多少数民族人口没有编入户籍，早在三国时就有20万左右，此时仍当不少于这个数字。安徽省江南地区的实际人口不能少于45万，全省不能少于80万人。

表 6-20　　　　　　　　　　安徽省户籍人口表

南朝宋政区		户数	口数	含今政区县市
州	郡			
扬州	宣城郡	10 120	47 992	宣城、宁国、郎溪、广德、泾县、黄山、旌德、绩溪、青阳、石台、东至、贵池
	淮南郡	5 362	25 840	当涂、马鞍山、繁昌、芜湖、南陵、铜陵
	新安郡	7 235	21 990①	跨浙江省，本省歙县、休宁、祁门、黟县、黄山
徐州	济阴郡	1 537	7 952②	跨江苏省，本省五河、泗县、灵璧
	钟离郡	3 272	17 832	治凤、阳东
	马头郡	1 332	12 310	怀远、蚌埠
	新昌郡	—	—	滁县、来安、全椒
	沛郡	3 473	16 780③	跨江苏省，本省萧县、淮北、宿县、固镇
南兖州	南沛郡	1 109	12 970	天长
豫州	谯郡	712	3 702④	跨河南省，本省亳州、蒙城、涡阳、利辛
	汝阴郡	2 749	14 335	阜阳、太和、界首、阜南
	新蔡郡	1 387	9 940⑤	跨河南省，本省临泉
	陈留郡	196	2 413	寄治谯郡，今亳州
	梁郡	968	5 550	砀山
南豫州	历阳郡	3 156	19 470	和县、含山
	南谯郡	4 432	22 358	巢湖、无为
	庐江郡	1 909	11 997	舒城、霍山、六安、庐江、桐城
	南汝阴郡	2 701	19 585	合肥、肥东、肥西

续表

南朝宋政区		户数	口数	含今政区县市
州	郡			
南豫州	南梁郡	6 212	42 754	寿县、淮南
	晋熙郡	1 521	7 497	安庆、枞阳、怀宁、望江、太湖、潜山、岳西
	安丰郡	—	—	寿县、霍丘之间
	边城左郡	104	620[6]	跨河南省，本省金寨
合计		59 487	323 887	

注：

①新安郡，跨浙江省，全郡户12 058，口36 651，县5，本省3，表中户口为按属县分割数。

②济阴郡，跨江苏省，全郡户2 305，口11 928，县3，本省2，表中户口为按属县分割数。

③沛郡，跨江苏省，全郡户5 209，口25 170，县3，本省2，表中户口为按属县分割数。

④谯郡，跨河南省，全郡户1 424，口7 404，县6，本省3，表中户口为按属县分割数。

⑤新蔡郡，跨河南省，全郡户2 774，口19 880，县4，本省2，表中户口为按属县分割数。

⑥边城左郡，跨河南省，全郡户417，口2 479，县4，本省1，表中户口为按属县分割数。

说明：

《宋书·州郡志》还记有刘宋末年在本省侨置的安丰、汝南、新蔡、陈郡、南顿、颍川、西汝阴、汝阳、南陈左等郡，无户口记载，且郡名有重复，故未列入表中。

三十一　江苏省

在刘宋统治时期，江苏全省全在其版图之内，按《宋书·州郡志》的记载，大明八年（464）有户160 540，口959 637，比西晋太康时的户籍人口57万，还增加了38万多，但它的实际人口还要更高于这个统计数字。在东晋统治时期也曾发生过几次战乱，对淮河以南以至江南地区的生产发展和人口的生息繁衍造成了很大的影响。但从义熙十一年（415）刘裕夺取了东晋的朝政大权以至建立刘宋王朝（420）之后，直到宋元嘉二十七年（450）南北大战以前，江南地区，包括湖南、江西、浙江及安徽江南地区，社会比较安定，人口会继续有所增长。据《宋书》编撰史臣的评语说：自义熙十一年"至于元嘉末，三十有九载，兵车勿用，民不外劳，役宽务简，氓庶繁息，至余粮栖亩，户不夜扃"。①虽然这段评语有些褒美过当，因为元嘉二十七年发生的那场与北魏的大决战，宋付出了巨大的人力财力，由"役宽务简"转而为役重务繁，但也反映了一些实际情况。因为从总体上看，境内，特别是江南地区，社会比较安定，生产有所发展，人口也必当有一定的增长。在大明末年以前，虽然有过几次动乱，但都没有给人口造成大的损失（刘宋人口耗损是大明末年以后的事情）。所以大明时期的江苏人口，当比《宋书·州郡志》的记载高得多，由于种种原因，大量人口没有进入统计，下面稍做分析。

一是政区设置混乱，影响户口统计。十六国东晋时期，北方战争频繁，大批难民南下，而且难民是随着每次战争的发展，节次流亡南下的。淮北徙往淮南，又从淮南徙往江南。沿淮、沿江东西数千里，无处不有，因而东晋和刘宋则随处侨置郡县予以安置。而流民寓居的地方又时有变迁，甚至有很多长期没有固定居址、没有固定职业的所谓"浮浪人"。由于郡县设置的混乱，又多有重复设置，且很多没有实土，因而户口统计不可能准确全面。

二是大量民户被豪强地主挟藏为私附，这在江苏省的江南地区特别严重。这里是刘宋帝都所在地，豪强集中，贵族官僚都广置田产，曾任丹阳尹、尚书令的柳元景被誉为是唯一不值产业的朝官。"时在朝勋要，多广事产业，惟元景独无所营"。②然亦有菜园数十亩，供家人食用，说明他也有一定数量的私附或奴隶，其余贵族官僚产业之广，占有私附民户数量之多可想而知。这些私附民户，都没有户籍。还有由北方逃徙南下的难民，也多依豪门大户做佃客或衣食客（近似奴隶或农奴的身份），至于具体数量有多少，没有统计记载。在前面考证浙江人口时分析过，有些地理自然条件或经济条件较好，而豪强比较集中的地方，私附民户可居总人口的三分之一左右。而江苏省江南地区，贵族官僚和士族豪强更集中，因而私附人口的数量也更多。都城所在地的丹阳尹，虽然统计的户籍人口23万多，但从"编户之命，竭于豪门"一语分析，私附隐漏要远远超过户

---

① 《宋书·羊玄保传》史臣评语。
② 《南史·柳元景传》。

籍人口，因此丹阳尹的实际人口，当不能少于 50 万。其后南朝梁时佛教泛滥，据记载，都城建康仅僧尼就有 10 万人。这里把丹阳尹的人口估计为 50 万，只能是最低的估计。

除丹阳尹以外，江苏省江南其他地区，还有户籍人口 49 万多，即使这些地区的私附人口平均起来没有三分之一，粗略估计不能少于 65 万人。整个江苏江南地区的实际人口，当在 115 万以上。其所以能够集聚这么多人口，与北方流民的南下有着直接的关系。

江北地区，据记载，只有户籍人口 23 万多，但实际上也是有很多人口没有编入户籍。我们只从一个历史事件中的死亡人口数量之多，即可看出其间的问题。大明八年以后 50 年的梁朝天监十三年（514），梁武帝作浮山堰堵淮河以阻魏军南侵。浮山堰的旧址就在今安徽省五河县东的浮山镇附近。此时经过刘宋末年的战乱，淮河以北尽失于北魏。天监年间北魏与梁朝在沿淮地区多次发生战争。天监十五年四月大堰筑成，九月连降大雨，淮水暴涨，大坝全部崩溃，淮水东泄，沿淮村落十余万人口被冲入东海。因为大堰筑在安徽、江苏两省的边界，水淹地区全部在江苏省内。可是按《宋书·州郡志》的记载，沿淮州郡人口，总共才有五六万人，虽然这个事件发生在宋大明年间以后，但刘宋末年及齐、梁期间，曾在这里发生过多次战争，又有大批流民南下，宋大明时沿淮地区的人口，当更高于梁朝。所以通过这个事件推断，按最低估计，长江以北地区的人口，不能少于 40 万人。全省总计当在 165 万以上。

表 6-21　　　　　　　　　　江苏省户籍人口表

南朝宋政区		户数	口数	含今政区县市
州	郡			
扬州	丹阳尹	41 010	237 341	南京、溧水、高淳、句容、溧阳
	吴郡	12 622	106 203①	跨浙江省，本省苏州、昆山、常熟、吴江、太仓、张家港
南徐州	晋陵郡	15 382	80 113	镇江、丹阳、江阴、常州、武进、金坛、无锡
	义兴郡	13 496	89 525	宜兴
	南东海郡	5 342	33 658	丹阳至常熟以北地区
	南琅邪郡	2 789	18 697	南京以北地区
	南兰陵郡	1 593	10 634	丹阳东
	南东莞郡	1 424	9 854	丹阳北
	临淮郡	3 711	22 886②	灌南、涟水、淮安、宝应、建湖

续表

南朝宋政区		户数	口数	含今政区县市
州	郡			
南徐州	淮陵郡	1 905	10 630[3]	宿迁、泗洪
	南彭城郡	11 758	68 163	属侨郡无实土，以下均同
	南清河郡	1 849	7 404	
	南高平郡	1 718	9 731	
	南平昌郡	2 178	11 741	
	南济阴郡	1 655	8 193	
	南濮阳郡	2 026	8 239	
	南泰山郡	2 499	13 600	
	济阴郡	1 232	8192	
南鲁郡		1 211	6 818	
徐州	彭城郡	5 176	24 739[4]	跨山东省，本省徐州
	沛郡	1 736	8 390[5]	跨安徽省，本省沛县
	下邳郡	3 099	16 088	邳县、睢宁、新沂、泗洪
	东海郡	1 205	6 971[6]	跨山东省，本省赣榆
	淮阳郡	2 855	15 363	泗阳、沭阳
	阳平郡	1 725	13 330	洪泽
	济阴郡	768	3 976[7]	跨安徽省，本省睢宁
	北济阴郡	309	1 270[8]	跨山东省，本省丰县
南兖州	广陵郡	7 744	45 613	扬州、江都、泰州、高邮、扬中、泰兴、仪征
	海陵郡	3 626	21 660	姜堰、海安、如皋、东台、如东
	山阳郡	2 814	22 470	淮安、建湖、盐城
	秦郡	3 333	15 296	六合
	盱眙郡	1 518	6 825	盱眙
合计		215 668	892 112	

注：

①吴郡，跨浙江省，全郡户 50 488，口 424 812，县 12，本省 3，表中户口为按属县分割数。

②③临淮郡与淮陵郡，原属江北，刘宋时按《宋书·州郡志》的记载，列入了江南的南徐州，郡的名称前面也没有像南彭城等郡那样冠以"南"字，也没有像其他重复设置的郡县那样在下面用小字注以"别见"字样。而临淮郡之属县，只有长乐令下面记有"本长乐郡'别见'，并合为县"。说明各县均有实土。但临淮郡下面又注有"江左侨立"字样，而淮陵郡则没收有此注，疑其中有误。如果两郡属县果为江南侨立，则江北原郡所辖的那

么多县，则无所归属，所以经考查认为，两郡属县实际上都在江北，其户口也在江北，只是郡治寄设在江南，隶于南徐州，这种现象在南北朝时期是比较普遍的。

④彭城郡，跨山东省，全郡户8 627，口41 231，县5，本省3，表中户口为按属县分割数。

⑤沛郡，跨安徽省，全郡户5 209，口25 170，县3，本省1，表中户口为按属县分割数。

⑥东海郡，跨山东省，全郡户2 411，口13 941，县2，本省1，表中户口为按属县分割数。

⑦济阴郡，跨安徽省，全郡户2 305，口11 928，县3，本省1，表中户口为按属县分割数。

⑧北济阴郡，跨山东省，全郡户927，口3 810，县3，本省1，表中户口为按属县分割数。

说明：

刘宋政区所含今县市，有的重复出现，主要今治处在两郡边缘，故两从之，有的今县市没有列入，主要是归属不明。但今政区绝大部分县市均有归属。

表6-22　　　　　　南北朝后期各省区人口汇总

北魏末期至萧梁中期（520—527）

省区	考证人口	户籍人口	省区	考证人口	户籍人口
河南	58 600 000	273 819	重庆	540 000	70 476
山东	7 110 000	1 766 017	云南	2 000 000	32 060
河北	8 080 000	3 044 616	贵州	1 200 000	15 495
北京	500 000	41 824	湖北	1 800 000	428 686
天津	100 000	9 890	湖南	900 000	259 594
辽宁	950 000	—	广西	1 400 000	107 150
吉林	400 000	—	海南	167 000	
黑龙江	250 000	—	广东	950 000	231 179
内蒙古	1 350 000	—	福建	550 000	38 634
山西	2 720 000	915 040	台湾	120 000	
陕西	3 580 000	62 020	江西	500 000	338 713
甘肃	2 000 000	—	浙江	1 500 000	1 166 327
宁夏	300 000	—	安徽	800 000	323 887
青海	450 000	—	江苏	1 650 000	963 613
新疆	850 000	—	上海	—	—
西藏	2 000 000	—	总计	53 077 000	10 392 313
四川	2 500 000	303 273			

第五节 后 叙

　　南北朝时期，是自秦统一六国之后又一次大分裂时期，其分裂时间之长，国土分裂之破碎，更甚于三国时期。分裂就意味着战争，意味着社会的倒退，意味着人民的灾难，它对社会经济的发展、思想文化的发展和对人口的发展，都是极其严重的破坏。这次大分裂，是在三国时期大分裂被统一后不久发生的。分裂的基本原因是封建统治集团内部，狗咬狗的矛盾斗争激化后而发生的。

　　三国时期统一后建立晋朝，在司马氏的统治下曾出现了一个短暂的社会安定局面，生产有一定的恢复发展，到西晋永康元年（300），在历代户口统计地区范围的人口，可达 3 000 多万。但"八王之乱"爆发后，这种社会安定的局面，顿时遭到破坏，皇族诸王各带千军万马杀向京城（洛阳），争夺朝廷的控制权，使北方地区陷入了长达十几年的战乱之中，破坏了社会生产的正常发展，并出现了严重的蝗灾，无数劳动人民死于这场战乱饥荒之中。《晋书·刘琨传》记载：刘琨出任并州刺史（治今山西省太原南），在上任的路上，就所见闻向朝廷上书说："臣自涉州疆，目睹困乏，流移四散，十不存二，携老扶幼，不绝于路。及其在者，鬻卖妻子，生相捐弃，死亡委危，白骨横野，哀呼之声，感伤和气。"这就是"八王之乱"所造成的惨果。并州不是主要战场，尚且如此，大河南北残破尤其严重，最后导致了西晋的灭亡。紧接着便发生了周边少数民族竞相进入中原的十六国大乱，长达百年之久，使中原大地遭到了更严重的破坏。北方各省区所剩人口，大约只有 1 500 多万，比之大乱前耗损大半。

　　与十六国大乱同时，在南方则为西晋灭亡后重建的东晋政权，维持着半壁江山的统治，与北魏相对峙。其后在北方社会相对比较安定的情况下，在南方却出现了宋、齐、梁、陈各朝递相篡夺的局面，而且每次朝代更替，都伴有一次战乱发生，使南方经济不能正常发展，人口增而复减，一直处在一个数百万的低谷中。下面重点说一下北朝晚期的人口情况。北魏孝昌元年（525）爆发的那次农民大起义，虽然被镇压下去了，但也暴露了统治集团内部不可调和的矛盾。孝明帝不满胡太后专权，密令鲜卑秀荣部（山西省原平、忻州间）酋长尔朱荣进京杀胡太后。被发觉，孝明帝被杀。尔朱荣率兵入京后，杀胡太后及太后同党朝官2 000余人。立孝庄帝，孝庄帝又杀尔朱荣。尔朱荣的儿子又杀孝庄帝，鲜卑化的汉人高欢击败尔朱氏，又立孝武帝。高欢专权，孝武帝逃往关中依镇将宇文泰。高欢又立一个皇帝，孝静帝。孝武帝在长安又建立一个朝廷，公元535年北魏正式分裂为两个政权。上面说过，分裂就意味着战争，这次北魏分裂，又使北方人民陷入了灾难之中。高欢立孝静帝之后，怕西魏宇文泰来讨伐，立即决定把都城由洛阳迁往邺城（今河北磁县南），并胁迫洛阳地区40万户同迁，使人民的生命财产受到了重大损失。其后东西魏之间，连年发生战争，仅士卒死亡就数十万人。但由于双方势均力敌，谁也吃不掉谁，分裂遂成定局。东魏于武定二年（544）曾作过一次户口调查，仅得户192万，口760万。若按《隋书·食货志》所说东魏"户口租调十亡六七"来推算，实际人口要在2 000万左右。这只是按户籍人口所作的估计。另外，其时在北方地区佛教盛行，到处都是佛寺僧尼。据记载，在东魏境内200余万，合计人口2 200余万。不久东魏被权臣高洋篡权，建国号齐，史称北齐。其统治地区，大体西北界今山西省黄河，由龙门至阳城，至河南洛阳、湖北武汉一线以东的长江以北地区。西魏不见户口统计。不久西魏也被权臣宇文护篡权，建国号为周，史称北周。其统治地区，大体东与东魏相接，南有湖北省武汉以西至宜昌的长江以北地区，并含有今四川、贵州、云南省。西有青海省海东地区，甘肃省及相邻新疆部分地区。

北方地区的人口，原北魏统治区在正光年间（520—524），大约3 230多万。及至北朝末期，北齐河清三年（564）调查统计为户2 302 528，口20 006 886，经考证，包括僧尼人口200万，约2 200多万。北周大象中（579）调查统计，包括百万僧尼人口，实际人口约1 250万。

在南方地区经历了宋齐梁陈各朝的递相篡夺，而且每次政权更替都有一次战乱发生，使南方经济不能持续增长，人口增而复减，在170多年里一直处在一千数百万的低谷里。刘裕的宋朝，虽然在其前期社会比较安定，人口有所增长，但在整个刘宋统治区（大体由秦岭向东，至河南省淅川、许昌，山东省菏泽、平阴、禹城、惠民一线以南的整个南方地区）的人口也只1 740万。及至刘宋末年，把增长起来的人口，又耗损于一场统治集团内部争权夺利引发的战乱之中。其后齐、梁各朝，也都走着一条由治到乱，人口升而复降的道路。其统治地区均不及刘宋之大。齐朝人口约 1 460 万，梁朝 1 520 万。最后的陈朝，疆土最小，只剩下湖北省宜昌以下的长江以南地区，人口只有 680 万。与北方的齐周三方合计 4 970 万。不过陈朝的灭亡不是由于篡夺，而是为在北方建立的隋朝所统一，虽有战争，但破坏不大，却使大江南北，重归一统。由大乱走上了大治，结束了大分裂的南北朝时期。在北魏末期至萧梁统治中期，包括周边各省区，全国人口总计大约 5 300 多万。

第七考　隋朝中期

炀帝大业五年（609）

第一节　导　　语

公元 577 年，北周灭北齐，统一北方。公元 581 年，杨坚篡周，建立隋朝，定都长安（今陕西西安）。开皇九年（589）灭陈，南北方统一，结束了自西晋末年以来 270 多年大分裂的局面。

隋朝历时很短，前后只两代皇帝，共 38 年。第一代文帝杨坚，实行轻徭薄赋，与民休息的政策，对经济的恢复发展起了积极的促进作用。古代实行对男性按规定的年龄为丁，承担赋税徭役。北魏规定 15～60 岁为丁，北周以 18 岁起始为丁，隋放宽到 21 岁，税额也不太重，使一般家庭基本可以承受得起。服徭役的时间，每年只有 20 天，这是很大的放宽。同时又实行自北魏起始的均田制。虽然隋文帝为了取得地主阶级的支持，曾把大量土地分赐给贵族官僚做永业田，并允许地主原有土地不加变动，但由于北朝时期战乱频繁，人口死亡率很高。经东汉末年战乱造成的人口大耗损，一直没有恢复到东汉人口极盛时期的水平，因此仍有很多待复垦的荒地。虽然由于地主占有大量土地，很多地方不能按规定的标准分足，多少也不均。但一般农民基本上可以有田可耕，赋税比历代又轻，因而社会安定。在隋文帝统治的 20 多年里，生产得到了较高的恢复发展，人民生活有所改善，并积累起雄厚的社会财富，人口也由隋初的户籍人口 3 200 多万，增长到大业五年（609）调查统计的 4 600 多万。

隋朝户口管理很严格，不准豪强地主收纳私附。贵族官僚和地主们，虽可以拥有奴隶，而且有的数量很大，但凡在承担赋役年龄之内的，也要编入户籍，由主人承担赋税，只免徭役，不允许藏丁匿口，并多次进行全国规模的户口大检查，实行"貌阅"。就是对每户的家庭成员，都要当面验视，看性别、年龄是否相符，意在防止成丁年龄的人口脱漏。并发动检举，凡户口不实的，不仅户主要受到处罚，而且乡长里正[①]还要发配到边远地方去服苦役。因而户口隐漏虽不可能没有，但不会很多。所以史学家一般都认为隋朝户口统计比较近于实际。大业五年清查，户总数8 907 546，口总数46 019 956。[②] 不过经过考察，这只是在中原地区。在江南和边远省区仍有大量人口没有编入户籍，需要做进一步考察分析。

《隋书·地理志》，只有分郡的户数记载，不记口数，按所记载大业五年清查之户口总数，平均每户5.1664口。下面考证各省区人口时，均按这个户均人口折算。虽然由于地区不同，民情不同，平均每户人口不可能完全一致，但也不会有大的出入。因为早在开皇五年（581）第一次大规模清查户口时就规定："大功以下，兼令析籍，各为户头"。[③] 不允许已婚丁男同室共籍，以防藏丁匿口，偷漏赋税。因而使各地户均人口不会有大的出入，计算出来的各地人口，对户籍统计地区来说，也不会有大的出入。

第二节　北方各省区人口考

一　河南省

河南省地处中原腹心地区，自西晋末年以来，历经270多年的大分裂时期，一直是各派政治力量角逐的大战场，每隔十几年或二三十年便有一场残酷的大战。而每次战乱所持续的时间，也往往长达几年或连续多年。社会生产屡遭严重破坏，人口受损也特别严重。虽然战争也有间歇时间，生产略有恢复，人口略有增长，但不久又被另一场战乱所耗损，一直没有恢复到两汉时期的人口水平。直至北周灭北齐，北方统一，河南省才出现了有利于人口增长的社会形势。特别是经过隋朝前期的恢复发展，使户籍人口猛增至967万。如果隋朝前期安定的社会局面再持续几十年，必能超过两汉时期的水平。然而经过隋炀帝暴政引发的特大战乱，仅仅十几年的

[①] 隋以500户为乡，乡设乡长，百家为里，里有里正，直接负责户口管理。
[②] 《隋书·地理志》，各郡国重新合计的户数为9 069 751。
[③] 《隋书·食货志》。

时间，便使初现繁荣的河南大地，又变成了一片荒凉。

隋朝前期河南人口的高速增长，并非全属增殖，有很大一部分是原来脱籍的人口，在隋朝严厉的户口管理下，又重新编入了户籍。更有大量少数民族人口的入籍，主要是西部和南部山区（今南阳、信阳地区），刘宋时这里的户籍人口只有十几万人。在隋朝建立之前，河南省所辖地区一直处在南朝和北朝对峙的前线地区，北魏分裂后，则成了北方的齐国、周国与南朝的梁国进行三角斗争的中心地带，经常发生战争，各方都不能做有效的户口管理。东魏在这一地区的户籍人口，更少于刘宋时期。然而至隋大业五年统计户口，却猛增至一百多万。这些人口是从哪里来的？当然不是隋朝建立后不足30年的增殖。在西晋末年"八王之乱"和十六国时期的战乱，这里的汉民人口大量死亡流散，造成了人口空虚，使一些少数民族得到了发展的机会，这在史书里多有记载。据《北史·蛮传》记载，仅汉水以北，伏牛山以南的大阳蛮就有8万余落（参看刘宋时期湖北省人口考），其中多在本省境内。他们虽然不服地方官府的管束，不见于户口统计，但由于长期和汉民杂处，其语言、文化、风俗习惯，基本上已与汉民相融合。所以到了隋朝，由于国家的统一，朝廷统治力的加强，也把他们一体编入了郡县户籍。民族间的界限消失，始见于户口统计。这是这一地区人口剧增的基本原因。

另外，在刘宋时期自西峡、南召、临颍、扶沟、潍县以南，户籍人口只有不足30万。至东魏时，由于对峙前线南移，人口已有所增长，也不过五六十万。至隋大业五年竟增至350多万（包括上述南阳、信阳地区）。虽说河南省有优越的地理自然条件，在社会安定的情况下，生产恢复，人口也会迅速增长，但不会有这样高的速度增长。除了少数民族人口入籍外，还有一个很重要的原因是，由于战争停息，社会全面安定，原来流散的人口，甚至远徙的人口，也纷纷回到自己的家乡，那些杂乱无章的侨置郡县全部取消，人口分布也基本恢复到两汉时期的格局，当然也不可能完全同于两汉时期。

两汉时人口密度最高的地区在本省中部，西有济源、洛阳、汝阳，东有鹿邑、商丘、长垣，南有临汝、舞阳、淮阳，北有武陟、沁阳，在这一地区范围内，每平方公里140多人，而在隋大业时也只73人。黄河以北的安阳平原区，在两汉时人口也比较稠密，但不及南部平原地区人口密度高，而在隋朝，包括整个河北平原的人口密度都有较大幅度的提高，每平方公里达96人。河南省的户籍人口与实际人口没有大的出入，所以不再另做考证，仍按967万计。

表7-1　　　　　　　　　　河南省户籍人口表

隋政区	人口	密度	郡属县全郡	郡属县本省	本省人口	含今政区县市
河南郡	1 044 720	56.59	18	18	1 044 720	三门峡、陕县、渑池、义马、洛宁、嵩县、宜阳、伊川、新安、洛阳、孟津、偃师、巩义、登封
河内郡	690 209	80.97	10	10	690 209	辉县、新乡、获嘉以西，黄河太行山之间县市皆属
弘农郡	141 889	17.33	4	4	141 889	灵宝、卢氏、淅川
淅阳郡	192 434	12.65	7	3	82 471	跨湖北省，本省西峡、淅川
南阳郡	400 468	40.76	8	8	400 468	南阳、镇平、内乡、邓州、新野
春陵郡	221 348	29.63	6	2	73 781	跨湖北省，本省唐河
淯阳郡	92 471	17.53	3	3	92 471	南召、方城
淮安郡	241 975	38.45	7	7	241 975	社旗、泌阳、桐柏
汝南郡	789 287	51.71	11	11	789 287	西平、遂平、上蔡、汝南、平舆、新蔡、淮滨、息县、正阳、确山、驻马店
襄城郡	547 167	60.47	8	8	547 167	汝阳、临汝、禹州、郏县、宝丰、鲁山
义阳郡	237 274	43.24	5	4	189 820	跨湖北省，本省信阳、罗山
弋阳郡	214 043	17.28	6	6	214 043	固始、潢川、光山、商城、新县
颍川郡	1 010 676	88.69	14	14	1 010 676	平顶山、叶县、襄城、舞阳、漯河、郾城、临颍、许昌、鄢陵、扶沟、长葛、尉氏
淮阳郡	656 619	59.77	10	10	656 619	太康、西华、商水、周口、淮阳、项城、沈丘、郸城
济阴郡	728 137	76.44	9	2	161 808	跨山东省，本省无今县治，隋县济阳、外黄，在兰考东
谯郡	386 505	35.33	7	3	165 643	跨安徽省，本省鹿邑、永城

续表

隋政区	人口	密度	郡属县全郡	郡属县本省	本省人口	含今政区县市
梁　郡	803 194	72.65	13	11	679 623	跨安徽省、山东省，本省兰考、杞县、睢县、宁陵、商丘、虞城、夏邑
荥阳郡	831 540	91.23	11	11	831 540	原阳、延津、开封、中牟、郑州、荥阳、新郑、新密
东　郡	629 761	107.28	9	8	559 787	跨山东省，本省濮阳、长垣、封丘
武阳郡	1 100 539	131.55	14	3	235 830	跨山东省、河北省，本省范县、清丰、南乐
汲　郡	577 151	123.45	8	8	577 151	鹤壁、浚县、滑县、卫辉
魏　郡	621 093	91.15	11	5	282 315	跨河北省，本省安阳，林州
合计				159	9 669 293	

二　山东省

山东省在刘宋末年以后，全境为北魏所占领，北魏分裂后为东魏所有，再其后则为北齐的统治区。自刘宋末年以后，南北对峙前线南移，山东省域成了北朝对南朝作战的后方，大部分时间里社会比较安定，使人口得到了一个发展的机会。但由于北魏统治者对人民压迫剥削很残酷，人口又不可能得到较快的增长。北魏末孝昌二年（526）爆发的那场农民大起义，北方广大贫苦农民积极响应，以反抗北魏的残暴统治。山东省很多地方的贫苦农民，也纷纷举起义旗。东部的光州（治今莱州）、南部的蕃郡（治今滕州西），还有东徐州（沂蒙山地区）都有反魏的起义活动。当然这也必然要遭到镇压而引发残酷的战争。这次动乱持续两年多，对生产的发展造成了严重的破坏。不久北魏分裂，东西魏之间又互相攻伐，战争连年。虽然两魏战争的前线地区不在山东省域，但也要付出巨大的人力物力。士卒大量死亡，赋税负担沉重，造成人民更严重的贫困，而东魏及后来的北齐，对人民统治之残暴，更甚于北魏。这些形势的发展，决定了山东人口自北魏末年以后，不能再有增长。前面考证，东魏武定二年山东人口530万，至北齐末年，至多保持这个户口数。这就是隋朝山东人口的增长基数。由于它仅有不足30年的社会安定时间，所以人口不可能有很高的增长。按《隋书·地理志》记载的各郡户数，合计1 396 264，折算人口7 213 093，计算年均增长率12‰左右。虽然还会有少量人口没有编入户籍，但基本符合山东省的实际情况。

表7-2　　　　　　　　　　山东省户籍人口表

隋政区	人口	密度	郡属县全郡	郡属县本省	本省人口	含今政区县市
齐　郡	786 901	62.78	10	10	786 901	济南、章丘、邹平、齐河、临邑、济阳、禹城、高青、淄博、桓台
济北郡	545 840	100.47	9	9	545 840	长清、肥城、平阴、东阿、阳谷
渤海郡	634 948	42.98	10	5	317 476	跨河北省，本省乐陵、庆云、无棣、阳信、惠民、商河、滨州、利津、沾化
平原郡	701 656	132.86	9	6	467 771	跨河北省，本省德州、平原、陵县、宁津
清河郡	1 067 006	116.75	14	8	609 717	跨河北省，本省武城、夏津、临清、高唐、茌平
东平郡	444 741	78.35	6	6	444 741	东平、郓城、梁山、巨野、鄄城、嘉祥
武阳郡	1 100 539	131.54	14	7	550 269	跨河北省，本省聊城、莘县、冠县
鲁　郡	640 682	46.57	10	10	640 682	泰安、莱芜、宁阳、汶上、泗水、邹城、兖州、济宁、曲阜
济阴郡	728 137	76.44	9	7	566 329	跨河南省，本省东明、菏泽、定陶、成武、单县、金乡
东　郡	629 761	107.28	9	1	69 973	跨河南省，本省无今县治。隋县离狐在鄄城西南
梁　郡	803 194	72.65	13	1	61 785	跨河南省、安徽省，本省曹县
彭城郡	672 779	26.35	11	3	183 485	跨江苏省、安徽省，本省枣庄、滕州、微山、鱼台、苍山
下邳郡	268 994	15.69	7	1	38 430	跨江苏省、安徽省，本省郯城
琅邪郡	327 643	15.07	7	7	327 643	新泰、沂源、蒙阴、平邑、费县、沂南、沂水、莒县、莒南、五莲、日照、临沭、临沂

续表

隋政区	人口	密度	郡属县 全郡	郡属县 本省	本省人口	含今政区县市
高密郡	371 535	40.04	7	7	371 535	安丘、高密、胶州、胶南、诸城
北海郡	763 767	62.36	10	10	763 767	博兴、广饶、寿光、青州、临朐、昌乐、潍坊、昌邑
东莱郡	466 753	16.79	9	9	466 753	莱州、平度至青岛以东各县市皆属
合计				107	7 213 097	

三　河北省

按《隋书·地理志》记载，各郡户数在本省域内，经分割综合之后，共有户1 384 434，折算人口7 151 983，略少于山东省。加上北部长城内外没有编户管理的少数民族人口，又会高于山东省。考证东魏武定二年河北人口为800万，比山东省高出270万。而在两汉时期，山东省人口要比河北省高出近一倍。这个反差的原因，在考证武定二年河北省人口时已有说明，主要是在南北朝时期，河北省是北方政权与南方政权争战的大后方，社会相对比较安定，给了人口一个发展的机会。除了北魏末年镇压以葛荣为首的农民大起义那场战乱外，再没有发生大的战乱。而且由于这场战乱时间较短，没有形成大的饥荒，人口虽有减损，但没有十去六七的那种大耗损。且这次战乱后，紧接着就是北魏分裂，高欢驱魏都洛阳附近40万户迁入邺城（今磁县南）附近，主要分布在河北省南部地区。无疑是给因这次战乱给河北地区造成的人口耗损的一次大输血。综合上述情况，这就是这一时期河北省人口高于山东省的基本原因。

河北省除户籍人口外，在北部长城内外仍有很多没有编入户籍的人口，而且还居住着很多少数民族人口。这里虽然没有具体的人口数量记载，但只要看这里的户籍人口比之历代过度稀少，就可看出其间的问题。西部桑乾河以北，东部滦河流域，西汉时约有户籍人口50多万。东汉时虽有乌桓、鲜卑等很多少数民族进入长城内外，但仍有户籍人口30多万。其后这里的少数民族有更多的发展，经常对汉民劫掠，挤走了部分汉民。地方官府受其骚扰，不能进行正常的户口管理，因此实际人口一直不是那么太稀少。十六国期间这里仍有大量乌桓人和鲜卑人，甚至还有匈奴人和丁零人，与汉民杂处。至隋朝建立后，有些民族消失了，他们或与汉民或其他民族融合了，或迁徙远方。又有库莫奚人代之而入，主要落居在长城以外的今承德地区，也有进入长城以南的，西部长城内外也有其种落。北齐天保三年（552），文宣帝高洋曾亲自率兵征讨库莫奚于代郡（今蔚县一带地区），并掳其大批人口，正说明了这个问题。联系后史考察，隋时河北省境内库莫奚的人口当不少于20万。

再从隋朝末年农民起义所反映的人口情况看，大业十一年（615），上谷郡（治今易县）王须拔发动起义，有众十余万人。另有魏刀儿起义，也有众十余万人。而《隋书·地理志》记载，上谷郡只有38 700户，约20万人口。而参加起义的人基本上都是丁壮，他们能够转战河北、山西、内蒙古自治区很多地方，攻打郡城，甚至敢于攻打北方重镇幽州（今北京市）。从这些情况看虽可能有旁郡饥民参加，但上谷郡既是起义的发起地，必然是当地投入起义的人居多。隋之上谷郡，地处太行山东北部，有今涞水、容城、安新、满城，地理自然条件比较好，并不是人口稀少的地方。按照上述情况分析，上谷郡的人口少也有40万。另有东部地区的北平郡，《隋书·地理志》只记户2 269，约1万多人口。也是在大业十一年，有杨忠绪率众万人起义，攻打郡城（今卢龙），推全郡人口，少也在10万左右。再有渔阳郡（治今蓟县），原记载3 925户，约2万人口，也是远离实际。与东汉之渔阳郡相比，虽所辖地区不完全相同，东汉渔阳郡包括隋之安乐郡（属今北京市管辖地区），在隋朝合计才5万多人口，但在东汉仅户籍人口就有43万。这一地区在北魏末年的战乱，或在东魏北齐期间均未受到大的破坏。隋朝前期社会更安定，所以户籍人口太少，主要是大量人口没有进入统计。隋朝户口管理虽然很严格，但也只在中原腹心地区。上谷郡、北平郡既有大量不在户籍的人口，渔阳郡也不会太少，它的实际人口，从它所处的地区范围，同邻郡比较，往少里说也得有20万人。涿郡（治今北京市）户籍人口较多，也只24万。自今北京市昌平至房山以西，直至口外张北地区，只有怀戎一县之设（今涿鹿西南），从县的名称可知，这里也极少户籍人口，县是为镇抚少数民族而设置的。

在今大清河至保定一线以北，包括少数民族在内，还当有不在户籍的人口90万以上。在河北省内不能少于75万。整个河北省人口当在790万以上。

表7-3　　　　　　　　　　河北省户籍人口表

隋政区	人口	密度	郡属县 全郡	郡属县 本省	本省人口	含今政区县市
恒山郡	917 332	85.49	8	8	917 332	阜平、灵寿、平山、行唐、井陉、获鹿、正定、石家庄
博陵郡	531 153	74.41	10	10	531 153	完县、唐县、望都、曲阳、定州、新乐、无极、深泽、安平、安国
襄国郡	546 940	81.54	7	7	546 940	内丘、邢台、南和、任县、平乡、广宗、巨鹿、沙河
上党郡	646 044	39.90	10	1	54 606	跨山西省，本省涉县
赵　郡	765 374	123.37	11	11	765 374	栾城、藁城、晋州、赞皇、元氏、赵县、高邑、宁晋、临城、柏乡
武安郡	612 662	110.97	8	8	612 662	武安、永年、曲周、鸡泽、丘县、邯郸、肥乡、广平
魏　郡	621 093	91.15	11	6	338 778	跨河南省，本省磁县、成安、临漳
武阳郡	1 100 539	131.55	14	4	314 439	跨河南省、山东省，本省馆陶、魏县、大名
清河郡	1 067 006	116.75	14	6	457 288	跨山东省，本省故城、清河、威县、临西
信都郡	871 597	113.05	12	12	871 597	束鹿、深州、武强、武邑、阜城、景县、衡水、冀州、枣强、新河、南宫
平原郡	701 656	132.86	9	3	233 885	跨山东省，本省交河、东光、吴桥
渤海郡	634 948	42.98	10	5	317 474	跨山东省，本省黄骅、海兴、盐山、孟村、南皮
河间郡	898 280	86.21	13	12	829 181	跨天津市，本省保定、清苑、高阳、博野、蠡县、肃宁、饶阳、献县、河间、任丘、文安、大城、青县、沧州
上谷郡	199 924	20.82	6	6	199 924	涞源、易县、涞水、定兴、容城、安新、徐水、满城

续表

隋政区	人口	密度	郡属县 全郡	郡属县 本省	本省人口	含今政区县市
涿郡	434 249	19.95	9	4	193 000	跨北京市、天津市，本省涿州、高碑店、定兴、雄县、霸州、永清、安次、香河、固安、怀来、涿鹿、宣化、怀安、张家口、万全、崇礼、赤城、张北
渔阳郡①	—	—	1	1		跨天津市，总共只有一县之设属天津市。本省今治三河、大厂、兴隆、遵化、玉田、丰润、丰南
北平郡	11 722	1.16	1	1	11 722	迁西、迁安、卢龙、抚宁、昌黎、滦县、唐山、滦南、乐亭
合计				105	7 195 355	

注：

① 渔阳郡，全郡户 3 925，隋只置一县，治天津市蓟县，户口不分割。另在西北部有雁门郡所属之原阳、蔚县、尚义等县，东部长城以北有十余县市之地，为少数民族所占据，其人口情况正文有具体说明。

四　北京市

本市所辖地区，按《隋书·地理志》所记载各郡户数，按属县平均分割，只得 44 959 户，约 232 258 口。但这只是就平均数计算的，就北京市来说，并不能反映其人口的基本情况。今北京市城区所在的蓟县，有其特殊的情况必须说明。北京市所在的涿郡，共 84 059 户，9 县，北京市辖区 4 县。按平均每县 9 340 户计，北京市只能得 37 960 户，约 196 000 人口。而蓟县作为普通一县，只能有 48 000 多人口。但蓟县不仅是涿郡的治所，而且是北方一大都会，政治经济中心，且一向都是北方的军事重镇。隋炀帝几次征高丽，这里都是集兵屯粮的中心，有运河直通东都洛阳。大业八年（612）第一次征高丽，春正月"大军集于涿郡……总一百一十三万三千八百，号二百万，其馈运者倍之，癸未，第一军发，终四十日，引师乃尽。"① 可想，作为郡治，作为集兵运粮的调度中心，蓟县负担之重。也说明作为北方重镇，它早已具备这种功能。所以即蓟城一县的人口就当有 3 万户，15 万口左右。去此之后，按 8 县平均，本市 3 县，可再得 20 272 户，约 104 725 口，合计 259 705 口。北部有安乐郡，7 599 户，约 39 256 口，全在本市境内。还有渔阳郡，原记户不切实际，在考证河北省人口时已有具体的分析。在本市只含今平谷一县，按 1 万口计，这样人口总计大约 308 961 口。这只能是一个偏低的估计，北部有奚民等少数民族人口没有估计在内。

表 7-4　　　　　　　　　　北京市户籍人口表

隋政区	人口	密度	郡属县 全郡	郡属县 本省	本省人口	含今政区县市
涿　郡	434 249	18.95	9	4	192 999	跨河北省，本市昌平、顺义、城区、通县、房山、延庆
安乐郡	39 256	15.21	2	2	39 256	怀柔、密云
渔阳郡	20 277	1.94	1	0		跨天津市、河北省，本市无隋县治，今县平谷
合计				6	232 255	

五　天津市

本市所辖地区，虽然东部沿海退滩面积逐渐扩大，但仍然是盐碱地居多，不宜耕种，只在西部和北部地势较高的地方以及部分山地居民稍多。西南部为河间郡，属隋文安县（今河北省文安东北）、平舒县（今河北大城）、鲁成县（今河北青县东）各一部分，估计总和不能超过 69 000 人（河间郡平均每县 69 000 口）。西北部为涿郡，在本市有雍奴县（今武清西北），约有人口 35 000 人。北部山地为渔阳郡所辖地区，郡治无终县，即今之蓟县。其南部沿海有今之宁河县，但渔阳郡总共记户才 3 925 户，约 2 万多人口。然而这并不是渔阳郡的实际人口。渔阳郡西汉人口 26 万多，东汉 43 万多，虽然所管地区有所不同，时间有所不同，但仍说明这

---

① 《隋书·炀帝纪》。

里并不是人口稀少的地区。主要是西晋以后，中原战乱较多，塞外有大量少数民族人口南下长城内外，经常干扰破坏地方官府的行政管理，并有劫掠破坏，闹得地方不得安宁，汉民大量流散。自东魏以后长城以北的今承德地区，成了库莫奚人的聚居地，并有部分进入长城以南。虽然隋朝户口管理很严格，但也只在它统治的中心地区，对这样的地区也难实行有效的管理。所以渔阳郡即在本市管辖地区内也不会少于 2 万人。全市总计当有 124 000 多人。

表 7-5　　　　　　　　　　天津市户籍人口表

隋政区	人口	密度	郡属县全郡	郡属县本省	本省人口	含今政区县市
涿　县	434 249	19.95	9	1	34 909	跨河北省，本市宝坻、武清
河间郡	88 280	56.21	13	1	69 098[①]	跨河北省，本市静海
渔阳郡	20 277	1.94	1	1	20 277[②]	跨河北省、北京市，本市蓟县、宁河
合计				3	124 284	

注：

①河间郡，全郡户 173 883，口约 898 280，原在本市辖区内无县治，市辖区西南部分别属隋之文安、平舒、鲁城三县管辖。这里按一县处理。

②渔阳郡，只有一县之设，无终县，即今蓟县，且为郡治。原统计户籍人口很少，主要是大量人口不在编户，详见正文。编户人口全部计入本市。

六　辽宁省

在隋朝，辽宁省所辖地区，虽设有柳城、燕、辽东三郡，但并无户口记载，且隋之辽东郡又非两汉西晋时辽东郡所辖地区，只在辽河西岸今新民至法库间一小块地方。辽西郡只有一县之设，记户 751。另外，所辖之辽西、泸河、怀远三县，均为内迁之靺鞨人（其先祖为肃慎人）所置，并无实土。上述地区大体都在辽河以西。此时其北部为契丹人，西部为奚人，当地居民也有少量入居辽西北部地区，经常受其劫掠骚扰，影响社会安定，人口比历代会有所减少。但估计包括各少数民族人口在内，仍当不少于 20 万人。

辽河以东，包括辽东半岛，全部为高丽民族占领。隋文帝开皇十八年（598），高丽王勾结靺鞨人向辽西进犯，隋发兵30万东征不能取胜。隋炀帝时又三征高丽，均以百万大军，但仍不能取胜。虽然由于指挥不当等多种原因，但也说明高丽有雄厚的人力基础。此时的高丽族，不称高句丽，只称高丽，已灭扶余国，统一朝鲜半岛北部，并占有本省辽河以东和吉林省西部广大地区，建立起强大的高丽国，对北方地区构成了重大的军事威胁。所以唐朝建立后，决心铲除这个东方大患，继续对高丽用兵。据《旧唐书·高宗纪》记载：总章元年（668）破高丽，"境内尽降，其城一百七十，户六十九万七千。"按平均每户5口计，当有人口350万左右。但这个人口数值得怀疑。当时的高丽国，虽然所占地区广大，但也不可能拥有这么多人口。历史地看，在西汉，按今地名称，朝鲜半岛临津江向东至东海岸江陵以北、清川江以南为乐浪郡，有户62 812，口406 748。清川江以北至辽宁省清源，吉林省海龙、浑江以南为玄菟郡，有户45 006，口221 845。辽宁省铁岭、章武以南，本溪以西，阜新、北镇以东，整个辽东半岛，并含有朝鲜清川江至鸭绿江之间近海一角，为辽东郡，有户55 973，口272 539。合计163 791户，901 132口。东汉时上述三郡地区狭小，户口也相应少些，户136 244，口621 003。至唐时，虽然时间过了几百年，由于种种原因，人口的发展也会有变化，但从这些地区的人口发展规律并和相类地区人口增长的实际情况比较看，并没有大的变化，且当其强盛时同唐军作战的兵力也只30万。说明当时高丽国的实际人口，至多200万左右。按两汉时人口布局各地区所占的比例分析，这些人口的大部分应在鸭绿江以北的辽宁、吉林省境内，而在辽宁省境内不能少于80万，加辽西20万，合计100万左右。唐平高丽去隋朝并不甚远，虽然在战争中人口会受到一定损失，还有约25万人，被迁往中原地区，但这是进入唐朝以后的情况，隋唐之间不会有大的变化。在隋大业时，辽宁省的人口当有100万左右（详情参看唐前期人口考）。

七 吉林省

这一时期，吉林省居民的民族成分发生了很大的变化，主要为靺鞨民族和高丽民族，人口情况无具体记载。靺鞨也称勿吉，《北史·勿吉传》记载：勿吉在高丽北，凡有七大部落，跨有本省东部、黑龙江省南部和今俄罗斯所属乌苏里江以东地区。在本省境内有汩咄部，居今德惠、双城间，胜兵 7 000，当有 7 000 户，按平均每户 5 口计，当有 35 000 人。其实际人口可能更多些。有粟末部，居舒兰、蛟河、吉林市、敦化、桦甸、抚松一带地区，是七部中自然地理条件最好的，也是实力最强的一部。南部与高丽相邻，对于一个有能力灭掉扶余国，并不断侵略汉地，与隋朝百万之众抗衡的高丽国，却经常受靺鞨粟末部的寇掠，说明粟末部的人口会远远超过汩咄部，联系后史考察，不能少于 20 万人。其后粟末部逐渐统一靺鞨其他各部，建立起一个强大的渤海国，有户十余万，胜兵十余万人，当有人口五六十万，大部分在本省境内。说明在隋朝他们已经奠定了可以立国的较大人力基础。进入唐朝以后，又进一步发展壮大。另有白山部，居长白山以东，今延边地区，其人口会少些，也得有数万人。三部人口合计，其在本省内不能少于 30 万人。另外，在本省西部大安、农安、长春、四平、辽源、海龙、浑江、通化、集安南北一带地区，属高丽国统治，这里的人口除高丽人外，主要是扶余国灭后的遗民，估计不能少于 15 万人。本省西部边境地区有契丹人，白城地区有室韦人，他们人数不会很多，数万人而已。

在隋大业时，吉林全省人口，当在 50 万左右。

八　黑龙江省

本省主要居民为靺鞨人和室韦人，至于扶余人已不见于记载，当是其国灭之后，遗民融合于其他民族之中。靺鞨人多居省境东南部地区，有安车骨部，居今哈尔滨以南至五常、尚志间；有拂涅部，居牡丹江流域；有号室部，居乌苏里江两岸，在今饶河、虎林间；再北有黑水部，主要居黑龙江两岸，部分在今俄罗斯境内，本省在今佳木斯以北地区。按《北史·勿吉传》记载，这几个部落的人口都比较少，"胜兵并不过三千"。但又说"黑水部尤为劲健，……东夷中为强国。"不过历史上对他们有多种记载，他们的居地不是固定不变，部落组织也不是固定不变，其胜兵数量也不是"并不过三千"。而且他们之间也在互相兼并。至于唐代主要是粟末部和黑水部。唐贞观十九年（645），太宗李世民率兵伐高丽，攻安市（今辽宁海城南），黑水部助高丽抗唐。高丽遣将率高丽、靺鞨兵 15

万人救安市。① 安市被唐兵攻破后，俘黑水靺鞨兵 3 000 人，其出兵或当 5 万人。尽管此时黑水部可能已兼并了其他各部，力量增强，但也说明，即在隋代，诸部落也当各有数万口，其在黑龙江省境内不能少于 15 万人。

北部大小兴安岭之间的嫩江流域，有室韦民族，种类很多，居地也很广，《魏书·室韦传》记载说：由契丹北行至其国，"有大水从北面来，广四里余，国土下湿。"其水来自北方，处处是沼泽湿地，很明显指的是嫩江中下游地区，跨有黑龙江省、吉林省和内蒙古自治区，人口的具体情况不详。据《北史·室韦传》记载：南室韦"土地卑湿，至夏则移向北贷勃、欠对二山，② 多草木，饶禽兽，又多蚊蚋，人皆巢居，以避其患。渐分为二十五部。"说明他们的生活仍很原始。再从"气候多寒，田收甚薄"一语可知，他们主要从事狩猎活动，生活条件很艰苦。又《新唐书·室韦传》的记载，其部落小者千户，大者数千户，以平均每部落 1 500—2 000 户推算，也当有人口 20 万左右，从其以后曾南下长城内外进行劫掠来看，也当有这个人口数。不过这是就嫩江中下游地区的总体情况说的，其中有很大一部分在内蒙古自治区境内。从他们的居住地区粗略分析，其在本省当有七八万人。再向北为北室韦，主要在嫩江上游及小兴安岭北部地区，按《北史·室韦传》记载，"北室韦，分为九部落，绕土纥山而居。"这里说的吐纥山，在小兴安岭北部，大约今北安以北地区，实际上黑龙江省北部地区，都是室韦人的活动地区。从所记载他们的生活情况更艰苦来看，人口不会很多，即九部各有千户，也只四五万人口，再加其他部落，也不过七八万人。

在隋代黑龙江省的实际人口，大约可在 30 多万。

九　内蒙古自治区

内蒙古自治区，地处我国北部边缘，是漠北民族南下与中原朝廷收纳或抵制这种移民的交汇地带，常有战争发生，民族成分也变化无常，没有一个民族是从远古以来就生息繁衍在这一地区的。这一地区虽然大多数时

---

① 《金史·本纪第一、世纪》记载说：黑水靺鞨"尝以兵十五万众助高丽拒唐太宗，败于安市。"有误，其时它不可能拥有那么多的军队。实际当如《新唐书·高丽传》所说，高丽靺鞨合兵 15 万人。

② 贷勃山、欠对山，在今内蒙古自治区伊尔施至布特哈旗之间。

间，都在中原朝廷的管辖之下，但却很少有正常的户口管理。在隋朝也只在河套地区有定襄郡（治今和林格尔）、榆林郡（治今托克托南，跨陕西省）、五原郡（治五原南）之设。另有马邑郡（治今山西朔州）、雁门郡（治今山西代县）、朔方郡（治乌审旗南），多跨本自治区一部分。《隋书·地理志》记载的户口数，仅是为数不多的汉民，总共只有12 039户，约6万多人口。全区的实际人口，只能根据有关的人口史料另做考证分析。

在南北朝后期，原来居住在漠北（主要今蒙古国）的突厥民族兴起，隋朝建立后不断侵扰北部边境。开皇二年（582），突厥大汗沙钵略，尽驱本部兵十余万及所属四可汗兵，共40万人大举南侵，越过长城，在西起武威，东至幽州数千里的战线上，多处进行劫掠破坏，被隋军击退。其后沙钵略在突厥内部的矛盾斗争中孤立，向隋求和，于开皇五年（585）进入漠南白道川（呼和浩特北）寄居，得隋文帝允许。使自十六国以来比较荒凉的漠南地区，又见其人口繁荣。开皇十七年（597），突利可汗染干（沙钵略子）率部徙居河套东部地区，隋妻以公主。开皇十九年（599），突利部被突厥都蓝部战败降隋。隋文帝又封染干为启民可汗，使居五原（后套平原），招收被都蓝驱散的部落，并徙居套内。"东西拒河，尽为启民畜牧之地"，即整个鄂尔多斯高原，此为东突厥（西突厥主要在新疆维吾尔自治区中部以西地区）。人口迅速增长，主要是收纳大量由漠北南下的突厥人。大业三年（607），隋炀帝北巡，过雁门，出榆林塞（今托克托南），巡视突厥牧地，启民可汗朝见。大业十一年（615），炀帝又到北部巡边。此时由于炀帝的穷奢极欲，穷兵黩武，民不堪命，到处是农民起义，中原已乱。此时巡边，当然不可能受到突厥的礼遇，反而被始毕可汗（启民可汗已死，子咄吉世继立）率兵数十万围困于雁门（今山西代县）。后隋援兵至，始解围而去。上述事实说明，此时的东突厥力量已相当强大，必然拥有众多的人口，这个骑兵数十万，即以20余万计，按3人出一兵，也得有人口六七十万。且有被掠来充做奴隶的其他民族人口。这从不久以后唐朝与突厥的军事斗争中所反映的人口活动，也可以得到证实。至隋大业时，整个河套地区的各族人口，不能少于70万。

自治区东部地区，也居住着很多不同民族的人口，有库莫奚人，主要集中在今河北省承德地区。本自治区多伦至克什克腾旗之间也有部分奚民，但人口不会很多，数万人而已。

契丹是一个较大的民族，主要居住在今翁牛特、赤峰、敖汉、科尔沁、通辽等地，部分在今吉林、辽宁省边缘地区。经常侵扰内地，按《新唐书·契丹传》记载，早在北魏时已可胜兵 4 万人，说明此时已是一个强大的民族。北齐天保四年（553）冬，文宣帝高洋伐契丹，"虏获十余万口"。这只能是契丹人口的一小部分。至隋大业五年（609），经 50 多年的恢复发展，少也当有 25 万人口，其在本自治区内不能少于 20 万。至 80 多年以后的唐朝中期，竟成为北方大患，唐以数十万兵同其作战而不能取胜。正说明他们在隋朝时已有很高的人口基础。

契丹之北又有霫国，据《旧唐书·霫传》记载，其地在潢水（今称西拉木伦河，辽河上游）以北，周 2 000 里，四面有山。大体在今克什克腾旗至通辽以北，洮儿河向东至科尔沁右前旗以南。大兴安岭南部山区，无人口记载，只是说"有都伦纥斤部落四万户，胜兵万余人。"看来他们已不是户出一兵。其他部落情况不详。不过从他们所处地区和活动情况看，人口不会很多，所谓"有都伦纥斤部落四万户"，可能记载有误，当是整个霫国为 4 万户，其在隋大业时不能超过 15 万人。

在霫国之北有乌洛浑，北魏时称乌洛侯，唐时也称乌罗护。其地大体在今乌兰浩特以北至太平岭一带，原为室韦的一部，在诸部族中并不为重，其人口数万而已。在自治区东北部大兴安岭地区，还有很多室韦部落。在上面考察黑龙江省人口时，对嫩江中下游地区已做了分析。另外，在嫩江上游以西至额尔古纳河（黑龙江上游东支）之间，也有一些室韦部落，人口也不会很多，合计在今嫩江以西大兴安岭地区和呼伦贝尔高原，不能少于 15 万人。

此外，在套内鄂尔多斯高原，还有部分被称为稽胡的匈奴人，在唐武德四年（621）即隋朝灭亡后的第四年，拥有众多部落的稽胡刘仚成骚扰北部边境，被唐兵击败，俘斩 6 000 余人，推其人口不能少于七八万人（十六国时这一地区有匈奴人 20 余万）。

至于河套以西的阿拉善地区，尽是砾石沙漠，很少居人。

在隋大业时内蒙古自治区的人口，大约可在 135 万以上。在这样一个幅员广大，民族成分复杂，又没有人口史料可据的情况下，只能是一个粗略的估计。

十　山西省

山西省的人口，比混乱的南北朝时期有很大的增长，主要是进入隋朝以后的增长。仅户籍人口就比北魏时期的330多万增加110多万，达到440多万。隋朝户口管理很严格，虽然这个440多万，从总体来说基本符合山西人口的实际情况，但仍有少数地区统计不全。

马邑郡，《隋书·地理志》记载只有4 674户，约2万多人口，显然不是这里的实际人口。马邑郡地处内长城以北，并含外长城以北今内蒙古自治区清水河、凉城、丰镇至集宁等很大一片地区。长城内外地区，屡遭漠北南下的突厥人的劫掠，人民不能安于正常的生产活动。北齐河清二年（563），北周约突厥伐齐，及突厥兵败回师，"于是纵兵大掠，自晋阳至平城，七百余里，人畜无孑遗，俘斩甚众"，① 北部地区大受残破。隋朝建立后，又有更多的突厥人落居河套地区，经常入塞骚扰，雁门长城以北，成了极不安定的地区。甚至有的突厥部落，径直迁入雁北地区放牧，影响了汉民的生计。不过此时尚无太大的影响，估计马邑郡的人口，仍当不少于10万人（雁北地区在西晋时有人口20多万，北魏时一度达到百万左右）。

雁门郡，虽然原记户42 502，约20多万口。但隋之雁门郡所辖地区非常复杂，按今地由原平、五台向东北至灵丘、广灵，再进入河北省，跨蔚县、阳原。再向北又是本省阳高、天镇，再北为内蒙古自治区兴和与河北省尚义。作为一郡来说，辖区非常广大，但其户口统计主要在内长城以南，有五县之设。广灵以北地区的人口不在统计之内，估计也不会很多。所以雁门郡的人口，仍按原统计计算。

离石郡，原书记户24 081，约12万多人口，大业十年（614），匈奴遗民刘苗王起义，众至数万人，直至唐武德二年（619）才被击灭。当然参加起义的人还可能有贫苦的汉民。据《北史·稽胡传》记载，吕梁山以西地区，一直存在着很多匈奴人，后被称为稽胡。他们经常四处劫掠，扰乱社会，虽经东魏多次打击，仍未制服。因此在隋朝不可能把他们全部收入户籍，或仍与汉民杂处，或群居山谷间，往最低里估计不能少于5万人。

整个山西境内的实际人口，大约可在456万。

---

①　《周书·杨忠传》。

表 7-6　　　　　　　　　　　山西省户籍人口表

隋政区	人口	密度	郡属县 全郡	郡属县 本省	本省人口	含今政区县市
太原郡	904 065	37.11	15	15	904 065	太原、古交、阳曲、盂县、阳泉、寿阳、平定、昔阳、和顺、左权、晋中、清徐、交城、文水、祁县、太谷
上党郡	581 440	35.91	10	9	581 440	跨河北省，本省榆社、武乡、沁源、屯留、襄垣、潞城、黎城、平顺、长治、长子、壶关
长平郡	283 680	29.32	6	6	283 680	沁水、阳城、高平、晋城、陵川
河东郡	811 465	94.31	10	10	811 465	河津、万荣、临猗、永济、芮城、运城、夏县、平陆
绛 郡	371 311	49.89	8	8	371 311	稷山、新绛、曲沃、翼城、绛县、垣曲、闻喜、襄汾
临汾郡	371 301	48.95	7	7	371 301	汾西、霍县、洪洞、安泽、临汾、浮山
文城郡	115 202	30.39	4	4	115 202	吉县、乡宁
龙泉郡	133 438	14.83	5	5	133 438	石楼、交口、永和、隰县、大宁、蒲县
西河郡	347 935	52.97	6	6	347 935	汾阳、平遥、孝义、介休、灵石
离石郡	124 402	15.00	5	5	124 402	临县、方山、离石、柳林、中阳
娄烦郡	126 190	8.26	3	3	126 190	保德、岢岚、兴县、岚县、娄烦、静乐、忻县、定襄、宁武
雁门郡	219 565	15.04	5	5	219 565[①]	原平、代县、五台、繁峙、灵丘、广灵、阳高、天镇
马邑郡	24 146	1.06	4	4	24 146	河曲、偏关、五寨、神池、朔州、平鲁、左云、右玉、山阴、应县、浑源、怀仁、大同
合计					874 414 140	

注：

①雁门郡虽跨河北省蔚县、阳原、尚义、内蒙古自治区兴和等地，马邑郡跨内蒙古清水河、凉城、集宁、丰镇等地，但均无隋县治，实际上这些地区并未做户口调查

统计，故均未列入本省。

第三节　西部各省区人口考

十一　陕西省

陕西省所辖地区，按《隋书·地理志》记载各郡户数，经与跨省郡分割综合后，得71万多户，约369万口，比历代都高（西汉户籍人口344万）。在其他省区都不及历代人口高的情况下，陕西人口会有这么高吗？经过反复考察分析，与实际人口并无大的出入，而且实际上这个户口统计数只会低于实际，不会高于实际。因为在古代，再严格的户口管理，也不可能把所有人口全部收入户籍，但也不会有大的隐漏，特别在其统治的中心地区，经过多次严厉的检查，应当是基本上都能编入户籍。而且对各郡户口数，还按照人口密度，同相同的地理自然条件，在郡与郡之间做了一般的和历史的比较，也没有不合实际的情况，所以对陕西省的户口统计，从总体上应当确认基本符合当时的历史事实。

陕西省自十六国结束，北魏统一北方后，百余年间无大的战事。北魏分裂后，虽然东魏和西魏连年战争，但主要战场不在陕西省内，所以对陕西省的人口发展没有产生大的影响。同时作为西魏、北周和隋朝都城所在地的关中地区，至大业初，七十余年社会基本安定。关中地区的形势，直接影响陕西全省，这是陕西人口有较高增长的基本原因。虽然户籍人口与实际人口会有所差异，但估计数量极其微小，不另做考察分析，仍按369万计。

表7-7　　　　　　　　　　陕西省户籍人口表

隋政区	人口	密度	郡属县全郡	郡属县本省	本省人口	含今政区县市
京兆郡	1 593 706	61.14	22	22	1 593 706	宣君、铜川、富平、乾县、耀县、淳化、渭南、华县、华阴、潼关，向南至秦岭，其间县市皆属
冯翊郡	473 061	47.83	8	8	473 061	韩城、合阳、澄城、白水、蒲城、大荔
扶风郡	476 424	34.34	9	9	476 424	陇县、千阳、麟游、扶风、岐山、眉县、凤翔、宝鸡、太白

续表

隋政区	人口	密度	郡属县 全郡	郡属县 本省	本省人口	含今政区县市
北地郡	365 184	13.14	6	2	121 728	跨甘肃省，本省长武、彬县、旬邑、永寿
上　郡	276 324	28.71	5	5	276 324	甘泉、富县、洛川、黄龙、黄陵
延安郡	278 649	12.71	11	11	278 649	志丹、子长、延川、安塞、延安、延长、宜川
雕阴郡	186 069	9.12	11	11	186 069	府谷、神木、榆林、佳县、米脂、子洲、绥德、吴堡、清涧
朔方郡	60 302		3	1	20 101	跨内蒙古自治区，本省横山、靖边
盐川郡	19 440		1	1	19 440	跨宁夏回族自治区。宁夏无隋县治，本省定边
河池郡	57 870	1.43	4	1	14 467	跨甘肃省，本省凤县、留坝
顺政郡	22 012	8.64	4	2	11 006	跨甘肃省，本省略阳
汉川郡	61 527	2.41	8	7	53 836	跨四川省，本省佛坪、洋县、城固、汉中、南郑、勉县、西乡、镇巴
西城郡	74 086	3.66	6	6	74 086	宁陕、石泉、汉阴、紫阳、安康、旬阳、白河、平利、岚皋、镇平
上洛郡	54 326	2.61	5	4	43 461	跨湖北省，本省柞水、镇安、洛南、商县、山阳、丹凤、商南
弘化郡	271 075	13.52	6	1	45 179	跨甘肃省，本省吴旗
榆林郡	12 037		3	1	4 012	跨内蒙古自治区，本省境内无今县治，隋县富昌，领地在神木、府谷北
合计				92	3 691 549	

十二　甘肃省

本省人口也有很大增长，户籍人口 1 911 268，远远高于两汉时期。西汉 1 295 135 口，东汉只有 478 332 口，西晋更少到只有 5 万多户，30 多万人口。甘肃户口增长的主要原因不是增殖，而是原有大量少数民族人口，经过十六国期间大混战的搅和，基本上都融入了汉民族，在北魏政权统一的情况下，一体编入了户籍。

在十六国期间，本省域内氐、羌、匈奴、鲜卑等民族的人口，占了总人口的绝大部分，但按单一民族比较，还是汉民族人口居多，而且他们与汉民族都有长期，甚至是几百年的交往。语言文字早已使用汉文化，所保留的只是部分风俗习惯或民族意识，所以在北魏统一后，特别是在孝文帝变法的推动下，大力提倡汉化。所有这些民族基本上都取消了部落组织，原来部落的人口，都按郡县乡里的政权组织编制起来，消除了民族界限。尽管后来的西魏和北周的统治者仍是鲜卑人，但他们自身早已汉化，只是保留了一些原有民族习俗的残余，而没有搞民族分离政策，户口管理仍是统归地方政权组织。及至隋朝，连所剩的习俗残余也湮灭了，使融合后的汉民族，又成了本省的主要民族，并显示出户籍人口的大幅度增加。

另外，这一时期居住在岷山以南、四川盆地西北部山区的羌族，人口有很大发展。其中有党项羌，部众稍盛，逐渐北徙，一部分已移居本省南部边缘地区。其时人数还不多，对本省人口的总体情况影响不大。下面表中统计的户籍人口，基本上反映了本省人口的实际情况，不再另做考证分析。

表7-8　　　　　　　　　　甘肃省户籍人口表

隋政区	人口	密度	郡属县全郡	郡属县本省	本省人口	含今政区县市
金城郡	35 222	4.34	2	2	35 222	兰州、榆中、永靖、临洮
枹罕郡	67 969	6.19	4	3	50 977	跨青海省，本省临夏和政广河、康乐、东乡
临洮郡	149 664	5.23	10	9	134 698	跨四川省，本省碌曲、玛曲、临潭、卓尼、岷县、迭部
同昌郡	63 273	5.14	7	4	36 156	跨四川省，本省无今县治，隋县在迭部南
宕昌郡	36 141	4.90	3	3	36 141	岩昌、舟曲
武都郡	55 689	5.02	7	7	55 689	康县、武都、文县
汉阳郡	56 749	10.20	3	3	56 749	礼县、西和
河池郡	57 869	5.73	4	3	43 402	跨陕西省，本省两当、成县、徽县
顺政郡	22 012	8.64	4	2	11 006	跨陕西省，本省无今县治，隋县在徽县南

续表

隋政区	人口	密度	郡属县 全郡	郡属县 本省	本省人口	含今政区县市
天水郡	269 304	18.48	6	6	269 304	静宁、庄浪、秦安、清水、天水、甘谷、张家川
陇西郡	99 430	7.00	5	5	99 430	渭源、陇西、漳县、武山、通渭
安定郡	394 068	34.64	7	7	394 068	镇原、华亭、崇信、泾川、灵台
北地郡	365 184	37.96	6	4	243 456	跨陕西省，本省宁县、正宁
弘化郡	271 075	13.52	6	5	225 896	跨陕西省，本省环县、华池、庆阳、西峰、合水
平凉郡	144 622	4.17	5	3	86 773	跨宁夏回族自治区，本省平凉、靖远、定西、会宁
武威郡	60 468	1.09	4	4	60 468	永昌、金昌、武威、民勤、古浪、天祝、永登、皋兰、景泰，另有内蒙古部分地区，无隋县治
张掖郡	31 647	0.76	3	3	31 647	嘉峪关、金塔、酒泉、高台、肃南、临泽、张掖、山丹、民乐
敦煌郡	40 186	0.69	3	3	40 186	敦煌、阿克塞、肃北、安西、玉门
合计				76	1 911 279	

十三　宁夏回族自治区

宁夏回族自治区的人口，据《隋书·地理志》所记户口，按属县分割，只有13万口。但从多种情况分析，它的实际人口要高得多。从对内蒙古自治区人口的考察分析中可知，河套鄂尔多斯高原，全是突厥人的牧地，也有不少匈奴人，那么宁夏河套地区这块宜农、宜牧土地肥沃的地方，必有更多的人来光顾。隋末农民大起义，灵武郡（治今灵武南）豪帅白瑜娑勾结突厥人，攻掠陇西地区。隋派兵镇压，相持经年不能取胜，正说明这里的人口并不是很少。虽然没有更具体的史料可证，但联系前后史粗略估计，它仍当不少于30万人。

表 7-9　　　　　　　　宁夏回族自治区户籍人口表

隋政区	人口	密度	郡属县 全郡	郡属县 本省	本省人口	含今政区县市
灵武郡	63 697		6	6	63 697	石嘴山、平罗、陶乐、贺兰、仁川、永宁、灵武、青铜峡、吴忠、中宁、同心、中卫
平凉郡	144 622		5	2	57 849	跨甘肃省，本区海原、西吉、固原、隆德、泾源
盐川郡	19 440		2	1	9 720	跨陕西省，本省今治盐池，无隋县治，户口按各半处理
合计				9	131 266	

十四　青海省

隋朝户口管理很严格，一般认为它的户口统计比较接近于实际，但实际上也只中原地区或汉民族居住地区，对边远地区或少数民族地区，它仍不能实行有效的管理。所以本省实际人口远不是像《隋书·地理志》所记载的只有那么几千户，几万人。即在它的户籍统计区里，即海东地区，也会有很多羌民族没有编入户籍。历史地考查，在隋大业初期，也不能少于 20 万人。

青海湖以西及以南广大地区，有大量吐谷浑人。他们原是辽西鲜卑慕容部的一支，于西晋末年迁徙到了本省，杂处于羌民之间，逐水草而居，过着游牧生活。其后征服当地羌人，建立政权，国名吐谷浑，定都伏俟城（今天峻县东），至隋已 300 年。大业五年（609），炀帝西征吐谷浑，其王逃走，部落十余万众请降，置河源、西海两郡。但请降者并不是吐谷浑人口的全部，因为此时其王已率部分部落逃走。早在北魏时按《北史·吐谷浑传》的记载已有数万落。隋末大乱，吐谷浑尽复故地。诸多情况说明吐谷浑人口当在 15 万左右。

本省东南部地区和四川西部，有很多不同种落的羌民，其中尤以党项羌居多。具体人口没有记载。至唐代吐蕃强盛，侵略诸羌，羌族部落大批北徙。由于诸羌内属，同为唐朝臣民，受唐保护，允许他们北徙。仅武则天天授年间（690—691）徙往灵州（宁夏河套地区）至夏州（内蒙古自治区鄂尔多斯高原南部）的党项人就有 20 万户，约百万人口，① 说明包括其他种落的羌人，数量是相当庞大的，会远远超过百万人口。天授年间去隋并不甚远，也只七八十年，而这些地区的人口增长又极其缓慢，说明即在隋代，四川西北部和本省东南部地区的羌民，已当有五六十万口。没有这样一个较高的人口基数，不可能在七八十年后就发展起那么多人口，其后并建立起一个强大的大夏国。所以估计在隋朝中期，本省境内的党项人就当有 10 万左右，加吐谷浑 15 万，海东地区户籍人口和其他无户籍人口共约 25 万，全省人口大约可在 50 万左右。

表 7-10　　　　　　　　青海省户籍人口表

隋政区	人口	密度	郡属县全郡	郡属县本省	本省人口	含今政区县市
西平郡	16 108	0.64	2	2	16 108	门源、湟源、湟中、西宁、乐都、化隆、大通、互助、平安、民和
枹罕郡	67 969	6.19	4	1	16 992	跨甘肃省，本省无今县治，隋县龙支，在化隆东
浇河郡	11 572	0.82	2	2	11 572	尖扎、循化、贵德、同仁
河源郡	—					库泽、共和至鄂拉山、喀拉沙音山以南地区
西海郡	—					祁连、刚察、海晏及青海湖以西地区
合计				5	44 672	

十五　新疆维吾尔族自治区

在本自治区境内仍然分布着很多部落小国，有些两汉时期的小国仍然存在。人口数无从详考。《北史·西域传》记载，车师、高昌等国（今乌鲁木齐东），"人庶昌盛"，但无人口的具体记载。高昌国是多民族聚居，且多汉民，并以汉人主政，隋开皇十年（590）曾有 2 000 人迁徙内地。其国仍很强盛。又说，太武帝太平真君九年（448），焉耆国剽劫中国使，北魏出兵攻焉耆于员渠（今焉耆县），焉耆王以兵四五万人出城，守险拒

---

① 这条记载《旧唐书》记为 20 万口，《新唐书》记为 20 万户，从其以后的发展情况看，当以户为是，以平均每户 5 口计，约百万人口。

战。即其全民皆兵，也得有人口 10 万左右。其后，焉耆败，其王投龟兹。龟兹以兵 3 000 拒战。龟兹是西域大国，北魏来攻，只以 3 000 兵拒战。并非它只有 3 000 兵，据《旧唐书·西戎传》记载，贞观二十年（646），唐"发铁勒十三部兵，十余万骑，以伐龟兹，龟兹王有众五万逆战王师。"（唐贞观时，铁勒受唐都护，所以能调其军马参战）。又记载，于阗国胜兵 4 000、高昌国有户 8 000。贞观时距大业初，仅三十余年，人口变化不会很大。上述这些零乱的记载矛盾很多，很不完整，仅从这些举例来看，所包含的人口就当有五六十万。还有很多小国无人口活动的记载。新疆地面广大，地形复杂，人口情况不能全知。

西晋以后除一些古老民族外，匈奴、乌孙逐渐失于记载，但又有一些其他民族进入，其中以突厥最为强大。虽然他们多居与新疆相邻的中亚诸国，但其王庭在今新源、拜城间，被称为西突厥，龟兹、铁勒、伊吾等地均受其统治，且不断与居大漠南北地区的东突厥攻战，并经常到隋的西部地区劫掠，说明他们在今新疆境内的人口也不会太少。又据《隋书·铁勒传》记载，铁勒人口也较多，其部落散处在准格尔盆地以西和以南的天山地区。伊吾以西，焉耆之北，傍白山（天山）有契弊等九姓部落，胜兵可 2 万。金山（阿尔泰山）之南有薛延陀等四姓部落，1 万余兵。但他们也都听命于突厥王庭。还有些部落国的人口情况不详。另外，且末、鄯善、伊吾，炀帝大业五年时曾置郡管理，但无人口的记载。综合上述情况，由于时间不统一，居住地区不固定，很难考出考证时点的具体人口数，只能做粗略的估计。联系前后史的考察，在隋朝中期，新疆地区的实际人口当不少于 90 万。

十六　西藏自治区

隋代已临近吐蕃全盛时期，处在松赞干布统一吐蕃各部的前夜。在唐代中期，也就是吐蕃全盛时期，经考证分析，整个吐蕃地区，包括今四川西部、青海省南部及甘肃、云南省一小部分，约有人口 400 多万。就今西藏地区也在 300 万以上。但在隋代初期，吐蕃还只是藏南地区一个较强的部落，后来逐步统一藏南地区各部落，建立起以今拉萨为中心的奴隶制国家政权，势力逐渐增强，并有坚强的统治集团。所以当 13 岁的松赞干布继位赞普（王）后，又以武力征服了藏北地区的苏毗、西部地区的羊同

(西女国，今阿里地区)、东部地区的附国（东女国，今昌都地区），并继续向四川省西部和青海省南部等地区扩张。虽然在吐蕃统一的过程里，也有些人口活动的记载，但史料之少，不足以推断全藏人口。既然在考证唐代人口时，有充分的史料证明，不能少于300万，而在吐蕃大统一前夜的隋代，西藏人口绝不会太少。因为人口的发展，也有其自身的规律，有其自然的过程，对这种封闭地区，决不会因为没有史料记载就认为它没有发展，决不会在短时间内就突然迸发出大量人口。

对于一个地区来说，如果出现人口暴增的现象，无非是三个方面的原因：一是大量移民的进入，例如后世清代中前期的四川省，清代后期至民国时期的东北地区。二是原来已经存在着大量人口，但由于社会长期动乱，无统一的国家政权，无有效的户口管理，不为历史所明确记载，一但社会安定，国家统一时，没有户籍的人口都被编入了户籍，于是从统计上看，便出现了人口暴增的现象。如东汉时的江南地区，隋朝的今河南省南阳地区和湖北省北部，还有甘肃省，都有这种现象。三是在一个封闭地区，如西藏，虽然人口也在不断发展增长，但由于文化不发达，没有统一政权下的户口管理，没有历史的记载，和外界交往极少，外界不知道他们的人口情况，甚至这里的人们自己也不知道本地区人口的历史情况，当统一政权建立后，虽然由于后来的战争破坏，没有留下户口统计的全貌，但也留下了一些反映人口面貌的史料，特别是从它大规模统一的军事行动中，足可以窥见其人口的大体情况。这就是西藏地区所处的情况，使我们突然发现它有大量人口。在唐代竟可拥有人口300多万。

人口增长，不论其达到多高的峰值，都要有一个过程。这个过程的长短，取决于这一地区自身的条件。从西藏地区的自然地理、生产力水平、文化传统、生活习俗等多种条件分析，它的人口不可能有很快的增长。即在没有战争破坏的情况下，它也必然要有一个很长很长的历史过程，所以估计即在隋大业时，西藏人口也不能少于230万。

十七 四川省

四川省的户籍人口，比之南朝刘宋时期是巨大的增长。刘宋时的户籍人口只有30多万，至隋大业时统计为230多万。不过这个增长的原因主要不是增殖，而是原有的大量少数民族人口被编入了户籍。刘宋时本省的实际人口，经考查也有 200 多万，但却包括了大量没有户籍的少数民族人口，主要是獠民。到了隋朝，居住在盆地平原的獠民，绝大部分已与汉民融合，并且很早就与汉民同样承担着各种赋税徭役，因而在国家统一、社会安定的情况下，也就很自然地被编入了郡县户籍，使户籍人口大幅度上升。不过由于本省地面广大，情况复杂，不仅还有很多其他少数民族没有做编户管理，就是獠民也没有全部融入汉民族之中。在盆地南部山区和长江以南山区，仍有很多不服管束的所谓生獠，也称山獠。据《隋书·卫玄传》记载，仁寿初（601），资阳郡（治今资中）山獠作乱，围攻大牢镇（今荣县），卫玄前往镇抚，前后归附者十余万口。当然这个十余万口并非全属资阳郡，而是附近地区山獠反抗隋朝统治的一次联合行动。在资阳以南长江两岸，所在皆有，征讨山獠的记载也很多。从诸多记载中分析，本省生獠少也有 20 万人。

在犍为郡（治今宜宾）和越巂郡（治今西昌），也有很多被称为蛮夷的少数民族，人口情况无具体记载。这些地方虽属山区，但地理自然条件还算比较好。越巂郡西汉时户籍人口 40 多万，其中在本省境内约 30 万；东汉时有人口 62 万，在本省 44 万多。犍为郡和越巂郡的人口差不多，而在隋朝却只有 6 万多的户籍人口，显然不符合实际情况。人口分布规律告诉我们，凡是自然地理条件比较好的地方，人们是不会弃置不用的，所以实际上这里的人口不是很少，只是不见于统计记载而已。在隋代，即使由于某种原因，没有两汉时期人口那么多，也不会相差如此悬殊。这些地区直至元朝，对少数民族一直采取羁縻政策，无户口统计，至清朝才一体编例，现其人口众多的本来面目，大体相当于隋朝越巂郡的清宁远府，人口 126 万多。犍为郡北部（并含今筠连、长宁、兴文等县）为清之叙州府，人口 173 万多。清朝人口当然不是入清后突然增长起来的，特别是这些人口增长缓慢的少数民族地区，需要一个很长的历史过程才能达到这样的高度。而且这里的情况和中原地区不同，极少受历次大战乱的影响，不会有很大的起伏，即使元朝和清朝初期对四川的大屠杀，也没有造成太大的影响。由此说明历代对这些地区人口的考察分析，都是为了慎重对待，没有做过高的估计。所以在隋朝，这两郡在本省的人口，合计不能少于 60 万（东汉户籍人口合计为 85 万）。

在本省西北部地区，壤塘、黑水以北与青海、甘肃两省相邻地区，有很多羌族部落,在十六国以前,这里原是獠民的生存地区,他们的人口逐渐膨胀,缩小了生存空间,陆陆续续走出山谷,进入盆地,把这一地区腾了出来,使羌民和其他民族得到了发展的空间。其中尤以党项羌居多(参看青海省人口考),在本省境内少也有 30 万口。自成都平原以西,至西藏昌都地区和巴塘、泸定间,又有附国,役属很多部族。《隋书·附国传》说,附国有 2 万家。又有嘉良夷,地近成都平原,约在甘孜以东。附国以南,又有薄良夷,约西藏察隅与本省稻城间。附国东北接于党项,东西千里。又有诸多羌族部落,仅《附国传》的记载就有白兰、迷桑等二十余种,其风俗均同于党项。或役属于吐谷浑或役属于附国,人口均不可考。从附国有 2 万户来分析,其他部落合计也不能少于两三万户,其在本省境内不能少于 20 万口。通过以上的考查分析,虽不能确切说明隋代本省具体有多少不在户籍的人口,但往少里估计也得有 120 多万口,加户籍人口 234 万,全省人口总计当在 354 万多。

表 7-11　　　　　　　　　　四川省户籍人口表

隋政区	人口	密度	郡属县 全郡	郡属县 本省	本省人口	含今政区县市
蜀　郡	545 457	35.62	13	13	545 457	绵竹、德阳、中江、什邡、彭州、广汉、金堂、新都、成都、简阳、郫县、崇州、温江、双流、大邑、新津
汶山郡	124 805	8.81	11	11	124 805	黑水、汶川、茂县、北川
临洮郡	149 664	5.23	10	1	14 966	跨甘肃省,本省无今县治,隋县合川,在若尔盖北
金山郡	190 951	37.47	7	7	190 951	江油、安县、绵阳
新城郡	158 736	36.53	5	5	158 736	三台、射洪、盐亭
资阳郡	132 880	16.94	9	9	132 880	乐至、安岳、资阳、资中、内江、威远、自贡、荣县
隆山郡	57 043	14.96	5	5	57 043	彭山、仁寿、井研
眉山郡	122 946	11.68	8	8	122 946	眉山、丹棱、洪雅、青神、夹江、峨眉、乐山、峨边
临邛郡	120 616	9.84	9	9	120 616	邛崃、蒲江、芦山、天全、名山、雅安、荥经、汉源、金口

续表

隋政区	人口	密度	郡属县 全郡	郡属县 本省	本省人口	含今政区县市
遂宁郡	65 205	17.17	3	3	65 205	蓬溪、遂宁、潼南
普安郡	161 959	35.60	7	7	161 959	剑阁、梓潼
平武郡	28 000	5.17	4	4	28 000	平武、青川
同昌郡	63 273	5.14	7	3	27 116	跨甘肃省,本省南坪、松潘
泸川郡	9 309	0.95	5	5	9 309	荣昌、隆昌、富顺、泸州、纳溪、合江、江安
犍为郡	25 101	1.14	4	3	18 826	跨云南省,本省南溪、宜宾、犍为、绒川、屏山、雷波
义成郡	82 398	9.15	7	7	82 398	广元、旺苍
汉川郡	61 527	2.41	8	1	7 691	跨陕西省,本省南江
清化郡	85 440	6.61	14	14	85 440	通江、巴中、平昌
巴西郡	212 137	17.26	10	10	212 137	苍溪、阆中、仪陇、南部、营山、蓬安、西充、南充、岳池
通川郡	65 216	3.96	7	6	55 899	跨重庆市,本省万源、宣汉、达州、开江
宕渠郡	72 505	7.36	6	5	60 421	跨重庆市,本省渠县、大竹、广安、华、邻水
涪陵郡	51 262	7.81	3	1	17 084	跨重庆市,本省武胜
越嶲郡	38 476	0.78	6	6	38 476	北有越西、甘洛、马边、美姑、金阳,西有冕宁、盐源、盐边,以东以南至金沙江,其间县市皆属
合计				143	2 338 361	

说明:

表中计算的人口密度,有些郡明显不符合实际,如泸川郡、犍为郡、越嶲郡等等。这些人口密度都是根据户籍人口计算的,户口统计不准确,计算出来的人口密度当然也就不会准确,所以这些人口密度的计算并不能完全代表当时人口密度的实际情况,只供做进一步考证分析的参考。用人口密度去除户籍人口,大体上就是这个郡的面积。越嶲郡按正文所说,其实际人口按30万计,每平方公里可在6人以上。犍为郡的人口大约也在30万左右,每平方公里可在14人左右。泸川郡每平方公里也不能少于 10 人。

十八　重庆市

重庆市所辖地区，按《隋书·地理志》的记载，42 700 户，约 22 万人口。虽然据史书记载，隋的户口管理很严格，并有严厉的户口检查制度，但也只是中原地区。这在本书中已有说明。而重庆市这个户口统计数，也不符合这一地区人口的实际情况。前考刘宋人口，从多种情况分析，不能少于 54 万。虽然到大业初已过了 180 多年，其间社会形势会有很多变化，但从史书记载看，并无大的变化，没有可以造成人口大幅度下降的原因。再从唐朝初期的人口情况看，按《旧唐书·地理志》的记载，贞观十三年（639），重庆市所辖地区的户籍人口 32 万多，增加 45% 左右。而且这是在隋朝末年那场大战乱大饥荒结束以后不及二十年的统计。虽然重庆市地处偏僻，境内多山，但不能不受影响，它不可能在全国大战乱的情况下，户籍人口有那样大的增长。户籍人口虽不等于实际人口，但却反映着这一地区的人口形势，说明在隋大业初期重庆市的实际人口并不是太少。最关键的问题是，一些隋朝地方政权缺乏对少数民族的驾驭能力，大批人口没有编入户籍。这里只举一例，重庆市城区所在的巴郡，地理自然条件比较好，但每平方公里只有 3.65 人。而北部相邻的涪陵郡 7.81 人，宕渠郡 7.36 人，它们的地理自然条件与巴郡大体相当。而到处是崇山峻岭、耕地很少的巴东郡，每平方公里还 2.28 人，地处比较贫瘠的大巴山地区的通川郡还 3.96 人（各郡所在地的具体位置参看下面的人口表），显然巴郡的户口统计不切实际。究竟是什么原因造成如此大的户口隐漏？现在已无从详究，估计巴郡的实际人口，至少也有 15 万人。

至于重庆全市的实际人口，虽然没有更可靠的史料可供考查分析，但从户籍人口的增长情况看，当更高于刘宋时期的 54 万人，按 70 万人计。

表 7 – 12　　　　　　　　　重庆市户籍人口表

隋政区	人口	密度	郡属县 全郡	郡属县 本省	本省人口	含今政区县市
巴　郡	74 509	3.65	3	3	74 509	璧山、永川、江津、重庆、江北、长寿、涪陵、武隆、南川

续表

隋政区	人口	密度	郡属县 全郡	郡属县 本省	本省人口	含今政区县市
巴东郡	110 397	2.28	14	11	86 741	跨湖北省、贵州省，本省巫山、巫溪、奉节、云阳、开县、万州、梁平、忠县、丰都、石柱、黔阳、西阳、秀山
涪陵郡	51 252	7.81	3	2	34 168	跨四川省，本市合川、铜梁、大足
宕渠郡	72 505	7.36	6	1	12 084	跨四川省，本市垫江
通川郡	65 216	3.96	7	1	9 317	跨四川省，本市城口
黔安郡	7 542	0.85	2	1	3 771	跨贵州省，本市彭水
合计				19	220 590	

十九 云南省

本省只有北部跨四川省的犍为郡所辖地区有数县之地有少量户籍人口。全省大部分地区属于为少数民族设置的云南总管府管辖。哀牢山以南地区的濮部（哀牢人的后裔）相对独立于总管府，也没有户口统计的记载。尽管隋朝户口管理很严格，但对周边少数民族地区，则显得统治力量薄弱，不能像两汉时期那样，把大量少数民族人口都置于郡县的户籍管理之下。甚至连西晋也不如，西晋在云南尚有郡县之设，户籍人口尚有50万，而隋朝只设一个总管府，采取更松散的羁縻政策，对很多部落组织，并不做统一管理，只对部落间的一些重大矛盾由总管府予以协调，也没有赋税制度，只由部落组织通过总管府向朝廷贡献一定的财物，并不过问部落的户口情况，这比两汉时期是一个极大的退步。连这里几十万汉民也没有户口管理统计。

从两晋南北朝以来数百年间，中原地区战乱不息，南北方之间长期处于军事对峙状态，经常发生战争，江南地区也时有战争发生。而大西南的云贵地区，虽然也有些战事发生，但没有形成大的战争。这一地区的少数民族部落也极少向内地挑衅，使社会在这个较长的时期里，相对比较安定，生产发展，人口也当有所增长。所以考察唐朝中期，云南人口可达300万左右。当然这不是说这一地区人口增长速度有多么快，实际上唐朝中期人口达到300万，是由缓慢增长逐渐积累起来的。从多方面考察比较，估计在隋朝中期，已不能少于 240 万，计其年均增长率为 1.55‰。刘宋大明期间估计为 200 万，至隋大业初期增加了 40 万，年增长率也只有 1.25‰。

二十 贵州省

本省虽有郡县设置，但设置很不健全，更极少有户籍人口的记载，不仅大量少数民族没有编入户籍，即使汉民也多杂处于少数民族部落之中，没有做编户管理。牂牁郡所辖地区，含今 40 县之地，面积 7 万多平方公里，几近全省的一半，但在隋朝只有二县之设，户口缺记。不过即使有记载也不会很多。实际上这一地区的人口是比较稠密的，历史地分析，其人口也会占全省的一半左右。黔安郡跨重庆市，置二县，一县在重庆市今彭水以东，一县在本省德江、思南之间，总共才 1 460 户。另有巴东郡，主要在重庆市，所含今地区可参看重庆市户籍人口表。在本省有今沿河、印江、松桃、铜仁几县。隋置 14 县，本省境内只一县，即务川（今沿河东），分割人口 7 884，全省户籍人口总计 11 654 口。故不做户籍人口表。

省境西南部属南宁总管府（治今云南曲靖）。包括整个云南省及本省西南部地区，东晋及南朝宋、齐、梁均为宁州，但都没有户口统计。考察唐代南诏人口时，也包括本省西南部地区，总计人口 350 万以上。云南省本身就有 300 万，余 50 万主要分散在本省和广西壮族自治区与其他相邻地区。由此推本省人口当在一百数十万。这里同云南省在人口密度上做一个比较。唐代云南省按 300 万人口计，每平方公里 7.6 人，贵州省的面积不及云南省的一半，它的人口密度，通观前后各代，直至近代，都高于云南省，在唐代，往最低里说，每平方公里不能少于 10 人，贵州省面积 176 000 平方公里，当有人口 170 万以上。从这个比较中可以看出，即在隋朝，本省人口也不能少于 140 万。

第四节 南方各省区人口考

二十一 湖北省

本省人口比南北朝时期有很大增长，仅户籍人口就有 270 多万。进入隋朝以后，由于国家统一，社会也安定下来了，给了人口一个繁衍生息的机会。同时，还有很多经过数百年与汉民杂处的少数民族，也都融入了汉民族之中，一起编入了户籍。这在南北朝刘宋时期湖北省人口考中，有具体的分析说明。不过也还不是所有少数民族人口全部编入了户籍，这一点《隋书·地理志》说得很明白："南郡、夷陵、竟陵、沔阳、沅陵、清江、襄阳、舂陵、汉东、安陆、永安、义阳、九江、江夏诸郡，多杂蛮左，其与夏人杂居者，则与诸华不别。其僻处山谷者，则言语不通，嗜好居处全异。"这就是说，凡与汉人杂处的，语言风俗均已融合，则编入了户籍。登入户籍就意味着征收赋税徭役也与汉民相同。那些居处深山的少数民族，有些仍然保留着一定的野蛮状态，不可能让他们提供赋役，当然也就不可能编入户籍。这在南方很多地区都有这种情况。当然这与当时封建政权的统治能力也有一定关系，就湖北省来说，有些郡户籍人口很少，主要是这种原因造成的。

清江郡（治今五峰西北清江北岸），地处武陵山区，主要今恩施地区，面积约 25 700 平方公里，按《隋书·地理志》的记载，只有 2 658 户，约 13 700 人，每平方公里 0.5 人。然而这里也有很多河谷盆地，气候条件也比较好，历史地考察并不是人口特别稀少的地区。考查前后史，即在隋朝，这一地区的人口仍不能少于 15 万人。这是一个四面高山的封闭地区，里面的实际情况外界知道的很少，至宋元以后才逐步发现，从人口密度来说，更高于鄂西山地，因此对清江郡的人口做 15 万估计并不为过。

江夏郡（治今武汉市武昌镇），虽然南有幕阜山，但并不是深山区，多为低山丘岭，只是湖泊洼地多些，也有不少小块平原，对农业生产的发展，也是比较好的地方。但按《隋书·地理志》的记载，只有 13 771 户，约 7 万多人口，每平方公里 3.72 人。而江北的永安郡，属于大别山区。只是沿江地区有些平原，自然地理条件并没有太大的优越，但每平方公里 12 人。沔阳郡，虽属平原，但湖泊洼地很多，比之江夏郡也无太大的优越，但每平方公里 16 人。历史地比较，西晋户口统计漏籍很多，但武昌郡（相当于隋朝江夏郡）尚有 14 800 户，约 97 000 口，每平方公里 5.57 人。相比之下，隋朝江夏郡的实际人口，不会在 10 万以下，所以记载人口较少，也使南部山区一些少数民族人口没有编入户籍，不见于统计。《隋书·地理志》所列"多杂蛮左"的郡，就包括江夏郡。

其他如房陵、夷陵、巴东等郡，原记户口都偏低于实际，虽然具体情况无从详考，但可以断定，全省无籍少数民族人口，当在 25 万人左右，全省人口总计不能少于 295 万人。

表 7-13　　　　　　　　　　湖北省户籍人口表

隋政区	人口	密度	郡属县全郡	郡属县本省	本省人口	含今政区县市
沔阳郡	215 495	15.86	5	5	215 495	武汉、汉川、天门、仙桃、监利、洪湖
江夏郡	71 141	3.72	4	4	71 141	武昌、黄石、鄂州、阳新、大冶、通山、通城、崇阳、赤壁、嘉鱼、咸宁
永安郡	146 704	12.00	4	4	146 704	红安、麻城、大悟、黄陂、新洲、黄冈
蕲春郡	179 209	17.64	5	5	179 209	罗田、英山、浠水、蕲春、广济、黄梅
安陆郡	351 505	34.07	8	8	351 505	应山、安陆、京山、应城、云梦、孝感
汉东郡	243 799	43.55	8	8	243 799	随州
春陵郡	221 348	29.63	6	4	147 565	跨河南省，本省枣阳
竟陵郡	275 787	35.37	8	8	275 787	钟祥
襄阳郡	514 415	41.66	11	11	514 415	襄樊、襄阳、老河口、谷城、南漳、宜城
淅阳郡	192 434	12.65	7	4	109 962	跨河南省，本省郧西、郧县、十堰、丹江口
房陵郡	36 710	2.01	4	4	36 710	竹溪、竹山、房县、保康、神农架
巴东郡	110 397	2.69	14	2	15 771	跨四川省，本省巴东、秭归、兴山
夷陵郡	26 755	4.41	3	3	26 755	远安、宜昌、宜都
南　郡	303 946	14.86	10	10	303 946	长阳、松滋、公安、石首、枝江、江陵、荆州、潜江、荆门、当阳
清江郡	13 731	0.53	5	5	13 731	始建、五峰、鹤峰、恩施、利川、宣恩、咸丰、来凤
上洛郡	54 326	2.61	5	1	10 865	跨陕西省，本省无今县治，隋治上津，在郧西西
义阳郡	237 274	43.24	5	1	47 455	跨河南省，本省无今县治，隋治礼山，在大悟北
合计				87	2 710 815	

二十二　湖南省

隋朝湖南省的户籍人口特少，只有52 881户，约27万多人口，只比刘宋时的25万多人口稍多一点。而考刘宋时的实际人口当有90多万，梁、陈的人口没有增长，但也不能少于90万口。《隋书·地理志》记载的户籍人口，完全不像是经过隋朝统一后，又经过20年社会安定时间的实际情况，而且隋对陈的统一战争进行得很顺利，没有形成战乱，没有造成人口减损的原因。实际上还是户口隐漏问题，包括大量少数民族人口没有编入户籍。前面说过隋朝严厉的户口清查制度，只能行之于长江以北地区。开皇九年（589），隋平江南之后，由于推行隋朝制度，剥夺了士族地主蔽占私附等特权，次年各地豪强地主便发动武装叛乱，遍及整个江南地区。虽然这次叛乱得不到广大人民群众的支持，很快便被平息，但对隋朝制度的推行却受到了一定影响，由于怕发生新的暴乱，没有再进行严厉的户口检查，否则何以在长江以北各省的户籍人口都大幅度增长的情况下，而湖南、江西、福建、浙江和江苏、安徽的江南地区的户籍人口都只有那么一点，和这些地区的经济发展水平完全不相称，甚至还不及经过隋末战乱大耗损之后的唐朝初期户籍人口多。按《旧唐书·地理志》的记载：贞观十三年（639）调查统计，湖南省尚有62 767户，299 257口。至于隋朝在大业初期的实际人口究竟能有多少，由于史料所限，很难作出准确的考证。从隋末战乱所引发的人口活动看，大业十三年（617），巴陵郡（治今岳阳）军官董景珍等人发动起义，推梁朝皇室后裔罗县（今汨罗）令萧铣为主，起兵割据。先称梁王，次年北上据江陵（今湖北荆州）称皇帝。军队迅速发展到40多万人。东至九江，西至三峡，北自汉水，南出五岭，各级地方官闻炀帝死，皆归附萧铣。从不足半年的时间，军队竟发展到40多万可知，这一地区的人口并不是很少。而且他们主要来自长沙至江陵间，虽然这些军队都是有战斗力的青壮年，但也是贫苦农民被饥饿所逼而投身于反抗隋炀帝残暴统治的斗争。可以肯定，这次起义的发起地巴陵郡，其丁壮在起义军中会占很大的比重，往少里说也有四五万人。可含人口20万以上，即以20万计，每平方公里也是11.56人。原统计的户籍人口才35 820人，每平方公里2.07人，实际人口为户籍人口的5.5倍以上。再一例，大业十四年（618），桂阳郡（治今郴州）曹武撤举兵反，称皇帝，又建年号。虽然没有起义军人数的记载，但也不是少数人的行为。桂阳郡的实际人口会远远超过《隋书·地理志》记载的4 000多户，约2万多人口（西晋桂阳郡经考证约14万多人口）。上述情况说明，整个湖南省各郡的户籍人口，都是远离实际的。除继续有豪强地主荫占民户为私附外，更重要的是隋朝官府无力像早年在北方地区那样进行严厉的户口检查，漏籍户太多。同时更有大量少数民族人口没有统计入籍，而湖南省的少数民族，历来居人口的大多数。虽然在语言文化上，他们早已与汉民相通，但仍保持其一定的民族特征，并没有完全融合于汉民族之中。正如《隋书·地理志》所说的，"自晋氏南迁之后，南郡、襄阳皆为重镇，四方凑会，故益多衣冠之绪，稍尚礼义经济焉。"这就是为什么南北朝结束以后，湖北省的户籍人口十倍于湖南省的主要原因。至于湖南省的实际人口具体能有多少，根据现有史料无法作出准确的估计。在隋末战乱这场浩劫中，湖南人口并未受到很大的损失，按上面分析巴陵郡的实际人口当五六倍于户籍人口。对全省来说，即按五倍于户籍人口，也当有人口136万。

表7-14　　　　　　　　　　湖南省户籍人口表

隋政区	人口	密度	郡属县 全郡	郡属县 本省	本省人口	含今政区县市
长沙郡	73 745	1.32	4	4	73 745	浏阳、长沙、望城、醴陵、株洲、湘潭、湘乡、益阳、桃江、安化、新化、冷水江、涟源、娄底、双峰、邵东、新邵、邵阳、隆回、洞口、武冈、新宁、城步
巴陵郡	35 821	2.07	5	5	35 821	华容、南县、临湘、岳阳、汨罗、平江、湘阴、沅江
澧阳郡	46 008	2.53	6	6	46 008	安乡、津市、澧县、临澧、石门、慈利、张家界、桑植
武陵郡	17 647	1.95	2	2	17 647	汉寿、常德、桃源
沅陵郡	21 387	0.43	5	5	21 387	龙山、永顺、花垣、保靖、古文、沅陵、吉首、泸溪、凤凰、麻阳、辰溪、溆浦、怀化、芷江、新晃、黔阳、洪江、会同、靖州、绥宁、通道，另跨有贵州天柱等县，无隋县治

续表

隋政区	人口	密度	郡属县 全郡	郡属县 本省	本省人口	含今政区县市
零陵郡	35 361	1.08	5	4	28 289	跨广西壮族自治区，本省祁东、祁阳、永州、东安、零陵、双牌、新田、宁远、道县、江永、江华
衡山郡	26 181	1.12	4	4	26 181	衡山、衡东、攸县、茶陵、安仁、炎陵、衡阳、常宁、耒阳
桂阳郡	24 105	1.31	4	4	24 105	永兴、资兴、桂东、汝城、郴州、桂阳、嘉禾、临武、宜章
合计				34	273 183	

二十三　广西壮族自治区

本自治区户籍人口，比历代有大幅度上升，达到户18万多，口95万多，与考证刘宋时本区实际人口百万左右差不多。从刘宋大明八年（464）至隋大业五年（609）的140多年里，当会有一定的增殖，但主要还是大量少数民族人口被编入了户籍。例如，郁林郡西晋时统计在籍户6 000，约有人口39 420，刘宋时的桂林、郁林、晋兴三郡，相当于晋、隋时的郁林郡，刘宋时降为1 679户，7 932口，而隋时又猛增至59 200户，约305 827口，这显然不是增殖所能达到的。至于户籍人口大幅度上升的原因，当与洗夫人镇抚岭南有着直接的关系（详见下文广东省人口考）。是不是少数民族人口全部编入了户籍？当然不是，就郁林郡来说，联系前后史的考查，至少还有20万左右的人口不在户籍之中。《隋书·地理志》说：五岭以南"其俚人则质直尚信，诸蛮则勇敢自立，皆重贿轻死，唯富为雄。巢居崖处，尽力农事，刻木为符契，言誓则至死不改。父子别业，父贫，乃有质身于子，诸獠皆然。"这条记载说明，有些民族连文字都没有，尚处半野蛮状态，当然不可能对他们征调赋役，因而也就不可能把他们编入户籍，虽然这个数量是很大的，但在平时显现不出来，可是一旦有动乱，他们往往会结伙成群，出山活动，始见于记载。

联系后史看，《旧唐书·李靖传》记载，唐武德四年（621），李靖奉命平定岭南，各地少数民族大首领纷纷表示归附，并报告各自部落的户口，共约 60 余万户（详见第八考广西人口考）。经过考察分析，除去今属越南地区的户口外，仍有户 50 万。按平均每户 5 口计，可有人口 250 万。此时距隋大业五年只有 13 年，人口情况不会有大的变化，这是就整个岭南地区说的，其时广西人口居多，在这 250 万人口中，按 70％属广西也是 175 万，隋大业时会略少些，也不能少于 160 万。

刘宋时考证广西人口即在 140 万左右，至隋唐之时所以有这么大的增长，除上面说的原因外，也有很多是从其他地区迁徙过来的，其中数量最大的是从巴蜀地区逐渐南下的獠民。刘宋以前，江南地区并无獠民的记载，以后才逐渐出现，并不断增加。《南齐书·州郡志》记载说，广州（指整个岭南地区）"虽民户不多，而俚獠猥杂，皆楼居山险，不肯宾服。"越州（指广西灵山、容县以南，广东高州以南，雷州半岛及海南岛）夷獠丛居，隐伏岩障，寇盗不宾，略无编户。所谓"民户""编户"，主要指的是汉民。在南齐统治时期，少数民族很少进入编户的。这条记载正说明，两广地区的人口增加和獠民南下有着直接的关系。

表 7-15　　　　　　　　　广西壮族自治区户籍人口表

隋政区	人口	密度	郡属县全郡	郡属县本省	本省人口	含今政区县市
始安郡	281 635	4.17	15	15	281 635	环江、河池、宜山、罗城、融水、融安、三江、龙胜、兴安、灵川、桂林、临桂、永福、柳城、柳州、柳江、鹿寨、象州、武宣、金秀、蒙山、昭平、贺州、钟山、富川、恭城、平乐、阳朔、荔浦
熙平郡	53 028	4.89	9	1	5 892	跨广东省，本区无今县治，隋治桂岭，在贺州东北
苍梧郡	23 650	3.81	4	2	11 825	跨广东省，本区梧州
永熙郡	73 972	7.61	6	1	12 329	跨广东省，本区无今县治，隋县永业，在岑溪东
零陵郡	35 361	1.08	5	1	7 072	跨湖南省，本区全州、资源、灌阳
永平郡	175 897	14.27	11	11	175 897	平南、藤县、苍梧、容县、岑溪

续表

隋政区	人口	密度	郡属县 全郡	郡属县 本省	本省人口	含今政区县市
郁林郡	305 827	3.67	12	12	305 827	桂平、贵县、横县、来宾、合山、忻城、上林、宾阳、武鸣、马山、都安、巴马、凌云、百色、田阳、田东、天等、大新、龙州、凭祥、宁明、崇左、扶绥、南宁、邕宁、上思、平果
合浦郡	148 213	5.15	10	6	88 928	跨广东省,本区北流、玉林、亶川、博白、浦北、合浦、北海
宁越郡	65 453	5.53	6	6	65 453	灵山、钦州、防城、东兴
合计				55	954 858	

说明：

① 来宾、滨阳、南宁、上思以西，虽属郁林郡，但无隋县治之设，说明还有大量人口不在统计之中。

② 南丹、凤山、田林、德保以西，属南宁总管府，无户口记载。

二十四　海南省

海南省，隋设珠崖郡，统县10，户1 950，口约1万多。但《隋书·谯国夫人传》记载："谯国夫人者，高凉洗氏之女也，世为南越首领，跨据山洞，部落十余万家，……夫人兄南梁州刺史挺，恃其富强，侵掠傍郡，岭表苦之。夫人多所规谏，由是怨隙止息，海南、儋耳归附者千余洞。"这个千余洞，当指海南全岛。洞即村落或村寨，在当时的历史条件下，平均每洞不能少于30户。千余洞，余多少不清楚，按1 100洞计，当有33 000余户，再以平均每户5口计，则为165 000人。至于这个千余洞的归附时间，经考查当在南朝梁大同初年（535）以前，距隋大业五年（609）又70余年，其人口会有所增长。而且海南岛南部多有深山区，不可能全部归附。所以估计全省实际人口当更高于165 000人，估计不能少于180 000人。

二十五 广东省

本省隋朝户籍人口，比西晋、刘宋时有很大增加，达到户 108 494，口约 560 480。刘宋比西晋稍多些，也只 46 528 户，231 179 口。东汉时是把大部分少数民族人口编入了户籍，也才 55 万多。隋朝广东户口增加的原因是多方面的，少数民族入籍是主要原因，同时又有大量外籍人口的进入。在十六国南北朝时期，北方地区为少数民族政权。他们之中，有的在进入中原地区的时候，还没有完全摆脱原始社会末期那种野蛮状态，或者刚刚进入奴隶社会。不管是战争时期或是平时，对人民的蹂躏都很严重，致使很多人为了躲避战争的蹂躏和北方政权的残暴统治，把南方政权视为华夏的正统所在，不断有人徙往南方。但南方地区，特别是江南地区，也时有战争发生，有时甚至也非常残酷。有些人为了躲避江南的战争蹂躏，于是又逃往岭南两广地区。特别是梁末侯景之乱和隋平江南，很多士族豪强，携带资产逃徙岭南。也有很多少数民族的獠民进入。增殖的数量是极小的。《隋书·地理志》说："自岭以南，大率土地下湿，皆多瘴疠，人尤夭折。"这是岭南地区人口增长缓慢的基本原因。

不过广东的实际人口也不会只有 50 多万，虽然很多少数民族编入了户籍，但不管是少数民族或是汉民，都不可能全部编入户籍。隋朝末年的农民起义，也波及到岭南地区。信安郡（治今高要）豪帅陈真等聚众 3 万人，攻破郡城。信安郡按统计只有 17 787 户，不可能出兵 3 万多丁壮。再看苍梧郡（治今封开东南）的情况。全郡在籍户 4 578，人口约 23 650，但大业九年（613）有梁慧尚发动起义，竟可聚众 4 万人，攻破郡城，说明苍梧郡的实际人口当有十几万。这些起义农民攻打郡城，都是由于本郡官吏的残暴统治引起的，因而参加起义的人基本上都是本郡的人，所以用参加起义的人数做参考估计本郡人口，不会有失大略。

再看南海郡，37 482 户，约 193 632 口。唐天宝时已改郡为州，南海郡析为广州、韶州两州，共有人口 38 万多，增加了一倍，显然不是在经过隋末战乱人口耗损之后所能增长起来的。因为对岭南地区来说，不会有那么高的增长速度，说明隋朝南海郡包括汉民在内，也有很多没有收入户籍。从自然地理条件看，南海郡是全省最好的地区之一，但是从人口密度看，按户籍人口平均，每平方公里只有 3.23 人，远不及条件大体相当的相邻其他郡高。信安郡（治今高要，各郡所含今地参看下面的人口表）8.44人，永熙郡（治今罗定南）7.61人。西北部连江上游是少数民族聚居的山区，为熙平郡（治今连州），每平方公里也有4.89人。对南海郡，即使考虑到它也有不少山区，但综合考虑它的人口密度不应低于熙平郡。即按每平方公里5人计，也得有人口30万以上（唐天宝时即按有严重脱漏的户籍人口平均，每平方公里也在6.34人）。另有高凉郡（治今阳江）每平方公里3.04人。龙川郡（治今惠州东）、义安郡（治今潮安）每平方公里都不足1人，也不切合实际。至于全省户籍以外的人口具体能有多少，无法作出准确的判断，粗略估计不能少于40万人，全省实际人口不能少于96万人。

还有一个问题需要进一步说明，隋时江南地区编户人口普遍下降，独岭南两广地区编户猛增，究其原因，除了有一点增殖和岭北人口南徙外，还有一个重要原因就是谯国夫人对稳定岭南局势起了很大的作用。岭南是少数民族居多的地区，自梁朝至于隋朝，由于封建统治者对民族关系处理失当，曾发生过多次规模不同的叛乱，由于冼夫人的镇抚，终未酿成大乱，并多次受到朝廷表彰。隋文帝时受封为"谯国夫人"。所谓世为南越领袖，说的是在她势力范围内的少数民族，世代都听命于冼氏的号召。部落10万家所跨地区，主要在广东阳江至罗定以西和相邻的广西壮族自治区东南部地区。冼夫人既为岭南强族，一向归心于中原朝廷，有一定的号召力，她代表了少数民族统一的愿望。隋平江南之后，岭南地区也发生了叛乱。开皇十年（590），番禺（今广州，时为州城）王仲宜反，两广很多少数民族首领响应，出兵围州城。冼夫人出兵助隋将，合力击败王仲宜。然后她又以70多岁的高龄，"亲被甲，乘介马，张锦伞，领彀骑，卫诏使裴矩巡抚诸州。"① 各地首领都来参谒，而裴矩也对少数民族采取宽和的政策，少数民族宾服，岭南大定。各部落人口多愿接受编户，首先是冼夫人所统部落10万户，通过对其所跨地区户籍人口的考察分析，基本上都在编之中。这就是岭南地区户籍人口大幅度上升的基本原因。

---

① 《隋书·谯国夫人传》。"诏使"，传达皇帝宣慰诏书。"卫诏史"就是保卫传达诏书的使臣。

表 7-16　　　　　　　　　广东省户籍人口表

隋政区	人口	密度	郡属县 全郡	郡属县 本省	本省人口	含今政区县市
南海郡	193 632	3.23	15	15	193 632	乐昌、仁化、南雄、始兴、韶关、乳源、曲江、翁源、英德、清远、佛冈、从化、龙门、增城、东莞、深圳、广州、花县、四会、广宁、怀集、佛山、顺德、中山、珠海、香港、斗门、江门、高鹤、新会、开平、台山
龙川郡	33 166	0.84	5	5	33 166	连平、新丰、和平、龙川、兴宁、五华、蕈河、河源、紫金、博罗、惠州、惠东、海丰、陆丰、汕尾
义安郡	10 673	0.63	5	5	10 673	平远、蕉岭、大埔、梅州、梅县、丰顺、揭西、揭阳、普宁、惠来、潮阳、潮安、潮州、澄海、汕头、饶平、南澳
熙平郡	53 029	4.89	9	8	47 137	跨广西壮族自治区，本省连州、连山、连南、阳山
苍梧郡	23 650	3.81	4	2	11 825	跨广西壮族自治区，本省封开、郁南
信安郡	91 888	8.44	7	7	91 888	德庆、云浮、高要、肇庆、新兴
永熙郡	73 972	7.61	6	5	61 643	跨广西壮族自治区，本省罗定、信宜
高凉郡	51 231	3.04	9	9	51 231	高州、化州、吴川、电白、茂名、阳江、阳春、恩平
合浦郡	148 212	5.15	10	4	59 285	跨广西壮族自治区，本省廉江、遂溪、湛江、雷州、徐闻
合计				60	560 480	

二十六　福建省

隋朝在本省，基本上只有一郡之设，即建安郡（治今福州）。另有临川郡，跨江西省（治今抚州），共4县，一县在本省，总共户籍人口才78 239。本省人口历来在籍者很少，多为没有进入编户的越人，这在前面已有说明。隋朝虽然在南方一些省区，也把很多少数民族编入了户籍，但对福建省仍不能改变过去那种少数民族不入编户的局面。至于福建省的实际人口也难据户籍人口做分析判断，只能根据一些个别史料做粗略的分析估计。隋末农民大起义，福建地区也被卷入。大业十年（614），建安郡豪帅（地主阶级的代表人物）郑文雅、林宝护等，聚众3万人攻破郡城，杀太守。这个3万人是丁壮，所含人口当有十四五万。他们来自什么地方？只能来自东部沿海部分地区，即闽江下游地区。在这一时期里，福建省人口最多的地方，仍在闽江流域的上游地区，即今建阳、南平地区。对刘宋时期福建人口的分析估计，基本符合实际，在隋朝当不少于60万人。

表 7-17　　　　　　　　　　福建省户籍人口表

隋政区	人口	密度	郡属县 全郡	郡属县 本省	本省人口	含今政区县市
建安郡	64 162	0.58	4	4	64 162	除临川郡所含地区外，其余县市皆属
临川郡	56 309	1.43	4	1	14 077	跨江西省，本省光泽、邵武、顺昌、将乐、泰宁、建宁
合计				5	78 239	

二十七　台湾省

台湾省时称流球。隋朝时曾三进台湾，大业三年（607）曾派朱宽入流球，因言语不通，掠一人而还。次年（608）再派朱宽带略通当地语言的人进岛招抚，不服，于是于大业六年（610）派陈棱、张镇周率军队进击流球。自义安（今广东省汕头地区）泛海，在台岛西南沿岸登陆。流球王出兵数千人逆战，战斗进行得很激烈，流球兵虽被隋兵战败，但流球王终不肯降服，于是隋兵到处捉人，"掳男女数千而归"。

对所俘人口的数量有两种说法，《隋书·炀帝纪》记载为：大业六年春，"武贲郎将陈棱、朝请大夫张镇周击流球，破之，献俘万七千口。"而《隋书·陈棱传》只说"掳男女数千而归"。两种说法差异很大，究竟是多少，尚需做进一步研究。台湾岛面积很大，约 36 000 平方公里，南北长 390 多公里，东西最宽约 140 多公里，要俘掠很多人口，并不是一件容易的事情。隋兵即以万余人计，也难跑遍全岛去捉人。而且当地居民也不会老老实实，看着你捉人，既不反抗，也不逃跑，任你捉拿。实际上"万七千人"当为"约七千人"之误。在其总人口中，至多 20 人被捉走 1 人，不可能再多。由此估计当时台湾的实际人口，大体上当在 14 万左右。从《隋书·流球传》里所反映的情况看，也当有这样一个人口规模。

二十八　江西省

本省户籍人口 42 万多，虽然高于刘宋时期，但它的实际人口还要高得多。在经历了西晋末年那次战乱之后，至隋朝统一南北，虽也时有战事发生，但对江西省来说，再未出现"十残其八"的那种大战乱。至隋大业时，虽时有升降，但总的趋势是有所增长。刘宋大明八年（464），考查江西人口即当在 50 万左右，至隋大业时不会少到只有 40 多万。主要还是大量人口没有编入户籍。隋的户口统计是在大业五年（609），可是时过不久的大业十二年鄱阳郡（治今波阳）操师乞、林士弘聚众起义，攻破豫章郡城（今南昌），众至十余万，这个十余万人，都是能拿起棍棒刀枪参加作战的人，所包含的人口当在 50 万左右。虽然他们离开鄱阳作战，会有其他郡的饥饿农民参加，但可以肯定他们都是北部地区的人。而北部相连的豫章、鄱阳、临川三郡，总共才有户籍人口 15 万多，每平方公里只有 2 人。而且还会有很多青壮年由于种种原因，没有参加起义军，这就是说北部地区的人口，少也有 60 万。南部山区还有很多少数民族人口没有编入户籍。直至唐武德七年（624），还有万州（今万载）獠人起事的记载。而南部地区少数民族人口会更多，具体数量已无从查考。所以从多种情况分析，全省实际人口，往最低里估计也在 82 万以上。至于这支起义军以后的发展是另一回事，他们曾席卷全省，其势力一直到达番禺（今广州），并在今赣州建立政权，六年后灭于唐。不过也说明就是以今赣州为中心的南康郡，也不会只有《隋书·地理志》记载的户口那么少。

表 7-18　　　　　　　　　　江西省户籍人口表

隋政区	人口	密度	郡属县全郡	郡属县本省	本省人口	含今政区县市
豫章郡	62 100	1.93	4	4	62 100	武宁、修水、永修、靖安、安义、奉新、新建、南昌、进贤、铜鼓、宜丰、万载、上高、高安、丰城
九江郡	39 349	4.28	2	2	39 349	瑞昌、九江、德安、星子、都昌、湖口、彭泽
鄱阳郡	52 187	1.92	3	3	52 187	景德镇、波阳、乐平、德兴、余干、万年、余江、鹰潭、贵溪、弋阳、横峰、铅山、上饶、广丰
临川郡	56 309	1.43	4	3	42 232	跨福建省，本省东乡、抚州、崇仁、宜黄、乐安、南丰、广昌、黎川、南城、资溪、金溪
宜春郡	52 259	6.11	3	3	52 259	萍乡、宜春、分宜、新余
庐陵郡	122 506	4.26	4	4	122 506	樟树、新干、峡山、永丰、吉水、吉安、安福、莲花、永新、泰和、万安、遂川、井冈山
南康郡	57 694	1.46	4	4	57 694	宁都、石城、兴国、上犹以南至省界，其间县市皆属
合计				23	428 327	

二十九　浙江省

从本省的户籍人口看，比刘宋时减少了 74 万多，若比考证分析的刘宋时人口 150 万，则减少了一百多万。似乎人口有很大下降，但实际上并不是那么一回事。很多事实证明，隋之江南地区，户口隐漏更甚于南北朝时期，完全不是像隋炀帝夸奖裴蕴纠察户口有功时所说的："今进民口皆从实者"。① 江北地区或许如此，而江南地区与实际人口则相去甚远。按《隋书·地理志》记载，陈宣帝时有户 60 万，这时还包括江北部分地区。《北史·隋本记》记载，陈灭时"户五十万，口二百万"，则纯指江南地

---

① 《隋书·裴蕴传》。

区。在南朝中陈的疆土最小，至其末期，只占有从湖北宜昌以下的长江以南地区，再由宜昌向西南至广西百色以东地区。按同样地区比较，刘宋在籍户尚不足50万。说明江南人口在南朝期间虽时有升降，但从总体看直至陈朝灭亡，并无大的变化。它只能维持一种简单的人口再生产。而南方人口最集中的地方仍在江浙地区。在隋灭陈的战争中和次年隋对江南的平叛，均无大屠杀现象。没有给人口造成大的损失。可是为什么入隋后的二十年，从统计看，人口不仅没有增加，反而有如此大的下降？乍看起来，令人费解。其实把前后史与当时的形势联系起来考察，问题就会得到解决。隋对户口的检查措施不谓不严厉，但也只能行之于江北地区。而在长江以南，在隋平江南之后，由于推行隋制度，侵犯了士族豪强的利益，限制他们蔽占田地户口的特权，次年便发动叛乱。其中士族豪强势力最集中的江浙地区，发生了多起大规模武装暴动。虽然这种叛乱得不到人民的支持，几个月便被平息下去，但也使隋朝统治者看到了士族豪强还有一定的能量。以后的户口检查也不敢采取像北方地区那种严厉的措施，怕再次引起地主阶级的不满，发生更大规模的叛乱。实际是对地主豪强做了让步，默认了他们的特权，可以继续占有大量私附民户和田产（其实在北方地区实行均田制时，也允许地主原有田产不变，并可占有大量奴隶）。这些就是考察浙江省和江南其他省的实际人口远远超过户籍人口的根本原因。

为了弄清浙江省的实际人口，下面再对隋末农民大起义所暴露出来的人口规模稍做分析，有助于对实际人口的了解。大业九年（613），余杭郡（治今杭州）人刘元进起兵反隋，三吴子弟为逃避隋朝的沉重赋役，纷纷来归，不到一个月，聚众数万人。三吴虽包括江苏省江南地区，但这里所说的只是距杭州较近地区的人口。因为也是三吴地区的吴郡（治今苏州）、毗陵郡（治今常州）又有朱燮、管崇聚众10万人，实际上多是丁壮。而余杭所聚之数万丁壮，又只能是这里丁壮的一部分，这说明即余杭郡的实际人口也当有数十万（唐贞观十三年户籍人口153 720），远不是《隋书·地理志》记载的那么七八万人。其后刘元进与朱燮、管崇联合，刘元进被拥立为皇帝，后为隋军杀害，又杀降兵3万余人，激起民众更大的仇恨，投入反隋起义军的人更多。这都说明江浙地区的实际人口要比《隋书·地理志》的记载多得多。这里我们再超前一步看，经过隋朝末年这场大战乱，大饥荒，原来隋朝统治区的人口耗损十之七八，可是战争全面结束后不久的唐贞观十三年（639）统计，浙江省有在籍户 14 万多，口 80 多万。这时的社会生产并未得到全面恢复，人民仍然生活在战后的贫困之中，人口不会有大的增长。那么这些比隋大业五年的统计多出来的几十万户籍人口是从哪里来的？显然是当时有大量人口没有编入户籍。种种情况说明，本省在大业初的实际人口，可能低于刘宋大明八年150 万，因为有大量南北朝战争时期流徙南方的北方人口回迁，但不能少于 140 万。在隋末战乱期间按耗损一半计，还余 70 万，按 70‰ 的年均速度增长（在这个过程不可能有再高的增长速度），才能达到 80 万左右。如果说大业时的人口只有《隋书·地理志》记载的 40 多万，按耗损一半计，还余 20 万，要达到唐贞观时的 80 万人口，必须有高达 60‰ 的年均增长率，这当然是不现实的。对浙江省在大业五年的人口作 140 万估计，当基本符合当时的历史事实。

表 7-19　　　　　　　　　　浙江省户籍人口表

隋政区	人口	密度	郡属县 全郡	郡属县 本省	本省人口	含今政区县市
余杭郡	79 453	7.66	6	6	79 453	安吉、德清、余杭、杭州、富阳、临安
吴　郡	94 935	5.43	5	2	37 974	跨江苏省，本省长兴、湖州、嘉善、平湖、嘉兴、桐乡、海盐
会稽郡	104 720	6.93	4	4	104 720	萧山、绍兴、诸暨、嵊州、新昌、上虞、余姚、宁波、镇海、奉化、舟山群岛
遂安郡	37 934	4.49	4	4	37 934	建德、桐庐、淳安
东阳郡	102 313	4.88	6	6	102 313	开化、常山、江山、衢州、兰溪、浦江、金华、武义、永康、义乌、东阳。另跨江西省玉山
永嘉郡	54 460	1.28	6	6	54 460	遂昌、龙泉、庆元、泰顺、文成、苍南、平阳、瑞安、温州、青田、丽水、缙云、永嘉、乐清、玉环、温岭、黄岩、仙居、临海、天台、三门、宁海、象山
合计				28	416 854	

三十 安徽省

本省户籍人口 1 905 708，比刘宋大明时增加近两倍。这个较高增长的原因，主要是隋统一北方后，有一段社会比较安定的时间，及平陈之后，消除了南北对峙的局面，社会更趋安定，特别是对北方地区。加隋灭北周后的几年，有 30 年社会比较安定的时间，给了人口一个较快恢复增长的机会，特别是经过户籍整顿，把北齐统治时期半不入籍的人口，都编入了户籍，必然使人口在统计上出现一个大幅度增长的局面。但细考各郡人口，江北地区与实际人口没有大的出入，但江南地区的户口统计，则与实际人口相距甚远，这个原因前面已有所述。丹阳、宣城、新安三郡分割属本省人口约 159 379。而唐朝安徽江南地区则改为宣州和歙州，分割属本省人口：贞观十三年（639）为 95 769 口，天宝十一年（752）为 903 609。在 113 年里增加人口 807 840，年均增长率 13.95‰，在当时的社会条件下是这一地区所不能达到的，说明它的增长基数要远远高于 95 769 口。就全国总人口来看，虽然按原统计年均增长率也在 10.65‰，但那主要是中原地区人口的较快增长。其中既有增殖，也有流散人口的回迁。对皖南地区来说，即按 9‰ 的增速计算，也得有 30 万左右的人口基数，而不是大业五年统计的不足 16 万人、又经过隋末战乱大耗损之后所剩不足 10 万人口所能增长起来的。实际上大业五年的皖南人口不能少于 50 万。至于大量户口隐漏的原因，和江南其他省是一样的，不再重复。按耗损一半计，还余 25 万，从江南战事结束的武德四年（621），增长到贞观十三年的 30 万，也得有 10‰ 的增长速度，从增殖来说，在当时社会初步安定、生产正待恢复的情况下也不可能。其中也是包括了大量流散人口回乡入籍而形成的增长。所以把隋大业初皖南人口估计为 50 万，只能是偏低的估计。这样比原统计的户籍人口 159 000 人，多出 34 万人。安徽全省实际人口当在 2 245 708 口。

表 7-20　　　　　　　　安徽省户籍人口表

隋政区	人口	密度	郡属县 全郡	郡属县 本省	本省人口	含今政区县市
庐江郡	215 071	9.65	7	7	215 071	合肥、肥西、肥东、巢湖、无为、庐江、舒城、六安、霍山

续表

隋政区	人口	密度	郡属县 全郡	郡属县 本省	本省人口	含今政区县市
历阳郡	42 640	15.47	2	2	42 640	含山、和县,另有江苏省江浦、无隋县
丹阳郡	124 630	19.41	3	1	41 543	跨江苏省,本省当涂、芜湖、马鞍山
宣城郡	103 212	3.70	6	5	86 009	跨江苏省,本省郎溪、广德、宁国、繁昌、南陵、泾县、族德、太平、石台、东至、池州、青阳、铜陵
新安郡	31 843	2.83	3	3	31 843	绩溪、歙县、黄山、休宁、黟县、祁门,另有江西婺源,无隋县
江都郡	596 797	15.35	16	3	111 899	跨江苏省,本省天长、来安、滁县、全椒
同安郡	112 443	7.68	5	5	112 443	桐城、枞阳、安庆、岳西、潜山、怀宁、望江、太湖、宿松
淮南郡	177 080	20.40	4	4	177 080	霍丘、寿县、淮南、长丰
下邳郡	268 994	15.69	7	1	38 428	跨江苏省、山东省,本省泗县、五河
钟离郡	180 887	33.83	4	4	180 887	蚌埠、凤阳、定远、明光
彭城郡	672 779	15.69	1	4	244 647	跨江苏省、山东省,本省萧县、淮北、濉溪、宿州、灵璧、固镇、怀远
梁 郡	803 194	72.65	13	1	61 784	跨河南省、山东省,本省砀山
谯 郡	386 505	35.33	7	4	220 860	跨河南省,本省亳州、涡阳、利辛、蒙城
汝阴郡	340 574	28.91	5	5	340 574	界首、太和、临泉、阜阳、阜南、颍上、凤台
合计				49	1 905 708	

三十一 江苏省

江苏省户籍人口比刘宋时期增加了30多万,这主要是江北地区从周灭北齐之后,社会便逐渐安定了下来。隋灭北周也没有发生战争,给了人民 30 年休养生息的时间。可是江南地区却是一种相反的情况,人口大幅度下降。刘宋时苏南人口约 71 万,从多方面情况分析,陈时苏南人口,不会少于刘宋时期。隋平江南和第二年镇压士族豪强的叛乱,战争进行得都很顺利,既没有大屠杀现象,也没有出现饥荒,人口即有损失也是微乎其微。且从开皇九年(589)灭陈之后至大业五年,又有 20 年的时间,社会基本是安定的,人口还当继续有所增长。但从隋朝的户口统计看,不仅没有增长,反而减少了 40 多万。虽然在南北朝时期,江北地区流徙江南地区的人口较多,在南北统一之后会有部分返回故里,但数量不会很多,有些流寓年久的基本上都变成了土著人,而且 20 年的增殖也足以补充回流北方的人口。最根本的原因还是户口隐漏,这和前面分析浙江等省的情况是一样的。虽然史籍没有明确的记载,但从隋末农民大起义所反映出来的人口活动规模,足以看出其间的问题。大业九年(613),吴郡(治今苏州)朱燮、毗陵郡(治今常州)管崇发动起义反隋,众至 10 万人,这个 10 万人所包含的人口,少也有三四十万。同时还会有很多人,由于种种原因没有参加起义军。即按大部分人投入起义军,两郡的实际人口,在本省境内也不能少于四五十万。再加本省所含丹阳郡(治今南京)、宣城郡(治安徽宣城)、江都郡(治今扬州)在本省的人口,这样江苏省长江以南地区的人口,在大起义之前仍当在 70 万以上。在隋朝末年的战乱中,江苏省南部地区包括扬州地区,受蹂躏特别严重,人口受损更重于北部地区。所以经过大耗损之后,到唐贞观十三年的户籍人口,也只恢复到 296 302 口,基本符合当时形势的发展。长江以北地区的户籍人口,经考查与实际人口无大出入,大业五年全省人口总计当在 164 万以上。

这里还有一个问题需要说明,史籍记载的农民起义人数,不可能十分准确,但也不会有太大的出入。我们曾按农民起义人数推算某些地区的人口,和当地统计的人口作过比较,大体符合当时的实际情况。

表 7-21　　　　　　　　　江苏省户籍人口表

隋政区	人口	密度	郡属县 全郡	郡属县 本省	本省人口	含今政区县市
丹阳郡	124 630	19.41	3	2	83 086	跨安徽省,本省南京、溧水
宣城郡	103 211	3.70	6	1	17 202	跨安徽省,本省高淳、溧阳

续表

隋政区	人口	密度	郡属县 全郡	郡属县 本省	本省人口	含今政区县市
毗陵郡	90 916	13.34	4	4	90 916	常州、江阴、无锡、宜兴
吴　郡	94 936	5.43	5	3	56 961	跨浙江省，本省苏州、张家港、常熟、太仓、昆山、吴江及上海市露滩地区
江都郡	596 797	15.35	16	13	484 897	跨长江两侧，江南有镇江、句容、丹阳、金坛。江北至淮河，跨安徽省，本省扬州、仪征、六合、江浦、江都、高邮、盱眙、金湖、洪泽、淮安、宝应
东海郡	143 914	13.01	5	5	143 914	赣榆、连云港、东海、沭阳、涟水、灌云、灌南
下邳郡	268 994	15.69	7	5	192 138	跨山东省、安徽省，本省邳县、新沂、睢宁、宿迁、宿豫、泗阳、泗洪
彭城郡	672 777	26.53	11	4	244 647	跨山东省、安徽省，本省丰县、沛县、徐州
合计				37	1 313 761	

三十二　上海市

上海市所辖地区的地理条件，与前代无大的变化，对人口仍不做考证。

表 7-22　　　　　隋朝中期各省人口汇总

炀帝大业五年（609）

省区	考证人口	户籍人口	省区	考证人口	户籍人口
河南	9 669 293	9 669 293	重庆	220 590	700 000
山东	7 213 097	7 213 097	云南	6 277	2 400 000
河北	7 195 355	7 900 000	贵州	11 654	1 400 000

续表

省区	考证人口	户籍人口	省区	考证人口	户籍人口
北京	232 258	310 000	湖北	2 710 818	2 950 000
天津	124 283	124 283	湖南	273 183	1 360 000
辽宁	3 880	1 000 000	广西	954 858	1 600 000
吉林	—	500 000	海南	—	180 000
黑龙江	—	300 000	广东	560 480	960 000
内蒙古	62 194	1 350 000	福建	78 239	600 000
山西	4 414 140	4 560 000	台湾	—	140 000
陕西	3 691 542	3 691 542	江西	428 327	820 000
甘肃	1 911 268	1 911 279	浙江	416 854	1 400 000
宁夏	131 266	300 000	安徽	1 905 708	2 245 708
青海	44 672	500 000	江苏	1 313 761	1 640 000
新疆	—	900 000	上海		
西藏	—	2 300 000	总计	64 465 202	43 573 997
四川	2 338 361	3 540 000			

第五节 后 叙

隋朝人口增长达到顶峰之后，旋即走向灭亡之路，人口急剧下降。实际上隋朝人口进入高峰时间，并不在大业五年（609）。炀帝即位的第二年，即大业元年（605）他就开始穷奢极欲的腐朽生活，决定进行大规模的宫殿苑林建设，营建东都（今河南洛阳），每月役使民丁200万人，主要工程进行了一年之久。由于工程要求严急，劳役特别沉重，被折磨而死者十之四五，往外运送尸体的车辆络绎不绝，仅此一项工程就死人100多万。同时又发河南诸郡男女百余万人开通济渠（即运河，由洛阳至江苏扬州）。大业三年（607）发丁男百余万人修长城，由榆林（今内蒙古自治区托克托）至紫河（今名浑河，内蒙古清水河县北），民工劳累过度，死亡十之五六，不亚于当年秦始皇的长城工程。次年再发丁男20万继续修筑，继续造成大批民丁死亡。为了从水路出兵征高丽，在东莱（今山东莱州）海口督工造船，民工劳累不堪，昼夜立在水中劳作，夏季自腰以下，无不生蛆，死者十之四五。大业四年（608），再发黄河以北地区男女百余万人开永济渠，自洛阳达于涿郡（今北京）。还有很多其他工程，每一项工程都造成大量民工死亡。此时各项工程造成的民丁死亡，累计可达二百数十万。按大业五年的户籍人口4 600万，经考察仁寿末年以前的年均增长率可在15‰，每年增加人口难及70万。而民工死亡每年也在六七十万。在这种情况下的人口出生率自然也要大幅度下降。说明大业以后的人口已不能再有增长。而且由于各种工程抽调民力太多，严重破坏了农业生产的发展，人民生活水平下降，很多地方出现严重饥荒。大业六年（610）有些地方便出现农民起义。大业七年起义范围已扩展至北方很多地区。大业八年以后三次出兵伐高丽，给人民造成了更大的灾难。出征战士及民工，多去而不归，灾荒遍及各地，农民起义的烈火也燃遍了隋全国，直至隋朝灭亡。这些情况都说明，隋的人口峰值时间，只能在文帝仁寿四年（604）。此后经过一小段时间的停滞后，便开始急剧下降。只是大业五年做了最后一次大规模的户口检查，并有资料留传于后世，使后世人误以为这就是隋朝的最高人口数量。

通过逐个省区考证，仍以大业五年为时点，综合为6 445万，使我们发现，隋代人口峰值既不是《隋书·地理志》记载的大业五年隋朝版图内的4 601万，也不是我们在《中国人口通史》中考证的今中国版图内的5 542万，而是达到了6 400多万的更高水平。因而对前书的考证不得不作出重大的修改。要以本书更深入、更具体、更科学的考证为准。之所以出现那样大的失误，总结了以下几条经验教训：

一是正确处理总体考证（或称一揽子考证）和分省区具体考证的关系。总体考证是必要的，它可以使我们对一个时代一个时期人口的总体情况有一个初步的概念。当然我们所做的总体考证，也不是孤零零的只围绕着史书上遗留下来的几个全国性人口数据兜圈子，也是有情况、有分析、有考证、有研究。通过人口分布的分析和少数民族地区人口的考证，力求能更准确地反映全国人口的总体情况。所以对战国、西汉、东汉、西晋、刘宋、东魏的总体考证人口数，和这次分省区考证的综合数，基本相吻合。但是一遇到更复杂的情况时，就显得力度不足，对隋代分省考证的结果，就暴露出在《中国人口通史》一书中的考证还不够深入。

二是对多种史书记载的隋朝户口检查的"大索貌阅"缺乏更具体的考证分析，误以为隋大业五年是对全国各地都做了极严厉的户口清查，基本上把人口全部登入了户账。但经这次分省考证发现，只是长江以北和黄河中游以下各省区。河南、山东、河北、山西、陕西、甘肃、湖北等省和安徽、江苏两省的江北地区，户籍人口与实际人口确无大的出入，而江南地区的情况则大不相同，仍有大量人口没有编入户籍。出现这种现象的原因，在分省区考证中已有所述，这里再做进一步说明。隋朝严厉的户口清查制度，是隋朝建立后不久就确定的，文帝开皇五年（585）就进行了一次严厉的户口大检查，实行"大索貌阅"，所谓"大索"，就是大搜索，不许藏丁匿口，所谓"貌阅"就是对所有的人，都要经过户口检查，人员当面验视，看所报性别年龄是否相符。目的在于，不许男丁诈老诈小，以规避赋役。这次共查出漏籍男丁 443 000，普通人口 1 641 500，全部编入了户籍。这时江南地区的陈朝仍然存在，检查只在原齐、周统治地区。第二次是在平陈后 20 年的大业五年（609），以同样严厉的方式进行。得丁 243 000，普通人口 641 500，[①] 但史籍没有说明大检查的具体地区范围，从上面的分省区人口考证中可以看出，大业五年的检查也不包括江南陈朝故地。即有检查也是走马观花，并没有认真实行，否则它不可能有那么多的隐漏户口，甚至超过户籍人口。究其原因，主要是江南士族豪强的抵制。隋统治者怕再引起暴乱，不敢强制进行。

三是对周边少数民族地区的人口，还缺乏更深入更全面的考查分析，一般估计过于偏低，这次重新考证，做了适当的调整补充，当更切近各地区的实际情况。

至于隋朝灭亡时还剩多少人口，无具体史料可考。隋朝灭亡后，各地农民起义军，通过兼并联合，已形成了几支较大的武装集团。一些隋朝官员，失去了中央朝廷的控制，也拥兵割据。其后的战争更激烈，更残酷，破坏性更大，由于战争所造成的饥荒更严重，大批大批的人被饿死。战争全面结束后的唐武德七年（624），在原隋朝统治区，只能剩人口约 1 500 万，减损 3 000 多万。

---

① 这个数字有点问题，即与开皇五年有点雷同，在《中国人口通史》中已有说明。经考证，隋朝有过两次户口大检查是应当肯定的。

第八考　唐朝初期

太宗贞观十三年（639）

第一节　导　　语

隋朝灭亡时，实际上唐朝还没有建立起来，这时在各个地方已形成了很多势力较强的武装集团。有农民起义军通过兼并联合形成的武装集团，还有隋朝的官员在镇压农民起义时，掌握了较大的武装力量，隋灭后便拥兵割据。他们之间互相攻伐，战争不已，都想由自己这方面统一天下。唐朝的建立者，隋太原留守（治今太原南）李渊，也趁机起兵。先取关中，以占天时。这时他还只是诸多割据者之一。宣布取消隋朝的苛捐杂税，又开仓放粮，赈济饥民，争取民众的支持，并拉拢一批豪强地主的支持，做他们的统治基础。由于政策得当，很快便建立起巩固的关中根据地，然后杀向中原。经过无数次残酷的血战，终于消灭了其他割据势力，赢得了战争的胜利，建立起统一的新的封建政权——唐朝。

隋朝灭亡时，全国农民起义战争，方兴未艾。此时全国人口虽然已经受到了很大的损失，但还没有达到耗损过半的程度，所剩人口还当在3 000万左右。不过由于社会生产已经遭到全面大破坏，饥荒日益严重，战争还在继续，人口也在继续大批大批地死亡。而李渊统治集团，虽然在关中地区采取了一些救济灾民、组织民众恢复发展生产等安民措施，但当他们进兵中原时，同样是战争破坏者。他们为了消灭其他割据势力，进行了多次残酷的战争，对人民同样带来了很大的蹂躏破坏，屠杀了大量起义农民。混战的结果，使原来那些拥有十几万、几十万军队的武装集团，都灭亡了，士卒也大部分死亡了。李渊统治集团，在劳动人民的血泊中收拾了残局，巩固了政权。至战争基本结束的高祖武德七年（624），在原隋朝户籍统计区内，大约只剩人口1 500多万。至太宗贞观十三年（639），调查统计的户籍人口，只有约1 300多万。在今版图内的实际人口，估计也只3 000多万。从这些统计数字中足可以看出这场战祸之惨。

唐的政区设置有所变化，一级政区由州改为道，州变成了二级政区，取代了郡为二级政区（中间曾一度恢复郡为二级政区），县仍为三级政区不改。下面以《旧唐书·地理志》所载贞观十三年户口为基础对各省区人口做具体的考证分析。

第二节　北方各省区人口考

一　河南省

河南省地处中原腹心地区，隋炀帝时大兴宫殿苑林建设和开挖运河工程，河南地区受夫役征调和物资征集之害特别严重。自炀帝登基的次年，人口就开始大幅度下降。修筑洛阳宫殿，每日役丁200万人，由于工程严急，官兵鞭挞督工，民工劳累不堪，大批死亡，一年之间死亡民工百余万。"东都役使促迫，僵仆而弊者，十四五焉。每日载死丁，东至成皋，北至河阳，车相望于道。"① 为了炀帝游乐江南，又发河南诸郡男女百余万人开通济渠。就是开挖自洛阳通往江都（今江苏扬州）的运河，又有大批民工死亡。虽然所抽调之民工，并不全属河南省，但工程既主要在河南省，河南人民之受害必首当其冲。凡在某一地方搞大规模的工程建设，官府总是要就近征调人役，洛阳宫殿苑林建设死亡之民丁，大部分属河南省。其后各种工程建设接连不断，而且更重要的是，大部分青壮年疲于无穷的劳役，不能安于农业生产，农田荒芜。就在这种情况下，隋炀帝又发动了三次征高丽的战争，在全国征兵征粮，"扫地以兵"，农业生产全遭破坏。大饥荒接连发生，大批人饿死，农民起义遍及大河南北。由于官兵的残酷镇压，起义农民的坚决反抗，进而发展为全国规模的大战乱。河南人口自炀帝登基以后，直至隋朝灭亡，呈一路急剧下降的形势，及至战争基本全面结束的唐武德七年（624）还能剩多少人口，没有具体的统计记载。按《旧唐书·地理志》的记载，至贞观十三年（639），还是经过了十几年的恢复，也只120万。

---

① 《隋书·食货志》。

隋末唐初，河南人口耗损之惨重，不亚于东汉末年的军阀大混战期间。按照隋唐户籍统计区计算，唐朝初年的总人口，比之隋朝人口最盛时十去六七，而对河南省来说则是十去其九。即按战争结束后十五年的贞观十三年的户籍人口，也只有隋大业初户籍人口的12%，至于战争刚结束时，可想而知。直到唐高宗初期，一向人口稠密的河南平原，也没有得到大的改观。显庆二年（657），唐高宗到许州（治今许昌）、汝州（治今临汝）视察时还说："此间田地极宽，百姓太少"。① 说明贞观十三年统计的户籍人口，基本上符合当时的实际情况。这个时候也不可能有更多的人口。

隋末唐初的战乱饥荒，虽是普遍的，但各地人口减损的程度也不尽相同。今许昌至郑州附近地区，是本省在隋朝人口密度最高的地区，每平方公里约90人左右。经过15年的战后恢复，郑州至开封间，每平方公里可达20人左右，许昌附近地区10人左右。其中都包括部分移民在内。不仅由于这一地区地理自然条件比较好，很多流民在战后会向这里迁徙，而且也有官府的推动。但直到高宗时还说这里人口太少，说明就这一地区的人口容量来说，人口的恢复也只刚刚起步。怀州（治今沁阳）地区人口减损较少，至贞观十三年统计，有人口12万多，每平方公里37人，原因是这一地区，南隔黄河天堑，北有太行山险阻，不是各派争夺的战略要地，所以受破坏较轻些，所剩人口也多些。然而对比隋朝人口最盛时，也还是十去七八。隋在唐之怀州（河内郡，今获嘉以西）有人口55万多，每平方公里可达163人，可见人口耗损之惨重。除边远地区外，在黄河长江流域的中下游地区，没有一块地方能逃过这场劫难。那些遭劫最严重的地方，虽经十几年社会安定时间的恢复，仍是人口寥寥。伏牛山以南的唐、邓二州（即南阳地区），隋最盛时有人口80多万。可是隋末唐初，经朱粲为首的流寇集团的杀掠破坏，农业生产全遭破坏，军粮无所取给，于是就到处捉人充粮杀食，人口几乎全部死光。当然他的流寇部队最终也逃脱不了被饿死的命运。所以虽经十几年的恢复，按统计，唐、邓二州，也只4万人，是隋人口最盛时的二十分之一，每平方公里不足2人。另有亳州（治今亳州）、汝州（治今

---

① 《通典·食货七》。

临汝），每平方公里也不足 2 人。

关于河南府的人口，原书户口缺记。这一地区在隋末唐初的战乱中，受破坏特别严重，曾多次在这里发生大战恶战，对人口的耗损也会特别严重。隋朝灭亡后，隋东都（即洛阳）留守王世充割据河南，称皇帝。武德四年（621）被唐李世民战败后，围困于洛阳城中，仅 2 个多月便城中乏粮，人相食，百姓士兵多被饿死。王世充在准备固守之前，曾派军队到处抢粮，运往城中，但也仅能维持 2 个多月，却更加剧了乡村的饥荒，整个河南府的人口，不会剩下很多。河南府属都畿道，[①] 而都畿道还辖有陕、怀、汝三州。上面说过，怀州由于它的地理条件，受破坏较轻，所剩人口稍多些，三州合计也只 179 558 口，只及天宝户籍人口 762 120 的 23.56%。河南府天宝人口 1 183 093，如果按这个比例推算，贞观十三年当有人口 278 787 口，比之隋大业初的人口约 173 万，减损 84% 左右。这里是隋朝的东都，也是唐朝的东都，从政治上的原因考虑，统治者也会加以治理，社会生产会得到较快的恢复，人口也会有较快的增长。但就全省来说，贞观十三年的户籍人口（包括估计的河南府人口）也只 1 202 597 口，包括各种漏籍人口，它的实际人口，约 125 万人。

这里还要说明一个问题，下面表中的人口密度，是依据《旧唐书·地理志》原载户口计算的，不可能很准确。有些是远不符合实际，只供做进一步考证分析的参考，但也可以从中看出这样一个问题：中原地区在十几年的战乱期间，人口耗损绝大部分，但恢复起来并不那么容易，战争全面结束后已是十几年的时间，到处还是人烟稀少。由于当时战乱的程度各地不尽相同，人口损失有的地方稍轻些，有的地方就特别严重，表现在人口密度上，那就是地区之间的畸高畸低，这从表中可以看得很清楚。同时这个人口密度的测算，也为我们分析检验不同地区的人口统计情况提供了方便，从大体相同地区的比较中，以鉴别原统计是否基本符合实际。不过由于战争刚刚结束十几年，人口还不能恢复到与生存环境相平衡的程度。在唐朝初期用人口密度去推算人口，也不可能十分准确，但在社会长期比较安定的情况下，这将是一种比较可行的办法。

---

① 道——是唐朝的一级政区。唐改郡为州，把州作为二级政区。

表 8-1　　　　　　　　　　河南省户籍人口表

唐政区	郡国属县 总数	郡国属县 本省	户数	口数	人口密度	含今政区县市
河南府	26	26	45 882	278 737①	13.19	洛阳、偃师、巩义、登封、禹州、新密、温县、孟县、济源、孟津、新安、义马、渑池、宜阳、伊川、嵩县、洛宁
郑　州	7	7	18 793	93 937	19.84	原阳、荥阳、郑州、中牟、新郑
陕　州	7	3	9 073	35 108②	9.88	跨山西省，本省三门峡市
豸虎州	6	6	7 000	35 000③	5.00	灵宝、卢氏、栾川
汝　州	7	7	3 884	17 534	1.87	汝阳、汝州、郏县、宝丰、叶县、平顶山、鲁山
许　州	7	7	15 715	72 229	10.27	长葛、鄢陵、扶沟、许昌、襄城、临颍、舞阳
汴　州	6	6	17 701	82 879④	12.52	封丘、开封、兰考、杞县、通许、尉氏
蔡　州	11	11	12 182	60 415	3.67	郾城、漯河、西平、上蔡、遂平、汝南、平舆、新蔡、淮滨、息县、正阳、确山、驻马店
陈　州	6	6	6 367	30 961	3.60	太康、淮阳、西华、周口、商水、项城、沈丘
亳　州	8	4	2 895	16 589⑤	1.51	跨安徽省，本省鹿邑、郸城、永城
宋　州	10	7	7 915	43 204⑥	3.86	跨山东省、安徽省，本省睢宁、宁陵、柘城、商丘、夏邑、虞城
曹　州	6	1	1 541	9 164⑦	1.19	跨山东省，本省民权
濮　州	5	2	3 451	17 654⑧	5.22	跨山东省，本省濮阳
滑　州	7	7	13 738	64 960	15.56	滑县、长垣、延津
怀　州	5	5	30 090	126 916	37.95	沁阳、焦作、修武、武陟、获嘉
卫　州	5	5	11 903	43 682	9.26	新乡、卫辉、辉县、淇县、浚县
相　州	11	6	6 267	40 781⑨	4.70	跨河北省，本省林州、鹤壁、安阳、内黄
魏　州	10	3	9 132	40 984⑩	6.21	跨河北省、山东省，本省南乐、清丰、范县

续表

唐政区	郡国属县 总数	郡国属县 本省	户数	口数	人口密度	含今政区县市
唐　州	7	7	4 726	22 299	2.24	方城、社旗、唐河、泌阳、桐柏
邓　州	7	7	3 754	18 212	0.97	西峡、淅川、内乡、南召、镇平、南阳、邓州、新野
申　州	3	3	4 729	23 061	4.62	罗山、信阳
光　州	5	5	5 649	28 291	2.48	固始、商城、潢川、光山、新县
合计		141	242 387	1 202 597		

注：

① 河南府，贞观户口缺记，此据天宝户口推算得来，详见正文。

② 陕州，全州户 21 171，口 81 917，表中户系据属县分割数。

③ 原书户口缺记，此系按每平方公里 5 口推算得来。

④ 汴州，原书记户 57 701，有误，当为 17 701，纠正后，平均每户 4.68 口，每平方公里 12.52 人，与邻州相比亦相当。

⑤ 亳州，全州户 5 790，口 33 177，表中系按属县分割数。

⑥ 宋州，全州户 11 303，口 61 720，表中系按属县分割数。

⑦ 曹州，全州户 9 244，口 54 981，表中系按属县分割数。

⑧ 濮州，全州户 8 628，口 44 135，表中系按属县分割数。

⑨ 相州，全州户 11 490，口 74 766，表中系按属县分割数。

⑩ 魏州，全州户 30 440，口 136 612，表中系按属县分割数。

二　山东省

在隋末唐初的战乱期间，山东省受害特别严重，因而使它的人口也遭到了特别重大的损失。至唐贞观十三年，已是战争全面结束后 15 年，统计户籍人口仍只有 60 多万。经考查这个户口数，会略低于实际人口。加部分漏籍人口，至多 65 万。按户籍人口计算，比隋大业初，减损 90% 多。

隋末农民大起义，最先爆发于山东省，反映了在炀帝的暴政下，山东人民受害特别严重。更为严重的是，隋炀帝三次征伐高丽，在全国征集兵员民夫及各种物资，山东西部地处南北交通要冲，多在沿途就近调集，各种杂役征发尤多。特别是征集大量民丁在东莱（今莱州）海口造船，准备从水陆进兵高丽。官吏督役，民工劳累过度，稍有迟缓，便加捶打。船工昼夜立于水中，得不到休息，夏季自腰以下无不生蛆，死者十之三四。由于役调频繁，人民不能从事生产，耕地荒芜，出现饥荒。大业七年七月，黄河下游地区发生大水灾，山东又是重灾区。在已经发生饥荒的情况下，大业八年又出现严重的旱灾，接着便是疫病大流行，得不到任何救济，人口大批死亡。在这种情况下，人民不得不走起义造反这条路。先有齐郡邹平（今邹平）人王薄，据长白山（今章丘东北）聚众起义，并宣传揭发隋炀帝残暴统治的罪恶。那些忍受不了官府劳役折磨的民丁，纷纷避役归附，次年便发展到十余万人。其后又有平原郡（治今陵县）刘霸道、济阴郡（治今定陶西南）孟海公、北海郡（治今青州）郭方预等等数十起，遍及全省各地，都是聚众几万人或几十万人。当然这也必然要遭到封建统治阶级的残酷镇压，在镇压与反抗的残酷斗争中，以及以后形成的各武装集团之间的兼并战争，连续十几年战乱不息。到唐朝统一战争结束时，山东省在隋朝前期发展起来的700多万人口，几乎死亡净尽，所剩不及十分之一。

当然，贞观十三年的实际人口会稍高于《旧唐书·地理志》记载的户口数。一是它不可能没有遗漏；二是也有记载失误的地方。兖州府原书记载户9 366，口15 428，每平方公里0.88人，户均人口也只1.65人。而附近各州平均每户都在5口以上，说明口数记载有误。也按平均每户5口计，则当有人口46 830口，但每平方公里也只有2.67人。由于这场战乱遍及全省各地，人口耗损太大，各地人口密度也普遍降到了最低点。而且打乱了原来人口分布的格局，摆脱战乱的时间又不久，很难从人口密度上准确地辨别出各地户籍人口与实际人口的差距。但从人口密度的计算上仍可以看出，尽管有些地方在战争爆发后，并没有在这里发生大规模战争，但人口同样大幅度地耗减下去了，例如半岛地区。由此我们知道，人口耗损，主要不是战争屠杀，而是封建官府与隋炀帝的穷奢极欲，征伐高丽，竭泽而渔的征兵征役，掠夺物资，使百姓失业，农田荒芜，又接连发生大饥荒，并伴之以瘟疫而造成的。减损的人口，主要是饿死的和疫死的。正如《隋书·食货志》所说：大业七年，"是岁山东、河南大水，漂没四十余郡，重以辽东覆败，死者数十万。因属疫疾，山东尤甚。所在皆以征敛供帐军旅所资为务，百姓虽困而弗之恤也。"这就是爆发全国农民大起义的根本原因，其结果造成了山东人口的空前浩劫。山东省所剩实际人口虽会略高于户籍人口，但也高不了很多，至多70多万。

表 8-2　　　　　　　　　　　　山东省户籍人口表

唐政区	府州属县 总数	府州属县 本省	户数	口数	人口密度	含今政区县市
齐 州	8	8	11 593	61 771	7.83	济南、临邑、济阳、禹城、齐河、章丘
德 州	7	5	7 239	37 244	10.97①	跨河北省，本省德州、陵县、平原
贝 州	9	3	5 906	30 026	16.42②	跨河北省，本省武城、夏津、临清
博 州	6	6	7 682	37 394	7.39	高唐、茌平、聊城
沧 州	17	5	5 898	28 175	5.71③	跨河北省，本省沾化、利津、滨州、阳信、商河、惠民、无棣、庆云、乐陵、宁津
魏 州	10	3	9 132	40 984	20.71④	跨河北省、河南省，本省冠县、莘县
济 州	5	5	6 905	34 560	8.09	东阿、长清、平阴、肥城、阳谷
濮 州	5	3	5 177	26 481	13.05⑤	跨河南省，本省鄄城
郓 州	5	5	4 141	21 692	4.59	东平、梁山、巨野、嘉祥、郓城
曹 州	6	5	7 730	45 818	7.85⑥	跨河南省，本省东明、定陶、菏泽、成武
宋 州	10	2	2 261	12 344	5.52⑦	跨河南省、安徽省，本省曹县、单县
兖 州	11	11	9 366	46 830	2.67	泰安、莱芜、汶上、宁阳、泗水、曲阜、兖州、济宁、邹城、鱼台、金乡
徐 州	7	1	1 166	6 505	2.19⑧	跨江苏省，本省滕州、微山
沂 州	5	5	4 652	23 900	1.33	沂源、新泰、沂水、沂南、蒙阴、平邑
淄 州	5	5	6 323	34 425	6.99	高青、邹平、桓台、淄博
青 州	7	7	10 658	56 317	4.64	博兴、广饶、寿光、昌邑、潍坊、昌乐、青州、临朐
密 州	4	4	3 580	28 593	1.80	安丘、高密、胶县、诸城、胶南、五莲、莒县、日照、莒南
莱 州	8	8	11 568	63 396	2.35	莱州、平度、青岛以东县市皆属
合计		91	120 950	636 405		

注：

① 德州，全州户 10 135，口 52 141，表中户口系按属县分割数。
② 贝州，全州户 11 719，口 90 079，表中户口系按属县分割数。
③ 沧州，全州户 20 052，口 95 796，表中户口系按属县分割数。
④ 魏州，全州户 30 440，口 136 612，表中户口系按属县分割数。
⑤ 濮州，全州户 8 628，口 44 135，表中户口系按属县分割数。
⑥ 曹州，全州户 9 244，口 54 981，表中户口系按属县分割数。
⑦ 宋州，全州户 11 303，口 61 720，表中户口系按属县分割数。
⑧ 徐州，全州户 8 162，口 45 537，表中户口系按属县分割数。

三 河北省

本省是隋末唐初战乱饥荒的又一重灾区，按贞观十三年统计的户籍人口 114 万，比隋大业五年的 747 万，减损 85% 以上。比东汉末年那场浩劫要严重得多。东汉末年战乱饥荒之后，河北省人口，还能剩约 170 万。而隋末唐初战乱之后，包括估计的漏籍人口，也只能在 130 多万。

隋炀帝登基之后，为其穷极享乐，大兴土木工程。除大批民工要到东都洛阳服役宫殿苑林建设，其后又开挖从洛阳通往涿郡（治今北京）的运河，又修太行山驰道，都大量从河北省抽调民工。由于劳役过重，大批民工死亡。特别是三次大发兵征伐高丽，集兵地点就在涿郡。河北省南部地区，正处在运粮调兵的交通要道。民丁、物资，多就近调拨，受蹂躏特别严重。人民废业，农田荒弃，很快便出现大饥荒。紧接着在山东省首发农民起义，河北省很多地方的饥民也纷纷举起义旗。这里有一个官逼民反的生动事例，足以说明农民起义的性质。清河郡漳南县（今故城东北）农民孙安祖，家为大水淹没，妻子饿死。在这种家破人亡的情况下，县官还逼其服兵役。安祖不从，被鞭打，在忍无可忍的情况下，杀了县官，避难于里长窦建德家。被发觉，窦建德全家被官府抄杀，只身投奔蓨县（今景县东）高士达起义军。其后窦建德曾聚众数十万人。人民之所以起义造反，都是被逼上了绝路才铤而走险。后几年又有上谷郡（治今易县）王须拔、河间郡（治今河间）格谦、恒山郡（治今石家庄北）赵万海等，都是聚众十几万人。河北省农民起义还有一个特点，不仅规模大，而且坚持时间久。窦建德起义军后来被唐兵击败，本人被俘，又有刘黑达继续统领其众，一直坚持到唐武德六年（623）。在这个过程里，连年都有战争，到处都有战争,生产不能正常进行,饥荒一直连续不断。所以到战争刚结束时,估计河北人口只能有七八十万。由于北部地区地近塞外,战乱期间有大量人口出塞避难,战争结束后,唐朝廷又极力号召流民还乡,并给予免赋役的优待。贞观三年(629),"是岁,户部奏言,中国人自塞外来归及突厥前后内附,开四夷为州县者,男女一百二十余万口"。[①] 其中河北省就有大量回归人口。所以贞观十三年得以有较高的户口统计,达到114万多。

不过贞观十三年河北省的实际人口,还当更高于《旧唐书·地理志》记载的户口数。有的州统计不全,有些少数民族羁縻州没有户口记载。蔚州(治山西灵丘),地处太行山北部以西,辖三县,942 户,3 748 口,平均每县才1 200 多人口,每平方公里只有0.26 人。这一地区虽然山地较多,一向人口较少,大乱之后人口会更少,但也不当少到这种程度,显然是户口统计不全。另有平州(治今卢龙),地处滦河下游平原,曾是人口比较稠密的地区,每平方公里也只有0.26 人。再有太行山北端以北的妫州(治今怀来东),按记载的人口数,每平方公里更少到只有0.01 人,简直成了无人区。这些地区除户口统计不全之外,主要是隋末唐初战乱期间有很多少数民族人口乘机进入,与汉民杂处,他们只保持原有的部落组织,不上地方户籍。由于杂处,对原有户籍人口,也难做全面的户口统计。另有玄州(寄治今涿州),隋开皇初就有契丹部落居住在这里,唐为之置州管理。昌州(寄治今安次西),也是契丹部落所居。而塞外承德地区,早已是少数民族奚人的天地,并建牙帐(类如王庭),奚王常住今内蒙古宁城。他们人口较多,从后史考查,即在唐初,在河北省境内也不能少于10 万人。再从以后天宝十四年(755)范阳镇(治今北京)节度使安禄山(胡人)叛唐一事所反映的人口情况看,发兵15 万人,其中很大一部分是少数民族,有同罗人(由漠北南下的敕勒部落)、奚人、契丹人、室韦人,等等。而这些军队都是由青壮年组成的,说明河北省北部地区有较高的人口基础。而这个较高的人口基础,又不是在短期内可以形成的。天宝年间统计幽州及其以北地区的人口只有50 多万,其中很少是少数民族。这就是说在唐朝初期,河北省北部地区和北京市周围地区,已经

[①] 《旧唐书·太宗本纪》。

有很多少数民族的存在，只是不见于统计，少也有几十万人，所以从多方面考查分析，在贞观十三年前后，河北全省的实际人口，不能少于140万。

另外，镇州（即恒州，治真定，今正定）户口记载有误，原书记载为"户二万六千一百一十三，口五万四千五百四十三"，每平方公里5人，平均每户2.09口，这个户均人口也太少。镇州西部为太行山区，人口密度稍低是可能的，但沿太行山麓的赵州、邢州、洺州，都是半山地半平原，但每平方公里人口都数倍于镇州（详见表8-3）。说明口数记载有误。与其他州相比，当是口数前位数的"十"字，误书为"五"字，改正后平均每户4口，与相邻各州比较大体相当。每平方公里9.42口，仍低于其他邻州，也符合镇州山区更多的实际情况。

表8-3　　　　　　　　　　河北省户籍人口表

唐政区	府州属县 总数	府州属县 本省	户数	口数	人口密度	含今政区县市
镇　州	9	9	26 113	104 543	9.42	阜平、行唐、灵寿、平山、井陉、获鹿、正定、石家庄、藁城
赵　州	9	9	21 427	85 992	16.27	栾城、元氏、赵县、赞皇、高邑、临城、柏乡、宁晋、隆尧
邢　州	9	9	21 985	90 960	14.23	内丘、邢台、任县、南和、广宗、平乡、巨鹿
韩　州	5	1	1 403	6 587①	4.74	跨山西省，本省涉县
相　州	11	5	5 223	33 985②	8.61	跨河南省，本省磁县、临漳、成安
魏　州	10	4	12 176	54 649③	20.71	跨河南省、山东省，本省馆陶、魏县、大名
洺　州	10	10	22 933	101 030	18.53	武安、沙河、永年、邯郸、肥乡、广平、丘县、曲周、鸡泽
贝　州	9	6	11 813	60 053④	16.42	跨山东省，本省故城、清河、临西、威县
德　州	7	2	2 896	14 897⑤	10.97	跨山东省，本省景县、吴桥
沧　州	17	12	14 154	67 621⑥	5.71	跨山东省，本省交河、东光、南皮、孟村、盐山、海兴、黄骅、沧州、泊头、青县

续表

唐政区	府州属县 总数	府州属县 本省	户数	口数	人口密度	含今政区县市
冀州	9	9	16 023	72 733	13.77	武强、阜城、武邑、衡水、枣强、冀州、南宫、新河
深州	4	4	20 156	87 000	29.04	安平、饶阳、深州、束鹿
定州	11	11	25 637	86 869	12.81	完县、唐县、望都、曲阳、定州、安国、新乐、无极、深泽、晋州
瀛州	12	12	35 605	164 000	17.06	高阳、博野、蠡县、肃宁、河间、献县、大城、保定、清苑、任丘、文安
易州	8	8	12 820	63 457	9.58	易县、涞水、满城、徐水、容城、新安
幽州	10	4	8 679	40 832[7]	3.28	跨北京市、天津市，本省安次、永清、霸州、雄县、高碑店、定兴、固安、涿州、香河、三河、大厂、兴隆、遵化、玉田、丰润、丰南
蔚州	3	2	628	2 499[8]	0.26	跨山西省，本省阳原、蔚县、涞源
平州	1	1	603	2 542	0.26	迁西、迁安、抚宁、卢龙、昌黎、滦县、唐山、滦南、乐亭
妫州	1	1	476	2 490	—	太行山北端长城以北地区，包括涿鹿、怀来、赤城、张家口、怀安及以北地区直至省界
崇州	1	1	140	554	—	附在幽州境内，三河西有古路城，为奚民部落置
昌州	1	1	132	487	—	附在幽州境内，今安次西北，为契丹部落置
合计		121	261 022	1 143 780		

注：

① 韩州，全州户 7 017，口 32 936，表中户口系按属县分割数。

② 相州，全州户 11 490，口 74 766，表中户口系按属县分割数。

③ 魏州，全州户 30 440，口 136 612，表中户口系按属县分割数。
④ 贝州，全州户 17 719，口 90 079，表中户口系按属县分割数。
⑤ 德州，全州户 10 135，口 52 141，表中户口系按属县分割数。
⑥ 沧州，全州户 20 052，口 95 796，表中户口系按属县分割数。
⑦ 幽州，全州户 21 698，口 102 079，表中户口系按属县分割数。
⑧ 蔚州，全州户 942，口 3 748，表中户口系按属县分割数。

四 北京市

隋末唐初战乱期间，北京市所辖地区，也受严重蹂躏。这里在隋朝，主要为涿郡所辖地区，是隋炀帝三次征高丽的兵员物资集结地和出发地。大业八年（612）第一次征高丽，集结军队 1 133 800 人，运送粮草的民夫比军队多一倍，200 多万人。大业九年、大业十年，又连续两次大发兵，每次都在百万以上，北京市所辖地区，人民所负各种杂役负担之重可想而知。但三次征高丽都是大败而回，士卒民夫死亡惨重，大半去而不归。在一千数百里的撤军道路上，到处是被遗弃的尸体。在这种情况下，北京市所辖地区是政治、军事中心地带，必然受到严重的蹂躏，连年大饥荒，人多饿死，很多人也投入了起义造反的行列。大业十年（614）就有卢明月，在今北京附近地区发动起义，很快便聚众十万人。由于当地食物已尽，于是率众南下寻食，至于山东、河南省。当然他们的结果也逃脱不了在官军残酷镇压下，死于战乱饥荒之中。这个情况说明，北京市所辖地区的人口，也在大幅度耗损下去。按隋大业五年的统计，有户籍人口 298 961，而唐贞观十三年统计只有 5 万多，减损 80% 多。当然实际人口还会更多些。在隋末唐初战乱期间，由于原有人口大量耗损，很多塞外地区少数民族，乘机进入北京市所辖地区，与汉民杂处。有些少数民族部落，唐朝还为其设置了羁縻州，有的州也有贞观户口的记载，不过这些民族州，多寄治在幽州境内，无实际行政区，也就无从做具体的户口统计。从以后天宝时安禄山造反所征集的少数民族兵员数量之大可知，在唐朝初期没有几十万的人口基础，到天宝时也发展不起几十万军队来，虽然这也包括河北省北部地区，但粗略估计，贞观十三年北京市所辖地区的实际人口，不能少于 10 万人。

表 8-4　　　　　　　　　　北京市户籍人口表

唐政区	府州属县 总数	府州属县 本省	户数	口数	人口密度	含今政区县市
幽州①	10	4	8 679	40 832	3.28	跨河北省、天津市，本市房山、大兴、通县、城区、顺义、昌平
檀州	2	2	1 737	6 468	1.87	平谷、怀柔、密云
威州	1	1	729	4 222	—	寄于幽州境内，在房山西北，为契丹部落置
燕州②	1	1	500	2 500	—	寄于幽州境内，在顺义北，为靺鞨部落置
合计		8	11 645	54 022		

注：

①幽州，全州户 21 698，口 102 079，表中户口系按属县分割数。

②燕州，为隋之辽西郡，寄治营州，唐武德七年迁于幽州，其后移治于桃谷山，今怀柔西南，无实土，领户 500，为粟末靺鞨别种，无人口数的具体记载。这个领户数字显然只是一个粗略的估计，表中人口数，为按平均每户 5 口推算的。

五　天津市

本市在隋末唐初的战乱期间，有同北京相同的情况。户籍人口由隋大业五年的 124 283 口，降至贞观十三年的 20 416 口。本市所辖地区，贞观时海河以北主要属幽州，其后于开元十八年（730）从幽州析置蓟州（治今本市蓟县），并含今宁河县。海河以南属沧州，辖区内无唐县治，只在今河北省青县东，靠近天津辖区置有鲁城县，说明大片退滩盐碱地仍很少居人。包括北部地区一定的漏籍人口和开始进入的少数民族人口，估计唐贞观时天津市的实际人口不能少于 3 万人。

表 8-5　　　　　　　　　　天津市户籍人口表

唐政区	府州属县 总数	府州属县 本省	户数	口数	人口密度	含今政区县市
幽州①	10	2	4 340	20 416	3.28	跨河北省、北京市，本市蓟县、宁河、宝坻、武清
沧州②	17	0	—	—	—	跨河北省，本市静海
合计			4 340	20 416		

注：

①幽州，全州户 21 698，口 102 079，表中户口系按属县分割数。

②沧州，跨有本市部分地区，但无唐县治，详见正文。

六 辽宁省

隋及唐初，辽宁省辽河以东地区，是在高丽国的占领之下，《旧唐书·地理志》只对辽河以西地区有零星的户口记载，总共不到 7 000 人，不能反映辽宁人口的实际情况。

辽宁省人口，历来辽东地区占多数。隋朝末年，隋炀帝三次大发兵征高丽，每次出兵都在百万以上，说明高丽国有较高的人口基础，较强的军事力量，对隋唐的北方地区构成严重的军事威胁。高丽民族原来只居住在以今吉林省集安为中心的一小片地区，跨鸭绿江南北两岸。其后逐渐发展壮大，灭了北部的扶余国，占领了今吉林省中部和辽宁省辽河以东地区，制服了东部的靺鞨民族和朝鲜半岛南部的新罗国和百济国，巩固了对辽东地区的占领。于是谋求向辽河以西地区发展，成了北方大患。所以在隋文帝时就曾对高丽用兵，其后隋炀帝又三征高丽，唐贞观十九年（645）太宗李世民又亲征高丽，都是为了解除这个来自东北方的大患。唐太宗这次出兵，虽然给了高丽国以沉重的打击，但也遇到了顽强的抵抗，未能把他们赶出辽东地区。都说明了高丽国的强盛。其后又多次用兵，直至唐高宗总章元年（668），才最后平定高丽。"境内尽降，其城一百七十、户六十九万七千"。① 若按平均每户 5 口计，当有人口 348 万多。然而经过历史的考查分析，它不可能拥有这么多的人口，或为记载失误。按高丽平定后，唐朝设置的安东都护府，大体就是原高丽国所控制的地区。包括辽宁省辽河以东地区，吉林省四平至桦甸以南，靖宇以西，今朝鲜国大同江以北，江界以西，面积约 140 000 平方公里，按照上面计算的人口数，每平方公里约 25 人。这一地区，这样高的人口密度，在当时的历史条件下是不可能的。另据《旧唐书·高丽传》记载："高丽全盛之时，强兵三十余万"。推其人口至多 200 万左右。估计"户六十九万七千"，或为"三十九万七千"之误。即如此，也可有人口 1 985 000，仍远远高于两汉时期。

---

① 《旧唐书·高宗本纪》。

这当更近于实际。唐在原高丽故地设置之安东都护府，略小于西汉之辽东郡、玄菟郡、乐浪郡，原三郡共有人口 901 132，其中辽东郡占 30.24%，玄菟郡占 24.62%，乐浪郡占 45.14%。从人口布局来讲，当不会有大的变化，按照这个比例分配，原辽东郡当有 600 264 口，玄菟郡 488 707 口，乐浪郡 896 029 口，但唐之安东都护府，只辖有西汉辽东郡辽河以东地区，这里人口稠密，仍当不少于 50 万人。同时玄菟郡三分之一的面积，也属辽东地区，人口也按三分之一分割。按照这样计算，整个辽东地区的人口当在 70 万人以上，但这只是一种机械的计算。辽东地区面积较广，有山区也有平原，辽河平原人口密度是很高的，所以整个辽东地区的实际人口，当更高于 70 万人，粗略估计不能少于 90 万人。

辽河以西地区，北面受奚人和契丹人的蹂躏，东部受高丽国的威胁，人口不会很多，但也决不会像《旧唐书·地理志》所记载的只有那么几千人，每平方公里 0.1 人。在隋末唐初战乱期间，河北、中原地区的人口，会有很多避难辽西。这也是历史的规律，只是没有具体的数量记载。《旧唐书·突厥传》记载说：值隋末"天下大乱，中国人奔之者众"。这里指的是整个北方塞外地区，辽西地近中原，自然地理条件比塞外其他地区都好。所以避难辽西地区的人口，必不能很少。估计整个辽西地区的实际人口不能少于 15 万人。在今阜新以东，彰武、法库以北，已经成为契丹的占领地，不过这里人口比较少。按照上面的考查分析，辽宁全省人口，在唐贞观十三年，不能少于 105 万。

再从另一个方面进行考查分析，按《新唐书·高丽传》对唐平高丽的战争记载较详。唐贞观十九年（645）征高丽，攻盖牟城（今盖平），拔之，户 2 万。进围辽东城（今辽阳），拔之，户 4 万。又拔白崖城（今辽阳东北），获男女 1 万口。拔卑沙城（今海城），获 8 000 口。又围安市（今海城南），但安市守卫坚固，久攻不下，高丽曾以 15 万兵救安市，说明安市地位重要，其居民亦不能少于 2 万户。以上总计 8 万户又 18 000 口，以平均每户 5 口计，当有 418 000 人。这个战区是辽河以东人口最稠密的地区，但地区范围较小，不能居有辽河以东地区的一半。这就是说，按照这个情况分析，辽宁省辽河以东地区的人口，在唐平高丽以前已不能少于 90 万人。加估计辽西人口 15 万，全省人口大体上还是 105 万。贞观十三年时就当有这个人口数。其后由于唐平高丽的战争，会使人口受到一定的损失，并曾几次迁徙高丽人于中原地区，并有大量流散。所以《旧唐书·高丽传》说："自是高丽旧户在安东者渐寡少，分投突厥及靺鞨等"，或退居鸭绿江以南。整个辽东地区的人口会有很大的下降。但这是贞观年间以后的事情。这段考证也说明，那个"户六十九万七千"的记载确有失误。

上面所考辽东地区人口 90 万，并非都是高丽民族。从民族构成来说，他们是少数。其中有大量汉人和被高丽灭国的扶余遗民，还有靺鞨人，成分比较复杂，只是这些民族被高丽征服，受其役使。所以当战争结束后，高丽民族的人口，或被迁往中原安置，或向其他方向流散，所剩也就不多了。

七　吉林省

唐贞观十三年至隋大业五年，也只 30 年。这一时期没有大的社会变动，对这些少数民族地区来说，人口也不会有大的变化。按照上面对辽宁省人口的分析，高丽国灭前，在其原统治地区约有人口 1 985 000。参照西汉在这一地区人口布局的分析，在原高丽国控制的本省今四平至桦甸以南，白山以西地区，当有人口 15 万左右。唐灭高丽后靺鞨人的势力得到发展，粟末靺鞨首领大祚荣，于农安、四平、盘石、白山以东，并包括黑龙江省牡丹江地区建国。唐玄宗先天二年（713）册封大祚荣为渤海郡王。这时已是"地方二千里，编户十余万"。[①] 十余万户，当有五六十万人口。从地理上分析，在吉林省境内不能少于 45 万人。其中包括高丽国灭后很多高丽遗民的进入，这是在唐朝中期的情况。由于这一地区在当时的条件下，人口增长缓慢，估计即在贞观十三年也不能少于 45 万人。德惠至怀德以西的西北部地区比较荒漠，但也有不少人口，包括契丹人和室韦人，人口不多，也得有几万人或 10 万左右。全省人口总计当在 55 万以上。

八　黑龙江省

隋末唐初，分散居住在今哈尔滨至兴凯湖以北地区的靺鞨部落，逐渐

[①] 《旧唐书·渤海传》。

为黑水部所统一，在唐兵攻打高丽时，曾出兵助高丽拒唐太宗。他们勇于战斗，每战必冲杀在前。《金史·世纪》曾记载说，女真之先，即黑水靺鞨"尝以兵十五万众，助高丽拒唐太宗"。这个记载不详，15万兵，至少要出自五六十万人口。经多方考查分析，在当时它不可能拥有那么多人口，估计出兵只能在5万人左右。能够组织起一支5万人的远征军，也说明黑水部有能力统一各部。5万兵当然不是他们的全部兵力，推其人口当在25万以上。唐玄宗时于黑水部活动地区置黑水都督府，以其酋长为都督。黑水府虽跨有黑龙江、乌苏里江外，今属俄罗斯的广大地区，但那里气候特别寒冷，人口极少。按地理自然条件分析，在本省境内不能少于15万人。同时在粟末靺鞨部控制的地区，设渤海都督府（后建渤海国），也含有本省今双城、五常以东的牡丹江地区，这里的自然条件比较好，推其人口也不能少于15万人。这些都是按贞观前期估计的。

　　本省北部地区的人口情况，大体仍如对隋大业五年的人口分析，主要是室韦民族，由于气候寒冷，他们只能过着狩猎生活，也有的部落逐渐南下，游牧于长城以北，错处于契丹、奚人之间。安禄山叛唐，就包括一部分由室韦人组成的军队。说明室韦人口也在不断增长，并溢出于黑龙江省北部地区。但分析其数量，在黑龙江省境内仍然不会很多，仍按5万人口估计之。对全省人口，估计也只能在35万多人。

九　内蒙古自治区

　　唐贞观十三年去隋不远，民族构成无大变化，漠南河套地区的主要居民还是突厥民族。突厥在隋大业时本已臣服，但在隋末唐初战乱期间，其势力得到进一步加强，人口也有所增加，并又连年入寇。据《旧唐书·突厥传》记载："始毕可汗咄吉者，启民可汗子也，隋大业中嗣位，值天下大乱，中国人奔之者众。其族强盛，东自契丹、室韦，西尽吐谷浑、高昌诸国，皆臣属焉，控弦百余万，北狄之盛未之有也"。不过这个控弦百余万，说的也很明白，并非全指突厥民族。也说明内蒙古自治区的人口，在唐贞观时比隋大业时有很大的增加。

　　武德二年（619），始毕可汗死，弟颉利可汗立，其后又立始毕可汗子为小可汗，即突利可汗，使其主东部各族事。武德五年（622），颉利可汗组织骑兵数十万，深入到今山西省南部、宁夏回族自治区南部和甘肃东部清水县一带地区，大肆劫掠，并多次深入到关中地区，与唐兵隔渭河对阵。说明此时的突厥人口当在百万左右，其中包括部分胡人。已构成对唐朝的严重威胁。贞观三年（629），唐朝利用颉利可汗与突利可汗的矛盾，收买突利。调集精兵强将，分六路出击突厥，俘颉利，其部众降者数十万口，（按《资治通鉴》记载，仅擒颉利这一战，李靖俘男女十余万口，李世勣俘5万余口，还有其他降者。而突利所统不在其内）另有一些度漠北投薛延陀部（亦突厥人），有些则奔西突厥（主要今新疆维吾尔自治区）。

颉利国灭后，唐对其余众仍在东至幽州、西至灵州一线设许多羁縻州、都督府，委任其部落头人以统之。贞观十三年，由于留居河套以南地区的突厥人，仍有谋乱活动，因令现居各州的突厥人和胡人出塞，还居其漠南故地，即内蒙古河套地区及其以东地区。推其人口仍当不少于30万人。

在辽河上游，今称西拉木伦河以南地区，为契丹民族所占据。隋时估计其人口不能少于25万，而在本自治区内不能少于20万。进入唐朝以后，继续有发展，至武则天时已成为东方的大患。神功元年（697），武则天以兵17万伐契丹，反被其败，南下掳掠加剧。又以兵20万进击，仍不能阻止其到内地劫掠活动，今河北省境内大受其害。对周边其他民族也有骚扰。后来联合其他各民族，共同对其打击，才被制服。说明他们的人口增长了，实力增强了。武则天时当有人口四五十万，而贞观十三年，至少也要在30万以上，而在本自治区内不能少于25万。

在契丹之西有奚人，原称库莫奚，主要生活在河北省塞外的承德地区，唐置饶乐都督府以统其众。又有奚王，王也是都督，王庭或都督府就设在本自治区赤峰之南。其人口总数不能少于20万，主要在河北省境内，而在本自治区仍按5万人估计之。

辽河上游以北有霫国，《旧唐书·霫传》记载："霫，匈奴之别种也，居潢水之北，……东接靺鞨，西至突厥，南至契丹，北与乌罗浑接，有都伦斤部落四万户。"其他部落情况不详，从其所处地理位置看，大约在今乌兰浩特至伊尔施之间，洮儿河以南，开鲁至林西间西拉木伦河以北，大兴安岭以东地区。从其所处的地理自然条件来分析，其人口难及4万户，或记载有误，这里按2万户、10万人口估计之。

室韦人主要还是居住在嫩江以西的大兴安岭和呼伦贝尔高原地区。随着其人口的增长，也有的部落逐渐南移，并来唐朝贡。其先是杂处于契丹和奚人之间，其后并深入到幽州地界，甚至到内地骚扰。这些都反映了室韦人口在不断增长，但在本自治区内不会有很大的变化，仍按 15 万人估计之。

室韦之南有乌罗浑（北魏时译音为乌洛侯，也有史书把它称为室韦的一个支系）。南接契丹，西有突厥，东有靺鞨，它夹处其间，大约在今嫩江下游以西。贞观时与唐朝有朝贡关系，无其他人口活动的记载。从其长期能生存于强族之间来分析，其人口虽不会很多，但也不能少于 5 万口。

另外，在西部河套地区黄河以南，即鄂尔多斯高原地区，仍散居着匈奴残部（时称胡人），还有其他一些民族。在河套及其以南地区，也有州县设置，但时置时废，又时有迁徙，治地及管辖地区也时有变迁。说明其人口也是居处不定，这也是游牧民族的特点。虽然很多州在唐初已经设置，但很少有贞观户口，只有夏州都督府（治今乌审旗南），贞观二年置，记旧领户（即贞观户）2 323，口 10 286。安北大都督府（治今包头西），贞观十年置，[1] 旧领户 26，口 7 498。总共才 4 329 户，17 784 口，还有些府州也注明是贞观十三年以前置，但旧领户口均缺记。这些散乱的记载，不能反映当时户口的实际情况，只能做一些粗略的估计。突厥王庭灭后，虽然贞观十三年大批突厥人被徙往其故地，主要是河套及其以东地区，但仍有少部分散处在鄂尔多斯高原及长城内外，加残存的匈奴部落和少量户籍人口，仍当在 10 万人以上（至于以后在贞观十八年，突厥还故地后，因受漠北薛延部的攻击，又大批返回河套以南，那是以后的事情）。

西部的阿拉善高原，面积很大，约 20 多万平方公里，但到处是砾石沙漠，虽然也有突厥人游牧其间，但人口极少。

内蒙古自治区在唐贞观十三年的人口，大约可在 110 多万。

十　山西省

本省虽然东阻太行山，南面和西面有黄河天堑，在隋末唐初战乱期间，不是各派军事集团逐鹿中原的主要战场，但人口受损同样很严重。隋

---

[1] 原书记为开元十年置，如果是这样，既不会有下文的"总章中，改为安北大都督府"，更不会有旧领县和旧领户，实为贞观十年之误。

大业五年的户籍人口441万，唐贞观十三年统计只有108万，减损75%。原因和东部各省是一样的。在隋炀帝统治时期，各种工程建设繁多，人民劳役过度沉重，农田荒芜，在大乱之前已经形成了严重的饥荒，人多饿死。大业三年（607）发丁男百万筑长城，西起榆林（今内蒙古托克托），东至紫河（本省西北部长城外浑河），所用民工多出自本省，限二旬完工。由于工程要求紧迫，劳累过度，死亡大半。次年再发20万人筑长城。又发大批民工建汾阳官（在今汾阳），作为炀帝北巡的行宫，还有其他建设，特别是三征高丽，兵丁、民工、物资，山西人民都不能幸免，致使农民长期不能就农，大饥荒接连发生。所以农民起义在山西省也很快蔓延开来，从绛郡（治今绛县）到太原，到雁门，都有大规模起义发生。聚众数万人，十数万人，攻打隋朝城池官府。其后隋太原留守李渊起兵争天下，也到处攻城略地，与隋军争战。在雁门以北又有隋朝军官刘武周起兵，要做皇帝，与李渊的军队连年争战，甚至引突厥兵入侵，直扰乱到本省中部地区。种种灾难交织在一起，连年的大饥荒得不到缓解，人口大批大批地死亡，直至战争结束后十多年的调查统计，也才一百多万人。可以设想战争刚结束时是什么情景。

当然作为我们的考点时间，贞观十三年的实际人口还会略高些。朔州（治今朔州，贞观十四年析置云州，治今大同）含今河曲、五寨、神池、应县、浑源以北广大地区，《旧唐书·地理志》记载贞观十三年人口，只有4 913，每平方公里才0.2人。这一地区经过残破之后，所剩人口虽然不会很多，但也得有几万口。实际上很多突厥人已乘虚而入，游牧其间，不上户籍。山西全省在贞观十三年的实际人口，往最低里估计也得在115万以上。

表8-6　　　　　　　　　　　山西省户籍人口表

唐政区	府州属县 总数	府州属县 本省	户数	口数	人口密度	含今政区县市
太原府	13	13	47 874	200 936①	10.17	阳曲、太原、晋中、交城、文水、祁县、太谷、清徐、寿阳、盂县、阳泉、平定、昔阳
忻　州	2	2	4 987	17 130	5.87	定襄、忻州
代　州	5	5	9 259	36 234	4.02	原平、代县、繁峙、五台

续表

唐政区	府州属县 总数	府州属县 本省	户数	口数	人口密度	含今政区县市
蔚州	3	1	314	1 249②	0.26	跨河北省，本省灵丘、广灵、天镇、阳高
朔州	3	3	1 257	4 913	0.16	大同、浑源、怀仁、左云、右玉、河曲、偏关、五寨、神池、朔州、山阴、应县
岚州	4	4	2 842	11 541	0.96	保德、兴县、岢岚、岚县、静乐、娄烦
石州	5	5	3 758	17 402	2.11	临县、方山、离石、柳林、中阳
汾州	5	5	34 009	106 384	21.59	汾阳、孝义、平遥、介休、灵石
隰州	6	6	8 222	38 395	4.48	石楼、永和、交口、隰县、大宁、蒲县
慈州	5	5	5 245	22 651	5.93	吉县、乡宁
晋州	9	9	21 617	97 505	13.22	汾西、霍州、洪洞、古县、安泽、浮山、临汾
沁州	3	3	3 956	16 107	4.36	沁源
辽州	4	4	4 365	18 640③	3.11	和顺、左权、榆社
潞州	5	5	18 690	83 455	13.49	跨河北省，本省屯留、潞城、平顺、长治、壶关、长子
韩州	5	4	5 614	26 349④	4.74	跨河北省，本省武乡、沁县、襄垣、黎城
泽州	6	6	10 660	46 732	4.62	高平、陵川、晋城、泽州、阳城、沁水
绛州	11	11	29 080	133 835	14.75	河津、稷山、万荣、襄汾、新绛、曲沃、翼城、绛县、垣曲、闻喜、夏县
河中府	8	8	36 499	173 784	28.22	临猗、运城、永济
陕州	5	2	8 468	32 768⑤	23.06	跨河南省，本省平陆、芮城
合计		101	256 716	1 086 010		

注：

①太原府，原书记载户97 874，口200 936，经考查其中有误，平均每户只2.05口，太低。但同附近州比较，它的人口数不可能再多，因此确认户数有误，当为

47 874户。这样平均每户4.2口，与总的户均人口大体相当。

②蔚州，全州户942，口3 748，表中户口系按属县分割数。

③辽州，原书记载，户4 365，口88 640，平均每户20口，不切实际。经考查，口数有误，当为18 640口。改正后平均每户4.27口，和其他州比较亦相称。每平方公里3.11人，和邻州相比，也符合这个州的实际情况。

④韩州，全州户7 017，口32 936，表中户口系按属县分割数。

⑤陕州，全州户21 171，口81 919，表中户口系按属县分割数。

第三节　西部各省区人口考

十一　陕西省

在隋末战乱期间，陕西人口虽然也遭到重大耗损，但对比北方各省区，却是耗损最低的。隋大业五年户籍人口369万，唐贞观十三年统计，仍有175万，仅耗损一半多一点。当然即是减损一半人口，也是人民在隋炀帝的暴政下，从死亡线上挣扎过来的。陕西人民不仅要为全国性的土木工程建设服役，为三次征伐高丽的战争出人出物资，而且在本省内还有很多工程建设。大业九年（613），在到处闹饥荒，很多地方已爆发大规模农民起义的情况下，又征调丁男10万人修大兴城（即长安，今西安，隋朝京师）。各种沉重的徭役负担，破坏了生产的发展，关中地区饥荒日益严重。饥民听说永丰仓（今潼关北）开仓放粮，于是扶老携幼，蜂拥而至。但由于官吏贪污弄弊，仓中粮食，早已被盗卖一空。无粮可赈，饥民来而不能返，多被饿死。永丰仓外，尸积如山。这时对活着的人来说，只有起义造反，打砸官府，劫仓自赈。所以在陕西各地，也到处发生农民起义。大业十年（614），扶风郡（治今凤翔）唐弼起义，聚众10万人。延安郡（治今延安）刘迦论联合胡人起义，也众至10万。还有很多小股起义活动。这些情况说明，陕西省的人口形势和关东地区同样很严峻。在起义与镇压的残酷斗争中，在饥饿的折磨下，人口大批大批地死亡。

唐贞观十三年统计陕西省所剩人口，比之北方其他各省区都多些，一个基本的原因就是陕西地区的战事结束得比较早。在关东地区各派军阀集团兼并战争打得火热的时候，关中地区已经开始了生产的恢复，大业十三年隋太原留守李渊起兵争天下，首先进军关中，占领了隋都长安，要以关中为根据地，向全国各地进军。因此他们在镇压农民起义的同时，又宣布取消隋朝的苛捐杂税，并筹粮赈济饥民，以争取人心，使社会逐渐安定了下来，生产恢复比较早。在李渊宣布建立唐政权后，关中地区再没发生大的战事。虽然陕西人民要为李渊争天下、为他在中原地区的兼并战争，承担沉重的赋税徭役，但要比在隋炀帝统治时期好得多，再没有发生大的饥荒，因而使陕西人口再没有受大的损失，至贞观十三年统计，成为黄河流域人口最多的省区。

不过陕西省的实际人口，要比见于统计的人口稍多些。在北部长城内外还散居着很多突厥和稽胡（即匈奴遗民），在秦岭以南还有獠民和羌民，都不在户籍之中。武德七年（624）、贞观十三年（639），都有洋州（治今西乡）獠民起事的记载，具体数量不详，粗略估计，陕西人口总数不能少于185万人。

表 8-7　　　　　　　　　　陕西省户籍人口表

唐政区	府州属县总数	本省	户数	口数	人口密度	含今政区县市
就兆府	23	23	207 650	923 320	39.70	铜川、蒲城、耀县、富平、渭南、三原、高陵、临潼、蓝田、西安、长安、泾阳、淳化、乾县、礼县、咸阳、户县、周至、兴平、武功
华　州	3	3	18 823	88 830	34.24	华县、华阴、潼关
同　州	6	6	53 315	232 016	25.43	韩城、合阳、澄城、大荔
坊　州	4	4	7 507	31 671①	5.60	黄陵、宜君、黄龙
丹　州	5	5	3 194	17 020	3.86	宜川
凤翔府	9	9	27 282	108 324	12.46	凤翔、宝鸡、太白、眉县、扶风、岐山、麟游
陇　州	5	4	3 657	14 882②	2.43	跨甘肃省，本省陇县、千阳
汾　州	4	4	15 534	64 819	15.86	长武、旬邑、彬县、永寿
鄜　州	5	5	11 703	51 216③	8.60	甘泉、富县、洛川
延　州	9	9	9 304	44 176④	2.70	志丹、子长、安塞、延安、延川、延长
绥　州	4	4	3 163	16 129	2.05	绥德、吴堡、清涧、子洲
银　州	4	4	1 495	7 702	1.02	榆林、佳县、米脂
麟　州	3	3	2 428	10 903	—	府谷、神木

续表

唐政区	府州属县 总数	府州属县 本省	户数	口数	人口密度	含今政区县市
夏 州	4	2	1 161	5143⑤	—	跨内蒙古自治区，本省靖边、横山
盐 州	2	1	466	1984⑥	—	跨内蒙古自治区，本省定边
庆 州	10	1	792	3502⑦	1.74	跨甘肃省，本省吴旗
凤 州	4	2	978	4897⑧	1.03	跨甘肃省，本省凤县、留坝
兴 州	3	2	817	3275⑨	1.88	跨甘肃省，本省略阳
梁 州	6	6	6 625	27 576	3.20	跨四川省，本省宁强、勉县、南郑、汉中、城固
金 州	6	6	14 091	53 029	2.74	宁陕、石泉、汉阴、紫阳、安康、平利、旬阳、岚皋、镇平
洋 州	5	5	4 226	18 060⑩	1.55	佛坪、洋县、西乡、镇巴
均 州	3	1	943	4198⑪	1.18	跨湖北省，本省白河
商 州	6	5	4 084	17 542⑫	1.03	跨湖北省，本省洛南、商州、柞水、镇安、山阳、丹凤、商南
合计		114	399 238	1 750 214		

注：

① 坊州，原书记载，户7 507，口11 671，平均每户1.55口，特少。经与邻州比较，系口数有误，当为31 671口，这样平均每户4.22口。

② 陇州，全州户4 571，口18 603，表中户口系按属县分割数。

③ 鄜州，原书记载户1 703，口51 216，平均每户30口，特多。经与邻州比较，系户数有误，当为11 703户，这样平均每户4.38口。

④ 延州，原书记载户9 304，口14 176，平均每户1.5口，特少。经考证，口数有误，当为44 176口，这样平均每户4.57口。

⑤ 夏州，全州户2 323，口10 286，表中户口系按属县分割数。

⑥ 盐州，全州户932，口3 969，表中户口系按属县分割数。

⑦ 庆州，全州户7 917，口35 019，表中户口系按属县分割数。

⑧ 凤州，全州户1 957，口9 794，表中户口系按属县分割数。

⑨ 兴州，全州户1 225，口4 913，表中户口系按属县分割数。

⑩ 洋州，原书记载户2 226，口18 060，平均每户8口，偏高。经与邻州比较，系户数有误，当为4 426户，这样平均每户4.27口。

⑪ 均州，全州户2 829，口12 593，表中户口系按属县分割数。

⑫商州，全州户 4 901，口 21 050，表中户口系按属县分割数。

十二 甘肃省

甘肃省虽然离中原地区较远，按一般分析，受中原地区战乱影响也当少些，所剩人口则当更多些，但实际上人口减损的幅度，比陕西省、山西省都严重得多。主要是在隋朝灭亡后，甘肃省各地起义军继续与前往镇压的唐军，进行激烈的战争，灾情也在继续发展，人口还在不断地耗损。隋大业五年户籍人口 191 万多，唐贞观十三年统计只有 34 万多，减损 82%。分析其原因，这一地区虽然离中原腹心地区较远，但交通并不受阻塞。隋的都城在关中地区，而这里和关中地区紧相连接，又是通往西域的必经之路，历史以来，中原一有风吹草动，这里很快就受到影响。虽然隋炀帝大规模修建东都洛阳宫殿，但他的根本之地还在关中。所以当农民起义遍及全国之时，还发丁男 10 万人修大兴城（隋都城，今西安）。各种大型土木工程所需的沉重赋税徭役，自然也不会放过甘肃地区。造成人民废业，耕地抛荒，所以甘肃省同样处在连续的大饥荒中，导致农民的起义造反。大业十二年（616）就有安定郡（治今泾川）农民杀县令而起兵。大业十三年（617），金城郡（治今兰州）军官薛举发动起义，队伍迅速扩大，众至 13 万，尽居陇西地区。同年又有武威郡（治今武威）军官李轨发动起义，尽居河西之地。这些起义队伍的首领，虽然原是隋朝军官，他们在到处闹饥荒的情况下，借机起事。但参加起义的人都是饥饿的农民，很快发展成几万人或几十万人的起义大军，就最初的性质来说，也是农民起义。但这些首领人物，一旦势力增强，就想争夺天下，当皇帝，或割地称王。唐政权为巩固关中根据地，以便进兵关东平原，必须首先解决这个来自后方的威胁。金城薛举，建秦国，称皇帝，并迁都天水，逼近关中，军队扩大至号称 30 万人。唐武德元年（618）攻高庶城（今泾川），唐军大败，士卒死亡十之五六。不久薛举病死，子薛仁果统领其众。虽然这支强大的起义武装，终为唐军所灭，但经过多次残酷的战争，除战争死亡外，也加剧了灾情，甘肃东部地区的人口，继续锐减下去。河西李轨，势力也很强大，唐军联合吐谷浑等少数民族共同出兵，才被平息。经过几年的争战，人口也大量耗损下去。同时唐政权也利用少数民族武装消灭割据势力，招致了吐谷浑、突厥等少数民族，频年入境劫掠破坏，使社会生产得不到迅速的恢复，人口恢复增长也很缓慢。

以上情况就是甘肃人口所以损失特别严重又得不到较快恢复的基本原因。直至贞观十三年统计的户籍人口也才30多万。不过甘肃省的实际人口，也会稍高于这个统计数字。今之夏河、合作、舟曲、玛曲尚不在唐的州县管辖之下。虽然这一地区地势高寒，人口稀少，也得有几万人。而且各州统计的户口，不可能没有遗漏，由于没有更具体的史料做证，不做进一步考证分析，但遗漏不会太多。粗略估计全省人口不能少于38万。

表8-8　　　　　　　　　　　甘肃省户籍人口表

唐政区	府州属县 总数	府州属县 本省	户数	口数	人口密度	含今政区县市
兰　州	2	2	1 675	7 305	0.33	永登、皋兰、永靖、兰州、榆中、临洮、康乐
河　州	3	3	3 391	12 655	1.73	东乡、临夏、和政、广河、积石
洮　州	2	2	2 363	8 260	1.37	临潭、卓尼
叠　州	2	2	1 083	4 069	0.98	迭部
岷　州	3	3	4 583	19 239	4.23	岷县
渭　州	4	4	1 989	9 028	0.76	渭源、陇西、漳县、武山、通渭
宕　州	2	2	240	1 461①	0.20	宕昌、舟曲
武　州	3	3	1 152	5 381	0.76	武都、康县
文　州	2	1	954	4 074②	1.64	跨四川省，本省文县
扶　州	4	2	964	4 278③	1.71	跨四川省，本省无今县治，有唐三县治，在舟曲西南
成　州	3	3	1 546	7 259	1.13	礼县、西和、成县
兴　州	3	1	408	1 638④	1.88	跨陕西省，本省无今县治，地在徽县南
凤　州	4	2	979	4 897⑤	1.05	跨陕西省，本省两当、徽县
秦　州	5	5	5 724	25 073	1.62	庄浪、张家川、清水、天水、秦安、甘谷
陇　州	5	1	950	3 721⑥	2.43	跨陕西省，本省华亭
原　州	4	1	611	2 628⑦	0.56	跨宁夏回族自治区，本省平凉、崇信、静宁
泾　州	5	5	8 773	55 921	4.10	镇原、泾川、灵台

续表

唐政区	府州属县 总数	府州属县 本省	户数	口数	人口密度	含今政区县市
宁州	6	6	15 491	66 135	12.29	宁县、正宁
庆州	10	9	7 125	31 517⑧	1.74	跨陕西省,本省环县、西峰、华池、庆阳、合水
会州	2	2	2 297	13 331⑨	1.19	景泰、靖远、定西
凉州	5	5	8 231	33 030⑩	0.81	民勤、永昌、金昌、武威、古浪、天祝
甘州	2	2	2 926	11 680	0.48	高台、临泽、肃南、张掖、山丹、民乐
肃州	2	2	1 731	7 118	0.27	玉门、嘉峪关、金塔、酒泉
瓜州	2	2	1 164	4 322	0.19	安西
沙州	3	2	2 843	10 833⑪	0.74	跨新疆维吾尔自治区,本省敦煌、阿克塞、肃北
合计		72	79 193	334 853		

注:

①宕州,原书记载户140,口1461,平均每户10.4口,同邻州比较及同天宝户口比较,知其户数有误,当为240户。

②文州,全州户1 908,口8 147,表中系按属县分割数。

③扶州,全州户1 928,口8 556,表中系按属县分割数。

④兴州,全州户1 225,口4 913,表中系按属县分割数。

⑤凤州,全州户1 957,口9 794,表中系按属县分割数。

⑥陇州,全州户4 571,口18 603,表中系按属县分割数。

⑦原州,全州户2 443,口10 512,表中系按属县分割数。

⑧庆州,全州户7 917,口35 019,表中系按属县分割数。

⑨会州,原贞观户口缺记。天宝户口为,户4 594,口26 662,表中系按减半计入。

⑩凉州,原记载户8 231,口33 030。但境内又有为吐谷浑等民族设置的羁縻州,均无实土,记户5 048,口17 212,未说明时间,经考查分析应为贞观时户口。因为天宝时吐谷浑已东迁。但这个户口数也未计入总户口中。

⑪沙州,原书记载户4 265,口16 250,本州跨新疆维吾尔自治区,原记共2县,其县治均在本省内,但所跨新疆内面积很广,包括且末以东广大地区。这里按3县处

理，本省按 2 县分割户口，表中户口为分割数。

十三　宁夏回族自治区

隋末唐初，宁夏地区也受饥荒战乱的影响，早在大业九年（613）就有灵武郡（治今灵武西南）白瑜娑聚众起义，众至数万人，说明宁夏地区虽然距隋统治中心较远，但在隋炀帝暴政下，大兴土木建设，加给人民沉重的赋税负担，也不能幸免。起义后向南发展，直至陇山以西地区。隋军镇压，不能取胜。其实他们从始发地向南转徙，不过是在大饥荒的情况下到处寻食。说明整个宁夏地区的人民，都处在饥饿之中，人口已在不断地下降。隋大业五年的户籍人口 12 万多，而贞观十三年统计，只有 29 000 多人。

宁夏人口耗损，还有一个很重要的原因。自隋朝末年，直至唐贞观三年（629），在北方突厥的侵扰被制服以前，整个宁夏地区不断受到突厥的劫掠骚扰，人不能安业，多有向外迁徙的，因而也严重影响了战后生产的恢复发展。当然它的实际人口也不会只有 29 000 人。上考隋大业初宁夏的实际人口约 30 万左右。此时虽然户籍人口流散很多，但又有大量突厥人进入，包括散居的其他一些少数民族，其实际人口不少于 20 万人。

表 8-9　　　　　　　　宁夏回族自治区户籍人口表

唐政区	府州属县 总数	府州属县 本省	户数	口数	人口密度	含今政区县市
灵　州	6	6	4 640	21 462	—	跨有整个宁夏河套地区，南至同心
原　州	4	3	1 832	7 884①	0.56	跨甘肃省，本区同心、固原、隆德、泾源
会　州	2	0	—	—	—	跨甘肃省，本区海原、西吉，无唐县治
盐　州	2	0	—	—	—	跨陕西省，本区有盐池县，无唐县治
合　计		9	6 472	29 346		

注：
① 原州，全州户 2 443，口 10 512，表中系按属县分割数。

十四 青海省

本省户籍人口极少,即隋大业五年统计,也只 44 672 口,唐贞观十三年统计才 19 314 口。这里是少数民族居住的地方,他们生活在部落组织下,有些是过着没有固定居址的游牧生活,从来没有正式的户籍管理。当然作为他们各个部落的首领,也能基本掌握各自部落的人口情况,在发生战争、动用兵力的情况下,也能反映出一些人口数量。但由于种落分散,对中原朝廷时附时叛,史籍对其人口没有具体的记载,不能了解这一地区人口的具体情况。当时人口最多的是吐谷浑国,他们一直游牧在本省海西海南地区,经常骚扰今甘肃省和四川省西部地区,隋大业时约有人口 15 万。唐朝建立后,他们继续侵犯唐西部边境地区。不过唐也曾利用他们与农民起义军作战。贞观时吐谷浑的实际人口,至少在 15 万左右。

省境东南部地区,有大量羌民,其中党项羌居多,也经常骚扰唐的西部边境,他们部落众多,不相统属。也有些部落内属,唐贞观五年(631)在河曲地区(今果洛藏族自治州东北部地区)曾为党项开置十六羁縻州,人口不详。在河曲之西(约今达日周围地区)有白兰羌,据《新唐书·党项传》记载,可胜兵万人,推其人口当有四五万,说明河曲党项十六州的人口也不会很少。贞观八年(634),吐谷浑扰边,唐朝曾邀铁勒和内属党项共同出击。这些都说明,党项人已更多地进入本省。人口比大业时当有所增加,不能少于 20 万人。

青海湖以东地区,为唐之鄯州和廓州(也包括河州和凉州一部分,但在本省无唐县治),也不会像《旧唐书·地理志》记载的户口那么少。这里面不仅有户口统计不全的问题,而且也杂处着许多其他少数民族。其实际人口当更多于户籍人口,不能少于 10 万人,总和全省人口在 50 万以上。

表 8 – 10   青海省户籍人口表

唐政区	府州属县 总数	府州属县 本省	户数	口数	人口密度	含今政区县市
鄯 州	3	3	1 875	9 582	—	大通、湟源、互助、西宁、湟中、平安、乐都、民和、化隆、门源
廓 州	3	3	2 020	9 732	—	贵德、尖扎
合 计	6		3 895	19 314		

十五　新疆维吾尔自治区

唐在新疆地区，虽设有几个州和为少数民族设置的都督府，但只有个别州有户口记载，而且数量极少，没有全区各地人口数量的全面记载。所以还只能通过有关史料进行分析估计。

唐朝建立不久，便开始继承隋朝，经略西域。其时唐受威胁最大的是东西两突厥，东突厥主要居河套平原阴山以南地区。他们不时骚扰北部边境，甚至深入内地劫掠破坏。于贞观四年（630），其统治被唐消灭。西突厥主要活动在天山以北地区，天山以南有很多小国也受其役属。这些小国，自西汉以来，历代都为中原朝廷所统辖，是向西方通商的要道。隋末战乱时，一时失去联络。本来唐朝建立后，这些小国都积极要求恢复与中原朝廷的关系，但受到西突厥的阻挠，因而也掐断了唐与西域通商的道路。在唐朝廷争取和好的努力失败后，决定对西突厥用兵。于高宗显庆二年（657），灭西突厥。在这个过程里也反映出一些可供考证分析的人口史料。

《旧唐书·突厥传》记载：西突厥"统叶护可汗，勇而有谋，善攻战。遂北并铁勒，① 西拒波斯，② 南接罽宾，③ 悉归之。控弦数十万，霸有西域，据旧乌孙地"。这个控弦数十万，当有人口百万以上。从其后的各种军事活动看，也当有这个人口数。贞观八年（634），西突厥划分为十部（其后也称十姓部落），又分左右厢，各管五部。其后正式分裂为东西两部，互相攻战。大体以碎叶（今吉尔吉斯伏龙芝东）为界，东西分治。东部主要据有新疆天山以北地区。按西突厥总共拥有百万之众，东西各50万。而天山以北地区不能少于30万，从各占地区面积和地理自然条件分析，这个估计大体差不多。从以后的事态发展看，在此之前的贞观二年（628），西突厥内乱时，原住天山东部贪汗山（今称博格达山）一带地区的部落7万家，受西部突厥威胁，在酋长夷男的率领下，越过阿尔泰山去漠北。但这一地区的人口流动量很大，其后又有突厥酋长阿史那贺鲁部降

---

① 北面吞并了铁勒。铁勒为匈奴后裔，原来活动在新疆北部。
② 波斯，即今伊朗，其控制地区西部可达波斯湾。
③ 罽宾，古国名，其控制地区南部可达阿富汗西部和克什米尔地区。

唐后进住天山东部地区。高宗永徽二年（651），贺鲁又率众西行，到天山西部的双河（今伊宁至博乐间）建王庭，有众数十万，称沙钵罗可汗。以后曾以数十万众人寇庭州（今奇台西）。高宗显庆二年（657），唐发汉兵3万，回纥兵5万击败沙钵罗。这些情况的记载虽然不确切，其中也有矛盾，而且还有很多少数民族的人口情况不见于记载，但基本上还是反映了天山以北地区有众多的人口。贞观时在新疆境内的突厥人口（包括很多受其奴属的人口）不能少于50万人。

唐为了解决这个来自西方的大患，首先必须把被他奴属的小国解放出来。贞观四年（630），伊吾城（今哈密，隋伊吾郡治）主趁突厥内乱，以其所属七城，归附唐朝，唐作为经略西域的枢纽之地，置伊州。次及高昌国（都吐鲁番东南），据《旧唐书·西戎传》记载，高昌国胜兵万人，贞观十三年高昌王鞠文秦附西突厥，阻断西域诸国与唐交通的道路。并攻掠伊吾、焉耆。唐遣侯君集进击高昌，先房其男女7 000余口，其后高昌王降，5城22县，户8 000，口37 700，唐置西州。贞观二十年（646），龟兹（Qiūcí 丘次）恃其强，侵扰邻国。唐发铁勒十三部兵十余万骑伐龟兹，龟兹王以众5万拒战。说明龟兹人口当有20万左右。又记载，焉耆国胜兵2 000余人，于阗国胜兵4 000余人。疏勒国（今喀什地区）、于阗国一直与唐朝信使往来。还有姑墨、尉头、朱俱波等一些小国，人口情况并不详。这一段所说主要是南疆人口的情况，似乎并不甚多。但实际上南疆的人口，要远远高于上面所说的情况，这一地区的人口发展有一个基本的特点必须牢牢记住，就是人口增长十分缓慢，往往几百年没有很大的变化。考证东汉新疆人口，按照班勇出任西域长史期间调查的情况所做的分析，南疆人口当在50万左右。这个人口数，在唐代初期，也当没有大的变化。这在后史中可以得到证实。

在新疆维吾尔自治区境内的人口，当在百万以上。

表8-11　　　　　　　　新疆维吾尔自治区户籍人口表

唐政区	府州属县 总数	府州属县 本省	户数	口数	人口密度	含今政区县市
沙州	3	1	1 422	5 417①	0.05	跨甘肃省，本区且末、若羌，以东至甘肃敦煌。本区境内无唐县治

续表

唐政区	府州属县 总数	府州属县 本省	户数	口数	人口密度	含今政区县市
伊 州	2	2	1 332	6 778	0.05	哈密、伊吾、巴里坤
西 州	5	5	6 466	35 483[②]	0.50	托克逊、吐鲁番、鄯善
庭 州	3	3	2 300	10 923[③]	0.12	玛纳斯、昌吉、乌鲁木齐、米泉、阜康、吉木萨尔、奇台、木垒
合 计			11 520	58 601		

注：

① 沙州，原书记载户4 265，口16 250。本区内无唐县治，但所占面积很大，这里按三分之一的人口计入本区。

②③ 西州、庭州，原书只记户数，无口数，表中系按天宝户口平均每户人口推算的。

十六 西藏自治区

进入唐代，居住在西藏自治区的吐蕃民族（即今藏族），已经统一各部，进入其强盛时期，并建立起一个包括四川西部、青海大部和甘肃、云南一小部分的大吐蕃国。不过对人口的考证，主要是西藏自治区。唐贞观十二年（638），吐蕃赞普（即国王）松赞干布，陈兵20万于松州（治今四川松潘）以西地区，遣使贡金帛向唐朝求婚。此事说明，他们早已进入文明时期，而且也知道一些历史上中原朝廷与周边民族交往的一些情况。由此断定他们和内地的交往以及和其他民族的交往，也早已有之，只是没有留下具体情况的记载。此时的吐蕃已经拥有一支强大的军队，这个20万，只是他们军队的一部分，他不可能把全部军队都调到这个地方来。强大的军队，要出自众多的人口。从以后的一些军事活动看，这个时候他们已经可以拥有军队40万人左右。这时吐蕃的农业经济，已经有了较高的发展，因而也脱离了那种壮者皆兵的时期，通过考查分析，此时的吐蕃国，已可拥有人口三四百万。不过这里不做具体的考证分析，因为贞观时尚未达到其全盛时期，有很多有关人口的史料尚未显示出来，所以将在第九考，做具体的考证分析。此时对西藏自治区的人口，做250万估计之。

十七 四川省

这是全国少有的几个经过隋末唐初大战乱之后，户籍人口不仅没有下降,反而有较大增长的省区。由大业五年的 2 338 361,增长为 2 990 930。一个基本的原因是,四川地区离战乱中心的中原地区道路既远,又有秦岭险阻,交通极不方便。隋炀帝大兴土木建设和三征高丽所使用的大量人力物力,虽说是征自全国各地,但对四川来说,也非世外桃源,沉重的赋税负担,同样要压到人民身上。但相对来说人民生活虽然也很艰难,但还是可以生存下去,没有发生大饥荒,造成大规模农民起义的条件。所以在隋末农民大起义遍及北方各个地区和长江中下游地区时,在四川省除了有些少数民族对官府压迫剥削的小规模反抗活动外,并没有发生大规模的农民起义,也没有出现封建割据的现象,社会一直比较安定。李渊的唐朝占领长安后,一方面加紧巩固关中根据地,并立即向秦岭以南进军,顺利地占领了汉中、巴蜀地区,使这一地区的社会,继续在稳定中发展。从大业五年到贞观十三年(609—639),增加人口 65 万多,年均增长率 8.34‰,正说明了这个问题。不过四川省的实际人口,还要比户籍人口高得多,下面稍做具体分析。

雅州《旧唐书·地理志》只记载旧领户 10 362,口 41 723。旧领户口即贞观十三年户口。另外这里还有很多少数民族人口,其中有大量獠民,并无具体的记载,原书只说"雅州,都督一十九州,并生羌、生獠羁縻州。"按茂州都督府所属 9 个羁縻州(原书说 10 个羁縻州,分列时只见 9 个州),平均每州 2 554 户。从多方面情况分析,雅州所属不能有如此之多,以 1 500 户计,也有 28 500 户,按平均每户 4.5 口计,当有人口 128 250。虽然原记载茂领各州户数,多未说明是否旧领,但从后面的说明,"右九州,皆属茂州都督府,永徽后,又析为三十一州,今不录其余"。可知,所记户数都属贞观时期。而且这些地方的人口,增长极其缓慢,往往长期处在停滞状态,而这一地区又不是人口特别稀少的地区,所以对雅州这个人口数的估计,当基本符合当时这里的实际情况。

泸州,州直管户 19 116,口 66 828。但又有都督府所管十羁縻州,"皆招抚夷獠置"。其中七州在本省,三州在贵州省,全无户口记载。按相邻的戎州,平均每州 2 000 户计,本省当得 14 000 户,约 63 000 口。按 10 州 9 万口计,加上州直管人口,合计 156 828 口,全泸州府每平方公里 5.68 人,也基本符合这里人口布局的情况。

黎州,在贞观时还分属于雅州和嶲州,大足元年(701),由二州析出，因而无旧领户口。对所领之 54 羁縻州，也没有户口的记载。这一地区人口比较稀少，但也不是太稀少。这里按平均每州 500 户计，54 州当有 27 000 户，约 121 500 口，每平方公里 7.78 口。

寓州，州直管户 23 054，口 53 618，平均每户 2.33 口，偏低。没有羁縻州的记载。实际上这一地区也居住着很多少数民族，从户口的发展变化看，到天宝十一年（752），户增为 40 722，口增为 175 280，平均每户 4.3 口，平均增长率 9.41‰。对这个人口增长极度缓慢的深山地区，显然不是这个过程的增殖所能达到的。其中有两个原因，一是贞观时户口记载有误，按原记户数，即亦按户均 4.3 口计，贞观时即当有人口 10 万左右。二是把原来部分没有户籍的人口编入了户籍。不过即在贞观时寓州的实际人口，也会远远超过天宝时统计的 17 万多。经历史地考查，往最低里估计，不能少于 30 万人，每平方公里也只 7.4 人。

在本省西北部的高原区，大约今阿坝藏族羌族自治州，这时居住着大量羌民，唐朝曾为之设置了很多羁縻州。据《旧唐书·西戎传》记载：党项羌"其界东至松州，西接叶护，南杂春桑等羌，北连吐谷浑。处山谷间，互三千里。其种每姓别自为部落。一姓之中复分为小部落，大者万余骑，小者数千骑，不相统一。"这就是说每一个大姓部落，至少也要有数万骑。大姓部落 8 个，总计当有数十万骑，推其人口当在百万以上。不过这里说的地区范围很广，西至今新疆边界，北界甘肃，中有青海，东至四川松潘、黑水，南至金川，与其他羌民杂处。但从其活动情况看，主要集中在四川省西北部地区。其后吐蕃强盛，逐渐北侵，进逼诸羌。贞观十二年（638），吐蕃松赞干布就曾屯兵 20 万于松潘以西地区。诸羌内属于唐朝，受唐保护，纷纷北徙。其中很大一部分徙往泾陇间（今陕西泾河至陇山之间）。党项中最强部拓跋部，于仪凤年间（676—768）徙至庆州（治今甘肃庆阳）。天授三年（692），又从西部（约今甘肃省陇山以西和相邻的陕西省西部地区）徙 20 万于灵州（治今宁夏灵武）、夏州（治今内蒙古乌审旗南）一带地区。反映了羌民人口众多。他们的源头主要在四川省西北部地区。贞观时有党项羁縻州 90 多，其中只有 19 州的羌民逐渐移徙到灵、庆、银、夏诸州，其余均设于吐蕃。这些情况虽然说的都是贞观以后的事，但足以说明，即在贞观时，四川省西北部地区，已经有大量羌民的存在。除在黑水至理县间，有些已正式置于州县管辖，其余不能少于30万口。

在大渡河以西的今甘孜藏族自治州，也有很多羌民以及被称为夷蛮的少数民族。大体仍如对隋朝时四川人口的考证分析，也当有人口20万左右。

除上述情况外，即在户口统计区里，也还有很多漏籍人口。龙、文、扶、松、壁、集等州，按户籍人口计算，每平方公里只有1人左右，显然不切实际。甚至还有些山区很多獠民仍过着部落组织的生活。《新唐书·南蛮传》记载，贞观十二年，巴、洋、壁、集四州山獠叛，攻巴州，为唐军击破，掳男女万余口。说明在北部的米仓山、大巴山和其他山区，还有大量所谓山獠或其他少数民族人口没有编入户籍。官府经常欺凌他们，他们也不服管束。"大抵剑南诸獠，武德、贞观间，数寇暴州县者不一。"由于没有更多的史料可供考查分析，粗略估计这类情况大约20万人左右。

四川省户籍以外的人口大约1 262 750口，加户籍人口2 990 930，总计4 254 080口。

表8-12　　　　　　　　四川省户籍人口表

唐政区	府州属县总数	本省	户数	口数	人口密度	含今政区县市
成都府	23	23	117 889	740 712	77.53	郫县、新都、温江、双流、成都、绵竹、什邡、德阳、金堂、彭州、都江堰、新津
眉　州	5	5	36 009	169 755	37.41	彭山、眉山、青神、丹棱、洪雅
邛　州	7	7	15 886	72 859	22.99	大邑、邛崃、蒲江
绵　州	9	9	43 904	195 563	37.61	江油、安县、绵阳
剑　州	8	8	36 714	190 096	34.76	剑阁、梓潼
尤　州	2	2	1 017	6 149	0.91	平武、青川
文　州	2	1	954	4 074①	1.65	跨甘肃省，本省无今县治，领地在平武北
扶　州	4	2	964	4 278②	1.71	跨甘肃省，本省南坪
松　州	3	3	612	6 305③	1.22	松潘
茂　州	4	4	3 386	13 761④	—	汶川、茂县、北川
茂州府	27	27	22 986	103 437⑤	—	黑水、理县、茂县、汶川之间
利　州	6	6	9 628	31 093	3.43	广元、旺苍

续表

唐政区	府州属县 总数	府州属县 本省	户数	口数	人口密度	含今政区县市
集州	1	1	1 126	4 017	0.69	南江
阆州	9	9	38 948	173 543	25.98	苍溪、阆中、南部
果州	6	6	13 510	75 811	11.63	西充、南充、营山、蓬安、岳池
壁州	4	4	1 492	7 449	1.80	通江
巴州	10	10	10 933	47 890	7.99	巴中、平昌
蓬州	7	7	9 268	35 566	10.18	仪陇
合州	6	2	4 978	16 737⑥	7.76	跨重庆市，本省武胜
渠州	4	4	9 726	21 552	3.04	渠县、大竹、广安、邻水、华莹
通州	7	7	7 898	38 123	2.23	跨重庆市，本省万源、白沙、宣汉、达县、开江，重庆市有成口，但无唐县治，户口不分割
简州	3	3	13 805	75 133	23.52	简阳
梓州	8	8	45 929	248 394	26.30	盐亭、三台、中江、射洪
遂州	5	4	12 977	66 469	18.71	跨重庆市，本省蓬溪、遂宁
普州	4	4	15 840	67 320⑦	14.24	乐至、安岳
陵州	5	5	17 441	80 110	23.09	仁寿、井研
资州	8	8	29 347	152 139	29.54	资阳、资中、内江
荣州	6	6	12 262	56 614	11.59	荣县、威远、自贡
嘉州	8	8	25 085	75 391	7.51	夹江、峨眉、乐山、犍为、沐川、峨边、马边
雅州	5	5	10 362	41 723	3.22	宝兴、芦山、天全、名山、雅安、荥经、泸定、康定、汉源
泸州	6	6	19 116	66 828⑧	2.42	富顺、隆昌、江安、纳溪、泸州、合江、长宁、高县、珙县、兴文、叙永、古蔺。另有贵州赤水、习水，无唐县治，户口不分割
戎州	5	4	25 336	48 821⑨	—	跨云南省，本省南溪、宜宾、屏山、雷波、金阳
巂州	9	9	23 054	53 618	—	汉源、越西、美姑、昭觉，布施以南，金沙江以西，至盐边、木里
合计			638 382	2 990 930		

注：

①文州，全州户1 908，口8 147，表中系按属县分割数。

②扶州，全州户1 928，口8 556，表中系按属县分割数。

③松州，原书记载户612，口6 306，平均每户10.3口，太高。由于总量很小，不做考证变动。

④⑤茂州及茂州都督府。茂州原书记载户3 386，口53 761，平均每户15.88口，太高。茂州及茂州都督府所领之翼、维、涂、炎、彻、向、冉、穹、筰等九羁縻州所占的土地面积，只相当于隋朝的汶山郡，隋汶山郡有户24 159，隋大业五年距唐贞观十三年，历时较短。这一地区也不受隋末战乱的影响，从这些少数民族地区人口增长缓慢的特点分析，人口不会有大的变动。而茂州户加九羁縻州户，总计为26 372，仅稍多于隋汶山郡户数。说明茂州口数记载有误，当为13 761口，这样平均每户4.06口，与邻州相比无大差异。不过这些羁縻州的户均人口，大抵都不符合实际，偏低。九羁縻州共有户22 986，以平均每户4.5户计，也只103 437口。

⑥合州，全州户14 934，口50 210，表中系按属县分割数。

⑦普州，原书记载户25 840，口67 320，平均每户2.6口，经与邻州比较分析，户数有误，当为15 840户。

⑧泸州，全州户19 116，口66 828，表中系按属县分割数。

⑨戎州，全州户31 670，口61 026，表中系按属县分割数。同时原书记载的这个户口数，平均每户只有1.93口，与一般家庭人口构成情况不符。但经考查，在少数民族地区多有这种情况，无法确认是否记载上的失误，故一般不做改动。

十八 重庆市

这里有和四川省相同的情况，由于地理上的原因，受隋末中原地区战乱影响极小，人口继续保持增长的形势，隋大业五年户籍人口约220 590，贞观十三年增长为318 828口，增长45%。在隋末战乱期间，西部有四川省为屏障，东部长江两岸都是高山峻岭，处在一种半封闭状态，隋炀帝煽起的社会大动乱之风，极少从三峡吹进来。当然人民的赋税负担也很沉重，有的地方也有反抗官府压迫剥削的起义活动，但很快被平息。所以从总的形势看，在这个过程里，整个重庆地区的社会，基本上是比较安定的。这是人口增长的基本原因。当然，重庆市的实际人口，要比《旧唐书·地理志》所记贞观十三年的户口高得多，尚需做进一步的考查分析。

渝州，这一地区是本市地理自然条件最好地方。从人口密度上看应当高于其他地区，但按户籍人口平均，渝州每平方公里只有4.63人，尚不及到处是崇山峻岭耕地极少的万州人口密度高，每平方公里7.2人。相比之下，渝州每平方公里当不少于15人，16万多人口。往后看一看北宋的人口情况，渝州（在北宋为重庆府）人口24万多，几近唐初的五倍，人口密度也高于附近其他州，但自然地理条件并没有发生什么变化。虽有人口增长的原因，但增长幅度不会有如此之大。唐朝户口隐漏是很严重的，上述情况正说明，即在唐贞观时期，渝州人口已经有很大的隐漏，而且隐漏日益严重。天宝十一年统计，只有6 995户，27 685口。按照上述情况分析，贞观时渝州人口，按最低估计不能少于16万人。

合州，在隋朝为涪陵郡，管辖地区相同，隋有人口34 168，贞观时降为33 473口，虽然下降不大，但这是在其他州都有增长的情况下的下降。经考查，没有造成人口下降的原因。这里的地理自然条件基本上是相同的，它的人口也当有所增长。从以后的发展看，天宝十一年户24 814，口107 220，年约增长率9.28‰。对合州来说，虽然不会很慢，但按110多年的历史过程计算，不可能有这样高，必有更高的人口基数。贞观时合州的实际人口少也有10万人，每平方公里15人左右。而天宝时的人口少也有十三四万。

通州，按记载7 898户，38 123口，每平方公里2.23人。跨有本市城口县，但无唐县治。这里是大巴山区，居住着很多少数民族，他们的人口没有编入户籍。约1万多平方公里无一县治之设。这里联系以后的情况看一看。至北宋崇宁时（1102），不仅通州（宋为达州）人口猛增至20多万，增长四倍多，每平方公里可达12人，就是在夔州北部大巴山地区，设大宁监（一种负有工矿生产任务的行政区域），曾经是人口特别稀少，也增长至3万多。这些人口都不是突然从什么地方搬迁过来的，而是很早就居住在这里，只是宋代得到较快的增长，又有大量无籍人口编入了户籍。由此说明，即在唐代，这些地区的人口也不是太少，在1万多平方公里的土地上不能少于六七万人。自万州以下的长江以南山区里，也有很多少数民族人口没有编入户籍。按《北史·蛮传》的记载，早在南北朝时期，这一长江两岸地区，已经有众多的少数民族人口。虽然"屯居三峡，断遏水路"的情况，由于官府统治力的加强，没有再发生，对他们的人口活动也再没有记载，但他们的人还在，并当有所增长，只是由于居处深山，对他们没有做户口调查管理。还有万州、忠州的江南地区也是这种情况。这里不再做进一步的考查分析。同时即在本市的中心地区，也会有大量隐漏户口，而且也有很多少数民族人口没有编入户籍。《新唐书·南蛮传》说："南平獠，东距智州，南属渝州，西接南州，北碚州，户四千余"。这说的正是重庆市周围地区。其时今重庆东南有南平县。这仅是一例，说明还有很多没有户籍而不见于统计的人口。

重庆市所辖地区户口隐漏十分严重，粗略估计全市人口不能少于80万人，人口密度每平方公里9.72人。再同四川省人口做一个比较，为四川人口的18.74%，基本符合这两个地区历史以来人口比例的格局。

表8-13　　　　　　　　　　重庆市户籍人口表

唐政区	府州属县总数	府州属县本省	户数	口数	人口密度	含今政区县市
渝州	4	4	12 710	50 713	4.63	重庆、江北、江津、璧山、永川
涪州	5	5	9 400	44 722①	4.71	长寿、涪陵、武隆、南川
忠州	5	5	8 319	49 478	5.59	忠县、垫江、丰都、石柱
万州	3	3	5 396	38 867	7.20	万州、梁平
夔州	4	4	7 830	39 550	2.61	巫溪、巫山、奉节、云阳
通州	7	0	—	—	2.23	跨四川省，本市有今城口，无唐县治
开州	3	3	2 122	15 504	3.95	开县
合州	6	4	9 958	33 473②	5.17	跨四川省，本市合州、铜梁、大足
遂州	5	1	2 595	13 294③	3.74	跨四川省，本市潼南
南州	2	2	3 583	10 366	3.13	綦江
黔州	6	5	4 927	22 861④	2.40	跨贵州省，本市彭水、黔江
思州	3	0	—	—	0.55	跨贵州省，本市酉阳、秀山，无唐县治
合计			70 026	318 829		

注：

①涪州，原书户口缺，这里按《新唐书·地理志》补。经考查，至天宝时，有的州户口略有增加，有的州甚至还有下降，如相邻的渝州则降为6 995户，27 685口。故以《新唐书·地理志》户直接入表。与贞观户口不会有大的出入。

②合州，全州户14 934，口50 210，表中系按属县分割数。

③遂州，全州户12 977，口号66 469，表中系按属县分割数。

④黔州，全州户5 913，口27 433，表中系按属县分割数。

十九　云南省

云南省民族成分复杂，人口众多，但除两汉之外，以后再不见有全面的户口统计。虽然它的实际人口一直在比较缓慢的增长，只是不见有明确的记载。我们还只能根据一些相关的史料进行考证分析。本省大部分地区属唐剑南道南部的戎州，但戎州直属六县，只有一县在本省，所记户口很少。戎州所属十六个羁縻州，大部分在本省，所记户口更少，估计只是州县驻地的汉民，而且即使汉民也不会如此之少。但在唐代的史书里却给我们留下了比较丰富的人口史料，可据以做比较具体的考证分析。

云南地区的社会形势，在唐代发生了很大的变化。前期在隋朝南宁总管府的基础上，设置了很多羁縻州。但实际上还是少数民族部落林立，互不统属。至唐开元年间（713—741），乌蛮南诏部落首领皮逻阁逐步统一了西洱河（今称洱海）为中心的西部地区各部落，建立南诏国。皮逻阁受唐封为云南王。其后又逐渐统一了整个云南地区，建立起一个大的南诏国，都太和城（今大理南）。这里考证云南人口，不能固执于贞观十三年，而是把前后各种人口活动联系起来，做综合考证，然后再对贞观十三年人口作出估计。

在云南省众多的民族中，以白蛮和乌蛮居多。有松外诸蛮，居住在西洱河以北和以东地区。在今天来说主要是迪庆、丽江地区，楚雄地区北部及四川省凉山以南地区。"数十百部，大者五六百户，小者三二百户，凡数十姓，赵、杨、李、董为贵族，皆擅山川，不能相君长。"① 他们对中原政权时附时叛，影响经西洱河去天竺（今印度）商路的畅通。贞观二十年（648），唐太宗决定派梁建方打通去天竺的道路，对松外蛮用兵。抗拒者被击败。"建方谕降者70余部，户十万九千。"② 这里说的仅仅是降者七十余部，从数十百部的记载看，其实际人口还要更多些，包括相邻的四川地区，少也有六七十万。其在云南省境内不能少于40万。当然历史上的记载有矛盾，或认为《新唐书》误把河蛮当作松外蛮。经考查分析，如果说《新唐书》记载的松外蛮包括一部分河蛮是可能的，因为松外地

---

①②《新唐书·南蛮传》。

区距西洱河并不甚远,这些少数民族的活动地区,往往是相互交织的,并没有决然的界限,所以记载当不是失误。更因为"松外"并不是"松州边外,松州,四川松潘县",按《中国历史地图集》的考证,"松外"就在四川省盐边之北,本省丽江之东,正处在经西洱河通向天竺的交通要道。梁建方在征服松外蛮之后,便直趋西洱河,白蛮首领请降。在西洱河周围地区还居着上百个被称为河蛮的白蛮部落,主要从事农业生产,每一个部落五六百户,不相统属。

离西洱河周围较远的地方,有很多乌蛮部落,主要从事畜牧业生产。其后也逐渐向西洱河靠拢,在西洱河周围地区形成六大部落,称为六诏。"兵埒不能相君"。其兵力人力大体相当,仍不相统属。有蒙舍诏,在诸部之南,故称南诏,居永昌(今保山)、姚州(今姚安)之间,实力逐渐增强,于开元二十六年(738),逐河蛮取太和城。其首领皮逻阁,因助唐破西洱河蛮,打通天竺道有功,得唐天子允许,兼并了其他五诏,建立起统一的南诏国,其目的是为了集中兵力以对付来自吐蕃的威胁,并受封为云南王,都太和城。按河蛮原约100个部落,乌蛮居地更广,不能少于河蛮,两者共按200个部落计,平均每部落500户,每户5口,以西洱河为中心的云南省西部地区,当有人口50多万。

在滇池周围及其以北至今昭通、大关等地区,居住着大量白蛮,也称西爨蛮,主要从事农业生产。云南东部由今寻甸向南至今个旧地区,居住着大量乌蛮,也称东爨蛮。天宝七年(784),南诏王皮逻阁死,子阁逻凤嗣。为了加强其统治中心的人力,以兵胁徙白蛮20万户于永昌城附近地区。20万户,推其人口当在百万左右。西爨蛮原地还余多少人口不清楚。因为这一地区多有深山密林,很多人会躲避起来,不被徙走。东爨因语言不通,且多散处深山林谷中,得免迁徙。但后来他们却徙居西爨故地,来填补这里的人口虚空。东爨占地很广,人口也很众多,包括滇池以东和以南地区,往少里估计也当有10万户,约50万人口,包括东北部地区遗留下来的白蛮,当有人口六七十万。

又有昆弥,散居在西洱以东地区,杂处于诸蛮之中,胜兵数万。龙朔三年(663)以后,曾徙部分于今贵州省西部地区,其后又徙部分于本省北部与四川省边界地区,总共约27 000户,未徙者有多少不清楚,即以3万户计,也当有15万人口。这是贞观年间以后的事情。贞观时期以前,他们仍居住在西洱河以东地区。

在哀牢山以南，还有被称为濮的民族，他们是哀牢人的后裔。部落众多，种类繁杂。《新唐书·南蛮传》记载说："群蛮种类多不可记，有黑齿、金齿、银齿三种。"这是就其大类来说的，人口的具体情况不详。考之前史，这里并不是人口稀少的地方，两汉时之哀牢夷，人口50余万，主要生活在这一地区。其后当会有所增长，但也向哀牢山以北散去很多，估计唐朝初期仍当不少于50万人。

东南近边地区，今红河以东至文山、广南，也居住着不同种落的民族，其中有不少獠民。比照其他地区，估计其人口不能少于10万。按照上面的考证分析，全省人口大约可在三百数十万，虽然考证时间不一致，但各种情况说明，即在贞观时期，也不能少于300万。

以上只是一种形式的考证分析。至唐朝中期，南诏国要逐渐摆脱唐朝的控制，并向唐统治区进行骚扰，继而发动大规模的军事行动。从诸多军事活动中也反映出它的人口活动，可以看出云南人口众多。把贞观时云南人口考定为300万以上，完全附和当时的实际情况。

表 8–14　　　　　　　　　云南省户籍人口表

唐政区	府州属县 总数	府州属县 本省	户数	口数	含今政区县市
戎　州	5	1	6 334	12 205	跨四川省，本省北部绥江以南，有盐津、永善、大关、彝良、威信、镇雄、昭通、鲁甸、巧家、会泽、南部、石屏、建水、开远、个旧、蒙自、丘北、中部、东川、崇明、宜良、路南、弥勒，以东至省界其间县市皆属

戎州都督府所辖十六羁縻州（其中一州属贵州省，不列入）

协	3	3	329	—	彝良
曲	2	2	1 094	—	昭通
郎	7	7	6 942	—	曲靖
昆	4	4	1 267	—	昆明西
黎	2	2	1 000	—	华宁
匡	2	2	4 800	—	保山

续表

唐政区	府州属县 总数	府州属县 本省	户数	口数	含今政区县市
髳	4	4	1 390	—	大姚西北
尹	5	5	1 700	—	大姚东南
曾	5	5	1 207	—	大理
钩	2	2	1 000	—	晋宁
靡	2	2	1 200	—	元谋
褱	2	2	1 470	—	大姚东
宗	3	3	1 930	—	祥云东南
徽	2	2	1 150	—	永安
姚	2	2	3 700	—	姚安
合计		48	31 513①	157 565②	

注：

①表中所记载的戎州和戎州都督府所属各羁縻州，在地理上只占本省面积的一部分，各州所占地区又互相参差，而这些户口统计数量又太少，不能反映云南人口的实际情况，表列出来只供做参考，所以不做具体的考证分析。

②这个人口数量不是原统计，按平均每户5口计算出来的。

二十 贵州省

本省绝大部分地区属唐黔中道。这里有和云南省相似的情况，众多的少数民族，散居在全省各地，极少有户籍人口。见于记载的只有约11 826户，33 855口。这样少的人口，实际上主要是州县治地的部分汉民。由于没有全面的户口统计，也只能根据有关人口活动的史料进行考证分析。

黔州（治今重庆市彭水县），所辖地区多不在本省。但在黔州又设有都督府。其后都督府多次迁治，景龙四年（707）曾移治播州（治遵义）。所领之州也时有废立。这里按《中国历史地图集》所考，在本省之夷、播、思、锦、费、业、充、应、矩、珍等十州，与四川、重庆地理自然条件相类似的地区做比较，平均每州不能少于14 000户（四川省成都平原以外各州，平均每州也是14 000多户）。上述10州，即各按14 000户计，也要有14万户，再按平均每户5口计，当有人口70多万。

都督府又都督约50个羁縻州，其中本省约40州，主要在中南部地区，接近本省面积的一半，经考证比较，平均每羁縻州不能少于 3 500 户（茂州都督之九羁縻州，平均每州面积 1 000 多平方公里，2 544 户。而本省 40 羁縻州，平均每州 2 180 平方公里。历史地考证，茂州所辖地区的人口密度低于本省中南部地区）。40 州，少也有 14 万户，以平均每户 5 口计，也当有人口 70 多万，每平方公里约 8 人左右。虽然考证时间不完全一致，但从这些地区人口长期无大变化的特点来看，不会有大的出入。

为了验证用上面的方法估计的人口数，是否能基本符合贵州省的实际情况，还有一些具体的事例可以作证。按《新唐书·南蛮传》记载，爨蛮之西，有昆明蛮，这在考查云南人口时已经说过。"龙朔三年，矩州刺史谢法成，招慰比楼等七千户内附，总章三年置禄州、汤望州"以安置之。禄州为今水城，汤望州为今威宁，仅招抚这些人口，平均每州就是 3 500 户，这里原有多少人口尚不清楚，这两州虽不属黔中道，但在本省境内，可以用于说明羁縻州人口的情况。咸亨三年，昆明十四姓，率户 2 万内附，析其地为殷州、摁州、敦州安辑之。平均每州接近 7 000 户。虽然这三州在靠近本省的四川、云南省境内，但上述两例说明对本省境内羁縻州，按平均每州 3 500 户估计，是一种最低的估计。又记载："昆明东九百里，即牂牁国也，俗与东谢同，首领亦姓谢氏，至龙羽有兵 3 万，武德三年，遣使者朝，以其地为牂州，拜龙羽刺史，封夜郎郡公。其北百五十里，有别部曰充州蛮，胜兵 2 万，亦来朝贡，以其地为充州。"这里说的牂州，治今瓮安东北，具体管辖地区不详，大体就在今瓮安、福泉、黄平周围地区。有兵 3 万，少也有 3 万户，十三四万人口，所以下面又讲"牂蛮二州，户繁力强，为邻蕃所惮。"蛮州治今开阳，在瓮安西，与牂州紧相连接，反映了这一带地区人口比较稠密。说明很多羁縻州远远超过 3 500 这个估计的平均户数。充州在牂州东北，治今余庆，包括今施秉、镇远、三穗、岑巩、江口、石阡等县，按《旧唐书·地理志》业州（治今湖南省新晃东）条下属县记载："梓姜，旧于县置充州，天宝三年以充州荒废，以梓姜属业州，其充州为羁縻州。"指的是由于这里少数民族经常闹事，不能进行正常的行政管理，所以才把充州由正州改为羁縻州。并不是人口流散造成了荒漠。这里按《中国历史地图集》考定的天宝以前的充州管辖范围，约 11 300 平方公里，2 万户，约 10 万人口，每平方公里也在 8 人以上。这样 10 个正州，面积总计 6 万多平方公里，70 万人口，每平方公里11.7人。说明对正州人口的估计也不过高。

贵州省西部还有部分地区属戎州，大体包括今赫章、威宁、水城、六盘水市、普安、兴仁、兴义等县市，在这片地区里只有盘州（治今兴义）有户数的记载，但少得不能说明任何问题，所以用一种简单的办法来推算。这片地区历史地考查，人口密度比之中部地区要略低些，但每平方公里也不能少于5人，共33 000平方公里，当有人口165 000人。按以上所考，全省人口总计1 565 000人。

表8-15　　　　　　　　　贵州省户籍人口表[1]

唐政区	府州属县 总数	府州属县 本省	户数	口数	含今政区县市
播　州	3	3	490	2 168	遵义、桐梓
黔　州	6	1	986	4 572[2]	跨重庆市，本省无今县治，唐县都濡在道真南
珍　州	3	3	263	1 034	道真、正安
夷　州	5	5	2 241	8 657	绥阳、湄潭、凤冈
思　州	3	3	2 603	7 599	跨重庆市，酉阳、秀山，无唐县治，本省沿河、务川、印江
锦　州	5	1	574	2 875[3]	跨湖南省，本省松桃、铜仁、万山
费　州	4	4	2 709	6 950	德江、思南
盘　州	3	3	1 960	9 800[4]	兴仁、普安、盘县
合计		23	11 826	43 655	

注：

[1]这个统计表仅吸收部分有户口记载的州入表，不能代表全省，表列出来只供参考。有的州的户口数字为贞观以后统计的，但由于这些地区人口增长缓慢，往往很多年没有变化，所以借来入表。

[2]黔州，全州户5 913，口27 433，表中为按属县分割数。

[3]锦州，全州户2 872，口14 374，表中为按属县分割数。

[4]盘州，口数原缺，这里按平均每户5口计算入表。

第四节　南方各省区人口考

二十一　湖北省

湖北省在隋末唐初这场浩劫中，受损也特别严重。隋大业户籍人口270多万，至贞观十三年，还是经过了十几年的恢复，统计人口也只30多万，减损90%。

隋末农民大起义，是由隋炀帝的暴政引起，造成中原大地到处闹饥荒，但湖北省境内尚未发生大规模农民起义，却遭到外来流寇的惨重破坏。隋朝末年，亳州城父（今安徽亳州南）县佐吏朱粲，随官军前往镇压长白山（今山东章丘北）农民起义。其后便自己拉起一支队伍，到处寇掠，饥民多相从。众至十余万人。南渡淮河之后，一路向西残破，进入本省后先屠竟陵（治今钟祥）、沔阳（治仙桃南）两郡，其后便在汉水两岸及其以北地区，大肆杀掠破坏。"粲所克州县，皆发其藏粟以充食。迁徙无常，去辄焚余赀，毁城郭，又不务稼穑，以劫掠为业，于是百姓大馁，死者如积，人多相食。"此时朱粲的军队已发展到20万人，这么多人不事生产，又不让人民生产，所有的食物都被他们抢光了，大批大批的人，没有饭吃。于是便抓人杀食，"无所庑掠，乃取婴儿蒸而噉之"。朱粲对军士们说："食之美者，宁过于人肉乎！但令他国有人，我何所虑。"后来于冠军（今河南邓州西）建立政权，自称皇帝。还是到处抓人充食，"有略得妇人小儿皆烹之，分给军士"。甚至"税诸城堡，取小弱男女以益兵粮"。[①] 湖北省汉水流域地区全被其蹂躏。人民就是这样大批地饿死或被杀食。人食人的现象在历史上屡有发生，不乏记载。但税人充粮却独此一例。不过随着朱粲到处劫掠的军士，原来也是饥饿的农民，是被隋炀帝的残暴统治逼上了绝路，才跟着朱粲到处劫掠。至于他们的结局，由于任何食物都没有了，自然也难逃被饿死的厄运。

汉水流域如此大的灾难，必然要波及其他地区。一个地方好吃的东西全部被吃光，必然有大批人流徙到其他地方寻食，分食其他地区的食物，造成连锁反应，使全省各地到处都在受饥饿的折磨，到处都有大批人口在

---

① 以上均引自《旧唐书·朱粲传》。

死亡。同时，大业十三年（617）十月，原南朝萧梁后裔，罗县（今湖南汨罗）令萧铣借农民起义之机，在巴陵郡（治今湖南岳阳）起事，大批饥民相从，次年宣布即皇帝位。攻克南郡（治江陵·今荆州），建立都城，拥兵数十万。这对江汉地区南部，无疑又是一个大破坏。这些兵士吃什么，还得从人民身上搜刮，造成更大的饥荒。全省人口就是这样普遍地大幅度地降了下去。

但各地情况也不尽相同，施州（主要今恩施地区）虽然按统计只有2 312户，10 825口，但实际人口要比这个统计数高得多。这里的地理情况比较特殊，在这个25 000多平方公里的山区里，清江贯流其中，虽然里面的山势比较平缓，且有盆地丘陵，但从东部进入时，却被高山峡谷锁住，成为一个较大的封闭地区。隋炀帝掀起的动乱之风，不容易吹进来，外面的饥民也难大批涌入，使这里的人民仍然过着比较平静的生活。历史地考查，它的实际人口还当在10万以上。还有西北部一些深山区，主要是武当山地区和神农架地区，其面积当有40 000多平方公里，受战乱饥荒的影响也会略轻些，虽然见于统计的人口也很少，主要还是很多人口漏编户籍。在贞观十三年，湖北全省人口也不能少于50万人。

表 8-16　　　　　　　　　湖北省户籍人口表

唐政区	府州属县总数	府州属县本省	户数	口数	人口密度	含今政区县市
鄂州	5	5	3 754	14 615	0.81	武汉、咸宁、嘉鱼、赤壁、崇阳、通州、通山、阳新、黄石、大冶、鄂州
沔州	1	1	1 517	6 959	1.79	汉川、武汉
蕲州	4	4	10 612	39 678	3.86	罗田、英山、浠水、蕲春、黄梅、广济
黄州	3	3	4 896	22 060	1.85	大悟、红安、麻城、黄陂、新洲、黄冈
安州	6	6	6 338	26 519	3.44	应山、安陆、应城、云梦、孝感
复州	3	3	1 494	6 218	0.58	天门、仙桃、洪湖、监利
郢州	3	3	1 580	7 173	0.93	钟祥、京山
江陵府	7	7	10 260	40 958	2.25	荆门、当阳、枝江、松滋、公安、石首、荆州、江陵、潜江

续表

唐政区	府州属县 总数	府州属县 本省	户数	口数	人口密度	含今政区县市
硖州	5	5	4 300	17 127	1.54	远安、宜昌、长阳、宜都
归州	3	3	3 531	20 011	2.42	兴山、秭归、巴东
隋州	4	4	2 353	11 898	1.22	枣阳、随州
襄州	7	7	8 957	45 195	3.19	丹江口、老河口、谷城、襄樊、宜城、南漳
均州	3	2	1 886	8 395①	1.18	跨陕西省，本省郧西、郧县、十堰
房州	4	4	4 533	21 579	1.28	竹溪、竹山、房县、保康、神农架
商州	6	1	817	3 508②	1.03	跨陕西省，本省无今县治，唐县上津，在今郧县西
施州	2	2	2 312	10 825	0.51	利川、恩施、始建、宣恩、咸丰、来凤、鹤峰、建始、五峰
合计		60	69 140	302 718		

注：

① 均州，全州户 2 829，口 12 593，表中系按属县分割数。

② 商州，全州户 4 901，口 21 050，表中系按属县分割数。

二十二 湖南省

湖南省在隋末唐初的大战乱中，人口损失较小，隋大业五年的户籍人口 273 183，唐贞观十三年统计还略高于大业时，为 299 257 口。经考查，虽然户籍人口与实际人口相距甚远，但由于隋唐两代对户籍人口统计的对象基本相同，还是可以从中看出一些问题。主要原因也是由于湖南省离中原地区较远，隋末大动乱之风不易对这里产生太大的影响。特别是离开湘江平原丘陵地区外，也多是深山峡谷，受影响更小。所以没有发生像中原地区那样普遍的大饥荒，因而也没有发生大的动乱，这是人口减损不大的基本原因。

当然对湖南省来说，也不是那么风平浪静。隋大业十三年，巴陵郡（治今岳阳）校尉董景珍发动起义，推罗县令萧铣为主，当地饥民纷纷相投，并北上夺取江陵，仅半年的时间，队伍便扩展至40万人。岳阳地区既为首发地，并有能力北上夺取江汉平原的南部地区，说明湖南北部地区参加起义的人不会很少,往少里说也有四五万人。正说明北部地区的饥荒比较严重,否则人们不会抛家舍业随萧铣去铤而走险,参加起义活动。对湖南省来说,也是隋朝末年唯一的一次规模较大的农民起义。这次大起义在唐武德四年(621)被唐军捕灭,人口也会受到一定的损失,只是在本省没有形成大的战乱,比北方地区,人口损失也相对少些。不能因为唐贞观十三年统计的户籍人口,比隋大业时的户籍人口多那么几万人,就认为湖南人口没有受到减损。对比人口没有减损的巴蜀地区来说,四川省在这个过程的年均增长率为 8.34‰,重庆市为 13.13‰,而湖南省则为 3.04‰。正说明在这个过程里,湖南人口确实受到了一定的损失,才没有达到四川、重庆那样的增长高度。

至于湖南省的实际人口有多少,没有新的史料可考,按照一般的估计,从它的户籍人口尚能略高于大业时来分析,它的实际人口更不可能少于大业时的 136 万。贞观十三年的实际人口当在 140 万左右。

表 8-17　　　　　　　　　　湖南省户籍人口表

唐政区	府州属县总数	府州属县本省	户数	口数	人口密度	含今政区县市
潭州	6	6	9 031	40 449	1.28	安化、桃江、益阳、宁乡、望城、长沙、浏阳、湘潭、株洲、醴陵、湘乡、韶山、双峰、涟源、娄底
岳州	5	5	4 002	17 556	0.99	岳阳、平江、汨罗、湘阴、沅江、临湘、华容、南县
衡州	6	6	7 330	34 481	1.36	衡山、衡阳、衡东、攸县、茶陵、炎陵、安仁、耒阳、常宁
郴州	8	8	8 646	49 355	2.65	永兴、资兴、桂东、嘉禾、汝城、郴州、宜章、临武、蓝山、桂阳
道州	4	4	6 613	31 880	2.59	新田、宁远、道县、江永、江华
永州	3	2	4 232	18 389	1.69①	跨广西壮族自治区,本省祁东、祁阳、永州、东安、双牌
邵州	2	2	2 856	13 583	0.73	新化、冷水江、新邵、邵东、邵阳、隆回、洞口、武冈、城步、新宁

续表

唐政区	府州属县 总数	府州属县 本省	户数	口数	人口密度	含今政区县市
巫　州	3	3	4 032	14 495	1.04	怀化、芷江、新晃、黔阳、洪江、会同、靖县、绥宁、通道。另跨贵州省天柱、玉屏，但无唐县治
澧　州	4	4	3 474	25 826	1.37	桑植、张家界、慈利、石门、澧县、临澧、安乡
郎　州	2	2	2 149	10 913	1.18	桃源、常德、汉寿
辰　州	7	7	9 283	39 225	1.68[②]	花垣、凤凰、麻阳、吉首、远陵、泸溪、辰溪、溆浦、龙山、永顺、保靖
贺　州	6	1	1 119	3 105	2.03[③]	跨广西壮族自治区，本省无今县治，唐县冯乘在今江华西
合计		50	62 767	299 257		

注：

① 永州，全州户6 348，口27 583，表中系按属县分割数。
② 辰州，全州户9 283，口39 225，表中系按属县分割数。
③ 贺州，全州户6 713，口18 628，表中系按属县分割数。

二十三　广西壮族自治区

广西地区虽然也会受到中原大动乱的影响，但影响极小。这里少数民族众多，种落复杂。虽然有几个大的部落组织，但仍不相统属。他们在隋朝灭亡后，均归附萧铣政权。唐武德四年灭萧铣政权后，兵下岭南，于是各部落头领，又纷纷到唐营纳款，表示归附，没有经过战争，社会一直比较安定。

隋大业户籍人口955 591，虽然唐贞观十三年也有户口统计，但统计不切实际，平均每户只有一人多一点，不符合家庭人口结构的实际情况。甚至有的州户数多于口数，平均每户尚不足一人，虽经考查，也难看出其间的问题。实际上唐朝对少数民族，在赋税政策上，并没有实行像中原地区那样的租庸调法，因而也就没有严格的户口管理制度。所设置的州，基本上都是因部落组织而设置的羁縻州，由部落的大小头人担任州刺史和各级行政长官。因此所上报的户口就有很大的随意性。唐政权向这些头人征收赋税，多为地方特产，且多是按户计征，所以户数的统计或略近实际，而口数的统计完全不能反映当时人口的实际情况。按平均每户5口计，也当有人口116万多，这当算是它的户籍人口，而离实际人口仍有很大的距离。这里举一个例子，大业九年（613）隋苍梧郡梁尚慧起义，众4万人，这个聚集起来的人都是参加作战的壮民，基本上每人可以代表一户。可是《隋书·地理志》所记苍梧郡为4 578户，而《旧唐书·地理志》所记梧州（管辖区略小于苍梧郡）只有3 084户，即使起义有别郡农民参加，加相近的藤州（治今藤县）和封州（治今广东封开），合计也只14 875户。所以我们必须认识到，各州原来的户口统计，一般都少于实际，对原统计的户数，即按户均5口计算，仍会远远低于实际人口。

再从另一个方面看广西人口，按《旧唐书·李靖传》记载，武德四年（621），李靖平萧铣之后，"乃度岭至桂州，遣人分道招抚，其大首领冯盎、李光度、宁长真等，皆遣子弟来谒，靖承制授其官爵。凡所怀集九十六州，户六十余万。"很显然这是各部首领报告的数字，也当更真实些。其分布地区范围，主要在岭南西部地区，即珠江三角洲（不含）以西地区，也包括今越南国北部地区。按历代考证各地人口所占比例看，越南北部地区估计不能少于10万户，去此之后，还余50万户，属于两广地区，广东西部及海南省，至多居30%，余70%，约35万户属广西，按平均每户5口计，当有人口175万。

再超前一步看，至德年间（756—757），左右江地区西原蛮群起叛唐，以20万众攻"柱管十八州"（广西壮族自治区东部地区），推左右江地区人口可在百万左右。且考之后史，完全可以得到证实。虽然这说的是百年以后的事情，此时人口会少些，但也少不了70万人。而贞观十三年统计广西在籍户232 751，其中左右江地区不足18 000户（这是一个完全脱离实际的统计），去此之后，实际上还当有21万多户，约105万口。这是东部地区的人口，加考证左右江地区人口70万，大约是175万。

表 8－18　　　　　　　　　广西壮族自治区户籍人口表[①]

唐政区	府州属县 总数	府州属县 本省	户数	口数	含今政区县市
邕 州	5	5	8 225	—	南宁、邕宁、武鸣、隆安、宁明、凭祥、大新、天等、平果、德保、巴马
贵 州	4	4	28 930	31 996	贵县
党 州	4	4	△1 130	7 400	领地极小，在玉林北
横 州	3	3	1 128	10 734	横县
田 州	5	5	4 168	—	田林、百色、田阳
严 州	3	3	△1 859	7 051	来宾
山 州	2	2	△1 320	6 600	领地极小，在今合浦东
峦 州	3	3	△770	3 803	即淳州、邕宁、横县间
容 州	5	5	8 890	—	蓉县、北流
白 州	5	5	8 206	—	博白
牢 州	3	3	1 641	11 756	玉林
锁 州	5	5	14 072	18 127	钦州、灵山
禺 州	4	4	10 740	—	陆川东北
瀼 州	4	4	△1 666	—	上思西南
廉 州	4	4	1 522	—	浦北、合浦、北海
陆 州	3	3	△494	2 674	防城
笼 州	7	7	△3 667	—	崇左、上思
环 州	8	8		—	河池、环江
义 州	3	3	3 225	—	岑溪
藤 州	3	3	9 236	10 372	藤县
贺 州	6	5	5 594	15 523[②]	跨湖南省，本区富川、钟山、贺县
永 州	3	1	2 116	9 194[③]	跨湖南省，本区资源、全州、灌阳
桂 州	10	10	32 781	56 526	龙胜、灵川、兴安、桂林、永福、阳朔、荔浦、金秀、鹿寨东部
昭 州	3	3	4 918	12 691	恭城、平乐
富 州	3	3	3 349	4 319	昭平
蒙 州	3	3	1 069	—	蒙山
梧 州	3	3	3 084	5 423	梧州、苍梧

续表

唐政区	府州属县 总数	府州属县 本省	户数	口数	含今政区县市
垄州	6	6	13 821	11 128	南平
浔州	3	3	2 500	6 836	桂平
郁林州	5	5	△1 918	9 699	贵县至玉林间
平琴州	4	4	△1 174	—	领地极小，在玉林西北
宾州	3	3	7 485	—	宾阳
澄州	4	4	10 868	—	马山、上林
绣州	3	3	9 773	—	桂平、容县间
象州	3	3	11 845	12 521	象州、武宣
柳州	5	5	6 674	7 637	柳城、柳州、柳江、鹿寨西部
融州	3	3	2 794	3 335	三江、融安、融水、罗城
合计			232 751④	265 345⑤	

注：

①这张人口表中所列各州户口数字，大多不能反映人口的实际情况，表列出来只供参考，全自治区的实际人口正文另有考证分析。

②贺州，全州户6 713，口18 628，表中系按属县分割数。

③永州，全州户6 348，口27 583，表中系按属县分割数。

④这个综合户数，包括部分天宝户，有些州贞观户口缺记，以天宝户补代，凡数字前有"△"符号的均为用天宝户折算的人口数。经考查，在这个过程中，在籍户数口数均无大的变化，对总人口的计算不会有很大的出入。

⑤原统计很多州只有户数的记载，人口数缺记，这个综合数只是表中已有人口数的综合，而且原统计，普遍户均人口太少，仅表中综合的户数，按户均5口计也有1 163 755口。

二十四 海南省

对海南地区，唐置五州，除崖州、儋州有贞观户的记载，琼州、振州所记均属中期以后，万安州则无户口记载。对所记琼州、振州户口都算做唐初已有此数，万安州以《新唐书·地理志》记户补，合计也只15 067户，按平均每户5口计，约75 335口。从考证隋朝人口可知，这个数字远不是海南当时的实际人口。从考查唐代其他少数民族地区人口，也可以明显地看出，唐所统计的户口，都远离实际，海南地区也不能例外，但又没有其他史料可做考证分析。从这些地区人口增长极度缓慢来分析，从隋朝大业以来，过程较短，人口不会发生大的变化，所以仍按 18 万估计之。虽然这可能是偏低的估计，但与实际人口当不会有很大的出入。

表 8-19　　　　　　　　　海南省户籍人口表①

唐政区	府州属县 总数	府州属县 本省	户数	口数	人口密度	含今政区县市
崖州	3	3	6 646	—	—	海口、琼山、定安、文昌
儋州	5	5	3 956	—	—	儋州、白沙、昌江、东方
琼州②	5	5	649	—	—	临高、澄迈、屯昌、琼海
振州③	4	4	819	2 821	—	通什、三亚、乐东
万安州④	4	4	2 997	—	—	保亭、陵水、万宁
合计		21	15 067	2 821	—	

注：

①表中户口数并不反映实际人口，只是户口的某一部分，表列出来仅供参考。

②③琼州、振州，都是天宝以后的户数，移入这里使用，实际上户籍人口不会有大的变化。

④万安州，原书户口缺，此为《新唐书·地理志》所记，时间也是天宝以后。

二十五　广东省

广东省地处五岭之南，离中原地区较远。隋末这里也有一些小规模的起义活动，如大业九年（613），信安郡（治今肇庆）陈真起义，聚众 3 万人，攻破郡城。苍梧郡（治今封开）梁慧尚起义，聚众 4 万人，攻破郡城。大业十三年（616），高凉郡（治今阳江）少数民族领袖冼瑶沏起兵反隋，附近溪洞多有响应。还有长江流域一些起义活动，其势力也曾伸展到广东省。这些都没有对人口造成大的损耗。隋朝户籍人口 56 万，唐朝平定全国战乱后的贞观十三年统计，可达 60 万。户籍人口的增加，也反映总人口在增加，实际人口还要高得多。

广州府占有整个珠江三角洲地区，按今地北有英德、佛冈，东有龙门、增城、东莞、深圳，西有怀集、广宁、四会、佛山、高鹤、台山，地理自然条件比较好，又是历代政治经济文化中心，面积 4 万多平方公里，但按《旧唐书·地理志》的记载只有 12 463 户，59 114 口，每平方公里才 1.45 人，显然不符合这里人口的实际情况。而高鹤、台山以西，西江以南的本省西部地区，即按户籍人口计算，每平方公里也在 7.6 人，当有人口 30 万以上，而不是只有那么五六万人。虽然当时的珠江三角洲地区，地势比较低洼而易受涝害，尚未得到充分的开发利用，但这并不是广州府户口统计较少的主要原因。因为就整个广州府所辖地区来说，这种冲积涝洼平原只占极小一部分，绝大部分地区属低山丘陵和台田，所以贞观时所见户籍人口很少，基本上是统计问题。至开元二十八年（740）统计为 64 250 户，年均增长率 13.63‰，也不是这一地区的自然增长所能达到的。至天宝十一年（752）统计，又降为 42 235 户，至元和二年（807）统计再上升为 74 099 户，按平均每户 5 口计，当有人口 37 万多，这个忽升忽降，正反映了户口统计工作存在着严重的问题。岭南地区的人口增长是缓慢的，这些情况说明，对唐初广州府人口做 30 万估计，基本上是适宜的。

潮州，原书户口缺，《隋书·地理志》记载义安郡，即唐之潮州，户 2 066，约 10 673 口。同其他州比较，在唐初也不会很多，至多 3 000 户，约 15 000 口。至北宋时，潮州已被析为潮、梅两州。宋初据《太平寰宇记》记载，太平兴国八年（983）潮州 5 831 户，梅州 1 567 户，合计 7 398 户。从唐贞观十年以来，已经度过了 340 多年，但从统计看，并不见人口有大的增长。可是到元丰元年（1078）只过了 95 年，按《元丰九域志》的记载，潮州 74 682 户，梅州 12 372 户，合计 87 054 户，年均增长率 17.75‰，显然这不是从宋初所能增长起来的。按照这一地区的情况，其年均增长率往最高里估计，不能超过 5‰，还有 12.75‰ 的增长人口，约 57 218 户，286 090 口。这些人口是从哪里来的？当然是宋代以前就已经存在，只不过长期没有编入户籍。循州也是这种情况，这两州都是自然地理条件比较好的地方，即在唐代初期，也不该每平方公里不足 1 人。潮、循两州面积合计约 58 000 多平方公里，即按每平方公里 3 人的最低估计，潮、循两州也当有人口 174 000 多。

韶州，原书记载户 6 960，口 40 416，按这个人口数计算，每平方公里 2.52 人，但它的实际人口要比原记载高得多。在它西部的连州，地理自然条件与韶州无大差异，按户籍人口计算的人口密度就有 3.83 人，比韶州高出 1.31 人，这是不现实的。韶州至天宝十一年，户籍人口增长为 168 948 口，计其年均增长率 10.78‰，这也不切实际。从当时的各种情况分析，它的增长只能在 5‰ 左右。还余 69 409 口，加到贞观原统计人口上，为 109 825 口，贞观十三年就当有这个人口数。连州的情况与韶州大体相同，按同样方法计算，贞观十三年也当有 80 426 口。韶、连两州合计 190 251 口。

再看本省西南部地区，大约台山以西，西江以南，在当时来说，是一个人口密度较高的地区。前面说过，唐初李靖平定岭南所招抚之 60 余万户，除今越南国 10 万户，余 50 万户属两广地区，其中广东可居 30%，这主要说的是少数民族比较集中的本省西南部地区，30% 当有 15 万户，以平均每户 5 口计，当有人口 75 万。这样综合以上考查分析，再加广府 30 万，潮、循、韶、连四州共 364 251 口，总计 1 414 251 口，每平方公里 7.95 人，在历史上首次出现在人口密度上超过广西。

表 8-20　　　　　　　　广东省户籍人口表

唐政区	府州属县 总数	府州属县 本省	户数	口数	人口密度	含今政区县市
广州府	13	13	12 463	59 114	1.45	北有英德、佛冈，东北龙门、增城、东莞、深圳，西有怀集、广宁、四会、佛山、高鹤、台山，其间广州等县市皆属
潮　州	3	3	—	—	—	西有平远、梅州、丰顺、揭西，东至省界，南至海，其间汕头等县市皆属
循　州	6	6	6 891	36 436	0.97	西有连平、新丰、罗浮山、博罗、惠州，东有兴宁、五华、陆丰，北至省界，南至海，其间县市皆属
韶　州	6	6	6 960	40 416	2.52	乐昌、仁化、南雄、始兴、韶关、曲江、乳源、翁源
连　州	3	3	5 563	31 094	3.83	连州、连山、阳山
端　州	2	2	4 491	24 303	5.04	肇庆、高要
康　州	4	4	4 124	13 504	3.16	郁南、德庆、云浮
新　州	3	3	7 388	35 025	24.17	新兴
冈　州	2	2	2 358	8 662	5.63	开平
恩　州	3	3	—	—	—	恩平、阳阳
春　州	2	2	5 714	21 061	9.47	阳春
泷　州	5	5	3 627	9 439	1.68	罗定
窦　州	4	4	3 550	—	7.39	信宜

唐政区	府州属县 总数	府州属县 本省	户数	口数	人口密度	含今政区县市
高 州	3	3	—	—	—	无今县治，今高州东
潘 州	3	3	10 748	—	16.40	高州、茂名、吴川、电白
辩 州	3	3	10 350	—	20.19	化州以北至省界
罗 州	4	4	5 460	—	5.19	廉江
雷 州	3	3	2 458	—	1.53	遂溪、湛江、雷州、徐闻
勤 州	2	2	—	—	—	无今县治，阳春北
封 州	2	2	2 555	13 477	5.27	封开
合 计		76	94 700	292 531		

说明：

唐朝户口脱漏非常严重，不仅有很多缺户，更有大量缺口，即有户口记载，也多平均每户有二三口。根据有关资料分析补充，大约有12万户，再以平均每户5口（唐的户均人口在5口以上）计，当有60万的户籍人口。

二十六 福建省

本省在唐代已划为福、建、汀、泉、漳五州。其中只建州有贞观时的户口记载，户15 336，口22 820，平均每户1.49口。这个户均人口少得不切实际，可能记载有误，因为按天宝十一年户口，建州平均每户6.3口，即如此，也只96 617口。这里是本省历史上人口最多的地区，东汉三国时期，这里已有人口30多万，其后即使没有大的增长，也当稍高于这个人口规模，估计唐贞观时不能少于40万人（北宋初唐建州地区户籍人口可达90多万）。其他各州均无贞观户口的记载。隋大业十年（614），建安郡（即唐之福州）爆发农民起义，聚众3万人攻打郡城。这个所聚3万人，只能来自离郡城较近地区的丁壮，不可能把几百里地以外的人都组织到这里来攻打郡城。3万丁壮所包含的人口，至少有3万户15万人口。仅以上建州、福州人口就当有55万。

进入唐代以后，海上交通逐渐发达，促进了对外贸易，带动了沿海经济的发展，也必然促进人口的增长。一向默默无闻的泉州，天宝十一年统计人口竟多达160 295口，它不可能是外地移民的突然涌来，只能是按照人口的增长规律逐步增长起来的，只是过去失于记载。估计唐贞观十三年已不能少于10万口。

另有漳州、汀州也没有贞观户口的记载,这两个州的人口都比较少,仍属于待开发的地区。按天宝十一年统计,总共还不到1万户,3万多人口,不过历史地考查分析,这一地区仍有很多被称为越人的民族,没有对他们做户口管理统计。所以即在唐朝初期,这里的实际人口也会远远高于天宝时的统计数字。尤其是汀州,地处福建省西南部深山区,更不可能有完整的户口统计。唐朝灭亡后,紧接着就是五代十国时期。宋乾德元年(963),陈洪进割据漳泉二州,太平兴国三年(978)献地归附,有户191 578,按平均每户5口计,当有人口70多万。除泉州人口有较大增长外,漳州人口此时也当有24 000多户,约12万人口。这种人口的大幅度增长,除有因为唐末五代时期,中原地区连年战乱不息,江南地区也时有战争,会有部分难民进入,但不会很多。因为在古代来说,西部受崇山峻岭阻挡,是一个半封闭的地区,难民不容易进入。主要还是这一地区社会生产力的发展,促进了经济开发,从而也带动了人口的增长。在这种大气候下,汀州人口也当有所增长。所以估计漳、汀两州人口,即在唐朝初年,也不能少于10万口。

全省实际人口当在75万以上。

表 8-21　　　　　　　　　　　福建省户籍人口表

唐政区	府州属县 总数	府州属县 本省	户数	口数	人口密度	含今政区县市
福 州	8	8	31 067	115 335	4.84	福州、福鼎、拓荣、福安、霞浦、宁德、屏南、古田、罗源、连江、长乐、福清、平潭、永泰、闽清、尤溪、大田、德化、闽侯
建 州	6	6	20 800	104 000	2.94	建瓯、建阳、政和、松溪、浦城、武夷山、光泽、邵武、建宁、泰宁、将乐、顺昌、沙县、南平
汀 州	3	3	4 680	23 400	0.84	长汀、宁化、清流、明溪、三明、永安、连城、武平、上杭、永定、龙岩、漳平

续表

唐政区	府州属县总数	府州属县本省	户数	口数	人口密度	含今政区县市
泉州	4	4	30 754	153 770	10.51	永春、仙游、莆田、惠安、泉州、安溪、南安、晋江、同安、金门、厦门、长泰
漳州	2	2	5 000	25 000	2.02	华安、漳州、南靖、平和、尤海、章浦、云霄、诏安
合计		23	92 310	461 575		

说明：

除建州有贞观十三年户口，户 15 336，口 22 820，余州均缺记。表中为开元二十八年（740）户口，口数系按户均 5 口折算的，表列出来以供参考。

二十七　台湾省

在唐代对台湾岛仍称流球。台湾人口，在隋代估计为 14 万左右，这是根据大业六年（610）隋朝派军队入台湾掠 7 000 人而还这条历史资料推断的。《隋书》原记载"献俘万七千口"有误。因为这和《陈棱传》所说的"掳男女数千口而归"基本上是一致的。同时也考虑到 17 000 口数量太大。三国时期的吴国，派船队浮海求夷州（台湾），也只甲士万人，掳数千人而回。隋朝如果也去万人，那也是很大的船队。如果不带空船去，回头时再加载 17 000 人，那是极大的超载，过分超载是航海的一大忌。分析当时的情况，隋派军队入岛，目的是为了征服，并没有大批俘人的打算。所以"献俘一万七千"当为"献俘七千口之误"。由于遭隋军的破坏，岛上人口会有所减少，所以至唐贞观时，仍按 14 万人口估计之。

为了验证这个估计能不能基本符合实际，下面再从有关社会情况和人口密度上同大陆南方及海南岛做一个比较。按《隋书·流球传》的记载，台湾岛很多情况与大陆南方地区有相似之处。农作物品种、树木及其他植物，"同于江表"即江南地区。"风土气候与岭南相似"，耕作方法，"厥田良沃，先用火烧而引水灌之。"正是典型的火耕水耨。两岛的地形也颇相似。海南岛面积 3.4 万平方公里，人口约 18 万，每平方公里 5.3 人，台湾岛 3.6 万平方公里，人口 14 万，每平方公里 3.8 人。这个差距反映了两地发展上的差异，但又无大的差异。唐代初期仍把台湾人口估计为 14 万。

二十八 江西省

江西省在隋末唐初的战乱饥荒中，人口也受一定损失，但不太严重。从户籍人口看，隋有42万多，考证人口约82万。至唐贞观十三年统计的户籍人口34万多。在隋炀帝的残暴统治下，江西省饥荒也很严重，曾发生大规模的农民起义。隋大业十三年（616），鄱阳郡（治今波阳）操师乞、林士弘聚众起义，攻豫章郡（治今南昌），操师乞牺牲后，林士弘带领其众十余万人继续战斗。攻取九江郡（治今九江）、临川郡（治今抚州），并南下夺取南康郡（治今赣州），建立政权，国号楚，称皇帝。几乎占领江西全省，维持五年之久。其后又曾南下岭南，受唐兵攻击，退保安复（今安福），不久病死，部众离散，灭。在这个过程里，江西省境内虽有不少战事，但并没有形成大的战乱，这是人口没有太大减损的基本原因。

至于江西省的实际人口在贞观时能有多少，没有其他资料可供考查分析，但也不会只有户籍统计的34万多人。此时在西部山区，仍有些少数民族人口没有编入户籍。至武德七年（624）还有獠民起事的记载。贞观时的实际人口不能少于40万人。

表 8-22　　　　　　　　江西省户籍人口表

唐政区	府州属县 总数	府州属县 本省	户数	口数	人口密度	含今政区县市
洪州	6	6	15 456	74 044	2.44	南昌、新建、永修、武宁、修水、铜鼓、万载、上高、宜丰、高安、奉新、靖安、安义、丰城、进贤
江州	3	3	6 360	25 599	2.96	九江、瑞昌、德安、星子、都昌、湖口、彭泽
歙州	5	1	1 204	5 323①	2.32	跨安徽省，本省婺源
饶州	4	4	11 400	59 817	2.36	景德镇、波阳、乐平、余干、万年、余江、鹰潭、贵溪、弋阳、铅山、上饶、广丰
抚州	4	4	7 354	40 685	2.31	抚州、临川、崇仁、东乡、金溪、资溪、黎川、南丰、广昌、南城、宜黄、乐安

续表

唐政区	府州属县 总数	府州属县 本省	户数	口数	人口密度	含今政区县市
袁州	3	3	4 636	25 716	2.87	萍乡、宜春、分宜、新余
吉州	5	5	15 040	53 285	1.97	樟树、新干、峡江、永丰、吉水、吉安、安福、莲花、永新、泰和、万安、遂川、井冈山
虔州	6	6	8 994	39 901	1.05	兴国、于都、石城、赣州、上犹、崇义以南至省界，其间县市皆属
婺州	12	1	3 152	19 083②	1.15	跨浙江省，本省玉山
合计		32	73 596	343 453		

注：

① 歙州，全州户 6 201，口 26 617，表中系按属县分割数。

② 婺州，全州户 37 819，口 228 990，表中系按贞观时属县分割数。贞观后又析出衢州。

二十九　浙江省

浙江省在隋末唐初的战乱饥荒中，受影响也很大。大业九年（613）就有余杭郡（治今杭州）刘元进起兵反隋，江浙地区青壮年为逃避兵役，纷纷来归。其时隋炀帝正在大发兵以征高丽，频繁征发，扫地以兵，人民承受不起，所以纷纷投入起义军，不到一个月就聚众数万人，但遭隋军残酷镇压而失败。其后东海郡（治江苏省连云港南）李子通农民起义军南下，占领江浙地区，唐武德四年（621）被平。武德六年（623）又为辅公祏农民起义军占据，武德七年（624）被平。此时战争才全面结束。但终因浙江省偏处东南一隅，在这场战乱期间形成的割据势力，争夺的主要地区在中原，给中原地区的社会经济造成了全面大破坏，饥荒连年，人口遭到了巨大的耗损。而浙江地区虽有饥荒，也有战事，但战争间歇时间长，没有造成社会经济残破，因而饥荒不太严重，对比中原地区，人口减损也比较少些。如果单纯从统计看，隋大业五年为 416 855 口，而唐贞观十三年统计为 778 281 口，还增加了 36 万多。但实际上经过考证，隋大业初当有人口 140 多万，而唐初所做的户口统计与实际人口并无太大的出入，按下面估计的 80 万人口计，还是减损 60 万，减幅 40% 多。只是比中原地区轻得多。

浙江省在贞观十三年的实际人口能有多少，没有具体的史料可供考证分析。但从全省各州户籍人口至天宝十一年（752）的增长比较中，也可以看出其间的大体情况。除苏州增长14.89‰，台州15.31‰，其余各州都在12‰上下，总平均12.51‰。年均增长率越高，说明基数越低，说明还有些人口没有编入户籍。西南部和南部山区的人口基数比较高，因而年均增长率相对比较低。正是这些地区在隋代以前一些没有编入户籍而被称为越人的少数民族，至唐初也都融入了汉民族之中，不复再以少数民族的面貌出现。这也是唐初统计户籍人口超过隋朝的基本原因。还会有些漏籍人口，但不会很多，贞观十三年人口，至少应在80万以上。

表8-23　　　　　　　　　浙江省户籍人口表

唐政区	府州属县 总数	府州属县 本省	户数	口数	人口密度	含今政区县市
杭州	9	9	30 571	153 720	19.92	杭州、余杭、临安、富阳、海宁
湖州	5	5	14 135	76 430	11.46	长兴、湖州、安吉、德清
苏州	6	2	3 953	18 157①	3.93	跨江苏省，本省嘉善、平湖、嘉兴、海盐
睦州	6	6	12 064	59 068	7.59	淳安、桐庐、建德
越州	11	11	25 890	124 010	8.54	萧山、绍兴、诸暨、嵊州、新昌、余姚、上虞、慈溪、奉化、宁波、镇海及舟山群岛
台州	6	6	6 583	35 383	2.86	仙居、天台、临海、台州、温岭、三门、宁海、象山
婺州	12	11	34 667	209 907②	11.52	跨江西省，本省浦江、兰溪、金华、义乌、东阳、磐安、武义、永康、开化、常山、衢州、江山
括州	5	5	12 899	101 606	3.45	遂昌、龙泉、庆元、云和、丽水、缙云、青田、永嘉、乐清、玉环、温州、瑞安、平阳、苍南、文成、洞头
合计		55	140 762	778 281		

注：

① 苏州，全州户11 859，口54 471，表中系按属县分割数。

②婺州，全州户 37 819，口 228 990，表中系按属县分割数。

三十　安徽省

在隋末唐初的战乱期间，安徽人口损失惨重，特别是长江以北地区，按户籍人口计，较之隋大业初，减损87%。因为长江以北地区，与河南、河北、山东、江苏等省，同处于隋炀帝为其游乐，大兴土木工程和征伐高丽而征调人役物资的重点地区，对社会生产破坏特别严重。饥荒连年，大批人被饿死。农民起义到处发生。大业九年（613），齐郡（治今济南）杜伏威、辅公祏起兵反隋，南下淮南，饥民纷纷相从。于大业十二年（616），打败隋军占领历阳（今和县），并向江南发展，成为跨据大江南北的一支很大的武装力量。大业十一年谯郡（治今亳州）人朱粲，聚饥民十余万人，到处寻求食物，沿江淮间向西发展，转战至江汉地区。虽然其后专门从事劫掠、杀人，给一方人民造成了巨大的灾难，但也说明，如果没有隋炀帝的暴政，使人民穷困到无以聊生的地步，这些人也不会抛家舍业跟着朱粲到处流窜。其他如谯郡的张迁、淮南郡（治今寿县）的张起绪等很多起义活动，都是聚众多少万人。还有北方其他省的起义农民，也有进入安徽寻食的。在这个过程里隋军的镇压与起义军的反镇压，战争接连不断。很多情况说明，安徽的人口形势是非常严峻的，成为人口耗损特别严重的省区之一。所以隋大业五年统计户籍人口 1 905 708，战争结束后经过十几年的恢复，到唐贞观十三年统计也才 318 756 口，减损83%。

至于安徽在贞观十三年的实际人口能有多少，没有其他史料可供考查分析。虽然从各州人口增长速度的比较中可以看出，贞观十三年户口统计不全，很多州计算其后的人口增长速度偏高，多在15‰左右。增长率偏高，说明增长起点的基数偏低，就是说贞观时还有些漏籍人口没有统计进来。但经仔细考查，也不会有太大的遗漏，粗略估计，难及10万人。贞观时全省人口大约只能在40万左右，计算到天宝十一年的年均增长率为13.28‰，与北方各省比较，大体都在这个水平上。

表 8-24　　　　　　　　　　安徽省户籍人口表

唐政区	府州属县 总数	府州属县 本省	户数	口数	人口密度	含今政区县市
庐州	5	5	5 358	27 513	2.25	合肥、肥西、肥东、巢湖、无为、庐江、舒城
和州	3	3	5 730	33 401	8.22	含山、和县
滁州	3	3	4 689	21 535	4.54	来安、滁县、全椒
扬州	7	1	3 314	13 478①	4.38	跨江苏省，本省天长
濠州	3	3	2 660	13 855	1.86	蚌埠、凤阳、明光、定远
寿州	5	5	2 996	14 718	0.81	淮南、寿县、霍丘、六安、霍山
舒州	5	5	9 361	37 538	2.40	桐城、岳西、枞阳、安庆、潜山、怀宁、望江、宿松、太湖
宣州	9	7	17 529	74 475②	3.57	跨江苏省，本省北有马鞍山、当涂，南有石台、东至、东有郎溪、广德、宁国、旌德，西至江
歙州	5	4	4 817	21 294③	2.32	跨江西省，本省绩溪、歙县、黄山、休宁、黟县、祁门
徐州	7	3	3 498	19 516④	2.19	跨江苏省、山东省，本省萧县、濉溪、宿州、固镇、灵璧
宋州	10	1	1 130	6 172⑤	0.55	跨河南省、山东省，本省砀山
颖州	4	4	2 905	14 185	1.20	临泉、界首、太和、阜阳、阜南、颖上、凤台
亳州	8	4	2 895	16 589⑥	3.02	跨河南省，本省亳州、涡阳、利辛、蒙城
泗州	6	1	875	4 487⑦	1.39	跨江苏省，本省泗县、五河
合计		49	67 757	318 756		

注：

①扬州，全州户 23 199，口 94 347，表中系按属县分割数。

②宣州，全州户 22 537，口 95 753，表中系按属县分割数。

③歙州，全州户 6 021，口 26 617，表中系按属县分割数。

④徐州，全州户 8 162，口 45 537，表中系按属县分割数。

⑤宋州，全州户 11 303，口 61 720，表中系按属县分割数。

⑥亳州，全州户 5 790，口 33 177，表中系按属县分割数。

⑦泗州，全州户 5 230，口 26 920，表中系按属县分割数。另泗州原记载户 2 230，平均每户 11.96 口，经与邻州考查比较，户数有误，当为 5 250，这样平均每户 5.13 口，合于一般家庭人口的构成情况，故改。

三十一　江苏省

江苏省在隋炀帝掀起的大动乱中，人口受损也很严重。隋大业五年统计人口 1 313 761，大乱后唐贞观十三年统计 479 075 口，减损 64%，不过江南与江北不同，江南只减损 17.71%，江北则减损 81%。江南地区也有战争发生，也有饥荒。大业九年（613），吴郡（治今苏州）朱燮、晋陵郡（治今常州）管崇发动起义，遭残酷镇压，仅降卒被杀即 3 万多人，但不及江北地区战乱之频繁，灾难之深重。隋炀帝修宫殿、挖运河等各种土木工程，已使人民疲于奔命，生产荒废，发生严重饥荒。而隋炀帝又带着十几万后宫美女、僧尼道人及戍卫部队，几次经过运河水路（由东都洛阳出发，经今开封、永城、宿县、盱眙、淮南）游玩至江都（今扬州），更加重了河南、安徽、江苏沿途人民的灾难。到处都在闹饥荒，大批大批的人被饿死。虽然炀帝行宫在江都，大江南北有重兵防守，起义很难发动，但因隋炀帝的残暴统治，终难支持长久。北方其他地区的起义大军，相继进入江苏。后来就在天子脚下的江都地区，也爆发了以沈觅敌为首的数万人聚众起义。隋朝官员也到处发生叛乱。就在内外交困的情况下，这个作恶多端的隋炀帝，在江都被手下人所杀。隋朝灭亡后，因各地起义军形成的武装集团和隋官割据势力之间，仍继续相互攻杀，进行火并。到处都是战争，使社会生产不能恢复，饥荒更加严重，人口继续大批死亡。所以至唐贞观十三年统计，江苏江北地区，只有户籍人口 18 万多。贞观十三年以前战争刚刚结束时，可想而知。

江苏省在贞观时的实际人口能有多少，无从详考，但从各州至天宝十一年的人口增长情况分析，也可以看出个大概，苏州、宣州、楚州、徐州的年均增长率都在 14‰以上，全省总平均也在 13‰左右。基本上符合一场人口浩劫之后补偿性增长的实际情况。但贞观十三年也有些州人口统计有遗漏，致使计算基数偏低，造成计算出来的年均人口增长偏高。估计其实际人口在 50 多万。

表 8-25　　江苏省户籍人口表

唐政区	府州属县 总数	府州属县 本省	户数	口数	人口密度	含今政区县市
润州	6	6	25 361	127 104	17.13	南京、句容、丹阳、金坛、扬中
常州	5	5	21 182	111 606	14.93	常州、江阴、张家港、无锡、宜兴、靖江
苏州	6	4	7 906	36 314①	3.93	跨浙江省，本省常熟、昆山、苏州、吴江、太仓
宣州	9	2	5 008	21 278②	3.57	跨安徽省，本省溧水、高淳、溧阳
扬州	7	6	19 885	80 869③	4.38	跨安徽省，本省高邮、兴化、东台、扬州、泰州、泰兴、六合、仪征、泰县、海安、如皋、如东、南通
和州	3	0		④	8.22	跨安徽省，本省江浦，无唐县治，户口不分割
楚州	5	5	3 357	16 262	1.57	盱眙、洪泽、金湖、淮安、宝应、建湖、盐城
海州	4	4	8 999	43 693	5.90	赣榆、东海、连云港、灌云、沭阳
徐州	7	3	3 498	19 516⑤	2.19	跨安徽省、山东省，本省丰县、沛县、徐州
泗州	6	5	4 375	22 433⑥	1.39	跨安徽省，本省邳县、新沂、睢宁、宿迁、宿豫、泗洪、泗阳、涟水、灌南
合计		40	97 071	479 075		

注：

①苏州，全州户 11 859，口 54 471，表中系按属县分割数。

②宣州，全州户 22 537，口 95 753，表中系按属县分割数。

③扬州，全州户 23 199，口 94 347，表中系按属县分割数。

④和州，全州户 5 730，口 33 401，本省无唐县治，故户口未做分割。

⑤徐州，全州户 8 162，口 45 537，表中系按属县分割数。

⑥泗州，全州户 5 250，口 26 920，表中系按属县分割数。

说明：

本省东部沿海地区，当时仍有大片土地尚未退滩。今响水、东台等 10 余县，或全在水下，故有些沿海县表中未列。

三十二 上海市

由于上海市所辖地区的地理条件，与前代无大变化，对人口仍不做考证。

表 8-26　　　　　　唐朝初期各省区人口汇总

太宗贞观十三年（639）

省区	考证人口	户籍人口	省区	考证人口	户籍人口
河南	1 250 000	1 202 597	重庆	800 000	318 828
山东	700 000	636 405	云南	3 000 000	157 565
河北	1 400 000	1 143 780	贵州	1 565 000	43 655
北京	100 000	54 022	湖北	500 000	302 718
天津	30 000	20 416	湖南	1 400 000	299 257
辽宁	1 050 000	4951	广西	1 750 000	265 345
吉林	550 000	—	海南	180 000	75 335
黑龙江	350 000	—	广东	1 414 251	605 743
内蒙古	1 100 000	17 784	福建	750 000	461 757
山西	1 150 000	1 086 010	台湾	140 000	—
陕西	1 850 000	1 750 214	江西	400 000	343 453
甘肃	380 000	334 853	浙江	800 000	778 281
宁夏	200 000	29 346	安徽	400 000	318 756
青海	500 000	19 314	江苏	500 000	479 075
新疆	1 000 000	58 601	上海	—	—
西藏	2 500 000	—	总计	31 963 331	13 798 991
四川	4 254 080	2 990 930			

第五节　后　　叙

通过上述考证可以看出，尽管从总的情况看，隋末唐初的战乱饥荒，确是一场特大的人口浩劫，减损十之七八。但由于中国幅员辽阔，各地情况不尽相同，有些省人口减损特别巨大，如河南、山东、湖北，减损都在90%左右；河北省南部地区，江苏、安徽省的江北地区，在战争刚结束时，都是尸积遍地，白骨累累，一片荒凉。但也有的省区，人口不仅没有减损，反而有所增长。如四川省，隋大业户籍人口约 2 338 361，唐贞观十三年统计为 2 990 930 口，增加了 652 569 口，增长 27.9%；重庆市隋大业户籍人口 220 590，唐初为 318 828，增加 98 238 口，增长 45%；其他还有湖南、广西、广东、福建等省，都有不同程度的增长。基本的原因就是这些省区离战乱中心较远，隋炀帝的残暴统治对这些地区影响较小，因而社会生产的发展，没有受到很大的破坏，没有出现严重的饥荒，人民仍可维持最低生活，使这些地区的人口，在中原大动乱的情况下得以继续增长。

唐朝进入贞观时期，社会基本上全面安定下来了，开始了对国家的治理，继承了隋文帝时期轻徭赋与民休息的政策，继续实行均田制，让农民有田可耕。特别是在中原地区，由于隋末唐初的饥荒战乱，人口十去七八，到处是无主荒地，因而虽然有些地方的地主阶级，仍然占有大量土地，甚至借势抢占大量荒地。但由于战乱期间人口死亡太多，很多地方的人几乎死光了，所以遗弃的土地也多。直到唐高宗时，原来人口稠密的河南平原，还是荒草无边，百姓太少。所以大多数农民仍可分得一份土地。中国古代的封建社会，是一个农民人口占绝大多数的社会，农民只要有田可耕，剥削不太残酷，社会就会安定。唐在这个基础上制定新的赋役制度，实行以丁为本的租庸调法，主要由男丁承担赋税徭役。租是土地税，每丁每年缴纳粟二石，或稻三石；庸是徭役，在一般情况下每丁每年出义务工 20 天，如果不需要服役，每天也可只纳绢三尺，如果增加服役时间，适当减免租调。调是户税，以丁多少，按户计征，主要是缴纳棉、麻、布、帛之类。各种税额的规定比历代都轻，农民也有更多的时间在自家从事生产。因而调动了农民生产的积极性，使社会经济得到了较快的恢复发展。"太宗励精为理，至八九年，频至丰稔，米斗四五钱，马牛布野，外户动则数月不闭。至十五年，米斗值两钱。"[①] 这段话并非无稽之谈，十几年之后，确实社会财富有了很大的增加。在这个过程里，虽然进行了一系列对外战争，如对北方的东突厥，对东北方的高丽、西北方的西突厥，对西南的吐蕃，这些战争的规模都很大，投入的兵力往往几十万人，这无疑要加重人民的负担，但由于国内社会安定，生产发展，人民还是可以承

---

① 《通典·食货》。

担得起。特别是北方的突厥民族，在隋唐期间，一直是北方大患，经常骚扰边界地区，甚至几十万骑，深入边界以内几千里进行劫掠破坏。消灭了东突厥，解除了这一大祸害，反而对北方地区的经济发展起了保障作用。

在唐高宗统治时期，曾出现了皇后武则天擅权、高宗死后武则天登基做皇帝、并改国号为周的政局变动，但实际上唐朝的各种制度并没有改变，武则天所依靠的大臣也多是唐朝旧臣。虽然其间有斗争，甚至有反对武则天篡权的武装斗争，但从总体上来说，社会基本上还是安定的，经济继续发展，这也是人口增长最基本的条件。从户籍人口看，高祖武德七年（624），大约在200多万户，900多万人口。至贞观十三年，约300多万户，1 300多万人口。至高宗永徽三年（652）380万户，2 000万人口。玄宗天宝十四年（755）8 914 709户，52 919 309口，按照历史的记载，达到了它的顶峰。但这些数字都很不完整，经考查确有很大的遗漏。《旧唐书·韦嗣立传》记载，武则天长安年间（701—704），韦嗣立上书说："今天下户口亡逃过半，租调既减，国用不足。"经考查分析，这个说法有所夸张，但有很大遗漏确是事实。然而仍说明，唐朝中期以前的人口，一直呈上升的形势，这也是封建经济发展的必然结果。

第九考　唐朝中期

玄宗天宝十一年（752）

第一节　导　　语

　　唐朝，经过前期的发展，到玄宗统治时，达到了它的全盛时期，创造了比前代更繁荣的封建经济，出现了一派太平盛世的景象。"仓储既益，水旱无忧矣。至十三年封泰山，① 米斗至十三文，青、齐谷斗至五文。自后天下无贵物，……东至宋、汴，西至岐州，夹路列店肆待客，酒馔丰溢。……南诣荆、襄，北至太原、范阳，西至蜀川、凉府，皆有店肆，以供商旅，远适数千里，不持寸刃"。② 这段话的意思是说，不管是官仓还是民户，都储满了粮食，粮价和其他各种物资都很便宜，东西南北的交通要道上，都设有招待行人的客店，酒食丰盛。外出数千里，不用带防身武器。这段描述，无疑有所夸张，但也反映了一些实际情况。在这种形势下的人口，也必然出现较高增长的局面。按《通典》记载，天宝十四年（755）户 8 914 709，口 52 919 309，史称唐之极盛。但结合上面的形势和其他有关史料的分析，这个户口数远远没有反映出当时人口的实际情况。所以《通典》虽说这是唐朝人口之极盛，但又指出它还有很大的隐漏。"国家贞观中有户三百万，至天宝末百三十余年，才如隋氏之数。盛唐之盛，迈于西汉，约计天下编户合逾元始之间"。③ 为什么会有这样大的隐漏呢？主要是随着封建政权的日益腐朽，各项管理日益松弛，在极盛的大好形势下掩盖着各种社会矛盾。"浮浪日众，版图不收。若比量汉

---

① 封泰山，唐玄宗开元十三年（725）至泰山祭神。
② 《通典·食货七》。
③ 《通典》：西汉元始二年（公元 2）编户 1 200 多万。

时，实合有加数，约计天下户少犹可有千三四百万矣！"①

对唐朝中期各省区人口的考证分析，主要依据《旧唐书·地理志》所载天宝十一年（752）分府州的户口统计。当然它同样会有大量户口隐漏，所以不得不做进一步的考证分析。唐朝户口管理，本有一套严格的制度，但自高宗统治时期（650—683）以后便逐渐松弛。由于封建地主阶级对人民的剥削不断加重，户口逃亡现象也越来越严重，到玄宗开元年间（713—741）后期，从皇帝到各级官吏，均已腐朽不堪，户口管理十分混乱。长期不整顿户籍，不做认真的调查统计。死不除名，生不入籍，迁出不注销，迁入全做客户。每年只是按照上年的户籍，稍事增减，照抄上报。"户部徒以空文总其故书，盖得非当时之实"。② 所以按《通典》所说，天宝年间的户籍人口，大约只能有实际人口的三分之二左右。《通典》的作者杜佑，是唐朝中期人，出生于开元二十三年（735），至天宝末年（755）已是20岁，已经懂得留心各种政治经济形势的发展变化，又长期在管理户口的户部为官，并出任过岭南、淮南节度使，对当时朝廷、地方和民间的各种情况都很熟悉。他的《通典》在"安史之乱"结束后不久就着手编写，因此他对唐朝中期各种情况的分析，应当基本符合当时的历史事实。这将作为对各省区人口考证的重要依据之一。按户籍人口只据实际人口三分之二估计，天宝十四年唐朝户籍统计区的户口，大约可在1 350万户，8 000万左右的人口。

这里有一个问题需要说明，《通典》记载的天宝十四年户口，与《旧唐书·玄宗纪》所记载的天宝十三年户口有矛盾，天宝十四年比天宝十三年，户数突降了740 815，而口数却增加了38 821口，这就使天宝十三年的平均每户5.5口，至天宝十四年、突然上升至平均每户5.94口。从这里可以看出，这两个年度的户口统计数字都有问题。唐朝户均人口构成较高，除贞观十三年、天宝十三年外，所见户口统计，平均每户都在5.7口以上，多至6.6口。这里按5.7口计，1 350万户，也当有人口7 695万。如以平均每户6口计，则当为8 100万。当然，是否能够基本准确地反映当时人口的实际情况，还需要通过逐省区考证来检验，综合起来进行

---

① 《通典·食货》。
② 《旧唐书·杨炎传》。

比较。

同时在唐朝管辖区内，还有很多少数民族没有户口统计。《新唐书·地理志》说，这些少数民族地区，设有羁縻州，"其大者为都督府，以其首领为都督、刺史，皆得世袭。虽贡赋版籍多不上户部，然声教所暨，皆边州都督、都护所领，著以令式"。就是说很多羁縻州没有户口统计，对他们只是一种松散的管理。同时在今版图内还有些地方尚未纳入唐朝廷的行政管辖之内，也要根据有关史料对其人口进行必要的考证。

另外，为了和考证人口比较对照，下面把所见唐历代户口原统计总数表列如下。

表 9-1　　　　　　　　　唐朝历代户口统计

唐朝纪年	公元纪年	户数	口数	资料来源
高祖武德七年	624	2 000 000[①]	—	《通典·食货》
太宗贞观年间	627	3 000 000[②]	—	《通典·食货》《新唐书·食货》
太宗贞观十三年	639	3 080 000[③]	13 280 000	《旧唐书·地理志》
高宗永徽三年	652	3 800 000		《旧唐书·高宗纪》
中宗神龙元年	705	6 156 141[④]	37 140 000	《旧唐书·苏瓌传》《资治通鉴》
玄宗开元十四年	726	7 069 565	41 419 712	《旧唐书·玄宗纪》《资治通鉴》
玄宗开元二十年	732	7 861 236	45 431 265	《旧唐书·玄宗纪》《通典·食货》
玄宗开元二十八年	740	8 412 871	48 143 609	《旧唐书·地理志》
玄宗天宝十四年	755	8 914 709	52 919 309	《通典·食货》
代宗广德二年	764	2 933 125	16 920 386	《旧唐书·代宗纪》
德宗建中元年	780	3 805 076[⑤]	—	《旧唐书·德宗纪》
宪宗元和二年	807	2 440 254[⑥]	—	《旧唐书·宪宗纪》
宪宗元和十五年	820	2 375 400[⑦]	15 760 000	《旧唐书·穆宗纪》
穆宗长庆元年	821	2 375 805[⑧]	15 762 432	《旧唐书·穆宗纪》
穆宗长庆年间	821—824	3 350 000		《旧唐书·文宗纪》
敬宗宝历年间	825—826	3 978 982		《唐会要》

续表

唐朝纪年	公元纪年	户数	口数	资料来源
文宗太和年间	827—835	4 357 575	—	《唐会要》
文宗开成四年	839	4 996 752	—	《旧唐书·文宗纪》
武宗会昌五年	845	4 955 151	—	《新唐书·食货志》

注：

① 原书做户200余万，无具体纪年。经考，当为武德七年。

② 原书做户不满300万。

③ 此为《旧唐书·地理志》所载各府州户口合计数，原无系年，经考，当为贞观十三年。

④ 《旧唐书·苏瓌传》无口数。

⑤ 《通典·食货》记载，是年"土户180余万，客户130余万"，合计310余万户。

⑥ 此条户数有多书记载，各书均有附注，是年71州不申报户口。

⑦ 原书又指出，有97州不申报户口。

⑧ 原书又指出，"原不进户军州不在此内"。

第二节　北方各省区人口考

一　河南省

见于记载的户1 306 692，口7 401 854，与隋大业五年相比较，户数少562 730，口数少2 255 578。如果说人口数相差这么大，有两朝户均人口结构不同这个因素，很难看出具体人口相差多少。《隋书·地理志》只有各郡户数的记载，口数都是按全国总户口平均每户5.166口推算的。但由于隋朝规定，凡建立家室的男丁，都要各立户头，不允许聚族同居，因此各地户均人口不会有大的出入。因此口数相差220万，当属实情。然而这仅仅是就户籍人口的比较，从实际人口来说，前面说过，隋的实际人口与户籍人口，不会有大的出入，但唐朝则不同，经各种史料考查分析，就总人口来说，脱漏约居实际人口的三分之一左右，对河南省也按这个比例计算，它的实际人口当在1 110万以上（远不及西汉的1 300多万）。下面对一些具体情况稍做分析。

从户均人口看，本省天宝户口总平均5.66口。但各府州之间有很大的不平衡，有些州户均人口少得不符合当时家庭人口结构的实际情况，如虢州、汝州、邓州，平均每户都不足4口，显然是由于前面所说的"浮浪日众，版籍不收"等原因造成的。《旧唐书·李渤传》记载，李渤在陕县（今陕县）给宪宗上书说："渭南县长源乡，本有四百户，今才一百余户。阌乡县本有三千户，今才一千户。其他州县大约相似"。这里说的渭南县，今属陕西省，阌乡县位于本省灵宝西北。严重的是"其他州县大约相似"。李渤进一步指出产生这种现象的原因。问题"始自均摊逃户，凡十家之内，大半逃亡，亦须五家摊税"。逼得不逃的户也得逃亡，致使户口逃亡曾高达三分之二左右。这就是为什么宪宗元和十五年户部计账，户只有 2 375 400，口数为 15 760 000，不及天宝户口的三分之一。说明这个封建政权已经衰败到何种程度。虽然李渤上书是在"安史之乱"以后宪宗统治的元和年间（806—820），距天宝时已50多年，但实际上摊逃之蔽早在开元年间（713—741）已经存在。玄宗时（713—755）多次检刮逃户，开元九年（721）宇文融主持检刮逃户，得 80 余万，以后日益严重，所以杜佑《通典》说，天宝时户口脱漏已在三分之一左右。平均每户人口太少，正是户口大量逃亡隐匿的一种表现。再结合不同地区的人口密度看，虢州（治今灵宝）在隋朝为弘农郡，唐平均每户 3.12 人，隋为 5.16 人；唐每平方公里 12 人，隋为 17 人。汝州（治今临汝）在隋朝为襄城郡，唐平均每户 3.95 人，隋每户 5.16 人；唐每平方公里 29 人，隋每平方公里 60 人，高出一倍多。必须说明的是，这是在考查唐代人口要超过隋代的情况下所做的分析。

当然，部分州户均人口太少，这只是人口隐漏的一种表现，即使户均人口较多的地方，也同样有大量人口隐漏。许州（治今许昌），在隋朝为颍川郡，历来是人口密度最高的地区之一，隋每平方公里 89 人，唐只有 69 人。蔡州（治今汝南），在隋为汝南郡，隋每平方公里 52 人，唐只有 28 人。这种情况还有一些。当然也有些地区，唐的人口密度高于隋朝。在同一地区里，在一般情况下，唐的人口密度高于隋朝，这是正常情况，是唐朝人口超过前代的表现。如果低于前代，在社会长期安定的情况下，必然是人口隐漏逃亡造成的。因为唐朝是经过了130多年社会比较安定的时期，给了人口生息繁衍的大好机会，不仅人口数量当比隋代有更高的增长，各地人口密度，也都应当恢复到历史上人口布局的正常格局，并超过历史的高度。这些研究人口发展的一般道理，也适应于其他省区。

再看河南府（治今洛阳），在隋朝为河南郡，虽然按户籍人口计算的人口密度略低于隋之河南郡，但实际上这里有更大的户口隐漏，府治洛阳，也是唐的东都，武则天曾把唐的政治中心移至洛阳20多年，而且它一直作为唐的陪都而存在着。这也必然要带动整个河南府经济的发展，人口的增长。所以它的实际人口也会远远超过户籍人口的118万。唐朝前期以后，均田制逐渐遭到破坏，官僚地主的庄园占有大量土地，很多原来分得土地的农民又丧失了土地，或沦为地主的私附，或"浮浪"日众，不入户籍，"亡逃过半"。所以估计河南府的实际人口，少也有170万。还有属于今南阳地区的唐州（治今泌阳）、邓州（治今邓州），户籍人口合计348 617，每平方公里12人，而隋时每平方公里30多人。这里虽然在隋末唐初遭朱粲流寇的屠戮，人口死亡略尽，然而这里是一片地理自然条件较好的地方，经过一百数十年社会安定时期的恢复发展，除了本地剩余人口的增殖外，其他地方的人口也会自动向这里迁徙，填补这里的人口空虚。决不会在很多地方已经恢复到超过隋朝时期的人口水平，而这一地区的人口仍不见大的增长。

河南省天宝时期户口脱漏是严重的，普遍的，户籍人口还占不到实际人口的三分之二。即按脱漏三分之一计算，全省户籍人口740万，实际人口少也有1 110万，和西汉比较，仍相差200万。

表9-2 河南省户籍人口表

唐政区	府州属县 总数	府州属县 本省	户数	口数	人口密度	含今政区县市
河南府	26	26	194 746	1 183 093	55.99	洛阳、偃师、巩义、登封、禹州、新密、温县、孟县、济源、孟津、新安、义马、渑池、宜阳、伊川、嵩县、洛宁
郑州	7	7	76 694	367 881	77.71	原阳、荥阳、郑州、中牟、新郑
陕州	7	3	16 928	72 959①	47.93	跨山西省，本省三门峡
虢州	6	6	28 249	88 045	12.56	灵宝、卢氏、栾川
汝州	7	7	69 374	273 756	29.21	汝阳、汝州、郏县、宝丰、叶县、鲁山、平顶山
许州	7	7	73 247	487 864	69.38	长葛、鄢陵、扶沟、许昌、襄城、临颍、舞阳

续表

唐政区	府州属县 总数	府州属县 本省	户数	口数	人口密度	含今政区县市
汴州	6	6	109 876	577 507	87.22	封丘、开封、兰考、杞县、通许、尉氏
蔡州	11	11	80 761	460 205	27.93	郾城、漯河、西平、上蔡、遂平、汝南、平舆、新蔡、淮滨、息县、正阳、确山、驻马店
陈州	6	6	66 442	402 486	46.80	太康、淮阳、西华、周口、商水、项城、沈丘
亳州	8	4	44 480	337 561②	61.39	跨安徽省,本省鹿邑、郸城、永城
宋州	10	7	86 988	627 929③	80.18	跨山东省、安徽省,本省睢县、宁陵、柘城、商丘、夏邑、虞城
曹州	6	1	16 725	119 475④	102.30	跨山东省,本省民权
濮阳	5	2	23 112	160 259⑤	118.50	跨山东省,本省濮阳
滑州	7	7	71 983	422 790	101.27	滑县、长垣、延津
怀州	5	5	55 349	318 126	93.84	沁阳、焦作、修武、武陟、获嘉
卫州	5	5	48 056	284 630	60.32	新乡、卫辉、辉县、淇县、浚县
相州	11	6	55 168	321 925⑥	67.99	跨河北省,本省林州、鹤壁、安阳、内黄
魏州	10	3	45 479	332 961⑦	168.26	跨河北省、山东省,本省南乐、清丰、范县
唐州	7	7	42 643	183 360	18.42	方城、社旗、唐河、泌阳、桐柏
邓州	7	7	43 055	165 257	8.77	西峡、淅川、内乡、南召、镇平、南阳、邓州、新野
申州	3	3	25 864	147 756	29.60	罗山、信阳
光州	5	5	31 473	198 580	17.41	固始、商城、潢川、光山、新县
合计			1 306 692	7 401 854		

注:

① 陕州,全州户 30 950,口 170 238,表中系按属县分割数。

② 亳州,全州户 88 960,口 675 121,表中系按属县分割数。

③ 宋州,全州户 124 268,口 897 041,表中系按属县分割数。

④ 曹州,全州户 100 352,口 716 848,表中系按属县分割数。

⑤ 濮州,全州户 57 781,口 400 648,表中系按属县分割数。

⑥ 相州,全州户 101 142,口 590 196,表中系按属县分割数。

⑦ 魏州,全州户 151 596,口 1 109 870,表中系按属县分割数。

二 山东省

山东省，按《旧唐书·地理志》记载的户籍人口，户855 738，口5 560 585，口数较隋大业户籍人口相差165万，比贞观户籍人口增加492万，年均增长率14.06‰。从这个增长速度中，也看不出什么问题，不过在户口大量隐漏的情况下，只看户籍人口增长，还不能说明人口增长的实际情况，它只能作为对实际人口考证分析的参考。不仅贞观户口统计本身有很大遗漏，使计算的基数偏低，而且中间更有很多入籍人口、大批流民回乡和塞外民族的移入，因此不能说明人口增长的实际情况，特别是天宝户口隐漏更严重。这里没有很多史料可供做具体的考证分析，只从人口布局、人口密度的严重不平衡上，亦可看出其间的问题。

首先必须看到，唐朝自建立到天宝年间，经历了一百数十年社会比较安定的时期，社会经济的发展超过前代的繁荣，总人口超过了历史的最高峰，虽然人口分布格局受隋末唐初战乱的破坏，会出现很多不平衡现象，但此时也应恢复到历史上的正常格局。然而山东省按《旧唐书·地理志》记载的天宝时户口，却有很多州的人口密度，同其他州比较，或历史地比较，都和这里的地理自然条件不相称，这在户籍人口表中所列各州人口密度，在比较之下，也可以看出其间的问题。青州、淄州和密州北部，在西汉时为北海国、菑川国、齐郡和高密国，是历代人口密度最高的地区之一，西汉时每平方公里140人，而在唐天宝时只有不足40人，显然不是事实。还有兖州，在西汉，包括今之沂源、蒙阴、平邑、新泰等县市广大山区的泰山郡、东平国和鲁国，每平方公里85人，而在唐天宝时，不包括上述山区，每平方公里也不足40人。当然，必须说明的是，对于某一个地区，不一定古代人口稠密，后世人口密度也必然是高的。因为每一个时期人口密度的高低，决定于很多方面的因素，要从政治经济形势和自然地理条件的变化来考查分析。这些地区对比西汉来说，当时的政治经济形势都比较好，自然地理条件也没有大的变化，但后来的北宋，在户籍人口只有600多万的情况下，从分布格局上看，和西汉大致相同，没有畸高畸低的现象。而在金朝，上述地区都在百人以上。那么在唐朝，上述地区的人口密度为什么这样低？只能从户口隐漏上去找原因。因为并不是每一个州的人口密度都比西汉低。西部的魏州每平方公里168人，贝州152人，德州138人，曹州102人，都比西汉相同地区人口密度高，这说明了什么呢？正如前面《导语》中说的，唐自高宗晚期开始，各地封建官府已经逐渐腐朽，只知对下聚敛，而户口管理则马虎从事，对于少数勤政的官吏，或可使户口管理基本近于实际，对于那些贪官懒官，户口统计时肆意填报。所以武则天后期已是"天下户口，亡逃过半"。玄宗登基以后，再没有认真整顿过户籍，致使户口脱漏愈益严重。虽有户口统计，但多不切合实际。天宝时大部分州统计的户籍人口都远离实际，山东省域户口隐漏的程度更甚于河南省。天宝时的山东人口大约1 000万人以上。

表9-3　　　　　　　　　　　　山东省户籍人口表

唐政区	府州属县总数	府州属县本省	户数	口数	人口密度	含今政区县市
齐州	8	8	62 485	365 972	16.39	济南、临邑、济阳、禹城、齐河、章丘
德州	7	5	59 508	471 325①	138.80	跨河北省，本省德州、陵县、平原
贝州	9	3	36 672	278 252②	152.19	跨河北省，本省武城、夏津、临清
博州	6	6	52 631	408 252	80.73	高唐、茌平、聊城
沧州	12	1	10 335	68 809③	49.22	跨河北省，本省无棣、庆云、乐陵、宁津
魏州	10	3	45 479	332 961④	168.26	跨河北省、河南省，本省冠县、莘县
济州	5	5	38 749	216 979	50.86	东阿、长清、平阴、肥城、阳谷
濮州	5	3	34 669	240 389⑤	118.50	跨河南省，本省鄄城
郓州	5	5	44 299	284 530	60.19	东平、梁山、巨野、嘉祥、郓城
曹州	6	5	83 627	597 373⑥	102.30	跨河南省，本省东明、定陶、菏泽、成武
宋州	10	2	24 854	179 408⑦	80.18	跨河南省、安徽省，本省曹县、单县
兖州	11	11	88 987	580 608	33.15	泰安、莱芜、汶上、宁阳、泗水、曲阜、兖州、济宁、邹城、鱼台、金乡
徐州	7	1	9 310	68 382⑧	23.03	跨江苏省、安徽省，本省滕州、微山

续表

唐政区	府州属县 总数	府州属县 本省	户数	口数	人口密度	含今政区县市
沂州	5	5	33 510	195 737	10.86	沂源、新泰、沂水、沂南、蒙阴、平邑
淄州	5	5	42 737	203 821	41.41	高青、邹平、桓台、淄博
棣州	5	5	39 150	238 159	40.08	商河、惠民、阳信、滨州、利津、沾化
青州	7	7	73 148	402 704	33.16	博兴、广饶、寿光、昌邑、昌乐、潍坊、青州、临朐
密州	4	4	28 292	146 524	9.20	安丘、高密、胶州、诸城、胶南、五莲、莒县、日照、莒南
莱州	4	4	26 998	171 500⑨	11.05	平度、莱州、招远、莱西、莱阳、海阳、即墨、青岛
登州	4	4	20 298	108 900	9.55	龙口、蓬莱、长岛、栖霞、烟台、牟平、乳山、文登、威海、荣成
合计			855 738	5 560 585		

注：
① 德州，全州户 83 311，口 659 855，表中系按属县分割数。
② 贝州，全州户 110 015，口 834 757，表中系按属县分割数。
③ 沧州，全州户 124 024，口 825 705，表中系按属县分割数。
④ 魏州，全州户 151 596，口 1 109 870，表中系按属县分割数。
⑤ 濮州，全州户 57 781，口 400 648，表中系按属县分割数。
⑥ 曹州，全州户 100 352，口 716 848，表中系按属县分割数。
⑦ 宋州，全州户 124 268，口 897 041，表中系按属县分割数。
⑧ 徐州，全州户 65 170，口 478 676，表中系按属县分割数。
⑨ 莱州，原书记载口数有误，原记为 71 500，经考应为 171 500，从《新唐书·地理志》改。

三 河北省

河北省天宝户籍人口，户 1 065 833，口 7 237 346，比隋大业户籍人口 7 195 355，仅微见增长，比贞观户籍人口 1 143 780，增加了 6 093 566，年均增长率 12.87‰。经考证隋大业初的实际人口约 790 万，而唐天宝时的实际人口当更高于大业初期。这里首先从地区间的人口密度比较看,由于总的户籍人口与隋大业初差不多,更容易从比较中看出地区间的问题。镇州(治今正定)为隋之恒山郡,辖区相同,隋大业初每平方公里85人,而唐天宝时只有31人。赵州(治今赵县),隋每平方公里123人,唐为75人。按人口数比较,两州合计,唐比隋少94万人。经多方面考查分析,没有别的可以造成实际人口大幅度减少的原因,它只能是人口大量隐漏而统计不全造成的。还有几个州的人口密度比隋大业初相差较大,如邢州(治今邢台)、相州(治今安阳)。但也有的州人口密度比隋大业时要高得多,如贝州(治今清河西)、魏州(治今大名北)、冀州(治今冀州),每平方公里都比隋高出几十人。在经过长期社会安定时期的发展,自然地理条件也没有什么变化的情况下,高于隋朝符合当时人口发展的实际情况,低于隋朝,只能从户口统计上去找原因。种种情况说明,河北省的户口隐漏比之河南、山东两省要少得多,粗略核算估计,河北省南部地区的漏口也当在百万以上。

再看北部地区的情况,今拒马河以东、大清河以北地区,按《旧唐书·地理志》的记载,总共人口不足30万,可是天宝十四年(755)范阳镇(治今北京)节度使安禄山发动叛乱,以精兵强将15万人杀向中原,史称"安史之乱"。这些兵卒基本上出自大清河以北地区(包括京津两市所辖地区),其中虽包括部分少数民族兵卒,但他们也是居住在本省长城以南地区。既是精兵强将,就不是一般意义的户出一兵。即按2户一兵,也得有30万户,约150万人口。下面再联系唐朝末年的人口形势稍做分析。"安史之乱"使北方地区的人口遭到重大损失,唐朝的统治秩序被打乱,原来设于北方的藩镇,变成了军阀割据的独立王国。他们不听朝廷节制,为了争夺利益,争夺地盘,互相攻伐不已。光化二年(899),占有大清河以北地区的幽州割据者刘仁恭,以兵10万人南伐魏博镇(包括魏、博、相、贝、磁、卫七州,跨今河北、河南、山东三省地面),屠贝州(治今清河),被汴州节度使朱全忠战败。先败于内黄,死3万余人,再败于魏州,死2万人。次年(900),朱全忠部将葛从周攻沧州,刘仁恭以所余5万兵救沧州,再损3万人。于是刘仁恭发境内15岁以上、70岁以下男子全部当兵,以救沧州,得20万人,在此之前,由于战争连年,已经有大量青壮年死亡,除上年刘仁恭攻魏博镇被战败,死兵士5万人外，另有此前于乾宁元年（894）李克用攻李匡威等于幽州，被杀获数万人。粗略估计，在这次大割据之前的唐朝末年，大清河以北地区的人口，不能少于150万。推天宝年间，少也有180万，其中在本省境内当不少于120万。

在北部塞外地区，主要今承德地区，为奚民（匈奴别种）所居。贞观时置饶乐都督府，以其首领为都督，以统其众，对唐朝从总体来说保持臣属关系，但又叛服无常，边境时有战事。德宗贞元四年（788），奚人曾以6万众，伙同室韦大规模入寇。6万之众，不是他们可以出动的全部兵力，说明即在天宝年间奚人在今河北省境内也不能少于20万人。此外西北塞外地区也有些少数民族，但人口数量不多，不做具体估计。

河北省的户籍人口统计，其隐漏情况，不及河南、山东省之严重，但北部地区却有大量少数民族人口不在户籍之中。全省人口总计不能少于940万。

表 9-4　　　　　　　　　河北省户籍人口表

唐政区	府州属县总数	府州属县本省	户数	口数	人口密度	含今政区县市
镇州	9	9	54 633	342 234	30.85	阜平、行唐、灵寿、平山、井陉、获鹿、正定、石家庄、藁城
赵州	9	9	63 454	395 238	74.77	栾城、元氏、赵县、赞皇、高邑、临城、柏乡、宁晋、隆尧
邢州	9	9	70 189	382 798	59.88	内丘、邢台、任县、南和、平乡、广宗、巨鹿
相州	11	5	45 974	268 271①	67.99	跨河南省，本省磁县、临漳、成安
魏州	10	4	60 638	443 948②	168.26	跨河南省、山东省，本省馆陶、魏县、大名
洺州	10	10	91 666	683 280	125.33	武安、沙河、永年、邯郸、肥乡、广平、丘县、曲周、鸡泽
潞州	10	1	6 839	38 866③	29.58	跨山西省，本省涉县
贝州	9	6	73 343	556 505④	152.19	跨山东省，本省故城、清河、临西、威县
德州	7	2	23 803	188 530⑤	138.80	跨山东省，本省景县、吴桥

续表

唐政区	府州属县 总数	府州属县 本省	户数	口数	人口密度	含今政区县市
沧州	12	11	103 689	756 896[6]	49.22	跨山东省，本省交河、东光、南皮、孟村、盐山、海兴、黄骅、沧州、泊头、青县
冀州	9	9	103 885	830 520	157.27	武强、阜城、武邑、衡水、枣强、冀州、南宫、新河
深州	4	4	48 825	346 472[7]	115.64	安平、饶阳、深州、束鹿
定州	11	11	78 090	496 676	73.22	完县、唐县、望都、曲阳、定州、安国、新乐、无极、深泽、晋州
瀛州	6	6	98 018	663 171	112.63	高阳、博野、蠡县、肃宁、河间、献县、大城
莫州	6	6	53 493	339 972	91.24	保定、清苑、任丘、文安
易州	8	8	44 230	258 779	38.98	易县、涞水、满城、徐水、容城、新安
蔚州	3	2	3 368	13 972[8]	1.45	跨山西省，本省阳原、蔚县、涞源
幽州	9	4	29 885	165 028[9]	17.47	跨北京市、天津市，本省安次、永清、霸州、雄县、安兴、涿州、高碑店、固安、香河
蓟州	3	2	3 545	19 014[10]	2.88	跨天津市，本省三河、大厂、兴隆、遵化、玉田、丰润、丰南
平州	1	1	3 113	25 086	2.53	迁西、迁安、抚宁、卢龙、昌黎、滦县、唐山、滦南、乐亭
妫州	1	1	2 263	11 584		怀来、涿鹿以北地区
玄州	1	1	618	1 333		在幽州境内，今涿县契丹部落
昌州	1	1	281	1 088		在幽州境内，今安次西契丹部落
鲜州	1	1	107	367		在幽州境内，奚部落，今三河西
崇州	1	1	200	716		在幽州境内，奚部落，今三河西
信州	1	1	414	1 600		在幽州境内，契丹部落，今涿县

续表

唐政区	府州属县 总数	府州属县 本省	户数	口数	人口密度	含今政区县市
青山州	1	1	622	3 215		在幽州境内，契丹部落，今涿县
澶州	1	1	648	2 187		在幽州境内，为降胡置，今涿县
合计	127		1 065 833	7 237 346		

注：

① 相州，全州户 101 142，口 590 196，表中系按属县分割数。

② 魏州，全州户 151 596，口 1 109 870，表中系按属县分割数。

③ 潞州，全州户 68 391，口 388 660，表中系按属县分割数。

④ 贝州，全州户 110 015，口 834 757，表中系按属县分割数。

⑤ 德州，全州户 83 311，口 659 855，表中系按属县分割数。

⑥ 沧州，全州户 124 024，口 825 705，表中系按属县分割数。

⑦ 深州，原书记载户 18 825，口 346 472，平均每户 18.4 口，经考证，其户数实为 48 825 之误，改正后平均每户 7.1 口，与其他州比较亦相称。河北省户均人口普遍偏高，故改之。

⑧ 幽州，原书记载全州户 67 242，口 171 312，平均每户 2.55 口。按这个人口数计算的人口密度，每平方公里 8.1 人。这里并不是人口稀少的地区，与相近州比较，南邻的莫州每平方公里 91 人，西邻的易州也是多山地区，每平方公里 39 人，故知其口数有误，应为 371 312 口。改正后，平均每户 5.52 口，每平方公里 17.47 人，表中系按属县分割数。

⑨ 蓟州，全州户 5 317，口 28 521，表中系按属县分割数。

⑩ 蔚州，全州户 5 052，口 20 958，表中系按属县分割数。

四 北京市

北京市所辖地区的户籍人口，户 41 428，口 223 286，低于隋大业初的 298 961 口，可是经过考查分析，北京市的实际人口，比大业户籍人口还要高。这一地区除了汉民人口外，还居住着很多少数民族，有契丹、靺鞨、室韦及突厥等，仅设置的羁縻州就有 10 处，11 543 户，28 012 口，平均每户只有 2.43 口，说明大部分人口没有编入户籍。关于人口形势，在考证河北人口时已有说明，不再另做具体分析。唐天宝年间，今拒马河以东，大清河以北地区，包括北京、天津两市人口，既不能少于 180 万。那么粗略估计，河北省 120 万人，天津市当有 15 万人，余 45 万人属北京市。

表 9-5　　　　　　　　　　　北京市户籍人口表

唐政区	府州属县 总数	府州属县 本省	户数	口数	含今政区县市
幽 州	9	4	29 885	165 028①	房山、大兴、通县、顺义、昌平、北京市区
檀 州	2	2	6 064	30 246	怀柔、密云、平谷
慎 州	1	1	250	984	在幽州境内，房山东南，靺鞨部落
威 州	1	1	611	1 869	在幽州境内，户山西北，契丹部落
夷宾州	1	1	130	648	在幽州境内，大兴西，靺鞨部落
沃 州	1	1	159	619	在幽州境内，大兴东，契丹部落
燕 州	1	1	2 045	11 603	在幽州境内，顺义北，靺鞨部落
带 州	1	1	569	1 990	在幽州境内，昌平西，契丹部落
归顺州	1	1	1 037	4 469	在幽州境内，治今顺义，契丹部落
师 州	1	1	314	3 215	在幽州境内，房山东南，室韦部落
黎 州	1	1	569	1 991	在幽州境内，房山西，靺鞨部落
瑞 州	1	1	195	624	在幽州境内，房山东，突厥部落

注：

① 幽州，全州户 67 242，口 371 312，表中系按属县分割数。

五　天津市

和历代同样的原因，天津市所辖地区人口较少，见于记载的只有户 19 578，口 119 573。虽然这里地多盐碱涝洼，但它的实际人口也要比户籍人口高得多。南部属沧州有唐置鲁城县，治今静海、黄骅之间。按沧州平均每县 68 809 口，半属天津也当有 3 万多人口。北部为低山丘陵，西部地势也比较高，人口会多些，其中蓟州渔阳县，即今蓟县，属天津市，但按记载全州人口才 28 521 口，平均每县才 9 500 人，实际上有很多少数民族人口不在户籍之中。幽州有雍奴县（今武清西北），属天津市。按户籍人口，平均每县也只 41 257 人。按上面对河北省人口考证，大清河以北地区，包括京、津两市约有人口 180 万人，按这一地区属县平均计算，每县也有 10 万人，即按上面所说的原因，天津市不可能得到这个平均数。但包括其他属州，全市实际人口也不能少于 15 万人。

表 9-6　　　　　　　　　　天津市户籍人口表

唐政区	府州属县 总数	府州属县 本省	户数	口数	人口密度	含今政区县市
蓟州	3	1	1 772	9 507①	2.88	跨河北省，本市蓟县、宁河
幽州	9	1	7 471	41 257②	17.47	跨河北省、北京市，本市宝坻、武清
沧州	12	1	10 335	68 809③	49.22	跨河北省，本市静海
		3	19 578	119 573		

注：

①蓟州，全州户 5 317，口 28 521，表中系按属县分割数。

②幽州，全州户 67 242，口 371 312，表中系按属县分割数。

③沧州，全州户 124 024，口 825 705，表中系按属县分割数。沧州在本市范围，本无唐县治，只有鲁县跨河北省和本市两边，今静海县也大部分在沧州内，故共按 1 县处理。

六　辽宁省

唐平高丽以后，辽东地区的高丽人有很大的流散，除迁数万户于中原地区外，更多的是投向东部的靺鞨部落和北部的突厥部落。"高丽旧户在安东者渐寡少"。① 但实际上这里不仅仍有大量高丽遗民，而且还有很多原在高丽役使下的汉民和其他民族的人口。虽然辽宁省具体人口数量无从详考，但从后面考查契丹辽朝人口可知，按有较可靠的史料做参考②估计，辽东地区约有人口百万左右，尽管这是一个较长历史过程以后的事，从唐天宝年间到辽朝后期，约 350 年左右，其中有些较大的事变。但必须承认，这里一直保持着较多的人口，而且正是因为有较多数量的人口，才会有很多事变的发生。就在高丽国灭亡不久，在今吉林省东部和黑龙江省牡丹江地区，由粟末靺鞨人建立渤海国，按记载，"编户十余万，胜兵数万人"。③ 说明其人口少也有五六十万。其中在今辽宁省境内，即昌图至宽甸以东地区，不能少于 10 万人。而地理自然条件优越，人口一向稠密的辽东地区，仍当有较多的人口，往少里估计也当有人口 50 万左右。

---

①　《旧唐书·高丽传》。

②　《辽史·地理志》。

③　《旧唐书·渤海靺鞨传》。

辽河以西地区，贞观时估计人口15万，其后虽受契丹侵扰，有些原来在这一地区居住的奚、靺鞨部落，多迁往幽州地界，但又有更多的契丹人迁入，所以辽西地区的实际人口仍当不少于15万人。辽宁全省的实际人口，还当在75万人以上，比之贞观时的105万人，减少30万人。

七　吉林省

唐平高丽之后，辽东高丽人多投向跨据今吉林、黑龙江省的粟末靺鞨部。圣历元年（698），其首领大祚荣于东牟山（今敦化北）筑城建国，都城称上京，即龙泉府（今黑龙江省宁安西南），其后称渤海。《旧唐书·渤海靺鞨传》记载："大祚荣者，本高丽别种也"，是否果真如此，这里不做详究。但"风俗与高丽及契丹同，颇有文字书记"，这当属实情。高丽盛时他们曾附于高丽，高丽国灭后，大祚荣又与部分高丽人投营州（治今辽宁朝阳），求契丹保护。建国后又有大量高丽人归附。其国按今地大体在哈尔滨至鸡西以南、扶余、昌图、宽甸以东。"地方二千里，编户十余万，胜兵数万人"。说明这一时期它可以拥有人口六七十万。开元七年（719），大祚荣死，子大武艺袭位，因东部黑水靺鞨与唐朝通好，大武艺欲发兵击黑水，其弟门艺怕引起唐朝的讨伐而谏阻，其中说："唐国人众兵强，万倍于我，一朝结怨，但自取灭亡，昔高丽全盛之时，强兵三十余万，抗敌唐家，不事宾伏，唐兵一临，扫地俱尽，今日渤海之众，数倍少于高丽，乃欲违背唐家，事必不可"。这是旧唐书的记载。《新唐书·渤海传》的记载，大意相同，只是末句为"今我众比高丽三之一，王将违之，不可"。从这些记载中也可以看出，在天宝年间，这一地区的人口不会少于六七十万。不过渤海国不仅跨有黑龙江省部分地区，也跨有今境外俄罗斯部分地区。但那些地区冬季气候严寒，无霜期短，人口都很稀少，所以从多种情况分析，在吉林省的人口不能少于55万。还有西北部，扶余至双辽以西地区，通榆以南为契丹人所居，其北部为室韦人。这片地区，多涝洼湿地，又有风沙，人口较少，在5万人。全省人口当在60万以上。

八　黑龙江省

黑龙江省，估计其唐初人口约35万。从贞观年间至天宝年间，虽历时一百多年,这对中原地区来说,人口可能会有很大的变化,但对黑龙江省这个气候严寒,在当时的生产力条件下,生产极不发达,人口增殖极度缓慢的地区,人口数量的变化不会很大,又没有新的人口活动的记载,所以不另做考查分析,仍按35万人口估计之。

九 内蒙古自治区

在内蒙古自治区,自东突厥王庭在贞观时被击灭后,最初对其遗民仍多安置在黄河以北、阴山以南的河套地区,有人口约30万。贞观十七年(643),因受漠北薛延陀部的攻击,又相率南渡黄河,散处于鄂尔多斯高原地区,其后又逐渐强盛,再立可汗,建王庭,又不断剽掠边界地区。正如薛延陀首领对唐太宗李世民所说:"突厥翻覆难信,其未破前,连年杀中国人,动以千万计,至尊破突厥,须收为奴婢,将与百姓,反养之如子,结社率竟反,此辈兽心,不可信也。"① 果然,于武则天后期又不断进入边界及深入到中原地区掳掠。从其历次出战的兵力和降附人口分析,直至天宝四年(745)突厥内乱,最后一个王庭覆灭,在内蒙古自治区境内的突厥人,一直能保持在三四十万。据《旧唐书·突厥传》记载,高宗咸亨年间(670—673)以后,丰(指前套与后套地区)、胜(鄂尔多斯高原东部)、灵(宁夏河套平原)、夏(鄂尔多斯高原中部)、朔(鄂尔多斯高原西部)、代(前套平原以东)六州,处处皆有。武则天圣历九年(698),曾纠集10万兵众,大举侵扰北部边境地区,并深入到今河北省中部,陷定州(治今河北省定州)、赵州(治今河北省赵县),"焚烧百姓庐舍,掳掠男女,无少长皆杀之。"② 致使武则天发兵30万进击,又有后援部队15万人。可以想到突厥人口之众,直到天宝四年其王庭再被击灭,部众稍有离散。但此时漠北回纥强盛,南侵突厥,并尽有突厥故地,突厥遗民也落入回纥的统治之下。所以虽然突厥人众有些离散,但又有大量回纥人迁入漠南。在这个过程里,整个阴山以南和鄂尔多斯高原北部地区的人口,不能少于40万(西汉末年,千里河套平原的人口70多万)。

东部和东北部地区的人口,和贞观时没有太大的变化,但很多情况反映,其人口也有一定的增长。前考已分析过,契丹人口至武则天时当有四

---

①② 《旧唐书·突厥传》。

五十万。其后对唐朝仍是时附时叛,并对其他民族进行攻掠。唐多次以重兵进讨不能取胜,及至唐朝末年,奚、霫及众多的室韦部落,均被其征服而役属之。这都反映了契丹人口的增多,实力增强。所以估计在天宝时内蒙古自治区境内的契丹人口,已不能少于 50 万。

奚族人口,进入唐代以后,也有所增长。对唐朝也是时附时叛,经常伙同契丹人进入塞内劫掠破坏。贞元十一年(795)曾以 6 万之众入侵幽州,大和四年(830)又大举扰边,被击破,俘其大将 200 余人。至大中元年(847),再次大举犯边,唐兵讨伐,烧其帐落 20 万。这个数字的记载不明确,如按一帐落一户计,则当有百万人口,这是绝无可能的,或为帐落 2 万之误。但很多情况都反映了奚族人口的增长。即按上面所说的 6 万兵估计,在天宝时也不能少于 30 万人,其在本自治区内则不能少于 10 万人。

室韦,见于记载的人口活动很少。但从其部分人口活动的记载看,其人口也有增加,贞观以后各部落频频来唐朝贡。其活动范围也不断向南伸展,部分游牧于契丹、奚国之间,并进入长城以南地区。安禄山叛唐,就有部分室韦兵。贞元四年(788),又伙同奚军寇掠振武(即朔州,今山西朔州),元和年间再与回鹘、奚阴相勾结寇掠振武,都是人口增长的表现。虽然具体人口无从详考,在第八考中对本自治区内只以 15 万估计之。至天宝年间,合乌罗浑、霫及室韦各部落合并估计,在本自治区(其地域主要包括巴林左旗至通辽以北地区,即整个自治区东北部地区)当不少于 50 万人,这些室韦等少数民族的部落国,除个别远徙外(如蒙兀部沿黑龙江上溯至漠北地区),基本上都被契丹所并。这又反映了契丹的强盛。昭宗天复二年(902),契丹首领阿保机发兵 40 万蹂躏代北九州,推其人口少也有一百六七十万(这里面不包括五代时为其所并之今东北三省的人口)。这个庞大的人口,正是由于兼并这些部落国而形成的,并不全是契丹本民族的人。至于其后的融合那是另一回事情。

在鄂尔多斯高原南部,自唐初以来,又有很多党项人进入。他们原居四川省西北部和青海省东南部地区,后来受吐蕃的攻击挤压,逐渐北徙。武周天授三年(692),有 20 万户,约百万人口徙于今宁夏回族自治区、甘肃省东部、陕西省北部地区和本自治区南部地区。此时人口数量不详,但自玄宗开元九年(721)便有胜州稽胡康待宾连接南部地区党项人攻银城（今陕西神木南）、连谷（神木北）的记载。后党项人反戈击胡人，胡人败走，唐也为这里的党项人置麟州（治今神木），以安集之。但《旧唐书·地理志》麟州记人口很少，只有1万多人口，估计所记只是汉民人口。麟州属今陕西省，对鄂尔多斯高原南部的党项人，从其以后的发展看，此时已不能少于15万人。

唐天宝年间，本自治区内各民族的人口，合计大约165万，加户籍人口124 615口，全区实际人口总计177万以上。

表9-7　　　　　　　　内蒙古自治区户籍人口表[①]

唐政区	府州属县 总数	府州属县 本省	户数	口数	含今政区县市
胜州	2	2	4 187	20 952	准格尔、旗托克托、东胜市、伊金霍洛旗
夏州	4	2	4 607	26 552	跨陕西省，本区乌审旗
云中府			1 430	5 681	为党项部落置，其牧地在河套内外地区。治所不定，均在朔方界内，或河套地区
呼延府			155	605	
桑乾府			270	1 323	
定襄府			460	1 463	
达浑府			124	495	
安化府			483	2 053	
宁朔府			374	2 027	
濮固府			122	673	
宥州	3	3	7 083	32 652	鄂托克旗以南
丰州	2	2	2 813	9 641	跨有整个河套地区
安北府			2 006	7 498	治在包头西
单于府			2 100	13 000	治在和林格尔
合计			26 214	124 615	

注：

[①] 上8府为都督府，下2府为都护府，各府所辖人口，只是实际人口的一部分，或为府直管户口，至于各府实际人口的具体情况已无从详考。

十　山西省

按《旧唐书·地理志》记载，天宝十一年山西省户籍人口为，户634 894，口3 760 291，比贞观十三年增加人口267万多，增长246%，年均增长率9.77‰，还不及隋大业时的户籍人口441万多。从总的形势看，唐朝中期以前社会安定，人口增长时间长，天宝时的实际人口应当超过隋大业之时。所以不及隋大业人口之高，主要是两个方面的原因：一是北部地区社会并不安定，不断受突厥民族的骚扰。武则天垂拱元年（685），突厥扰代州（治今代县）。三年扰朔州（治今朔州）。长安二年（702），再扰代州、忻州（治今忻州）等等。他们进入边界，杀人掠物，特别是牛马等大牲畜，往往席卷而去，给生产造成了严重的破坏。同时朔、云两州，汉民多被逼南撤，又有很多突厥人移入。他们没有户籍，具体有多少人口无从考证。但可以肯定，长城以北地区的实际人口，要比见于记载的人口高得多。唐开元五年（717）曾置天兵军于并州，具体治地不详，驻兵8万人，以镇抚突厥降户。说明雁北地区的突厥人，少也有15万，否则何用如此重兵去镇抚。不久又罢天兵军，以大同军（治朔州东）领太原、辽、石、岚、汾、忻、朔、蔚、云等州军事，目的是为了防范突厥人深入内地骚扰，也说明突厥人分布之广。不过上面所说的情况，从总体来说还不是影响山西人口发展的主要原因，它只是对北部地区影响较大，而山西人口的绝大部分集中在南部地区，南部地区社会安定，应当有较高的人口增长。

二是严重的户口隐漏问题，使人口虽有较大的增长，但不能全部见于统计。按照前面所引李渤的话说，户口隐漏问题，各州大体相似，山西省自不能例外，这也是由总的社会形势所决定的。与前代相比较，经考证，东魏武定二年（544）山西人口约270万，其后虽又经30多年，在北齐的残暴统治下，并经历了北周灭北齐的战争，人口会受到一定减损，但从历史上记载的总人口看，并无大的减损。主要是不断死亡的人口又为不断出生的人口所补充，所以即在北齐灭亡时的人口亦不少于280万。又经30多年，到隋大业五年，增长为456万，年均增长率15‰。唐朝，从贞观十三年到天宝十一年，历时113年，这一时期除了人口较少的北部地区常受突厥骚扰外，人口稠密的中、南部地区，社会基本上是安定的，全省户籍人口却只由108万，增长到376万，其中包括部分入籍增长，年均增长率才达到9.8‰。对山西省的户口隐漏，即不按杜佑、李渤所说的三分之一计算，因为户口隐漏，除一般民户为躲避沉重的赋役而逃匿外，也有豪强地主蔽占民户为私附（唐中朝以后日趋严重）。但由于北部地区常受突厥侵扰，豪强地主的庄园会少些，被蔽占的户口也会少些，所以这里只按20%计算，也当有人口452万。只稍多于隋朝户籍人口441万。按杜佑《通典》评唐户口统计时所说："自武德初至天宝末，凡百三十八年，可比崇汉室，而户才比于隋氏"。他的意思是，唐天宝时的户口应远远超过隋朝。按照上面的考证，加突厥人15万，全省实际人口不少于467万。

表9-8　　　　　　　　　　山西省户籍人口表

唐政区	府州属县 总数	府州属县 本省	户数	口数	人口密度	含今政区县市
太原府	13	13	128 905	778 278	39.39	阳曲、晋中、太原、交城、文水、祁县、太谷、清徐、寿阳、盂县、阳泉、平定、昔阳
忻州	2	2	14 806	82 032	28.12	定襄、忻州
代州	5	5	21 280	100 350	11.15	原平、代县、繁峙、五台
蔚州	3	1	1 684	6 986①	1.45	跨河北省，本省灵丘、广灵、天镇、阳高
云州	1	1	73	561②	0.03	大同、浑源、怀仁、左云、右玉
朔州	2	2	5 493	24 533	1.94	河曲、偏关、五寨、神池、朔州、平鲁、山阴、应县
岚州	4	4	16 748	84 006	6.98	保德、兴县、岢岚、静乐、娄烦
石州	5	5	14 294	66 935	8.12	临县、方山、离石、柳林、中阳
汾州	5	5	59 450	320 233	65.00	汾阳、孝义、平遥、介休、灵石
隰州	6	6	19 455	124 420	14.51	石楼、永和、交口、隰县、大宁、蒲县
慈州	5	5	11 616	62 486	16.35	吉县、乡宁
晋州	9	9	64 836	429 221	58.21	汾西、霍州、洪洞、古县、安泽、浮山、临汾
沁州	3	3	6 308	34 963	9.46	沁源
潞州	10	9	61 552	349 794③	62.83	跨河北省，本省武乡、沁县、襄垣、黎城、潞城、平顺、长治、壶关、长子、屯留
仪州	4	4	9 882	54 580	9.10	和顺、左权、榆社
泽州	6	6	27 822	157 090④	15.52	高平、陵川、晋城、阳城、沁水、泽州

续表

唐政区	府州属县 总数	府州属县 本省	户数	口数	人口密度	含今政区县市
绛州	11	11	82 204	517 331⑤	57.00	河津、稷山、万荣、襄汾、新绛、曲沃、翼城、绛县、垣曲、闻喜、夏县
河中府	8	8	70 800	469 213	76.18	临猗、运城、永济
陕州	7	4	17 686	97 279⑥	27.38	跨河南省，本省平陆、芮城
合计		90	634 894	3 760 291		

注：

① 蔚州，全州户 5 052，口 20 958，表中系按属县分割数。

② 云州，《旧唐书·地理志》所记户口太少，《新唐书·地理志》做户 3 169，口 7 930，每平方公里也只 0.44 人，也不符合这一地区的实际情况。主要是大量突厥人进住，挤走了汉民，突厥人又不做编户统计。

③ 潞州，全州户 68 391，口 388 660，表中系按属县分割数。

④ 泽州，《旧唐书·地理志》原做户 27 822，口 257 090，平均每户 9.24 口，偏高。经查《新唐书》，口数 157 090，户均人口为 5.65 口，故改。

⑤ 绛州，《旧唐书·地理志》户口缺，此据《新唐书·地理志》补。

⑥ 陕州，全州户 30 950，口 170 238，表中系按属县分割数。

第三节 西部各省区人口考

十一 陕西省

陕西省，天宝户籍人口 4 195 741，比隋朝的 3 691 542 口增加了 50 万，但实际人口要比户籍人口更高些。下面从几个方面进行考查分析。

先同唐全国总户籍人口比较看，从贞观十三年到天宝十一年，历时 113 年，总的户籍人口年均增长率 10.32‰。其中包括很多人口增长缓慢的边远地区，就中原地区来说，会远远超过 10‰。而陕西省的增长只有 7.3‰，其中一个重要原因是，武则天欲篡唐，于光宅元年（684）改东都洛阳为神都。为加强神都地区的人力，于武周天授元年（690）从关内（主要是陕西省关中地区）徙出 20 多万户以实洛阳，即河南府所辖地区。陕西省除北部地区干旱少雨外，从总的情况来说，其地理自然条件也比较好，即按当时一般的增长速度10‰计算，从贞观十三年的1 750 214，到天授元年也要再增人口100多万，约20多万户。即把增加的人口全部徙出，仍按1 750 214口，从天授二年起算，到天宝十一年达到户籍人口4 195 741，其年均增长率也在13‰左右。经过那次大迁徙，会腾出很大的生存空间，也必然会使其后的人口有一个较快的增长。

陕西人口有很大的隐漏，关中地区又是都城所在地，凡都城所在地区，历来户口隐漏都很严重，按照天宝时的户籍人口，即使不像李渤所说的那么严重，即按隐漏20%计，天宝时的实际人口，也当有503万。宪宗元和十四年（819），吐蕃以10万众围盐州（治今定边），27日不能克，被唐军击败。次年、再次年又多次扰盐州。这个事件是在"安史之乱"以后。按《旧唐书·地理志》记载，天宝十一年盐州有户2 929，口16 665，元和时无户口记载，估计在籍户口也不会很多。如果全州只有记载的那么一两万人口，其所拥有的财物绝不会很多，即使吐蕃一面围城，一面四处劫掠，但也必须有人才能有财物，且10万人围城27天，他们要吃饭，食物的来源也只能是掠自人民。说明陕北长城内外，以及宁夏河套地区的实际人口，都不会像记载的户籍人口那么少。

同时，陕西省也有很多没有编入户籍的少数民族人口，在北部长城内外有胡人，多为匈奴遗种及突厥人。在十六国时期，陕北及鄂尔多斯高原，曾有匈奴人四五十万，其后虽大部分消散，但仍有很多后来被称为稽胡的匈奴人散居在这一广大地区。高宗永淳二年（683），绥州（治今绥德）稽胡白铁余聚众起事，占据城平县（今清涧东北），并攻掠邻县，杀逐官吏，称皇帝。虽然很快被平定，但说明他们的人数并不是太少。参加起事者即使几千人，也要出自几万人口。而且他们继续生存在这一地区，而天宝时绥州户籍人口只有89 111，加上这些胡人，少也有十几万人。直至安禄山叛乱，北部长城内外仍有胡人参与叛乱的记载，说明北部地区的少数民族人口确实很多，包括突厥人，即在本省内，往少里估计也有10万人。且此时西部的岐州、陇州和北部边界地区，又有不少党项人进入。玄宗开元九年（721），有稽胡康待宾，联结党项攻银州的记载，天宝时还不会太多，估计在本省内少也有五六万人。同时秦岭以南地区，还有不少被称为獠的民族和羌民。直至宋代仍有这方面的记载，从他们时而发动叛乱可知，人口也不会太少，只是具体数量无从详考。本省少数民族人口不能少于 25 万。

全省实际人口，大约 528 万。

表 9-9 陕西省户籍人口表

唐政区	府州属县 总数	府州属县 本省	户数	口数	人口密度	含今政区县市
京兆府	23	23	362 921	1 967 100	84.59	铜川、蒲城、耀县、富平、渭南、三原、高陵、临潼、蓝田、西安、长安、泾阳、淳化、乾县、礼泉、咸阳、户县、周至、兴平、武功
华州	3	3	33 187	213 613	82.35	华县、华阴、潼关
同州	6	6	60 928	408 705	44.79	韩城、澄城、合阳、大荔
坊州	4	4	22 458	120 208	21.26	黄陵、宜君、黄龙
丹州	5	5	15 105	87 625	19.85	宜川
凤翔府	9	9	58 486	380 463	43.75	凤翔、宝鸡、太白、眉县、扶风、岐山、麟游
陇州	5	4	19 722	80 118①	13.08	跨甘肃省，本省陇县、千阳
鄜州	3	3	23 483	153 714	25.82	甘泉、富县、洛川
邠州	4	4	22 977	135 250	33.09	长武、旬邑、彬县、永寿
延州	9	9	18 954	100 040	6.11	志丹、子长、安塞、延安、延长、延川
绥州	4	4	10 867	89 111	11.35	绥德、吴堡、清涧、子洲
银州	4	4	7 602	45 527	5.95	榆林、佳县、米脂
胜州	3	3	2 428	10 903	1.42	府谷、神木
夏州	4	2	4 607	26 552②		跨内蒙古自治区，本省靖边、横山
盐州	2	1	1 464	8 333③		跨内蒙古自治区，本省定边
庆州	10	1	2 395	12 434④	6.18	跨甘肃省，本省吴旗
凤州	4	2	2 959	13 939⑤	2.99	跨甘肃省，本省凤县、留坝
兴州	3	2	1 483	7 364⑥	4.23	跨甘肃省，本省略阳
梁州	6	5	31 225	128 098⑦	17.82	跨四川省，本省宁强、勉县、南郑、汉中、城固
洋州	5	5	23 849	88 327	7.57	佛坪、洋县、西乡、镇巴

续表

唐政区	府州属县 总数	府州属县 本省	户数	口数	人口密度	含今政区县市
金州	6	6	9 674	57 981	3.00	宁陕、石泉、汉阴、紫阳、安康、旬阳、平利、岚皋、镇平
均州	3	1	3 233	16 936⑧	4.74	跨湖北省,本省白河
商州	6	5	7 438	43 400⑨	2.56	跨湖北省,本省洛南、商州、柞水、镇安、山阳、丹凤、商南
合 计		113	757 445	4 105 741		

注：

① 陇州,全州户 24 652,口 100 148,表中系按属县分割数。

② 夏州,全州户 9 213,口 53 104,表中系按属县分割数。

③ 盐州,全州户 2 929,口 16 665,表中系按属县分割数。

④ 庆州,全州户 23 949,口 124 336,表中系按属县分割数。

⑤ 凤州,全州户 5 918,口 27 877,表中系按属县分割数。

⑥ 兴州,全州户 2 224,口 11 046,表中系按属县分割数。

⑦ 梁州,全州户 37 470,口 153 717,表中系按属县分割数。

⑧ 均州,全州户 9 698,口 50 809,表中系按属县分割数。

⑨ 商州,全州户 8 926,口 52 080,表中系按属县分割数。

十二 甘肃省

甘肃省虽经一百数十年社会安定时间的恢复发展,但到天宝十一年的户籍人口也只达到 1 086 985 口,比贞观十三年的 33 万人口,虽增长三倍多,但却只及隋大业人口 191 万的一半多一点,当然这不能是甘肃省的实际人口,尚需做进一步的考证分析。

甘肃省少数民族很多,他们多没有编入户籍,在唐初已有大量的羌族党项人进入,他们原居四川省西部山区,其后受吐蕃攻击逐渐北徙,贞观时就有拓跋部移居庆州等地。武周天授三年（692）,又有内附 20 余万户①散居甘肃东部、陕西北部、宁夏南部和内蒙古南部,其中散居在庆州（治今庆阳）的约十余万众,唐为之设置了 24 个羁縻州。散居在泾州

---

① 《旧唐书》作 20 万口,《新唐书》作 20 万户,从以后的发展看,应以户为之。

（治今泾川）、陇州（治今陕西陇县）地区的也有十余万口，其在本省的不能少于六七万口。《旧唐书·党项传》记载："其在泾陇界者，上元元年率其众十余万诣凤翔节度使崔光远请降"。上元年间（760—761），正值安史之乱期间，他们既从天授年间徙来，说明这些人口早已存在于天宝年间。对于党项人以后的发展这里不再多叙。

在唐朝初期，多有党项羌骚扰本省南部地区的记载，武德八年（625）曾深入到渭州（治今陇西）骚扰。久而久之，他们也就游牧于本省很多地区。至于以后在兰州到陕西靖边以北地区建大夏国，党项人多集聚大夏国内，那是另一回事。同时在靠近青海省的地区，还有很多其他种落的羌民。

再从另一种情况分析，经过唐末五代大战乱之后的北宋初期，按《太平寰宇记》的记载，在甘肃东部的今武都、成县、甘谷、秦安、经原一线以东地区（即宋之秦、成、渭、阶、原、泾、环、庆、宁九州），在唐天宝时有户130 128，口715 767。而在宋初仍有户115 589，按平均每户5口计，约有人口577 945，减损不及20%。实际上这一地区受战争破坏很严重，可是为什么在宋初还有这么多人口？主要是人口基数高，战后遗民也多。正说明唐天宝时甘肃省的实际人口，远不是《旧唐书·地理志》记载的那么少。虽然具体人口数量无从详考，但粗略估计，包括那些不在户籍的少数民族人口，必当高于隋大业时的190万，少也有二百数十万。这里只以220万估计之。

表9-10　　　　　　　　　甘肃省户籍人口表

唐政区	府州属县 总数	府州属县 本省	户数	口数	人口密度	含今政区县市
兰州	2	2	2 889	14 226	0.77	永登、皋兰、兰州、永靖、榆中
临州	2	2	2 899	14 226[①]	4.03	临洮、康乐
河州	3	3	5 782	36 886	5.03	东乡、临夏、和政、广河、积石
洮州	2	2	3 700	15 060	2.50	临潭、卓尼
叠州	2	2	1 275	7 674	1.85	迭部
岷州	3	3	4 325	23 441	5.15	岷县
渭州	4	4	6 425	24 520	2.07	渭源、陇西、漳县、武山、通渭
宕州	2	2	1 190	7 199	0.98	宕昌、舟曲
武州	3	3	2 923	15 313	2.16	武都、康县

续表

唐政区	府州属县 总数	府州属县 本省	户数	口数	人口密度	含今政区县市
文州	2	1	843	4 603②	1.86	跨四川省，本省文县
扶州	4	2	1 209	7 143③	2.85	跨四川省，本省无今县治，地在舟曲西南
成州	3	3	4 727	21 508	3.35	礼县、西和、成县
兴州	3	1	741	3 682④	4.23	跨陕西省，本省无今县治，地在徽县南
凤州	4	2	2 959	13 939⑤	2.99	跨陕西省，本省两当、徽县
秦州	5	5	24 827	109 700	7.10	庄浪、张家川、清水、天水、秦安、甘谷
陇州	5	1	4 930	20 030⑥	13.08	跨陕西省，本省华亭
原州	4	1	1 837	8 287⑦	1.75	跨宁夏回族自治区，本省平凉、崇信、静宁
泾州	5	5	31 365	186 849	21.33	镇原、泾川、灵台
宁州	6	6	37 121	224 837	41.78	宁县、正宁
庆州	10	9	21 554	111 902⑧	6.18	跨陕西省，本省环县、华池、庆阳、合水、西峰
会州	2	2	4 594	26 662	1.19	景泰、靖远、定西
凉州	5	5	22 462	120 281	3.38	民勤、永昌、武威、古浪、金昌、天祝
贺兰等州	—	—	5 048	17 212	—	吐谷浑等部落寄治凉州界内，无实土县
甘州	2	2	6 284	22 092	0.84	高台、临泽、肃南、张掖、山丹、民乐
肃州	2	2	2 330	8 476	0.32	玉门、嘉峪关、金塔、酒泉
瓜州	2	2	477	4 987	0.22	安西
沙州	2	2	4 265	16 250	0.74	敦煌、阿克塞、肃北
合计		74	208 981	1 086 985		

注：

① 临州与兰州，户口基本完全一致，只临州为户 2 899，但原书如此，且经考查分析，不会有大的失误，故仍照录。

②文州，全州户 1 686，口 9 205，表中系按属县分割数。

③扶州，全州户 2 418，口 14 285，表中系按属县分割数。

④兴州，全州户 2 224，口 11 046，表中系按属县分割数。

⑤凤州，全州户 5 918，口 27 877，表中系按属县分割数。

⑥陇州，全州户 24 652，口 100 148，表中系按属县分割数。

⑦原州，全州户 7 349，口 33 146，表中系按属县分割数。

⑧庆州，全州户 23 949，口 124 336，表中系按属县分割数。

十三　宁夏回族自治区

宁夏回族自治区的户籍人口 87 736 口，比贞观户籍人口没有增加，每平方公里只有一人多一点，似乎十分荒凉。但实际上宁夏地区的人口，要很多倍于户籍人口，只是他们多属于"贡赋版籍，多不上户部"的少数民族，且流动性很大，因而没有做户口统计。不过即使固定生活在这一地区的人口，也不会只有几万人。

我们先看这里的人口形势，不管前期的突厥，中期的党项和吐蕃，都有大量骚扰宁夏地区和附近地区的记载，如果这里人口真的寥寥无几，他们是不会频频到这里来骚扰的，因为他们骚扰的目的，主要是为了掠夺财物，包括牛羊牲畜。玄宗开元九年（721），兰池州（羁縻州，寄治灵州，今灵武南）胡人康待宾，诱诸降户叛唐，有众 7 万，仅这一个事例所反映的人口也要在 20 万以上。虽然这些人口并不全在宁夏回族自治区内，且次年又被强迁于内地，但仍说明这里有很多胡人，后来并参加了安禄山的叛乱。同时户籍人口虽然多为汉民，但在宁夏回族自治区也不会只有记载的那么多。如果真的只有记载的那么多，财富也不会很多，也不值得一些少数民族经常到这里来劫掠。唐朝封建统治者所依靠的民众，基本上是汉民。"安史之乱"京城陷落后，玄宗皇帝越过秦岭逃亡成都避难，太子李亨被朔方留后杜鸿渐等人迎至灵武（今永宁西南青铜峡北），即皇帝位，尊玄宗为太上皇。虽其时文武官员不满 30 人，但很快便有大批人归附，并且还有很多护卫的军队。他们仓促到来，必须由附近地区提供食需。这里变成了唐朝的临时都城，在这里指挥平定叛乱和收复京城的战争。这件事情足以说明，宁夏地区，并不是十分荒漠的地方，而是有足以应付这一事变的人口。

在唐朝后期，党项人逐渐成了宁夏地区的主要居民，他们原本居住在四川西部山区和青海省河曲地区，由于受吐蕃的攻击，才逐渐向北方移徙。武周天授三年有20万户被安置在灵州（治今灵武南）、夏州（治陕西省横山西）之间，其后散处在更广大的地区，并时有剽掠活动的记载。玄宗开元九年（721）就有党项人在今陕西神木地区发动叛乱的记载。安禄山发动叛乱后唐朝廷曾利用他们去镇压安史叛军，对其首领多有封官赐爵，这也助长了其势力的发展和族人的集聚。其后又助唐镇压黄巢起义军。其首领拓跋思恭被赐姓李，封夏国公，大夏国的名称即由此而来。这时他们已占据了后来建立西夏王朝的主要地区。至于在天宝时宁夏回族自治区有多少人口，无从详考，从多种情况分析，此时已不会很少，仅党项人口也当有几十万。包括稽胡和汉人，估计当在50万左右。其后直至唐朝末年，这里的人口一直在增长，及至宋朝中期便可达到200万左右。

表 9–11　　　　　　　宁夏回族自治区户籍人口表

唐政区	府州属县 总数	府州属县 本省	户数	口数	含今政区县市
灵州	6	6	11 456	53 162	整个宁夏河套平原，南至同心
燕然州			190	978	左列各州均属突厥部落羁縻州
鸣鹿州			132	556	左列各州均属突厥部落羁縻州
鸣田州			104	469	左列各州均属突厥部落羁縻州
东皋兰州			1 342	5 182	左列各州均属突厥部落羁縻州
燕山州			430	2 176	左列各州均属突厥部落羁縻州
烛龙州			117	353	左列各州均属突厥部落羁縻州
原州[①]	4	3	5 512	24 859	跨甘肃省，本区同心、固原、隆德、泾原
会州	2	0			跨甘肃省，本区有海原、西吉，无唐县治
盐州	2	0	—		跨陕西省、内蒙古自治区，本区有盐池县，无唐县治
总计	9		19 283	87 736	

注：
① 原州，全州户7 349，口33 146，表中为按属县分割数。

十四　青海省

青海省的户籍人口更少到只有5万多，但经考查，其实际人口当十倍于户籍人口。本省居民绝大部分是"贡赋版籍不上户部"的少数民族，其中尤以羌民居多。本来在本省东南部的河曲地区就有大量羌民，其中主要是党项羌。唐朝前期，吐蕃逐渐强盛，频岁北侵，党项人不能抵御，大量北徙，但也有很多党项人和其他种落的羌民，落入了吐蕃的统治之下，成了吐蕃的臣民。《旧唐书·党项传》记载，南北朝后期"党项始强，其界东至松州，西接叶护，南杂春桑、迷桑等羌，北连吐谷浑，处山谷间，亘三千里。其种每姓别自为部落，一姓之中复分为小部落，大者万余骑，小者数千骑，不相统一"。这就是说不仅四川省西北部地区，在青海省的大部分地区都有党项及其他种落的羌民。就上面这条记载来说，每一个大姓部落都在万户以上，大姓部落八个，小姓部落更多，估计其人口总数当在一百数十万，这从以后大规模北徙的数量记载，即可得到证实。北徙后留在本省境内而落入吐蕃统治下的党项及其他羌民，仍当有数十万人，主要活动在今海南、黄南、果洛藏族自治州。

北部有鲜卑慕容氏建立的吐谷浑国，实际上绝大多数人口也是羌民。隋炀帝时，因其骚扰边境而发兵征讨，其王伏允逃于山谷，其众十余万口降。但实际上这只是见于记载的部分。青海省地区广大，他们既处山谷间，对其人口自然不能全部控制。隋朝灭亡后又复国。进入唐朝以后，吐谷浑仍是本省海西地区的主要居民，并经常到今甘肃西部地区骚扰。其后归附唐朝，仍是时附时叛，叛则入境骚扰破坏。所以太宗贞观八年（634），发精兵强将，以李靖为行军总管，进行征讨，可见吐谷浑的军力还是很强的，其人口也不是太少，会远远超过 10 万众，当在十三四万左右。贞观九年被平。但唐朝并没有灭其国，只是一次惩罚性的打击，逼其换了王庭，再未入边骚扰。但后来其国内乱，国力衰弱，于高宗龙朔三年（663）为吐蕃所灭。吐谷浑是辽东鲜卑慕容氏的一支，于西晋末西迁青海，征服羌地所建。吐谷浑国灭后其遗民（主要是羌族）仍继续游牧于原生活地区，人口仍当在 10 万以上。

在省境南部的青海、西藏边界地区，即今玉树地区，有苏毗国，或称孙波，也是羌族的一支。按《新唐书·西域传》记载，有户 3 万，从其地理位置分析，在本省者不能少于万户。

湖东地区仍是青海省人口最稠密的地区，但它的户籍人口只有 51 419 口。这里仍然是羌族人口居多，具体数量不详。自唐朝建立以后的一百数十年里，这里没有大的战事发生，联系前后史估计，人口当有20万。

唐天宝时青海省的实际人口不能少于55万人。

表9-12　　　　　　　　青海省户籍人口表

唐政区	府州属县 总数	府州属县 本省	户数	口数	含今政区县市
鄯州	3	3	5 389	27 019	大通、湟源、互助、西宁、湟中、平安、乐都、民和、化隆
廓州	3	3	4 261	24 400	贵德、尖扎
合计		6	9 650	51 419	

十五　新疆维吾尔自治区

唐朝虽在新疆东部设置州县，但所管户籍人口很少，只有59 547口。这既不是东部地区的实际人口，更不是全自治区的实际人口，但根据有关史料考查分析，还是可以看出全区人口的大体情况。

庭州（治今奇台西北），为平高昌国后于贞观十四年（640）在天山东部地区设置的。武周长安二年（702）又在这里设北庭都护府，统辖天山以北地区的军政事务。虽然《旧唐书·地理志》记载庭州天宝年间的户籍人口为9 964，但实际上主要是部分汉民。以今乌鲁木齐为中心的天山东部地区，一向人口密度较高，《北史·西域传》曾记载说，这里"人庶昌盛"，所以这里的实际人口，要比户籍人口高得多。按西汉时天山东部各部落国记户较详，共有人口24 243，至唐代当有更高的增长。其中唐时高昌国所在的车师前国和车师都尉，共有人口6 383，占这一地区的26.33%。从下面所记高昌国有人口37 700来比较推算，庭州所辖地区的实际人口当有14万多，如果以置州后所辖户籍人口49 476来比较推算，则当有人口18万以上，这里按18万估计之。

西州（治今吐鲁番东南），原为高昌国，文化较高，多汉人，也是这里户籍人口较多的原因。《旧唐书·西域传》记载，高昌国胜兵万人，本已臣属于唐朝。太宗时他们又与突厥勾结，阻断西方各国来中原通商的道路，又拘留突厥所掠中原汉人奔高昌者不放，并攻掠他国。于是唐贞观十三年以侯君集为行军大总管，率重兵进击，灭其王庭，"下其三郡、五县、二十二城，户八千，口三万七千七百"。这和前面所说的胜兵万人基本相吻合。其国灭后，唐置西州，并曾置安西大都督府于此，说明它有较多的人口，虽按记载天宝户籍人口 49 476，实际人口少也有七八万人。

伊州（治今哈密），天宝时户籍人口 10 157，也不切合实际。西汉时这一地区的人口可占天山东部各部落国人口总和的 12.79%，按这个比例推算当有人口 79 413 人，往少里估计也得有 5 万人。

以上三州的地区范围，主要在今玛纳斯、乌鲁木齐、托克逊以东的天山东部地区，但新疆维吾尔自治区还有更广大的地区，虽然这里的人口比较稀密，但全区也当有更多的人口，下面再做进一步的考查分析。

沙州（治甘肃敦煌），在自治区东南部，跨甘肃省，按记载，户 4 265，口 16 250。但本区无天宝时县治，说明这些有籍户口全在甘肃省境内。但在沙州又含有今且末、若羌二县，这里虽是地处荒漠，但也有一定的人口。隋朝曾在这里设且末、鄯善郡，郡治就在今且末、若羌二县，估计这一地区的人口再少也有 2 万人。

天山以北地区，西突厥灭后，唐在一些重要地方设置都督府。西突厥曾控弦数十万，其中有很大一部分在天山以北，王庭灭后，虽然人口会有所离散，又有很多其他民族部落进入，但包括胡人等其他民族，估计天宝时天山以北地区，仍不能少于 25 万人。

焉耆国，都今焉耆南。按《新唐书·西域传》记载，户 4 000，胜兵 2 000。这个时间虽不明确，担其后又有"武后长安时，以其国小人寡……"一语，可知其实际人口也不会太多，但也当在 3 万以上。

龟兹国，都今库车，贞观二十一年（647），曾以 5 万兵拒唐兵。龟兹为西域大国，唐伐焉耆时，龟兹遣兵助焉耆，唐灭焉耆后，移兵伐龟兹，"凡破五大城，男女数万，遣使谕降小城七百余"。① 推其人口当在 20 万以上。在这次战争中，人口虽受到一定损失，但至天宝时又历经百年，又当得到恢复增长，仍不能少于 20 万人。

跋禄迦，或称亟墨，即古之姑墨国，都今阿克苏。《新唐书·西域传》说这是一个小国，但考之前史，它的实际人口仍不能少于 3 万人。

疏勒国，都今克什，胜兵 2 000 人。朱俱波，都今叶城，胜兵 2 000 人。又有喝盘陀，都今塔什库尔干，胜兵 1 000 人。这几个小国，虽然所

---

① 《新唐书·西域传》。

记胜兵数很少,但胜兵数往往不能反映一国人口的实际情况,而且胜兵数也有讹记的情况。东汉时仅疏勒国自己就 21 000 户,72 450 口,胜兵 3 万人,发展至唐代,按一般规律来说,在没有大的社会变动的情况下,人口不可能减少。粗略估计,以上三国人口不能少于 10 万。

于阗,都今和田南。《新唐书·西域传》记载胜兵 4 000 人。东汉时记载胜兵 30 000 人,有户 32 000,口 83 000,平均每户才 2.6 人。说明当时它的实际人口已经在十几万。于阗之东还有几个小国,汉代以后这一地区的社会经济即使没有大的发展,也当有所发展,在唐代这里也没有发生大的社会变动。因此这里的人口,只会增加,不会减少。塔里木盆地南缘冲积平原的人口,至少也当保持 15 万人。

唐天宝年间全自治区的实际人口,大约可在 110 万左右。

表 9-13　　　　　　新疆维吾尔自治区户籍人口表

唐政区	府州属县 总数	府州属县 本省	户数	口数	含今政区县市
伊州	2	2	2 467	10 157	哈密、伊吾、巴里坤
西州	5	5	9 016	49 476	托克逊、吐鲁番、鄯善
庭州	3	3	2 226	9 964	玛纳斯、昌吉、乌鲁木齐、米泉、阜康、吉木萨尔、奇台、木垒
合计		10	13 709	69 547	

说明:

唐在本自治区各地均有政区设置,但有户口记载的很少,全区实际人口,主要靠考证分析。

十六　西藏自治区

西藏自治区的主要民族是吐蕃人(后称藏族),6 世纪末 7 世纪初建立大吐蕃国。唐朝初期已完成了对今西藏地区的统一,同时进行了多方面的社会改革,经济发展,人口也得到了较快的增长,国力增强。以后则不断向外扩张,采取了很多军事行动,占领了今四川西部、青海大部,及甘肃、云南一小部分。还有今境外部分地区。到其后期,逐步占领了大半个中国,都反映了它有较大的人力资源。

关于西藏地区的人口数量,没有具体的记载,只能通过有关史料,特别是一系列重大的政治军事活动,进行考查分析。《新唐书·吐蕃传》说它胜兵数十万,《旧唐书·吐蕃传》更有多次出兵数十万,乃至40万的记载。其他传记对其军事活动也多有记载。

太宗贞观十二年(638),吐蕃在攻破党项及白兰诸羌(青海省东南部及四川省西北部地区)之后,屯兵20万于松州(治今四川松潘)西境,并进攻松州被击破。

高宗咸亨元年(670),吐蕃进击吐谷浑(唐属国),唐遣大将薛仁贵为行军大总管,率兵10万迎击。军至乌海(今青海省海兴),为吐蕃20万众所败,退居大非川(青海湖南,今共和县以西地区)。吐蕃又大益兵至40万来战,唐军大败,几乎全军覆没。唐军之败,虽有将师行动不协调的问题,但也说明吐蕃军力之强盛。

高宗仪凤三年(678),唐命李敬玄将兵18万击吐蕃,再败于青海(今青海湖以南)。此时"吐蕃(已)尽收羊同、党项及诸羌之地,东与凉、松、茂、巂等州相接,南至波罗门,①西又攻陷龟兹、疏勒等四镇,北抵突厥,地方万余里,自汉魏以来,西戎之盛,未之有也,"② 这些情况反映了吐蕃国力之强,人众之盛。其后仍多次以10万或20万的兵力到处攻城略地。开元二十九年(741)再次以40万的兵力攻掠青海湖以东地区,唐与之攻战连年不能取胜。虽然有些地方多次易手,但吐蕃一直占上风,及至"安史之乱"以后,陇山以西地区尽入吐蕃。并于代宗广德元年(763),一度攻占唐都长安,逼使代宗皇帝出逃,虽然不久又为唐军收复,但足以说明吐蕃军力之盛。

上述情况说明,在唐天宝年间以前,吐蕃拥有的作战兵力,一直能在40万以上,并说明它拥有很高的人口基础。40万军队,要出自多少人口呢?进入唐代以后的吐蕃,经济比较发达,已经脱离了壮者皆兵或户出一兵的状态,因此40万军队,少也要出自400万人口之中。据西藏史书记载,吐蕃腹地(以今拉萨为中心的西藏中部地区)曾划分为四个军政管区——如所管军民数为:藏如,上下两藏如,各有军士30 300人,共有人口72万。右如,上下两右如,各有军士50 300人,共有人口70万。

---

① 波罗门——今尼泊尔国。
② 《旧唐书·吐蕃传》。

中如，上下两中如，各有军士70 300人，人口数缺记。左如，上下两左如各有军士50 300人，共有人口76万。藏如平均每11.88人出一兵，左、右两如平均每6.96人出一兵。中如若按左右两如人均出兵计算，当有人口90万。这样四如总计军士402 400，人口302万。这个军士的人数和他们出动作战的兵力基本相称。但吐蕃还有更广大的地区，可能拥有更多的人口。它使用的兵力也会包括受其役属的其他少数民族的丁壮。以上分析转据范文澜编的《中国通史简编》，而近年刘瑞主编的《中国人口·西藏分册》据《贤者喜宴》、《五部遗教》等藏文史书考查人口为386万，也非没有可能。包括其所控制的四川省西部，青海省绝大部分及甘肃、云南省一小部分，其实际人口要在四五百万。

下面再从另一个方面进行考查，德宗贞元年间（785—804），吐蕃由于要应付唐与南诏国（建在今云南省）的两面攻击，已开始力不能支，兵力不足，于贞元十七年（801）进行了一次大料兵。所谓料兵，就是通过清查户口，调查可以当兵的人数。率三户出一兵。虽然料兵的具体内容不清楚，但它不可能再按三户出一兵。有可能是按三户一兵，检查应出兵的漏籍人丁，保持一定的兵额。即按三户一兵，以总兵力40万计，也要拥有120万户，五六百万人口。如按当时吐蕃全境来说，由于其作战兵力并不完全是出自吐蕃民族自身，其中也包括被其征服的其他民族，即70%的兵力是出自吐蕃本部，今西藏自治区也要有人口400万左右，正应了刘瑞《西藏人口》的分析。当然这种计算方法也是一种估计，如果以平均每户4口计，也要有人口300多万。不管用那种方法去考查分析，西藏自治区在天宝时的实际人口，都应在300万以上。

十七　四川省

天宝十一年，户1 085 623，口4 777 898，这是户籍人口，比之贞观十三年统计人口2 990 930，增加了1 786 968，年均增长率只有3.98‰。这个增长速度显然不符合这一地区，经过一百多年社会比较安定、经济有较高发展的实际情况。在这一过程里全国户籍人口总的年均增长率10‰左右，在四川省即以较低的增长率7‰计算，也要达到700万左右。

是什么原因？经过考查分析，还是户口隐漏问题。一是全户逃亡，这种情况不会很少，虽然没有确切的资料可供分析，从很多州本是人口比较稠密的地方，但见于记载的户口太少足可以说明这个问题。二是户口统计时，户里少报人口，很多州，特别是少数民族居多的州，平均每户人口太少，只有二三口甚至一口多，核查了一下，约有三分之一这样的州。正是户口隐漏逃亡的具体表现。四川省在唐朝共设置了54个州（羁縻州不在其内），只有17个州平均每户超过4.5口，共有户388 856，口2 271 626，平均每户5.84口，这就是说还有696 776户，占总户数的64%，户均人口与实际情况不符。对于这个696 776户，即按平均每户5口计，也要有人口3 483 880，与2 271 626口相加，在籍户里的人口也当有5 755 506。按照这个粗略的估算，脱籍人口也在百万左右，至于很多全户脱漏的还不在其内。

造成户口大量脱漏的原因，总的来说只有一个，那就是封建统治阶级对人民的残酷压迫剥削，逼使人民用逃亡或隐漏户口的办法，以躲避沉重的赋役负担。唐朝曾多次检刮逃户，当然要包括四川省这个地域广大，物产丰富，人口众多的地方。甚至要求逃户在规定的时限内到官府自首，返回故里，超过时限的，要发配远地充军，说明户口隐漏的严重性。历史上所记载的"贞观之治"、开元、天宝"盛世"，其实主要是对封建地主阶级说的，人民的生活只不过比连年饥荒战乱时期好一些。就在"贞观之治"时的太宗贞观二十二年（648），朝廷命剑南道（主要今四川省）伐木造船，以备征高丽。雅州、眉州、邛州，地近西部森林区，人民劳役特别沉重，少数民族亦在其内，致使獠民群起反抗。《新唐书·南蛮传》记载："太宗再伐高丽，为舡剑南，诸獠皆半役，雅、邛、眉三州獠，不堪其扰，相率叛"。而官府不是采取减轻人民劳役负担的办法，以缓和矛盾，而是派兵2万人前去镇压，可见反抗的规模不是很小。整个剑南道北部地区的人民，都陷入了造船的苦役或沉重的赋税之中，致使有些农民变卖田宅和子女，仍不足以供赋调。贞观之治尚且如此，其后可想而知。只是在大多数时间里，社会比较安定，大多数人民可以勉强维持最低生活，而有些人连最低生活也维持不了。这就是大量户口隐漏逃亡的根本原因。四川如此，其他各省区大抵如此。

再从人口密度上看，按户籍人口计算的人口密度多有与实际情况不符的，虽然就总体情况来说，各州计算的人口密度，或多或少，都偏低于实际，就是成都府每平方公里高达350人，也不可能没有户口隐漏，只是有些地方轻些有些地方重些。荣州，包括今之荣县、威远、自贡等县市。这里并不是人口稀少的地方，但原书记载只有5 639户，18 024口，每平方公里才3.69人。不仅与相邻各州比较不相称，而且比贞观时的每平方公里11.59人，有很大的下降。荣州与资州、陵州相邻，地理自然条件无大的差异，都没有大的社会问题，它们的人口密度分别为20人和31人，而且资州比贞观时的人口密度每平方公里29.54人，也有很大的下降。还有些州与贞观时的人口相比，或有所下降，或基本相同。在经过一百多年社会基本安定的情况下出现这种问题，说明了什么呢？正说明在天宝年间存在着严重的户口隐漏问题。

还有很多少数民族散处在盆地及其周围地区。集州（治今南江）、眉州（治今眉山）、邛州（治今邛崃）、巴州（治今巴中）、通州（治今达州）、嘉州（治今乐山）、陵州（治今仁寿）、泸州（治今泸州）等，多有人口活动的记载。虽然他们的绝大部分也被编入了户籍，但仍有不少没有入籍的，多居处深山，被称之为生獠。有些户即被编入籍，但户里的人口却有很多没有注籍，所以出现很多州平均每户只有二三人或只有一人多一点的现象。而在盆地以外，更是少数民族人口居多。唐朝虽然对他们设置了很多羁縻州，但多没有人口统计的记载。

雅州（治今雅安），除州县管户10 892，口54 419之外，在这里还设有都督府，都督19生羌、生獠羁縻州，全无户口记载，按茂州都督府所辖之9羁縻州，其中8州有户口记载，平均每州2 500多户。从多种情况分析，雅州都督之19州，平均每州户数不能有如此之多，但也当在2 000户左右，合计约38 000户，以平均每户5口计，当有人口19万左右，加州管籍人口，共244 419口。雅州的人口主要集中在盆地西缘今宝兴至荥经以东地区，仅取这一地区看，它的人口密度会更高些，每平方公里可在40人以上，但仍不及东部相邻的邛州每平方公里60人高。再有黎州（治今汉源北），除州县管户1 731，口7 678外，又有黎州都督府所领54羁縻州，从地区范围看，这些羁縻州的户口会更少些，即以千户计，也有54 000户，约270 000口，加州县直管人口，共277 678口，每平方公里20人。雅州和黎州，在东汉时同属于蜀郡属国领地。按照上面的考查分析，两州人口合计522 097，稍多于东汉时期。时代是不断发展进步的，这些少数民族地区也当如此，其人口也当有所增长，对上面两州人口的考证，不会是过高的估计。

泸州，除州管六县，都在长江两岸，有户16 594，口65 711外，又有都督10州，"皆招抚夷獠置"。但这些州又不属于羁縻州，接近正州，下面也管县，但没有户口记载。同茂州相比，泸州处在盆地南部，跨长江两岸和盆地边缘以南的低山丘陵区，大体相当于今宜宾地区。其地理自然条件要比茂州好得多，估计平均每州不能少于3 500户，共约157 500口。加州县直管人口，总计约223 221口，每平方公里也只有8人，看来还是属于偏低的估计。另外这10州之中有3州在贵州省，除此之外，本省当有188 210口。

戎州，跨云南省和贵州省，除州属县5，其中4县在本省，分割在籍户3 487，口13 100。又都督16羁縻州，全在云南、贵州省境内，与《新唐书·地理志》的记载又有很大的不同。《新唐书·地理志》记为92州。由于这些州的废立多有反复，所以"两志"因各掌握的史料不同而异。但《旧唐书·地理志》所记之16州，在《新唐书·地理志》中全有记载，只是有的州今地不详，又没有户口记载。《中国历史地图集》考证，只有殷州（今屏山西北）、驯州（今雷波东）、聘州（今金阳东北）在本省。对于这一地区的人口，今已无法作出具体的考查。戎州面积很大，跨三省地面，在本省面积较小，也有12 000平方公里，大半在金阳至南溪长江以北地区，自然地理条件也比较好，同邻州相比，每平方公里不能少于8人。戎州在本省内的实际人口不能少于96 000人。

嶲州县直管户40 721，口175 280，按这个人口数计算，每平方公里也在4.32人。在嶲州也设有都督府，但《旧唐书·地理志》无羁縻州的记载。按《新唐书·地理志》的记载，嶲州也辖有16个羁縻州，以平均每州2 500户计，当有40 000户，约有人口20万，加户籍人口，共375 280口，每平方公里为9.25人。嶲州在西晋为越嶲郡，仅户籍人口就有350 838口。东汉越嶲郡面积稍大，人口也多些，为445 299口，说明对唐天宝时嶲州人口的估算不会有大的出入。

至于还有些州人口下降，或仅有微弱的增长，都是不正常的现象。这里不再做具体的举例分析。如果是个别的州，或可能由于个别情况而形成的，而占半数以上的州出现这种情况，这就不能不使人考虑到是普遍的户口大量隐漏逃亡造成的。所以上面以户籍统计区，或设州置县地区的人口按700万估计，并不是过高的估计。

在四川省西部还有很大一片地区,没有设州置县,是众多少数民族活动的地区,主要在今阿坝藏族羌族自治州和甘孜藏族自治州。在十六国及南北朝时期,在四川西部的主要民族为獠民。在成汉时大批涌入盆地约10万户。其后继续进入。早期进入盆地的獠民,又继续向南方其他地区扩散。由于生活条件比他们原来居住的地区有很大的改善,增殖繁衍能力加强,至南朝萧梁时,已达到20万户。獠民进入盆地之后,腾出了很大的生存空间,使这里的羌民人口得到了迅速的增长,经考查,至隋唐之际已发展至约百万人口,这在前面已有分析。按《新唐书·地理志》的记载,唐朝前期曾在今松潘以西,金川以北至甘肃省界设置了168个羁縻州,虽然每州可能只有百八十户或三二百户,但也反映了他们人口众多。其后由于屡受吐蕃攻击,大批党项羌向北移徙至甘肃、陕西,其后又集中于宁夏回族自治区、陕西省北部和内蒙古鄂尔多斯高原地区,留存下来的党项人则落入了吐蕃的统治之下,包括其他种落的羌民,仍当有数十万口。金川以南和大渡河以西的雅砻江流域,还有很多羌民和其他被称为夷蛮的民族,具体人口不可考,粗略估计整个本省西部高原地区的人口,还当在70万左右。这样统计全省的实际人口当在774万以上。

表 9-14　　　　　　　　　　四川省户籍人口表

唐政区	府州属县 总数	府州属县 本省	户数	口数	人口密度	含今政区县市
成都府	10	10	160 950	928 199	349.47	郫县、新都、温江、双流、成都
汉州	5	5	69 005	308 203	92.53	绵竹、什邡、德阳、金堂
彭州	4	4	55 922	357 387	165.38	都江堰、彭县
蜀州	4	4	56 577	390 694	279.07	崇州、新津
眉州	5	5	43 529	175 256	38.62	彭山、眉山、青神、丹棱、洪雅
邛州	7	7	42 107	190 327	60 06	大邑、邛崃、蒲江
绵州	9	9	65 066	263 352	50.64	江油、安县、绵阳
剑州	8	8	23 510	100 450	48.15	剑阁、梓潼
龙州	2	2	2 992	14 228[①]	2.11	平武、青川
文州	2	1	843	4 603[②]	1.86	跨甘肃省,本省无今县治,唐治在平武北
扶州	4	2	1 209	7 143[③]	2.85	跨甘肃省,本省南坪
松州	3	3	1 076	5 742	1.11	松潘
当州	3	3	2 146	6 713	4.44	黑水

续表

唐政区	府州属县 总数	府州属县 本省	户数	口数	人口密度	含今政区县市
悉州	2	2	816	3 914	4.57	黑水东
恭州	3	3	1 189	6 222	5.62	理县、马尔康之间
静州	2	2	1 577	6 669	12.08	黑水南
保州	3	3	1 245	4 536		理县北
真州	3	3	676	3 147		茂汶北
霸州	1	1	371	1 861④		理县东北
柘州	2	2	495	2 120⑤	2.00	黑水南
茂州府	4	4	2 510	13 242⑥	3.30	汉州、茂汶、北川
翼州	2	2	711	3 618	2.26	茂汶北
维州	2	2	2 179	9 805	3.85	理县东北
涂州	3	3	2 334	10 503		汶川西南
炎州	3	3	5 700	25 650		
彻州	3	3	3 300	14 850		
向州	2	2	1 602	7 209		这几个州均为茂州都督府属下的羁縻州，置在茂州境内
冉州	4	4	1 370	6 165		
穹州	5	5	3 436	15 462		
笮州	3	3	2 583	11 624		
利州	6	6	23 910	44 600⑦	4.92	广元、旺苍
梁州	6	1	6 245	25 620⑧	17.82	跨陕西省，本省无今县治，唐县在广元东北
集州	1	1	4 353	25 726	4.45	南江
阆州	9	9	25 588	132 192	19.79	苍溪、阆中、南部
果州	6	6	33 904	89 225	13.69	西充、南充、营山、蓬安、岳池
壁州	4	4	12 368	54 757	13.25	通江
巴州	10	10	30 210	91 051	15.19	巴中、平昌
蓬州	7	7	15 576	53 352	15.27	仪陇
合州	6	2	8 938	35 740⑨	16.57	跨重庆市，本省武胜
渠州	4	4	9 957	26 524	3.74	渠县、大竹、广安、邻水、华蓥
通州	7	7	40 743	110 804	6.47	万源、白沙、宣汉、达州、开江

续表

唐政区	府州属县 总数	府州属县 本省	户数	口数	人口密度	含今政区县市
简州	3	3	23 066	143 190	44.82	简阳
梓州	8	8	61 824	246 652	36.04	盐亭、三台、中江、射洪
遂州	5	4	28 506	86 173⑩	30.49	跨重庆市，本省蓬溪、遂宁
普州	4	4	25 693	74 692	15.80	乐至、安岳
陵州	5	5	34 728	100 128	31.75	仁寿、井研
资州	8	8	29 635	104 775	20.34	资阳、资中、内江
荣州	6	6	5 639	18 024	3.69	荣县、威远、自贡
嘉州	8	8	34 289	99 591	9.92	夹江、峨眉、乐山、犍为、沐川、峨边、马边
雅州	5	5	10 892	54 419	4.20	宝兴、芦山、天全、名山、雅安、荥经、泸定、康定
黎州	3	3	1 731	7 678	0.56	汉源、石棉、甘洛、金口
泸州	6	6	16 594	65 711	2.38	跨重庆市，本省富顺、隆昌、江安、纳溪、泸州、合江、长宁、高县、珙县、兴文、叙永、古蔺，另有贵州赤水、习水，无唐县治
戎州	5	4	3 487	13 100⑪		跨云南省，本省南溪、宜宾、屏山、雷波、金阳
巂州	7	7	40 721	175 280	4.32	越西、美姑、昭觉，布施以南，金沙江以西至盐边、木里
合计		239	1 085 623	4 777 898		

注：

①龙州，原书记载户2 992，口4 228，平均每户1.4，每平方公里0.63人，经考，口数有误，前面脱万位数"1"字，当为14 228口，改正后，平均每户4.76口，每平方公里2.11人，与邻州相比亦相称。

②文州，全州户1 686，口9 205，表中系按属县分割数。

③扶州，全州户2 418，口14 285，表中系按属县分割数。

④霸州，原书记载户171，口1 861，平均每户10.88口，与一般家庭人口构成不符，经考，户数有误，当为371户，改正后，平均每户5.02口。

⑤柘州，《旧唐书·地理志》户口缺，此据《新唐书·地理志》补。

⑥茂州为都督府，所都督之9羁縻州，其中笮州无户口记载，按其余8州平均户数补。炎州、彻州、冉州、穹州无口数记载，包括笮州，均按平均每户4.5口补，使

其大体符合户均人口构成的实际情况。

⑦利州，原书记载户 23 910，口 44 600，平均每户 1.86 口，《新唐书·地理志》户做 13 910，按此修改后，虽户均人口仍只有 3.21 口，但略近实际。

⑧梁州，全州户 37 470，口 153 717，表中系按属县分割数。

⑨合州，原书记载户 66 814，口 107 220，平均每户 1.6 口，与实际情况不符。《新唐书·地理志》户同，口做 77 220，平均每户更少到只有 1.16 口。经进一步考证分析，按原书记载的人口数计算，每平方公里 16.57 人，基本符合这一地区的实际情况，与邻州相比亦相称，故知户数有误，当为 26 814 户。这样平均每户 4 口，虽看起来亦偏低，但却稍高于邻近各州。另外表中的户口数，系据改正后的户口数，按属县分割所得。

⑩遂州，全州户 35 632，口 107 716，表中系按属县分割数。

⑪戎州，全州户 4 359，口 16 375，表中系按属县分割数。另外，戎州都督之 16 羁縻州不在其内。

十八　重庆市

重庆市贞观户籍人口 318 828，其后经历一百数十年社会比较安定的时期，从全国总的形势来说，社会经济得到了较高的发展，为人口增殖创造了较好的社会环境。而重庆市并没有发生什么影响社会安定和人口发展的重大事变，但天宝年间统计的户籍人口比贞观时只有微弱的增长，达到 351 931 口，仅增长 10‰。不难看出其中必有大量的户口隐漏。虽然从户均人口看，平均每户 4.3 口，似乎不入户籍的人口并不太多，实际多属全户隐漏逃亡。具体能有多少，无从具体考究。但一个简单的规律告诉我们，在当时的历史条件下，只要地理自然条件比较好，又长期社会比较安定，它的人口必然有较快的增长，即按增长一倍计，它的实际人口也应达到 70 多万，计其年均增长率，只有 5.9‰。而全国总的户籍人口年均增长且在 10‰ 以上。说明它不只增长一倍。它的实际人口，更要远远超过户籍人口。经过唐朝末年和五代十国时期的大战乱、大饥荒之后的北宋初期，按《太平寰宇记》极不完整的统计，在重庆市所辖地区的户籍人口还有 60 多万，说明唐天宝年间，重庆市的实际人口不能少于 120 万，比前面考证贞观时实际人口 80 万，年均增长率也只 3.54‰，说明这是一个最低的估计。

这里没有更多的史料可供考证分析，只能用人口发展的一般规律去考证分析。从人口密度上看，今重庆市区所在的渝州，本来是全市地理自然条件最好的地区之一，户籍人口 27 685，每平方公里 2.5 人，是长江两岸人口密度最低的地区之一。唐之渝州为北宋之恭州，约 10 万人口，每平方公里 9.1 人，比唐天宝时多 3.5 倍。合州，天宝时统计人口 107 220，每平方公里 16.57 人，在重庆市来说是最高的，但在北宋初期有人口 13 万多，每平方公里 20 人。另有忠州，唐天宝时每平方公里 4.86 人，宋初则为 10.56 人。其他各州都高于唐天宝时期。为什么经过了一个特大的战乱饥荒时期，在人口大量耗损的情况下，至北宋初尚有遗民那么多，正是因为原来人口基数较高，所以虽经重大耗损，仍然剩下了较多的人口。而在宋朝初期，由于加强了户口管理，把大量隐漏人口编入了户籍，并见诸于户口统计，因而呈现出较多的人口。这也说明唐朝户口隐漏的严重。杜佑《通典》说，唐的户口隐漏估计在三分之一左右，这是就全国总的形势说的，具体到每一个地区，有的多些有的少些，重庆市所辖地区的户口隐漏尤其严重。天宝时的实际人口全市当在 120 万。

表 9－15　　　　　　　　　　重庆市户籍人口表

唐政区	府州属县 总数	府州属县 本省	户数	口数	人口密度	含今政区县市
渝州	4	4	6 995	27 685	2.53	江北、市区、巴山、江津、璧山、永川
涪州	5	5	9 400	44 722①	4.71	长寿、涪陵、武隆、南川
忠州	5	5	6 722	43 026	4.86	忠县、垫江、丰都、石柱
万州	3	3	5 179	25 746	4.77	万州、梁平
遂州	5	1	7 126	21 543	30.49	跨四川省，本市潼南
合州	6	4	17 876	71 480②	16.57	跨四川省，本省合川、铜梁、大足
通州	7	0			6.47	跨四川省，本市城口，无唐县治
开州	3	3	5 660	30 421	3.84	开县
夔州	4	4	15 629	60 050	3.96	巫溪、巫山、奉节、云阳
南州	2	2	443	2 043	1.54	綦江
黔州	6	5	3 558	20 170③	2.11	跨贵州省，本市黔江、彭水
思州	3	0	—	—	0.87	跨贵州省，本市酉阳、秀山，无唐县治
泸州	6	0	—	—	2.38	跨四川省，本市荣昌，无唐县治
溱州	2	2	879	5 045	2.54	地在綦江东南，无今县治
合计		38	79 467	351 931		

注：

①涪州，原书户口数脱，此据《新唐书·地理志》补。

②合州，全州户 26 814，口 107 220，表中系按属县分割数。

③黔州，全州户 4 270，口 24 204，表中系按属县分割数。

十九 云南省

前面考证，在唐朝初期云南省人口，即可在 300 万以上，这从阁罗凤统一云南，建立大南诏国以后的各种军事活动看，也反映出云南省有较强的经济实力和众多的人口，这是南诏国多次发动大规模军事行动的人力物力基础。

唐朝前期屡受吐蕃攻击，南诏也受吐蕃威胁，为此唐朝顺应了南诏王谋求统一其他五诏以对抗吐蕃的愿望，支持其统一活动，在西洱河周围地区，建立起一个统一的南诏国，作为唐朝的附属国。唐封皮罗阁为南诏王，目的是要他们能集中更多的力量，统一对付吐蕃，以减轻唐朝受吐蕃攻击的压力。但事情并不像唐朝统治者所想象的那么简单。虽然在初期确曾起到过这样的作用，但随着南诏势力的发展，已不满足于在西洱河周围地区建国，逐渐向外扩张。玄宗天宝九年（750），南诏王阁罗凤因受云南太守（治今姚安）张虔陀的轻蔑，起兵攻云南，杀张虔陀。次年，剑南节度使鲜于仲通率兵 10 万攻南诏，以期必胜。其实鲜于仲通早已觉察南诏王有扩张的野心，这次出兵本想压制一下他的扩张野心，但由于缺少方略，轻敌麻痹，反而被南诏击败，并借机夺取了唐的姚州（今地滇池、洱海周围，哀牢山以北，金沙江以南地区），南诏国转附吐蕃反唐。于是唐又派李宓率兵 10 万攻南诏，又遭惨败，包括运送粮草的役夫，前后死亡 20 多万人。可见南诏国力之强，兵员之众。其后又征服了西爨白蛮，把他们从东部地区徙 20 万户于永昌（今保山）为中心的西洱河以南地区，使与南诏王同种的东爨乌蛮，徙居西爨故地，得到了东爨乌蛮的支持，建立起一个包括整个今云南及贵州、四川省部分地区，还有今境外部分地区的大南诏国。也照袭唐朝的各种制度，社会经济有进一步发展，人口不断增加，实力增强，于是又连续对唐朝进行攻掠。代宗大历十三年（778），阁罗凤死，异牟寻立。次年，"悉众二十万入寇，与吐蕃并力"，攻掠四川西部地区。① 为唐军所败，损兵十余万人。其后由于吐蕃对南诏求索财物贪得无厌，又不时征调南诏兵从其征战，南诏厌于应付，引起愤

---

① 《新唐书·南诏传》。

怒，重新与唐修好，反抗吐蕃的压迫。德宗贞元四年（794）与唐会盟后，发兵攻吐蕃，降其众十余万。其后又多次与唐合力破吐蕃，都反映了南诏有很高的人口基础。其后吐蕃势力衰弱，无力来攻，南诏又得到了一个恢复发展的时期。但当力量稍有恢复壮大之后，又向唐挑衅。文宗太和三年（829）倾全国兵力攻唐，一度攻入成都，大掠而去。并四处攻掠，曾三度攻安南（今越南北部地区），并攻掠邕州（今广西南宁、左右江地区），掠夺财物人口。从上述活动中可以看出，南诏国有雄厚的人力物力基础，所以才能一次出动作战兵力 20 万人。

南诏国是由众多不同种落的民族构成的，而且它与北方塞外以游牧为主的民族也不同。北方的游牧民族，基本上是壮者皆兵，七八十万人口就可以组织起 20 万骑兵。可是南诏国是以农业立国，并且也学习唐朝制度，实行均田制，文武官员和自由民，都可以分得土地。兵制也实行府兵制，全国有统一编制，由地方官府组织，农忙耕田，农闲习武，有战出征。但由于气候条件不同，它没有像北方那种漫长的冬天，而是大部分时间四季如春。虽然十一二月份算是它的农闲季节，但又要为下一个农事季节做准备，虽然也多在这一时期出兵，但它终不可能把全部丁壮都拿出去作战。而且除了乌蛮、白蛮之外，还有很多不同种落的其他民族，它不可能完全驾驭得了，所以它要出兵几十万，必须出自几百万人口，而且它可以动员的兵力要远远超过 20 万。大历十四年（779）出动 20 万兵攻唐，死十余万人。其后不久又大举攻吐蕃，降吐蕃十余万众，可知这次出动的兵力也不会很少。所以从多种情况分析，南诏国在云南省内的人口，按前面考证分析，在唐朝前期已可达到 300 万。中期以后，虽屡受损失，但又会很快得到增值的补充，在整个唐代，它一直不能少于 300 万人口。

二十　贵州省

贵州省的户籍人口，比唐朝初期略有减少，这完全是统计问题，它的实际人口，不仅不会减少，而且还当继续有所增长。前面考证，在唐朝初期它的实际人口，已经可在 156 万以上。从其后的形势发展看，没有大的社会变动，也不见大的人口活动的记载，无从做具体的考查分析。贵州省除水城、普安以西在南诏国统治之下，绝大部分地区一直在唐朝的控制之下。同不时有战争发生的云南省相比，社会是比较安定的，人口继续有所增长，而且从以后的发展看，贵州省的人口总量逐步赶上了云南。唐朝中期，至少有人口160万。

表9-16　　　　　　　　　贵州省户籍人口表

唐政区	府州属县 总数	府州属县 本省	户数	口数	含今政区县市
黔州	6	1	712	4 034①	跨四川省，本省无今县治，唐县都濡在道真东
播州	3	3	490	2 168	桐梓、遵义
珍州	3	3	263	1 034	道真、正安
夷州	5	5	1 284	7 013	绥阳、凤冈、湄潭
费州	4	4	429	2 609	德江、思南
思州	3	3	1 599	12 021	跨重庆市西阳、秀山，但无唐县治，本省沿河、务川、印江
锦州	5	1	574	2 875②	跨湖南省，本省松桃、铜仁
盘州	3	2	1 307	6 533③	兴义、兴仁、普安、盘县
合计		22	6 658	38 287	

注：

①黔州，全州户4 270，口24 204，表中系按属县分割数。

②锦州，全州户2 872，口14 374，表中系按属县分割数。

③盘州，全州户1 960，原书口数缺，按户均5口补，当为9 800口，表中户口是按属县分割数。

说明：

贵州省内属州多为羁縻州，所记户口很少，而且表中所记州数也只一部分，仅供参考。

第四节　南方各省区人口考

二十一　湖北省

湖北省的户籍人口，比贞观时有很大的增长，由30多万增长至134万多，增长344%，年均增长率11.2‰，但细考起来，它的实际人口远不止见于记载的户籍人口那么多。首先和隋大业人口做一个比较。隋大业时湖北省户籍人口约271万，虽然隋末唐初的战乱饥荒，人口损失惨重，造成唐初人口基数较低，但经过一百数十年的恢复发展，其间社会一直比较安定，应当达到一个较高的水平，但户籍人口却只有大业人口的49.66%，不及一半。再从各州郡的人口密度比较看，有些州郡没有大的出入,有些州郡则出入十分悬殊。隋蕲春郡为唐之蕲州,隋每平方公里17.6人,唐经过一百多年的发展,也才18.16人,仅稍高于隋朝。有些州郡还不及隋朝的人口密度高,隋竟陵郡在唐为郢州,隋每平方公里35人,而唐只有7.4人。隋襄阳郡在唐为襄州,隋每平方公里41人,唐只有17.8人。再从唐自身的统计比较看,有些州从贞观到天宝,七八倍的增长,有些州则只有极小的增长。是不是这些州的人口真的没有增长呢,当然不是。安州和蕲州,从当时的自然地理条件看,均不及襄州,但人口密度都比襄州高。这些在相同的地理条件下,人口密度的畸高畸低,说明了什么呢?只能有一种回答,有些州的户口统计严重不实,户口隐漏太多,并不是实际人口没有较大的增长。这里不想做过高的估计,即使按照隋末唐初,湖北省人口耗损严重,基数较低,因而没有达到更高的水平,但州与州之间也不应当有如此大的差距,说明有些州的人口隐漏特别严重。即使按杜佑《通典》估计的全国总脱漏三分之一计算,在天宝年间湖北全省人口也要达到179万,计其年均增长率也只12.59‰,还不及河南、山东、河北三省按原统计计算的年均增长率高,比隋大业户籍人口仍相差90多万,说明这仍是一个偏低的估计。

另外,还有些地方的少数民族人口没有编入户籍,其中数量最大的是施州,即清江地区。按原统计只有16 444口,每平方公里不足一人。在前几考中已指出,这一地区的人口增长极度缓慢,它的实际人口一直停留在十几万,历代都极少编入户籍,唐天宝时也不能少于十几万人。再有省境西北部广大地区,也有很多少数民族没有编入户籍,只是没有具体的史料可考。

湖北全省的实际人口不能少于195万。

表9-17　　　　　　　　湖北省户籍人口表

唐政区	府州属县 总数	府州属县 本省	户数	口数	人口密度	含今政区县市
鄂州	5	5	19 190	84 563	3.86	汉川、汉阳、咸宁、嘉鱼、赤壁、崇阳、通城、通山、阳新、大冶、黄石、鄂州
蕲州	4	4	26 809	186 849	18.16	罗田、英山、浠水、蕲春、黄梅、广济

续表

唐政区	府州属县 总数	府州属县 本省	户数	口数	人口密度	含今政区县市
黄州	3	3	15 512	96 368	8.07	大悟、红安、麻城、黄陂、新洲、黄冈
安州	6	6	22 221	171 202	22.22	应山、安陆、应城、云梦、孝昌、孝感
复州	3	3	8 210	44 885	4.18	天门、仙桃、洪湖、监利
郢州	3	3	12 046	57 375	7.42	钟祥、京山
荆州	7	7	30 192	148 149	8.15	荆门、当阳、枝江、松滋、公安、石首、荆州、江陵、潜江
硖州	5	5	8 098	45 066	4.06	远安、宜昌、长阳、宜都
归州	3	3	4 645	23 427	2.80	兴山、秭归、巴东
隋州	4	4	23 917	105 722	10.88	枣阳、随州
襄州	7	7	47 780	252 001	17.81	丹江口市、老河口市、襄樊、宜城、南漳
均州	3	2	6 465	33 873①	4.74	跨陕西省，本省郧西、郧县、十堰
房州	4	4	14 422	71 708	4.26	竹溪、竹山、房县、保康、神农架
商州	6	1	1 483	8 680②	2.56	跨陕西省，本省无今县治，唐县上津，在郧西县西
施州	2	2	3 702	16 444	0.78	建始、利川、恩施、宣恩、咸丰、来凤、鹤峰、五峰
合计		59	244 692	134 252		

注：

① 均州，全州户 9 698，口 50 809，表中系按属县分割数。

② 商州，全州户 8 926，口 52 080，表中系按属县分割数。

二十二 湖南省

湖南省天宝户籍人口118万，比贞观时的不足30万，增加了将近90万。看来也算是不小的增长，计其年均增长率10.63‰。但实际上还有大量隐漏户口不见于统计。据《旧唐书·吕温传》记载，宪宗元和时（806—820），吕温出任衡州（治今衡阳）刺史，在给朝廷的上疏中说：本州在籍户18 047，到任后又查出官吏隐藏的私纳税户16 700，和在籍户几乎一样多，其他隐漏尚不在其内，看来户籍人口还不到实际人口的一半。这件事虽在天宝以后，然而唐的户口隐漏早在武周时期已很严重。至天宝时按杜佑《通典》所说，已可在三分之一左右。前后联系起来看，形势越来越严重，李吉甫《元和郡县志》所记载的衡州户数正是 18 047。可见唐天宝以后的户口统计，多属上年旧档照抄，并没有实际的户口统计。湖南省户口隐漏当更高于三分之一。通过人口密度的测算，可以看出人口分布的极不合理。潭州（治今长沙）历来是湖南的政治经济中心，人口密度也比较高，但在唐朝极盛的天宝年间统计人口只有 19 万多，每平方公里 6 人多一点，尚不及地处东南山区的郴州每平方公里 10 人的密度高。看一看表中所列各州的人口密度，按照地理自然条件去分析，足可以看出人口分布的严重不平衡。而这种不平衡的背后是什么呢？正是严重的户口隐漏问题。在这里不能逐个州作出具体的人口估计，从总体来说，在原统计户口的基础上即按隐漏三分之一计算，少也应有人口 180 万。实际上这个估计是远远不够的。

在湖南省还有大量少数民族人口没有编入户籍，自西晋以来，历代都是如此，只是在社会安定的情况下，不见其人口活动的记载，因而很难对其人口数量作出具体的估计。但即从个别史料中，也可以看出一些问题。《旧唐书·杨思勖传》记载，湘西地区的溪、辰、业、巫等州，少数民族众多，历史上称五溪蛮。玄宗开元十二年（724），蛮首覃行璋发动起义，唐派宦官杨思勖将兵镇压，斩杀起义人民 3 万多人，可见这次起义规模之大。起义虽遭残酷镇压而失败，但被杀的仍只能是少数人，起义者在不能取胜的情况下，不可能坐待屠杀而不躲藏起来。所以估计参加起义的总人数，少也有七八万人，往最低里估计也要出自 20 万人口中。而且在这一广大地区里，不可能所有的丁壮都去参加起义军，说明这一地区的实际人口，不包括属于贵州省的部分地区，少也有 30 万人。可是上述四州天宝户籍人口合计才 73 858 口。即使经过这次起义被镇压，人口受到一定损失，至天宝十一年这一地区的人口也不能少于 25 万，远远超过户籍人口。湖南南部地区，也有很多不在户籍的少数民族人口，虽然在唐代缺少人口活动的记载，但在以后的《宋史》中却有很多具体的记载，数量很大，说明在唐代也不会太少。不包括按户籍人口脱漏三分之一的估计，和上述地区的 25 万人口相加，至少还有 40 万左右没有户籍的少数民族人口。湖南全省人口不少于 225 万。

表9-18　　　　　　　　　　　　　湖南省户籍人口表

唐政区	府州属县 总数	府州属县 本省	户数	口数	人口密度	含今政区县市
潭州	6	6	32 272	192 657	6.08	安化、桃江、益阳、宁乡、望城、长沙、浏阳、湘潭、株洲、湘乡、醴陵、韶山、双峰、涟源、娄底
岳州	5	5	11 740	50 298	2.85	华容、南县、沅江、湘阴、汨罗、平江、岳阳、临湘
衡州	6	6	33 688	199 228	7.88	衡山、衡阳、衡东、攸县、茶陵、炎陵、安仁、耒阳、常宁
郴州	8	8	31 303	187 818①	10.09	永兴、资兴、桂东、汝城、郴州、宜章、临武、蓝山、桂阳、嘉禾
道州	4	4	22 551	139 063	11.31	新田、宁远、道县、江永、江华
永州	3	2	18 329	117 445②	10.81	跨广西壮族自治区，本省祁东、祁阳、永州、东安、双牌
邵州	2	2	17 073	71 644	3.86	新化、冷水江、新邵、邵东、邵阳、隆回、洞口、武冈、城步、新宁
巫州	3	3	5 368	22 738③	0.92	怀化、芷江、黔阳、洪江、会同、靖县、绥宁、通道，另跨贵州省天柱县，但无唐县治
业州	3	3	1 672	7 284	2.89	新晃，另有贵州省玉屏，无唐县治
锦州	5	3	1 723	8 624④	3.56	跨贵州省，本省花垣、凤凰、麻阳
辰州	5	5	4 241	28 554	1.92	沅陵、吉首、泸溪、辰溪、溆浦
溪州	2	2	2 184	15 282	1.81	龙山、永顺、保靖、古丈
澧州	4	4	19 620	93 349	4.96	临澧、安乡、澧县、石门、慈利、桑植、张家界
郎州	2	2	9 306	43 716	4.80	桃源、常德、汉寿
贺州	6	5	750	4 500⑤	2.45	跨广西壮族自治区，本省无今县治，唐县在江华西
合计		60	211 820	1 181 450		

注：

①郴州，原缺口数，这一地区户均人口普遍在6口以上，这里按户均6口补。

②永州，全州户27 494，口176 168，表中系按属县分割数。

③巫州，原记载户5 368，口12 738，平均每户2.37口，太少。经考证分析，口数有误，当为22 738，这样平均每户4.24口，与近州相比大体相当。

④锦州，全州户2 872，口14 374，表中系按属县分割数。

⑤贺州，原书口数缺，这个口数是按户均6口补充的，这样全州户4 500，口27 000，表中系按属县分割数。

二十三　广西壮族自治区

广西壮族自治区的户籍人口情况，不管是《旧唐书·地理志》还是《新唐书·地理志》的记载都很混乱，有些州只记户数，不记口数，有的州户口均缺，口数缺的，则按平均每户5口补入或补以贞观口数，户口全缺的，未做估计。按照这个残缺不全的统计，约有125 375户，545 212口，还不及贞观时期的户籍人口多。在这个过程里并没有发生大的社会变动，很显然是由于封建政权的逐渐腐朽，户口管理松散，特别是对很多以少数民族部落组织建立的州（羁縻州），更是管理无力，时附时叛，因此不可能有准确的户口统计。就下面表中所作的统计数字，离实际人口相去十分遥远。虽然从总的人口发展规律看，由于种种原因，这里的人口增长比较缓慢，但也是在不断增长。经考证唐朝初期已可达到175万，又经一百多年社会比较安定时期的发展，将会进一步增长。所谓社会比较安定，是说在这一过程里并没有出现大的社会动乱，短时间内小规模的农民起义活动，也时有发生，只是它不影响大局。但这些活动却有助于我们研究人口发展的总体情况。

开元十四年（726），邕州獠民首领梁大海，发动宾州（治今宾阳）、横州（治今横县）等地少数民族起义，朝廷派杨思勖率兵镇压，生擒3 000余人，斩杀2万余级，失败逃散而躲过这场杀劫的不在其数。就这23 000人来说，少也要出自七八万人口，可是包括相邻的蛮、贵、钦、邕等州的户籍人口，总共才4万多。实际上被剿杀的，只是起义丁壮的少数，参加起义丁壮总数不能少于七八万人，这一地区的人口少也要有数十万，这是在天宝年间以前的情况。

"安史之乱"爆发不久的至德元年（756），也是天宝末年，在左右江地区爆发了大规模的少数民族起义，更充分地反映了西部地区的人口情况，据《新唐书·南蛮传》记载，受安禄山叛乱的影响，居住在左右江地区的西原蛮，联合其他部落，群起叛唐。"合众二十万，绵地数千里，署置官吏，攻桂管十八州。"这个20万指的是能外出作战的丁壮，桂管十八州主要在左右江以东，郁江以北地区。按户出一丁计，20万丁壮，当出自百万左右的人口。当然有的可能户出数丁，有的户可能没有成丁人口，有些则来自左右江以南沿海地区，还有些部落没有参加。但就今红水河以南，横县以西，包括整个左右江地区，其实际人口不能少于百万。这在以后的《宋史》、《元史》中都可以得到证实。

再从各州人口密度看，也足见户籍人口统计之远离实际。邕州（共管10州，不包括都督府所管之其他9州）面积约34 500平方公里，包括历史上人口比较稠密的今南宁地区，户籍人口才7 302，每平方公里0.21人。左右江以东地区，即自治区东部，户口统计稍多些，但与实际人口仍有很大的差距。大部分州的人口密度都远低于实际。以郁江沿江为例，由西向东，横州每平方公里3.34人，贵州2.86人，郁林州6.74人，绣州却高达21人，藤州又顿减为5.15人，梧州5.71人。其实这几个州的地理自然条件并无大的差异。虽然《中国历史地图集》所标绘的各州地区范围，由于年代久远，受多方面条件限制，不可能十分准确，而据图测量的面积，又会有一定出入，但各州之间的人口密度却不会有如此大的差距，主要原因还是户口统计不切实际。经过考证分析，就上述沿江各州来说，平均起来，每平方公里当在20人左右。

从上述的考证分析中，虽然不能得到广西人口的具体数量，但可以看出，广西西部地区的人口，既可在百万左右，那么东部地区的地理自然条件更优于西部地区，人口也当更多于西部地区，全自治区的人口不能少于220万。

表9-19　　　　　　　广西壮族自治区户籍人口表[①]

唐政区	府州属县 总数	府州属县 本省	户数	口数	人口密度	含今政区县市
邕州	5	5	2 893	7 302	0.21	南宁、邕宁、武鸣、隆安、凭祥、宁明、大新、天等、平果、德保、巴马
贵州	4	4	3 026	9 300	2.86	贵县
党州	4	4	1 300	7 400	39.36	领地极小，在玉林北
横州	3	3	1 978	8 342	3.34	横县

续表

唐政区	府州属县 总数	府州属县 本省	户数	口数	人口密度	含今政区县市
田州	5	5	4 168	20 840	3.26	田林、百色、田阳
严州	3	3	1 859	7 051	2.32	来宾
山州	2	2	1 320	6 660	12.43	合浦东
峦州	3	3	770	3 803	2.19	即淳州，在邕宁、横县间
容州	5	5	4 970	17 087	7.40	蓉县、北流
白州	5	5	2 574	9 498	2.83	博白
牢州	3	3	1 641	11 756	8.53	玉林
钦州	5	5	2 700	10 146	1.26	钦州、灵山
禺州	4	4	3 180	15 900	6.45	陆川东北、玉林东
瀼州	4	4	1 666	8 330	2.72	上思西南，北仑河西北
岩州	4	4	1 110	5 550	3.06	在廉州内
廉州	4	4	3 032	13 029	3.06	浦北、合浦、北海
陆州	3	3	494	2 674	0.42	防城
笼州	7	7	3 667	18 335	5.65	崇左、上思
环州	8	8	—	—	—	河池、环江
义州	3	3	1 110	7 303	3.27	岑溪
藤州	3	3	3 980	19 900	5.15	藤县
贺州	6	5	3 750	18 750[2]	2.45	跨湖南省，本区富川、钟山、贺州
永州	3	1	9 165	45 823[3]	10.81	跨湖南省，本区资源、全州、灌阳
桂州	10	10	17 500	71 018	3.38	龙胜、灵川、兴安、桂林、永福、阳朔、荔浦、金秀、鹿寨
昭州	3	3	3 500	17 500	4.45	恭城、平乐
富州	3	3	1 290	6 450	2.35	昭平
蒙州	3	3	1 059	5295	2.61	蒙山
梧州	3	3	5 000	25 000	5.71	梧州、苍梧
龚州	6	6	9 000	21 000	11.01	平南
浔州	3	3	2 500	6 836	3.92	桂平
郁林州	5	5	1918	9 699	6.74	贵县至玉林间
平琴州	4	4	1 174	5 870	31.06	玉林西北
宾州	3	3	1 976	8 580	4.05	宾阳

续表

唐政区	府州属县 总数	府州属县 本省	户数	口数	人口密度	含今政区县市
澄州	4	4	1 368	8 580	6.27	马山、上林
绣州	3	3	9 773	48 865	21.14	桂平、容县间
象州	3	3	5 500	18 090	5.24	象州、武宣
柳州	5	5	2 232	11 550	2.20	柳城、柳州、柳江
融州	3	3	1 232	6 160	0.58	三江、融安、融水、罗城
合计		150	125 375	545 212		

注：

① 广西壮族自治区境内，州的设置比较混乱，多因少数民族部落而置，或大州领小州，或两州同治一地，有的州户口全缺，有的州口数缺记。凡缺口数的，均按平均每户5口补。

另，西部有今数县之地属唐黔中道，有劳州、延州、鸾州、福州、那州、双城州，原无户口记载，故不入表。

② 贺州，全州户4 500，口数缺，按平均每户5口补，表中系按属县分割数。

③ 永州，全州户27 494，口数缺，按平均每户5口补，表中系按属县分割数。

二十四　海南省

海南省在天宝年间，户籍人口多缺记，按补充后计算，大约也只有69 000口，反不及贞观时的户籍人口多。在历史上，由于统计上的问题，户籍人口的增加或减少，往往不能真实地反映人口发展的实际情况。当时海南省的居民，仍然是众多的少数民族。由于官府对他们欺凌，时附时叛，所统计的户口，并不是管内的实际人口，它基本上是城居人口或部分汉民人口。但这个过程又没有与人口相关的史料可供分析，所以仍只能按照人口发展的一般规律，并联系前后史进行分析估计。它的人口应当继续有所增长，估计天宝时的实际人口当在20万以上。每平方公里5.9人，而此时的广西壮族自治区，按220万人口计，每平方公里9.3人。由低于海南省，发展为高于海南省。南北朝时期，按比较可靠的史料分析，约有人口16万多，每平方公里4.7人，而广西壮族自治区约100万人口，每平方公里4.2人，历史地比较看，对唐天宝时海南省人口估计为20万，只能是偏低的估计。

表 9-20　　　　　　　　海南省户籍人口表

唐政区	府州属县 总数	府州属县 本省	户数	口数	含今政区县市
崖　州①	7	7	5 500	27 500	海口、琼山、文昌
振　州②	4	4	819	2 821	通什、三亚、崖城、乐东
儋　州③	5	5	3 309	16 545	儋州、新英、白沙、昌江、东方
琼　州	5	5	649	3 245	安定、临高、澄迈、屯昌、琼海
万安州④	4	4	2 997	14 985	保亭、陵水、万宁
合计		25	13 274	69 096	

注：

①崖州，原书记载"户十一乡"，按《旧唐书·食货志》记载"百户为里，五里为乡"，五乡大约为 5 500 户，按平均每户 5 口计，大约为 27 500 口。

②振州，原书户口数缺，按《新唐书·地理志》补，平均每户 3.44 口。

③儋州、琼州，原书口数缺，按平均每户 5 口补。

④万安州，原书户口缺，按《新唐书·地理志》户数补，口数按平均每户 5 口补。

二十五　广东省

唐天宝时，广东省户籍人口较多，超过了历史上任何一个时期，说明唐初便加强了对岭南地区的管理力度，户数达到 215 334，口数由于有些州缺记，按平均每户 5 口补，合计 967 612，其中有些州平均每户才 2 口左右，显然是户里的人口没有全部入籍。如果普遍按平均每户 5 口计，则可超过百万，达到 107 万。

虽然广东省户籍人口有了很大增加，但实际上仍有很大一批人口没有编入户籍，除了上面说的有些州平均每户人口特少，只有 2 口左右，同时还有很多全户没有编入户籍的。从人口密度上看，在地理自然条件基本相同的情况下，有些州与州之间，存在着极大的不平衡。地处北部山区的韶州，每平方公里 10 人，连州更高达 17 人，这两州的户籍人口比较接近实际。而岭南地区政治经济中心所处的广州，每平方公里只有 5 人多一点，而东部的循州、潮州，更少到每平方公里只有一人多一点，是不是因为这几个州，沿海有涝洼地，尚未得到很好的开发？有这方面的原因，但不是主要的。因为这几个州也是山地丘陵居多，基本的原因还是户口隐漏问题。历史上有一条规律，越是帝王都城或地方区域的行政中心所在地，户口隐漏越是严重，由于官僚豪强集中，广占田园，也广占民户为私附，这种情况主要在广州。还有一种情况就是大量少数民族人口仍未编入户籍。虽然具体情况无从详考，但与后史联系起来考查，便可看出其间的问题。按北宋中期的统计，唐之广州面积较大，为宋之广州、英州加端州的一半，唐有户42 235，口221 500，而宋元丰时则有户176 151，以平均每户5口计，约有人口880 758（从统计看，北宋户均人口较少，即按平均每户4.6口计，也有人口81万，而且宋的户口统计也有遗漏），是唐天宝户口的四倍。虽然时间过了三百多年，但在一个人口增长非常缓慢的地区，显然这不是增殖所能达到的。而且在唐朝末年和五代十国的战乱期间，岭南地区的人口，也受很大的损失，特别是在南汉国割据岭南的六十多年里，对人民压迫剥削特别残酷，人口不断下降，至南汉国灭亡时，整个岭南地区（包括广西壮族自治区）才有在籍户170 263，折算人口约85万，不及唐天宝时户籍人口的一半。如果把天宝时广州人口221 500算做宋初人口，那么至元丰三年（1080）的年均增长率则可在10‰左右（北宋建立至元丰三年总的年均增长率为6.58‰）。岭南地区由于种种自然的和社会的原因，使人口增长极度缓慢，它不可能达到这样高的年均增速。直至宋代，《宋史·地理志》还说，广南东西两路，"山林翳密，多瘴毒，凡命使，优其秩俸，春、梅诸州，炎疠颇甚，……人病不呼医药"，而祭鬼神。所以宋元丰时的较高人口，并不是宋朝建立后增长起来的，而是经过漫长的历史时期逐渐积累起来的，只是多没有编入户籍而不见于统计。

再从黄巢农民大起义所反映的情况看，僖宗乾符二年（875）爆发的以黄巢为首的农民大起义，很快便发展成几十万人的起义大军，由于北方地区，连年饥荒，生活艰难，于是于乾符五年（878），率军下江南，次年自福建趋岭南，六月克南海（广州府治，今广州市），活动于岭南地区。由于士卒不服水土，又正值盛夏，遇瘟疫流行，死亡十之二三。于是弃岭南，挥师北上。据阿拉伯人记载，黄巢在广州大杀非中国教的西方教徒，"为数达十二万至二十万人"。[①] 当时的南海，是唐在岭南的重要通商口岸，外国商人云集，而商人又多为西方教徒。虽然被杀教徒的数量不一

[①] 转引自范文澜《中国通史简编》。

定有那么多，但仍说明广州府治南海，已是商业非常发达的大城市，必然集聚更多的人口。不算外国人，仅南海和同治的番禺县的人口，也当有20万。就广州府全境来说，往少里说也得有40多万人。这就是说一半以上的人口没有编入户籍。

循州和潮州，在北宋时析为循、梅、潮、惠四州，唐天宝时户籍人口只有13 945户，74 000口。而宋元丰时有户195 367，以平均每户5口计，则当有人口976 835，是唐天宝时的13倍。这里有同岭南其他地区相同的情况，人口增长极度缓慢，且受唐末五代战乱的影响，人口会有所减损。这里也把唐天宝时的户籍人口，作为北宋的人口基数，至元丰三年其年均增长率可达14‰以上，对这一地区来说更是绝不可能的。这些都说明，在宋代以前，这里已经有更多的人口，只是多没有进入统计。即在唐天宝时，其实际人口也不能少于25万。这里有和其他州相同的情况，疫病流行多，北方人尤其不能适应。直至宋代，北方人还怕到岭南做官，要错过瘟疫流行期才敢进入，大部分时间要依靠当地少数民族头人来代理，怎么会有完整的户口统计？只是随着社会生产力的发展，医药学的进步，防病治病能力的加强，人口繁衍加快，官员南北交流增多了，行政管理也加强了，才逐渐有了近于实际的户口统计。这在整个岭南地区，大体都是这种情况。

再看本省西南部地区，按户籍人口计算出来的人口密度，在地理自然条件大体相同的情况下，州与州之间严重不平衡，正反映了人口统计不实的问题。新州（治今新兴）每平方公里33人，春州（治今阳春）25人，冈州（在今新州东南，境内有今开平）18人，高州（治今高州东北）25人，其余端州（治今肇庆）、康州（治今德庆）、恩州（治今恩平）及以西其他各州，每平方公里至多6口，多数只有2口左右。是不是这些州的地理自然条件，都不如上述四州？只要看一看下面表中各州所含今县市，就可以知道各州所处的地理位置，就会明白并不是那么一回事。有些州，如端、康、恩、潘、辨、罗等州的人口密度，与新、春、冈、高四州不会有很大的差距。例如，潘州（治今高州），贞观时统计就有户10 748，约有人口53 740，每平方公里16.4人。至天宝时，中间并无重大的社会变故，却降为每平方公里只有2.74人。辨州（治今化州）也是这种情况，贞观时有户10 350，约有人口51 750，每平方公里20人，而至天宝时，降为6.3人。说明那些户口特少的州,都是由于户口隐漏,统计严重不实造成的。主要原因也是这些以少数民族部落组织为基础设置的州,时附时叛,户口统计也随着他们的叛附而变化。虽然人口的具体情况无从详考,但从各州之间人口密度的比较中可以看出,整个西南部地区的人口密度,每平方公里不能少于15人,大约54 300平方公里,当有人口814 500。

广州人口40万,潮、循两州20万,西南部地区814 500,再加韶州、连州的户籍人口共312 480,全省实际人口总计1 726 980。

表9-21　　　　　　　　　广东省户籍人口表

唐政区	府州属县 总数	府州属县 本省	户数	口数	人口密度	含今政区县市
广州府	13	13	42 235	221 500	5.18	广州、佛山、番禺、顺德、高明、鹤山、江门、新会、台山、斗门、澳门、珠海、中山、怀集、广宁、四会、三水、英德、清远、花县、佛冈、从化、龙门、增城、东莞、深圳
循州	6	6	9 525	47 625	1.27	连平、和平、新丰、龙川、兴宁、五华、紫金、河源、陆河、陆丰、海丰、汕尾、惠东、惠阳、惠州、博罗
潮州	3	3	4 420	26 745	1.31	平远、蕉岭、梅州、大埔、丰顺、饶平、潮州、澄海、南澳、汕头、揭阳、揭西、普宁、惠来、潮阳
韶州	6	6	31 000	168 948	10.52	乐昌、仁化、南雄、始兴、韶关、曲江、乳源、翁源
连州	3	3	32 210	143 532	17.60	连州、连山、阳山
端州	2	2	9 500	21 120	4.38	肇庆、高要
康州	4	4	10 510	17 219	4.03	郁南、德庆
新州	3	3	9 500	47 500	32.78	新兴
冈州	2	2	5 650	28 250	18.37	开平
恩州	3	3	9 000	45 000	5.45	恩平、阳江
春州	2	2	11 218	56 090	25.23	阳春
泷州	5	5	3 627	9 439	1.68	罗定

续表

唐政区	府州属县 总数	府州属县 本省	户数	口数	人口密度	含今政区县市
窦州	4	4	1 019	5 095	2.12	信宜
高州	3	3	12 400	62 000	25.08	境内无今县治，地在今高州东
潘州	3	3	4 300	8 967	2.74	高州、茂名、电白、吴川
辨州	3	3	4 858	16 209	6.32	化州以北，罗河流域
罗州	5	5	5 460	8 041	2.10	西至省界，东至海，中有廉江
雷州	3	3	4 320	20 572	2.56	遂溪、湛江、雷州、徐闻
封州	2	2	3 900	11 827	4.63	封开
勤州	2	2	682	1 933	2.10	面积很小，地在阳春之北
合计		77	215 334	957 287		

说明：

①广、循、新、冈、春、窦、高、恩等州，原书只有户数的记载，口数缺，均按平均每户5口补。

②潮州原书缺记，按《新唐书·地理志》补。

二十六 福建省

本省隋代以前，户籍人口一直很少，这里的居民主要还是被称为越人的民族，仍过着半原始的部落组织生活，历代都没有被编入户籍。但随着时间的推移，外地进入的人口逐渐增多，他们与外地的交往也逐渐增多，向汉文化靠拢越来越近，语言文化基本相通，民族界限逐渐消失，进入编户的人口逐渐增多。至唐天宝时，编户90 686，口数为531 787。如果不是原有越人的大量进入编户，在这个时候，它不可能达到这样高的户籍人口。当然户口统计仍然是不完整的，并有很多矛盾，尚需做进一步的考查分析。

福州（治今福州），原记载"户三万四千八十四，口七万五千八百七十六"，平均每户2.23口，不仅这个户均人口不符合一般家庭人口构成的实际情况，而且每平方公里也只有2.37人。同建州（治今建瓯）、泉州（治今泉州）相比较，它们按原书记载平均每户都在6口以上，人口密度也远远高于福州。实际上是口数记载有误，前面脱"十"字，应为"十七万五千八百七十六"。改正后，不仅平均每户5.17口符合一般家庭人口构成的实际情况，而且人口密度为 5.48 人，也符合这一地区的实际情况。因为前面考查隋朝大业时福建人口，唐之福州地区，已可拥有人口十几万。所以 17 万人口仍可能是偏低于实际。

汀州（治今长汀），原书记载"户四千六百八十，口一万三千七百二"。平均每户 2.93 口，每平方公里 0.49 口。唐昭宗乾宁元年（894），有黄连洞（今宁化县）少数民族发动起义，以 2 万人围汀州。黄连洞距府治长汀一百多公里，这个 2 万人是丁壮，至少要出自七八万人口中。而黄连洞在汀州西北部，所聚人口的地区，至多占汀州面积的一半。说明汀州的实际人口，至少要在 15 万以上。从户籍人口来说，也当为"二万三千七百二"。改正后平均每户 5.06 口，但每平方公里仍只有 0.85 人。说明大部分人口还没有编入户籍。即按上面估计的 15 万人口，每平方公里也要在 5.37 人。

建州，是唐代以前福建省人口最多的地区，东汉末年大约已有 30 万人口，唐天宝时统计的户籍人口虽然比较多，达 14 万多，但它的实际人口还要高得多。超前一步看，到北宋元丰时，在唐建州地区（宋析为建州，邵武军和南剑州大部）有户 35 万多，没有口数统计，即以平均每户 4.5 口计，也有人口 159 万，不算中间的起伏，从 326 年的长过程计算，其年均增长率也在 5.1‰。北宋从建隆元年（960）至大观四年（1110），总的增长过程为 150 年，年均增长率也只 7.04‰。说明唐之建州在天宝年间的实际人口不能少于 50 万人。

漳州，原书记载"户五千三百四十六，口一万七千九百四十"，平均每户 3.36 人，每平方公里 1.45 人。这条记载也不切合实际，不仅户均人口偏低，而且人口密度与泉州相比也不应有 10 倍之差，即其户籍人口也应为 27 940 口。这样虽然平均每户可达 5.23 口，更符合家庭人口构成的实际情况，但从人口密度上看，每平方公里仍只有 2.26 人。即按深山区汀州的每平方公里的 5.37 人计，它的实际人口，也当有 7 万多。

福州人口仍按原记载的 175 876 口计，建州按 50 万计，泉州按原统计 160 295 口计，漳州按 7 万口计，汀州按 15 万口计，合计 1 056 171 口，这当是最低的估计。在唐代以前，由于沿海地区尚未得到充分的开发，一直是西北地区的人口密度高于沿海地区，高于南部地区，这个格局直到宋代才开始发生变化。

表 9-22　　　　　　　　　　福建省户籍人口表

唐政区	府州属县 总数	府州属县 本省	户数	口数	人口密度	含今政区县市
福州	8	8	34 084	175 876①	5.48	福州、福鼎、柘荣、福安、霞浦、宁德、屏南、古田、罗源、连江、长乐、福清、平潭、永泰、闽清、尤溪、大田、德化、闽侯
建州	6	6	22 770	143 774	4.06	建瓯、建阳、政和、松溪、浦城、武夷山、光泽、邵武、建宁、泰宁、将乐、顺昌、沙县、南平
汀州	3	3	4 680	23 702②	0.49	长汀、宁化、清流、明溪、三明、永安、连城、武平、上杭、永定、龙岩、漳平
泉州	4	4	23 806	160 295	10.96	永春、仙游、莆田、惠安、泉州、安溪、南安、晋江、同安、金门、厦门、长泰
漳州	2	2	5 346	27 940③	1.45	华安、漳州、南靖、平和、龙海、章浦、云霄、诏安
合计		23	90 686	531 587		

注：

①②③原书记载口数不确，应如表中所记，详见正文。

二十七　台湾省

进入唐代以后，虽然海上交通又有了一定的发展，但与台湾岛内却仍是极少联系，问题的关键在于生产力的发展水平太低，在当时的条件下，海峡两边不可能有很多的交往。虽然自古就有民间贸易往来，但由于生产技术十分古老而落后，对台湾经济的发展，起不到多大的促进作用，人民生活水平还很低下，人口不可能有较快的增长，仅能维持一种稍高于简单的人口再生产。隋大业六年（610），曾于岛内掠入 7 000 口于内地，使其人口有所下降，至唐贞观时，估计仍当有人口 14 万左右。又经一百多年，至天宝时，虽会有所增长，但不会有大的增长，至多 15 万左右。

二十八　江西省

江西省的户籍人口，比隋大业时及唐贞观时，有了大幅度的增长，达到 28 万户，173 万口，比贞观时增加了 138 万多口，年均增长率 11.83‰。从人口密度上对比考查分析，这个户籍人口数与实际人口数，仍有很大的差距。例如，吉州（所含今地见下表）是当时地理自然条件最好的地区之一，绝大部分为低山丘陵与盆地相间，其中的吉安盆地则为一片土地肥沃的小平原，即在当代也是本省重要的农业区，历代都是人口比较稠密的地区。但按天宝户籍人口 237 032 计算的人口密度，仅略高于地处赣南山地的虔州，而在隋代和以后的宋代，吉州的人口密度都数倍于虔州，即按每平方公里 14 人估计，吉州地区也当有 378 000 人，就是说还有 14 万人没有编入户籍，其他州从人口密度的比较上，虽看不出大的问题，也没有其他史料可供考查分析。但在唐朝户口脱漏既是普遍的，在江西省就决不会只有吉州有严重的户口隐漏，虽然其他州不一定都像吉州那样有百分之三四十的脱漏，或像杜佑《通典》所说的三分居一，全省平均即以 20% 计，天宝时江西省的实际人口，也当在 216 万以上。

再看以后的发展，天宝末年发生的"安史之乱"，虽然战乱地区在北方，且有不少难民流入江南地区，但由于朝廷的赋税负担，差不多全压在江南人民的头上，"每岁赋入倚办，止于浙江东西、宣歙、淮南、江西、鄂岳、福建、湖南等八道，合四十九州"。[①] 所以虽然从元和二年的户口统计看，比之天宝时略有增加，但实际上人民被重赋所逼，户口逃漏更严重，其后于唐僖宗天符年间爆发的以黄巢为首的农民大起义，也进入江西，贫苦农民积极参加。只是在江西地区没有发生大的战争。唐末五代十国时期，这里受战争蹂躏也比较轻，社会比较安定，生产有所恢复发展，因此人口仍在缓慢地增长。宋平江南也没有发生大的战事，所以宋朝建立后的太平兴国八年（983），据《太平寰宇记》的记载，江西省有 60 多万户，以平均每户 5 口计（北宋中期以后，由于受赋税制度的影响，平均每户人口较少，但在其初期仍当以平均每户 5 口计），当有人口 300 多万。返回来证明，唐天宝时确有较高的人口，为以后的人口较高增长奠定了基

---

① 《旧唐书·宪宗纪》，元和二年（807）李吉甫上《元和国计簿》语。

础，使江西人口到北宋大观年间（1107—1110）上升到了 700 多万的高峰。对天宝时的人口作 216 万估计并不为过。

表 9-23　　　　　　　　江西省户籍人口表

唐政区	府州属县 总数	府州属县 本省	户数	口数	人口密度	含今政区县市
洪州	6	6	55 530	353 231	11.64	南昌、新建、永修、武宁、修水、铜鼓、万载、上高、宜丰、高安、奉新、靖安、安义、丰城、进贤
江州	3	3	29 025	155 744	18.02	九江、瑞昌、德安、星子、都昌、湖口、彭泽
歙州	5	1	7 666	53 8220	23.50	跨安徽省，本省婺源
饶州	4	4	40 899	244 350	9.66	景德镇、波阳、乐平、余干、万年、余江、鹰潭、贵溪、弋阳、铅山、上饶、广丰
抚州	4	4	30 605	176 394	10.00	抚州、临川、崇仁、东乡、金溪、资溪、黎川、南丰、广昌、南城、宜黄、乐安
袁州	3	3	27 091	144 096	16.10	萍乡、宜春、分宜、新余
吉州	5	5	37 752	237 032	8.78	樟树、新干、峡江、永丰、吉水、吉安、安福、莲花、永新、宁冈、泰和、万安、遂川、井冈山
虔州	6	6	37 647	275 410	7.27	兴国、宁都、石城、州县、上犹、崇义，以南至省界，其间县市皆属
衢州	5	1	13 694	88 802②	41.09	跨浙江省，本省玉山
合计		33	279 909	1 728 881		

注：
① 歙州，全州户 38 330，口 269 109，表中系按属县分割数。
② 衢州，全州户 68 472，口 440 411，表中系按属县分割数。

二十九　浙江省

浙江省人口，在经过唐前期比较安定的社会形势下的发展，有较大幅度的增长，到天宝十一年统计户籍人口，达到 4 442 118 口，比贞观十三年增长 470% 多，年均增长率 12.42‰，达到了历史的最高水平。有这样高的户籍人口，是不是这就是浙江省的实际人口，再没有隐漏了呢？但仔细考查起来，仍有很大的隐漏。它的实际人口，还要更高于户籍人口。在比较之下可以看出，有些州计算的人口密度，与其所处的地理自然条件极不相称，例如杭州（治今杭州）、湖州（治今吴兴）、越州（治今绍兴）、明州（治今宁波），地处著名的杭嘉湖平原和绍宁平原，是历史上最富裕的地区。但按户籍人口计算的人口密度，均不及婺州的人口密度高，达每平方公里 77 人。虽然婺州地处金衢盆地东部，地理自然条件也很好，但上述四州更优越。前与隋朝，后与宋朝相比较，四州的人口密度都比婺州高，说明这四州仍有很大的户口隐漏，而且也是历史上户口隐漏最严重的地区。即使四州的人口密度，都按每平方公里 77 人计算，四州人口合计也当有 2 179 793 口，仍有 17.4% 的隐漏。而且婺州按户籍人口计算的人口密度，虽然最高，其实它仍有一定的隐漏。按偏低的估计，全省户籍人口即使总和按 17% 的隐漏计算，全省实际人口也要在 520 万以上。所以虽经唐末五代战乱饥荒的耗损，至北宋太平兴国八年（983），按《太平寰宇记》记载的户籍人口，又恢复到 184 万（实际人口 250 万）。正是因为唐天宝时有较高的人口，虽经耗损，但遗民也多，给宋朝的恢复留下了较高的基数。

浙江人口在天宝以后可能继续有所增长，但不会有大的增长，虽然"安史之乱"的主要战区在北方，且有难民渡江南下，但按《元和郡县志》的记载，至宪宗元和时（806—820），浙江省只有 225 840 户，较天宝户减损三分之二以上。究其原因，正如元和二年（807）李吉甫上《元和国计簿》所说的，唐朝后期，由于北方地区战乱不息，朝廷的重赋几乎全压在江南人民的身上，致使户口逃亡益加严重，其中浙江省农民负担尤其沉重，造成人民生活越来越贫困，无以聊生。这就是唐朝后期农民大起义，首先爆发于浙江省的根本原因。"安史之乱"还没有全面结束的肃宗宝应元年（762），就在台州（治今临海）爆发了以袁晁为首的农民起义，曾活动于浙江省大部分地区，响应者数十万人。由此证明，户口隐漏逃亡都是朝廷官府重赋引起的。天宝时各级封建政权已经腐朽，不可能有全面的户口统计。浙江人口估计为 520 万。

表 9-24　　　　　　　　浙江省户籍人口表

唐政区	府州属县 总数	府州属县 本省	户数	口数	人口密度	含今政区县市
杭州	9	9	86 258	585 963	75.92	杭州、余杭、临安、富阳、海宁
湖州	5	5	73 306	477 698①	62.23	长兴、湖州、安吉、德清
苏州	6	2	25 474	210 885②	45.67	跨江苏省，本省嘉善、嘉兴、平湖、海盐、桐乡
睦州	6	6	54 961	382 513	49.15	淳安、桐庐、建德
越州	7	7	90 279	529 589	56.33	萧山、绍兴、诸暨、嵊州、新昌、余姚、上虞、慈溪
明州	4	4	42 027	207 032	40.44	奉化、宁波、镇海及舟山群岛
台州	6	6	83 868	489 015	39.50	仙居、天台、临海、台州、黄岩、温岭、三门、宁海、象山
婺州	7	7	144 086	707 152	77.18	浦江、兰溪、金华、义乌、东阳、磐安、武义、永康
衢州	5	4	54 778	352 329③	41.10	跨江西省，本省开化、常山、衢州、江山
括州	5	5	42 936	258 248	14.82	遂昌、龙泉、庆元、云和、丽水、缙云、青田
温州	4	4	42 814	241 694	20.03	永嘉、乐青、玉环、温州、瑞安、平阳、苍南、文成、洞头
合计		52	740 787	4 442 118		

注：

① 湖州，原书记载："户七万三千三百六，口十七万七千六百九十八"。平均每户2.42口，不符合一般家庭人口构成的实际情况。经查《新唐书·地理志》，户数同，口数作"四十七万七千六百九十八"，平均每户6.52口，与其他州比较亦相称，故改。

② 苏州，全州户76 421，口632 655，表中系按属县分割数。

③ 衢州，全州户68 472，口440 411，表中系按属县分割数。

三十　安徽省

安徽省天宝户籍人口 2 801 204，比贞观户籍人口增加了 778.79%，年均增长率14.08‰。看起来这个增长幅度比较大，但仔细考查分析，它的实际人口还当更高于这个户籍人口数，大部分州的户口统计，都有一定的隐漏。这从人口地区之间的比较和历史的比较中，足以看出其间的问题。北部地区的宋州（治今河南商丘），每平方公里80人，亳州（治今亳州），每平方公里61人，其他各州均顿然下降。虽然人口密度的大小，在一般情况下取决于这一地区自然地理条件所能供养人口的多少，但它又受社会的政治、经济、军事以至文化的制约，使统计人口不能充分反映人口的真实情况。而安徽省在唐代的人口布局，并不完全符合自然规律。淮南地区在本省主要为和、滁、庐、濠、寿、舒等州，合计面积62 386平方公里，户籍人口1 027 966，每平方公里16人。而淮南地区在西汉时已是每平方公里22人，唐朝在稍高于西汉的人口基础上，经过比西汉更长的社会安定时期的发展（西汉建立后70余年便出现了一次大乱，造成"户口减半"。其后虽有所恢复发展，但元帝以后，社会形势又坏，人口没有大的增长），史称唐朝的封建经济超过了两汉时期的繁荣，但统计人口数量却远不及两汉时期高。究其原因，按照唐人杜佑著《通典》所说，"浮浪日众，版图不收"。就是说由于隐漏逃亡太多，大量人口没有编入户籍，使在籍人口只不过实际人口的三分之二左右。安徽省淮南地区，即按西汉时的每平方公里22人计算，也得有人口1 372 800人，比之原统计的户籍人口多出了344 834人。仅把这个多出来的人口，加到总的户籍人口上，全省人口也会达到310万。

颍州（治今阜阳），在西汉为汝南郡，每平方公里75人，在唐朝仅有17人。而它北邻的亳州，自然地理条件并无太大的优越，而人口密度却是颍州的三倍半还多，即每平方公里61人。而亳州在西汉属沛郡，每平方公里70人。这种人口分布上的不平衡，主要不是因为自然地理条件不同而形成的，而是由于户口隐漏严重，统计不实造成的。

至于其他各州，不再做具体的分析，仍然做一个一揽子分析估计，虽然按杜佑所说户籍人口只有实际人口的三分之二左右，但我们必须承认，由于历史久远，其中会有很多我们现在捉摸不到的情况，宁肯估计的低一点。这里按25%的隐漏计算，安徽省在唐天宝时的实际人口在376万以上。

表 9-25　　　　　　　　　　安徽省户籍人口表

唐政区	府州属县 总数	府州属县 本省	户数	口数	人口密度	含今政区县市
庐州	5	5	43 323	205 396	16.82	合肥、肥东、肥西、巢湖、无为、庐江、舒城
和州	3	3	24 794	121 013	29.80	含山、和县
滁州	3	3	26 486	152 374	32.11	来安、滁县、全椒
扬州	7	1	11 015	66 837①	21.70	跨江苏省，本省天长
濠州	3	3	21 864	108 361	14.51	蚌埠、凤阳、明光、定远
寿州	5	5	35 582	187 587	10.28	淮南、寿县、霍丘、六安、霍山
舒州	5	5	35 353	186 398	11.90	桐城、岳西、枞阳、安庆、潜山、怀宁、望江、宿松、太湖
宣州	9	7	94 270	688 322②	32.97	跨江苏省，本省北有马鞍山、当涂，南有东至、东有郎溪、广德、宁国、旌德、太平、石台、西至长江，其间县市皆属
歙州	5	4	30 664	215 287③	23.50	跨江西省，本省绩溪、歙县、黄山、休宁、黟县、祁门
徐州	7	3	27 930	205 147④	23.03	跨江苏、山东省，本省萧县、濉溪、宿州、固镇、灵璧
宋州	10	1	12 427	89 704⑤	80.18	跨河南省、山东省，本省砀山
颍州	4	4	30 707	202 890	17.22	临泉、界首、太和、阜阳、阜南、颍上、凤台
亳州	8	4	44 480	337 561⑥	61.39	跨河南省，本省亳州、涡阳、利辛、蒙城
泗州	6	1	6 254	34 327⑦	10.62	跨江苏省，本省泗县、五河
合计		49	445 149	2 801 204		

注：

① 扬州，全州户 77 105，口 467 857，表中系按属县分割数。

② 宣州，全州户 121 204，口 884 985，表中系按属县分割数。

③ 歙州，全州户 38 330，口 269 109，表中系按属县分割数。

④ 徐州，全州户 65 170，口 478 676，表中系按属县分割数。

⑤ 宋州，全州户 124 268，口 897 041，表中系按属县分割数。

⑥ 亳州，全州户 88 960，口 675 121，表中系按属县分割数。

⑦ 泗州，全州户 37 526，口 205 959，表中系按属县分割数。

三十一　江苏省

江苏省天宝户籍人口3 094 954，比贞观户籍人口479 075增加了261万多，年均增长率12.95‰。

江苏省的人口增长主要在江南地区，户籍人口为1 775 149，占全省的57.36%，每平方公里70人。至北宋时各种史书都说南方人口有很大增长，但其户籍人口也只2 120 126，每平方公里72人，说明唐代江苏江南地区的人口没有太大的隐漏。从各州之间人口密度的比较，也看不出大的问题。但长江以北地区的情况就不同，扬州（治今扬州）、楚州（治今淮安），大体占有江苏省的中部地区，即江淮之间，每平方公里17人。这里的地理自然条件也比较好，比多为山区的江南宣州（治今安徽宣城）要好得多，而且历来人口密度都高于宣州。但唐朝按天宝户籍人口计算，宣州每平方公里32人，几乎是江淮地区的两倍。宣州在隋朝为宣城郡，每平方公里只有6人，而跨有江淮之间的江都郡（不含江南3县，相当于唐之扬州和楚州），每平方公里15人，比例关系颠倒了过来。这种脱离实际的不平衡，说明了什么？说明江淮地区的人口有很大的隐漏。特别是扬州，是江北重镇，扬州地区历来人口众多。

再看淮河以北地区，隋朝每平方公里20.65人。唐经一百数十年社会安定时期的恢复发展，只有16.42人，反而有所下降。再退后一步看，西汉元始二年（公元2年），淮北地区的人口，每平方公里70多人，东汉大体相当。其后是连续几百年的大分裂时期，时有战乱，有的地方长期战乱不息，一直没有一个较长的恢复发展时期。而唐朝虽然经过了一百几十年社会比较安定的时期，封建经济比前代有更高的发展，但从统计上看，它的人口不仅没有恢复到两汉时期的水平，甚至连隋朝都不如。为什么会出现这种情况？原因还是户口隐漏问题，见于统计的户口，不能反映人口的真实情况。对于唐朝这种普遍性的严重的户口隐漏问题，如果没有杜佑《通典》揭示的唐朝中期户口隐漏可居实际人口的三分之一左右和两《唐书》多处有关户口严重隐漏甚至半不入籍的记载，我们或者至今还茫然莫解。根据这些记载分析，虽然对江苏省的人口考查不出准确的数量，但粗略估计，江南地区户口隐漏可能略少些，但南北通计不能少于25%，总人口不能少于387万。

表 9-26　　　　　　　　　　江苏省户籍人口表

唐政区	府州属县 总数	府州属县 本省	户数	口数	人口密度	含今政区县市
润州	6	6	102 033	662 706	89.34	南京、句容、丹阳、金坛、扬中
常州	5	5	102 631	690 673	92.42	常州、江阴、张家港、无锡、宜兴
苏州	6	4	50 947	421 770①	45.66	跨浙江省，本省常熟、昆山、苏州、吴江、太仓及上海市所辖江南地区
宣州	9	2	36 934	196 663②	32.96	跨安徽省，本省溧水、高淳、溧阳
扬州	7	6	66 090	401 020③	21.70	跨安徽省，本省高邮、兴化、扬州、东台、泰州、泰兴、六合、江浦、仪征、海安、如皋、如东、南通
楚州	5	5	26 062	153 000	14.77	盱眙、洪泽、金湖、淮安、宝应、建湖、盐城
海州	4	4	28 549	184 009	24.85	赣榆、东海、连云港、沭阳、灌云
泗州	6	5	31 272	179 966④	10.62	跨安徽省，本省邳县、新沂、睢宁、宿迁、宿豫、泗洪、泗阳、涟水、灌南
徐州	7	3	27 930	205 147⑤	23.03	跨安徽省、山东省，本省丰县、沛县、徐州
合计		40	472 448	3 094 954		

注：

①苏州，全州户 76 421，口 632 655，表中系按属县分割数。

②宣州，全州户 121 204，口 884 985，表中系按属县分割数。

③扬州，全州户 77 105，口 467 857，表中系按属县分割数。

④泗州，全州户 37 526，口 205 959，表中系按属县分割数。

⑤徐州，全州户 65 170，口 478 676，表中系按属县分割数。

三十二　上海市

在前几考没有对上海市人口做考证，原因是上海市所辖地区，在汉代以前，半属未退滩的东海水面，包括浦西城市区，全是一片汪洋。以后虽逐渐退滩，但又长期处在低洼盐碱状态，不易农作，因而人口极少，境内无一县治之设，所以在考查人口时，均附于江苏省。

当然，在西部一些地势较高的地方，很早就有人类居住，甚至还有原始社会晚期的居民遗址，只是人口过度稀少，不见于史籍的记载。随着时间的推移，雨水冲刷和向地下渗漏，盐碱地逐渐淡化，可供人类生存的地面逐渐扩大，人口也随着逐渐增多。三国时有华亭谷，吴将陆逊受封华亭侯，封地就在这个地方，其后陆氏世居华亭。不过唐朝初期，经过隋末唐初战乱的浩劫，人口仍不会很多，故仍未列入考证。

天宝十年（751）析嘉兴、海盐、昆山县、置华亭县，辖于苏州（治今松江）。是上海市所辖地区设县之始。并定为上县，说明人口不是太少，但占地面积较大，基本上都是原有的退滩地。按《新唐书·地理志》的记载，苏州7县[①]有户73 306，口632 650，按属县分割，当有户10 472，口90 378。此时虽然人口密度较低，但就整个今上海市区来说，不能少于10万人。

表9-27　　　　　　　　唐朝中期各省区人口汇总

玄宗天宝十一年（752）

	省区	考证人口	户籍人口		省区	考证人口	户籍人口
1	河南	11 100 000	7 401 854	18	重庆	1 200 000	351 931
2	山东	10 000 000	5 560 585	19	云南	3 000 000	—
3	河北	9 400 000	7 237 346	20	贵州	1 600 000	41 554
4	北京	450 000	223 286	21	湖北	1 950 000	1 346 252
5	天津	150 000	119 573	22	湖南	2 250 000	1 181 450
6	辽宁	750 000	—	23	广西	2 200 000	545 212
7	吉林	600 000	—	24	海南	200 000	65 076
8	黑龙江	350 000	—	25	广东	1 726 980	957 287
9	内蒙古	1 770 000	124 615	26	福建	1 056 171	531 787
10	山西	4 670 000	3 767 660	27	台湾	150 000	—
11	陕西	5 280 000	4 195 741	28	江西	2 160 000	1 728 881
12	甘肃	2 200 000	1 086 985	29	浙江	5 200 000	4 442 118
13	宁夏	500 000	87 736	30	安徽	3 760 000	2 801 204
14	青海	550 000	51 419	31	江苏	3 870 000	3 094 954
15	新疆	1 100 000	59 547	32	上海	100 000	90 378
16	西藏	3 000 000	—		总计	90 033 151	51 823 253
17	四川	7 740 000	4 777 898				

[①]《旧唐书·地理志》为6县，户数稍异，口数同。按《新唐书·地理志》分割，江苏省人口会减少9 000多人，但江南地区很多户口隐漏未做具体估计，故考证

江苏省人口总数不改。

第五节 后 叙

唐代人口至天宝年间，达到了它的顶峰，在唐朝统治区内，户籍人口达到5 183万，今中国版图内的总人口达到9 000万。不久于天宝末年（755）爆发了"安史之乱"，范阳镇节度使（驻今北京）安禄山及其部将史思明起兵叛唐，曾一度攻陷东都洛阳和都城长安。皇帝出逃，战乱遍及整个北方地区。安禄山、史思明都是降附唐朝的突厥人，其将校士兵也多是北方少数民族，在战争中破坏性很大。战乱持续了八年的时间，社会经济残破，人口受到重大损失，很多地方几百里不见人烟。其后战乱虽然被平息，但唐朝的统治也受到严重的削弱，无力彻底消灭叛军，对降附的叛军将领，多委以方镇节度使以安其心。但实际上这些叛将，并不是真心归顺朝廷，只是在当时军事压力下的一种权宜之计。当总的形势稳定后，反而利用手中的权力，拥兵割据，使北方东部地区形成了长期藩镇割据的局面。这些割据藩镇，虽然在表面上对唐朝廷还保持臣属关系，但实际上有如独立王国，不听朝廷调遣，不上缴赋税，当然也不申报户口，使朝廷的经济来源，主要依靠剥削江南人民。同时，即使在朝廷所能控制的地区，户口隐漏也很严重。德宗建中元年（780），实行赋税改革，改租庸调法为两税法，对户口进行大检查，使部分漏户重新编入户籍，但也只得主户380万（不离家乡的户），客户30万（逃亡寄居在外乡的户），合计410万，推其人口也只2 300多万。其后藩镇割据日趋严重，并且有更多的州镇不申报户口。宪宗元和二年（807），"史官李吉甫撰《元和国计簿》，总计天下方镇凡四十八，管州府二百九十五，县一千四百五十三，户二百四十四万二百五十四。其凤翔、鄜坊、邠宁、振武、泾原、银夏、灵盐、河东、易定、魏博、镇冀、范阳、沧景、淮西、淄青十五道，凡七十一州，不申户口。每岁赋入倚办，止于浙东西、宣歙、淮南、江西、鄂岳、福建、湖南等八道，合四十九州，一百四十四万户。比量天宝供税之户，则四分有一"。① 而这个144万户，指的也是供税户，即课户。天宝十三

---

① 《旧唐书·宪宗纪》。

年（754），课户为 530 万。上述八道在天宝时的全部在籍户也只有 2 246 756，实际上只有 64% 的户缴纳赋税。至元和十五年（820）户总数又降为 2 375 400，口总数 1 576 万，并又有定、盐、夏、剑南、东西川、岭南、黔中、邕管、容管、安南合 97 州不申报户口。这些情况说明，唐后期的户口形势非常严峻。

那么唐后期的实际人口究竟能有多少？由于受藩镇割据的影响，朝廷权威的下降，即使没有割据的地方，也多不按规定如实申报户口。所以"安史之乱"以后，一直再没有全面的户口统计。虽然宪宗时曾对藩镇割据用兵，使叛镇又归顺朝廷。其后又对其他地方的吏治做了一些整顿，穆宗长庆年间（821—824）以后统计的户口逐渐上升，但文宗开成四年（839）统计也只 4 996 752 户，武宗会昌末年（846）为 4 955 151，都不是完整的统计，而且没有口数的记载。在以后的 60 多年里，直至唐朝灭亡，再没有户口统计。因此对后期人口也就很难作出准确的估计，更不可能作出分省区的人口考证，只能以所见户口统计为依托，大体分析一下后期人口的总体情况。

宪宗对叛镇用兵，虽然取得了很大的胜利，取得了暂时的统一，但不久宪宗死，河北三镇又叛。成德镇占有今河北省中西部地区，节度使驻恒州（治今河北正定）。魏博镇占有今河北省南部地区，节度使驻魏州（治今河北大名）。卢龙镇占有今河北省北部及京津地区，节度使驻幽州（治今北京）。对他们的拥兵割据，朝廷无力制服，只好听之任之。另有淄青镇（主要在今山东省）虽然被平，但朝廷怕这一地区再发生割据，把原属十二州，改划成三个小方镇，由朝廷派将镇守。由于怕军士哗变，并允许赋税全归方镇支配，不上缴朝廷，当然也不需申报户口。开成四年统计的 4 496 752 户，就是除河北三镇和原淄青镇以外的唐朝廷原来的户口统计区。这些地区天宝时的在籍户是 7 200 469，开成户比天宝户减损 2 203 717，即减损 30.6%。以此推全国，《旧唐书·地理志》记载，天宝时全国各府州户数总计为 9 040 919，减损 30.6%，还余 6 274 398 户。

再用另一种方法分析，河北三镇天宝时在籍户 1 233 014，"安史之乱"河北地区战事频繁，人口受损很严重。"自安禄山反，常山屡为战场，死人蔽野"，① 常山指今石家庄周围地区，实际上在整个河北地区破坏都很惨重，这里按减损 40% 计，还余 739 808 户。原淄青十二州，天宝时有户 607 436。这一地区在"安史之乱"时不是大战场，在其后的藩镇割据期间，虽然封建割据者对人民剥削很残酷，在今山东省西部也屡有战事，但没有在全地区形成大的战乱，人口受损较轻，但也不能少于 20%，还余 485 948 户，这样把估计的河北三镇、淄青十二州的户数和其他地区的开成户数相加，为 6 222 509 户，和上面分析的唐开成时的 6 274 398 户基本相同。

不过上面是按在籍户所做的分析，大量隐漏户口没有包括在内。天宝时已是户口隐漏可居三分之一左右，"安史之乱"以后，朝廷既对很多地方失去控制，即在其控制地区也是贪官污吏横行，多对朝廷瞒报户口，截留税款，户口隐漏程度自然会比天宝时更严重，而且史书多有这方面的记载。这里仍按脱漏三分之一计算，开成时的实际户数也当在 940 多万。

"安史之乱"以后的社会形势一直不稳定，很多地方仍时有战争，即使没有战争的地方，封建统治者加到人民头上的赋税负担也特别沉重，"唯思竭泽，不虑无鱼"，②"是以天下残瘁，荡为浮人，乡居地著者百不四五"。③ 这个说法虽有点夸张，但也充分反映了唐后期户口脱漏的严重性，人民的生活已严重下降，因而人口的增长只能处于停滞状态。这就是说直到唐宣宗统治时期（847—859）大体上只能维持在 940 多万户。唐的户均人口较高，直至唐后期，所见户口统计，一般都在 5.7 口以上。以此计算，"安史之乱"以后，直到宣宗统治时期的人口，也只能维持在 5 350 多万，比天宝时减损 2 000 万左右。这就是"安史之乱"所造成的人口损失。以上主要是就唐朝设置州县并有户口统计的地区所做的考查分析。"安史之乱"所造成的人口损失主要在北方，损失最严重的是河南、陕西、河北三省，其次是山西、山东、安徽、江苏。南方地区的人口基本上没有受损失，个别地方如福建，可能有所增长。所以按今版图全国总人口还当在 7 000 万以上。

---

① 《旧唐书·李光弼传》。
② 《旧唐书·李渤传》。
③ 《旧唐书·杨炎传》。

唐朝人口大耗损是在全国性农民大起义之后。唐后期虽然对很多地方失去控制，但封建统治者却更加腐败，更加骄奢淫逸，而对社会生产的发展漠不关心，却更加残酷地剥削人民，致使人民生活日益贫困，抗灾能力薄弱，往往使小灾变成了大灾。僖宗乾符元年（874），整个关东地区，连年大旱，发生严重饥荒，很多人连草根树皮都吃不上，又得不到救济，只能坐待饿死。可是州县官吏，不管人民死活，继续对还活着的人催征赋税，动不动就用刑罚，人为地加剧了灾情的发展，人口大批死亡，逼得人民走投无路，一场以推翻唐朝统治的农民大起义，势在必然了。

　　就在僖宗乾符元年冬天，濮州（治今山东鄄城北）王仙芝在长垣县（今河南长垣）举行起义。次年（875），曹州（治今山东定陶西）冤句县（今菏泽西南）黄巢，也举起起义旗，响应王仙芝，贫苦农民纷纷参加，并逐渐发展成几十万人的起义大军。其后王仙芝死，黄巢统领其众，继续向封建统治者发动进攻，横行于大江南北及岭南地区。但由于种种原因，这次大起义失败了，但唐朝封建政权也遭到了致命的打击，名存实亡。代之而出现的又是藩镇割据。在镇压农民起义的过程中，各地将领，抢占地盘，拥兵割据。"安史之乱"以后的藩镇割据，主要在黄河流域的下游地区及淮河下游以北地区。这次割据却是大江南北、中原大地全被分割，形成了很多独立于朝廷的地区，有如独立王国，而且这些割据者为了扩大地盘，争夺利益，互相攻杀，战争不已。杀来杀去，人口大批死亡，生产也没人干了，到处都在闹饥荒，很多地方出现了食人的现象，一些割据者甚至到处捉人杀食以充军粮，人民成批成批地死亡，几年之间，"西至关内、东极青齐、南出江淮、北至卫滑，鱼烂鸟散，荆榛蔽野"。[①] 有的军阀甚至造成一个地区几百里内，几十年没有人烟。这就是说整个北方地区遭到了普遍的重大残破，总人口急剧下降，及至唐朝灭亡时，据《太平寰宇记》所载北宋初期户口推断，在唐朝原来户籍统计区的人口，大约只剩 2 500 万左右。

---

① 《旧唐书·秦宗权传》。